大学问

始于问而终于明

守望学术的视界

实践社会科学系列 012

Practice and Theory

The Past and Present of Chinese Society, Economy, and Law

实践与理论

中国社会经济史与法律史研究

黄宗智 著

GUANGXI NORMAL UNIVERSITY PRESS
广西师范大学出版社
·桂林·

实践与理论：中国社会经济史与法律史研究

SHIJIAN YU LILUN: ZHONGGUO SHEHUI JINGJISHI YU FALÜSHI YANJIU

图书在版编目（CIP）数据

实践与理论：中国社会经济史与法律史研究 / 黄宗智
著. —— 桂林：广西师范大学出版社，2024.4
（实践社会科学系列）
ISBN 978-7-5598-6726-1

Ⅰ. ①实… Ⅱ. ①黄… Ⅲ. ①中国经济史－研究②法制
史－研究－中国 Ⅳ. ①F129②D929

中国国家版本馆 CIP 数据核字（2024）第 018637 号

广西师范大学出版社出版发行

（广西桂林市五里店路 9 号　邮政编码：541004）
（网址：http://www.bbtpress.com）
出版人：黄轩庄
全国新华书店经销
深圳市精彩印联合印务有限公司印刷
（深圳市光明新区光明街道白花社区精雅科技园　邮政编码：518107）
开本：880 mm ×1 240 mm　1/32
印张：25.25　　字数：565 千
2024 年 4 月第 1 版　　2024 年 4 月第 1 次印刷
印数：0 001~5 000 册　定价：118.00 元

如发现印装质量问题，影响阅读，请与出版社发行部门联系调换。

"实践社会科学系列"总序

　　中国和美国的社会科学近年来多偏重脱离现实的抽象理论建构,而本系列丛书所强调的则是实践中的经济、法律、社会与历史,以及由此呈现的理论逻辑。本丛书所收入的理论作品不是由理论出发去裁剪实践,而是从实践出发去建构理论;所收入的经验研究则是那些具有重要理论含义的著作。

　　我们拟在如下三个子系列中收入精选后的重要作品,将同时推出中文版和英文版;如果相关作品已有英文版或中文版,则将其翻译出版。三个子系列分别是"实践法史与法理""实践经济史与经济学""中国乡村:实践历史、现实与理论"。

　　现今的社会科学研究通常由某一特定的理论立场出发,提出一项由该理论视角所生发出的研究问题,目标则是证明(有时候是否证)所设定的"假说"。这种研究方法可以是被明确说明的,也可以是未经明言的,但总是带有一系列不言而喻的预设,甚或是无意识的预设。

因为当下的社会科学理论基本上发端于西方,这种认识论的进路经常伴随着西方的经验(诸如资本主义、自由市场、形式主义法律等),以及其理论抽象乃是普适真理的信仰。而在适用于发展中的非西方世界时,社会科学的研究基本上变成一种探索研究对象国家或地区的不足的工作,经常隐含或者公开倡导在西方"模式"道路上的发展。在经济学和法学领域内,它表现得最为明显,这是因为它们是当前最形式主义化和意识形态化的学科。而中国乡村的历史与现实则是最明显与主流西方理论不相符的经验实际。

我们的"实践社会科学系列"倡导把上述的认知过程颠倒过来,不是从源自西方的理论及由此得出的理论假说出发,而是从研究对象国家的实践历史与现实出发,而后进入理论建构。近代以来,面对西方在经济、军事及文化学理上的扩张,非西方国家无可避免地被卷入充满冲突性斗争的历史情境中——传统与西方"现代性"、本土与引进、东方与西方的矛盾。若从西方理论的视野去观察,在发展中国家的历史社会实践中所发生的现象几乎是悖论式的。

我们从实践出发,是因为不同于理论,实践是生成于研究对象国家自身的历史、社会、经济与政治的情境、视域和话语内的。而且由实践(而非理论)出发所发现的问题,更有可能是所研究国家自身的内生要求,而不是源自西方理论/认知所关切的问题。

实践所展示的首先是悖论现象的共存——那些看起来自相矛盾且相互排斥的二元现实,却既真实又真切地共存着。例如,没有(社会)发展的(全球化的)商业化、没有民主的资本主义,或者没有相应司法实践的西化形式主义法律。其挑战着那些在它们之间预设因果关系的主流西方理论的有效性,因此呼吁新理论的构建。此外,理论往往由源自西方的形式演绎逻辑所主导,坚持逻辑上的前后一贯,而实践则不同于理论,惯常地容纳着看起来是自相矛盾的现象。从实践出发的认知要求的是,根据实践自身逻辑的概念化来建构理论——比如中国的"摸着石头过河"。

从实践出发的视野要求将历史过程作为出发点,要求由此出发的理论建构。但是,这样的实践和理论关怀并不意味着简单地拒斥或盲目地无视西方的社会科学理论,而是要与现有理论进行自觉的对话,同时自觉地借鉴和推进西方内部多样的非主流理论传统。此类研究还可以表现在实际层面上,在西方主流的形式主义理论以外,有必要结合西方主流以外的理论传统去理解西方自身的经验——例如,结合法律实用主义(以及马克思主义和后现代主义)和主流的"古典正统"法学传统,去理解美国法律实践的过去和现在,或者结合马克思主义、实体主义和主流的亚当·斯密古典自由主义经济学传统,去理解西方的实践经济史。更重要的还在于,要去揭示这些存在于实践中的结合的运转理论逻辑,在这些看起来相互排斥的二元对立之间,去寻找超越"非此即彼"之逻辑的道路。

我们的丛书拟收入在实践法史与法理、实践经济史与经济学,以及中国乡村的实践历史、现实与理论研究领域内的此类著作,也包括讨论中国创新的著作,这些创新已经发生在实践内,却尚未得到充分的理论关注和表述。我们的目标是要形成一系列具有比主流形式主义研究更适合中国历史、现实的问题意识和理论观念的著作。

黄宗智

目　录

导论

　　理论是清晰的、抽象的和符合逻辑的,其目标是跨时空和普适的,而实践则常是模糊的、具体的和不符合逻辑的,是在某一特定时空中的特殊行为。两者之间可能是相符的,但也可能是背离和互动的,或充满张力和矛盾的。虽然如此,在人们认知发展的过程中,抽象概念或理论和具体经验或实践明显都是不可或缺的方面。本文强调,我们需要集中研究的不是两者之间的任何单一方面,而是两者之间如何连接的问题。

　　长期以来西方现代社会科学学术界多倾向于一种二元对立、非此即彼的思维习惯,而且由于其所占据的霸权地位,这种倾向今天已经渗透全世界的学术研究。普适主义与特殊主义之间非此即彼的选择甚至已经成为不同学科的基本倾向。在社会科学领域,一般划分为要么是普适理论建构,要么是特殊经验或应用研究,并明显偏重理论,如经济学和社会学,也包括法学,而历史学和人类学则比较偏重经验。在今天的中国,这一思维更造成主流经济学、社会学和法学全盘引进西方理论,而主流历史学则几乎完全拒绝(西方)理论的分裂状态。在法学领域,甚至普遍把"法理"和"法史"划分为两个不同的"二级学科",造成两者各行其是、互不过问的局面。有的学术管理者甚至以"分工"来为这样的隔离辩护。

在这样的学术倾向下,我们失去的是常识性的根本认识,即认知不可能单凭抽象/理论或单凭经验/实践中的任何一方面获得,而必须兼顾、连接两者,从经验中得出概念和理论,在理论中看到经验和实践。本书强调,非此即彼倾向其实偏离了学术应有的最终目的——怎样最好地认识真实世界,其中的关键正在于对概括/理论和经验/实践的适当的、不违背现实的连接。这需要的是超越简单的特殊性而朝向较宽阔的概括,而后再返回到实践检验,如此不断往返的认知过程。本书的目的即从连接实践与理论的问题的角度,来回顾笔者自己从事学术研究 50 年中所得出的一些关于方法和理论的体会,讨论的既是阶段性的积累和演变,也是一幅图像从局部到较全面逐步形成的过程。

一、悖论实际与理论概括:农村社会经济史研究

(一)《华北的小农经济与社会变迁》

笔者进入不惑之年后的第一本专著是 1985 年出版英文原版、1986 年出版中文版的《华北的小农经济与社会变迁》(以下简称《华北》)。此书提出的学术理念和方法是"试图从最基本的史实中去寻找最重要的概念,然后再不断地到史料中去验证、提炼自己的

假设"(1986年中文版序,第2页);同时,以连接经验与理论为中心问题,"有意识地循着从史实到概念再回到史实的程序进行研究,避免西方社会科学中流行的为模式而模式的作风"(1986年中文版序,第2页),总体目的是创建符合经验实际的概括。在理论上,则有意识地同时借鉴当时的三大理论传统,即形式主义、实体主义和马克思主义学术理论,通过与之对话来形成自己的概念,凭经验证据来决定其中的取舍。

根据以上的研究进路,笔者首先采用了关于革命前中国农村最系统和细致的调查资料,尤其是"满铁"(日本"南满洲铁道株式会社")的经济人类学调查,根据关于一家一户的翔实的经济实践资料来认识农家经济,并辅之以各种历史文献资料来掌握长时段的历史变迁,同时与各大理论对照。拙作得出的结论首先是,三大理论传统均有一定的洞见,共同组成了小农的"三种不同的面貌",伴随其阶级位置而异:雇佣劳动的"经营式地主"和"富农"更适合从形式主义的营利单位来理解,而受雇的雇农、打短工的贫农以及租地的贫农则比较符合马克思主义中被剥削的劳动者的图像。但是,在系统检视和比较两种农场的历史演变之后,出乎意料的发现是,华北在近三个世纪的商品化(市场化)和人口增长两大趋势下,所展现的主要现象不是农村向此两端的分化,而是小农家庭农场凭借"农业+手工业"和打短工"两柄拐杖"的强韧持续,一直占据总耕地面积的绝大比例,而"经营式农场"所占比例则一直没有能够超过10%。两种农场在劳动组织上不同,但在亩产量上则基本一致,其间主要的差别只是后者因为可以按需要调节其劳动力而达到较高效率的劳动力使用,而前者的家庭劳动力则是给定的,在农场面积不断缩减的压力下，只能凭借投入越来越密集的劳动力来应对生存需要。相比之下，经营式农场达到较适度的劳动力使用，而小家庭农场则明显趋向劳动边际报酬的递减。由此，我们可以很具体地理解"人口压力"的含义。在三大理论中，最贴近这样的经验证据的其实是"另类"的实体主义理论所突出的小农家庭农场在组织和行为逻辑上与资本主义雇佣单位间的不同。

读者明鉴，上述的基本学术研究进路是：第一，从经验到概念/理论的方法；第二，凭借经验证据来综合多种理论传统的使用，决定其不同部分的取舍。也可以说，是一种有意识地超越任何意识形态化理论的研究进路。

(二)《长江三角洲的小农家庭与乡村发展》和《中国研究的规范认识危机》

在《华北》一书之后，笔者在 1990 年出版的英文原版《长江三角洲的小农家庭与乡村发展》(以下简称《长江》)中则沿着以上的基本研究进路，使用的是翔实的微观调查材料，并辅之以笔者自己连续数年的实地追踪调查。在经验发现层面上，之前的华北研究已使我感到意外，而长江三角洲研究则更让我感到惊讶。此地商品化(市场化)程度要远高于华北，但在明末清初之后，其"经营式农场"便基本消失，完全被高度市场化(主要是棉花和蚕桑)和家庭化(纺纱织布和缫丝)的小家庭农场取代。微观层面的资料所展示的是，在单位耕地面积上，长江三角洲的生产比华北的还要高度劳动密集化。

据此，笔者在借助当时占据主流学术地位的形式主义经济学和马克思主义经济学的洞见的同时，对两者都更鲜明地提出了商榷和批评。主要针对的是其对市场化（商品化）必定会导致资本主义生产发展的基本信念，论证中国农村经济的"悖论"现象，提出了更符合中国农村经济实际的几个"悖论"概念，即"没有发展的商品化"以及"没有'发展'（笔者定义为单位劳动生产率和报酬的提升）的'增长'（定义为总产量的提升）"，而不是经典理论所预期的两者同步并进。这就是笔者用"内卷化"或"过密化"（即借助廉价的家庭辅助劳动力而进行边际报酬递减的生产）两词来表述的高度劳动密集化家庭生产以及其所推动的"内卷型商品化"。与有的不可论证的宏大理论概念不同，这是可以证实的概念。譬如，明清以来从"水稻+冬小麦"种植转入越来越多的"棉花+纺纱+织布或蚕桑+缫丝"生产，毋庸置疑，这是伴随着单位劳动日报酬递减（亦即"过密化"）而发生的（譬如，纺纱的按日劳动报酬只是种植水稻的1/3左右），而那样低廉的报酬是由家庭辅助劳动力来承担的（笔者称作"农业生产的家庭化"）。

与《华北》不同，此书还根据比较翔实的访谈资料以及由当地政府提供的数据和文字资料，把研究延伸到集体化时期和改革初期（当代部分约组成全书的一半）。使笔者惊讶的是，集体化农村经济展示了与之前的家庭农业同样的"过密化"趋势，而改革初年则展示了与西方经验很不一样的"农村工业化"。

在《长江》出版之后，笔者在1991年原版的后续思考性论文《中国研究的规范认识危机——社会经济史的悖论现象》（本书第1章）中更明确地论析，从西方理论来看待中国实际，几乎所有的社会经济现象都是"悖论的"（paradoxical），即从现有理论上看是一些相互排斥的悖论现象,但实际上都是并存和真实的,如"没有发展的增长""过密型商品化(市场化)""集体化下的过密化"以及"没有城镇化的工业化"。这些都是与经典理论(新自由主义理论和马克思主义理论)预期不相符的社会经济实际,是它们所没有考虑到的实际,需要重新来理解和概括。这就意味着长期以来由西方经典社会科学理论所主宰的中国研究学界存在"规范认识危机",也意味着中国的社会科学研究必须创建新的、更符合中国实际的概念和理论。笔者提出的内卷化和内卷型市场化等概念便是那样的尝试。此文可以看作笔者在《华北》和《长江》两本专著的基础上总结出的学术方法和理论思考,当时在国内引起较广泛的讨论。① 这里纳入为本书正文部分的首篇。

这里需要重申,以上论述中的一个关键的认识和体会,是要从实践到理论再返回到实践检验的侧重实践的认识方法,与一般社会科学从理论到经验再到理论的侧重理论的方法正好相反。笔者提倡的方法要求的是,在扎实的经验研究基础上进行抽象化和概

① 《史学理论研究》最先以《中国经济史中的悖论现象与当前的规范认识危机》为标题发表了拙作的前半部分,删去了对 1949 年以来研究的讨论。在接下来的 5 期中,《史学理论研究》连载了一系列关于这篇文章以及关于《华北》和《长江》两本书的讨论。一开始是四位学者对拙作的简短评论(1993 年第 2 期,第 93—102 页),接着是一篇论文(1993 年第 3 期,第 151—155 页),再接着是关于针对拙作召开的两次会议的报告,一次是由《中国经济史研究》杂志发起的,主题为"黄宗智经济史研究之评议"(《史学理论研究》1993 年第 4 期,第 95—105 页),一次是由《史学理论研究》《中国史研究》和《中国经济史研究》三个杂志联合召开的,主题为"黄宗智学术研究座谈会"(《史学理论研究》1994 年第 1 期,第 124—134 页)。这一系列讨论最终凝结为以"黄宗智学术研究讨论"为主题的 6 篇文章(《史学理论研究》1994 年第 2 期,第 86—110 页)。《中国经济史研究》也先后报道了这两次会议的议程(1993 年第 4 期,第 140—142 页;1994 年第 1 期,第 157—160 页)。

括——既非纯经验堆积也非纯理论空谈,而是两者的结合,因此可以说是"双手并用"。同时,有意识地避免从抽象化概括跳跃到理想化、普适化的违反实际的理论。笔者追求的是对史实的最真实理解和概括,不是普适理论的建构。这才是"到最基本的事实中去探寻最重要的概念"的基本研究进路。

二、表达/话语与实践:法律史研究

(一)《清代的法律、社会与文化:民法的表达与实践》

从 1989 年开始,笔者在其后的 15 年中把主要精力转入了法律史的研究,部分原因是获知诉讼案件档案开放,认为这是进一步深入研究中国社会的极好机会,部分原因是在后现代主义理论潮流的影响下,笔者对自己过去研究中隐含的唯物主义进行了一定的反思,觉得很有必要将其纳入后现代主义所特别突出的"话语"层面,而诉讼案件是明显具有话语表达和行动实践双重层面特点的史料。

在详细阅读、梳理和分析了来自 3 个县的 628 起诉讼案件档案,并将其与《大清律例》条文对照之后,笔者认识到的不是后现代主义所坚持的要以话语为一切研究的主要对象,而是话语/表达层面和实践层面的背离,以及其所导致的两者间的长期互动的复杂历史过程。笔者从经验证据逐步得出的结论是,中国法律体系是一个既包含高度道德化表达也包含高度实用性实践的体系,两者所组成的是既矛盾又抱合的统一体,也就是说,"说的是一回事,做

的是一回事,合起来又是另一回事"。其中关键在于"合起来"的
"又是另一回事"。与对后现代主义理论[例如,萨义德(Edward
Said)和格尔茨(Clifford Geertz)的理论]的处理不同的是,绝对不能
将中国法律体系简单视作一套话语,而需要看到其话语表达和实
践间的相互作用。法律史的演变其实多是由于两者的互动而产生
的。与探讨理论/概括和实践/经验间的连接一样,我们需要集中
探讨的是中国法律体系中话语表达和实践间的连接和互动,而不
是任何单一方面。

基于此,笔者在 1996 年出版的《清代的法律、社会与文化:民
法的表达与实践》(以下简称《表达与实践》)中建立了"实用道德
主义"(既矛盾又抱合)的悖论概念来表述清代法律体系的特色。
同时,文中论证了民间的非正式调解制度和法庭判决的正式制度
的二元并存(而不是非此即彼),由此形成一个悖论统一体,以及源
自其间的互动的"第三领域"。

《表达与实践》一书的主要理论启发来源和对话对象是韦伯
(Max Weber)、后现代主义的萨义德和格尔茨以及布迪厄(Pierre
Bourdieu)。韦伯代表的是形式主义理性的视角,那既是他的中心
论点,也代表着西方现代的"理想类型",也是他本人的基本思维。
笔者从韦伯的理论获得的是其极其宽阔的比较视野以及对现代西
方法律体系的主导逻辑的认识。后现代主义则如前所述,促使笔
者更多地关注到表达层面的建构和话语。与韦伯和后现代主义不
同,布迪厄强调的不是韦伯那样的理论化(和理想化)的"理想类
型",或后现代主义的话语,而是"实践"与其所包含的"实践逻
辑",这对笔者逐步形成的"实践历史"研究进路和方法有一定的

影响。

但是，即便笔者明显受到三者的影响，然而与三者都不同的是笔者一贯以认识真实世界而不是建构普适理论为目标，因而特别侧重从经验证据出发的研究进路，凭此来决定对各种理论论点的取舍、重释或改组，最终目的是阐明中国的实际而不是建构理论，而韦伯、萨义德及格尔茨和布迪厄则都是偏重建构普适理论的理论家。

笔者在法律史研究中选择的进路其实是过去的农村社会经济史研究进路的进一步延伸。同样从大量经验材料出发，同样借助、关注多种理论传统并凭经验证据来决定其间的取舍或选择性修改。与之不同的是，在经验与理论间的关联之外，更关注实践与话语/表达间的关联，而又同样避免在两者之间作出非此即彼的选择，同样坚持在认知过程中两者缺一不可。我们研究的焦点不该是两者中任何单一方面，而是两者之间的连接和媒介。

正是如此的进路使笔者看到韦伯理论的弱点：当他遇到自己建构的"理想类型"与他转述的中国的历史实际不相符的时候，他曾试图合并两种类型来表述其性质，即关乎中国政治体系的世袭君主制（patrimonialism），加上关乎西方现代的官僚科层制（bureaucracy）的"世袭君主官僚制"（patrimonial bureaucracy）概念，以及关乎中国法律体系的"实体主义理性"概念。但是，他最终仍然偏向单一方面的选择，凭借形式逻辑而把中国简单划归为非理性的世袭君主制类型和实体主义非理性类型。在论述中国以外的其他非西方"他者"时，也同样如此，展示的是深层的西方中心主义和主观主义倾向（详细论证见拙作《清代的法律、社会与文化：民法的表达与实践》第 9 章;亦见本书第 9 章《中国法律史研究的现实意义》)。

实际上,韦伯建构的"形式理性法律"是一个既排除伦理/道德也排除非正式法律制度的理想类型。他认为,像中国传统法律这样高度道德化的法律,最终只能是"非理性的",只可能促使法外威权介入法律。同时,像中国以道德价值为主导思想的(非正式)民间调解制度,也只可能是非形式理性和非现代性的。他建构的形式理性理想类型是限定于完全由形式逻辑整合的体系,也是限定于正式制度的体系(详细讨论亦见本书第 20 章《道德与法律:中国的过去和现在》)。

后现代主义理论虽然可以视作对韦伯的现代主义和西方中心主义的有力批评,但在话语/表达与实践的二元对立间,其同样偏重话语这一单一方面。而笔者认为,要理解清代的法律体系,需要的是分析话语与实践之间的变动关系,而不是其单一方面。

至于布迪厄,他对实践的重视和阐释对笔者影响深远,但是笔者同时也看到他缺乏关于话语与实践背离和互动的问题的思考,以及缺乏长时段的历史趋势的视野。基于笔者自己的经验研究,笔者认识到"实践逻辑"不仅是(布迪厄所强调的)现实时空横截面上的逻辑,更是通过实践积累而形成的长时段历史趋势,并与话语积累所形成的长期趋势既相对独立又相互作用。后者才是笔者所集中探讨的问题,也是布迪厄没有关注的问题。

上述研究方法的关键是,面对理论和经验实际、话语和实践的二元对立,我们要做的不是非此即彼的选择,而是要认识到,对真实世界来说,二元中的任何单一方面都是片面的,真正需要我们去集中关注的是两者间持续不断的相互关联和互动,而韦伯、布迪厄和后现代主义却都忽视了这个问题。

(二)《法典、习俗与司法实践:清代与民国的比较》

在 2001 年第一次出版的《法典、习俗与司法实践:清代与民国的比较》专著中,笔者面对的是中西法律乃至中西文明碰撞与混合的大问题。从法典和大量实际案例出发,笔者发现,从表达或法典或话语层面出发,会产生民国时期的法律体系已经完全抛弃传统而全盘引进西方法律的错觉,看到的只是法律文本上的全面更改以及国家领导人与立法者全盘拒绝传统法律的决策。但是,从法律的实践/实际运作出发,则会看到中国与西方法律并存和互动的众多不同的实际:中华民国法律既包含鉴于社会实际而保留的清代法则和制度(尤其突出的是典权),也有与引进的西方法律相互妥协、适应和融合的方方面面(如产权、债权、赡养、继承方面的法律),还有充满张力的勉强并存(如妇女权利,从不符合中国社会实际的西方现代法律中妇女完全自主的法则出发,因此抛弃了清代法律给予妇女的一些重要保护,如借助法庭来防止丈夫或姻亲强迫自己改嫁或卖淫)。中西方法律两者的混合绝对不是一个简单的全盘西化过程,也不是一个简单的传统延续的过程,而是两者的并存和互动。这样更突出实践视野的不可或缺以及历史视野的必要,也突出了探寻兼容两者,甚或超越性地融合两者的必要。

从实践和实用的角度来考虑,法律不可能存在于简单抽象和理想的空间,必须适应社会现实,也就是说,韦伯型的形式理性理想类型和跨越时空的(形式主义理性)普适法律不仅是对实际的抽象化,更是脱离实际的理想化。读者明鉴,抽象化固然是认知的必要步骤,但理想化则不是——它多是脱离或违反实际的,对西方来说本身已经如此,而对非西方世界更加如此。把西方法律简单地移植于非西方世界,只可能得到违反实际的法律。要研究中国现代的法律,在条文之上我们必须更要考虑到实际运作,考虑到条文与实践之间的关联。近现代中国的一个给定前提条件是中国与西方、历史与现实、习俗与条文的必然并存。我们不可能也不应该作出简单的西化主义或本土主义的非此即彼抉择,必须从历史传统和社会实际(包括民众意愿)来考虑立法中的抉择以及运作中的实际。

(三)研究方法与反思

与以上两本专著并行的是笔者继《中国研究的规范认识危机——社会经济史的悖论现象》一文之后对方法和理论的进一步反思。首先是笔者根据法律史的经验研究得出的结论:清代法律的一个基本特征是正式审判制度与非正式调解制度的并存,而像韦伯那样的理论则只考虑正式制度,无视非正式制度。更有甚者,正式制度和非正式制度是相互作用的,并且在两者之间形成了一个相互作用的、具有一定特色的"第三领域"。笔者在1993年发表英文原版的《介于民间调解与官方审判之间:清代纠纷处理中的第三领域》(本书第2章)中详细论证了清代法律实际运作中的这个中间领域(之后纳入清代卷,为该书第5章)。

此后则是同年发表英文原版的《中国的"公共领域"与"市民社会"?——国家与社会间的第三领域》(本书第3章)。此篇文章通过与当时在中国研究中十分流行的哈贝马斯(Jürgen Habermas)的"公共领域"概念/理论以及国内外广泛使用的"市民社会"理念/理论的对话,再次指出中国的悖论性:其关键不仅在正式与非正式制度的并存,也在两者互动所形成的中间领域,借此来拓展处于国家与社会之间、由两者互动而形成的"第三领域"概念。这里再次强调的是,面对理论中的二元对立,我们需要看到的不是两者中的任何单一方面,而是要兼顾两者以及两者之间的关联和互动。

在 1998 年第一次发表的《学术理论与中国近现代史研究——四个陷阱和一个问题》(本书第 4 章)中,笔者比较平实地回顾、反思了自身学习和探讨理论与史实间的关联和背离的经验,由此来说明从实际出发而兼顾理论的学术研究进路,并突出尚待解答的中国的"现代性"问题。文章再一次强调,学习理论需要避免不加批判或意识形态化地使用,其中关键在于凭借经验实际来决定不同理论传统各部分的取舍,在于看到中国实际的悖论性,也在于不偏向二元实际的单一方面。那样,才能够适当借助现有理论的洞察力。

再则是 2000 年英文原版《近现代中国和中国研究中的文化双重性》(本书第 5 章),从近现代中国历史、国外的中国研究学界以及笔者自身经历的双重文化性角度来探讨中西文化碰撞与混合的问题,提出了超越两者的融合的实例和设想。文章论证,我们需要区别政治领域中的帝国主义与民族主义非此即彼的二元对立,以及双重文化/双语人群中的中西并存与融合现实。在理论和学术层面上则同样需要超越普适主义(理性主义、科学主义、实证主义)和特殊主义(后现代主义、相对主义、历史主义)非此即彼的二元对立,探索其间的并存与融合。

读者明鉴,这些论文既阐释了以上总结的基本主线,也展示了当时的一些困惑和未曾解决的问题,反映的是笔者自身核心思路的逐步形成。其中前后一贯的是拒绝在理论与经验、表达与实践以及中国与西方的二元之间作非此即彼的抉择,强调要看到其实际上的二元并存和互动。在研究中要做的是聚焦于二元间的并存和互动,关注其间的连接和媒介。

三、现实关怀的学术研究

笔者2004年从加利福尼亚大学退休,之后转到国内教学,十多年来主要以中文写作,把自己写作的读者对象从英语读者转为汉语读者。在这个转变过程之中,自然而然地也从对中国现实问题的消极关怀(想而不写)转为积极的关怀。在这个过程中,连接历史与现实很快成为笔者学术研究的新的主要动力。同时,在过去侧重实践经验的研究进路之上,更明确地关注到另外两个问题:一是探寻建立中国以及中国研究自身的社会科学方法和理论的道路,二是探寻解决中国现实问题的可能途径。在方法论层面,不可避免地也要问到:我们该怎样去发现、建立符合中国实际的社会科学? 同时,怎样去改变现实——不是象牙塔里的凭空设想,而是具体可行的实践道路的抉择?

首先,在学术研究方面,对现实的关怀成为笔者完成关于当代农业的第三卷和当代法律的第三卷的主要动力。笔者觉得需要对学生们说明,自己对明清以来的研究和理解对当代的现实问题具有什么样的含义:一方面是学术研究方法的问题,另一方面也是现实问题的解决路径问题。

其次,面对近年来农民的大规模进城打工以及他们所遭受的不平等待遇和重重阻难,笔者看到了中国面临的社会危机,并且自然而然地兴起了不平之感以及对中国未来的忧虑,希望能为这个问题作出学术性的贡献,尽自己的微薄之力。这样便很自然地把农村研究延伸到农民工的研究上,将其作为自己在农业和法律两个领域之外最关心的第三课题,为此写了一系列论文。最终把那些关乎农业和农民以及农民工法律的论文分别纳入了自己关于农业和法律的第三卷。

此三项研究都继续了之前的研究方法,即从经验证据到理论再返回到经验的认知进路,并同样尽可能摆脱意识形态,采用多种理论资源,目的同样是更好地认识中国实际,而不是建构普适理论。为此,一贯地聚焦于实践/经验和理论、实践和话语以及中国和西方的并存、互动和连接问题,由此来试图建立更符合中国实际的概念。此外,为了向青年学者们说明这是一个什么样的认知方法以及为什么要这么做,写了一系列方法论方面的论文。

(一)《超越左右:从实践历史探寻中国农村发展出路》

在农业问题上,首先是再一次看到了中国的悖论性。近三十年来,中国经历了一场意义深远的农业革命,但是和之前世界历史上的农业革命(以及根据其所得出的理论)很不一样的革命。它不是主要因为某些农作物由于畜力和畜肥的使用(像 18 世纪英格兰的农业革命那样)而提高了一些主要作物的产量,也不像后来在 20

世纪60年代和70年代所谓的"绿色革命"中,主要由于现代投入(化肥、科学选种和机械)而提高了主要作物的产量。这是因为中国当时的现代投入并没有能够提高农民的劳动报酬,而且因为农业生产(在集体制度之下)和之前一样过密化,产量的提高多为由人口的增长和劳动密集化所导致的边际报酬递减所蚕食掉(当然,也包括国家为工业发展而从农业提取剩余的战略决策所起的作用),以至于农民收入并没有显著的提高。直到20世纪80年代以后,中国农业方才真正打开了新的局面。

其动力不是像人们熟悉的过去那种农业革命的动力,而是来自十分不同的三大历史性变迁趋势的交汇。一是伴随非农业经济增长而来的收入提高所导致的食品消费转型(从8:1:1的粮食、肉食、蔬菜比例向当今大陆地区中上阶层和台湾地区的4:3:3转化),以及随之而来的农业转向越来越高比例的高值农产品(鱼肉禽、高档蔬菜、水果、蛋奶等农产品)的种植和养殖,而那样的高值农产品则既是现代投入/"资本"(如化肥、科学选种、饲料、生物剂、塑胶膜和拱棚)密集化的,也是劳动密集化的(譬如,蔬菜、水果种植以及种养结合需要数倍于粮食的单位面积劳动投入),由此既提高了农业收入,也吸纳了更多劳动力。二是从1980年开始的生育率下降终于在世纪之交体现为每年新增劳动力的缩减。三是农民的大规模进城打工。这三大趋势的交汇导致了农业的"去过密化"以及农业总产值的显著增长,伴之而来的则是六个世纪以来农业收入的第一次显著提高。在农业总产值上,表现为每年年均约6%的增长,远远超过之前的农业革命所实现的增长率(18世纪英国的农业总产值年均增长率才0.7%,20世纪的"绿色革命"所产生的农业总产值年均增长率才 2%—3%)。在农场规模上,则逐步迈向更"适度"(亦即从"隐性失业"到"充分就业"的演变)的规模。

因为这样的变化并不显而易见,笔者称之为"隐性农业革命",它主要可见于人多地少的后发展国家(特别是中国和印度),与西方人少地多(主要依赖机械化)的农业现代化模式十分不同。以上是笔者 2010 年出版的当代农业研究的阶段性成果《中国的隐性农业革命》这一专著的主要内容。

在其后续的研究中,笔者进一步论证,中国这种农业现代化模式具有多种"悖论性",它不是"大而粗"的农业而主要是"小而精"的劳动与资本双密集化的农业。它的主体不是规模化的(雇工)生产而主要是小家庭农场生产(尤其是大、中、小棚蔬菜种植和水果种植,以及种养结合的小农场)。它主要依赖的现代投入不是节省劳动力的机械,而更多是节省土地(提高地力)的化肥、良种等。这样,其与西方(尤其是美国)形成了世界历史上农业现代化的两大截然不同的模式。

正因为从西方经验和理论来看它是"悖论性"的,是与当前的主流经济学和农业经济学理论不相符的模式,所以它还没有被许多学者和决策者真正认识到。其中有不少人仍然沉溺于之前的经典模式,错误地以为农业现代化必须主要依赖"规模经济效益"——在计划经济时代错误地以为必须是规模化的集体大农业,今天则以为必须是雇佣劳动的大企业农场。而悖论的事实是,中国的新型农业革命的主体其实是使用自家劳动力的小家庭农场,以及其结合主劳动力和家庭辅助劳动力的家庭生产组织。固然,伴随生育率的下降、劳动力的外出打工以及新农业(劳动和资本双密集)吸纳劳动力,农业农场的规模正在朝向更适度的劳动力与耕地面积配合的方向演变,但它绝对不像西方经验中的主要依赖农业机械化和产业化的大农场。

正因为决策者和学者们坚持之前经典理论(马克思主义经济学和新自由主义经济学)深信的农业生产现代化必须以规模经济效益为前提条件,所以没有认识到这些基本的悖论事实。为此,在政策上也一直向农业企业公司和大农户倾斜,基本无视小规模的家庭农场。即便是 2013 年以来提出的发展"家庭农场"策略,实质上也是向(超过百亩的)大户倾斜,预期和依赖的仍然是较大规模的农场。为此,笔者一再呼吁,要认识到从几亩到几十亩的劳动和资本双密集化小家庭农场乃是今天农业发展最重要和最基本的动力。它们亟须得到政策上的重视,需要政府更积极的支持,及引导和协助组织真正以小农为主体的合作社,来为农民提供融资和"产—加—销"的纵向一体化(而不是农业产业化、规模化的横向一体化)的服务,借此把更多的市场利益归还给农民生产者,而不是像当前这样,让市场利益大都被商业资本获取。后者采用的经营方式其实大多并非真正的规模化生产,而是凭借合同、协议或订单农业等形式利用一家一户的相对廉价的家庭劳动力及其自我激励机制来进行农业生产,不是经典理论中那种大规模雇佣劳动的大农场。许多商业资本经营的只不过是一种虚伪的"产业化"生产,只是凭借迎合了官方的招商引资要求来争取更多的政府补贴。经过比较系统的数据检验,笔者(和高原、彭玉生)论证,今天农业中的全职受雇的劳动力只占全部农业劳动力约 3%。中国农业迄今仍然基本是充满"悖论性""没有无产化"的一家一户的小农业。而且他们的资金来源很多是农民家庭成员打工的收入,而不是商业企业的投资(或国家的补贴)。这些事实进一步说明小家庭农场的关键性以及中国农业的悖论实际。

拙作同时论证,今天的农户其实既是农业生产主体,也是(通过打工参与)工业生产的主体,在那样的现实下,解决农民问题不仅需要农业方面的决策,更需要对经济整体的重新认识和思考。我们需要认识到中国农户长期持续的"半工半耕"悖论特征,认识到其对中国经济发展所起的关键作用,及其对扩大国内市场和内需所具备的巨大潜力。

同时,要认识到其所被迫承受的不平等待遇乃是不经济的决策。在法律层面上,我们应该为农民和农民工提供劳动法律的保护以及社会福利,而不是只有相对较低的社会福利。给予农民和农民工公平待遇其实是提高农民生活水平和购买力最好、最快速的办法,也是扩大国内市场的关键。优先提高农民和农民工生活水平是一条"为发展而公平,为公平而发展"的道路,特别适合中国当前的实际。它既不是集体时期那种贫穷状态下的公平道路,也不是近年来"发展主义"下的"先发展后公平"的道路。其实,在中央的指示之下,有一个突出的地方实验已经证明这是一条可行、有效的道路。为此,笔者详细论证了这个经验,试图对其实践经验进行抽象的概括。以上这些内容,加上原先关于"中国的隐性农业革命"的内容,组成了笔者 2014 年出版的农业第三卷《超越左右:从实践历史探寻中国农村发展出路》。

（二）《过去和现在：中国民事法律实践的探索》

今天中国法学界的分歧主要在西化主义与本土主义上，一方强调西方法律的普适性，另一方强调中国历史与实际的特殊性。虽然如此，在引进西方法律的今天，前者无疑是"主流"倾向。这个基本事实可以见于中国法律史的研究已经日趋式微，其教员、学生、课程日益减缩。法律史的研究其实已经呈现一种博物馆管理员的性质，偶尔可以展示其珍藏品，但与当前的实际毫无关系，在立法层面可以说几乎完全没有（或完全放弃）发言权。法理课程和研究的内容几乎全是舶来的理论，难怪法理与法史一般自行其是，基本没有关联。

面对这样的现实，笔者的研究再次强调实践层面。从实际运作来看，中国当今的法律体系非常明显的是一个三大传统的混合并存体，即古代法律、革命法律和从西方引进的法律的混合并存体。笔者在 2009 年出版的法律研究第三卷《过去和现在：中国民事法律实践的探索》（以下简称《过去和现在》）中详细梳理、论证了一系列今天的法律实践中仍然延续着的古代法律传统（如调解制度、家庭主义的赡养、继承和产权法则及制度）；当代中国一直适用的、来自革命传统的法律（特别是婚姻法律）以及革命所创建的法庭调解制度；再则是融合中西法律的方方面面（例如侵权法）。在刑法领域，传统和革命因素更加明显，尤其是负面的因素，例如嫌疑人权利的缺失，被广泛使用的"刑讯逼供"、威权主义的政治干预。笔者的目的是要论证三大传统并存的经验实际。

在深一步的层面上，笔者分析了中、西方法律基本思维的不同,不仅在清代如此,在民国和当代也如此。西方强烈倾向逻辑和程序,中国则仍然展示了一定程度的道德和实质倾向。固然,从实践层面来观察,双方其实都具有对方的另一面,如中国古代的法庭判决和程序化规定,和西方法律中的"实体主义"的方方面面,包括由"自然法"传统遗留下来的道德理念。(我们可以质问韦伯:他所推崇的形式主义理性法律的人权和个人主义权利前提法则,何尝不带有一定的实体主义/道德理念的成分?)更不用说美国的法律实用主义,提倡实用性和社会改革理念,长期以来一直都和"古典正统"的"法律形式主义"抗衡,一定程度上与之共同组成美国法律体系的实际性质。当然,今天的中国法律已经大规模引进和偏重西方形式化法律。虽然如此,我们仍然可以看到,中国法律依旧带有侧重道德和实质的顽强倾向,仍然和西方法律很不一样。

在更深的层面上,笔者指出,过去和今天的中国法律思维在其道德主义倾向之上,还带有实用(主义)倾向的一面。正因为其主导思想是道德理念,是关乎"应然"的思想,它不像形式理性逻辑带有强烈的跨时空普适主义倾向,没有把用逻辑梳理出来的抽象法则等同于实然,并把抽象法则推向对现实的理想化的强烈倾向。中国长期以来的道德主义化法律相对比较能够承认自身代表的是一种理想化,不会简单地把道德理念等同于实际,会看到理念与实际之间的差距(譬如,儒家思想把理想状态划归"三代"和"先王",强调"君子"的"修身"),并接受其间需要某种媒介来连接的现实。这正是笔者所提出的"实用道德主义"的核心。

同时,中国法律,尤其是古代法律仍然可见于今天,也反映了一种从经验到理念/理论到经验的认知进路,要求寓抽象概念/理念/准则/法则于实际事例,坚决保持道德准则/法律原则与具体事实情况之间的连接,和西方现代的形式理性强烈趋向把抽象推向脱离实际的理想化普适法则或理论不同。纯粹从逻辑化角度来考虑,后者肯定更简洁、清晰、易懂,而前者则显得模糊、复杂甚至不符合逻辑。但是,从真实世界的实际来考虑,中国法律其实更贴近实际。即便是今天的中国法律,也展示同样的倾向。譬如,中国侵权法认定在造成民事损失的案件中,双方都没有过错的案件普遍存在,而没有像西方侵权法那样基本拒绝考虑此种案件,甚或认定其不可能存在,将其排除于侵权法律涵盖范围之外。中国法律则不然,从明显可见的实际出发,并由此修正了从西方引进的法律。

基于此,《过去和现在》的中心论点,以及其所提出的立法思路,是要求从法律实践出发,从中找出连接社会实际和法律规范的实例。该书论证,这些实例之中既有明智的抉择,也有错误的抉择。笔者在探索出反映"实践智慧"的具体立法经验以及错误的立法经验的基础上,指出朝向应然改变的方向。其中包括如何适当调和法则与实际以及如何到实践经验中去探寻综合中西方法则的方法,借此来探寻更贴近中国实际的立法进路。

在 2014 年出版的《清代以来民事法律的表达与实践》(三卷本)中,笔者纳入了另外三篇新的文章(作为附录)。《中西法律如何融合:道德、权利与实用》明确提出了融合三者的框架性设想和具体实例,并把这样的分析延伸到刑事法律领域。《历史社会法学:以继承法中的历史延续与法理创新为例》提出了"历史社会法学"新学科的初步设想,并以传统的家庭主义和引进的个人主义并存及拉锯于继承/赡养法律为实例,提出协调中西法学与法律的具体实例。再则是《重新认识中国劳动人民——劳动法规的历史演变与当前的非正规经济》,质疑近年来脱离这方面的革命法则的倾向,并直接联结了笔者的农村社会经济史研究、农民工研究和历史社会法学研究,指出法律和社会改革的必要。

(三)方法与理论

1.从实践出发的社会科学

和以上两部专著研究同时进行的是以方法和理论为主的探索。近几年来,笔者比较明确地提出建立中国研究自身的新社会科学的方案:先是 2005 年发表的方向性文章《认识中国——走向从实践出发的中国社会科学》(本书第 6 章)和同年发表的姊妹篇《悖论社会与现代传统》(本书第 7 章),初步提出了笔者总结的基本学术方法,以及用"实践历史"和"实践社会科学"两词来表达的研究进路。除了"悖论"和"实践"两大关键概念之外,更强调中国近百年在应对西方挑战的实践之中所积累的"现代传统",突出其中的明智抉择。

2.法律的实践历史研究

更详细的分学科讨论主要是 2008 年出版的《中国法律的实践历史研究》(后来作为 2009 年出版的拙作"法律三卷本"的第三卷的《导论》)(本书第 8 章),梳理了"实践"的含义。首先,区别三种交叠而又不完全相同的含义,即相对"理论"而言,相对"表达"而言,以及相对"制度"而言的实践,并以美国法律史、清代法律体系以及当代中国男女继承法律的实例来阐明每一种含义。进而借助与韦伯"形式理性法律"理想类型的对比,来说明中国法律思想一贯坚持的寓抽象法则于具体事例的思维方式。同时,借助与倾向纯回顾性的实用主义对话,来说明中国的"实用道德主义"在实用性之上,也包含前瞻性道德理念。而后以现当代的离婚法律历史为实例来阐明以上的多种特征。同时,区别正面实例与 21 世纪初的盲目援用西方法律程序的"当事人主义"于中国离婚法领域的负面实例,目的是说明实践历史之中,既可能包含可资指导立法的明智抉择,也包含应该引以为戒的盲目模仿西方的负面实例。

其次是 2014 年出版的《清代以来民事法律的表达与实践:历史、理论与现实》(三卷本)的总序《中国法律史研究的现实意义》(本书第 9 章),从现实立法需要的角度总结了笔者从经验研究所发现的,在传统法律、西方法律以及中国革命法律三大传统的互动下,中国在近百年的法律实践中所作出的抉择,包括所保留和拒绝的中国传统、所接受和拒绝的西方法律、所援用和拒绝的革命法律,以及在三者中所作出的调和和重新理解。总结的实践经验包括正面和负面的抉择,据此来勾勒今天法律应该采用的立法方向和方法。作为"对手"和"陪衬"的是韦伯的理论,笔者凭借中国法律的实践历史来说明韦伯理论中形式主义与实体主义、理性与非理性、西方与中国非此即彼的二元对立框架对理解中国法律的盲点、误区和不足,强调的是中西法律两者不可避免的并存和互动。我们需要的是澄清综合两者的原则和方法。

最后是同年为了进一步阐释笔者提倡的"历史社会法学"的《〈历史社会法学:中国的实践法史与法理〉导论》(本书第 10 章),

借助纳入该集子的近年来笔者接触到的国内优秀青年学者和学生的论文,来更具体地说明笔者提倡的研究进路。这些文章都根据中国的实际来质疑硬把中国历史塞进西方(如早期现代化、现代化、理性化)框架的倾向,通过在中国社会情境中的法律实践来说明其与法律条文的异同,以及其所包含、展示的与西方形式主义法律不同的概念、逻辑和理论。文章的后半部分则对当今可资借用的西方的多种非形式主义法学理论传统进行了梳理,说明创立更符合中国实际的、结合法律史和社会史、实践历史和理论概括的"历史社会法学"新学科的设想。

3.实践经济史研究

在经济方面,首先是关于经济史和经济学理论的《从实践出发的经济史和经济学》(本书第 11 章),其作为 2009 年的《中国的隐性农业革命》一书的结论,之后修改、增订为 2014 年新版的"农业三卷本"的第三卷的结论。此文比较系统地梳理了主要的相关(西方)理论。形式主义经济学理论[舒尔茨(T. W. Schultz)、刘易斯(W. A. Lewis)等]惯常从理论前提(如纯竞争性市场必然会导致资源的最佳配置)出发,搜集相关证据/数据,而后再返回到理论前提,但要了解中国的实际,我们必须把这个过程倒过来,即从实践出发再进行概括而后再返回到实践来检验,如此方能掌握实际并由此建立合适的概括与理论。我们可借助的是西方一些非形式主义的、从实践经济史出发的理论[如瑞格里(E. Anthony Wrigely)、博塞拉普(Ester Boserup)、恰亚诺夫(A. V. Chayanov)等],也包括之前——在来势汹汹的市场原教旨主义意识形态潮流之前的,几代中西方奠基性人口和农业研究。笔者提倡，要从中国人多地少的基本国情出发来分析市场、资本、技术、社会结构和国家体制等其他经济因素，看到它们和基本国情之间的互动，而不是凭借理想化的市场建构来排除对中国基本国情的考虑。最后，从中国改革期间的"隐性农业革命"现实以及一个最近的地方实验出发，提出符合中国实践经济史的进一步改革方向。

　　其次是为 2014 年新版的"农业三卷本"《明清以来的乡村社会经济变迁：历史、理论与现实》所写的总序（本书第 12 章），此章通过分析农业经济和工业经济的基本不同，来说明舒尔茨等人的形式主义经济学（及其所抽象化、理想化的美国经验）中的基本错误。而后从人口与土地的关系角度来论证这些西方经典理论是如何因其教条而完全忽视了中国的基本国情，并因此也忽视了当前庞大的非正规经济现实和其历史根源。据此，笔者再次提倡"从证据到理论再到证据"的实践经济史研究进路。由此，方有可能掌握中国的实际并创建带有中国主体性的理论。

　　最后是同年发表并作为上述图书后记的《"家庭农场"是中国农业的发展出路吗？》（本书第 13 章），根据以上的研究进路，比较详细地回顾、论证"小而精"的中国（以及东亚和印度）农业现代化历史经验与"大而粗"的西方农业现代化经验的不同。后者在现代化过程中依赖的主要是节省劳动力的拖拉机，其前提条件是人少地多；而前者则更多依赖节省土地的化肥和科学选种，这是由人多地少基本国情所驱动的方式。以日本和美国为例，日本 1970 年所使用的劳均机械只是美国的 1/45，但每公顷所使用的化肥则是美国的 450%。中国的经验则更加如此。实际上，由于人力和地力的自然限制,农业生产是和工业经济十分不同的生产,其中人地关系是个先决条件,不可像一般的经济学那样混淆两者。此章对"主流"经济学和中国近年来受其理论影响的、偏重规模经济的农业政策提出了理论和方法上的质疑,指出小规模家庭农场在中国农业现代化中的关键作用。

中国今天需要做的是更积极地扶持以小规模(几亩到几十亩)的真正的家庭农场为主体的合作化服务。特别值得借鉴的是日本、韩国等国与中国台湾地区带有一定偶然性的历史经验——从原先以农政为主的日本模式的基层政权,到其后在美国影响下的改造,而把基层政府的资源管理权让给农民组织的合作社。

4.非正规经济

此外是聚焦于中国的"非正规经济"(即没有法律保护和没有或只有较低社会福利的劳动力,主要是农民工)的三篇论文。首先是 2009 年发表的《中国被忽视的非正规经济:现实与理论》(本书第 14 章),此文论证在改革 30 年之后的中国,由于(寻找最廉价劳动力的)全球资本的进入,非正规经济已经和其他发展中国家一样占到城镇就业人员的大多数。文章比较系统地梳理了这个来自国际劳工组织的分析概念的学术起源。它是根据发展中国家近半个世纪以来的经验实际得出的概括,但它多被"主流"经济学和社会学忽视。在人们广泛援用的新制度经济学和市场经济理想类型以及现代化主义和橄榄型社会等模式的影响下,中国这个根本和庞大的现实被广泛掩盖和否认。即便是官方所搜集的正式统计数据也都如此。文章呼吁,要把意识形态化的理论建构置于一旁,从经

27

验实际出发来概括中国当前的社会经济实际。

其后是 2010 年发表的《中国发展经验的理论与实用含义:非正规经济实践》(本书第 15 章)。此文首先仔细梳理了今天在国内影响最大的[哈耶克(F. A. von Hayek)、科尔奈(Yanos Kornai)、科斯(Ronald H. Coase)等人的]新制度经济学理论,而后检视与其敌对的[魏昂德(Andrew Walder)和钱颖一等的]理论。后者正确指出,科斯等因其理论教条(认为唯有私有产权和私营企业才可能促进经济发展),忽视了地方政府在中国改革中所起的关键作用。但是,即便如此,魏、钱等人立论的依据最终也没有脱离主流经济学的掌控:他们争论,中国地方政府之所以起到如此的作用,是因为改革之后它们的行为变成与市场化的私营企业一样(尤其可见于其所创办、经营或控制的乡镇企业)。这样,正反双方的意见都没有能够看到改革后期的关键现象,即地方政府通过非正规廉价劳动力以及各种各样的非正规补贴和优惠(尤其是土地)来吸引外资,促使中国成为全球资本的第一选择,借此推动了中国的发展"奇迹"。此中关键在于地方政府和企业间的协同运作,而不是其中任何单一方面。这个过程不是政府向企业的"转型",而是政府的非市场行为和非正规(包括反法规)行为赋予了其所招引的企业特低的成本和超额的收益。其道理不在于政府和市场非此即彼的二元对立,而在于两者的协调与搭配。事实是,"政府+企业"——尤其是在中国的后计划经济环境下——比纯企业具有更强的竞争力。具有讽刺意味的是,特别突出"制度"的新制度经济学居然完全没有考虑到这个基本的制度性因素。但这种做法既导致了经济发展,也导致了严重的社会不公。针对后者,文章论证在中央指示下重庆实验的突出之处正在于政府和企业更有效地配合,做到给予非正规人员较公平的待遇,借此来更好地促进经济发展。

最后是 2013 年发表的《重新认识中国劳动人民——劳动法规的历史演变与当前的非正规经济》(本书第 16 章)。今天,传统的"工人"和"农民"两大范畴已经不再能够表达中国社会的实际情况,因为绝大多数的"工人"是具有农村户籍的农民,而绝大多数的农民家庭都有部分人员在城镇打工。如此的由农民和农民工共同组成的非正规经济,今天占到全国总就业人员的 83.2%。剩下 16.8% 的正规经济人员中则足足有一半是国有单位人员。如此的经验实际与左右双方的经典理论预期都不相符。事实是,非正规人员既是中国发展经验中的关键,也是其社会危机的主要体现。后者乃是当前亟需国家尽力解决的问题。文章最后论证,最好的解决方案是采纳"为经济发展而推进社会公平"的方案。

5.政治经济体制

另外则是关于政治和经济体制的探讨。首先,沿着原来第三领域的思路,把其拓展到 2008 年发表的《集权的简约治理——中国以准官员和纠纷解决为主的半正式基层行政》(本书第 17 章),本书突出中国古代历史上国家体制的既集权又简约的悖论治理方式,依赖的是半正式的准官员,国家的正式官僚体系要在遇到纠纷时方才介入。文章论证如此的传统一定程度上仍然可见于当今的中国,也仍然具有一定的借鉴价值。

但是,这里需要说明,虽然如此,此双悖论现象明显不足以描述和指导当前的政治体制,因为在当代,它首先被纳入了一个高度渗透社会的体制。之后,又经历了改革期间一定程度的现代西方式的专业化、科层制化,也经历了基层政权的往上收缩。同时,又形成远比之前鲜明得多的中央政权与地方分权的悖论结合。结果是多重悖论的复合并存于单一体系。同时,作为一个执政体,政治体制又从来就是特别坚韧和难以改革的体系。由此而形成的是史无前例的庞然大物,不是任何单一双悖论现象所能表述的,更毋庸说现有的强烈倾向非此即彼单一方面逻辑的经典理论。

政治体制当然和经济体系紧密相关,而后者同样是一个多重悖论的复合体:一是古代的灿烂都市文明下的过密化糊口小农经济,也是今天的非正规经济的历史根源;二是计划经济下庞大的国有工业体系,今天仍然占据国内生产总值的将近一半;三是"市场化""转型"下的资本主义私营企业的兴起;四是国有企业"抓大放小"的私有化以及大型国企的公司化和营利化。结果同样是个由多重悖论所组成的错综复杂的庞然大物,不是任何现有西方经典理论所能概括和阐明的。新自由主义和新制度经济学理论偏重单一的逻辑整合性,不能掌握悖论结合的实际,更毋庸说多重的悖论。譬如,由于坚持"私有产权+市场机制"模式而拒绝认真考虑营利型国有企业的积极面,但市场化的后者实际上已经成为今天中国经济发展的重要动力。当然,也因此忽视非正规经济的庞大制度实际。

即便是近年来广为使用的、带有悖论合一性的"国家资本主义"或"社会主义市场经济"两大范畴,也只能捕捉到这个体系的部分实际。在多重悖论复合的实际下,这个庞然大物形成了一系列的悖论特征。整个政治经济体系其实仍然处于一个前途未卜的交叉路口。

关于这个改革"转型"期政治体制的思考,笔者在 2009 年发表的《改革中的国家体制:经济奇迹和社会危机的同一根源》是一篇探索性的文章,初步梳理了一些主要的问题和相关文献。文章比较清晰地提出,改革中所形成的特殊国家体制其实既是中国经济奇迹的根源,也是其社会(以及环境)危机的根源。同时从国家体制角度来总结笔者自己之前的非正规经济研究,进而提出如何改革的初步设想。

而后是 2014 年的《"项目制"的运作机制和效果是"合理化"吗?》(本书第 18 章)。文章论证今天被广泛依赖的项目制治理方法。该文从一个农村经济政策出发,论证项目制并没有像新自由主义理论所预期的那样,由于市场机制的运作而形成最佳的资源配置,反而由于国家的介入而影响了市场机制,导致凭借国家补贴而采用不经济的经营方式的大户兴起。此外,农村的合作社、扶贫等领域中的项目制也展示了一些权—钱结合情况。政府和企业的搭配本身可优可劣,其中关键在于主导价值观念——仅凭逐利价值,几乎必然导致腐败,需要的是较崇高的道德价值驱动。

此外,笔者在 2012 年发表的《国有企业与中国发展经验:"国家资本主义"还是"社会主义市场经济"?》(本书第 19 章原文为《国营公司与中国发展经验:"国家资本主义"还是"社会主义市场经济"?》)论证,人们惯常借用的新自由主义经济学以及由其衍生的新制度经济学,今天已经成为认识中国经济的严重阻碍,凭理论教条而拒绝考虑其所显示的基本悖论实际,特别是混合经济的现实以及其营利性国有企业在发展中所起的积极作用。事实是,在中国的经济体系中,国有企业具备比私营企业更有利的竞争条件——唯有借助国家的权力和资源才有可能与庞大的国际跨国公司竞争。

同时,新自由主义经济学和社会学,凭借其意识形态化的理论前提建构,同样拒绝承认中国非正规经济和城乡差距所显示的社会不公,坚持使用所谓的"刘易斯拐点"和"橄榄型"社会"理论"来夸大劳动市场的整合性和"中产阶级"所占的比例,借此来否认、掩盖中国贫富悬殊的社会实际。

文章借助中央引导下的重庆实验来论证以上两大问题的关键不在于国有企业应否存在,而在于其利润的使用。当前两大关乎中国政治经济体制的分析模式是"国家资本主义"和"社会主义市场经济"。前者突出国有企业之为营利而营利的一面,后者则指向用其所得利润于民生。重庆经验所展示的是后一方向,也是如何赋予"社会主义市场经济"以实实在在内涵的方向。为此,虽然该实验受到一定的挫折,但仍然不失为一个极其重要的实验。当然,其主要的贡献在于经济和农民工方面的政策,仍然欠缺更清晰可行的推进农村发展的政策,也缺乏通过民主化来改革目前的政治体制的可持续方案。

读者明鉴,中国国家体制及其改革是个关键而又特别错综复杂的问题。笔者自己的研究仍处于探索阶段,有待于更深入的、长期持续的研究,也有待于更多他人研究的启发,更有待于实践/实验之中的发明。但是,笔者深信,掌握此问题的关键是从中国实际出发,排除现有理论条框和单一学科的束缚而创建符合中国实际的概括,而后返回到实践去检验,逐步摸索出长远的可持续道路。

四、韦伯与布迪厄之间的道路

拙作"法律三卷本"以及相关的方法论论文所未曾解决的一个大问题是,该怎样更全面、系统、清晰地梳理和概括中西方法律的结合;我们该如何在非此即彼的二元对立大潮流下,更清晰地提出调和、融合、超越两者的方法和理论。我们的目的不仅是证明在实践历史中两者混合并存的实际,也不仅是挖掘出其"实践逻辑"而突出其悖论性,在其中区别"实践智慧"和错误的抉择,而且要探寻更全面的阐释。此外,需要超越"实践"所带有的纯"回顾性"(要做了之后才谈得上"实践逻辑"),纳入带有关乎未来的前瞻性抉择方法。这里,笔者试图通过借助西方启蒙哲学大师康德(Immanuel Kant)的实践理性理论来讨论对自己过去研究有强大和持久影响的韦伯和布迪厄,借此来回答这个问题。

(一)韦伯和布迪厄与"实践理性"的道德价值

韦伯和布迪厄在对待理论和实践之间的关系上几乎是完全敌对的。在以上以及笔者之前撰写的多篇文章中已经说明,韦伯可以说是主流形式主义理论的最佳代言者之一(同时也是其最佳分析者之一)。他认为,现代性的关键在于"理性化",而他对"理性"的理解主要是形式化(演绎)逻辑,认为现代最佳的政治体制和法律乃是最高程度形式理性化的体系。其中关键在于凭借逻辑而自成体系,其传承主要来自掌握逻辑的法学专家,而其运作则主要是

（形式逻辑所主宰的）官僚科层制和形式理性法律。他认为，形式理性的对立面是实体理性——后者凭借的不是普适的理性逻辑而是特殊的道德价值观以及特殊的具体事实或统治者的意志等"非理性"因素。这些因素都容易成为外部势力侵入法律领域的途径。他认为，现代科层制以及形式理性法律要求的是合理化，即整合于逻辑，达到普适的逻辑性，不受非理性因素的影响。在如此非此即彼的二元对立之中，他基本不考虑理论和实践之间的复杂关系，而要求整合一切于前后一贯的、单一的形式理性（尤见纳入本书的《中国法律史研究的现实意义》和《道德与法律：中国的过去和现在》）。

固然，在叙述具体历史时，韦伯偶尔也考虑到结合自己建构的两个不同的类型。我们上面已经看到，一个例子是他转述中国政治体系时初步提出的"世袭君主官僚制"（patrimonial bureaucracy）概念，另一个是转述中国法律制度时提出的"实体主义理性"概念，合并了韦伯建构的两种不同类型，隐约含有笔者所采用的悖论的二元并存思路。但是，他并没有进一步如此阐释，而是最终仍然返回到自己的演绎逻辑而把中国的政治体制简单地划归世袭君主制非理性类型，把中国的法律体系归类为非理性的实体主义法律。他的总体思维倾向是把原来来自西方经验的抽象化进一步理想化为形式主义理性的主理想类型，而把非西方的"他者"归属为实体主义非理性的主对立类型。因此我们可以说，归根结底他是一位唯心主义倾向强烈的思想家/理论家，并没有真正贯彻对理论和实践、类型和历史之间复杂关系的关注，更不用说把如此的问题设置为自己探索的中心。

　　布迪厄一定程度上是韦伯的对立面。他特别突出的是实践而不是理论,探索的是所谓"实践逻辑"而不是韦伯的形式理性理想类型。首先,布迪厄批评了过去非此即彼的二元对立思想并试图提出超越彼此对立的理论概念。譬如,提出"习性"(habitus)概念——与主观主义完全把(阶级)行为理解为纯粹主观选择(意志主义)不同,他争论人们的阶级属性会影响他们的实践抉择,通过一生的生活习惯(举止、衣着、言辞等习惯)而形成一种习惯性的意识和倾向,从而影响(但不是完全决定)他们的实践。同时,与客观主义/结构主义把(阶级)行为理解为(最终)由客观的结构(阶级关系)决定的马克思主义理论不同,他又认为人们具有一定的能动性,其行为同时也受到主观意志和抉择的影响。这样,他试图超越结构主义和意志主义的二元对立。同时,他的"象征资本"概念试图把马克思主义的"资本"论析拓展到非物质的象征领域,认为那样的象征资本(譬如,教育背景、特长、地位)可以转化为物质资本,而后又再转化为象征资本(例如声誉、品牌),如此往复。这样,他试图超越主观主义和客观主义的二元对立,在这方面和韦伯很不一样。(Bourdieu,1977)

　　布迪厄的"实践逻辑"概念的含义主要是日常生活实践中所包含的(常是未经明言)的"逻辑"。对他来说,"习性"便是这样一个(容易被忽视的)实践逻辑的具体例子,象征资本也是,而两者的逻辑都不是简单的主观性或客观性的、结构主义或意志主义的,而是处于两者的并存和互动的模糊、矛盾地带。这无疑是对韦伯理论的一种批评和超越。读者明鉴,这样的理论也许没有形式理性理论那么清晰,但明显比韦伯单一面的"理想类型"更贴近真实世界的实际情况,说明真实世界不是韦伯那样的理想化理论所能涵盖的。

但是,布迪厄的实践逻辑也带有关键的弱点。除了上面已经提到的缺乏历史感和缺乏对表达与实践背离问题的关注之外,他也没有仔细分析主观抉择的性质。习性说明的是某一种客观条件所导致的主观倾向。但在这种倾向之上的主观抉择呢?人们做出抉择的时候,还有什么样的非客观机制在起作用?其抉择到底是怎样形成的?布迪厄并没有解答。

这里,我们可以借助康德的理论而作出以下的概括:人们的主观抉择可能来自某个主观终极目标(例如某种宗教或意识形态信仰),也可以是纯功利性的(为了自己或某些人的利益),更可以是仅仅基于某一种特殊客观情况下的特殊行为。而这些都说不上是可以通过理性逻辑来普适化的法则。它们包含的主要是特殊性而不是普适性。康德集中论析的则是源自其所谓的"实践理性"(practical reason)而作出的抉择:具有自由意志的人们,可以凭借实践理性来作出多种多样道德准则之中的理性抉择,由此来指导行为。此中的关键是他的"绝对命令"(categorical imperative)主导如此的行为的道德准则是否可以被理性地想象为应该普适化的法则,不只适用于行动人,而更可以通过理性辨析而得到别人的支持,适用于所有人。如果可以,便是理性的道德抉择,不然,便不是(详细论析见作为本书结论的第 20 章《道德与法律:中国的过去和现在》)。

康德这里的贡献在于在繁杂多样的特殊道德准则中树立作出理性抉择的标准。这是他实践理性的核心。他的论析可以为布迪厄的实践逻辑提供其所没有的道德价值维度,提供借此来从众多实践逻辑中作出抉择的方法,由此可以为其赋予其所缺乏的前瞻性。布迪厄则因为罔顾"善""恶"问题,只关心实践行为,而使其"实践逻辑"最终只可能成为一种纯回顾性的、被旁观的(人类学)学者观察出来的实践逻辑,不带有改变现实的前瞻性导向。也就是说,布迪厄的实践逻辑理论最终并不足以指导行为或作决策。布迪厄本人固然是位进步的、真诚地关心普通民众的学者,但他并没有试图对自己的进步价值观和感情加以理性化的梳理。正因为布迪厄完全没有考虑到这样的道德维度,其理论只能是回顾性的,不足以指导我们关心的立法进路、农村政策抉择或经济战略的问题。

至于韦伯的理论,康德的实践理性则提供了强有力的逻辑化论析,足以说明韦伯对"理性"的理解局限于理论理性,完全没有考虑到"实践理性"/道德理性,而后者正是理论理性与实践间的关键媒介。韦伯偏重理论理性,没有考虑到连接理论与实践的问题,这是他归根到底是一位偏向主观主义的思想家的重要原因。

更有甚者,康德的"绝对命令""实践理性"思路其实是符合中华文明的基本倾向的。中国古代至当代的法律历史所展示的是,中华文明中最坚韧持续的特征之一是儒家的道德化思维,其核心长期以来可见于儒家的"己所不欲,勿施于人"的"黄金规则",实际上这在中国的调解制度中至今仍然被广泛援用。它其实完全可以被"现代化"为相当于康德的绝对命令的道德标准。它显然可以成为一个被一般公民接受的标准。它也和康德的"实践理性"一样附带有自内而外的道德抉择观点,与西方此前的"自然法"把道德视为客观存在于自然的思路很不一样。过去的儒家思想虽然把如此的道德抉择局限于"君子"，但这是个完全可以变得大众化、全公民化的理念（儒家自身便有"有教无类"的理念），也完全可以适用于今天的立法抉择。

这样，我们可以辨析出一条介于韦伯的过度形式化的形式理性和布迪厄的缺乏前瞻性的实践逻辑之间的道路，从而得出一条通过实践理性（道德理性）的标准决定道德准则的取舍来指导实践的道路。根据这样的标准所作出的抉择显然一定程度适用于他人，甚至可能适用于所有人，具有普适性。

（二）实践理性与毛泽东思想

我们也可以从实践与理论的关联的问题角度来回顾中国的革命传统。其实过去的"毛泽东思想"便是一套聚焦于如何连接实践与理论问题的思想。我们可以想象，在中国共产党高度依赖共产国际的物质援助和政治领导的早期阶段中，要脱离其所设定的夺取大城市和依赖工人阶级的"总路线"，从实际情况出发而得出实用可行的建立（农村）根据地、游击（运动）战战略、人民军队以及从农村包围城市的实践方针是多么不容易，多么需要突破理论的条条框框，多么需要从实践出发而概括出符合实际情况的方针，由此来联结基于中国实际情况的实践和马列主义理论（包括被共产国际提升到理论层面的苏联革命经验）。我们甚至可以把那段经验和革命传统视作这里提倡的学术对真实世界的认知进路的佐证，而当年的陈绍禹（王明）、秦邦宪（博古）等人则使我们联想到今天主张简单模仿美国经济和法律的全盘西化学者和决策者。

但是,很有必要指出,"毛泽东思想"后来从一种认知和探索方法而转化为意识形态。它被塑造为马列理论和中国实践之间的媒介角色的思想,最终成为一种比舒尔茨(1970)称为"纯意识形态"(pure ideology)的马列主义更为全能的"实践意识形态"(practical ideology)。其实际效果是指导并用其自身的隐喻来表述如何连接理论与实践的关键中间地带,唯有毛泽东才是能把马列理论的弓箭"有的放矢"地射中中国实际的目标的弓手。

这和笔者这里提倡的凭借实践理性(道德理性)而作出具有独立意志的人们所自愿接纳的抉择绝对不是一回事,毛泽东思想的洞见在于非常清晰地认识到学术界和理论家们较普遍忽视的关键问题,即怎样在实践和理论间进行媒介、连接。这是中国革命成功的秘诀吗?最终,我们可以说,毛泽东思想既为我们提供了这里提倡的认知方法的实例和佐证,也为我们敲响了关乎所有绝对化思想/理论的警钟。这里提倡的是一种认知的方法,而不是全能的意识形态。当然,笔者这里对康德的实践理性的援用也是一个方法化了的重新理解。

没有康德实践理性标准的方法来对不同道德准则作出抉择,我们最多只能在繁杂多样的"实践逻辑"之中探寻出展示实践智慧以及其反面的例子,但不足以梳理出能够朝着普适方向迈进的实践逻辑。笔者在过去的研究中,曾经仔细区别当代中国立法经验中展示的明智抉择和错误抉择,借以探寻在韦伯形式主义理性之外的立法方向。但是,之前缺乏的是——和布迪厄一样——一个完整的前瞻性抉择的原则和方法。

以上的认知方法显然不仅适用于学术研究,也适用于国家决策。从后者的角度来考虑，"实践理性"同样十分必要。正是那样的实践理性才能够区别"善"与"恶"的抉择。决策者到底是为了老百姓的幸福还是为了某种狭隘的利益而作出抉择，对中国人民的未来来说，这是个关键的问题。我们不仅不该像韦伯那样拒绝道德在立法和决策中所应起的作用，反而更要提倡借助于如此的道德标准。

笔者论述以上方法和理论思路的主要论文是为 2014 年出版的《清代以来民事法律的表达与实践：历史、理论与现实》（三卷本）所写的总序《中国法律史研究的现实意义》（在"农业三卷本"付印之后的后续思考《"项目制"是中国治理机制的"合理化"吗?》一文也涉及道德抉择问题）以及作为本书最后一章的《道德与法律：中国的过去和现在》。这里谨以此总序作为本书导论的主体，并以《道德与法律》一文作为全书的结论。

五、中国的悖论性与中国社会科学理论的建构

最后，回顾笔者 50 年来的经验研究，一个关键的转折点是认识到中国实际的"悖论性"。读者明鉴，现今的社会科学理论几乎全都来自西方。我们如果把那些理论，尤其是其"主流"理论"历史化"，便会认识到它们几乎都源自对西方某种经验的抽象化之后进一步理想化，进而普适化和意识形态化。其原先可能是比较符合西方实际的抽象化，但之后，则通过逻辑推理而被绝对化，而后是被意识形态化。今天它们被广泛引进到中国，被当作中国"现代化"和"与国际接轨"的必要构成部分，甚至在研究中国自身方面也

如此。在这样的大环境之下,我们只有从中国的经验实际/实践出发,而不是从舶来的理论出发,不是把中国的历史和现实盲目地塞进西方的理论框架,才可能看到中国的悖论性。这正是笔者一贯提倡从经验/实践研究出发的根本原因。

中国实际本身的悖论性正是笔者多年来的研究的基本认识和动力。但我们的研究不可以停留在仅仅"证伪"西方的理论,因为那样的话,其实仍然只是其"脚注"。我们需要做的是,从悖论的实际出发来建构符合中国实际的新概念和理论。问题是,怎样去做?

笔者一贯的做法不是简单地拒绝西方(主流)理论,而是借助它们,以及与它们敌对的西方"另类"理论。这是因为,中国和中国研究自身的社会科学理论还没有太多的积累,需要借助西方的理论资源来建构自己的概念和理论。笔者认为,最好的办法是通过中国的经验实际来与西方理论对照(对话),由此鉴别其中对中国实际有洞察力的和没有洞察力或错误的部分。这样才可以既借助于它也独立于它,目的是建立更符合中国实际的概念和理论。

在这个过程中,笔者还体会到,第一步固然是对西方理论的掌握,而且不仅是对其理论建构本身的掌握,更是对其历史背景和思维方式的掌握,借此来更好地鉴别其洞见和更有根据地拒绝其误区和盲点。在此过程中,与其敌对的非主流理论是个有用的资源。总体来说,现代西方学术界比较自由多元,"主流"的意见多会引发有见地的"非主流"批判,其中不少是深刻有用的批判。对中国和中国的研究来说,这些都是可资借用的资源。在笔者以上所举的例子中,马克思主义、实体主义和后现代主义理论都是比较突出的非主流传统。掌握多种理论传统可以帮助我们看到每一种理论传统的局限,更好地鉴别其适用与不适用的部分。

　　同时,笔者一贯的倾向是侧重经典理论家多于其继承者。总体来说,经典理论家的思路更为清晰有力,也更集中于重要问题,而其后续者则比较容易沉溺于烦琐的次级问题,甚至完全脱离原先的真正的理论洞见,要么把其当作无须辨析论证的绝对真理,要么完全陷入(学术界常见的)关乎枝节的争论。如果陷入烦琐杂碎的枝节,便很难掌握一个理论传统真正的洞见和缺陷,也会促使自己陷入次级或琐碎问题的研究。

　　如果某一理论传统被当权者采纳,并凭借政权和宣传机构来塑造为国家意识形态(如西方当前的新自由/新保守主义,一定程度上也包括今天舶来的新自由主义),则必定会被简单化、庸俗化、教条化和绝对化,会成为求真、求实的学术的障碍而不是助力,亟须警惕。这也是笔者一贯强调要采纳多种理论资源的重要原因,避免把任何理论当作绝对真理,不然的话,不可能借助其来做出真正具有创新性的学术。

　　再则是研究问题的选择。笔者的经验是,除了通过经验研究来发现悖论实际之外,另一个特别有用的方法是,借助不同理论的交锋点来选择、形成自己的"问题意识"。一般来说,如果从广为本专业接受的理论或概念出发来设计自己的研究,很容易会陷入意识形态化理论的误导,脱离实际也脱离真实,不太可能会有新的、重要的发现。但是,处于不同理论传统的交锋点上的问题,则更可能会是重要的问题,对此做出扎实的研究,更有可能会发前人之所未发,更可能会洞察到关键的、重要的实际问题。以上列举的新自由主义、马克思主义、实体主义、后现代主义的交锋点,及其引发的问题便可以被视作这里说的方法的实例。

当然,这些不同理论传统对中国实际阐发中所共有的盲点,更是值得研究和挖掘的问题。笔者自身认识到的一个关键盲点是西方理论在二元对立之中强烈倾向于非此即彼的思维习惯,无论是理论与经验/实践、话语/表达与实践、道德与法律、市场与国家、传统与现代、中国与西方都如此。其背后的动力是演绎逻辑,被广泛认为是西方文明独有的资源,要求把一切理论整合于前后一贯的逻辑。这就形成理论上的一个重要盲点,即忽视二元并存的实际以及其间的连接与互动问题。由于此,韦伯最终偏向单一的形式理性、普适主义和现代主义;后现代主义则偏向单一的话语和特殊主义;即便是布迪厄,也偏向单一的实践,没有考虑到其与话语之间可能的背离和相互作用。而笔者从经验研究得出的一个体会是,理解真实世界的关键其实在于如此的二元并存以及其间的连接、张力和互动,而这正是较普遍地被西方理论忽视的问题。

在这个根本性的问题上,笔者自己长期以来其实出乎意料地受到中国传统思维方式的深层影响。在抽象和经验的连接问题上,相对西方思维而言,中国一直更侧重寓抽象于具体事例,而不是像现代西方那样强烈倾向于凭借演绎逻辑而把原来比较符合实际的抽象推向脱离实际的理想化和普适化。这是中国法律史中所展示的基本思维。同时,面对众多西方所(再次是演绎逻辑的驱动而)建构的二元对立,中国长期以来的思维习惯是兼顾两者,看到其并存和互动,而不是作出非此即彼的单一抉择。在笔者看来,西方的思维能够产生更清晰的思想,但中国传统思维则更贴近实际。显然,笔者之所以这么看、这么想,除了从经验证据积累所看到的实际之外,也和中国文明传统有深层的关联。即便如此,笔者认为今天我们需要把这样的思维进一步精确化、清晰化、逻辑化,也可以说"现代化",但是要贴近实际地抽象化和逻辑化,而不是脱离实际地理想化和普适化。此点也许可以视作笔者学术方法思想的深层核心。

但方法和理论最终只是方法和理论,它们可以对学术有一定的帮助,但仅靠其本身是不可能创建有价值的学术的。在这点上,笔者常对学生们强调"历史感"(看到从哪里来才可能得出较实际的到哪里去的想法)和"真实感"(辨别真伪)的必要,以及研究者本身的价值观和研究动力,是出于真诚的、比较崇高的道德理念还是其他,是来自心底的动力还是其他。当然,如果能在其中得出无穷的乐趣则更可持续。

至于中国研究的未来,建构中国特色的社会科学不一定应该成为我们的终极目标,因为诚挚的求真、求实的学术最终是没有国界的,我们的目标也许应该是带有实践理性道德的前瞻性的又是符合实际的经验/实践与概括/理论的连接,既带有清晰有力的分析概念也带有扎实可信的经验证据的学术,并且是关注重要问题的学术。那样的学术才是最有说服力的学术,也是最足以指导实践抉择的学术。

黄宗智主要中文著作:

专著:

《明清以来的乡村社会经济变迁:历史、理论与现实》:第一卷《华北的小农经济与社会变迁》、第二卷《长江三角洲的小农家庭与乡村发展》、第三卷《超越左右:从实践历史探寻中国农村发展出路》,北京:法律出版社,2014年。

《清代以来民事法律的表达与实践:历史、理论与现实》:第一卷《清代的法律、社会与文化:民法的表达与实践》、第二卷《法典、习俗与司法实践:清代与民国的比较》、第三卷《过去和现在:中国民事法律实践的探索》,北京:法律出版社,2014年。

《过去和现在:中国民事法律实践的探索》,北京:法律出版社,2009年。(英文版2010年)

《经验与理论:中国社会、经济与法律的实践历史研究》,北京:中国人民大学出版社,2007年。

《法典、习俗与司法实践:清代与民国的比较》,上海:上海书店出版社,2003年。(2007年再版,英文版2001年)

《清代的法律、社会与文化:民法的表达与实践》,上海:上海书店出版社,2001年。(2007年再版,英文版1996年)

《长江三角洲的小农家庭与乡村发展》,北京:中华书局,1992年。(2000、2006、2023年再版,英文版1990年获美国亚洲研究协会列文森最佳著作奖)

《华北的小农经济与社会变迁》,北京:中华书局,1986年。(2000、2004、2023年再版,英文版1985年获美国历史学会费正清最佳著作奖)

论文:

《历史社会法学:中国的实践法史与法理》导论,纳入黄宗智、尤陈俊编《历史社会法学:中国的实践法史与法理》,北京:法律出版社,2014年。

《道德与法律:中国的过去和现在》,载《开放时代》2015年第1期。

《中国乡村:明清以来的社会经济变迁》总序,纳入黄宗智《明清以来的乡村社会经济变迁:历史、理论与现实》(三卷本),第一卷,北京:法律出版社,2014 年。

《从实践出发的经济史和经济学》,纳入《中国的隐性农业革命》,第11 章,北京:法律出版社,2009 年;修改、增订版纳入《明清以来的乡村社会经济变迁:历史、理论与现实》,第三卷《超越左右:从实践历史探寻中国农村发展出路》,第 16 章,北京:法律出版社,2014 年。

《中国法律史研究的现实意义》总序,纳入黄宗智《清代以来民事法律的表达与实践:历史、理论与现实》第一卷,第 1—18 页,北京:法律出版社,2014 年。

《历史社会法学:以继承法中的历史延续与法理创新为例》,纳入黄宗智《清代以来民事法律的表达与实践:历史、理论与现实》第三卷,附录二,第 285—300 页,北京:法律出版社,2014 年。

黄宗智、龚为纲、高原:《"项目制"的运作机制和效果是"合理化"吗?》,载《开放时代》2014 年第 5 期,第 148—159 页。

《"家庭农场"是中国农业的发展出路吗?》,载《开放时代》2014 年第2 期,第 176—194 页。(英文版 2014 年)

黄宗智、高原:《大豆生产和进口的经济逻辑》,载《开放时代》2014年第 1 期,第 176—204 页。

《重新认识中国劳动人民——劳动法规的历史演变与当前的非正规经济》,载《开放时代》2013 年第 5 期,第 56—73 页。

《中国的非正规经济再论证》,载《中国乡村研究》第 10 辑:第 51—69 页,福州:福建教育出版社,2013 年。

《国营公司与中国发展经验:"国家资本主义"还是"社会主义市场经济"?》,载《开放时代》2012 年第 9 期,第 8—33 页。

黄宗智、高原、彭玉生:《没有无产化的资本化:中国的农业发展》,载

《开放时代》2012 年第 3 期,第 10—30 页。

《我们要做什么样的学术?——国内十年教学回顾》,载《开放时代》2012 年第 1 期,第 60—78 页。

《重庆:"第三只手"推动的公平发展?》,载《开放时代》2011 年第 9 期,第 6—32 页。

《中国的现代家庭:来自经济史和法律史的视角》,载《开放时代》2011 年第 5 期,第 82—105 页。

《中国的隐性农业革命》,载《中国乡村研究》第 8 辑,第 1—10 页,福州:福建教育出版社,2010 年。

《中国新时代的小农场及其纵向一体化:龙头企业还是合作组织?》,载《中国乡村研究》第 8 辑,第 11—30 页,福州:福建教育出版社,2010 年。

《中国发展经验的理论与实用含义——非正规经济实践》,载《开放时代》2010 年第 10 期,第 134—158 页。(英文版 2011 年)

《中西法律如何融合? 道德、权利与实用》,载《中外法学》2010 年第 5 期,第 721—736 页。

《跨越左右分歧:从实践历史来探寻改革》,载《开放时代》2009 年第 12 期,第 78—88 页。

《改革中的国家体制:经济奇迹和社会危机的同一根源》,载《开放时代》2009 年第 4 期,第 75—82 页。

《中国被忽视的非正规经济:现实与理论》,载《开放时代》2009 年第 2 期,第 51—73 页。(英文版 2009 年)

《中国小农经济的过去和现在——舒尔茨理论的对错》,载《中国乡村研究》第 6 辑,第 267—287 页,福州:福建教育出版社,2008 年。

《探寻中国的现代性》,载《读书》2008 年第 8 期,第 58—67 页。

《中国的小资产阶级与中间阶层:悖论的社会形态》,载《领导者》2008 年 6 月,总第 22 期;亦载《中国乡村研究》第 6 辑,1—14 页,福州:福建教育出版社,2008 年。

《中国法律的实践历史研究》,载《开放时代》2008 年第 4 期,第 105—124 页。

黄宗智、巫若枝:《取证程序的改革:离婚法的合理与不合理实践》,载《政法论坛》2008 年第 1 期,第 3—13 页。

黄宗智、彭玉生:《三大历史性变迁的交汇与中国小规模农业的前景》,载《中国社会科学》2007 年第 4 期,第 74—88 页。

《中国民事判决的过去和现在》,载《清华法学》第 10 辑,第 1—36 页,北京:清华大学出版社,2007 年。

《中国法庭调解的过去和现在》,载《清华法学》第 10 辑,第 37—66 页,北京:清华大学出版社,2007 年。

《中国法律的现代性?》,载《清华法学》第 10 辑,第 67—88 页,北京:清华大学出版社,2007 年。

《连接经验与理论:建立中国的现代学术》,载《开放时代》2007 年第 4 期,第 5—25 页。

《集权的简约治理——中国以准官员和纠纷解决为主的半正式基层行政》,载《开放时代》2008 年第 2 期:第 10—29 页;亦见《中国乡村研究》第 5 辑,第 1—23 页,福州:福建教育出版社,2007 年。(英文版 2008 年)

《离婚法实践:当代中国民事法律制度的起源、虚构和现实》,载《中国乡村研究》第 4 辑,第 1—52 页,北京:社会科学文献出版社,2007 年。

《近现代中国和中国研究中的文化双重性》,载《开放时代》2005 年第 4 期。(英文版 2000 年)

《悖论社会与现代传统》,载《读书》2005 年第 2 期,第 3—14 页。

《认识中国——走向从实践出发的社会科学》,载《中国社会科学》2005 年第 1 期,第 83—93 页。

《学术理论与中国近现代史研究——四个陷阱和一个问题》,载《中国研究的范式问题讨论》,第 102—133 页,北京:社会科学文献出版社,2003 年。(英文版 1998 年)

《中国革命中的农村阶级斗争——从土改到"文革"时期的表达性现实与客观性现实》,载《中国乡村研究》第 2 辑,第 66—95 页,北京:商务印书馆,2003 年。(英文版 1995 年)

《中国的"公共领域"与"市民社会"?——国家与社会间的第三领域》,《中国研究的范式问题讨论》,第 260—285 页,北京:社会科学文献出版社,2003 年。(英文版 1993 年)

《中国研究的规范认识危机——社会经济史中的悖论现象》,作为《后记》纳入黄宗智《长江三角洲的小农家庭与乡村发展》,北京:中华书局,2000 年。(2006 年再版,英文版 1991 年)此文的前半部分(删去了当代部分),以《中国经济史中的悖论现象与当前的规范认识危机》为标题首先发表于《史学理论研究》1993 年第 1 期,第 42—60 页。

黄宗智主要英文著作:

专著:

Chinese Civil Justice, Past and Present. Lanham, Maryland: Roman & Littlefield, 2010.

Code, Custom, and Legal Practice in China: the Qing and the Republic Compared. Stanford: Stanford University Press, 2001.

Civil Justice in China: Representation and Practice in the Qing. Stanford:

Stanford University Press,1996.

The Peasant Family and Rural Development in the Yangzi Delta,1350—1988. Stanford: Stanford University Press,1990. Awarded the Levenson Prize of the Association for Asian Studies.

The Peasant Economy and Social Change in North China. Stanford: Stanford University Press,1985. Awarded the Fairbank Prize of the American Historical Association.

Chinese Communists and Rural Society,1927—1934 (with Lynda Bell and Kathy Walker). Berkeley: Center for Chinese Studies, University of California,Berkeley,1978.

Liang Ch'i-ch'ao and Modern Chinese Liberalism. Seattle: University of Washington Press,1972.

论文:

"The History and Theory of Legal Practice in China: Toward a Historical-Social Jurisprudence—An Introduction," in Philip C. C. Huang and Kathryn Bernhardt eds. *The History and Theory of Legal Practice in China: Toward a Historical-Social Jurisprudence* pp. 1—26. Leiden: Brill,2014.

"Is 'Family Farms' the Way to Develop Chinese Agriculture?" *Rural China,*v. 11,no. 2 (2014):189—221.

"Development 'Planning' in Present-Day China—System,Process,and Mechanism: Dialogues among Western and Chinese Scholars, VI," *Modern China,*v. 39,no. 6 (Nov. 2013):575—579.

"Misleading Chinese Legal and Statistical Categories: Labor,Individual Entities,and Private Enterprises," *Modern China,*v. 39,no. 4 (July 2013): 347—379.

"Profit-Making State Firms and China's Development Experience: ' State Capitalism ' or ' Socialist Market Economy ' ?" *Modern China*, v. 38, no. 6 (Nov. 2012) :591—629.

"Capitalization without Proletarianization in China's Agricultural Development," *Modern China*, v. 38, no. 2 (March 2012) : 139—173 (Philip C. C. Huang, Peng Yusheng, and Gao Yuan).

"Chongqing: Equitable Development Driven by a ' Third Hand'?" *Modern China*, v. 37, no. 6 (Nov. 2011) :569—622.

"The Modern Chinese Family: In Light of Economic and Legal History," *Modern China*, v. 37, no. 5 (Sept. 2011) :459—497.

" China's New-Age Small Farms and Their Vertical Integration: Agribusiness or Co-ops?" *Modern China*, v. 37, no. 2 (March 2011) : 107—134.

"The Theoretical and Practical Implications of China's Development Experience: the Role of Informal Economic Practices," *Modern China*, v. 37, no. 1 (Jan. 2011) :3—44.

"China's Neglected Informal Economy: Reality and Theory," *Modern China*, v. 35, no. 4 (July 2009).

"Centralized Minimalism: Semiformal Governance by Quasi Officials and Dispute Resolution in China," *Modern China*, v. 34, no. 1 (January 2008) : 9—35.

"Whither Chinese Law?" *Modern China*, v. 33, no. 2 (April 2007): 163—194.

"Court Mediation in China, Past and Present," *Modern China*, v. 32, no. 3 (July 2006) :275—314.

"Civil Adjudication in China, Past and Present," *Modern China*, v. 32, no. 2 (April 2006):135—180.

"Divorce Law Practices and the Origins, Myths, and Realities of Judicial Mediation in China,"*Modern China*,v. 31,no. 2 (April 2005): 151—203.

"Development Or Involution? 18th Century Britain and China,"*Journal of Asian Studies*,v. 61. no. 2 (May 2002):149—176.

"Women's Choices under the Law: Marriage, Divorce, and Illicit Sex in the Qing and the Republic,"*Modern China*,v. 27,no. 1 (Janurary 2001):3—58.

"Biculturality in Modern China and in Chinese Studies,"*Modern China*, v. 26,no. 1 (January 2000):3—31.

"Theory and the Study of Modern Chinese History: Four Traps and a Question,"*Modern China*,v. 24,no. 2 (April 1998):183—208.

"Rural Class Struggle in the Chinese Revolution: Representational and Objective Realities from the Land Reform to the Cultural Revolution," in Symposium on Rethinking the Chinese Revolution: Paradigmatic Issues in Chinese Studies,IV,*Modern China*,v. 21,no. 1 (January 1995):105—143.

"Between Informal Mediation and Formal Adjudication: the Third Realm of Justice in Qing China," *Modern China*, v. 19, no. 3 (July 1993): 251—298.

"Public Sphere/Civil Society in China? The Third Realm Between State and Society,"*Modern China*,v. 19,no. 2 (April 1993):216—240.

"The Paradigmatic Crisis in Chinese Studies: Paradoxes in Social and Economic History" (Part I of the series "Paradigmatic Issues in Chinese Studies"——see under Edited Books and Symposia), *Modern China*, v. 17, no. 3 (July 1991):299—341.

其他引用书刊:

Bourdieu, Pierre. *Outline of a Theory of Practice*, translated by Richard Nice. Cambridge: Cambridge University Press, 1977.

Schurmann, Franz. *Ideology and Organization in Communist China*. New Enlarged Edition. Berkeley: University of California Press, 1970[1966].

第一编

悖论实际与理论概括：农村社会经济史研究

第 1 章

中国研究的规范认识危机

——社会经济史中的悖论现象[*]

中国社会经济史的研究正处于一场规范认识的危机之中。这里指的不仅是以往学术界的各种模式。所谓规范认识指的是那些为各种模式和理论包括对立的模式和理论所共同承认的、已被认为不言自明的信念。这种规范信念对我们研究的影响远大于那些明确标榜的模式和理论。它们才是 1970 年托马斯·库恩(Thomas Kuhn)《科学认识革命的结构》中"规范认识"(paradigm)一词的真正含义。近数十年累积的实证研究动摇了这些信念,导致了当前的规范认识危机。这一危机的发生使大家感到现有理论体系的不足,并非通过对

---

[*] 本章原载《近代中国》英文版(*Modern China*)第 17 卷第 3 期,1991 年 7 月。是我在完成《华北》和《长江》后的进一步思考,后来引起国内的一些讨论(连载于《史学理论研究》1993 年第 1、2、3、4 期,以及 1994 年第 1、2 期)。

立理论间的争论就能解决。大家有一种需要新的不同的东西的感觉,但尚未明确地说出需要什么样的新东西。

我们应该系统地估量这一危机,并试图探求新的认识。我们不需要倒退到纯粹的考据,或次要问题的探讨,或"纯科学"的技术手段,或极少数人所热衷的政治争论。相反,我们应该把当前的危机看作反思既有信念和探索新观点的极好机会。

本章先粗略地回顾中国和西方几代人的学术研究,说明近40年来学术研究中的一些主要的模式和理论体系。尽管不同辈分以及大洋两岸存在着种种差异,但各方应用的主要理论体系实际上具有一系列的共同的基本信念。这些信念一般被认为是不言自明的,无须讨论也不受人注意。学术界的争鸣一般都围绕着各理论体系间的不同点,而不去顾及共同点。然而,数十年累积的实证研究实际上已揭示出一系列与这些信念相悖的现象,规范信念认为不可并存的现象屡屡同时出现。实证研究所发现的悖论现象实际上已经对以往的规范信念提出全面的挑战。本章将列举一些悖论现象,进而分析这些现象所否定的"不言自明"的规范信念,并探讨研究由此产生的新问题的方法。本章无意对以往所有的研究做一综合评述,相反,讨论将限于若干最有代表性的论著,目的在于说明我个人的看法。

一、规范认识的危机

(一)中国的学术研究

当代中国的史学研究在20世纪50年代开始时认为历代王朝统

治下的中国社会是基本上没有变化的,主导的模式是"封建主义",即
与进步的近代资本主义相对立的停滞的旧中国。这一模式的基础是
斯大林"五种生产方式"的公式,即历史的发展必须经过原始社会、奴
隶制、封建制、资本主义和社会主义生产方式这五个阶段。

在"封建主义"的模式下,研究中国近代王朝史的学者主要研究
封建阶级关系,即封建统治阶级通过地租、税收和高利贷形式榨取农
民生产者的"剩余价值"。他们的研究成果见于编集了大量记载这些
剥削关系的资料集(李文治,1957;章有义,1957;严中平等,1955)。一
些学者亦将封建经济等同于前商品化的自给自足的"自然经济"。他
们认为中国这一生产方式的特点是家庭农业与小手工业的结合,即
"男耕女织"。他们认为这是一种结合得异常紧密的生产方式,它阻
碍了手工业从家庭中分离出去而形成集镇作坊,并最终阻碍了资本
主义发展。他们收集了种种证据,试图证明"自然经济"在明清时期
占优势,并一直延续到 20 世纪 30 年代。[1]

早在 20 世纪 50 年代,上述模式已受到研究"资本主义萌芽"的
学者的非难。这些学者认为,明清时期绝非是停滞的,而是充满了资
本主义先兆的种种变迁,与西方国家的经历类似。一些研究者致力
于收集明清商业扩展的资料,对当时的商品经济做出系统估计,以证
明国内市场的形成,认为这标志着封建主义向资本主义的过渡。另
外的研究侧重于封建生产关系(尤其是土地租佃关系)的松弛和衰落

---

[1]　参见黎澍 1956 年的论文。这方面最出色的研究有徐新吾 1981 年及 1990 年的研究。
　　徐的研究始于 20 世纪 50 年代,但在 80 年代之前相关论文一直未发表。

与资本主义生产关系(尤其是雇佣劳动关系)的发展。①

"资本主义萌芽论"的最初提出者并未关注到经济发展,他们认为一旦阐明了商品化和资本主义生产关系,资本主义的经济发展就不言而喻了。然而随着 20 世纪 80 年代改革时的意识形态由"生产关系"转而重视"生产力"(包括技术、资源利用、劳动生产率等内容),新一代学者转向直接探讨经济发展。李伯重尤其强调长江三角洲的新作物品种和肥料的应用,具有一定的代表性(李伯重,1985a,1985b,1984)。

"资本主义萌芽论"虽然成功地冲击了"封建王朝因袭不变"的旧观点,但无论在老一代学者还是在 20 世纪 80 年代培养出来的新一代学者之中,它均未能广泛地为人们所接受。在西欧历史上,由于 19 世纪出现了工业资本主义的蓬勃发展,把这之前的三四个世纪称作资本主义萌芽或向资本主义过渡是有道理的。然而中国的 19 世纪并无资本主义发展,有什么道理把这之前的时期称作资本主义萌芽呢?再者,经济的相对落后使中国受害于帝国主义。鉴于这一事实,把明清时期等同于近代早期的英国到底有什么意义?

"资本主义萌芽论"学派试图以西方入侵打断了中国资本主义发展的进程为由来解释这个问题。于是,把 19 世纪中国经济的落后归罪于帝国主义,而不是自身的停滞趋势。这一说法虽很符合反帝情绪,却难以令人信服。西方的经济影响直到 19 世纪末仍是很有限的,而中国经济自数百年前的所谓"萌芽"以来,却未显示出自己发展

---

① 关于明清商业发展的杰出研究见吴承明 1985 年的研究。关于生产关系变动的研究见李文治等 1983 年的研究。

资本主义的动向。19 世纪中国经济落后的事实,重新证明了先前的封建经济与自然经济至少部分是正确的。

"封建主义论"和"资本主义萌芽论"的相持不下使中国的青年学者对两者都抱有怀疑,甚至不屑于再引用前辈们的这些模式。有的全盘搬来西方的一个又一个时髦方法,进一步扩大了代沟,这一情况本身就反映了中国学术界的规范认识危机。

(二)西方的学术研究

西方的学术研究虽然比较多样化,它的主要内容却出人意料地与中国的研究相似。20 世纪 50 年代的美国学术界同样持有传统中国在本质上是无变化的这一观点。当然,这里不再是"封建主义"与"资本主义"的对立模式,而是源自近代化理论的"传统中国"与"近代中国"的对立模式。研究的重点不是"封建中国"的阶级关系,而是"传统制度"与意识形态。在社会、经济领域则强调人口对停滞经济的压力。① 然而,研究的基本概念是中国在与西方接触之前是停滞的,或仅在"传统范围"内变化,这与中国同行的见解基本一致。

如果清代在本质上没有变化,那么推动质变的力量则只能来自外部,因而简单地将其归结为"西方的冲击"与"中国的反应"[费正清(Fairbank),1958;费正清等,1965]。在这个"哈佛学派"倡导的"冲击—反应"模式之下,一些重要的著作阐述了西方在中国的出现以及中国的反应[芮玛丽(Wright),1957;费维恺(Feuerwerker),1958]。

---

① 这方面研究的杰出代表作有何炳棣(Ho,Ping-ti),1959。此书通过对明清人口变化的估测企图证明马尔萨斯式的人口压力;在 1700 年至 1850 年的"人口爆炸"时期,消费人口的增长超出了农业生产,从而形成了中国近代农村危机的背景。

但是这一观点在 20 世纪 60 年代后期受到挑战:先是政治性的攻击,"西方的冲击"被认为是为帝国主义和美国干涉越南辩护,①继而在史实上受到论证明清之际发生重大变化的学者的批评。

后一倾向在近年来形成一个新概念:中国在受到西方影响前数百年的时期被称为"近代早期",如同在西欧发生的那样。与中国的"资本主义萌芽论"一样,这一观点的出发点是明清经济的大规模商品化。有的学者更是把这一观点延伸到社会、政治领域中 [Rowe, 1984,1989;Susan Naquin(韩书瑞)and Rawski,1987]。

就像"资本主义萌芽论"学者那样,"近代早期论"学者动摇了过去的"传统中国论"及其派生的"冲击—反应"模式。他们的实证性批评比激进学者对费正清的政治批评有效。然而,就像"资本主义萌芽论"一样,出于同样的原因这个新的理论也难以被普遍接受。如果自 17、18 世纪至 19 世纪后半叶的中国那么像近代早期的西方,为什么在随后的世纪中国的变迁与西方有这么多不同? 我们如何看待帝国主义和 20 世纪的革命? 一个可能的论点是帝国主义促进了以前就已在内部产生的早期近代化。但是真是这样的话,又该如何看待共产主义革命的发生? 难道它只是对近代化的一种偏离? 另一个可能的论点是帝国主义使中国脱离了近代化的正常途径而导致了革命。目前,"近代早期论"的学者尚未提出一个在逻辑上与他们的论点一致的关于帝国主义与中国革命有说服力的观点。

---

① 见《关心政治的亚洲研究学者学报》,此学刊专门针对既有的理论模式,尤其见佩克(Peck,1969)以及费正清在同卷上的答复。柯文(Cohen,1984)对论战双方加以综述,尤其对费正清的"冲击—反应"以及"传统—近代化"模式进行了深刻的反思和批评。

学术界于是陷入了当前的理论困境："停滞的传统的中国"的旧观念及其派生的"冲击—反应"模式已不再具有影响力，而"近代早期中国"的新观念尚不足以成为支配性的模式。其间，尽管中国史研究领域采用了似乎中立的"中华帝国晚期"来称呼明清时期，但此词过分强调了皇权在中国历史整体中的作用。

(三) 两个理论

中国学术的主要模式源自马克思的古典理论。"封建主义"与"资本主义"的范畴均出自马克思对西欧尤其是对英国的分析。资本主义萌芽论则是中国的特殊模式。如果中国在帝国主义入侵之前是单纯的封建社会，那么就必须肯定西方帝国主义为中国带来了近代化，但这是任何爱国的中国人所不能接受的。资本主义萌芽模式解决了这一问题：在西方帝国主义到来之前，中国已开始了自身的资本主义发展进程；西方帝国主义打断了这一进程，使中国沦为"半殖民主义"。如此，资本主义萌芽模式协调了斯大林的五种生产方式的公式（以及列宁的帝国主义学说）和基于民族立场的反帝情绪。

在另一方面，尽管没有普遍的认可，也很少有明白的标示，西方学术的主导模式主要得自两个理论：先是马尔萨斯，后是亚当·斯密。一开始，停滞的"传统中国"被看作一个资源受到马尔萨斯式人口压力困扰的社会。这一看法是建立在传统中国是前商品化的社会的假设之上的。后来，明清普遍商品化的史实得到证明，马尔萨斯式的观点便受到亚当·斯密理论的诘难。

斯密的设想是由市场推动资本主义发展。自由贸易会促进分工、专业化、竞争、更新、高效率，以及随之而来的资本积累的发展。

在城乡商品交换的推动下，城乡会进入螺旋式的现代化发展（亚当·斯密，1775—1776）。这一设想相当程度地在英国得到体现，从而被赋予了有力的史实依据。这一设想也得到了现代经济学界论说的支持：它们多从抽象、简单化了的斯密理论出发。

明清时期果真出现了斯密所想象的那种发展，便不会存在人口过剩的问题，劳动力会像其他生产要素一样根据自由竞争市场的逻辑而达到最合理的使用。这样，马尔萨斯理论便被斯密理论取代而形成了"近代早期"模式。

中国与西方学者争论的焦点首先是中国经济落后的原因是封建阶级关系还是人口压力。中国学者认为中国经济中的资本形成受到了封建统治阶级的阻碍，封建统治阶级盘剥直接生产劳动者的剩余价值，并用于自己的奢侈消费而不投资于生产。西方学者则认为资本的形成为人口压力所阻碍，人口压力减少了消费之余的剩余。[1] 争论也涉及了究竟要通过社会革命，还是通过人口控制（以及其他改革）来使中国摆脱落后，走向近代化。

然而，在"近代早期中国"模式向"传统中国"模式的挑战中，以及"资本主义萌芽"模式对"封建主义"模式的批评中，争论的焦点转移了。在反对"传统中国"和封建"自然经济"模式时，"近代早期论"与"资本主义萌芽论"是站在同一边的。问题的焦点变为：明清经济到底是已经呈现出近代早期发展（或资本主义萌芽）的高度整合的市场经济，还是仍然处于前商品化时期的、本质上停滞的、处于人口压力重负下的经济？

---

[1] 参见章有义编（1957）和利普特（Lippit, 1971）；对照何炳棣（1959）及艾尔温（Elvin, 1973）。拙作（Huang, 1985:14—18）对这方面的争论做了概括性论述。

　　至于帝国主义问题,中国的"封建主义"与"资本主义萌芽"两个模式当然都强调帝国主义的破坏性作用。"封建主义"学派强调帝国主义如何使封建剥削关系进一步恶化,而"资本主义萌芽"学派则突出了帝国主义如何阻碍了中国资本主义的充分发展。

　　在西方,首先是用"冲击—反应"模式来反驳上述观点的。例如有的学者争辩说,中国"近代化失败"的原因不在于西方的破坏性冲击,而在于中国传统的顽固存在(Wright,1957;Feuerwerker,1958)。随后,有的学者转用斯密的模式:随着西方影响而来的国际贸易和外国投资的扩展是有利于中国经济的。如果中国经济的近代化失败,其原因不是西方的影响太强,而是太弱,是因为这种影响仅限于沿海通商口岸(Dembergr,1975;Murphey,1977)。

　　这一观点最后归结为新近的观点,直截了当地以"市场"代替了旧有的"西方冲击"。不像"帝国主义"概念带有种种政治现实和含义,"市场"可以被视作纯粹良好的客观现象:只要市场得以运行,就会赋予中国像西方那样的发展。这个"真理"体现于种种"事实"中,如国际市场刺激了中国的工农业发展,直至 20 世纪 30 年代。市场的冲击不像以往研究所讲的那样,仅限于沿海通商口岸,而是实际上深入中国的农村和内地,带来了广泛的发展。[1] 照这一观点来讲,中国的不幸在于市场推动的发展被战争、灾荒等畸变打断。

---

[1] 罗斯基,1989;布兰特,1989。周锡瑞对布兰特一书的评论,刊于《经济史学报》。参见 Myers,1970。科大卫(Faure,1989)较为合理地认为积极作用仍限于出口农业地区。

(四) 一个规范认识

尽管中国的学术研究与西方的有着种种不同,但两者明显有许多共同点。认为中国历史基本上无变化的一代学者均受到强调中国传统本身有着明显变化的一代学者的挑战。中国经济是前商品化的、本质上停滞的经济的主张,受到了认为中国经济是高度商品化的、蓬勃发展的经济的主张的挑战。两个学术派别均把停滞与前商品化经济相联系,把近代化等同于商品化。中国的"封建主义论"学派认为封建经济是停滞的,是因为把它等同于前商品化的自然经济。与"资本主义萌芽论"学派一样,他们也认为商品化必然会导致资本主义。与此类似,西方"传统中国论"学派认为明清经济基本上没有商品化。例如何炳棣 1959 年的人口著作基本上无视商品化,珀金斯 1969 年对明清农业的研究也把低水平商品化作为一贯前提。而罗威廉(William T. Rowe)1984 年、1989 年的著作以"近代早期"模式对过去的著作提出挑战,则从种种蓬勃商品化的证据出发。

商品化会导致近代化的构想是贯穿"封建主义论"与"资本主义萌芽论"模式、"传统中国论"与"近代早期中国论"模式的规范信念的一个例证。它贯穿了大洋两岸学术界的两代人,也贯穿了斯密理论与马克思主义理论。

这样的信念一般不被学者讨论。学术界所注意的主要是不同理论、模式间的争论方面。于是我们争论的重点就在明清商品化的程度,或帝国主义和阶级革命的是非功过上。我们不去注意那些共同的认识,认为那是再明白不过了,乃至无须再加以讨论。

正是这样的信念,我称之为规范信念。当前学术界往往过分简单地把"规范认识"这一词等同于有影响的模式。这一用法其实抹杀了这个概念的分析力量。若用于存在着众多模式的社会科学领域，尤其如此。本章把规范认识的信念定义为不同的或对立的模式和理论所共同承认的、不言自明的信念。这样的信念比起任何明白表达的模式和理论来，有着更广泛、更微妙的影响。它们的影响不仅在于引导我们去想什么，更在于引导我们不想什么。

于是，我所指的规范认识的危机并非针对某一理论或模式，也并非针对学术界的这一代或那一代，亦非针对中国或西方的学术研究。把当前中国史研究中的危机解释为老一代研究的衰微，或认为只发生在中国并意味着斯密理论战胜了马克思主义理论，是误解了这个危机的真实含义。当两个理论体系长期地以对方来为自己下定义时，一方的危机便足以提醒我们去考虑是否为双方的共同危机。当前的规范认识危机要从两代人和两种表面对立的模式和理论体系的共同危机的角度来理解。

（五）多重悖论现象

我认为在过去实证研究积累的基础上所证明的一系列悖论现象，已经使我们领域的规范信念濒于分崩的边缘。悖论现象指的是，那些被现有的规范信念认定为有此无彼的对立现象在事实上同时出现。悖论现象对那些信念的挑战首先在于相悖现象各方并存的确定性。例如，商品化和经济不发展这对相悖的现象确实并存。在更深的层次，悖论现象则对既有的因果观念提出怀疑：商品化是否必定会导致经济发展？明清时期蓬勃的、持久的商品化与糊口农业长期持续的事实，反悖于"资本主义萌芽"和"近代早期中国"模式的断言，也反悖于"自然经济"和"传统中国"模式的认定。这一对悖论现象向所有模式共同认可的"商品化必然导致现代化"的不言自明的规范信念发难。

但是,实证研究揭示出的悖论现象与它们否定的规范信念,一般没有在论著中被清晰地披露出来。学者们通常不会讨论未诉诸文字的潜意识信念,即使想讨论的人,也可能由于认为道理过于明显,而觉得不必加以讨论。于是这些实际上已为事实所否定的规范信念继续影响人们的思想,尽管许多人已久有怀疑之心。本章的一个主要意图,就是列举一系列实证研究已经披露的悖论现象,进而揭示被这些现象所否定的"不言自明"的信念。

二、没有发展的商品化

(一)实证研究揭示的悖论现象

明清时期蓬勃的商品化已是不可怀疑的事实。在 1350 年至 1850 年的 5 个世纪中,几乎所有的中国农民都改穿棉布了。这反映了商品化的一个最大的组成部分——棉花经济的发展,伴随而来的是地区内部和地区之间的贸易。棉产品的交易也意味着粮食商品化的扩展,出现了棉作区与粮作区之间的商品交换和棉农与粮农剩余产品的交换。随着这样的发展,尤其是在长江三角洲出现了相当多的为棉、粮提供加工和交换服务的商业市镇。把明清时期说成前商品化时期显然是不对的(吴承明,1985)。

然而,我们也注意到尽管有 5 个世纪蓬勃的商品化,农民的生产仍停留在糊口水平。无论生产跟上人口增长水平（珀金斯，1969），还是落后于人口增长水平（何炳棣，1959；Elvin，1973），农村中没有发生近代式的经济发展是毋庸置疑的。

同样，类似资本主义关系的雇佣劳动的出现也没有疑问。当时已出现了不少农村雇佣劳动，包括长工和短工。土地租佃关系也在松弛下来，分成租的旧方式让位于定额租，实物租让位于货币租。这些变化进一步确认了农村经济的商品化（李文治等，1983）。

然而，我们知道，在当时的农业中几乎没有大规模的资本主义式生产。许多长工、短工只是为一般农户所雇佣，以补充家庭劳动力的不足。在全国各地，包括商品化程度最高的地区，小农家庭农业仍占压倒性的地位。同时，少数使用雇佣劳动的大农场比起小农户来并未获得更高的亩产量[Huang（黄宗智），1985，1990]。

简言之，商品化蓬勃发展与小农生产停留于糊口水平这两个现象的同时发生是悖论现象。这就对马克思与斯密理论的共同认识——商品化与近代化有着必然联系——提出了疑问。马克思与斯密的理论主要基于英国的实际状况。在世界其余的多数地区，近代化发展来自其他因素（如政权的中坚领导作用）与商品化的结合，并迟于英国。纯粹由市场推动的经济发展的模式是基于英国的经验，它被后来建立的许多经济分析模式作为前提，但不应与世界其他地区的历史真实混同。

与"市场推动经济发展"理论相联系，人们认为在近代化的过程中，产量与劳动生产率会同步发展。在斯密和马克思所熟悉的英国确实如此，他们因此都没有将产量与劳动生产率加以区分，并未考虑没有（劳动生产率）发展的（产量）增长的可能。

以往的研究已揭示明清时期的情况正是如此。这一时期产量的增长一方面来自耕地面积的扩大——扩大了将近四倍;另一方面来自亩产量的增加,通过提高复种指数及对某些作物增加肥料与人工投入(珀金斯,1969)。然而,尽管"资本主义萌芽"论者致力于论证经济发展,但到今日为止尚无人能够证实单位工作日劳动生产率提高。提高的只是土地的生产率,主要由于劳动力投入的增加。单位工作日的收益仍是如此之低,小农生产仍处于糊口水平,而中国人口的大部分仍被束缚于粮食的生产。

区分增长与发展对理解中国的农村社会经济史至关重要。尽管有着引人注目的产量增长,但缺乏劳动生产率的发展乃是中国大多数人直至 20 世纪 80 年代仍困于仅足糊口的食物的生产的原因(Perkins and Yusuf,1984)。与之对比,美国的劳动生产率发展用4%的人口的劳作就能满足其他所有人的食品供应。劳动生产率的发展是近代化的核心含义,但它并未在明清时期出现。

斯密和马克思的另一个共同信念是近代经济发展必然是一个工农业连同发展、城乡一起近代化的过程。这又是根据英国的经验而来。他们均没有考虑到没有乡村发展的城市工业化的可能。

然而,没有乡村发展的城市工业化正是 19 世纪后期以来中国的经历。当时中国工业的发展是没有疑问的。自 19 世纪 90 年代起,投资近代机器工矿业和交通运输业的资本以每年高于 10% 的速度增长。上海、天津、无锡、青岛、汉口和广州等城市的兴起便是这一进程的例证。小城镇也有了蓬勃发展,特别是长江三角洲,甚至城镇中的小手工作坊也有了增长。[1]

　　这些发展发生在商品化的加速过程中。此过程的首要内容是小农家庭植棉、纺纱、织布三位一体的崩溃。机制纱,也包括国产的机纱,大量取代了土纱。棉农出售棉花给纱厂,而小农织户则买回机纱织土布。这带来乡村贸易的大量扩增(吴承明,1984;徐新吾,1990;黄宗智,1990)。

　　不过,我们同时也知道中国经济中的新的资本主义部分从未达到国民经济总产出的 10%。当时也出现了传统手工业的衰败,尤其是手工纺纱,并因此导致长江三角洲不少市镇的衰亡,乃至完全淹废。最重要的是,即使在相对繁荣的 20 世纪 20 年代,农民的收入仍处于仅够糊口的水平,随着 30 年代的衰退,农民就更陷于困境了。中国乡村人口的大多数仍被束缚于土地,从事仅够糊口的食物生产,经济发展主要是在城市,乡村仍然是不发展的。[2]

---

[1] 迄今有关中国工业发展的最好研究是吴承明,1990。参照刘大中(Ta-chung Liu)和叶孔嘉(Kung-chia Yeh),1965;Rawski,1989。

[2] 罗斯基(Rawski,1989)和布兰特(Brandt,1989)试图修正刘大中、叶孔嘉(1965)和珀金斯(1969)的广泛为人们所接受的估计,认为 20 世纪 30 年代前的几十年中乡村有显著的发展。我在其他书中(Huang,1990:137—143)详细讨论了罗斯基的论据,在此不加赘述。周锡瑞在他的评述中也讨论了布兰特的论据。目前没有理由否定刘大中、叶孔嘉和珀金斯原先的估计,即生产的增长仅勉强赶上人口的扩展。罗斯基声称在 1914/1918 年至 1931/1936 年的近 20 年中,人均产出每年增长 0.5%—0.8% (1989:281,329);即使如此,全期累计增长也不过 15%—16%,这样的增幅不足以改变小农生产仅处于糊口水平的整体状况。这样规模的变化也很容易用内卷化来解释。从乡村发展的观点来看,重要的年代是 20 世纪 80 年代(见后面的讨论),在只及罗斯基提及的一半时间中(10 年)却有了 15—16 倍于罗斯基所估计的增幅。那样幅度的变化正好说明了两种现象的不同:一是通过资本化(即增加单位劳动力的投资)而来的劳动生产率的发展,二是通过劳动密集化而来的内卷性增长。

(二)悖事实的争辩

我们如何解释这些悖论现象呢? 我们当然可以无视上述为史实证明的悖论现象,而继续坚持这样或那样的古典理论。过去的一个办法是用悖事实的争辩来抹去其间的矛盾。于是,主张资本主义萌芽论的中国学者就讲:如果西方帝国主义没有入侵中国,明清的资本主义萌芽会导致城乡质变性的资本主义化。这样,质变性的资本主义化事实上未曾发生就无关紧要了。这种悖事实争辩的要点在于申明它所认为的应有的历史现象,而无视历史真实。

新斯密派的美国学者也以同样的方式明确地或含蓄地讲:如果没有战争和革命,20 世纪初叶中国乡村由市场推动的发展会导致质变性的乡村近代化(Myers,1970;Rawski,1989;Brandt,1989)。照此逻辑,中国乡村并未近代化的历史真实无关紧要。历史真实成了理论的牺牲品。

类似的论点也被运用到对西方如何影响中国的评价中。于是西方影响的积极方面被中国学者抹去了:如果没有帝国主义,中国会发展得更快。[①] 同样,西方影响的消极方面被新斯密学派的西方学者抹去了:如果西方影响更强一点,乡村的贫困就不会再持续下去了;或者,如果没有西方的影响,那里会更贫困(Hou,1965;Elvin,1973;Demberger,1975)。

这样的悖事实争辩往往伴随着另外两种推理。一是封建制或旧传统必然会让位于市场推动的资本主义发展或近代化。即使事实上

---

① 甚至吴承明(1990)也含蓄地保留了这一论点。

并未发生这样的情形,它也应该会发生,或是迟早必定会发生。另一推理是一种因素(如商品化)出现,其他有关因素(资本主义发展和近代化)也必然出现。如若不然,它迟早必定会发生。很明显,这样的论点不仅是违背事实的,而且是结论先行和简缩化的。一个坚持历史发展是沿着必然的、直线的方向,而另一个则把复杂的现象简缩为只含有单一成分的部分。

　　我们需要做的是从实际的悖论现象出发,寻求能够解释这些现象的概念,而不是凭借悖事实逻辑来否认历史现象。学术探讨应由史实到理论,而不是从理论出发,再把历史削足适履。时至今日,我们应当把两个古典理论与其共享的规范信念造成的认识桎梏放置一边了。

(三)内卷型增长与内卷型商品化

　　这里我简短地回顾一下我自己的研究,以说明我想提倡的途径和方法。在我 1985 年的书中,我面对矛盾的历史现象,首先企图通过肯定两代学术观点和两个古典理论各有的部分道理,来寻求一个调和的途径。而只有在 1990 年的拙作中,我才清楚地看到了历史的悖论现象并向以往两代学术和两种理论共享的不言自明的规范信念提出了挑战。这使我产生了这样的疑问:我们如何来解释诸如蓬勃的商品化与糊口农业长期并存的悖论现象,以及没有发展的增长的悖论现象,或是城市工业化与乡村不发展并存的悖论现象?

　　这使我最后去反思商品化过程本身的内容。我们习惯地认为农业商品化是由经营式农场主的牟利活动推动的。这是来自斯密和马克思熟悉的英国经验。于是,斯密学派和马克思主义学派的研究均企图找出经营有方的富裕农民。我们认为中国也是一样。然而事实是，这类情况在清代仅占商品化过程的一小部分。更重要的情况是，商品化来自人口对土地的压力。田场面积的缩减使农民趋于内卷化，即以单位劳动日边际报酬递减为代价换取单位面积劳动力投入的增加。长江三角洲的内卷化主要通过扩大经济作物经营的形式进行，尤其是植棉与棉纺织手工业。棉花经济增加了劳动力的投入，比起单一粮食作物来，增加了单位土地面积的产值，然而单位工作日的收益却是下降的。这是一种应付人口压力下的维持生计问题的策略，而非为了追求最高利润的资本主义式的策略。它不会带来资本积累。这种主要由人口压力推动的内卷型的商品化，必须区别于推动近代发展的质变性的商品化。①

这里有必要指出，内卷型商品化可能通过充分地利用家庭劳动力而带来较高的家庭收入。它甚至可能通过每个劳动力每年工作更多天数而带来每个劳动力较高的年收入。但是这并不意味着单位工作日生产率和收益的发展，后者通常唯有通过劳动组织的改良、技术的进步，或更多的单位劳动力资本投入才可能实现。换句话说，内卷

---

① 为把我的内卷化区别于过去的马尔萨斯的论点，我应指出我的分析很大程度上得益于博塞拉普（Boserup，1965）。博塞拉普把马尔萨斯的观点颠倒过来：马尔萨斯把食物生产看成独立因素，在人口压力下供不应求；而博塞拉普则把人口看作独立因素，推动食物生产。博塞拉普认为人口增长推动了种植业的密集化，尤其是通过提高种植频率，由 25 年 1 熟的林木火种制到 5 年 1 熟的灌木火种制，再到 1 年 1 熟和 1 年数熟制。我在博塞拉普的框架上增加了这样的概念：在固定的技术条件下，劳动密集化的过程是有极限的。长江三角洲的水稻生产在南宋时已接近其极限，在明清时期出现的主要是内卷化、劳动边际报酬的递减，而不是收入与劳动投入同步增长的单纯的密集化。我还增加了这样的概念：与家庭手工业相结合的商品化农业生产是内卷化的一种形式。

化解释了没有发展的增长这一悖论现象。

与发展不同,内卷化所可能带来的增长是有限的,局限于一年中劳动力能够承担附加劳动的天数,而通过资本化(增加单位劳动力的资本投入)来提高每个劳动力的生产率则不受这样的局限。更进一步,生产越是内卷化,就越是难以把劳动力抽出而走通过资本化提高劳动生产率的道路。被替代的劳动力必须寻求另外的就业机会。

应该明确,即使没有其他质变性的变化,内卷型商品化也可成为市场与城镇发展的基础,就像明清时期发生的那样。小农的棉花和桑蚕生产提供了这些商品贸易的基础,进而影响粮食经济。这样的贸易与附属的加工成了新城镇的支柱,并进而推动了文化领域出现新现象。然而尽管如此,农民的糊口经济依然持续。

换句话说,我们企图找到的解释历史上悖论现象的答案就隐藏于商品化过程自身的特性之中。这一特性并不臆想所有的商品化均会导致资本主义的发生。商品化有着不同的形式和动力,产生着不同的变化,我认为我们不应该坚持讲中国的经验必然是或应该是与英国的经验一样,而需要去认清中国的不同动力和逻辑,其结果是与那些基于英国经验的理论模式相悖的现象。

我采用了类似的方法来分析帝国主义。我不认为世界市场必然有利于中国经济,或帝国主义只是有害于中国。我试图去找出历史真实,并说明帝国主义所引起的积极与消极作用同时并存的悖论现象。西方的冲击导致了由外国企业和国内城市企业组成的近代经济部门与内卷化的乡村经济部门相联结。例如在国际化了的蚕丝经济中,相对资本密集的机器织绸由美国和法国的工厂承担,它们依靠资本不那么密集的中国缫丝工业提供生丝,而中国缫丝工业又靠内卷化的小农家庭生产提供蚕茧。整个体系基于低收益的男性农民的植桑和更低收益的农村妇女的养蚕。在棉花经济中也有类似的逻辑。外国工厂承担大多数相对资本密集的织布，中国纱厂承担相对节省资本的纺纱，而中国农民承担劳动密集的低收益的植棉。于是，帝国主义、中国工业和内卷化的小农连成了一个整合的体系。

（四）微观的社会研究

从方法的角度来看，微观的社会研究特别有助于摆脱既有的规范信念，如果研究只是局限于宏观或量的分析，很难避免套用既有理论和信念。然而，紧密的微观层面的信息，尤其是从人类学方法研究得来的第一手资料和感性认识，使我们有可能得出不同于既有规范认识的想法，使我们有可能把平日的认识方法——从既有概念到实证——颠倒过来，认识悖论的事实。

基于同样的原因，地方史研究也是有用的方法。在对一种因素或一组因素的宏观研究中，我们很难对不同因素间的假定联系提出本质性的疑问。而地方史研究通常检阅了一个特定地区的"全部历史"，从而有可能对不同的因素间的关系提出新鲜的问题，避免把某一历史过程中发生的一些联系套用到另一历史过程中去。在我自己的经历之中，源自第三世界的分析概念比基于西方经历的模式有用。我自己关于内卷化的概念就得益于恰亚诺夫和格尔茨的模式，它们都是基于对非西方社会的微观研究。

最后，我认为鉴定悖论现象是设计要研究的问题的好方法。既有的理论体系之间的争论和共同信念，可以帮助我们去认识悖论现象。一旦认清了悖论现象及其所否定的规范信念，我们便可能对假定的因果关系提出怀疑。例如商品化的性质会不会不同于我们以往的估计？近代化的动力会不会只限于商品化？这些问题引导我们去注意未发现的联系，也启发了我们思考可能解释这些悖论现象的新概念。

三、其他的悖论现象

下面我打算更广泛地考察一些为以往学术研究所揭示的基于实证的悖论现象。我不准备对过去的学术加以全面的转述，而只打算讨论一些特别能说明问题的研究。我的讨论将主要集中于这里所要提倡的研究方向。这就不可避免地忽视了许多学者为突破旧模式和寻找新途径所做出的贡献。

（一）分散的自然经济与整合的市场

大洋两岸的学者近年来在运用微观经济学方法探讨中国经济史上做了一些努力。过去的研究主要是宏观经济的研究，新的研究从总产出转向市场、价格和企业、家庭抉择等被忽略的方面。[1]

新的研究成功地证实了明清经济中市场的整合趋势。在稻米、棉花、茶叶等商品交换中无疑存在着"全国市场"。我们可以明确地看到各地区间商品流通的路线，并估计出大概的流通量。此外，可以证明不同的地区之间价格同步波动。在民国时期，上述趋势加速扩

---

[1] 例如，吴承明，1985；陈春声，1984；王业健，1989；程洪，1990。更早的、开拓性的研究还有全汉昇和克劳斯，1975。

展,中国的市场进一步连接国际市场。

　　然而,我们还知道明清时期的棉纺织生产并不是在城镇作坊进行,而是在小农家庭中进行,与农耕相结合(徐新吾,1981;吴承明,1990:208—332)。不仅如此,小农生产的大部分仍直接满足家庭消费。最新的系统研究表明,直至20世纪20年代,为家庭消费的小农生产仍超过为市场的生产(吴承明,1990:18—19)。换句话说,乡村经济在相当程度上仍处于"自然经济"状态。

　　进而,要素市场的运行尚处于种种约束之下,离完全自由竞争市场的理想模式还很远。土地转移同时受到习俗和法律的约束,必须让邻近田块的亲友优先购买。同时,在广泛使用的典卖交易方式之中,卖主几乎拥有无限期的赎回权(杨国桢,1988)。雇佣交易中讲究私人关系和中间人,从而限制了劳动力市场的空间范围。村内亲友间的贷款(无论个人贷款还是合会),讲究感情和礼尚往来,而未形成脱离人际关系的信贷市场逻辑。小农借贷反映了糊口经济中的为生存而借款的逻辑,月利高达2%至3%,远高于任何盈利企业所能承担的利率[Fei(费孝通),1939;Huang(黄宗智),1990]。

　　我们当然可以再一次陷入以往的论争。新斯密学派会坚持说,根据某些商品价格同步变化的事实,他们理想中的整体化市场经济的其他因素也肯定同时存在:在中国小农经济中,充分竞争的、教科书式的要素市场如同在先进的资本主义经济中一样存在,小农就像资本主义企业家一样,在市场上为寻求最大利润而做出经济抉择[舒尔茨(Schultz),1964;布兰特(Brandt),1989]。有些人更从这样的简缩性推理出发,进一步得出乡村质变性的近代化必然会由这样的市场发展而来的武断结论。按照他们有悖事实的逻辑,他们不在乎历史真实不是如此,同样可以坚持"要不是战争和革命打断这一进程,迟早会有这样的发展"这一观点。

与此对照,"自然经济"论学者会坚持说封建经济只可能是"自然经济"。在正常的历史进程中,资本主义和完全整合的市场会发展起来,但这种可能性被帝国主义排除了,帝国主义和中国封建势力的勾结阻碍了这一进程。要是西方没有入侵,情况就会不同了。这样,我们又回到了老一套基本是政治意识的争论。

"经济二元论"(Hou,1963;Murphey,1977)把纯竞争性的要素市场模式与自然经济模式合并为一个具有两个不同部门的经济体系模式。但这个模式贡献有限,因为我们可以看到两个部门实际上是紧密相连的,最明显的例子是影响到每家每户的棉花经济。把两种经济想象为分隔的部门是没有道理的。

这三种模式没有一种能勾画出近几个世纪来市场在中国经济中运行的实际情况。就像在中国社会经济史和其他论题上一样,我们在这个论题上面临着概念上的困境,这正反映了当前规范认识危机的一个部分。打破这一困境所需的第一步,是改变过去由理论到史实的做法,而立足于实证研究。面对分散的自然经济与整合市场并存的悖论现象,我们如何解释这两者的同时出现和长期并存呢?还有,我们如何解释不带近代发展的整合市场的形成过程呢?我认为作为第一步,我们可考虑商品化有不同的动力,从而产生不同的结果。这一设想也可以延伸到市场是否按照既定模式运行的问题。一个特别值得探讨的对象是商行,其处于传统的和近代的市场体系的交接点,可以启发我们认识这两种体系是如何运行的,以及它们如何相互渗透和不渗透。

(二)没有公民权利发展的公众领域扩张

美国清史研究者的另一个新的重要研究是关于公众社会团体的扩张,尤其是在长江三角洲,诸如会馆、行会、书院、善堂、义仓之类的组织,均有了扩展。这样非官方公众团体的发起使人联想到哈贝马斯研究的关于近代早期欧洲的"公众领域"(public sphere)的概念,并把这一概念运用到明末清初的研究之中。① 表面看来,两个历史过程似乎十分相似。

然而,借用哈贝马斯的词语和定义会带来无意的结论先行和简缩化。在西欧历史上,哈贝马斯研究的"公众领域"(以及随后的"结构转变")是对民主起源的探讨。他所涉及的不仅是公众领域和私人领域间的不同,而且更是两者在国家政权与"公民社会"(civil society)对立面中的地位。就他而言,公众领域与私人领域、国家政权与公民社会这两组概念是相互渗透的。事实上,正是这两组概念的交替使用,加强了他的"公众领域"概念的分析力。从民主起源的角度来看,人们生活中公众领域的扩展只属于次要,关键在于与其同步扩展的公民权利。我们必须在这一历史背景之下来理解哈贝马斯的"公民社会中的公众领域"(Habermas,1989)。

近代城市社会生活中,公众领域持续扩张。但这一扩张并不一定与公民权利的发展相伴随。事实上,我们可以设想公众领域是一块近代国家政权与公民社会争夺的地盘。在民主国家的近代史上,

① 这方面的许多研究仍在进行之中。其方向可见于罗威廉(Rowe,1989)关于汉口的研究,与卜正民(Brook,1990)。当然这一概念也被运用到晚清与民国时期(参见Esherick and Rankin,1990;Rowe,1990),其对后一时期也许比较适用。

公民社会成功地占领了公众领域,而在非民主国家中则正好相反。

　　由此,哈贝马斯的概念如果用于中国,它所突出的应不是类似西欧的公众领域与公民政权的同时发展,而是两者的分割。当然,在中国随着城镇发展和城市生活中村社生活方式的解体,公众领域有了扩张(我们只要考虑一下城乡日常生活的不同:乡村居民与家庭成员、亲戚、村邻都有较密切的联系,而与外界较少联系;而城镇居民对亲友保持一定距离,但与近邻之外的外界有交往)。然而,中国不像中世纪晚期和近代早期的西欧,城镇并不处于政权的控制范围之外,城镇的发展并不意味着市民政治权力的发展。在 1600—1700 年与 1840—1895 年的中国,市民公众团体确实有了相当的扩张,但并没有相应的独立于国家政权的公民权利的发展。针对不带公民权利发展的公众领域扩张的悖论现象,提出了问题:推动明清与近代早期西方公众团体扩展的动力究竟有何异同?

(三)没有自由主义的规范主义法制

　　当前美国研究中国的又一热门是法制史。老一代研究者指出,近现代以前中国的司法体制中没有司法独立和人权保障,司法当局只是行政当局的一部分,法律主要意味着惩罚,为了维护官方统治思想和社会秩序,因此,在民法方面几乎毫无建树[Ch'ü(瞿同祖),1961;Van Der Sprenkel,1977;Bodde and Morris,1967]。与当时中国研究的总体情况一样,他们的研究注重中国历代王朝与近代西方的不同之处。

　　晚一辈的学者则强调中国的法制传统的规范性和合理性。事实上,司法并非诉诸专横的惩罚和拷问,而具有一定的作证程序,即使按今天的司法标准来看也是行之有效的。同时,这个制度系统地、合理地处理了民事纠纷。① 这批学者几乎与"近代早期论"学者是在同一时期纠正前辈的偏向的。

两代学者运用的不同分析框架呼应了马克斯·韦伯的实体主义("卡迪"司法)和形式主义的一对对立概念(Weber,1954)。对一个来讲,法律是政治的工具,法律服从于统治者的意志和愿望;对另一个来讲,法律是基于规范化的、形式化的成文的原则,并导向司法的专业化、标准化和独立化。后者被马克斯·韦伯认为是近代的理性主义的表现。

两种不同的情景在比较法学家罗伯托·安格尔1976年的著作与他的批评者安守廉1986年的著作中得到充分反映(Unger,1976;Alford,1986)。对安格尔来说,中国代表了不具备近代自由主义法律和保护个人人权的法制传统。而对阿尔弗德来说,安格尔对中国法律的看法正反映了前一代学者西方本位主义态度的错误。

我认为两种观点均有一些道理。我们不能否认中国的王朝法律已经高度规范化,而且相对地系统化和独立化。但是,我们又无法否认中国的王朝法律仍受到行政干预,尤其是来自皇权的干预[Kuhn(孔飞力),1990]。直至民国时期和西方影响的到来,它也没有向保护人权的自由主义发展。规范主义和自由主义在近代早期和近代的西欧是得到结合的。中国的明清时期并非如此。

争论的双方若只坚持自己一方更为精确、重要,结果将会像关于明清时期是"传统的"还是"近代早期的",是"封建的"还是"资本主

---

① 包恒(Buxbaum),1967;康雅信(Conner),1979;安守廉,1984.

义萌芽的"争论一样。我们研究的出发点应是已经证实了的悖论现象：没有自由主义的规范主义的法制。

我们需要去探讨这个法制的实际执行情况，尤其是关于民事纠纷的案件。① 当然，清代的刑法与民法之间并无明确分界。这表明民事司法缺乏明确的划分和独立的领域，因而与近代的自由主义传统的法律不同。但是，清律明确载有相当多的具体的、有关民事的正式条文（诸如关于继承、婚姻、离婚、土地买卖和债务的条文）。清代和民国时期的大量案件记录现在已经可以见到。这些记录所载有的微观信息，使我们可以详细地探讨一系列问题。例如，就一个地方行政官而言，民事案件的审理占多大比重？他在何种程度上根据法律条文来处理案件，或专断地根据个人意志来处理案件？从普通人民的角度来看，在何种程度上，以及出自何种目的而求诸诉讼？在解决民事纠纷的过程中，司法系统与当地社团的调解如何相互关联？对这些问题的回答，可以给我们一个较坚实的基础来分析中国和西方法制传统的异同。

（四）中国革命中的结构与抉择

过去对中国革命的研究在结构和抉择的关系问题上划分成不同的营垒。中国正统的马克思主义观点是直截了当的：长期的结构变化导致阶级矛盾尖锐化，尤其是地主与佃农之间的关系。中国共产党则是被剥削农民的组织代表。结构变迁与人为抉择的因素在共产

---

① 在路斯基金会（The Luce Foundation）的资助下，关于"中国历史上的民法"的讨论会于 1991 年 8 月在加利福尼亚大学洛杉矶分校（UCLA）举行。

党领导的阶级革命中汇合成同一个运动(毛泽东,1927,1939;李文治,1957;章有义,1957)。

这一观点与社会经济长期变迁的研究是相互呼应的。"封建主义论"学派强调封建生产关系下地主与佃农之间冲突的中心地位。帝国主义加剧了阶级矛盾,从而引起了反帝反封建的阶级革命。"资本主义萌芽论"学派尽管强调帝国主义阻碍了中国资本主义萌芽的充分发展,但对于革命的结构性基础得出的是同样的结论:封建自然经济的阶级关系仍占统治地位,从而确定了共产党领导的反帝反封建革命的性质。

保守的美国学者的观点则相反:结构性的变化与人为抉择在中国革命中是相悖的。在20世纪50年代"冷战"的高潮时期,最保守的学者甚至坚持中国革命仅仅是莫斯科控制和操纵的少数阴谋家的产物(Michael and Taylor,1956)。其后,保守的主流观点演变成强调共产党组织是造成革命的主要动力,认为农民的阶级斗争只不过是革命宣传机构"虚构"出来的,真正重要的只是高度集中的中国共产党的组织工作。

这一观点也得到研究社会经济长期变迁的学者的支持。"停滞的传统中国论"强调人口压力是近代中国不幸的缘由,而新斯密派则强调市场促进发展的作用。无论哪种观点均认为中国共产党领导的阶级革命是与结构性变化的趋势相悖的:人口压力要求控制生育或其他改革,市场推动的发展要求资本主义,两者均不要求革命。

两套观点显然各有可取之处。没有人会否认共产党比国民党获得更多人民的拥护,而人民的支持对内战的结局起了决定性的作用,在中国北方的战役中尤其如此。同时,我们也无法否认列宁主义型共产党组织有民主的一面之外,还有集中的一面。

在 20 世纪六七十年代美国的政治气氛下,学者们极难摆脱政治影响而说明上述事实。试图论证中国革命的群众基础的著作常带着一整套阶级革命的论说(Selden,1971)。而关于共产党组织重要性的讨论则牵带着一整套保守的观点(Hofheinz,1977)。即使小心地避开政治争论的学者也无法避免受到政治攻击。于是,费正清被马若孟和墨子刻攻击为传播"革命范例","他的政治观点迎合了北京的历史观点,阻碍了许多美国学者公正、清醒地分析两个中国政府"(Myers and Metzger,1980:88)。

研究这一领域的大多数学者其实并不相信上述两种观点的任何一种。头脑清醒的学者则冷静地从事于实证研究,以期建立有说服力的分析(如陈永发,1986)。然而,迄今未有人能够提出得到广泛承认的新的解释。

我认为要使这一领域的研究进一步发展,关键在于突破过去关于长期结构变迁与革命之间关系的规范认识。结构变迁不一定导向自由市场资本主义或共产主义革命,还有着其他的可能性。我本人已提出了内卷型商品化的看法。在这个过程中,阶级矛盾并没有尖锐化,农民并没有分化为资本主义农场主和雇农。商品化所起的作用主要是增强了小农家庭和村庄社团再生产的能力。

另一个关于长期结构变迁的不同看法的例子是,太平天国起义后的一百年中江南地区最突出的结构性变迁是地主势力的衰落,其原因是政府的压力、税收的提高和租额的徘徊不上。土地租佃制未必像正统的革命模式者估计的那样,必定要被佃农积极的阶级革命摧毁。它也可能只是在长期的结构性变迁下自然崩溃,未必通过农民的革命行动才崩溃,至少在长江下游地区是如此[Bernhardt(白凯),2005]。

此外,我们需要把结构与抉择的关系看作既非完全相应又非完全相悖的。我们的选择不必限于美国保守派认为的没有人民支持的党或中国共产党的阶级革命浪潮的两种观点。真正的问题是,结构与抉择如何相互作用?

把结构和抉择看作既分开又相互作用是一个重要进步。这使我们把二者间的联系看作一个过程,而不是预定的结论。在裴宜理关于淮北地区革命运动的研究中[Perry(裴宜理),1980],长期的生态不稳定和共产党的组织活动两个因素得到暂时的协调,这体现在共产党利用农村的自卫组织(联庄会)。在詹姆斯·斯科特的"道义经济"模式中(Scott,1976;Marks,1984),传统的村社一贯尊重其成员的道义性"生存权"(如歉收时地主应减租)。在革命过程中,党组织和农民在重建被商品经济和近代政权摧毁的道义经济上找到了共同点。再举一个例子,周锡瑞对义和团的研究(Esherick,1987)表明,对农民文化的研究可以帮助我们了解农民思想和行动上的倾向。

要想真的得出新的观点和分析,突破过去几十年在分析概念上的困惑,我们需要获得大量与以往不同的资料。中国研究革命史的学者主要局限于组织史(党史),部分原因是缺乏他种性质的资料,极少有关于革命运动真正接触到乡村社会时发生状况的资料。[①] 然而,我们现在有可能通过地方档案和当事人(他们的人数正在迅速减

---

① 关于结构与抉择关键的会合点,我们尚无现成的佐证。只有韩丁(Hinton,1966)和克鲁克(Crook,1959)做的人类学实地调查接近于提供了有关党与村庄社会接触时变化经过的情况。

少)的回忆获得能够解决问题的微观层面的资料。有的美国学者已在积极从事这样的研究。

四、当代史

当代史的研究同样为上述两套理论所左右。革命源于阶级斗争的分析,延伸到当代便成为"社会主义"模式。根据这一观点,中国共产党是代表中国劳动人民的组织,社会主义革命是中国社会长期结构变迁的应有产物。革命后的政权与中国社会是相应的整体。

至于农村变迁,社会主义模式预言生产资料的集体所有制会克服小农生产的弱点而导向经济现代化,同时可以避免资本主义不平等的弊端。资本主义模式则预言集体所有制会因缺乏存在于私有制和自由市场经济内的刺激而受挫,集中计划会导致过分的官僚控制,社会主义经济会陷入效率低下的困境。

随着 20 世纪 80 年代中国放弃集体化农业,新斯密学派认为在改革中看到了对自己信念的认可。对他们而言,中国转向市场经济意味着社会主义的崩溃和资本主义的胜利;改革意味着中国经济在几十年失常的社会主义革命之后,最后回到了市场推动发展的正确途径。如果问题仍旧存在,那只是因为改革还不彻底,还没有实行彻底的私有制和价格放开,也就是资本主义。

我认为中国近几十年历史给我们的真正教训是两种理论共同的错误。就像对新中国成立之前的研究一样,对当代中国的研究也为两种理论、一个共同的规范认识所左右。学术界的争论主要集中于两种理论间的不同点,但它们共享的规范信念实际上具有更大的影响。

这里,规范信念仍指那些两种理论共同认可的地方,即双方均认为明确得无须加以讨论的地方。在这样的一些认识中,双方均认为城市工业化与乡村发展、产量增长与劳动生产率提高同步发生,形成同一的现代发展过程(不管是资本主义的还是社会主义的)。

双方认可的另两个规范信念也影响到我们如何看待 1949 年后的中国。由于资本主义和社会主义的模式均来自西方及苏联的经验,它们都没有考虑到人口过剩问题。两种估计均认为随着现代经济发展,不管是社会主义的还是资本主义的,人口问题会被轻而易举地克服。双方均未考虑已经高度内卷化的农业,单位面积的产量已经如此之高,已无可能再大规模提高。两者均认为产量可能无限提高。两者都没有去注意在一个内卷化的乡村经济中,工副业生产对于小农的生存是何等重要。两者均认为乡村生产基本上仅是种植业生产。

社会主义和资本主义两个模式通常都认为自己是对方之外的唯一选择。受这一规范信念影响的人很多,包括对两种模式本身都持怀疑态度的学者在内。在这个规范信念的影响下,乡村发展要么走资本主义道路,要么走社会主义道路,而不可能走两者的混合,或第三条、第四条道路。

(一)集体化时期的城市发展与乡村内卷化

城市工业化与乡村内卷化并存的悖论现象在新中国成立后比中国成立前更为明显。以往的研究清楚地论证了工业发展与农业变化间的巨大差距:在 1952 年至 1979 年间,工业产出以 11% 的年增长速度发展,共增长了 19 倍;而农业产出年增长速度仅 2.3%,略高于人口增长速度(Perkins and Yusuf,1984)。这一工业发展与农业不发展的悖论现象直接与资本主义、社会主义模式关于城市与乡村同步发展的预言相冲突。

当然,乡村集体化赋予了中国农业以个体小农无法提供的基本建设的组织条件。通过这样的建设,本来可能提高劳动生产率。然而人口压力和政府政策迫使农民对单位土地面积投入越来越多的劳动,迫使其边际报酬递减。最后,乡村产出虽然提高了 3 倍,投入的劳动力却扩增了 3—4 倍——通过全面动员妇女参加农业劳动,增加每年的工作日以及乡村人口的近倍增加实现。这造成了单位工作日报酬的降低,亦即乡村生产没有(劳动生产率)发展的产出增长。

集体化农场与新中国成立前小农家庭农场一样具有某些基本的组织性特点。不同于使用雇佣劳动的资本主义农场,它们的劳动力来源是固定的,不能根据需要加以调节。也不同于资本主义农场,他们都是一个集消费和生产为一体的单位,而非单纯生产的单位。于是,他们有可能为消费需要而高度内卷化,而无视单位劳动的收益。此外,新中国成立后政府政策进一步强化了内卷化倾向。从投入的角度来看,增加劳动投入远比增加资本投入便宜。另外,政府的税收和征购与总产出挂钩,不涉及社员的单位工作日收入。其结局是我称之为集体制下的内卷化,是中国乡村几个世纪来内卷化趋势的继续。

(二)20 世纪 80 年代的乡村工副业

对照之下,20 世纪 80 年代出现了大好的乡村发展。乡村总产值

（可比价格）在 1980 年至 1989 年间猛增 2.5 倍，远远超过 15% 的人口增长率（《中国统计年鉴》，1990：333，335，56—57，258，263）。随着这一跃进，出现了中国乡村几个世纪来的第一次真正的发展，表现在劳动生产率和单位工作日收益的提高和糊口水准之上的相当的剩余上。

我们如何看待这一进步？一些研究者忽视人口压力和认为乡村生产主要是种植业，把注意力完全放在种植业产出上，指望市场和利润刺激会像资本主义模式预言的那样带来大幅度的增长（Nee and Su，1990）。种植业产出在 1979 年至 1984 年间确实曾以平均每年 7% 左右的速度增长（《中国统计年鉴》，1990：335）。这一事实更促成直观的期望。事实上，中国改革的设计者们自己也把种植业生产看作乡村发展的标志，并自信地预言其可能以同样幅度继续提高（发展研究所，1985）。但实际上，从 1985 年开始增长已经停止。但是新斯密学派成员仍继续坚持他们的看法，并以有悖事实的逻辑声称：只要中国领导人不半途而废（进而实行私有化和价格完全放开），种植业还会有更进一步的发展。

事后来看，种植业生产在最初的跃升后停滞并不令人奇怪。在中国这样高密度的和内卷化的农业经济中，单位面积产量早已达到了很高水平。除了后进地区因为中国化肥工业的成熟而得以更多地使用化肥，其他地区早已使用了易于应用的现代投入。在土地没有这样密集使用的美国或苏联，大幅度的增长是可能的，但指望中国如此是没有道理的。

人们的注意力主要集中于种植业到底应该以资本主义还是以社会主义的方式进行的问题上，很少有人关注到乡村经济发展的真正动力:工业与"副业"(包括手工业、畜牧业、渔业、林业)。① 在生产资料分配的市场化和政府政策的鼓励下,乡村两级组织积极开创新的企业。工业的增长尤为惊人,1980—1989 年间增加了 5 倍,远远超过种植业的 0.3 倍。到 20 世纪 80 年代末,乡村工业已占农村社会总产值的一半以上,而副业占了另外的五分之一。②

　　这些部门对农村社会总产出增长 2.5 倍的贡献远远超过了种植业生产(比例约为 9∶1)。到 1988 年,9000 万乡村劳动力在非农业领域就业(《中国统计年鉴》,1990:329,400)。这一变化使数百年来第一次有可能在中国的某些地区出现种植业生产中过分拥挤的劳动力转移,出现了反内卷化。通过减少参与分配的劳动力,反内卷化带来了作物生产中单位工作日收入的提高。连同来自新工业和副业的收入,中国农村的许多地区第一次创造了真正的发展和相对繁荣。

　　最后,把资本主义和社会主义当作仅有的可能选择的规范信念,使许多学者忽略了 20 世纪 80 年代发展的实质内容。其中占最重要比例的是市场化了的集体企业(《中国农业年鉴》,1989:345—346)。它们是两种生产方式的混合体,是社会主义所有制和资本主义式运行机制的混合产物,既非纯资本主义亦非纯社会主义。我们今日不应再固执于两个简单的旧模式中的任何一个。

---

① 乡级机构统计习惯使用"副业"指标。国家统计局则把畜牧业、林业和渔业区分于手工业和"副业",而把所有这些都与种植业一起归入"农业"。

② 《中国统计年鉴》,1990:333,335。这里的"工业"包括建筑业和运输业。如果把后两者分出去,乡村工业占农村社会总产值的 2/5,而非一半。

（三）没有"公民社会"的市场化

在城市中，20 世纪 80 年代中国经济的市场化，伴随着中国政治生活的开放和民间社团的相应兴起。这些发展使一些美国学者用"公民社会"的概念来形容改革时期的政治变化（Whyte，1990）。这个概念指出政权与社会间权力关系的问题，比起以往的极权主义模式来说是一种进步，因为后者简单地把政权对社会的全盘控制不加分析地作为前提。

然而，就像使用"公众领域"去描述明清时期一样，"公民社会"也容易使我们混同西方与中国的经历。在近代早期的西欧历史上和最近的东欧历史上，民主政治的发展（尤其是从国家政权独立出来的民权和公民个人的人权）伴随着自由市场的发展。"公民社会"包含着各种关系的复合体：伴随着早期资本主义发展而兴起的市民团体，以及民主政治体制的开端。因此，使用这个名词而不去明确注意中国的不同之处，会形成相同的复合体也在中国出现的错觉。

这一提法对 20 世纪 80 年代的中国来讲，就像"公众领域"对清代一样不适当。它夸大了 20 世纪 80 年代市场交易和市民团体扩张的民主含义，也进而夸大了公民权利组织的基础。它重复了过去一些人的习惯，用简缩化和结论先行的推理，把西方的理想模式套到中国头上：如果一个复合体的一两种因素出现了，那整个复合体必然会或马上会出现。

我们应当离开源自西方经验的模式，从没有民主发展的市场化和没有民主政治发展的市民团体兴起的悖论现象出发。20 世纪 80 年代中国的市场化非常不同于资本主义经济的历史经验，而市民团体的形成也同样出自不同于西方的动力。如果这些不同能得到分析,将有助于理解市场化带给中国的可能不同的社会、政治含义。

(四)一条资本主义与社会主义之外的道路

当然有人会继续坚持单一资本主义或社会主义模式,并运用这样或那样的旧有的简缩化、结论先行或有悖事实的逻辑。根据那样的推理,市场的出现预示着资本主义的其他部分,如私有制和民主接踵而来。要是其他部分没有出现,它们至少是应该出现的。至此,只差一小步就到了有悖事实的结论:只要中国不顽固地拒绝放弃社会主义和转向资本主义,预想中的发展必然会到来。

中国反对改革的保守人士使用同样的逻辑而得出相反的结论。随着市场化,资本主义的其他不好因素必然会接踵而来:阶级分化、资本主义剥削、社会犯罪,以及诸如此类的现象。因此,必须坚决拥护彻底的社会主义,来反对资本主义萌芽。改革遇到的一些挫折,并不意味着资本主义化还不够,而是过了头。要是计划经济、集体经济没有因改革而被削弱,情况会好得多。

时至今日,我们应把这些争论搁置一边了。中国农村在 20 世纪 50 年代之前经历了 6 个世纪的私有制和市场经济,但仍未得到发展,人口的绝大多数仍被束缚于糊口水平的种植业生产。中国农村如果退回到 20 世纪 50 年代以前的经济组织,会面临比以前更大的问题:人口增加了 2 倍,来自化肥、电泵和机耕等现代化投入的易实现的进步已经都有了,很难想象市场在这种情况下如何发挥它的魔力。

20 世纪 50 年代至 70 年代的集体化途径也应放弃了。在这一途径下,农作物产出确实增长很快,但劳动生产率和单位工作日报酬是停滞的。农村人口的大多数停留在仅敷糊口的生活水准。坚持这一途径,与退回20世纪50年代前一样,也是不合理的。

那么,出路到底何在? 学术研究的第一步应是解释为什么乡村经济在20世纪80年代得到蓬勃发展,而在拥有自由市场、私有财产的1350年至1950年以及计划经济的集体化的20世纪50至70年代都没有这种发展? 为什么乡村集体所有制与市场化经济的悖论性混合体却推动了充满活力的乡村工业化?

中国革命史上的一个突出特点是乡村起了很大作用。乡村曾是共产党组织和革命根据地的所在地。通过20世纪50年代的集体化,村、乡变成土地和其他生产资料所有的基本单位。由于20世纪50年代后期以来极严格的户籍制度,村、乡下属的人员长期稳定。接着,村、乡又成了水利、公共卫生和教育等大规模运动的基本组织单位,在这些过程中扩大了它们的行政机器。这些变化给予这些组织在农村变迁中特殊的地位和作用,有别于一般发展中国家和社会主义国家。最后,在20世纪80年代扩大自主权和市场刺激的双重激励下,它们成为农村工业化的基础单位。它们在中国农村发展中所起的关键作用呈现出这样的问题:在中国出现的这一历史真实是否代表了一条新的农村现代化的道路—— 一条既不符合社会主义,也不符合资本主义单一模式的道路?

当前中国史研究中的规范认识危机是全世界历史理论危机的一个部分。这一世界性的历史理论危机是随着"冷战"的结束和资本主义与社会主义尖锐对立的终结而出现的。这一局面给了我们一个特殊的机会去突破过去的观念束缚,参加到寻求新理论体系的共同努力中。我们的中国史领域长期借用源自西方经验的模式,试图用这样或那样的方式把中国历史套入斯密和马克思的古典理论。我们现在的目标应立足于建立中国研究自己的理论体系,并非退回到旧汉学的排外和孤立状态,而是以创造性的方式把中国的经验与世界其他部分联系起来。

参考文献

陈春声(1984):《清代乾隆年间广东的米价和米粮贸易》,中山大学硕士学位论文。

发展研究所(国务院农村发展研究中心)(1985):《国民经济新成长阶段和农村发展》,无出版处。

黎澍(1956):《关于中国资本主义萌芽问题的考察》,载《历史研究》第 4 期,第 1—25 页。

李伯重(1984):《明清时期江南水稻生产集约程度的提高——明清江南农业经济发展特点探讨之一》,载《中国农史》第 1 期,第 24—37 页。

李伯重(1985a):《"桑争稻田"与明清江南农业生产集约程度的提高——明清江南农业经济发展特点探讨之二》,载《中国农史》第 1 期,第 1—11 页。

李伯重(1985b):《明清江南农业资源的合理利用——明清江南农业经济发展特点探讨之三》,载《农业考古》第 2 期,第 150—163 页。

李文治编(1957):《中国近代农业史资料(1840—1911)》,上海:生活·读书·新知三联书店。

李文治、魏金玉、经君健(1983):《明清时期的农业资本主义萌芽问题》,北京:中国社会科学出版社。

毛泽东[1972(1927)]:《湖南农民运动考察报告》,载《毛泽东集》第 1 卷,东京:北望社,第 207—249 页。

毛泽东[1972(1939)]:《中国革命和中国共产党》,载《毛泽东集》第 3卷,东京:北望社,第 97—136 页。

王业键(1989):《十八世纪长江三角洲的食品供应和粮价》,载《第二次中国经济史讨论会论文集》(台北)第 2 卷。

吴承明(1984):《我国半殖民地半封建国内市场》,载《历史研究》第 2期,第 110—121 页。

吴承明(1985):《中国资本主义的萌芽》,载《中国资本主义发展史》第 1 卷,北京:人民出版社。

吴承明编(1990):《旧民主主义革命时期的中国资本主义》,北京:人民出版社。

徐新吾(1981):《鸦片战争前中国棉纺织手工业的商品生产与资本主义萌芽问题》,南京:江苏人民出版社。

徐新吾(1990):《中国自然经济的分解》,载吴承明编《旧民主主义革命时期的中国资本主义》,第 258—332 页。

杨国桢(1988):《明清土地契约文书研究》,北京:人民出版社。

严中平等编(1955):《中国近代经济史统计资料选辑》,北京:科学出版社。

章有义编(1957):《中国近代农业史资料》第 2、3 辑:1912—1927,1927—1937,上海:生活·读书·新知三联书店。

《中国农业年鉴》(1989),北京:农业出版社。

《中国统计年鉴》(1990),北京:中国统计出版社。

Alford,W. (1984). "Of arsenic and old laws: looking anew at criminal justice in late imperial China," *California Law Review*,72,6(Dec):1180—1256.

Alford,W. (1986). "The inscrutable occidental: implications of Roberto Unger's uses and abuses of the Chinese past," *Texas Law Review*,64:915—972.

Bernhardt, Kathryn (1992). *Rents, Taxes, and Peasant Resistance: The Lower Yangzi Region, 1840—1950.* Stanford, Calif. : Stanford University Press.

Bodde, Derk and Clarence Morris (1967). *Law in Imperial China: Exemplified by 190 Ch'ing Dynasty Cases.* Philadelphia: University of Pennsylvania Press.

Boserup, Ester (1965). *The Conditions of Agricultural Growth: The Economics of Agrarian Change under Population Pressure.* Chicago: Aldine.

Brandt, Loren(1989). *Commercialization and Agricultural Development: Central and Eastern China, 1870—1937.* New York: Cambridge University Press.

Brook, Timothy(1990). "Family continuity and cultural hegemony: the gentry of Ningbo, 1368—1911," in Esherick and Rankin (1990), pp. 27—50.

Buxbaum, D. (1967). "Some aspects of civil procedure and practice at the trial level in Tanshui and Hsinchu from 1789 to 1895," *Journal of Asian Studies,* 30, 2(Feb.) : 255—279.

Chen, Yung-Fa(1986). *Making Revolution: The Communist Movement in Eastern and Central China, 1937—1945.* Berkeley and Los Angeles: University of California Press.

Cheng, Hong (1990). "The Rural Commodities Market in the Yangzi Delta, 1920—1940: A Social and Economic Analysis," Ph. D. dissertation, University of California, Los Angeles.

Chuan, Han-Sheng and Richard A. Kraus (1975). *Mid-Ch'ing Rice Markets and Trade: An Essay in Price History.* Cambridge, MA: East Asian Research Center, Harvard University Press.

97

Ch'ü, T'ung-Tsu (1961). *Law and Society in Traditional China*. Paris: Mouton.

Cohen, Paul A. (1984). *Discovering History in China: American Historical Writing on the Recent Chinese Past*. New York: Columbia University Press.

Conner, Alison Wayne (1979). "The Law of Evidence during the Ch'ing Dynasty," Ph. D. dissertation, Cornell University.

Crook, David and Isabel Crook (1959). *Revolution in a Chinese Village: Ten Mile Inn*. London: Routledge & Kegan Paul.

Demberger, R. (1975). "The role of the foreigner in China's economic development, 1840—1949," in Dwight Perkins (ed.), *China's Modern Economy in Historical Perspective*. Stanford, Calif. : Stanford University Press, pp. 19—47.

Elvin, Mark (1973). *The Pattern of the Chinese Past*. Stanford, Calif: Stanford University Press.

Esherick, Joseph (1987). *The Origins of the Boxer Uprising*. Berkeley and Los Angeles: University of California Press.

Fairbank, John K. (1958). *The United States and China: Fourth Edition, Revised and Enlarged*. Cambridge, MA: Harvard University Press.

Fairbank, John K. , Edwin O. Reischauer, and Albert M. Craig (1965). *East Asia: The Modern Transformation*. Boston: Houghton Mifflin.

Faure, David (1989). *The Rural Economy of Pre-Liberation China: Trade Expansion and Peasant Livelihood in Jiangsu and Guangdong*. Hong Kong: Oxford University Press.

Fei Xiaotong [Fei Hsiao-Tung] (1939). *Peasant Life in China: A Field Study of Country Life in the Yangtze Valley*. New York: Dutton.

Feuerwerker, Albert (1958). *China's Early Industrialization: Sheng Hsuan-huai(1844—1916) and Mandarin Enterprise.* Cambridge, MA: Harvard University Press.

Habermas, Jürgen (1989 [1962]). *The Structural Transformation of the Public Sphere: An Inquiry into a Categery of Bourgeois Society.* Cambridge, MA: MIT Press.

Hinton, William (1966). *Fanshen: A Documentary of Revolution in a Chinese Village.* New York: Random House.

Ho, Ping-ti (1959). *Studies in the Population of China 1368—1953.* Cambridge, MA: Harvard University Press.

Hofheinz, Roy, Jr. (1977). *The Broken Wave: The Chinese Communist Peasant Movement, 1922—1928.* Cambridge, MA: Harvard University Press.

Hou, Chi-Ming(1963). "Economic dualism: the case of China, 1840—1937," *Journal of Economic History,* 23, 3: 277—297.

Hou, Chi-Ming(1965). *Foreign Investment and Economic Development in China, 1840—1937.* Cambridge, MA: Harvard University Press.

Huang, Philip C. C. (1985). *The Peasant Economy and Social Change in North China.* Stanford, Calif. : Stanford University Press.

Huang, Philip C. C. (1990). *The Peasant Family and Rural Development in the Yangzi Delta, 1350—1988.* Stanford, Calif. : Stanford University Press.

Jefferson, Gary and Thomas G. Rawski (1990). "Urban Employment, Underemployment and Employment Policy in Chinese Industry," Paper Presented at the Conference on "Institutional Segmentation, Structural Change and Economic Reform in China," UCLA, Nov. 17.

Kuhn, Philip A. (1990). *Soulstealers: The Chinese Sorcery Scare of*

1768. Cambridge, MA: Harvard University Press.

Lippit, Victor(1974). *Land Reform and Economic Development in China*. White Plains, NY: International Arts and Sciences Press.

Lippit, Victor(1987). *The Economic Development of China*. Armonk, N. Y. : M. E. Sharpe.

Liu, Ta-Chung and Kung-chia Yeh(1965). *The Economy of the Chinese Mainland: National Income and Economic Development, 1933—1959.* Princeton, NJ: Princeton University Press.

Marks, Robert Brian (1984). *Rural Revolution in South China: Peasants and the Making of History in Haifeng County, 1570—1930.* Madison: University of Wisconsin Press.

Michael, Franz and George Taylor(1956). *The Far East in the Modern World.* New York: Holt.

Murphey, Rhoads(1977). *The Outsiders: The Western Experience in India and China.* Ann Arbor: University of Michigan Press.

Myers, Ramon (1970). *The Chinese Peasant Economy: Agricultural Development in Hopei and Shantung, 1890—1949.* Cambridge. MA: Harvard University Press.

Myers, R. and T. Metzger (1980). "Sinological shadows, the state of Modern China studies in the United States," *The Washington Quarterly*, 3, 2: 87—114.

Naquin, Susan and Evelyn S. Rawski (1987). *Chinese Society in the Eighteenth Century.* New Haven, CT: Yale University Press.

Nee, V. and Su Suin(1990). "Institutional change and economic growth in China: the view from the villages," *Journal of Asian Studies*, 49, 1(Feb.) : 3—25.

Peck, J. (1969). "The roots of rhetoric: the professional ideology of America's China watchers," *Bulletin of Concerned Asian Scholars*, II. 1 (October):59—69.

Perkins, Dwight (1969). *Agricultural Development in China, 1368—1968*. Chicago: Aldine.

Perkins, Dwight and Shahid Yusuf(1984). *Rural Development in China*. Baltimore, MD: The Johns Hopkins University Press(for the World Bank).

Perry, Elizabeth J. (1980). *Rebels and Revolutionaries in North China, 1845—1945*. Stanford, Calif. : Stanford University Press.

Rawski Thomas G. (1989). *Economic Growth in Prewar China*. Berkeley and Los Angeles: University of California Press.

Rowe, William T. (1984). *Hankow: Commerce and Society in a Chinese City, 1796—1889*. Stanford, Calif. : Stanford University Press.

Rowe, William T. (1989). *Hankow: Conflict and Community in a Chinese City, 1796—1895*. Stanford, Calif. : Stanford University Press.

Rowe, William T. (1990). "The public sphere in Modern China," *Modern China*, 16,3(July):309—329.

Scott, James C. (1976). *The Moral Economy of the Peasant: Rebellion and Subsistence in Southeast Asia*. New Haven, CT: Yale University Press.

Selden, Mark (1971). *The Yenan Way in Revolutionary China*. Cambridge, MA: Harvard University Press.

Shue, Vivienne(1988). *The Reach of the State: Sketches of the Chinese Body Politic*. Stanford, Calif. : Stanford University Press.

Smith, Adam (1976 [1775—1776]). *An Inquiry into the Nature and Causes of the Wealth of Nations*.4th ed. 3 vols. London: n. p.

Unger Roberto (1976). *Law in Modern Society: Toward a Criticism of*

Social Theory. New York: Free Press.

Van Der Sprenkel, Sybille (1977 [1962)]. *Legal Institutions in Manchu China: A Sociological Analysis*. Reprint ed. London: Athlone Press, University of London.

Weber, Max (1954). *Max Weber on Law in Economy and Society*. Max Rheinstein, ed. Cambridge, MA: Harvard University Press.

Whyte, Martin (1990). "Urban China: A Civil Society in the Making," Paper for the conference on "State and Society in China: the Consequences of Reform 1978—1990", Claremont Mckenna College, Feb. 17—18, 1990.

Wright, Mary Clabaugh (1957). *The Last Stand of Chinese Conservatism: The Tung-Chih Restoration, 1862—1874*. Stanford, Calif. : Stanford University Press.

第二编

表达/话语与实践：法律史研究

第 2 章

介于民间调解与官方审判之间：清代纠纷处理中的第三领域 *

为了揭示清代民事纠纷处理的实际过程，我们不仅要考察村社、族邻所作的非正式性调解，以及州县衙门的正式性审判，还要进一步了解介于这两者之间的第三领域。正是在此领域，民间调解与官方审判发生交接、互动。虽然有大批的争端随着呈递告状而进入官方审理过程，但在正式堂审之前都获得了解决。在此中间阶段，正式制度与非正式制度发生某种对话，并有其既定程式，

---

* 本章的英文原稿为 Philip C. C. Huang, "Between Informal Mediation and Formal Adjudication: The Third Realm of Qing Justice," *Modern China*, Vol. 19. No. 3（July 1993），pp. 251—298。后被纳入黄宗智：《清代的法律、社会与文化：民法的表达与实践》，上海书店出版社 2001 年版，第 5 章，第 76—107 页。英文原版还可见于 Philip C. C. Huang, *Civil Justice in China: Representation and Practice in the Qing*, Stanford: Stanford University Press, 1996。中译稿纳入本书时，由笔者做了修改和补充。

故而形成一个半官半民的纠纷处理地带。过去的研究未曾言及于此。本章将勾画此中间地带的概貌,并突出其主要特点。

事实上,此种半正式的纠纷处理制度,可被视作清代政治制度中一种范围更大的中间领域的最佳写照。在现代社会中,我们习惯于一个涵盖甚广、渗透很深的国家机器。而在清代,许多事务都留给了村社及亲邻,由他们加以非正式性管理。还有大量的政府工作,则是通过政府跟民间首领的合作而进行的。对于绝大多数民众来说,他们跟国家机器的接触,确实主要发生在此第三领域。

由此看来,在清代司法制度的三个组成部分中,每一部分都为整个政治制度的相应部分提供了具体写照:正式审判制度对应于官方政府;民间调解制度对应于民间的社会自我管理组织,半官方的纠纷处理制度对应于"半国家、半社会"的中间领域,正是在这里,国家与社会展开交接与互动。

这里和西方理论中习惯把国家和社会建构为非此即彼的二元对立体不同,并不在于拒绝国家和社会实体的存在,而在于强调两者的交搭。因此,它与非此即彼的二元对立建构十分不同。国家机构、官僚制度的存在是无可置疑的,一如自然村和行政村的存在。关键在于,在中国的历史中,两者的交搭也许比其分别存在更为重要。

一、清代诉讼的三个阶段

清代的民事诉讼是分三个不同阶段进行的。头一阶段是从告状开始,到县官作出初步反应为止。接着是正式堂审之前的一个阶段,在此期间,衙门与诉讼当事人以及可能的调解人之间,通常会发生不少的接触。最后阶段是正式堂讯,县官通常会在此阶段作出明确的裁决。[①] 这三个阶段各有其特征,先是官方的初步反应,接着是官方与民间的互动,最后是官方判决。中间阶段可长可短,短的只有数天,长的可达数月乃至数年,这在 19 世纪晚期积案成堆的台湾府淡水—新竹地区(以下简称淡新)尤为常见。

在拙作《清代的法律、社会与文化:民法的表达与实践》所研究的 628 件案件中,确知有 126 件是在初告一状之后,便在堂外由民间调解、成功地处理的。此外,在 264 件记录不完整的案件中(其原因将在下文中论及),我们不妨设想,应有半数左右亦属未经堂审即得以调解。果真如此的话,那么,对打上官司的农民来说,通过半正式途径解决争端的可能性要大于通过正式审判解决争端的可能性。在第三领域获得解决的案件兴许会多达 258 件,而正式受审的则为 221 件(见附录表)。

(一)最初阶段

诉讼当事人告到衙门,先得按照有关告状的种种规则行事。状纸有既定格式,皆事先印好,并注明在何种条件下衙门(法庭)将会拒绝受理。有的规则各县皆同,例如所有地方在受理斗殴案时,都要求开明伤痕为证,盗窃案要开明失单。但有少数规则为某地

---

① 此为常例,但非通则。有些案子由于县官在堂讯后未作出明确的判决,会被拖延下去。还有些案子由于当事人新呈状词,而不得不再度开审,这便意味着这些案子要重复所有的审理阶段或其中的部分阶段。这两种现象在淡水—新竹都出现得特别频繁,其原因详见黄宗智,2001:131—161。

所独有,体现当地衙门的某些特殊考虑,例如淡水—新竹地区的状纸上注明,胥役人等不得辄令抱告投呈。但这些规定都不成为通则。例如,巴县和宝坻的状纸上便规定,婚姻告状需写明媒妁日期,犯奸案须是"当场现获有据者",土地及债务案均要有适当的契据作佐证。两县的状纸上还规定,绅衿妇女要有抱告者,已经告过的案件必须明确述明原先的批示,证人不得超过 3 名,被告不可超过规定人数(巴县为 3 人,宝坻为 5 人)。但在宝坻的状纸中,并没有像巴县和淡新的状纸上那样,印明代书若有增减情节、当事人若妄控诬告,定行严惩。三县衙门都还规定,状词必须写有呈状人的姓名,盖有代书人的印章,每个方格只能填写一字,每栏不得超过一行。

通常状词只能写在一张标准状纸之上,状纸上只有数百个方格:宝坻为 288 个(12 行,每行 24 格);淡新为 320 个(16 行,每行 20 格),另加一行标题(稍宽些,但无方格);巴县为 325 个(13 行,每行 25 格)。由于篇幅受限,原告只许直截了当地如实陈述案情,毋须道明法律根据。

知县在收到状词之后,可能会拒绝受理。拒受的原因也许是原告未备妥有关文契,这种情况在债务及土地纠纷中尤为普遍。知县会在状纸上批明,最后加上"不准"两字[例见淡新 23405,1876.9(债-4)]。另一个原因可能是知县发现原告所控不实。他同样会在状纸上注明,有时还会写明理由,再以"不准"两字收尾。如果知县不那么确定的话,则用"碍难准理"来打发[例见淡新 22519,1887.7.1(土-99);22520,1887.10(土-100)]。拒绝受理的最后一个原因,可能是知县觉得这样的纠纷最好让族人、邻里或中人去处理。这种情况，在亲属之间因分家或债务所引起的纠纷中尤为常见。对于此类讼案，知县会干脆地拒绝受理［淡新 23417，1884.12（债-16）；淡新 23312，1887.1（债-35）；淡新 22522，1888.2.11（土-102）；淡新 22524，1888.2.23（土-104）；巴县 6：3：9761，1850.10（继-18）］。在我所掌握的 628 件案例中，有 10 件就是这样被驳回的。

　　还有些案子，知县可能觉得虽然值得考虑，但案情又太轻，不必亲自过问，因此发还给下属处理——或交乡保办理，或让衙役跟乡保一道处理（或让土地或债务纠纷中原来的中人处理）。① 在这种情况下，知县会饬令他们"查情"，并"秉公处理"［例见宝坻 104，1862.2.10（土-3）］。他或许会表示一下此事应该如何处理，例如说："查明控情，如果属实，即……"［宝坻 190，1861.6.25（债-37）］

　　但是，这种把此类事情交给下属处理的做法，实际上违背了《大清律例》中的相关规定。

　　乾隆三十年（1765）增补的一条例文规定，民间词讼细事，"州县官务即亲加剖断，不得批令乡地处理完结"（例 334-8）。这一例文的意图，可能旨在防止乡保、衙役滥用职权。起初，这条规定似乎成功地制止了此类不轨行为：在 18 世纪中叶至 19 世纪中叶的巴

---

① 在清代，乡保属于一种不领薪水的准官方人员，在宝坻常被称作"乡约"，在巴县则称"地约"，在淡水—新竹称"总理"（戴炎辉，1979：9—20；Allee，1987：415—417）。淡新档案中有时也把他们称作"总保"［如淡新 23408，1880.12（债-7）］，这意味着当地也在发生着跟宝坻相同的变化，即乡保取代了原来分为两职的乡约和地保［淡新 22407，1870.12.21（土-44）；Huang，1985：224］。我把三县的上述人员统称为"乡保"，不仅是为了简便计，而且也是为了跟《大清律例》保持一致（律 334—338 条）。

县案例中，这样的行为一例也没有。但随着人口增长和商品化进程推进，讼案日渐增多，触犯此条例文的情况越来越严重。在 118 起案件中（多发生在 19 世纪后半期），我们发现有 6 起案件县官未亲自过问，而让衙役以及（或者）乡保自行调查、处理。而在 19 世纪后期词讼累牍的淡水—新竹，这样的案子多达 31 件。颇有意味的是，此类案件没有一件获得解决或至少在记录中没有下文。它们占记录不完整的案件总数的 36%（见附录表）。

州县官一旦决定亲自过问某案，他可能就会要求掌握更多的文契或案情，然后才饬令堂讯。对于土地交易所引起的纠纷，他会要求原告呈送地契以作查验。对于地界纠纷，他会叫衙役或乡保勘丈；有时还会令涉案各方呈交地界图。如果有殴伤情节，他便要确知状词是否贴有必备的"伤单"。伤单系由刑房在查验受害人伤情后填妥，注明具体的受伤部位、皮肤破损情况、肿伤颜色，如此等等。① 对于其他案情，他可能只会让衙役（有时跟乡保一道）"查复"告状（以及诉词）所称是否属实。知县极少依据告状中的一面之词便轻信呈状之人。在三个县的所有案例中，只有 1 件属知县仅据告状所述便信呈现之人的情况。②

知县对于已呈诉的案情，通常只作初步的反应。他会用"是否

---

① 总的来说，如果只是受轻伤，那么对县官的判决不会产生多大影响。因为斗殴的根本原因马上便能被找出来（诸如土地纠纷或欠债不还），并会抓住问题所在。但在正式结案之前，通常会对伤势有所提及，诸如"所受微伤痊愈"之类。当然，如果伤势较重，那么便构成斗殴情节，会被当作刑事案来处理。

② 这件罕见的案例系由雇工晋文德状告雇主杨福贵。知县虽然找不到任何支持晋文德的律例依据，但还是比较同情他。于是他饬令："着值日壮头带回面谕杨福贵，如晋文德并无不安本分之处，仍当收留勿使滋讼。"次日，三名衙役回禀：晋文德行为端正，杨福贵已同意留用［宝坻 188，1832.7.9（债-2）］。

属实"之类的话来表达自己的疑问。如果疑问较重,便批下"危言耸听"、"其中显有别情"(或"显有隐匿别情")、"情节支离"或"其中恐有纠葛"之类的词句。如果他怀疑其中有欺骗事情,便会申斥呈状人刁诈,"如虚定行重究"。

这些初步的批词,会成为公开记录的一部分,当事人双方在赴县候审前,通常都可以从这样或那样的渠道得知其内容。例如他们可能会从吏役那里,或从张贴的榜示,看到县官的批示(瞿同祖,1962:47,98;滋贺秀三,1984:154)。他们也可能从传票上得知县官的反应,因为上面载有状词和知县批示的概要。衙役也许会在传讯时出示其票,或向当事人传达这些内容。

因此,如果以为知县的这些批词只是写给下属看的,那就错了。他的批谕有时确是专门针对原告而作的,其意图可能是要此人澄清某些疑窦,或提出质询,这时他会使用以上临下的"尔"字。相比之下,他给胥吏们的批示,总使用一种特定的、无人称的格式,最常见的是其中带有一个"饬"字,如"饬差传讯"。

发出传票标志着第一阶段的结束。状纸上会有这样的简单批示,"准。传讯(或者如 18 世纪巴县衙门所用的'唤讯')"。州县官在作这样的批示时会字斟句酌。如果被告在辩词中对案情有不同说法,知县可能就会用"质讯"一词,要求双方同时到场,在庭上对质。① 如果除原告及被告外还有证人、村社或亲族首事、乡保到场协助衙门,知县就会用"集讯"一词。

如果案子含有刑事"重情",县官的词句有时就会有微妙的变

---

① 如康雅信(Alison Conner,1979)所说,把各执一词的原被两造带到公堂,当场对质,是清代衙门审讯中常用的一种方法。

化。"传讯"是最为中性的一个词。"讯"字可用来指不带恐吓的简单堂讯,也可以用来指一场可能科刑严重的审讯。由于"讯"字涵盖甚广,因此不如"究"字来得那么不祥。如果用上"传究"一词,那便显示案情可能比较严重,审判可能会导致刑罚。不过"讯"字与"究"字之别并非那么严格,有时会被混在一起使用。例如"传讯究"或"传案讯究",这时可能两种含义均有。州县官可能故意同时使用这两个字,尤其是对那些可罚可不罚的案子。在传票的批示中再添入一些形容词,是州县官对待这类"两可"案件的又一种手法。"严"字是最常见的字眼(如"严传"),表示案情比较严重,不只是简单的细事纠纷。在刑事案中,也常用"严"字来强调事态的严重性,如"严拘""严惩"。①

(二)中间阶段

到了诉讼的中间阶段,比起头一阶段来,无论县官、衙役及乡保,还是诉讼当事人,在采取行动时都有了更大的选择范围。被告通常会呈词抗辩,对案情提出自己的一套说法。然后县官会传令双方到堂,让双方在堂上相互对质。一位比较啰唆的知县曾这样写道:"孰虚孰实,候集案讯夺。"[宝坻106,1882.2.18(土-221)]

如果州县官想了解更多的情况,他便会在批词中饬令衙役、乡保查复,有时也会叫涉讼人自己提供详情。譬如有这样一件案子,

---

① 这些措辞上的微妙差别,也反映在参与解决纠纷的不同人物角色身上。对村社或宗族首事或乡保、衙役的行为,所使用的是"处理"或"调处"一词,而对知县的审理行为则使用"夺"或"核夺"一词。分量最重的要数"断"或"讯断""查断""究断",这些词只用在知县身上。

县官在发觉双方所述案情不合后,即令双方再明白另呈,提供契据,并举出证人。原被两人当然予以照办[宝坻 166,1837.7.30(婚-4)]。

有时原被两造或其中某方会主动提供新的案情,或促使第三方呈词,替他们说话。如果情况有变,譬如在初次告状和抗辩之后,某方采取了强暴的手段(诸如闯入对方房屋争吵,抢走财物,打伤对方),当事人也许还会再呈一词。涉讼的一方或另一方可能还会不断呈词,为所述案情增添细节,或仅仅借此泄恨出气。诉讼当事人在这些接二连三的呈词开头部分,总是先把知县对上次词状的批语照述一遍。①

州县官通常会对涉讼人的每份呈词都加以批阅。如果发现新的证据,他会修正先前的批示。例如可能重新核夺已经交给衙役办理的事情,或传唤其他证人,或派衙役进一步查实案情。如果觉得新呈之词并不可信,抑或无关紧要,他可能会表示不耐烦,批上"已批示传讯",或"候堂讯";强烈一点的批词,则可能是"勿渎"或"勿庸耸渎"。

跟县官们一样,讼民们也可能会感到不耐烦。尤其是在 19 世纪晚期的淡水—新竹,由于衙役办事缓慢(相对《大清律例》中所规定的时限),当事人常常用"催呈"敦促衙门尽快处理。知县也会批以"催差传讯"或"催差查复"(或"催差查理")。但有时知县会觉得受到无端纠缠,于是批上"候审,勿渎"。

---

① 那些含有大量词状、辩状且经数次堂审的案件,其当事人通常都是些有钱有势的个人或家族。淡水—新竹在这方面尤为突出。相比之下,宝坻的绝大多数讼民皆为小农。关于这三个县衙门的不同情形的讨论,详见黄宗智,2001:131。

在一些案例里,县官对衙役的作为表现出不满。如果衙役未能办妥某一差事,知县会在禀文上作批,饬令"再前往设法处理"。他也可能会公开申斥,甚至严惩办事不力的衙役,虽然这样的情况不多[例见宝坻 190,1860.7.7(债-36);淡新 22430,1886.11.10(土-67)]。在个别情况下,他会换掉原来差使的衙役,饬令衙门"改差,仍饬……"[宝坻 105,1881.9.3(土-21);淡新 22526,1888.5.15(土-106)]。

虽然涉讼双方必须接受传唤,到堂候审,证人或第三方有时却可请求宽免。例如有一位证人在收到传票后,用书面形式呈述了有关情节,请求免于出庭。知县对其所述感到满意,允准了他的请求[宝坻 105,1902.3.7(土-23)]。这便是所谓"摘释"。我所掌握的讼案记录中,便有几个这样的例子。但这样的请求有的会遭到拒绝。知县有时(但不一定)会对此加以解释,例如会说需要此人到场,进行面对面的对质。

在三县的案例材料中,约有三分之二案件在此中间阶段结束。其中有些案子系由当事人自行解决,不过更多的是由邻里或族人通过被诉讼激励的调解来解决。另一些案子则再无记录,我们只能对其结局作些推测。下面先来看看那些为数不多的由当事人自己解决的案子。

某起纠纷一旦打上官司,立刻就会加大双方可能的损失。这时,一方可能会作出让步:要么是被告付钱还债,要么是原告撤回告状,又或是双方都情愿和解,自行互让妥协。宝坻有 9 件案子,淡新有 3 件案子都是经由这种方式解决的[例见宝坻 187,1850.5.17(债-46);淡新 22709,1887.3(土-115);宝坻 169,1866.2(婚-

25)；宝坻 168,1867.9（婚-26）]。在这种情况下，原告理应向衙门呈词，说明为什么愿意撤诉结案，而县官照例会允准，除非他觉得其中隐匿刑事罪行[例见宝坻 169,1866.2（婚-25）]。不过事实上，原告一旦解决了纠纷，就不一定会再费神去呈请官府结案。因此，我们有理由认为，有不少"记录不完整"的案件都属于这样的情况。

更为普遍的情况是，告上一状会促使邻里或亲族人员加劲调解，努力在公堂之外解决纠纷。衙门发的传票只会加剧压力，如果县官的批词较重，则更加如此。从县官的批谕中，原告或被告能揣知衙门堂审的结果将是如何的。其中一方可能因此更加情愿和解，在堂外了结。在三县的材料中，有 114 件案子是由民间调解了结的。

一旦案件在堂外解决，原则上当事人须告知法庭，恳请销案。担当此项任务的，常常不是原告，而是那些调解人——村社或宗族首事、当地乡保，或地方名流。他们通常会在呈词中说，涉讼双方已"彼此见面服礼"（或"赔礼"），或冒犯的一方已赔不是，或已悔改，双方"俱愿息讼"。如果讼案中有殴伤情节，呈词中还会提到"伤已痊愈"。

在有些情况下，知县可能会拒绝结案。例如，如果当事人中有人受伤比较严重，那么知县会坚持开堂审讯。曾有这样一起田租纠纷，调解人呈词要求销案，但宝坻知县这样批道："事涉斗殴，验有死伤，自应听候讯究，不准息销"[宝坻 100,1839.5.18（土-12）]。不过知县通常欢迎这样的处理结果，会在呈状上批下"准销案"。如果已发了传票，还会加上"销票"或"免讯（免究）"字样。在这些批词之前，有时冠以"姑从宽"三字，以显示做父母官的威严。有时还会警告两句,"若再滋事,定行重究",或"若再妄为,定行拘惩"。

最后一个步骤,照例是由原告或涉讼双方向法庭"具甘结"。如系调解处理,甘结上则说明"经亲友(邻)说和",或举出调解人的名字。接着扼要叙述和解条件,内容无非是某方或双方作了道歉,有时也包括复杂的纠纷处理方案。甘结的最后部分是说具结人对这些处理结果"并无异说","情愿息讼",因此"恳恩免讯"。有时调解人也会具结确认这些处理方案,把它纳入村社或亲族的道义影响之下的,加重其分量。讼案于是正式销结。

但是,涉讼人在和解后,有时同样也会不再费劲向官府呈请销案。由于在官方记录中没有这样的呈词,我们无法确知在 264 件"记录不完整"的案件中,有多少是这样结束的。我个人的看法是,那些非正式解决的讼案(无论是涉讼人自行和解,还是经调解处理),在 154 件以传票结束的案例中(巴县占 109 件,宝坻占 6 件,淡新占 39 件),应占有相当大的比例。双方一旦达成协议,便再无兴致劳神伤财,去跟官府打交道。但他们并不能正式拒绝接受衙役送来的传票,也不能要衙役回禀官府这场争执已获解决。作为衙门的代理人,衙役的职责仅是递送传票,他们无须禀报亲邻所作的非正式调解事宜,那是乡保或诉讼当事人的责任。如果乡保非常马虎,或当事人很精,知道衙门并不那么在意细事争端要有个收场的话,到此一件案子就可能便会被搁置一边,衙门再也不去过问。

还有部分记录不完整的案件,可以归咎于衙役们的疏忽行为。案件记录中有不少例子显示衙役办事拖拉或玩忽职守,结果惹怒县官。这些问题的产生,可能只是因为衙门本身不讲效率或讼案成堆。但几乎可以肯定的是，至少有一部分衙役收受诉讼当事人的好处而不去递送传票。如果衙役不禀报传唤结果，他们便可以借此阻挠县官查清案情（下面再讨论）。

有少数记录不完整的案件，在发送传票之外，还有衙役的禀报，称他们无法送达。所举原因各种各样，包括涉讼某方或双方躲藏、出逃、生病或不能动弹，等等。这样的情况，巴县有 22 例，宝坻有 12 例，淡新有 4 例。

最后，还有 29 件案子我们无法猜测其结局如何。其中一部分可以从有后期而无前期的记录看出是由于档案散失，这些属于残缺的案件记录。

（三）最后阶段：堂审

如果堂外解决变得绝无可能，涉讼各方就得前赴县衙，接受知县堂审。知县通常会当场作出判决，而这一判决多是断定其中一方有理（这种情形在 221 件受审案件中占近四分之三）。县官偶尔也会考虑到亲邻们的日后相处，给另一方留点面子，比如断令一位胜诉的富户给他的穷亲戚或穷邻居作点象征性或慈善性的让步［例见巴县 6：1：720，1769.11（土 -4）；6：2：1416，1797.6（土 -16）；6：4：2552，1852.11.19（债 -20）］不过令人吃惊的是，知县们极少作出这样的象征性判决——作出此类判决的案件在 170 件单方胜诉案例中只占 6%。

"无人胜诉"的判决（只有 33 例）远少于单方胜诉的判决，这种结果当中可能有几种不同的考虑。有时衙门通过调查发现种种实情，从而消除了误解，告状也因此失去缘由。例如，在巴县和宝坻的数起案例中,衙门的调查证实,被告并没有像原告想象的那样违背婚约[例见巴县 6∶1∶1760,1784.3.19(婚-9);宝坻 168,1871.8(婚-27)]。有时法庭发现双方的要求均属合法,因此作出相应的判决。例如当几名合法继承人因分家发生龃龉时,县官简单断令均分[例见淡新 22601,1845.6.19(继-1)]。有时法庭发现双方皆有错,或双方要求均属不当。诸如此类的判决总计有 22 例。

只有在极少数案例中(仅占 11 例),知县会像仲裁人一样行事。一个比较多见的情况是,在洪水过后因原有地界发生移动而引起的地界纠纷[见淡新 22506,1878.2(土-86);巴县 6∶1∶733,1773.3(土-7)]

当然也有一些案例,即使经过一次堂讯,也未获解决。知县可能由于发现没有掌握足够的证据以作判决,因此饬令作进一步调查,或断令再审。这样,明确的裁决可能要到下次堂审时才会作出。有少数案例的记录结束于知县饬令查实。在这些案例中(巴县计有 5 例,宝坻 1 例),争端可能业已通过民间调解获得解决,也可能由于当事人或衙门置之不理,因此悬而未决。不过,绝大多数经过堂讯的案件,都会由县官作出某种判决,即使头一次堂审未能作出,也会在下一次作出。

即使作出了明确的判决,县官还会饬令诉讼双方,至少是无理的一方,具结表示情愿销案。输家在甘结中会写上一两句说明自愿接受判决的话,就像在如下这份有关土地纠纷的甘结中所说的那样,"蒙恩讯明……以后不许身由地内行车,轧人庄稼,身情甘具结是实"[宝坻 104,1869.8.10(土-4)]。在债务纠纷中,甘结上常会写明应偿还多少以及何时支付[宝坻 191,1871.1(债-10);宝坻

193，1876.11（债-11）]。

二、中间领域的纠纷处理

　　让我特别感兴趣的是那些为数最多、结束于诉讼中间阶段的案件。在这些案例中，官方的审判制度与民间的调解相互作用，从而解决争端。下面即要进一步考察这两种制度相互影响的种种情形，我将以具体案例来揭示第三领域的纠纷处理是如何运作的。

（一）衙门作为催化剂，促成争端的解决

　　告状之举无可避免地会把正式制度带进非正式性调解过程。这时双方都得考虑自己是否处在可据理力争的地位，要考虑假如要正式堂审的话，县官会作出怎样的判决。他们还得权衡得失，因为提交辩诉和其他呈词都得交纳正规费用，传唤证人及每次升堂也要收费。我曾在其他地方详细讨论过这些费用（见黄宗智，2001：172—176）。这里仅引用戴炎辉所提供的晚清时期台湾地区的数字，让我们先对各种费用有个约略的了解。状纸每张 0.4 至 0.5 吊，告状费 0.4 至 0.5 银元，代书费 0.4 至 0.7 元，传讯费 0.3 至 1 元，堂审费 3 元或 4 元，多者超过 10 元（有时为 100 元以上）（戴炎辉，1979：706—708）。① 此外，还有招待或打发衙役、吏胥、乡保的

---

① 晚清时期，银钱比率变动相当大。据臼井佐知子的研究（1981：77—79），从 19 世纪 10 年代至 60 年代，这一比率在每银元兑换 800 到 2000 文钱之间。此后，从 19 世纪 70 年代到 20 世纪的头十年，据白凯（Kathryn Bernhardt，1992：248）的研究，银元最贱时，值 850 文钱，最贵时达 1252 文钱。

费用;如果要到县衙候审的话,还要准备食宿盘缠。

讼争双方可能只因畏怯堂审,而自行平息争吵。宝坻有 9 件案子、淡新有 3 件案子皆属此种情况。例如有这样一件案子,发生在 1850 年年初。王殿发从岳祥那里赊购了 11 张羊皮,价值 4.4 吊,他先还了 2 吊。后来岳祥索要余款,遭王殿发借口拒绝,于是抢走王殿发的衣物、镰刀、烟袋嘴。王殿发盛怒之下,便在五月十七告状打官司。3 天后,知县发来传票,要岳祥到庭。两人怒气已消,想到日后的堂审可能带来的种种麻烦,很快就决定和解了事。到五月二十二,王殿发即呈请结案,称他已将余款还给岳祥,而岳祥也还给了他财物。[宝坻 187,1850.5.17(债-46)]

比较常见的情况是,打官司会促使亲友邻里加劲调解。刘振魁状告其丈人,讲出如下情由。其妻时常回娘家,久留不归。近日他们兄弟俩已分家,缺人照应年长双亲。因此,他不想让妻子再去娘家。但其丈人张七毫不相让。两人因此扭打起来,刘振魁被殴伤。因有殴伤情节,刘振魁随即由刑房作了查验,发现"囟门偏左皮破……长六分宽二分,余无伤"。知县受理了此案,传讯当事人候审。结果在 8 天之内,即有李国英、陈茂林及王君恒 3 位邻居作出调解,平息了争端。他们呈报官府,称已说和翁婿两人,双方"俱各追悔莫及,情甘息讼",他们(调解人)因此呈请销案。知县批道:"既据尔等处息,姑准免传销案,即着两造出具甘结,呈送备案。"[宝坻 170,1814.6.9(婚-16)]

调解努力有时要到诉讼的最后阶段才会见效。1771 年九月初九,李坤章到巴县衙门告状,称他把田产典于曾荣光,得钱 200 吊,但曾荣光拒不让他回赎。知县受理了此案,在状词上批了一个

"准"字。曾荣光在呈词中辩称，李坤章在典让之后，又找他借了 7
吊铜钱，一直未还，还称李坤章不让他在这块地上种植冬季作物，
并把他"凶殴至伤"。翌日，知县传唤涉讼双方及数名证人到庭对
质。九月十一，衙役把当事人带回官府，但未把证人一同带来。双
方均被验伤，结果创伤远不如所说的那么严重，"两造各报致命重
伤，验系妄捏"。九月二十，知县传唤证人到庭。次日，李坤章再呈
一状，称曾荣光派亲属到他家，"私伐其宅后柴树"。李坤章还敦促
官府逮捕对方。知县在这份状词上批道："静候质讯，不必多事。"
到九月二十六，有 5 人自称"乡约"，呈请结案。他们说和了双方，
并弄清了原委：原告李坤章把田块当给曾荣光，当价 200 吊，后来
又要求补加当价(可能因为这时田价上涨)。曾荣光拒不答应。邻
里调解的结果是，双方同意把当价加至 207 吊(实即原定当价加上
李坤章后来的借项)。他们已销毁原有契据，另订新契。双方同意
诺守新契，具结息讼。[巴县 6:1:728,1771.9.9(土-35)]

　　我们在此粗略可见，涉讼双方之所以能达成和解，是由于诸多
因素在起作用。首先是考虑到滞留县城候审期间，盘缠会与日俱
增。一旦衙门发出传票，免不了要交证人传唤费。接着还有堂审
费。加上考虑到知县已对他们夸大伤情的做法表示不悦，因此便
不难理解，他们为什么会甘心接受调解处理，尽管官司已打到如此
的地步。

(二)衙门意见所起的作用

　　如果州县官把他们的初步反应批在告状、诉词或呈文上面，便
会对亲友邻里的调解努力产生很大的影响。知县在批词上所表现

出来的任何不悦、疑惑或倾向，都预示着堂审会有怎样的结局，因而会影响到当事人在调解中所持的态度。例如在审理寡妇冯屠氏一案时，宝坻知县便毫不掩饰自己的态度。冯氏的丈夫及儿子均已亡故，仅留下一位童养媳。据其所控，同村被告李万来试图趁人之危，把这位童养媳嫁给邻村的一名唐姓男子，以从中渔利。知县在她的状词上批道："李万来非亲非故，何敢将尔子媳擅聘唐姓。所呈若实，殊干法纪。候速传讯。"知县的这一反应，足以让李万来作出让步，接受调解：他同意付给冯氏 36 吊铜钱，作为聘钱，让其亡子的童养媳另嫁他人。[宝坻 171，1896.5（婚-22）]

对于一位道理不全在己方的原告来说，县官的意见会促使他作出让步，进而达成和解。张国起状告张六及其子张汉，声称他们在 7 个月前掳走其妻。县官批道："事隔半年之久，始行呈控，其中显有别情。姑候传讯察夺。"对于张国起来说，这道批词明显意味着他所杜撰的情节不会被轻易放过。10 天之后，他便呈请息讼，并道出了实情。据其解释，他是穷得没法，不得已外出打工，顾不到家。因此把妻子嫁给张汉，还把孩子托给他们父子照应。但回来之后，他便得知妻儿受到虐待。为此，他跟张六互殴，张六叫他把家人带回去。由于没法养活家人，他便诬告张六父子。呈词中还说，现有亲友作出调解，张六、张汉也同意继续让他家人住下去，孩子等长大后再还给他。他因此呈请息讼。知县批道："尔冒昧具控，本有不合，姑念自行呈恳，从宽免于深究。"[宝坻 164，1850.9.25（婚-19）]

如果县官的反应对原被两造都不利，那么双方均会觉得有必要平息讼争。韩延寿控告敬德和韩喜，称他们曾借走铜钱 40 吊，在敬德家开赌,然后拒不还钱。被告辩称,韩延寿一贯行凶作恶,欠他们的钱。县官在批文中指出,原被两造显系同赌,因牌场输赢而起争执,责令把他们带到县衙审讯。这一批示足以促使双方和解。传票送达后的第二天,即有调解人芮文清呈请销案。据称,涉讼双方本系亲族,因钱财交易发生争执。两造均未涉赌。他们现已理清账目,事情乃得到解决。原告韩延寿已"自知悔悟,与敬德等见面服礼",双方重归于好。面对如此的表述,知县同意销票,但仍旧重申了自己的揣测,即两造系因赌债而起讼争。他警告双方及调解人如果再犯,必定惩处。[宝坻 193,1898.2.18(债-31)]

再有一种情况是,知县对虚实的判断,也会影响到调解方案。许万发因在自家与杨宗魁的房屋之间扎上篱笆,导致两人发生争吵,于是控告对方。杨宗魁坚称许万发把篱笆扎到了他家的地上。由于许家的地是租来的,因此也把东家卷了进来。另有一位邻居因目睹他俩吵架,也被作为证人卷入。杨宗魁呈上辩词、地基绘图,并控称邻居证人其实在唆使许万发兴讼。许万发随后再呈,亦指控有数人与杨宗魁"勾串帮讼"。知县责令各方到堂集讯。状词中所提到的其他各方均呈请摘释免传,但知县予以拒绝。衙役把大多数人都传到衙门,但此次堂讯并未得出明确的结果。于是知县饬令衙役和到庭的一位证人,照原来的地契丈量双方地界。丈量的结果显然支持许万发的说法。此时杨宗魁又呈一词,坚持自己的说法。但县官认为事实业已澄清,遂传唤双方到庭复讯。他将如何裁决,这时已显得很清楚。杨宗魁终于作出让步。调解人划清了双方地界,说和讼争双方同意。杨、许二人各自呈请息讼,知县也同意该案就此作罢,毋须再次堂讯。[宝坻 100,1845.10.7

(土-14)]

(三) 乡保

从乡保身上,也许最能看出官方正式审判与民间非正式调解之间的互动过程。我曾在其他地方指出,19世纪宝坻有关乡保任免的材料表明,尽管有些乡保确属当地有钱有势之辈,但他们中的绝大多数都是家境一般的自耕农。那些真正的实权人物把他们安排到这些位子上,当作自己与国家之间的缓冲。许多人把乡保一职当作吃力不讨好的负担,避之唯恐不及。宝坻档案中就有不少这样的例子,某人被提名为乡保后,为逃避任事而外逃。有人竟以提名做乡保来要挟他人(不过也确有个别不轨之徒,把做乡保当作入吞税款以肥己的机会。见黄宗智,1985:225—231)。

乡保作为经衙门认定、由村庄社区首事提名的人选,既是衙门的代理人,又是村社的代表。他与衙役共负责任,把衙门的意见、传票、逮捕状送达诉讼当事人以及村社成员。如前所述,遇有比较琐细的纠纷时,他还可能受知县委托代行处理。与此同时,他还有责任代表社区和宗族,把其意见和调解努力上报衙门(这一点使他区别于衙役)。

有时,乡保还会间接促成或直接卷入调解过程。在张玉生状告邻居边廷禄一案中,乡保仅仅受令查实一下,便足以促使当地亲邻着手调解。争执原委是张玉生贷出一笔款项,收下四亩地作抵押,并在上面种上麦子。但邻居边廷禄声称有半亩地位于蔡家的坟地内。作为坟地的看管人,他已和蔡家的三个人一起着手收割。张玉生在状词中称,他后来找苑奇等会首协助解决争端,但他们都不愿介入。知县从一开始就有所怀疑，他批道："尔无占种他人地亩，边廷禄等何至凭空割尔田禾，首事苑奇等又何至推诿不管。其中显有别情。姑候饬该乡保协同首事苑奇等查明复夺。"不管真相如何，这道批词还是促成了该案的调解。调解的结果是，9 天之后，便有乡保刘明旺，连同会首苑奇、王林、李义等人，呈请衙门销结此案。据称，他们在作了勘验之后，发现两方地界并不明确，故建议张玉生将有争议的半亩地从蔡家租来，租金为 1500 文。张、边二人接受调解，情愿息讼。知县堂谕："据禀理处妥惬，准即销案。"［宝坻 101，1851.8.8（土-15）］

　　有时乡保会独自担当调解人。这种情况在宝坻的所有调解案件中占到 1/5 之多（36 件中计有 7 件）。其中一案为马忠状告债主张恩浦。马忠曾向张恩浦借钱 1830 文。据马忠称，他已先后两次还清了这笔债，其中一次还给张恩浦本人，另一次还给张恩浦之子。但张恩浦却继续向他索要。两人为此斗殴，他被张恩浦打伤。刑房在验伤之后写道："额头偏左指甲抓伤二点皮破，左眼近下拳伤一处青肿，又嘴唇近上指甲抓伤一点皮破。余无伤。"知县堂谕，马忠呈状"情词支离"，着令乡保查清实情。一周后，马忠的侄子马福刚呈上一词，称马忠伤情恶化，发烧不止，胃口全无。这次，知县的批谕是："候差保查明……无庸砌词多渎。"

　　不难想象，知县的这种批示只会提升乡保的权势，本案中也确实如此。乡保高盛林在 9 天之后，即回禀知县：他已查问并解决了此事。原告马忠事实上并未还清债款，他（高盛林）已设法让马忠清偿。现在马忠伤势既已痊愈，原被两造均接受调解，因此他们情

愿息讼。知县批道:"姑准从宽免究销案。"[宝坻192,1886.4.2(债 -29)]①

我只发现一件案例系由衙役协同乡保解决纠纷[宝坻107, 1882.2.18(土-18)]。但这种情形甚为罕见,衙役不仅在村庄社区 中没有地位,在官差权力上也没有资格做调解人。

三、第三领域中的弊端及各种缘由

第三领域中纠纷处理的半官半民性质,既给它带来了优点,也 给它带来了缺陷。在理想情况下,这套做法可兼顾官方法律与民 间调解两头。但由于第三领域的纠纷处理比较随便,并无明确的 原则和程序,故而比较容易呈现弊端。

(一)乡保的权力及其滥用

作为官府与社会之间的关键性中介人物,乡保既可在衙门审 判中逞其伎俩,也可在地方调解中逞其伎俩。作为衙门的耳目,乡 保可能对县官的看法起关键作用,从而影响一起讼案的结果。同 时,如果乡保对案件刻意拖延不办,或玩忽职守,谎报案情,知县即 使决心再大,其查清真相、维护法纪的努力也可能落空。(当然,衙

---

① 从淡水—新竹的资料来看,乡保(当地通常叫"董事")在该地似乎并未扮演显著的 调解角色:在25件有记录的经调解处理的案例中,仅有1件案中乡保在其中起过 作用[淡新23203,1877.10.28(土-25)]。产生这一差别的原因尚不清楚。巴县的 情形则无从得知。在档案资料中,通常把这些调解人称作"约邻",这一词包括乡 保(乡约)和戚邻(或族邻)两重含义。

门也有办法节制这些不轨行为。衙役本身即是一个重要的消息来源。如果不跟衙役串通，乡保很难谎报案情，反之亦然。衙门在打发衙役前往调查或送达传票时，通常不只派出一人。这种做法亦有助于防范不轨行为的发生。）

在上面所介绍的宝坻县民马忠与张恩浦之间的债务纠纷中，乡保之所以颇具影响力，不仅是由于他扮演了调解角色，更重要的在于他陈报案情的方式。他帮被告张恩浦说话，报称马忠仍欠他的钱。不管乡保的话是否属实，他的这一举动直接促成了马忠接受庭外解决。倘若马坚持把官司打下去，那就会遇到一位听信了乡保报告的知县。

再举一起 18 世纪巴县的案例。当地常因这样一种问题而起纠纷，即土地被出卖之后，原主认为他在道义上仍有权使用地上的祖坟地。有时即使土地被售出很久，原主仍会借此进行敲诈。1791 年，杨文举便在其祖坟边扎草棚，并砍竹子归己用。这块地早在 30 年前就已由他祖父卖给了别人。知县收到业主徐玉音的状词之后，着令当地乡保查复。杨文举的左邻右舍曾想劝和，但遭到他的拒绝。这时乡保回禀官府：徐玉音所控属实。知县于是下令传杨文举到庭。杨文举不得不作出让步，由当地乡民呈请销案。［巴县 6:2；1418，1797.3（土－44）］

如果知县决定把某件案子交给乡保处理，乡保的权力便会因此臻于极顶。前文已经提及，那些交给乡保或衙役办理的案子，似乎没有一件得到解决。这里我们只能推测一下其实际过程。也许乡保没有足够的权力来处理纠纷。如果当事人是那些有钱有势的门户（这在淡水—新竹屡见不鲜），就更是如此。

乡保权力中最难捉摸同时也是最重要和最为常见的一面，要数故意玩忽职守，拖延办案进度。从下面两件案子中，我们可对这种拖延手段略窥一斑。在宝坻的一件婚姻纠纷中，县官责令乡保传唤原告到庭。乡保回禀：被告已外出，无从查找。知县大为不悦，因此批示，他将另派衙役传唤此人，并直斥乡保"毋得再以外出搪饰"。但知县的愤懑显然没有什么收效，因为此案的记录到此为止。[宝坻 168，1868.10（婚-30）]在宝坻的另一件案子中，某位孀妇状告他人欠债不还。知县着令乡保带原被两造到庭对质。乡保却禀称此妇实非本县之人，其亲友亦皆以为所告不实。办事谨慎的知县怀疑乡保所报失实，堂谕将乡保此举记录在案。不过，他却未进一步采取行动。[宝坻 190，1860.7.7（债-36）]

（二）衙役的权力及其滥用

跟完全居于第三领域、半官半民性质的乡保相比，衙役实属于官方系统之第一领域，或至少处在这两个领域之间。一方面，作为受雇于衙门的跑腿，他们不能在县官面前正式代表村庄社区或宗族，例如他们不得以调解人的身份呈请销案。另一方面，他们只拿少量薪水。据新竹知县在 1888 年给上级的一份报告中声称，他只付给衙役每日 0.08 元"工食"，即相当于一年 29 元。而刑名幕友的"束脩"则高达 1000 元一年，钱谷幕友亦达 800 元一年（淡新 11407：1—3）。[1] 绝大多数衙役可能要靠礼品或敲诈来弥补生计。

---

[1] 戴炎辉根据一份 1888 年新竹的资料（无出处）所提供的数字，跟这里所引用的刑名、钱谷幕友薪额相同（1979：698，703—711）。我怀疑戴炎辉引用的是同一份资料，但他忽略了衙役的工食数额，而代之以法定的标准额，即衙役每年给银 6 两。我曾在一篇已经发表的（构成本章基础的）英文论文中引用了戴炎辉提供的数字（Huang，1993b：283）。

此外，不像知县及其随员，衙役通常都是本县人氏，因此还得屈从地方势力的种种索求。

在出于各种原因不再存有乡保的地方，衙役就成了县官查办案情的唯一消息来源。以吴氏与高氏之间的讼争为例，二妇皆只承认一点，即若干年前吴氏收高氏之女为童养媳。吴氏状告高氏拐走其业已长大成人的女儿，唆使她跟人通奸。知县在收到状词后，批道"如果所控属实，殊为不法"。故着令衙役查复，并带高氏到庭。此时，高氏亦呈词辩称，该幼女自长大之后，跟吴家儿子相处不睦。吴氏因此逼她把女儿赎走。她拿出 40 元赎走女儿，并嫁给杨瑞，而吴氏捏造状词，只是想再敲诈她一笔。衙役经调查之后，禀称被告高氏所言属实。在此案记录中，并无乡保的报告，甚至未提及乡保。衙役这样上报之后，吴氏就别无选择，只有屈让一条。当地调解人亦根据这些情节作了调停，并呈请销案。［淡新21207，1890.11.28（婚-7）］这里，衙役对案情的判断，在本案的处理过程中显然起到了决定性作用。

不言而喻，在这些情形下，衙役们很可能会趁机进行敲诈。发生在新竹的如下这件案子，便多半含有贿赂情节。1888 年五月十五，萧春魁状告邻居林狡侵占他的土地。据称，在新近的一次洪水之后，林狡趁机填塞了自家土地上的一条沟，而在萧家的地上新挖一沟。知县先是叫萧春魁呈上地契，以供查验。在 24 日萧春魁呈催之后，知县派衙役前去调查。一周后，衙役王春、李芳回禀：所谓在萧家土地上新挖一沟，查无实据。到 7 月份，萧春魁再呈一词，称林狡买通衙役，要求另派衙役前来调查。知县最初的反应是"毋庸改差"，但他还是着令进一步查实。4 个月后，王春含糊回复（此时李芳已死):他看到一些迹象,水沟可能系新近挖成。两周后,萧春魁再呈声称,王春被林家买通。这次,知县同意另派两名衙役查办此案。4个半月后,新差回复说,即便旧沟被埋,但现在上面已种上庄稼,无从确定下面是否有旧沟。知县仍想弄个水落石出,饬令差役向当地居民打听。五月初九,亦即在离萧春魁头次告状差不多一年之后,衙役才回禀,他们再一次含糊地说,水沟似有可能被移混。到此,知县显然不如原先那么坚决,只是说,等原告催呈后再作处理。本案记录到此结束。萧春魁可能终于放弃了求助于衙门的意图。[淡新22526,1888.5.15(土-106)]被告林狡很可能确实买通了衙役,使得萧春魁以及知县的努力都无法收效。

另一件案子也可能含有贿赂情节。1882年二月十八,冯致和控告族亲冯福德屡次侵占他家的八亩土地。知县堂谕:"饬差查理处。"被告冯福德实际上是一位有钱有势之人,且有功名(六品军功)。他辩称,冯致和在他们两家场边断成深沟,妨碍出入。当月二十一,他又呈一词,称冯致和闯进他家,砸坏物品,使全家受惊。知县于是传唤双方到庭候讯。二月二十七,原告的父亲冯福和呈称,其子被冯福德殴伤,头晕不已,且称冯福德曾经鸡奸幼童,有案可查。这次,知县的反应仅是说,已派人前去调查。二月二十九,衙役跟乡保一同回禀道:已经"按照伊等分单,将两造场地拨清……双方俱愿息讼"。知县当即答应:"销票。"本案记录到此结束。[宝坻107,1882.2.18(土-18)]这里我们尽管无法断定该案真相如何,但被告冯福德很可能是买通了衙役、乡保,报称已作和解,得免受堂讯。

和乡保一样,衙役也可以通过拖延或不把传票送达,来影响讼案的结果。有这样一案,衙役呈报无法找出被告。原告于是控称,被告受讼棍唆使,已买通衙役。在另一案中,恼怒的知县对一位故意拖拉的衙役罚杖一百。但这两件案子都再无进展[淡新 22420,1882.3.3(土-57);22430,1886.11.10(土-67)],两案的衙役都很可能成功地阻挠了办案进程。

这里我们只能推测,在大量记录不完整的案件中,有相当一部分牵涉到衙役的不轨行为。那些结束于衙役报称某方无法找到的案件记录,或者是发出传票后便无下文的案子,都可能如此。这两种记录的案子,在巴县 152 件不完整案件中占 131 件,在宝坻 26 件中占 18 件,在淡水—新竹 86 件中占 43 件。

四、正式性、非正式性以及第三领域的纠纷处理

可见,第三领域的纠纷处理,应跟更严格意义上的非正式调解区别开来。在后者那里,没有州县官的任何意见,完全由亲邻自行调解,虽然也考虑到律法条文,但总是以妥协互让的办法来息事宁人。

如同我在其他地方所述,分家可被视为非正式性纠纷处理最好的例证(黄宗智,2001:25—29)。长期以来所形成的惯行,非常有效地处理了兄弟之间在瓜分家产时所出现的紧张关系。首先,社区、亲族首事会跟这些继承人反复商议,把家产均分为若干份,然后抓阄分派。分家结果常由调解人做中,形成文契。

清代法律认为,近亲兴讼是不道德的行为,邻里族人有责任解决争端。正如一位知县在拒绝受理一位做弟弟的状告其兄长把持

家产、不肯分家时所说,"一本之亲,勿遽匍匐公庭"［淡新 22524,1888.2.23(土-104)］。同样,某位知县在处理一起亲属间的债务纠纷时也批道:"尔与原告情关至戚,乃因钱债细故,涉讼公庭,实属有伤亲谊。"［淡新 23312,1887.1(债-35)］

这并不是说,非正式性纠纷的处理完全独立于正式法律之外自行运转。拿分家来说,诸子均分的惯例,早在唐代即有正式的法律规定。此后,社会习俗与法律条文的吻合,使诸子均分的原则几乎得到普遍的遵守,因分家所产生的纠纷和讼争被减至最低程度。如果法律原则与社会习俗发生分歧(这一现象随着土地典卖的普及而日益严重),而法律条文又模糊不清,就会使得人们更多地依靠诉讼来解决纠纷。这一点我在其他地方有详细说明(参见 Huang,1990:106—108)。

第三领域的纠纷处理,还应该跟更严格意义上的正式司法亦即法庭审判区别开来。县官对民事案件的审理,跟刑事案件一样,首先要受到成文法律的约束。然而,正如非正式制度受到正式制度的影响一样,在正式制度的运转过程中,非正式性纠纷处理也起到一定的作用。绝大多数判决无疑是以法律为依据的,但是仍有小部分案子是由县官以息事宁人的原则,断令维持民间调解所达成的结果［宝坻 171,1885.5.18(婚-21)］,或者断令此事应交亲邻调解处理［淡新 22513,1884.3(土-93)］。

只有在第三领域,正式的和非正式的纠纷处理才在几乎平等的关系下相互作用。知县基于法律的意见当然具有官方的威严,但官方的统治思想是民间调解优先,只要它没有越出法律所容许的范围。知县的意见是在那样的意识下进行表述的。因此,知县们通常优先接受邻里族人息事宁人的调解办法，公堂审断是在民间调解失败后才进行的。即使纠纷中牵涉到触犯法律的行为，调解人也有可能把它们掩饰过去，让衙门接受其妥协办法。例如，我们已在前面看到，在那件多半含有非法聚赌情节的案子（韩延寿控告敬德和韩喜）中，调解人声称当事人是因正当交易中账目不清而起争执，他们凭此而获得衙门许可销案。

正式审判与非正式调解的交相作用，有些是在制度性框架下进行的，有些则是对应于个别案件的特殊情况而进行的。调解人（也包括涉讼人）几乎无一例外地可以向县官呈词，县官的批谕也几乎都会传达给他们。这样的做法，一方面，确保了两者之间通畅的交流；但另一方面，这些交流又极为简略。呈状人每次告状，只能使用一张三百多格的状纸，而知县通常顶多也只批寥寥数句。加之他十分借助半官半民的乡保和衙役作为中介，因此为贪赃枉法行为提供了空间。

这种半官半民的纠纷处理过程，在最糟糕的情形下，会被衙役、乡保的不法行为或社区亲邻的不实表达支配，或为县官私人的臆断所左右。不过，在理想的情形下，第三领域的司法活动，却能兼顾息事宁人的需要和法律条规的制约，将两者结合起来，成功地解决纠纷。这一半官半民的制度，既具清代司法制度的积极面，也具它的消极面。

引用说明

本章所引《大清律例》条文,均据薛允升 1905 年注释、黄静嘉 1970 年重校版本(成文出版社出版)。头一组数字系指由黄静嘉所加的律文序号,后一组数字(若有)则指例文序号。

巴县档案在引用时标有全宗号、目录号、案卷号、年、阴历月、日(若有),例如:巴县 6:1:1062,1789.2.23;宝坻档案则注明案卷号及阴历日期,例如宝坻 194,1839.2.23;淡新档案注有整理者所加的编号及阴历日期,例如:淡新 22615,1893.7.4。引用上述档案时所示日期,均为首份状词之日期。如果此日期不可考,则以首份标有日期的档案资料为依据。最后方括号内的汉字及数字,则系我自己所加,分别指案件类别("土"指土地,"债"指债务,"婚"指婚姻,"继"指继承)和编号。

参考文献

宝坻县档案,北京:第一历史档案馆。(归顺天府;引用时注有案卷号和阴历日期。)

巴县档案,成都:四川省档案馆。(引用时注有全宗号、目录号、案卷号和阴历日期。)

戴炎辉(1979):《清代台湾之乡治》,台北:联经出版社。

淡新档案,加利福尼亚大学洛杉矶分校(UCLA)东亚图书馆藏缩微胶片,戴炎辉编目。

黄宗智(2001):《清代的法律、社会与文化:民法的表达与实践》,上海:上海书店。

[日]臼井佐知子(1981):《清代赋税关系数值一检讨》,载《中国近代史研究》第 1 号(七月),第 43—114 页。

[清]薛允升[1970(1905)]:《读例存疑》,黄静嘉重校本,共 5 册,台北:成文出版社。

[日]滋贺秀三(1984):《清代中国の法と裁判》,东京:创文社。

Allee,Mark Anton(艾马克)(1987). "Law and Society in Late Imperial China: Tan-shui Subprefecture and Hsin-chu County,Taiwan,1840—1895," Ph. D. dissertation,University of Pennsylvania.

Bernhardt,Kathryn (白凯)(1992).*Rents,Taxes,and Peasant Resistance: The Lower Yangzi Region,1840—1950.* Stanford,Calif. : Stanford University Press. (此书中文版为[美]白凯:《长江下游地区的地租、赋税与农民的反抗斗争:1840—1950》,林枫译,上海:上海书店出版社,2005 年。)

Ch'ü T'ung-tsu(瞿同祖)(1962). *Local Government in China under the Ch'ing.* Cambridge,Mass. : Harvard University Press. (此书中译版为瞿同祖:《清代地方政府》,范忠信等译,北京:法律出版社,2011 年。)

Conner,Alison Wayne(康雅信)(1979). "The Law of Evidence During the Qing,"Ph. D. dissertation,Cornell University.

Huang,Philip C. C. (黄宗智)(1993). "Between Informal Mediation and Formal Adjudication: The Third Realm of Qing Justice,"*Modern China*, 19.3(July):251—298.

Huang,Philip C. C. (黄宗智)(1990). *The Peasant Family and Rural Development in the Yangzi Delta,1350—1988.* Stanford,Calif. : Stanford University Press. (此书中文版为黄宗智:《长江三角洲的小农家庭与乡村发展》,北京:中华书局,1992 年首版,2000、2006、2023 年再版。)

Huang, Philip C. C.（黄宗智）（1985）. *The Peasant Economy and Social Change in North China*. Stanford, Calif. : Stanford University Press.（此书中文版为黄宗智:《华北的小农经济与社会变迁》,北京:中华书局,1986 年首版,2000、2004、2023 年再版。）

附录:

巴县、宝坻和淡新案件的结局(按类别)

结局	土地	债务	婚姻	继承	总计
巴县,18 世纪 60 年代—19 世纪 50 年代					
民间解决	22	13	17	1	53
通过调解	22	13	17	1	53
通过原被告自己	0	0	0	0	0
衙门拒绝受理	0	0	0	1	1
法庭裁决[1]	32	28	33	5	98
不完整案件	46	55	45	6	152
其他[2]	0	0	4	0	4
小计	100	96	99	13	308
宝坻,19 世纪 10 年代—20 世纪初					
民间解决	10	19	13	3	45
通过调解	10	15	8	3	36
通过原被告自己	0	4	5	0	9
衙门拒绝受理	0	2	0	0	2

续表

结局	土地	债务	婚姻	继承	总计
法庭裁决①	8	17	15	5	45
不完整案件	5	13	4	4	26
小计	23	51	32	12	118
淡新,19 世纪 30 年代—19 世纪 90 年代					
民间解决	14	12	1	1	28
通过调解	13	10	1	1	25
通过原被告自己	1	2	0	0	3
衙门拒绝受理	4	2	1	0	7
法庭裁决②	55	12	0	11	78
不完整案件	50	24	7	5	86
其他②	2	1	0	0	3
小计	125	51	9	18	203
总计	248	198	140	42	628

---

① 其中包括法庭(衙门)仲裁的案件。

② 例如,法庭(衙门)当作刑事案件(如斗殴和强奸)来处理的案子或法庭撤销的案子。

第 3 章

中国的"公共领域"与"市民社会"?

——国家与社会间的第三领域[*]

"资产者公共领域"(bourgeois public sphere)与"市民社会"等概念,就其被运用于分析中国时的用法而言,预设了一种国家与社会之间的二元对立。倘若坚持这一预设,我们就会冒这样一种风险,即将讨论的论题化约成只不过是争论社会与国家何者对所讨论的现象影响较大。本章提出,哈贝马斯自己实际上已给出另一种较为复杂的概念构造,它可以发展为解决当下问题的一种办法。

---

[*] 本章原载邓正来与 J. 亚历山大编《国家与市民社会:一种社会理论的研究路径》,北京:中央编译出版社,1999 年,第 421—443 页。英文原作 Philip C. C. Huang, "Public Sphere/Civil Society in China? The Third Realm between State and Society," *Modern China*, 19, 2(April 1993):216—240。中译文由程农译,邓正来校。感谢邓正来先生发给我原来的电子译稿。译稿在当代部分错误颇多,现经笔者重新校阅改正,并稍做补充、删节。

我认为,国家与社会的二元对立是从那种并不适合于中国的近现代西方经验里抽象出来的一种理想构造。我们需要转向采用一种三分的观念,即在国家与社会之间存在着一个第三空间,而国家与社会又都参与其中。再者,这一第三领域随着时间的变化而具有不同的特征与制度形式,对此需要做具体的分析和理解。我拟对这种第三领域在明清、民国与当代中国不同时期中的一些实例做一简要讨论,其间的一些观点与经验材料既采自我早些时候出版的有关华北乡村和长江三角洲的著作,也采自我目前正进行的有关民事审判和乡土社区(rural community)变迁的两个研究项目。

一、哈贝马斯论公共领域

(一)两种含义

哈贝马斯对"公共领域"一词有两种不同的用法,一种含义非常特定,另一种含义较为宽泛。首先,他将此词用作"资产者公共领域"的简称,用以特指 17 世纪后期英国和 18 世纪法国开始出现的现象。他颇为精心地指出,那些现象是与市场经济、资本主义及资产阶级的兴起相伴而生的。正如他在《公共领域的结构性变化》一书前言中所说的:

> 我们把资产者公共领域视作某一时代特有的范畴。我们既不能将它从起源于欧洲中世纪晚期的那一"市民社会"的特定发展历史中抽象出来,也不能将其概括为理想类型,转用于

其他表现出形式上类似特征的历史情势。举例来说，正如我们努力表明公共意见（public opinion）一词只有被用来指涉 17 世纪晚期的大不列颠和 18 世纪的法国才是用法精当的一样，我们大致亦将公共领域视为一个历史范畴。（Habermas，1989：XVII—XVIII）

但是，哈贝马斯也在较宽泛的意义上使用这一词语，以指称某类现象，而资产者公共领域只是这类现象中的一个变数类型（one variant type）。因而，他会讨论资产者公共领域的"自由主义模式"同另一个与之相对的模式——"平民公共领域"（the plebeian public sphere）之间的差别。在他看来，这两个模式构成了"资产阶级社会里公共领域的两个变数"。这两个变数又"必须严格区别于"另一个变数，即"高度发达的工业社会中那种公民表决加万众欢呼式的，以专制为特征的被宰制的公共领域"（同上：XVIII）。通过哈贝马斯对"公共领域"一词用法的说明，可以看出他在指涉一种普遍现象，即现代社会里日益扩张的公共生活领域。它可以呈现为不同的形式并涉及国家与社会之间各种不同的权力关系。哈氏是在暗示一种关于公共领域的类型学，"资产者公共领域"只是其中的一个变数类型。

哈贝马斯的主要注意力就放在资产者公共领域上面。他详细阐述了与之相关的特定历史事实。资产者公共领域除了与资本主义相关联，在"（资产者的）私人领域"里也有其渊源。在哈贝马斯看来，资产者公共领域首先就是从私人领域和公共领域的明确界分中生长起来的。这种界分在中世纪采邑制下并不存在，只是随着商品交换和资产阶级式家庭的兴起才呈现出来（同上：14—26）。正是这些"私人化的"（privatized）资产者个人聚集起来进行理性的、批判性的公共讨论，构成了"公共意见"的基础。这种"公共意见"，就其对专制权力构成制约而言，成了资产者公共领域的本质特征。从而：

> 资产者公共领域可以首先被理解为众多个人聚集成为公众的领域：他们随即宣称控制了那一自上而下调整的却与公共当局本身相对抗的公共领域，设法同它们就调整商品交换和社会劳动这一属于私人但又具某种公共性的领域里的各种关系的一般规则展开争论。（同上：27）

比起分析资产者公共领域的兴起，哈贝马斯对其自19世纪后期开始的衰落要更为关注，因此他的著作才定名为《公共领域的结构性变化：对资产阶级社会一个范畴的探究》。自由主义的资产者公共领域是在与国家的对立中形成的，它一直是私人领域的组成部分。然而，随着福利国家、大众社会与广告业的出现，这一公共领域却经历了一种结构性变化。国家与社会相互渗透，模糊了私人领域与公共领域之间的界线。从而：

> 资产者公共领域变成了国家与社会之间充满张力的区域。但这种变化并未妨碍公共领域本身仍属私人领域的组成部分。……与国家干预社会并行的是，公共职能转由私法人团体（private corporate bodies）承担；同样，社会权力取代国家

权威的相反进程却又与公共权威在私人领域的扩张相关联。正是这种共存并进的国家逐步"社会化"与社会日益"国家化"的辩证交融,逐渐损毁了资产者公共领域的基础——国家与社会的分立。可以说,在国家与社会之间及在两者之外,会浮现出一种重新政治化的社会领域,而有关"公共"与"私人"的区分对其无法有效施用。(同上:142)

换言之,公共领域已为齐头并进的"国家化"与"社会化"所腐蚀瓦解。

(二)两种意图

哈贝马斯所论公共领域的两种含义体现了他的两种意图。首先,作为社会学家与历史学家的哈贝马斯努力想把实际历史经验归类为若干模式。显然是出于这一意图,他才会认为公共领域有许多种类型,而资产者公共领域不过是其中的一个变数。他对近代英国和法国进行了具体的讨论,并从中抽离出资产者公共领域的抽象模式,背后也有这一意图存在。

但是,哈贝马斯又是道德哲学家与政治哲学家,其主要旨趣在于批判当代政治。就此而言,他所提出的资产者公共领域便成了据以评判当代社会的一种抽象判准(abstract standard)。在他看来,他抽象出的近代英法理想形态所具有的那种理性与道德力量,当代民主已丧失了大半,广告操纵与利益集团的花招取代了此前时期的理性公共意见。在论述民主的"结构性变化"时,哈氏实际是在高擎理想以批判现实。

（三）两种空间概念

从理论上讲,哈贝马斯的公共领域占据着两种不同的空间 （spaces）。他在构建多种类型的公共领域的时候,将公共领域明确定位为"国家与社会之间充满张力的空间"。就是在这个居间性空间里,国家与社会相互作用,产生出各种不同类型的公共领域,其或为资产阶级社会的"自由主义"类型或"平民"类型,或为在"高度发达工业社会里专制"之下"被宰制的"类型。在将这一居间性区域的概念扩展并用来分析结构发生变化的公共领域时,他论述的便是这一空间如何为国家干预社会（国家化）与社会僭取国家威权（社会化）的双重过程所侵蚀瓦解。

然而,与此同时,哈氏的"资产者公共领域"却是一种在与国家对立中发展出来的区域。在这一概念的构建中,"众多个人……聚集成为公众",控制了"那一自上而下调整的却与公共当局本身相对抗的公共领域"。在这里,国家、社会与公共领域的三分观念又变成了社会与国家并立的二元观念。公共领域成了仅是（市民）社会在其反对专制国家的民主进程中的一种扩展。

（四）两种动力

两种不同的区域概念又涉及两种不同的变迁动力。在论及资产者公共领域时,哈贝马斯主要关注的是整体社会的变迁（societal change）,即众多个人聚集起来形成产生理性意见的"公众"。我们可以称这一过程为近代自由—民主式的全社会整合（societal integration)。至于国家方面可能会发生的种种变迁,哈氏几乎置之不论。

然而,在论及公共领域的"结构性变化"时,哈贝马斯既讨论整体社会的变迁,也讨论了国家的变化。一方面,进行理性讨论的个人聚合让位于"大众社会"的各种利益集团;另一方面,"自由主义的宪政国家"则让位于福利国家。前者屈从于"国家的'社会化'",后者屈从于"社会的'国家化'"。这种双重过程导致了"国家与社会二分"的瓦解,而这却曾是"资产者公共领域的基础"。

二、与会者的不同用法

在我看来,上述内容就是哈贝马斯复杂思想的基本内核。我们这些从事中国研究的人如何才能妥当地运用他的观点呢?

魏斐德(Frederic Wakeman)的文章,针对那种把哈贝马斯的资产者公共领域模式机械地套用于中国历史经验的做法提出了批评。他指出,这类做法无论是有意还是无意都会导致某种目的论暗示,以及对含义两可的材料做片面的解释。罗威廉在其两部著作(Rowe,1984,1989)中展示过若干演化进程,并以此证明独立于国家的"近代公共领域"的浮现;而魏斐德却极其强调国家在这些演化进程中所具有的持续且重要的作用。就冉枚烁(Rankin,1986)与戴维·斯特朗(Strand,1989)未能仔细限定其解释而言,他们也同样犯有片面解释之过。

为对罗威廉公正起见,我们可以回溯一下他构造其论式时身处的情境。当时,曾支配五六十年代学术研究的有关独特、僵固的

"传统"中国的设定,在中国研究领域依然影响巨大。正是囿于这种情境,罗氏才会把马克斯·韦伯选为论辩对手。他的论著在某种意义上使我们注意到了清代与近代西方相似的那些现象,从而有助于破除中国静止不变的早先设定。就此而论,他的贡献类同于那些提出"资本主义萌芽"的中国学者,他们通过阐述明清时期活跃的商业化而瓦解了先前中国学界有关"封建中国"固化不变的看法。我对这些学术走势已做过较详细的讨论,此处不再赘述(Huang,1991)。

在罗威廉的论文里,我们可以看出一种新的倾向在涌动。他不再是单纯地搜寻清代与近代西方的相似之处,而是也关心起两方的差异。此一取向已足够清楚:原先的指导模式现在却可能成为理论批判的靶子。

把哈贝马斯的资产者公共领域理论从向导变为论敌的一个好处是,不仅凸显了表面现象异同的问题,而且突出了哈氏分析的深层方面。正如罗威廉在其著作中不仅要对韦伯视中国城市为行政中心的描述性概括做论辩,而且要对韦伯有关中国城市缺乏引发市场经济与商人阶级之发展动力的分析性推断做论辩一样,我们也要辨明哈贝马斯有关立基于资本主义与资产阶级兴起之上的资产者公共领域的论断是否充分适用于清代的情况。

玛丽·兰金的论文也显示了相似的走向,即不再是颇为机械地搬用哈贝马斯的资产者公共领域模式,而是努力采用哈氏第二种较宽泛的用法(关注多种多样的公共领域)。她试图勾勒一种中国类型的公共领域。同时,我们还可以看到,兰金力图放弃那种对公共领域与国家做简单的二分对立的做法,转向采用哈贝马斯有关公共领域介于国家与社会之间的三分概念。这些也都是我自己在本章前面部分所主张的取向。

但是,这种取向的问题在于,哈贝马斯本人的概念不是太特定就是太宽泛,难以真正适合中国。资产者公共领域概念的历史特定性太强,无法用以指导对中国的分析。说实话,把它作为论辩对象要比将其作为指导模式更有助益。另一方面,多种公共领域类型的概念又过于宽泛,没有多少价值。如果我们用零碎的、主要是乡村的地方共同体来取代哈贝马斯整合的城市公共领域,一如兰金试图做的那样,那么"公共领域"这个概念究竟还剩下什么可以证明应当保留这一术语呢?

再者,哈贝马斯把大部分注意力都放在资产者公共领域方面,对介于国家与社会之间并随两者变化而变化的公共领域这一较为复杂的观念却少有关注。他的资产者公共领域的理论最终又退回到将国家与社会做简单的二元对立中。与此相同,兰金分析的最终归宿也是将公共领域描绘成在国家之外或与之对立的整个社会的发展。对于国家与社会如何在居间区域里一道起作用,或国家变迁与社会变迁可能以怎样的方式相互结合以影响公共领域的特质,兰金都未能给出详尽说明。

在提交论文的人里,唯有理查德·麦迪森(Richard Madsen)明确无疑地站在作为道德哲学家的哈贝马斯一边,致力于倡扬民主的应有形态,而不是像作为历史学家与社会学家的哈贝马斯那样关心对实际经验的分类。在麦迪森看来,哈贝马斯的道德—文化理想是一个当代西方与当代中国都未达到的普适标准。他倡导那种依据哈贝马斯的理想来评判当代中国发展状况的研究。

麦迪森的研究路径的长处，是它毫不隐讳其道德意图。他并未试图借助表面"价值中立"的理论来遮掩自己的道德主张。依循麦迪森的思路，读者会很清楚自己被导向何方。

但是，麦迪森式进路也有问题，即它极容易用主观意愿取代对已然的和实然的事实的精准把握。诚然，研究者多少总要受其自身价值取向的影响，也正是有鉴于此，弄清楚我们自己的价值倾向比懵懵懂懂要强得多。但在我看来，这种自觉应当用以帮助防止对历史材料的曲解。无论以什么样的方式，我们都不应当用这种自觉来支配我们的研究。尽管我非常赞同麦迪森对道德的、理性的民主的信奉，却无法同意那就是放之四海而皆准的永久处方。至于要用这样一种道德视界来左右我们的研究进程，就更难让人苟同了。倘若抱有这样的宣传动机，若干重要的变迁与发展就仅仅因为它们似乎与既定旨趣无关而容易遭到漠视。一旦事态果真如此，那么即便是秉有最良好的意愿的道德视界也会变成歪曲历史真实的意识形态枷锁。

最后，希斯·张伯伦(Heath Chamberlain)的文章虽然关注的不是公共领域概念而是市民社会概念，但我觉得其提出的问题与麦迪森并无二致。张伯伦所界定的市民社会已大致相当于某种可称为民主主义萌芽的东西。与麦迪森一样，张伯伦对自己的宣传意图并不遮掩，并集中关注于那些与理想的市民社会相契合的中国现象。

此外，张伯伦主张重新厘定市民社会所占据的区位。他拒斥"市民社会"一词当前的通行用法。这种用法依据东欧新近事态的发展而形成，指独立于国家的一切社会组织或社会活动。这种用法把市民社会与国家简单对立起来,并将市民社会与社会混为一谈。与此相反,张伯伦要求恢复这一概念在 18、19 世纪的用法,即将市民社会定位为国家与社会之间的区域,经由现代化变迁中国家与社会的交互作用而生成。这样理解下的市民社会就与哈贝马斯公共领域的第二种区域概念相近了。

三、国家与社会之间的第三领域的概念

本章的目的,首先便是指出因公共领域这一术语而产生的极其复杂的一揽子问题:这一术语既具有社会学和历史学的意图也具有道德哲学的内涵,既指高度概括的结构又指极为具体的结构,既是设于国家与社会之间的三分观念又是将国家与社会相对抗的二分观念。哈贝马斯本人的不同界定及我们这些论文撰写者对哈贝马斯概念的不同诠释,凸显了这一概念的价值和含义的多样,因而此一概念的用法存有如此之多的困扰,也就不足为怪了。这个原因,或许会使我们拒绝继续运用这一概念来描述中国现象。

然而,这并不意味着我们就不能从哈贝马斯的观点里深受教益。哈贝马斯的复杂思想所欲辨明的核心问题——在国家与社会发生根本转向时两者之间变动着的关系,无疑是重要的。他认为应当同时依照国家变迁与社会变迁,而不是单独参照一方来理解这种关系变化(尽管他自己的资产者公共领域理论只关注社会方面的变迁),我认为这也是一个出色的观点。至于他有关这种关系的变化应当从介于国家与社会之间的区域来考察的立场,似乎更是一个可以进一步发挥的重要观念。

让我们回到魏斐德与罗威廉争论的例子上以说明这个问题。魏斐德指出 19 世纪汉口的新型商人组织与国家有密切关联,这一点肯定是正确的。但是,他们的自主自立并没有达到如罗威廉著作所论断的那种程度。我们究竟要从这一事实中得出什么结论呢？如果那些历史现象不能单纯从整个社会的发展来理解,我们就得严格依照国家行动来理解它们吗？我们是否必须照国家与社会二元对立的预设所限定的那样,只可在两者之间选择一个呢？

我认为,比较妥当的做法是采取哈贝马斯的建议,依照在国家与社会之间存在一个两方都参与其间的区域的模式来进行思考。罗威廉讨论的那些商人组织显然既反映了商人的力量又体现了国家控制。单纯从社会组织或国家权能出发,都无法领会其内涵。

为了确切把握这一居间区域,避免在使用哈贝马斯的公共领域概念时出现误用与混淆,我建议使用"第三领域"（the third realm）一词。它是价值中立的范畴,可帮我们摆脱哈贝马斯资产者公共领域理论中那种充满价值意义的目的论。比起哈贝马斯的公共领域概念,它也可以更为清晰地界分出一种理论上区别于国家与社会的第三区域。

这样一个概念还可以阻止把第三区域化约到国家或社会范围的非此即彼倾向。我们将首先承认国家与社会两者在同时影响着第三区域。据此,我们可以讨论国家或者社会或者两者一起对第三区域的影响,但却不会造成这一区域会消融到国家或社会里或同时消融到国家与社会里的错觉。我们将把第三领域看作超出国家与社会影响的具有自身特性和自身逻辑的存在。

这里可以借用父母对幼儿的影响来做一类比。倘若只是从父母影响的角度讨论幼儿,我们就容易在双亲谁影响更大的简单化论断上纠缠。这时,我们已忽略了真正重要的问题:孩童自身的成长与变化。

用这样一种第三领域的架构来看魏斐德与罗威廉的争论,即便我们不接受罗氏有关一种自立于国家之外的社会公共领域在浮现的论断,我们也能够保留他观点中的真知灼见。可以肯定地说,罗威廉(以及兰金与斯特朗)正确地指出了某种新的长期趋向,尽管这种趋向不能等同于哈贝马斯的公共领域。运用第三领域的概念,我们就能依据这一领域的扩展与制度化来讨论那些变化趋向,而不会再陷入国家与社会的简单化对立。我们甚至能论说第三领域诸部分的国家化或社会化(采用哈贝马斯分析公共领域结构性变化时的启示),而不会把此领域消融到国家或社会里。

倘若扫视一下清代、民国与当代中国,就应明了在中国的社会政治生活中始终存在着一种第三领域。这一领域在清代比较具体和特殊,并且是半正式的,但在 20 世纪则日趋制度化,其公共职能的范围也在与日俱增并稳步扩展。下面我将转而讨论自清代至今这一第三领域及其变迁的一些实例。

四、中华帝国晚期的第三领域

(一)司法体系

我是从自己目前有关中国法律的研究里得出第三领域的观念的。在进行此项研究的过程中,我竭力主张用三分的概念考察清代司法体系：带有成文法典和官家法庭的正式司法体制，由通过宗族/社区调解解决争端的根深蒂固的习惯性做法构成的非正式司法体系，以及在两者之间的第三领域。人们对前两块相对比较熟悉，第三块却基本上一直被忽视。

我在第 2 章指出过，在三个县（直隶的宝坻、四川的巴县与台湾的淡水—新竹）自 18 世纪 60 年代至清末的 628 件民事案件中，只有 221 宗一直闹到正式开庭，由地方县官裁决。剩下的几乎全都在提出诉讼后未闹到正式开庭，在诉讼中途就了结了。其中大多数都是经由正式司法体制与非正式司法体制的交互作用而在中途获得了解决（Huang，1993）。

实现此种解决的机制是，在县官意见与社区/宗族调解之间存在一种半制度化的交流。诉讼一旦提出，一般都会促使社区/宗族加紧调解的工作。同时，县官们依常规会对当事人提出的每一诉讼、反诉与请求做出某种评断。这些评断意见被公示、传达，或由当事人通过其他渠道得知，从而影响到社区中正在进行的和解协商。反过来，县官们一般并不愿意让事态弄到开庭判案的阶段（因为清代法律制度的一贯态度是民间纠纷最好由社会本身解决，国家法律要到迫不得已的时候方才介入），故而对已达成的和解办法一般都会予以接受。

经此途径形成的和解办法，既不应等同于正式法庭的裁决，也不应等同于非正式的社区/宗族调解。因为它们体现出正式、非正式两种司法体制都涵盖到一种谈判协商的关系之中。县官们的审案意见一般是遵从成文法典中制定法的指导，而民间调解者则主要关心如何讲和与相互让步。这两方的相互作用甚至在清代就已实现了部分制度化,构成了司法体系中第三领域的重要部分。①

(二)县级以下的行政

县级以下的行政也存在同样的模式。清廷的正式行政管理只到县衙门为止,对于县级以下的公共行动,国家的典型做法是依靠不领俸禄的准官吏(semiofficials)。无论是乡镇一级的"乡保"②还是村一级的牌长,这些县级以下行政职位的任命,原则上都是由社区举荐,再由政府认可。理所当然,这些职位立足于国家与社会之间并受到两方面的影响。

正是依靠这些第三领域准官吏的帮助,正式国家机构才能扩展其控制范围,渗透进社会的基层。这些官吏的一般职能包括收税、司法执行及维护公共治安。在特定的情形中,他们还协调各种公益事业活动,如治水、赈灾和地方保卫等。他们帮助国家与社会联结在一起。

处身现代社会,我们已对具有强大基层渗透能力(infrastructural reach)的国家习以为常。与国家机构的俸禄官吏直接打交道,也已被视为正常之事。但清代的情况并非如此,当时国家的基层渗透能力还比较有限,对生活在基层的大多数人来说,与国家的接触主要发生在第三领域。

---

① 这些观点及佐证这些观点的证据,在我其他论文里有详尽阐述(Huang,1993)。
② "乡保"是清代法典里使用的概称。在 19 世纪的宝坻,他们平均要负责约 20 个村庄的事务,规模接近当代的"乡"。

(三)士绅的公共功能

治水、赈灾或治安等地方公益事务典型地发生在第三领域,是在国家与社会的共同参与下进行的。一方面,从国家这边看,它没有独自从事这类活动所必需的基层渗透能力,因而县衙门通常要向社区领导人求助;另一方面,从士绅方面讲,由于他们没有可以实施大规模公共活动的民间组织,国家的领导与介入是必不可少的。

在自然灾荒与社会动荡加剧的王朝衰败时期,对这类公共活动的需要随之增加。某些时候,国家极其衰弱,无力提供领导,士绅们便会完全接管有关事务。更为常见的是,国家权力衰败主要限于中央权力而非地方权力,此时地方政府与地方社会就会共同承担起日益繁多的公共活动。因而,不能依照公共领域与市民社会模式的导向,以为士绅公共功能的一切扩展都意味着某种独立于国家的社会自主性日增的长期趋向。

(四)在国家与社会之间

为了使本章运用的区域概念更为清晰,可以把中华帝国晚期的社会—政治体系设想为一个由大小不同的三块构成的垛子。顶部小块是国家的正式机构,底部大块是社会,处在两者之间的是大小居中的第三块。这便是清代司法第三领域的运作之处,便是诸如乡镇的乡保与村里正、牌长等县级以下行政职位的立足之处,便是国家官吏与士绅领袖合作进行公益活动的地方。我们还需要进一步探究这一第三领域的其他各种面相,探究其间的种种权力关系、运作样式和组织形式。

五、第三领域及其新的变迁

上文勾勒的第三领域在晚清与民国时期经历了重大变化。罗威廉与兰金认为构成一种新的公共领域的若干现象实际上并不新奇。它们不过是第三领域公共职能在王朝衰败时期固有的周期性扩展的组成内容。只有与晚清及 20 世纪特有的新现象结为一体的那些变化才是真的新事物。

(一)近代的社会整合、国家政权建设与第三领域

清代社会整合方面的新趋势是显而易见的。在商业最为活跃的地区,新的城镇开始涌现。与这些城镇一起涌现的还有各种新型社会群体,尤其是商人团体。城镇所达到的社会整合水平也可能比村落零散的乡村更高。在这样的环境里,商人团体常常与国家合作从事各种公共活动,诸如公用事业建设、维持救济组织、调解争端等等。随着清末十年新型商会的兴起,这种趋势达到了巅峰。更有甚者,正如兰金所强调的:由于王朝衰败与列强环伺的刺激,晚清与民国时期的精英们开始动员起来,关心救亡和进行公共活动达到了前所未有的程度。伴随上述社会整合的诸种趋势,许多新制度如地方议会、自治社团等也纷纷出现。

时至清末,"近代国家政权建设"(modern state-making)这一长

期走势亦已有了端倪。早先,国家只关心税收、治安与司法之类事务,正式的官僚机构至县衙门一级就到了头。在平定太平天国之后的重建时期,政府开始设立常规官职以从事专属第三领域的诸种公共活动,如土地开垦、水利建设等(Bernhardt, 1992:122—125)。随着清末十年"新政"的实施,政府进而开始承担一系列近代型活动,如建立新式警察制度,开办西式学校,设立近代法庭,乃至创办各种专事农业改良、商业兴办、新式交通和实业发展的机构。与此同时,正式(俸禄)官僚体制在民国时期也开始扩展到县级以下,伸展到了区一级。

晚清与民国时期近代社会整合与近代国家政权建设的双重过程虽然与西方相比可能尚属有限,但已导致国家与社会两方面的相互渗透加剧,并使第三领域的活动日渐增多。其中既有治水、修路、救济、办学堂、调解争端等传统的公共活动,也有由绅商精英尤其是有改革意向的成员所进行的新型活动。

随着这些变化,第三领域的制度化也在加强。从半正式的负责公共工程的"局"到"自治"组织,各种新兴制度都成了绅商精英从事活动的凭借。诚然,有些新制度体现了充分官僚化(或曰"国家化")的步骤,构成了近代国家政权建设过程的一部分。另一些制度则体现了彻底社会化(用罗威廉的话叫"私人化")的步骤,构成了近代社会整合过程的一部分。但是,大多数新制度显示的是国家与社会在两者之间的第三领域持续的共同作用。

新型商会是国家与社会同时卷入第三领域新制度里的范例。尽管这些组织由商人们组成,但它们是因国家政策的倡导(1904年)而成立的,并且按政府的方针进行运作。商会的出现,既反映了国家在如何看待商业问题方面经历了长期变化后对商业做出的正式肯定,也反映了商人群体在规模和实力上的增强,这种现象在大型商业城市表现得尤其明显。这些新型商会与地方政府机构密切合作,在范围广泛的行政、半行政和非行政事务方面确立了制度化的权威。这些事务包括维持城市公益事业、创立治安队伍、调解争端及有组织地代表商人利益。单纯参照国家或社会是无法把握商会意义的。①

(二)地方化的第三领域

正如兰金所指出的,在清末民初的脉络里,所谓绅商公共活动的第三领域主要是在地方和乡村层面上运作的,而不是在国家与城市层面上运作的。这就使中国的情况与主要属国家性与城市性现象的哈贝马斯的资产者公共领域迥然不同。所以,我们不应仍在公共领域的名目下将中国与欧洲混为一谈,而需要去努力说明两者之间的差异。

在我看来,近现代欧洲的民主是从高度的近现代社会整合与高度的近现代国家政权建设中产生的(尽管哈贝马斯在其资产者公共领域模式里实际只讨论了前者)。从社会公众整合为一种全国性公众(a national public)和国家经由现代科层机构而扩展的两重过程里,民主才浮现出来。在这种脉络里,国家权力与社会力量不仅在地方层面相互渗透,而且在国家层面上亦相互渗透。为民

---

① 有关天津和苏州商会的档案材料(天津市档案馆等编,1989;章开沅等编,1991)使我们对这些组织有了较为清晰的认识。

主成长确立了根本背景的正是这两方之间的相对平衡，甚或是社会发展的实力超过国家政权建构。

然而，在清末民初的中国，全国性的社会整合与现代国家政权建设却没有扩展到同样的程度。向现代城市工业社会的全面转型没有实现，有的只是一种农业经济和自然村的社区的内卷化延续。社会整合的进展主要限于局部的县、乡与村，而不是在全国性层面上。中央政权在衰败，军阀武夫在崛起，近代西方式"开明专制"与民族国家却未见兴起。在此一脉络里，国家权力与社会力量的重叠与合作就主要限于地方与乡村层面。

但是，对于 20 世纪中国地方性和乡村性的第三领域来说，现代化程度已足可使之与先前的第三领域有了重大差别。在像长江三角洲这样的发达地区，扩展的现代型公共活动已成为风气。这种活动通常由官方与精英共同承担，并且常常依托新兴的制度化形式。由此，国家与社会在第三领域的合作既在扩展，又获得了制度化。

确实，诸如商会或自治社团这样的新制度形式，为塑造国家与社会间新的权力关系开拓了许多可能性。地方商会的商人群体或自治社团的士绅相对于国家的日益自主，当然是一种可能性，但国家控制的巨大强化也是一种可能性。就民国时期成为现实的一切而言，我觉得比起社会自主性的增长或官僚制控制的加强，社会与国家两方在第三区域里的持续合作更加引人注目。

六、当代中国的第三领域

如果就清代与民国而言,用社会自主与国家权力的理想型对立来描绘中国是一种误导,那么对于国家权力比先前任何时候都更具渗透性和覆盖性的当代中国,这就更会引人误入歧途了。从社会整合与国家政权建构两个过程的并行来衡量,革命导致国家政权建构的剧烈加速与推展,使得两方面的关系更不平衡。整个社会组织的范围急剧缩小,但正式国家机构的规模却成倍增大,其结果是传统第三领域大幅度地(借用哈贝马斯的话来说)"国家化"。

除了正式国家机构的控制范围在扩大外,党与国家还把第三领域的剩余部分大片地制度化,以尽量扩大其影响力。党与国家不再拘从国家与社会在具体事宜上合作的做法,而是创立了这种合作必须在其中进行的若干制度框架。其目的是确保国家即使在它承认居于国家与社会之间的那些区域里也有影响力。

民事法律体系依然是一个很好的例子。在革命胜利后的时期里,正式法庭的职能范围大幅度扩展,它们不仅承担审理案件之责,而且负责纠纷调解。清代法庭很少诉诸调解,地方官吏在正式进行庭讯时,几乎总是依据法律进行有倾向性的裁决(Huang,1999)。清代的调解不是在正式司法体系里进行,而是在非正式体系和第三领域里进行的。但是,进入民国,法院除了负责司法审判的部门,还创设了调解部门,开始承担调解之责。在1949年后的法院,这种趋势更加增强,调解成了法院的常规工作。

此外,革命后的国家还竭力把社区/宗族调解制度化,以扩展自己的影响力。过去的调解者是在社区内因事而定,此时的政府却要求专设人员负责调解事务,并由社区干部组成半正式的调解委员会配合其工作。这种农村调解组织构成了中国司法中一种新型的第三领域。虽然这种第三领域已经制度化,但它既不完全属于正式政府,也不完全属于民间社会,依其结构,它同时包括了两方面的影响因素。

(一) 集体化时期

在农村行政与组织方面,也存在着国家进入第三领域,以及将该领域制度化的同样模式。国家正式科层机构的扩展已超过民国最基层的区,下到公社(镇、乡)一级,并且通过党组织进而达到大队(行政村)一级。与此同时,政府又创设出采取农村集体形式的一种新型第三领域。

从经济上看,这些集体当然与国家单位不同。它们在理论上属于集体所有,而非国家所有(称为"全民"所有)。其净产品在国家税收与征购之后即为集体成员共同拥有。这样,其成员的收入就直接取决于其所属的个别集体,而与国家工资水平无关,也与国有单位的工人情况不同。

在政治方面,这些集体被认为既非官僚国家的组成部分,亦非民间的组成部分,而是介于两者之间的事物。它们的行政管理与国家机关不同。在公社一级,它们通常由属上级任命的国家干部和自社区内部选拔出的集体干部共同实施管理。在大队一级,尽管存在党支部及其党支部书记的领导,但它们完全是由来自本社区的干部自己管理的。最后,在最基层的生产队一级,则往往由连党员也不是的社区干部负责管理。

当然,在这些社区的实际管理过程中,国家与社会的关系并不平等。一种极端情况是,集体干部只能照国家干部传达下来的指示行事;在另一极端,占据着公社中下级职位及大队和生产队全部职位的集体干部,能压服国家干部,使之屈从自己的固有利益和行事方式。但实际情形一般在这两种极端之间。

国家与村庄社区的实际关系绝不是极权主义模式的简单翻版,也不是"道德经济"(moral economy)模式①那种简单的村落与国家对立的体现。应当将其理解为发生在革命后的第三领域新制度内部的一种需要国家与村庄同时卷入的过程。

(二)改革时期

如果说集体化时期发生的主要是第三领域的国家化,那么20世纪70年代末发端的改革时期,这一领域经历的则是大幅度的"社会化"(再次借用哈贝马斯有益的术语)与"去国家化"(de-stateification)。现在,第三领域的那些制度形式事实上只存在到生产大队一级,大队以下的制度已经所剩无几。与此同时,由于"指导性计划"取代了传统的"指令性计划",镇(公社)与村(大队)管

---

① 这些集体单位已被20世纪的国家政权建构与社区整合彻底地改变了。不能以斯科特式"道德经济"模式的方法去勾画某种竭力抗拒消失的先已存在的"传统村落"。今日的村镇与革命前的村镇已没有多少相似之处。它们既涉及国家又涉及社区,既有农业又有工业,既有农民又有工人,并且还有高度精致与制度化的行政体制(Scott,1976;Huang,1990)。

理的自主性远比先前要大。而就镇级管理本身而言,居中下层职位的社区干部也获得了对国家任命的上司更大的讨价还价余地。最重要的或许还是乡镇企业那些新型的颇有实力的经理,尽管他们大多依"责任制"方式行事,对村镇领导承诺达到某种产量与收入定额,但享有充分的管理权力。一般而言,较大的乡镇企业的经理们,在其与村镇领导打交道中具有强劲的讨价还价实力。

当然,这些新现象并不意味着出现了什么"社区民主"(community democracy)。然而,应当明确的是,不能简单地把这些基层实体的行政领导视为国家行政管理体制的组成部分。在这些基层领域层面上,上级任命的外来国家干部与受强大乡里关系网约束的社区干部之间的交互作用是题中必有之义。最好是将其理解为既非纯粹国家的又非纯粹社会的,而是两方在居间的第三领域里生发出的结果。

村镇社区的经济情况正如其社会政治情况一样,不能简单地依照国家计划经济或非计划的市场经济格局来把握。它们体现的是两种因素的混合,其中既有国家指导性计划的影响,又有半自主地按市场导向谋求利润的作用。它们既不是国营经济,也不完全是或单纯是私营经济,而是有相当部分属于区别于上述两种经济的第三类经济。乡镇企业受到国家控制(如限制其经理层与工人之间的工资差异以及监督其对社区福利尽赞助义务)与市场激励的双重影响。

(三)私人社会与第三领域

当然,改革时期还有私人社会与私人经济领域的巨大扩展。

国家制度的完善给公民个人带来了较多的自由。经济的市场化促使从小型家族公司到较大企业的各种私有产业兴起。此外，宽松化与市场化还给解放思想创造了必要的空间。不难理解，这一系列现象合在一起，会让人联想起公共领域/市民社会模式所构造的那种结社团体——这些模式极大地影响了近年西方的中国研究。

然而，一旦我们不再忙于推测可能会发生什么，转而看看实际发生的一切，就会看到新的私人领域不能从简单的西方经验（更不能从其理念化的古典自由主义模式）来理解。首先，改革初期集体经济曾经起了关键作用。在经历了十年改革之后的 1989 年，私营企业仍然只占工业总产值的 4.80%①，集体经济则足足占了 35.7%。集体的乡镇企业其实是改革头十年经济发展的主要动力（国家统计局编，1990:416;亦见 51,413,481）。其后，集体经济虽然逐步解体并为蓬勃发展的私企所取代，但后者并不能用简单的国家/社会二元对立模式来理解。

新型私人企业的很大部分同国家权力机构有着千丝万缕的联系，绝对不能看作完全独立于国家机器的领域，更毋庸说看作与国家机器对立的领域。事实是，改革时期市场经济和私营企业的很大部分是在国家机器和官员扶持下兴起的，与其说它们完全是"体制"外的东西，不如说是体制和市场互动的产物，说到底更像我们这里所说的"第三领域"的现象。

在一个社会主义国家，指望那种真正独立于国家的社会组织如公共领域与市民社会模式所勾画的那样在短期内兴旺发达，是

---

① 如果算上中外合资、国家—私人共营和集体—私人共营等其他类型企业，则相当于 8.25%（国家统计局编，1990:416）。

脱离实际的。或许未来变革的希望应当是在第三领域,而不是在私人领域。正是在第三领域这一地带,国家联合社会进行超出正式行政管理机构能力的公共活动,也是在这一地带,新型的国家与社会的关系在逐渐衍生。这里可能是更具协商性而非命令性的新型权力关系的发源地。

要想理解这些实体及其历史背景,我们需要破除将国家与社会做简单二元对立的旧思维方式。与公共领域/市民社会模式的图式相反,中国实际的社会政治变迁从未真的来自对针对国家的社会自主性的持久追求,而是来自国家与社会在第三领域中的关系的作用。此一领域的内容与逻辑并不是从西方经验中抽取的理想构造所能涵括的,它迫切要求我们予以创造性的关注与研究。

参考文献

天津市档案馆等编(1989):《天津商会档案汇编,1903—1911》,第一辑,天津:天津人民出版社。

章开沅等编(1991):《苏州商会档案丛编,1905—1911》,武汉:华中师范大学出版社。

国家统计局编(1990):《中国统计年鉴(1990)》,北京:中国统计出版社。

Allee, Mark Anton (1987). "Law and Society in Late Imperial China: Tan-shui Subprefecture and Hsin-chu County, Taiwan, 1840—1895," Ph. D. dissertation, University of Pennsylvania.

Bernhardt, Kathryn (1992). *Rents, Taxes, and Peasant Resistance: The Lower Yangzi Region, 1840—1950*. Stanford, Calif. : Stanford University Press.

Habermas, Jürgen (1989). *The Structural Transformation of the Public*

Sphere: An Inquiry into a Category of Bourgeois Society. Trans. by Thomas Burger. Cambridge, Mass. : M. I. T. Press.

Huang, Philip C. C. (1985). *The Peasant Economy and Social Change in North China.* Stanford, Calif. : Stanford University Press.

Huang, Philip C. C. (1990). *The Peasant Family and Rural Development in the Yangzi Delta, 1350—1988.* Stanford, Calif. : Stanford University Press.

Huang, Philip C. C. (1991). "The Paradigmatic Crisis in Chinese Studies: Paradoxes in Social and Economic History," *Modern China,* 17.3 (July):299—341.

Huang, Philip C. C. (1993). "Between Informal Mediation and Formal Adjudication: The Third Realm of Qing Justice," *Modern China,* 19.3 (July).

Huang, Philip C. C. (1999). "Codified Law and Magisterial Adjudication in the Qing," in Kathryn Bernhardt and Philip C. C. Huang eds. *Civil Law in Qing and Republican China.* Stanford, Calif. : Stanford University Press.

Rankin, Mary Backus (1986). *Elite Activism and Political Transformation in China: Zhejiang Province, 1865—1911.* Stanford, Calif. : Stanford University Press.

Rowe, William T. (1984). *Hankow: Commerce and Society in a Chinese City, 1796—1889.* Stanford, Calif. : Stanford University Press.

Rowe, William T. (1989). *Hankow: Conflict and Community in a Chinese City, 1796—1895.* Stanford, Calif. : Stanford University Press.

Scott, James C. (1976). *The Moral Economy of the Peasant: Rebellion and Subsistence in Southeast Asia.* New Haven, CT: Yale University Press.

Strand, David (1989). *Rickshaw Beijing: City People and Politics in the 1920s.* Berkeley: University of California Press.

第 4 章

学术理论与中国近现代史研究

——四个陷阱和一个问题*

　　理论读起来和用起来可以使人兴奋,但它也能使人堕落。它既可以使我们创造性地思考,也可以使我们机械地运用。它既可以为我们打开广阔的视野并提出重要的问题,也可以为我们提供唾手可得的现成答案并使我们将问题极其简单化。它既可以帮助我们连接信息和概念,也可以给我们加上一些站不住脚的命题。

* 本章中文版原载黄宗智编《中国研究的范式问题讨论》,北京:社会科学文献出版社,2003 年,第 102—133 页。英文原作 Philip C. C. Huang, "Theory and the Study of Modern Chinese History: Four Traps and a Question," *Modern China*, 24, 2 (April 1998):183—208。由强世功从英文译成中文,笔者对译文进行了仔细的校订。笔者在此感谢佩里·安德森(Perry Anderson)、毕仰高(Lucien Bianco)和亚历山大·伍德赛德(Alexander Woodside),尤其是白凯对本章所做的评论,同时也要感谢参加"学术理论在中国近现代史研究中的运用"会议(1997 年 5 月 10 日在加利福尼亚大学洛杉矶分校举行)的同事。纳入本书时,做了一些修改。

它既可以使我们与中国研究圈子之外的同行进行对话，也可以使我们受到一些不易察觉但有巨大力量的意识形态的影响。它既可以使我们进行广泛的比较，也可以使我们的眼界局限于狭隘的西方中心或中国中心的观点。对理论的运用就像一次艰难的旅行，其中既充满了令人兴奋的可能性和发现，也同样布满了陷阱和危险。

让我先来讲一讲我能从自己的经历里回忆起的理论运用中最诱人的陷阱。为了表述的方便，我将它们分为四种主要的陷阱：不加批判地运用、意识形态的运用、西方中心主义和文化主义（包括中国中心主义）。

一、不加批判地运用

我自己在华盛顿大学就读时接受的研究生训练完全是强调经验研究的训练：强调在选定的题目中寻找新的信息，阅读文本和文件，使用文献检索手段，细致的脚注等等。在这样的训练中是不接触理论的。我相信这不是华盛顿大学在教学安排中有意设计的产物，毋宁说，这是我的在校导师们的史学风格所带来的后果。

我依然能回忆起我"在田野中"（为准备毕业论文而在日本和中国台湾做研究）首次与那些其他学科背景的研究生（尤其是那些系统地接触过理论文献的社会科学背景的研究生）的接触。他们对我的评价是类似于"聪明有余而训练不足"这样的说法，而我出于自卫，则称他们为"脱离实际的空谈者"（facile lightweights）。此后的一些年我仍然抵制理论，自认为我所受到的训练是正确的并加以捍卫。

在完成第一本关于梁启超的著作（Huang，1972）之后的一些年中，我开始阅读理论。这时我发现理论使我兴奋起来，与我所读到的经验史学的学术著作以及 20 世纪 60 年代中国学领域学术概念极其贫乏的状况相对照，社会科学理论看起来是繁纷复杂的、丰富多样的、变化多端的和强大有力的。它完全不同于那时中国学这个狭窄领域中的专著。

一旦接触到理论，我就如饥似渴地阅读几乎所有的东西。就像一个已经到风景胜地旅游过（而其他人只是听说而已）的游客，我迫切地想讲述甚至炫耀我新发现的那些"理论洞见"。想显示我是如何变得在理论上"具备了洞见"，这种诱惑是极其巨大的。正是这种诱惑促使我把一些已经成型的模式运用到我的研究中。

我尤其记得这样一些概念很有吸引力："无产化""阶级联合""近代国家政权建设"和"道德经济"。将这些概念全盘运用到研究中的诱惑是相当大的，因为这些概念确实有助于我理解所收集的关于中国乡村的大部分材料。读过我写的关于中国华北这部著作（Huang，1985）的人们，很容易发现上述这些概念对我产生的影响。

事后来看，如果说我在使用那些概念时还保留了一些批判性辨识的话，那应当归功于我所使用的材料的丰富性。满铁调查的巨大力量在于这些材料中有丰富的细节。① 无论摩尔（Barrington Moore）、蒂利（Charles Tilly）和斯科特（James Scott）这样的人已经

---

① "满铁"是日本"南满洲铁道株式会社"的简称。在这个机构的资助下，日本人在中国进行了许多乡村调查和考察，由此形成了关于乡村社会可资利用的、差不多是最丰富的文档材料。详细讨论参见 Huang，1985：第三章。

就这些问题做出了多么灵活和富有创造性的重新解释，但是要将其中所有的信息都强塞进马克思主义理论和"实质主义"理论的简洁模型中，确实很困难。比如说，我们可以用形式主义的证券组合管理（portfolio management）（涉及多种经营与长期和短期投资）概念来有效地理解小农农场，而不仅仅是使用家庭作为生产—消费单位的恰亚诺夫模式或被剥削的小农这幅马克思主义的图景。我在结束时写了小农的"三副面孔"。事实在于满铁材料捕获了大量乡村生活的真实片段，而且乡村生活极其复杂而多维，以至无法完全符合一个现成的模式。最后，我关于华北小农经济的书采取了一个折中的路径，汲取了许多理论传统中只要有助于理解材料证据的那些看似零碎的东西。

二、意识形态的运用

除了学理上的诱惑，理论还具有不可避免的意识形态上的吸引力。在（美国）反越战运动如火如荼的日子里，我们中许多人开始对批评美国社会的前提假定推而广之，对我们中国学领域中占统治地位的范式，尤其是"现代化"范式和"西方冲击"范式，进行了前提性质疑。一股强大的力量把我们吸引到另一套理论概念上来，大多数人尤其被吸引到马克思主义的观点和理论上来，被吸引到社会革命和反对帝国主义的民族解放这些相反的范式上来。

但是，我们中几乎没有人"庸俗"到全盘采用被赤裸裸地官方化了的斯大林主义等意识形态。相反，我们被吸引到一些学术思想纷繁复杂的理论家这边来，诸如蒂利（Tilly，1975a，1975b，1979）

和佩吉(Paige, 1975),他们更加灵活、细致地使用阶级理论,教导我们把阶级看作过程而不是固定数量,把阶级行动看作处于不断变化中的"联合",并把阶级关系看作各种生产关系处于不断变化中的种种组合;把国家机器进一步看作一个半独立自存的机构,而不是仅仅把国家看作"统治阶级"的机构,它既不归于任何单一的阶级,也不仅是几个阶级的联合[这种观点远远早于斯考切波(Skocpol, 1979)表达的观点,它隐含在蒂利著作中]。这些观点对马克思主义理论进行了创造性的重新解释和重新提炼,极大地增强了它们在知识上的吸引力。

也许更为重要的是那些"进步的""实质主义的"理论家们的贡献。他们发现了不同于资本主义经济的小农经济的另一套逻辑,发现了不同于城市社会和市场伦理的村庄社区和道德的另一套逻辑。其中,有恰亚诺夫[Chayanov, 1986(1925)]关于小农家庭农场的洞见,有斯科特(Scott, 1976)关于社区与经济的道德维度的洞见,还有汤普逊(Thompson, 1966)关于阶级和共同体形成的过程及其非物质维度的洞见。这些洞见极大地丰富了我们的概念选择。

事后来看,可以公平地说,蒂利这些人对中国学领域的影响(始于密歇根大学的整整一代研究生)首先体现在他同时既使用马克思主义理论又使用实质主义的理论。他对当时流行的形式主义/资本主义/现代化理论的批评是相当有力的,因为这些批评扎根于两个不同的理论传统而不是一个。马克思主义的观点和实质主义的观点在蒂利著作中的这种结合肯定增加了他对我们的吸引力。

但是,如果我仅仅指出这些观点在知识上的吸引力,而对其在政治意识形态上的吸引力避而不谈的话,那么我就是不诚实的。无论在情感层面上还是在知识层面上,我们都对美国在越南明显地滥用武力感到惊恐不安;我们(十分美国式地)认同作抵抗的战士,他们冒着极大的风险在为一个民族的解放而战。几乎是以此类推,我们开始质疑用于中国研究中的那些似乎不证自明的现代化理论的前提假定。我们开始相信,中国革命也是一个受害者反抗国内外压迫的斗争过程。所以,我们被马克思主义—实质主义的学术理论家吸引,部分是知识的原因,部分是政治意识形态的原因。

在此,我想再说一遍,我的两本关于小农的著作(Huang,1985,1990)在某种程度上努力避免了意识形态对学术的过分影响,可能首先应当归功于我所受的经验训练:只要仔细阅读满铁材料,就绝不会将中国的村庄描写为一幅简单的阶级斗争的图景。① 当然,我的书也受到了"文化大革命"期间"学术研究"中的那些负面例子的影响。最后同样重要的一点是,我的两本书受益于我的写作时间,它们主要完成于20世纪70年代后期和80年代,那时候的政治气氛比起60年代末期和70年代初期要平静得多。

但对我而言,从学术理论与意识形态之间的关联中依然可以吸取到很大的教训。我们当年的世界是一个充满意识形态的世界。意识形态的影响不仅仅渗透在当时两个超级大国的官方宣传中,而且渗透在它们的新闻媒体中,更为有力的是渗透在学术话语和日常话语所使用的语言本身。毫无疑问,毛泽东时代的中国与

---

① 有关这一点的讨论,参见我的论文(Huang,1995)。

当代美国之间存在着巨大的不同。在中国,学术的理论与官方的意识形态之间没有区分,因此一个肯定会渗透到另一个之中。学术理论不可能也没有宣称自己是一个自主的领域。在美国,学术理论享有相当大的不受官方统治思想影响的自由和自主性。我们处在极其多元化的知识环境中。但是,这并不意味着学术理论真的能够完全区别于意识形态。实际上,有时恰恰是由于意识形态披上了学术的外衣,才使得意识形态产生了相当大的影响。就意识形态对学术的影响而言,中国与美国的区别主要是程度上的不同。在美国,学术理论与政治意识形态的联系更加微妙。尽管如此,可以肯定的是学术理论与政治意识形态的联系在美国依然存在。

我很快就知道,无论我的著作是多么重视经验,在提出理论问题的时候,它都会不可避免地激起意识形态的敏感性。大家只要浏览一下我关于中国华北和长江三角洲(Huang,1990)的著作所激起的种种争论和研讨,尤其是那些与马若孟(Ramon Myers)在《亚洲研究》上的争论(Huang,1991a),以及与其他人在中国台湾举办的研讨会上的讨论(Huang,1992),就会明白这一点。一个人怎么能在马克思主义的理论中找到如此多的有效解释? 一个人怎么胆敢挑战资本主义的基本原则? 在中国大陆的学术界,我的著作有幸在两次会议和一系列探讨会上得到讨论,但是也受到了同样的批评,尤其是"资本主义萌芽"范式所具有的意识形态的批评。在中国台湾地区,我的著作在出版了"繁体中文版"之后,也遭遇了早些年出现在美国的意识形态批评，尽管这些批评来得迟了一点。①

就我个人的教训而言，运用理论不可避免地伴随着意识形态的意涵。理论使我们思考一些更大、更为一般的问题。但是这样做也不可避免地使我们进入意识形态的问题领域，且不可避免由此激起批评。这正是我们运用理论的代价。

尽管如此，我们依然能够避免掉入受意识形态驱使来进行学术研究的陷阱。在此，我能使自己免入陷阱的最好保护，可能还是我所使用的满铁调查材料及我自己对经验材料的偏重。材料中显示的丰富现实和我对重视经验的学术这一理想的笃信，使我无法接受用意识形态的观察和推断来取代调查所发现的东西。举例来说，不同于马克思主义者的预言，我在材料中没有看到"经营式农场"的生产力有了根本性的提高，尽管它使用了雇佣劳动这种"资本主义的生产关系"（Huang，1985：尤其第 8 章）。但是，无论我的研究是多么遵从经验，一涉及理论问题，依然不可避免地导致意识形态的论辩。

三、西方中心主义

当然，近代的意识形态和学术理论在很大程度上是由欧美世

---

① 《近代中国史研究通讯》第 20 期（1995 年 11 月）以概要的形式发表了就我的著作进行的一个貌似学术的讨论。我的《华北》和《长江》两本书的第一个中文版是在内地由中华书局出版的（黄宗智，1986、1992b），后来由香港的牛津大学出版社出版了繁体中文版。关于范式危机的论文最初由上海社会科学院出版社出版（黄宗智，1992a），后来又由香港的牛津大学出版社再版（黄宗智，1994a）。

界支配的。无论是正统的概念还是反正统的概念都来源于这个世界。现代化理论源于将西方的历史经验理想化地抽象为一个普遍适用的模式;而作为这种理论主要批判者的马克思主义理论,仍然来自西方。20 世纪中国出现的反对西方帝国主义的革命所依赖的理论指导,也并不是来源于本土文化传统中的意识形态和理论,而是来源于异己的西方的意识形态和理论。

在西方大多数理论文献中,无论是维护现存体制的理论还是革命的理论,中国从来都不是主题,而仅仅是"他者",它们研究中国与其说是为了中国,不如说是把中国当作一个陪衬。① 无论是在马克思那里,在韦伯那里,还是在新近的一些理论家那里,中国常常被用来作为一种理论阐述的策略,通过以中国的例子作为反面,对照得出对这些理论家来说至关重要的论题。因此,对于马克思而言,中国受"亚细亚生产方式"的支配,它处在西方世界从封建主义到资本主义转变的发展之外(Marx, 1968)。对于韦伯而言,中国的城市是行政管理的中心而非商业—生产中心,中国的法律是实质性的和工具主义的而非形式主义的,中国法律的组织逻辑是非理性的而不是"理性的",中国不同于近代的西方。

通过把中国作为一个"他者"的例子来使用,像马克思和韦伯这样的理论家对我们的影响是:要么遵从他们的思路,主张中国不同于西方;要么与此相反,坚持主张中国与西方一模一样。无论是同意还是反对,我们都会受到他们所建立的这种原创性非此即彼的话语结构的影响。我们几乎在不知不觉之中选择了其中的一种

① 当然,这使我们想起萨义德的经典之作《东方主义》(Said, 1978)。这里的分析与他有所不同——见以下的讨论。

思路。这在中国研究领域中也不例外。

中国研究领域中的第一种反应是,有一代人的学术遵从西方思想家的思路,将中国看作"他者"。这一代人共同关心的问题就是将上述思路简单地转化为:中国为什么没有像西方那样实现现代化? 这个问题将对立并置中国与西方看作天经地义的。它把这种对立当作是对已经给定的东西予以解释。而为这个问题提供的答案既有"中国文化中心论",又有"儒教抵制现代化的要求",还有"官督商办"等。①

那一代人的学术反过来又激起相反的主张,这种主张不过是在上述原创性的二元框架中从一个极端走向另一个极端。他们不同意将中国与西方区别开,相反,主张中国与西方一样。一个很好的例子就是对韦伯把中国城市概括为行政管理中心这种观点进行批评的方式,这种批评方式努力证明中国在与西方接触之前就已经如何形成了大的商业城市。这种努力的用意就是显示中国与西方没有什么差别,也有其自己的"近代早期"时期(Rowe,1984,1989)。最近,又有一种努力试图在中华帝国晚期找到"公共领域"或"市民社会",并将其等同于可以称之为"民主萌芽"的东西(Huang ed.,1993)。

这种善意的努力也许首先是受到主张中国与西方平等这样一种欲求的驱使。我本人无论在寻找无产化、资本主义萌芽,还是在前近代中国中寻找西方式的民法,也都是受到这种趋向强有力的

---

① 当然,我指的是以下一些人的著作,费正清(如 Fairbank and Reischauer,1960;尤其第290—294页;Fairbank,Reischauer and Craig,1965),芮玛丽(Mary Wright,1957)和费维恺(Albert Feuerwerker,1958)。

吸引。一旦给定了支配理论话语的结构,抵制将中国贬斥为"他者"的唯一出路看起来就是坚持中国与西方一样。

对于中国大陆持民族主义的学者而言,寻求中国与西方的平等远远早于美国学者在这方面的反应。马克思的"亚细亚生产方式"很早就受到了"资本主义萌芽"模式的直接挑战:中国如同近代欧洲早期一样向着相同的方向发展,直到西方帝国主义入侵才使得中国偏离了正确的发展道路。这里的关键除了明显地反对帝国主义,就是主张"我们自己也有"。①

无论是对于国外的中国学家而言,还是对于中国大陆的学者而言,追求中国与西方平等的情感驱动在许多方面比马克思主义这种反正统意识形态的影响更为有力。马克思主义的影响显而易见,因为我们从冷战中获得了高度的敏感性。但这种感情上让我们在研究主题上产生的骄傲和获得的认同并不那么明显,尤其是由于这些情感总是隐藏在表面上价值中立的学术术语之中而没有被公开地表述出来。

然而,无论把中国放在与西方"相等同"的位置上,还是说它是西方的"他者",都是以西方为中心的,这一点应当是毋庸置疑的。两种说法理所当然地都把西方作为价值参照标准,理论的和意识形态的参照框架都是源于西方的,它们所宣称的主张也都是基于以西方为中心的假定。

当然,仅仅指出这些主张是以西方为中心的还不够。首先,这些主张可能是以西方为中心的,但同时也可能是真实的。抛开规

---

① 我在中国研究的"范式危机"一文中对此有详细的讨论(Huang,1991b)。

范的意蕴,马克思在这一点上可能是完全正确的:中华帝国晚期很少显示出它有资本主义(马克思所发现的那种出现在近代早期的英格兰和欧洲的资本主义)发展的实质性动力。与此相似,韦伯在这一点上也可能是正确的:中国并没有遵循他对西方近代早期所辨识出的"理性化"模式。这也同样适用于那些试图将中国等同于西方的相反主张。

对我自己而言,马克思和韦伯的问题最终是一个经验实证问题。马克思认为,资本主义的生产力必定会伴随着资本主义的生产关系而出现,但在帝国晚期的中国乡村则根本没有发生这种情况。马克思(或者至少是意识形态化了的马克思)进一步认为,资本主义的发展伴随着各种各样的商业化而出现,但在中华帝国晚期情况与此完全不同。① 与此相似,韦伯认为法治将是形式主义理性的产物,否则就只能是专断的"卡迪司法"。但是,中国具有发达的法治传统,却没有形式主义的理性化。②

对于那些通过坚持主张中国与西方完全相同来反驳马克思和韦伯的人,我的疑问也是一种源于经验实证的疑问。从西方的理论观点出发,我们看到在中华帝国晚期许多相互矛盾的经验现象结合在一起,这一事实意味着把中国化约为"与西方相同",与把中国化约为西方的"他者"同样不符合史实。在中华帝国晚期,出现了资本主义的生产关系、商业化(市场化)和法治,这些与近代西方

---

① 这些正是我在华北农村和长江三角洲农村两本书中的两个主要论点(Huang,1985,1990)。
② 这一点在我关于清代民事审判和民事调解的著作中有详尽的阐述(Huang,1996:尤其第9章)。

早期一样。但是,不同于西方,这些东西并没有带来生产力的突破、资本主义的发展和形式主义理性化。如同认为中国是西方的他者一样,坚持认为中国与西方一模一样也是错误的。

四、文化主义

另外一个陷阱是文化主义,既包括老一代汉学研究中的中国中心论,也包括激进的"文化主义研究"。目前,比起西方中心主义,这种倾向对中国研究的影响可能会更大一些。

(一)中国中心论

我在华盛顿大学的老师们与其说是历史学家不如说是汉学家。他们穷几十年之功来掌握中国"大传统"的文本,他们彻底地认同一个古老的中国,以及她的世界和文明。他们沉迷于这样一些假定:中国有发达的文化,这些文化既是独特的也是优越的。他们不仅在智识上而且在情感上献身于他们所研究的主题。① 如果他们读西方人的著作的话,那一般也是经典之作,因为他们同样是用了解中国的方式来了解西方的。他们对当代理论化了的社会科学的反应,主要是将它们看作一些无关的东西而不予理会。在他们看来,根本就不需要理会那些不了解中国的理论家们所做的关

---

① 熟悉萨义德关于东方主义著作的读者将会注意到,我在强调萨义德所忽略的东方主义的另一面:许多汉学家(就像伊斯兰文化主义研究者)也许更多的是喜爱和认同他们所研究的主题,而不是诋毁他们所研究的主题。

于中西方的比较。

实际上,在台湾做毕业论文期间,对于那些更具有理论倾向的同行的批评,我正是诉诸这样的世界观来为自己做辩护的。我自己也过分满足于我跟随爱新觉罗·毓鋆①所读的儒家经典著作,满足于我对儒家精英在智识上的认同,满足于我所选择的知识分子思想史这一研究领域,满足于我偶尔读到的西方经典著作。我的感觉和反应和我的老师们都是一样的:其他的那些学生汉语水平太低,更毋庸说古文;他们根本不尊重证据和文本;他们倾向于不费力气地提出概念。我正是在这种思维框架中写作关于梁启超的博士论文的。②

今天,我不赞成老一套汉学中关于知识分子思想史研究的理由,与我25年前脱离它而研究社会经济史的理由是一样的。在我看来,这种研究的问题在于完全将关注点限定在上层文化(high culture),而忽略了普通人民。这种研究很少或者根本就不关心物质生活。它反对社会史,现在仍和以前一样,通常都是由反对共产主义的意识形态所驱使的。最后,这种研究在强调中国独特论的同时,实际上反对所有的社会科学理论。这将使我们的研究领域限定在汉学的狭隘领域中。③

但事实在于,我们/美国的中国学家是在西方的语境中给那些带有西方理论前提的读者写作的,而且也是给那些带有西方理论

---

① 爱新觉罗·毓鋆(他也常用汉姓"刘")被他的一些学生赐封为"满族皇子",他是康有为关门一辈的学生。
② 后来出版的书名是《梁启超与近代中国的自由主义》(Huang,1972)。
③ 我这里指的是一种狭隘的汉学思想史,并不包括汉学领域中伟大的汉学家,他们多有非常广阔的视野和见地(Olympian vision)。

前提的学生讲课的。为了使大家弄明白我们的主题,我们必须比较西方与中国。无论我们是有意识地还是无意识地这么做,仅就遣词造句而言,我们事实上也一直在比较中国与西方。在我看来,明确地对应于西方的理论文献是与我们的听众进行沟通的最好方式,因为这种文献有助于搞清楚那些在我们读者和学生的头脑中经常隐含着的理论前提。

(二)文化主义研究

20 世纪 80 年代开始,用"文化主义研究"(Cultural Studies)这个新的时髦术语所包装的后现代主义和解构主义开始影响中国研究领域,尽管比起其他领域这种影响有点迟缓。这种影响的一个主要来源就是萨义德(Said, 1978)对"东方主义"的反思批判(reflexive critiques)。萨义德表明,西方人关于东方的研究不可避免地与帝国主义的历史联系在一起。将东方建构为落后的他者,预示着帝国主义的殖民支配,并且将这种支配合理化了。现代社会理论,尤其是现代化理论,就是这种传统的继承者,它保留了努力服务于西方的以西方为中心的主导叙述(master narrative)。当代学术正如大众表象(popular representations)和 20 世纪前的学术一样,深深地受到了与政治意识形态交织在一起的话语型构(discursive formation)的塑造。这些批评深深打动了我们,尤其是那些长期以来一直批评帝国主义的社会史学家。

此外,新的文化主义研究有力地批评了社会史研究中由于受马克思主义的影响而不经意地带有的唯物主义。无疑,我们中的一些社会史学家受到了汤普逊和斯科特这些人所持的非唯物主义倾向的影响。但不可否认的是,在"反叛"现代化理论家们将"文化"作为一种理论构架(a construct)来解释中国"现代化的失败"时,我们中许多人实际上倾向唯物主义。与此相反,我们的文化主义研究同行提倡重新强调非物质的主题。① 这种提倡使文化主义研究的同行们在研究汉学的思想史学家中找到了现成的听众,因为他们长期以来一直感到被社会史排挤在外。

进一步讲,当诉诸"批判理论",将所有西方社会科学作为有文化边界的构造物,从根本上加以抵制时,我们那些研究文化的同行又在其他的方面打动了研究汉学的史学家。他们的这种批评为汉学家们所长期相信并实践的那一套提供了理论上的正当性。文化主义研究者主张,本土的文化应当用它们自己固有的价值概念而不是西方的价值概念来研究,这自然吸引着那些一直坚持中国独特性的汉学家。

但与此同时,这些激进的文化主义研究的同行们也激起了我们这些循规蹈矩的史学家们的强烈反对。尽管文化主义理论在强调事实随着建构的表象而显现这一点上是正确的,但他们由此得出事实只不过是表象这种结论,我相信这肯定是错误的。尽管我可以同意这样的观点——我们需要对强加在事实之上的种种不同的"杜撰"保持敏感并加以批判,但这并不意味着我会主张不可能有无法化约为表象的事实。而这正是萨义德受到福柯理论的启发而得出的结论:

① 在我们的领域中,这种批评最好的例子可能就是白露(Barlow,1993)。她确实提出了一个有价值的观点:批评帝国主义的前几代人主要是把帝国主义看作一种社会—经济现象,而不是文化现象。

真正的问题在于是否真的能有对某物的真实再现（a true representation），或者是否所有的表象仅仅因为它们是表象而首先体现在语言中，并因此而体现在表现者（representer）所处的文化、制度和政治氛围中。如果后者是正确的（正如我坚信的那样），那么我们必须准备接受这样一个事实：除了"真理"（真理本身就是一种表象）之外，表象还暗含、体现于其他许多东西之中，并与这些东西纠缠、交织在一起。这在方法论上必然导致认为表象（或者与其仅仅有程度之别的假象）栖息在一个共同的游戏场域中，这一场域并不是由某种内在的共同内容所单独决定的，而是由某些共同的话语历史、话语传统和话语世界所决定的。（Said, 1978: 272—273）

依照这种逻辑，也就真的无所谓是否仔细地搜集证据，是否准确地解读文本，因为除了它所体现的话语，就没有什么客观的东西了。最后，真实的证据和编造的证据没有什么差别，差别仅仅在于二者假象（misrepresentation）的程度不同，二者反映的仅仅是史学家的文化趋向，二者最终不过是话语体系的一部分。

推而广之，社会科学理论几乎要遭到彻底摒弃。因为几乎所有的社会科学都源于西方，几乎所有的西方理论都必然具有文化上的边界，并且必然与更大的与帝国主义纠缠在一起的话语型构结合在一起。因此，除了"批判性"的摒弃，任何汲取都会受到怀疑。所以，不可能严肃地讨论与我们的课题密切相关的现代化问题、发展问题和民主问题。任何这样的讨论都有可能成为与帝国主义支配计划的合谋。最终,萨义德完全拒绝了所有 19 世纪和 20 世纪的西方学术,所有这些东西都被他作为"东方主义"话语的一部分而加以斥责。

无疑,萨义德的著作提出了许多有效且有说服力的观点。尤其是该书第一部分,讨论了 19 世纪末和 20 世纪初帝国主义如日中天时所做的那些拙劣的一般化假定。但该书第二部分和第三部分说服力就没有那么强了,所做的种种联系也越来越没有那么明确了。而事实在于,当西方学术在 19 世纪之后成熟起来时,它变得更加严格了,变得更具有经验基础了,变得更加多元化了,因此很难如此简单地化约为东方主义。无疑,如萨义德所做的那样,人们依然能够发现帝国主义的、西方中心的或现代中心的意识形态和理论的影响。但是,人们也可以发现一大把与此相反的例证:严格的学术、可供选择的概念,甚至对研究主题在情感和知识上的极度认同。在中国研究领域,大多数汉学家都是中国文化爱好者,有时他们对中国文化的迷恋甚至超过了对他们自己的文化,他们无论如何不能简单地等同于萨义德所说的"东方主义者",不能成为对他们的研究主题的诋毁者。

在此,我们有必要指出与萨义德这种片面主张相对立的另一面。以前的(还有现在的)比较优秀的西方"东方主义者"中的"(外国)区域研究专家"大多十分热心于他们所研究的主题。这种努力,包括花很长的时间进行语言学习,使得其中许多人深深地浸淫于他们所研究的文化中。尽管这种浸淫并不一定能使他们彻底摆脱对他们自己文化的自我中心意识,但比起其他人,他们肯定更有可能摆脱这种种族自我中心的文化主义。萨义德自己的双重文化背景使得他能够以一个巴勒斯坦人的眼光来看问题,从而使他具有了一个他所需要的批判西方学术的视角。他的《东方主义》没有考虑到许多和他一样的"东方主义者"所同时具备的这种双重文化性(biculturality)是如何成为超越他如此强烈批评的那种单一文化视角的基础的。"东方主义"的另一面就是双重文化性,它使我们能够从两方面来看待问题,并为我们提供了可供选择的视角和概念。

萨义德的《东方主义》最终只不过为我们提供了对西方学术的反思批判,但格尔茨关于"解释人类学"和"地方性知识"的著作却进一步提出了具体的替代方案。对于格尔茨来说,真正的人类学研究就是要摒弃掉所有的社会科学架构和假定客观的事实。他的目的在于通过"深描"来为我们"翻译"本土的概念结构,"深描"旨在探寻这种结构的特征("深描"是相对于"浅描",后者仅仅努力重述"事实")。"深描"和"浅描"的不同涉及的是"解释"路径或"符号学"路径与实证主义路径的不同,而不是这两个词在表面上所暗示的那种对事实进行繁复描述或简单描述。由此我们可以引申出这样的结论:唯一有价值的知识就是将这种本土概念结构翻译和解释给本土之外的读者的"地方性知识"。类似于"深","地方"在此也不是指我们社会史和地方史学家们对这个术语的理解,而是指对本土话语的符号学研究[Geertz, 1973a, 1973b(1972), 1978]。

如同萨义德那样,对格尔茨而言,并不存在独立于表象的事实。其实,格尔茨认为坚持事实与(解释性的)法律的分离应当被看作现代西方法中某种类似于怪癖(quirk)的东西。按照他的观点，在伊斯兰文化、印度文化和马来西亚文化中就没有坚持这样的区分。相反，这些文化认为，事实与表象的不可分离是天经地义的。对格尔茨而言，如果我们正确地理解"事实"的话，它最终仅仅是倡导者的表达（representation），就像在对抗制的法律制度中双方律师所展现的"证据"一样。在这一情境中，组织"事实"并给"事实"赋予意义的话语和概念结构成为唯一值得研究的主题（Geertz，1978）。

尽管格尔茨用法庭做类比强有力地支持了他的观点，但在我看来并不能由此得出结论，说所有的事实只不过是表象。无疑，一般说来法庭上的律师仅仅是"枪手"，他们与其说关注真相不如说关心如何打赢官司。我们这些学者大多数肯定不是完全不受这种驱动的影响。但是，我们要记住，（美国的）法庭中不仅仅有两种对立的表达，而且也有法官和陪审团，他们具有查明真相的理想。在我看来，查明真相的理想（truth-ideal）无论多么不可能完美地得到实现，但它对于司法制度的运作来说绝对是最根本性的。放弃这种理想意味着放弃实现公正的任何可能性。

同样，放弃在经验证据的基础上来寻求真理的理想，也就意味着放弃做真学问的任何可能性。这涉及在历史研究中，我们的证据究竟是经过仔细、精确地收集还是粗心、错误地收集或者完全地加以虚构。这涉及我们是否已经研究了档案和记载，是否以某种纪律和诚实来进行我们的研究。这涉及在人类学调查中我们是否花时间学习当地的语言并细心地从事田野工作，而不是像旅游者一样浮光掠影地走一圈。仔细地收集档案和田野证据（尽管这些东西大半是建构的），依然是接近我们研究主题的真实性（reality）

的最佳途径。如果抛弃掉这些证据材料,就意味着抛弃掉了我们研究的主题本身,其结果要么会像萨义德的《东方主义》那样,仅仅用反思批判来取代历史;要么会像格尔茨的"解释人类学"和"地方性知识"所主张的那样,仅仅来研究"地方性的"话语和表象。

格尔茨认为唯物主义的化约论使我们丧失了对符号意义和深层意义的洞察力,这一点无疑是正确的。但是,他所提出的替代性方案只不过是一种唯心主义的化约论,这种化约论将使我们在企图仲裁不同表达之争时,完全不考虑经验证据。如果我们这么做的话,我们的法庭很快就会变成仅仅是枪手之间相互争夺的场地,我们的学问也会变成仅仅是倡导性的表达。如果是这样的话,我们可能不如干脆抛弃掉法庭的所有证据规则,在学术中抛弃掉证实证据的所有常规,并抛掉所有追求真理的借口。这样,人们完全没有必要对法律或学术花如此大的精力。我们可能仅仅剩下表达的政治,或者仅仅剩下了"政治挂帅"。

我对文化主义研究的另外一个质疑就是其极端的相对主义。[1] 格尔茨的"地方性知识"——不管其字面上的含义——是一种非常独特的知识:一种对本土概念结构的符号学解释。但是,我从自己的研究中得出的看法是,正如外来的建构一样,本土所建构的也可能同样与实际上所实践的完全相反。清代中国的官方记载可能坚持认为它的法律并不关心民事方面的事务,但是档案证据

---

[1] 有人攻击格尔茨为相对主义者,格尔茨对此的批评和反击,参见其《反击反相对主义》(Geertz,1989)和《差异性的运用》(Geertz,1986)。关于这一点的批评性评论,参见罗蒂(Rorty,1986)。我在这里的讨论更多地涉及中国研究中的实际问题,而不是这种争论中涉及的哲学问题。

表明,官方的衙门经常依照正式的律令来解决民事纠纷。换句话说,清代的表象与现代主义的表象一样,可以给予人们对事实的错误印象。也就是说,清代的法律实践本身也带有一些虚假的表象,但并不能因此将实践仅仅化约为建构出来的表象。我们可以把二者分开。如同西方的"主导叙述"一样,本土的建构同样要服从于经验证据的检验。表象与实践之间的背离(disjunction)和相互独立,能够为我们揭示出法律制度的关键性特征(Huang,1996)。

进一步讲,我们决不能否定中国自己的现代性,极端的文化相对论就有这样的趋势。我们的世界是一个逐渐融合的世界,与此相伴随的是工业化、现代通讯和国际贸易(有人会说"世界资本主义")的共同性。尽管这个世界上的人们根据各自不同的传统被划分为不同的民族/文化,但我们决不能认为现代性仅仅是一个西方的建构而与中国毫不相干。中国自身一直在迫切地努力使自己在这些意义上变得现代起来:提高婴儿的成活率,延长寿命,提高每个劳动者的生产率,摆脱生存压力等。

对于我们这些近现代史学家而言,格尔茨的"地方性知识"无法容纳我们所要做的。前现代本土的概念体系(conceptualizations)充其量只不过构成了问题的开端。我们还需要进一步追问,官方建构和民间建构的不同是如何形成的,并且是如何与实践相互联系的(例如,清代法的官方和民间表达与清代法的实践)。然后,我们的研究需要转向在与西方世界的接触中中国法律的建构是如何做出反应并发生改变的(例如,在起草近代法典时,既模仿西方的模式又对其加以修改以适应中国的习惯),以及法律实践是如何改变和不变的。我们必须关注中国如何寻找一个具有中国特色的现代性(例如,体现在民国和新中国的法典中所阐明的理想)。这种寻求自己的特色本身已经构成了我们必须理解的地方性知识的一部分。格尔茨狭隘的后现代主义的地方性知识根本不能涵盖我们所必须面对的复杂问题。

(三)"新文化史"

(旧)汉学传统的一些思想史家和一些新的激进的文化主义研究同行已经联合起来,他们试图确立一种"新文化史"。二者的结盟是相当令人惊奇的,因为搞文化主义研究的这些同行通常自认为是激进"左"派分子,而长期以来,对我们这些社会史学家中的许多人来说,旧汉学传统的思想家一般都是一些保守分子,甚至是"反动分子"。二者结盟的一个首要基础就是:他们认为自己面对的是共同的敌人——西方中心主义的理论和唯物主义倾向的社会史。这种结盟还基于二者的研究问题中有一些共同的重点:用本土的价值标准来说明本土传统。二者坚信他们研究的主题是独一无二的,至少不能化约为以西方为基础的理论。但是,这种独特性对于前者是基于中国中心主义,对于后者则是基于后现代的文化相对主义。目前,这个分歧似乎无关紧要。此外,前者几乎完全关注上层精英,后者的同情则集中在下层的沉默上。至少就目前而言,这些不同由于二者联合起来主张一种"新文化史"而被掩盖起来了。

在此,我想从不那么令人满意的激进文化主义论(包括中国中心论)倾向中离析出一些我认为新文化史中有价值的方面。新文化史对旧社会史中隐含的唯物主义的批评是恰当的。它创造性地使用了话语分析和文本分析这些重要的工具。同时,最优秀的新文化史研究的主要内容不仅考虑到精英文化而且考虑到民间文化,不仅考虑到文化的非物质方面而且考虑到文化的物质维度。它并不反对经验调查,而是强调档案工作的重要性。在理论方面,新文化史汲取了"批判理论"的洞见,但又没有走向极端的反经验主义和极端的文化相对论。它并不像萨义德或格尔茨所坚持的那样,认为话语是唯一的现实因而是唯一值得研究的主题。事实上,如果我们将亨特(Lynn Hunt)作为新文化史的一个具有代表性的发言人,我们就会发现她批评的靶子已从社会史研究中的唯物主义转向激进的文化主义研究中的极端反经验主义(Appleby, Hunt and Jacob,1994:尤其第六章;参见 Hunt,1989)。

我相信新文化史已经对我自己产生了很深的影响。一些从事社会史和经济史研究的朋友可能看到了我的关于法律的著作(Huang,1996),这本书与其说属于老式的社会经济史研究,不如说更类似于"新文化史"。这部著作对表象和实践给予了同样的关注。我关注二者的背离是基于假定二者是相对自主的。这直接针对粗糙简单的唯物主义,正如我在书中所指出的那样,中国的司法制度首先应当被看作道德性的表达与实用性的行动的一种矛盾结合。从任何一个单一维度进入都不足以把握清代的司法制度。对于我们理解清代的司法制度而言,意识形态和话语与实践和物质文化具有同等重要性。

法律史对我有如此特殊的吸引力,正是由于它促使我们不仅要面对行动还要面对表达,不仅要面对实然还要面对应然。比起其他的材料,法律文件更能阐明习惯性实践和官方意识形态二者各自的逻辑,以及二者之间关系的逻辑,尤其便于寻找一些隐含的原则和遵循的逻辑。最终,我反对的并不是新文化史,而是激进文化主义的某些倾向。法律档案记录向我显示了表达的重要性,但是它也提醒我注意真实的证据和虚假的证据、真相和虚构之间的关键性差异,这些正是激进的文化主义所要努力消弭的差异。

五、几对矛盾与新概念

近些年来,我自己的思路集中在几对矛盾上。[①] 经验证据表明,中国的现实与大多数西方理论的预期是相矛盾的。比如,马克思假定在某种生产关系和某种生产力发展水平之间有一种必然的联系。但矛盾的是,我的经验研究告诉我,中国华北的经营式农场从生产关系的角度看是资本主义的,但从生产力的角度看是前资本主义的。马克思和亚当·斯密至少在其意识形态化了的理论中,都假定商业化与经济发展之间存在着必然的联系。但矛盾的是,我所做的经验研究使我看到长江三角洲的乡村具有生机勃勃的商业化和(总产出的)增长,却没有(单位劳动时间中劳动产出的)发展。最后,韦伯假定法治与形式主义的合理性联系在一起。但是,我的经验研究表明,中国的司法制度中只能见到法治却没有形式主义的理性化。

我相信,我能够指出上述这些矛盾,是因为既利用了对理论文献的研究,又没有掉入对理论机械模仿的陷阱或者无视经验证据、

---

① 我在 Huang(1991b)中第一次明确地表达并详细阐述了这一观点。

不加批判地运用理论的陷阱。我在研究中试图与马克思和韦伯的理论形成对话,而不是陷入("西方"与"他者")两个极端之间非此即彼的选择。同时,我也寻求既在经验层面又在概念层面上对理论进行评析。经验表明,矛盾的是中国既类似于这些理论所建构的西方又不同于这种西方。中国的现实能够帮助我们提出这些理论的隐含前提中所存在的问题。

如果从西方的观点来看,中国的现实确实充满了矛盾,所以我们必须建构出更符合中国现实的新概念。我发现,以现有理论作为刺激,有利于在经验证据的基础上提出我们自己的概念。例如,我提出的"内卷型商业化"就是这样一种尝试。经验证据向我们显示出,明清时期长江三角洲家庭农场的商业化程度相当高,但是每个劳动日的产出是停滞不前的甚至还有所减少。正是在这个地方,涉及了恰亚诺夫[Chayanov, 1986(1925)]关于家庭农场独特性的分析,尽管他自己没有进一步分析家庭农场组织和商业化之间的关系。家庭农场不仅仅是一个生产单位,也是一个消费单位,它是按照生存的要求来行事的。而且劳动力是给定的,不像资本主义企业那样是雇佣的。面对土地不足的压力,家庭农场经营将更密集的家庭劳动投入农业和(或)手工业中,即便此时劳动的边际回报低于雇佣劳动力的边际成本(在这一点上雇佣劳动力的资本主义农场将停止增加劳动,因为再投入劳动力将意味着负回报)。我发现,长江三角洲农产品和手工产品的商业化正是对这一境况的反应,由此导致了"内卷型商业化"。长江三角洲家庭农场的这一典型模式正是用机会成本很低的家庭劳动(如妇女、儿童和老人的劳动)容纳了劳动的低回报。这就是我所说的"生产的家庭化",

它是"没有发展的商业化"的基础(Huang,1990)。

同样的方法也适用于我所提出的清代县官"实用的道德主义"。经验证据表明,清代的县官(以及清代一般的官方话语)把自己描述为一个通过言传身教进行统治、通过教谕调解(didactic conciliation)平息纠纷的高度道德主义的地方官,但他们在实践中实际上更像严格使用制定法并遵循常规化程序来行事的官僚。在我看来,清代的法律制度是韦伯的两种理想型——与世袭家长制联系在一起的绝对权威的实质主义的统治,与官僚化政府联系在一起的法律的常规化统治——混合在了一起。这两种相互矛盾的维度之间的紧张与相互依赖恰恰构成了清代法律制度的结构(Huang,1996:第九章)。

我上面对"矛盾"/"悖论"(paradox)一词的使用,主要是指一个经验现象与我们通常理论预期相反的另一个经验现象的并存(因此看起来是冲突的或矛盾的)。比如,"没有资本主义发展的资本主义生产关系""没有发展的商业化""没有发展的增长"和"没有形式理性化的法治"。

在著作中,我用"悖论"来指示与唯物主义和唯心主义所期待的相反的现象,我称之为表达与实践之间的"背离"(Huang,1996)。唯物主义理论坚持实践对表达的决定作用,唯心主义理论则与此相反。通常二者都假定表达与实践之间基本上是一致的。我的研究目的是指出二者的背离[或"离异点"(disjunctures),我用这个词是指分离出现的具体地方],从而强调二者的相对独立性。

我的目的是在目前学术界流行的两分法中,即在社会科学中理性选择理论的唯物主义趋向与人文学科中后现代主义的唯心主义趋向之间,寻找中间地带。清代法律的表达和法律在实际中的实践之间的背离,使我们看到仅仅关注其中任何一个维度都是不够的。反过来,它强调"实用的道德主义"和"实质合理性"的法律系统,乃是同时包含两个既矛盾又相互依赖的系统。①

对这些概念及其他一些我所提出的概念,我目前只是做了一些零散的尝试性阐述。其实,我还远远没有能够就晚清帝国和近现代中国的组织模式和历史变迁逻辑,勾画出一幅内部连贯一致的图画。在这一点上,我不敢肯定自己将来所做的进一步的经验研究和概念建构将是什么样子。

但是,就本章的目的而言,我希望已经讲清楚我自己对待理论问题时所侧重的路径。历史探究要求在经验和概念之间不断地循环往复。在这个过程中,理论的用处就在于帮助一个人在证据和观点之间形成他自己的联系。理论也许可以是我们的动力、陪衬或指南,但它从来都不应当成为现成的答案。

六、一个萦怀于心的问题

不过,对我来说依然有一个问题萦怀于心。大多数理论都带有一个关于未来的理想图景,比如亚当·斯密的资本主义的无限发展,马克思的无阶级社会,韦伯的理性统治的社会。他们的理论甚至可能从属于他们对未来图景的设想,并且是对这些未来图景

① 韦伯本人在阐述"实质合理性"时就暗示了这一点。有关讨论参见 Huang, 1996:第九章。

的理性化的阐述。无论如何,他们的理论与他们对未来的设想是不可分割的。换一种针对中国的理论就要求我们换一种对中国未来图景的设想。

换句话说,当我们在为中国寻求理论的自主性时,我们所面临的问题部分地是寻求中国未来的另一种图景。如果中国过去的变化模式和推动力确实不同于西方的过去,这种过去又是如何可能转译(translate)到现在和未来的现实中?如果没有发展的商业化最后只不过是让位于简单资本主义市场的发展,没有形式主义合理性的法治最后只不过是让位于简单地全盘移植现代西方法律,那么我们就不如简单地使用标准的西方理论范畴,诸如资本主义和"理性化"这样的范畴,或者"资本主义萌芽"甚至"民主萌芽"这样的范畴。如果事情的结局最终与西方没有什么不同,我们就没有必要花如此大的精力为不同模式进行经验证明和理论的概念化。

如果中国本身已经为我们提供了其未来图景的可能迹象,那么关于中国的另一种图景将不会遇到这样的问题。但事实上,中国今天仍然在努力寻找一种中国特色的现代性。近现代中国占支配地位的意识形态根本就没有为此提供答案。清王朝在其改革还没有充分发挥效果的时候就已经崩溃了。国民党败于中国共产党。毛泽东以一种独特的、崭新的文化构想了社会主义中国的图景。今天,尽管距中国被迫与西方发生接触已经有一个半世纪了,但是依然有一个没有解决的大问题:在现代性中,"中国"对我们意味着什么? 在现代世界中,中国文明的内容将是什么?

我们这些历史学家大多数都逃避了这个问题,但我想一种凭据历史的方式能够有助于通向这一问题。我们有可能找到一幅关于中国历史变迁的动力和型式的内容连贯一致的图画，这幅图画既是经验的又是理论的，同时又没有陷入上面所勾画出的种种陷阱。我们可以提出这样的问题：在这些历史演变模式中，哪一种可能与中国未来的另一种图景相关联？我们也可以转向中国的思想家们来寻找指南。在 20 世纪的中国，并不缺少关于中国未来的各种不同的图景。在这些不同的图景中，哪一种图景符合可验证的历史模型？我们的目标可能就是要回答下列的问题：一个从历史的眼光来看既现代而又独特的，从西方的角度看来是悖论的中国，它将会是什么样子呢？对于西方的后现代主义者，这样的问题看起来似乎是一个现代主义式的老掉牙的问题，但对于中国而言，它一直是一个根本性的重要问题。

参考文献

黄宗智(1986)：《华北的小农经济与社会变迁》，北京：中华书局。

黄宗智(1992a)：《中国农村的过密化与现代化：规范认识危机及出路》，上海：上海社会科学院出版社。

黄宗智(1992b)：《长江三角洲的小农家庭与乡村发展》，北京：中华书局。

黄宗智(1994a)：《中国研究的规范认识危机》，香港：牛津大学出版社。

黄宗智(1994b)：《长江三角洲的小农家庭与乡村发展》，香港：牛津大学出版社。

黄宗智(1994c)：《华北的小农经济与社会变迁》，香港：牛津大学出版社。

Appleby, Joyce, Lynn Hunt, and Margaret Jacob(1994). *Telling the Truth about History*. New York: W. W. Norton.

Barlow, T. (1993). "Colonialism's career in postwar China studies," *Positions* 1, 1 (Spring): 224—267.

Chayanov, A. V. (1986 [1925]). *The Theory of Peasant Economy*. Madison: University Wisconsin Press.

Fairbank, John K. and Edwin O. Reischauer(1960). *East Asia: The Great Tradition*. Boston: Houghton Mifflin.

Fairbank, John K. and Albert M. Craig(1965). *East Asia: The Modern Transformation*. Boston: Houghton Mifflin.

Feuerwerker, Albert (1958). *China's Early Industrialization: Sheng Hsuan-huai (1844—1916) and Mandarin Enterprise*. Cambridge MA: Harvard University Press.

Geertz, Clifford (1973a). "Thick description: toward an interpretive theory of culture," in Clifford Geertz, *The Interpretation of Cultures: Selected Essays*. New York: Basic Books, pp. 3—30.

Geertz, Clifford (1973b [1972]). "Deep play: notes on the Balinese cockfight," in Clifford Geertz, *The Interpretation of Cultures: Selected Essays*. New York: Basic Books, pp. 412—453.

Geertz, Clifford(1978). "Local knowledge: fact and law in comparative perspective," in Clifford Geertz, *Local Knowledge: Further Essays in Interpretive Anthropology*. New York: Basic Books, pp. 167—234.

Geertz, Clifford (1986). "The uses of diversity," *Michigan Quarterly Review*.25, 1(Winter): 105—123.

Geertz, Clifford (1989). "Anti anti-relativism," in Michael Krausz (ed.), *Relativism: Interpretation and Confrontation*. Notre Dame, IN: Notre Dame Press, pp. 12—34.

Huang, Philip C. C. (1972). *Liang Ch'i-ch'ao and Modern Chinese Liberalism*. Seattle: University of Washington Press.

Huang, Philip C. C. (1985). *The Peasant Economy and Social Change in North China*. Stanford, Calif. : Stanford University Press.

Huang, Philip C. C. (1990). *The Peasant Family and Rural Development in the Yangzi Delta, 1350—1988*. Stanford, Calif. : Stanford University Press.

Huang, Philip C. C. (1991a). "A reply to Ramon Myers," *Journal of Asian Studies* 50, 3 (Aug.) :629—633.

Huang, Philip C. C. (1991b). "The paradigmatic crisis in Chinese studies: paradoxes in social and economic history," *Modern China* 17, 3 (July) :299—341.

Huang, Philip C. C. (1992). "The study of rural China's economic history," *Republican China* 18, 1 (Nov.) :164—176.

Huang, Philip C. C. (1995). "Rural class struggle in the Chinese revolution: representational and objective realities from the land reform to the cultural revolution," In Symposium on "Rethinking the Chinese Revolution: Paradigmatic Issues in Chinese Studies, Ⅳ," *Modern China* 21, 1 (Jan.) : 105—143.

Huang, Philip C. C. (1996). *Civil Justice in China: Representation and Practice in the Qing*. Stanford, Calif. : Stanford University Press.

Huang, Philip C. C. [ed.] (1993). Symposium on "'Public Sphere'/

'Civil Society' in China? Paradigmatic Issues in Chinese Studies, Ⅲ," *Modern China* 19,2（Apr.）:107—240.

Hunt,Lynn（1989）. "Introduction: history, culture, and text" in Lynn Hunt（ed.）, *The New Cultural History*. Berkeley: University of California Press,pp. 1—25.

Marx, Karl（1968）. "Preface to A Contribution to the Critique of Political Economy," in Karl Marx and Friedrich Engels, *Selected Works*. New York: International Publishers.

Paige,Jeffery M.（1975）. *Agrarian Revolution: Social Movements and Export Agriculture in the Underdeveloped World*. New York: Free Press.

Rorty,Richard（1986）. "On ethnocentrism: a reply to Clifford Geertz," *Michigan Quarterly Review*. 25,3（Summer）:525—534.

Rowe, William T.（1984）. *Hankow: Commerce and Society in a Chinese City, 1796—1889*. Stanford,Calif. : Stanford University Press.

Rowe, William T.（1989）. *Hankow: Conflict and Community in a Chinese City, 1796—1895*. Stanford,Calif. : Stanford University Press.

Said,Edward W.（1978）. *Orientalism*. New York: Pantheon Books.

Scott,James C.（1976）. *The Moral Economy of the Peasant: Rebellion and Subsistence in Southeast Asia*. New Haven,CT: Yale University Press.

Skocpol, Theda（1979）. *State and Social Revolutions: A Comparative Analysis of France, Russia, and China*. Cambridge, Eng.: Cambridge University Press.

Thompson,E. P.（1966）. *The Making of the English Working Class*. New York: Vintage.

Tilly, Charles（1975a）, "Revolutions and collective violence," in Fred

I. Greenstein and Nelson W. Polsby (eds.) , *Handbook of Political Science*, vol. 3. Reading, MA: Addison-Wesley, pp. 483—555.

Tilly, Charles (1975b). "Western state-making and theories of political transformation," in Charles Tilly (ed.) , *The Formation of National States in Western Europe*. Princeton, NJ: Princeton University Press, pp. 380—455.

Tilly, Charles (1979). " Proletarianization: theory and research," Working Paper no. 202, Center for Research on Social Organization, University of Michigan.

Wright, Mary Clabaugh (1957). *The Last Stand of Chinese Conservatism*: *The T ' ung-Chih Restoration, 1862—1874*. Stanford, Calif. : Stanford University Press.

第 5 章

近现代中国和中国研究中的文化双重性[*]

　　"近现代"是西方文化向全球稳步扩张的时代。我们该如何理解在非西方世界中随之而来的变化和进程？

　　政治史研究者习惯使用民族国家的范畴进行思考,这就预设了帝国主义—殖民主义与民族独立的对立、支配—从属与民族自决的对立。而选择似乎是泾渭分明、非此即彼的:要么是帝国主义,要么是民族解放。

***

* 本章原载《开放时代》2005 年第 4 期。英文原作 Philip C. C. Huang,"Biculturality in Modern China and in Chinese Studies," *Modern China*,26.1(January 2000):3—31。此文由我的博士生杨柳从英文原稿译成中文,谨此致谢。译稿经我自己三次校阅,基本准确。感谢阿里夫·德里克(Arif Dirlik)和一位匿名审稿人 1998 年春对此文初稿的评议,这些意见促使我作出相当的修改。此文也受益于与佩里·安德森的单独讨论。还要感谢 1999 年 5 月 8 日在加利福尼亚大学洛杉矶分校召开的"In search of Alternative Theories and Concepts for Chinese History"("为中国历史寻找不同的理论和范畴")研讨会上与会者们对本文的评论意见。一如既往,本文的数次修改都经白凯阅读并提出意见。

然而，这种思路可以运用到与政治相对的文化领域中吗？西方文化的扩张是否必然就是一个"文化帝国主义"的问题？是否和政治领域一样，只不过是西方支配在文化领域中的一个进程？如果说在民族国家问题上面临着一些非此即彼的选择，那么在文化互动的问题上是否也必须作出同样的选择？是否可以将"文化"与"国家"等同起来，或者加以类推？我们该怎样理解双重文化的影响？

本章集中讨论"文化双重性"与双重文化人这一相对狭窄的主题，以便在一个易于处理的范围内阐明这些问题。首先，我将界定文化双重性的含义；其次，简要回顾主要的双重文化人群体，并分析学术和理论领域一般怎样对待中国近现代史上的文化双重性；最后，我会提出一些方法上的、理论上的和实际应用上的意见。

一、什么是文化双重性

可以将文化视为特定时代特定民族的观念、习俗、技艺、艺术等内容，语言则是文化的一种具体表现。本章所说的文化双重性指一个人对两种不同文化的共时性参与，语言双重性指一个人对两种语言的使用。（尽管这里的讨论集中于文化双重性，但显然也适用于文化三重性或更多重性。）语言双重性是文化双重性的一个有力的、具体的例证。一个既使用英语又使用汉语的人不可避免地要运用这两种语言各自所蕴含的观念和思维过程。因此一个双语者几乎也是一个双重文化人。诚然，在双语的使用中，两种语言互相对译而不产生或很少产生歧义的情形是存在的，譬如指称具体的物体(例如猪、狗)或简单的概念(例如冷、热)。然而不可避免的是,也有一些语词在两种语言中表面上是对等的,但在使用过程中会涉及非常不同的文化内涵。这时,语言双重性便变成了文化双重性。

譬如说,"私人的/private"这个词在英语和汉语中会引起截然不同的联想。在英语中,"private"的意思是"个人的",与"public/公共的"相对应。从这里派生出一系列的概念:"private property/私有财产"指属于个人的财产,对应属于团体或国家的"public property/公共财产";保障个人的秘密免受公众注视的"the notion of privacy/隐私观念"和"the rights to privacy/隐私权";以及处理个人之间私人关系的"private law/私法"和处理个人与国家之间关系的"public law/公法"。推而广之,private 还用在"private room/私人房间""private entrance/私人通道"之类的表达中,表示为某一个人所专用。所有这些用法中,"private"引起的主要是褒义的联想,这种联想是由强调个人的独立性和绝对价值的古典自由主义传统支持着的。

相比之下,汉语中最接近"private"的对应词"私"的内涵却大异其趣。诚然,它也是与"公"相对应的,后者大致相当于英语中的"public";现代汉语中,也有一些诸如"私事""私有财产"等从英语概念转译过来的表达方式。但是,语义上的对等很快就截止了。汉语中的"私"立刻让人联想到的是"自私"或"自私自利"之类的表达。不仅如此,"私"还很快让人联想到不合法的事情,比如私心(自私自利的动机)、隐私(不体面的秘密)、私通(通奸或与敌人秘密勾结)。事实上,"私"常常和耻辱联系在一起,与意味着无私、公平和正义的"公"相比,它是不可取的。"大公无私"这种表达方式可能最充分地体现了"公"与"私"之间的对立。事实上,与"私"有关的意义几乎不可避免都是贬义的,这是在一个久远的传统中将"公"作为一种道德理想来强调的结果。

再举一个例子,英语中"freedom/自由"一词首先表达出来的观念是免受或者脱离专断权力的支配。其先决条件是承认个体与国家之间的对立(广而言之,还有"市民社会"与国家之间的对立)。这也是源于古典自由主义关于个体的绝对价值和独立性之假定。

"自由"在现代汉语中(经由日语转译过来)并没有传达脱离于专断权力的含义,相比之下,更多的是这两个字的字面意义——按某人自己的意愿行事。这个复合词的构造类似于"自私"(字面意义为"只顾及自己的意愿或利益")。事实上,尽管自由一词已见诸20世纪中国历届政府的多部宪法,然而时至今日它仍未摆脱与自私联系在一起的否定意味。

在我看来,英语和汉语的双语用法总的来说为文化双重性提供了很好的例证。一个双语者当然有可能做到将两种语言清晰地区分开,充分注意到语词在不同语言中的细微差别,从而按照它们的"本土"含义地道地加以运用。这样的人完全可以在讲美式英语和汉语时分别像一个美国人和一个中国人那样思考。对他们而言,两种语言和文化体系是分离的,并不或甚少交叉重叠。概括地说,语言双重性(以及文化双重性)大体上可以看作在两套系统的叠加关系中如何共存的问题。在这里,两种语言和文化并不会融合而形成化合物,也就是说,每一个组成部分都不会失去本来的属性,不会形成全新的、作为化合物所独有的属性。相反,它们都会各自作为一种封闭的、单立的系统而保持相互的区别。

　　另一种可能是两种语言或两种文化的同时出现会导致些许混杂。一个现成的例子是，双语者经常会在一种语言中夹杂使用另一种语言。他们可能在说一个句子时回到另一种语言，这可能是因为某个词汇或表达方式更加迅速地出现在大脑中，也可能是因为它更能精确地表达想到的物体、意象、概念或细微差别。例如，香港有许多人习惯性地在一个句子中交替使用汉语和英语。在这类用法中，语言双重性（以及文化双重性）是一种混合，当然仍然是物理意义上的，而不是化学意义上的复合。

　　双语者有别于单语者的最大特点可能在于他/她有一种潜在的能力，可以对两种语言进行比较，并且可以从一种语言的角度思考另一种语言，从而与两者均保持某种距离。单语者可能倾向于认为只有一种方式理解"私"和"自由"，而双语者（双重文化人）则至少有可能意识到不同的文化系统中这些对等词或近似对等词有不同的用法或不同的思想内容。

　　这种自觉意识当然会导致由于相互冲突的观念和不同的归属感而产生的紧张关系，但同样也会导致创造的冲动，比如说，从两种要素中创造出一种新的复合体。一个双语者有可能完全意识到两种语言的不同含义和细微差别，并有可能从两者中造出新的概念和复合词。一个现存的例子是，20 世纪 20 年代，双重文化背景的国民党立法者试图将西方法律和中国传统法律——他们视前者本质上为个人主义的而后者基本上是家族主义的——结合起来，从而形成一部他们认为是"社会"本位的中国近现代新法律。这就是一种有意识的创造[《中华民国民法典》(*The Civil Code of the*

Republic of China 1930—1931):xx]。

这些不同的模式——共存、物理意义上的混合以及化学意义上的复合,很明显地呈现在翻译过程之中。诚然,翻译活动有时候只需将一种语言中具体的物体和简单的概念转换为另一种语言的对等词。但当涉及一种文化中独特的观念时,也常常需要在另一种语言中发掘新的词汇或方法加以表达(例如,汉语中用来表达"private entrance/私人通道"这个概念的词)。有时候甚至还需要创造出新的概念来把握和涵盖两种语言中的异同(典型的例子是"民主"一词在汉语和英语中的异同)。

双语者和双重文化人有别于单一语言和单一文化背景的人之处在于:他们有一种潜在的能力进入两种不同的语言和文化系统,在两者之间进行解释,甚至进而成为两者的超然的观察者,在两者的交融中创造出新的复合词。

下面对主要的汉—英双语者群体作一个概览,包括美国的中国研究学者、20世纪20年代至40年代中华民国时期的杰出人物、移居美国的中国华人学者和中国留学生。这些群体之间的差别固然很大,但共同之处是他们都具备文化双重性。事实上,这些不同群体之间的差异和共性正好有助于凸显民族国家性和文化性之间存在的各种紧张关系。

二、美国的中国研究学者与近现代中国的双重文化人

美国的中国研究学者几乎注定都是双重文化人。他们中的绝

大多数人多年浸淫于汉语和中国文化研究。他们的职业就是从事双向文化解释。因此毫不奇怪，美国的中国研究学者不仅包括受过中国语言和文化训练的美国国民，也吸纳了具有双重文化背景的中国人——中国国民或原中国国民。撇开民族国家角度不谈，仅从文化的角度来看，美国的中国研究已经成为更大的文化双重性问题中的一个组成部分，而美国的中国研究学者则是更大的双重文化群体中的一部分。

20 世纪 50 年代，美国所有主要的中国研究中心都吸收了从中国移居来的学者，他们当中许多人是以前在美国受过高等教育的留学生，例如萧公权、杨联陞、何炳棣。很多从事中国研究的美国学者都是由这批移居的具有双重文化背景的中国人培养出来的。

1949 年以前，留学美国（或其他西方国家）的风潮至少可以追溯到 1911 年，当时的中国政府开始有计划地派出学生（利用庚子赔款）到西方国家学习。最多的时候一年派出将近 1000 人，大约四分之一去美国，其余的去欧洲。（对于中国来说，日本是西方的主要"阐释者"，因此留学日本开始的时间更早，人数更多。在两个高峰年，1905 年和 1935 年，分别达到 8000 人和 6000 人之多。）[①]当然，这些留学生绝大部分攻读的是理工方面的专业，只有极小部分从事中国研究。但总的说来，他们都属于一个具有文化双重性的群体。一般情况下，这些留学生运用英语（或其他欧洲语言）和汉语一样自如或近乎自如，而且受西方文化的影响并不弱于中国

---

① 精确的统计数据很难取得。1929 年至 1934 年平均每年约 1000 人，其间总共有 3174 名留欧学生和 1089 名留美学生（教育部统计室编，1936：284）。留日学生的人数则来自实藤惠秀的研究（Huang，1972：37，41）。

文化。

对这些留学生应该与许多设在中国的教会学校一起来理解。这类教会学校最初出现在 19 世纪,到了 20 世纪 20 年代,有超过 50 万的学生在以双语课程或英语为主的学校注册上学。① 教会学校的毕业生与西方文化的关联程度较之于中国文化甚至有过之而无不及。很多留学生都出自这个行列。教会学校的毕业生数量大大超过留学生,即使声望可能有所不及。

在美国从事中国研究的人当中,50 年代那批留学生之后又出现了年轻一代的中国华人学者,他们大都来自中国台湾和香港地区。其中许多人是以前的留学生的后代或其他双重文化人的后代。可以将它们看作民国时期的趋势的延续,在新中国成立之后迁移到中国国土之外。到了六七十年代,在美国的 400 多位中国研究学者中,华裔(无论是否加入了美国国籍)可能占三分之一(Lindbeck,1971:55)。

八九十年代期间,又有几批双重文化背景的中国人加入美国的中国研究。首先是来自中国大陆的学生,他们在美国的中国研究项目中攻读学位并就业,人数在 90 年代不断增加。这些八九十年代的新留学生是中国和美国(及其他西方国家)关系缓和,以及中国改革开放之后开始的第二波也是更大的一波留学浪潮的一部分。1991 年和 1992 年,仅赴美留学的中国学生总数就有 3.96 万人,人数大大超过了以前的那一波。到了 1997 年,估计有 27 万名中国大陆学生留学海外,可能有一半或一半以上在美国。总体而

---

① 1924 年,分别有 30 万名和 26 万名学生在基督教会学校和天主教会学校注册就读(熊明安,1983:402)。

言,可能有三分之一的留学生回到了中国,其余都留在海外。① 和以前一样,他们的专业领域主要是自然科学,只有极少一部分在美国从事中国研究。但是普遍而言,他们都具有文化双重性。

除了来自中国大陆的新留学生外,还有一个群体可称为"太平洋周边地区的孩子"。这是美国与中国台湾、香港地区(某种程度上还包括新加坡和马来西亚)以及后来与中国大陆(内地)的商务和其他联系扩展的结果。这些年轻人当中有许多人在成长过程中在太平洋两岸居住的时间几乎相等。他们同时受到中文武侠小说和英语警匪电视剧的潜移默化影响,他们先就读于大学学习关于中国的课程,有的继而进入有关中国研究的研究院就读。之后他们之中会有相当数量的人在美国从事中国研究。当然,这批人只是正在不断扩大的双语者社会—文化群体中极小的一部分。

最后,还有一个主要由第三代或第四代移民组成的华裔群体加入中国研究的领域,以及它所要求的进一步的语言学习。他们是近年来在本科教育中"文化多元主义课程"(multiculturalism)(以下还要论及这一点)的影响下冒出来的研究生。

这些华裔美国人当然也是广大"华侨"②移民浪潮的一部分。这个浪潮始于 19 世纪,当时恰逢导致 19 世纪中期民众运动(太平天国)的人口压力和国家动荡。到了 20 世纪 90 年代,估计有 3000

---

① 这个总数来自《神州月报》(1997:6/19)。1991 年和 1992 年滞留在海外的留学生占留学生总数的 59%(孔凡军等编,1994:174)。

② 我在英语写作中更倾向使用"overseas Chinese"这一术语以对应于"华侨",而不用"diasporic Chinese"。后者的构词法不适当地对应于有着长期被迫害历史的犹太民族。

万华裔(人种意义上的)生活在海外。其中,在美国的人数超过150万。[1] 一般说来,第一代乃至第二代海外华人都有很强的双重文化背景,到了第三、四代则弱得多。不过近些年来教育上的文化多元主义使越来越多的第三、四代美籍华人选修有关中国的课程,他们当中的一小部分参加了有关中国研究的研究院课程以及长期的汉语学习;更多人则通过到中国旅行以及从事与中国有关的工作等渠道不同程度地成为双重文化人。

三、文化双重性与国籍属性

上述群体之间的差异和共性体现了国籍和文化属性之间的紧张关系。如果我们主要以民族国家范畴来思考,通常不会将从事中国研究的美国公民与中国留学生归入同一群体。国家主义使我们将国籍视为个人的一种根本属性,并且通常只考虑单一国籍,而不理会双重国籍的情形。事实上,对入了美国籍的人本身也作这样的要求:一个美籍华人首先是一个美国国民,其次才是一个"人种"意义上的华人。在观念和法律上,他们不希望被视作一个中国国民——部分原因是为了争取完全的公民权利和保护。因此,从国家主义角度来看,美国的中国研究学者和中国留学生所共有的文化双重性至多只具有一种次级的重要性。

事实上,国籍充其量不过是一个法律范畴,一种人为的构造。国籍的"本质化"造成的问题在于会遮蔽其他一些重要的共性。如

---

[1] 刘汉标、张兴汉得出的数据是164.5万人(1994:405)。

果我们只关注国籍——实际上,"冷战"时期我们经历过这种以"国家安全"为借口的压力——那么,从事中国研究的美国国民和非美国国民之间的差异与其他中美两国国民之间的差异就没有什么两样。然而这样的思维习惯忽视了一个基本现实:基于共同的文化双重性以及解读中国社会的学术目标,分属于两个国籍群体的个人是在同一个、具有内聚力的职业共同体之中紧密协作的。他们在日常生活中的共性可以说比国籍意义上的法律差别更重要。尽管美国的中国研究就其起因而言是出于"国家安全"方面的考虑,但很大程度上它从一开始就是一项超越国界的事业。

四、中国近现代史上的双重文化人与文化双重性

我们可以用同样的思路来解读中国近现代史上的双重文化人。他们的命运和我们对他们的看法都深为民族主义和反帝国主义这样的历史潮流所左右。中国革命是在反帝国主义的旗号下进行的,不仅反对西方国家和日本在政治—军事上的支配,而且反对它们的文化支配。在那样的历史背景下,双重文化人就像那些为外国的商业利益效劳的"买办",意味着耻辱或者被遗忘,被革命历史的大浪潮抛弃。在大多数历史学家看来(中西皆如此),近现代中国的主旋律或主要社会力量是普通"群众",尤其是农民——最少接触西方文化的人;和他们相比,近现代中国的双重文化人似乎无足轻重。

在帝国主义和反帝国主义的民族国家主义二元对立的世界里,中国文化与西方文化的联系受制于这样的立场:拒绝两种文化

共存和互动的现实,而主张一种文化必然战胜另一种文化。反帝国主义的冲动引导人们将目光集中在帝国主义扩张的罪恶上,呼唤对近现代西方的拒斥,从而最终将文化问题置于民族国家性问题之下。近现代西方文明自以为是的立场激起了对方抗拒的冲动,同时又被后者反击。一方面认为中国应该向西方看齐,另一方面则强调中国必须摆脱近代西方帝国主义的枷锁。一方面西方的理论家们认为真正的现代化最终必须遵循西方模式,从而将近现代中国的反西方冲动斥为偏激;另一方面中国的社会主义革命在长达将近三十年的时间里一次又一次地发起了对西方文化影响的攻击。

帝国主义与反帝国主义—民族主义在意识形态上的对立,使毛泽东时代的人们很难冷静地讨论双重文化人和文化双重性在近现代中国所起的作用。双重文化影响下的中国总体上被视为"半殖民地"——不仅是政治上的,而且是文化上的,与此同时,双重文化人也被贴上"买办"(其含义离卖国者不远)或者(西式的)"布尔乔亚"知识分子的标签而受到打击和排斥。[①]

然而历史的真相是,双重文化人在中国近现代史上扮演着极其重要的角色。那些明显的事实毋庸赘述:1949 年以前近现代中国理工科领域的带头人大多数都来自从西方归国的留学生这一双重文化人群体,而到了八九十年代,这样的情形再一次出现。这是可以预料的,因为西方到底在技术上比较先进。但是实际上其他一些重要领域也是如此,虽然不那么显著。

---

① 杜赞奇(Prasenjit Duara)已经批判式地反思了现代民族国家如何塑造历史学家和历史,论文参见 Duara,1998。

孙中山可能是近现代中国最著名的双重文化人。他少年时期去了夏威夷（13 岁至 16 岁），进入当地的一所教会学校念书，随后就读于香港的皇仁学院（Queen's College），此后又在香港雅丽氏医院附属学校西医书院获得医学博士学位。他运用英语和汉语同样自如，差不多是一个完全意义上的双语者（Boorman，1967—1979：3/170—171）。

不管是好事还是坏事，以孙中山以及后来的蒋介石为核心的国民党高层领导小集团中，双重文化人占相当比例。众所周知，孙中山本人娶了宋庆龄为妻，后者毕业于卫斯理安女子学院（Wesleyan College），辛亥革命之后曾经担任过孙的英文秘书。宋庆龄的大姐宋霭龄嫁给了在欧伯林学院（Oberlin College）和耶鲁大学受过教育的孔祥熙，孔祥熙后来出任国民政府的财政部部长。毕业于韦尔斯利学院（Wellesley College）的妹妹宋美龄则嫁给了蒋介石。她们的兄弟宋子文毕业于哈佛大学，他因英语比汉语更加流利而著称，据说他即使在中国也不改日常用英语交谈的习惯，阅读中国书籍也大多通过英译本（Boorman，1967—1979：3/142—144；《アジア历史事典》，1959—1962：5/350a）。

国民政府的高层领导中还有许多其他双重文化人。不难想到，他们在外交机构中表现杰出：陈友仁是一个最典型的例子，他出生于特立尼达，在英国获得律师资格，是中国 20 世纪 20 年代最重要的外交官，并在收复权利运动中起着重要的作用（《アジア历史事典》，1959—1962：6/375a）。另一个杰出人物是陈友仁的继任者、活跃于 20 世纪三四十年代的顾维钧，他先后在中国的教会学校圣约翰大学和美国的哥伦比亚大学受教育（《アジア历史事典》，

1959—1962:3/184b)。

尽管不像外交界那么引人注目,法律界名人中同样也多见双重文化人。西方法律在民国时期成为中国法的范本,因此该领域也需要谙熟英语和其他欧洲语言的人才。譬如伍廷芳,他出生于新加坡,曾在香港圣保罗书院(St. Paul's College)受教育,在伦敦林肯律师公会(Lincoln's Inn)接受法律训练(Cheng, 1976:81—85),晚清时期作为清政府的钦差大臣和沈家本一起改革法律。另一个例子是20世纪20年代公认的"中国首席法学家"及《中华民国民法典(1929—1930)》的主要起草人王宠惠,他出生于香港并在当地接受双语教育,后来入读耶鲁法学院。① 民法典的另一个主要起草人——三四十年代的杰出法学家傅秉常也是在香港长大的,他先后入读圣史蒂文斯学校(St. Stevens School)和香港大学(工程学专业)(《民国人物大词典》,1991:1158)。

在近现代经济领域的名人当中也不乏双重文化人。例如,曾经在圣约翰大学就读的"火柴大王"刘鸿生;出身于麻省理工学院的纺织业"巨龙"唐星海;还有同样毕业于圣约翰大学的荣毅仁,他在20世纪30年代后期继承了"面粉大王"荣德生的产业,90年代再度崛起(《アジア历史事典》,1959—1962:9/267b;海啸,1994;《中国人名大辞典》,1994:519—520)。这一批人为中国的资本主义和工业化的发展起了先锋作用。

最后,双重文化人也多见于高等教育以及整个智识活动领域。

---

① 王宠惠历任国民政府最高法院法官、司法部部长和司法院院长(Boorman, 1967—1979:3/376b—378b)。他通晓数门外语,曾将1900年《德国民法典》译为英文。该译本出版于1907年,被奉为《德国民法典》的标准英译本。

蔡元培两度留学德国(此前他已在旧科举制度下获得进士功名,时年 23 岁),1916 年至 1922 年间担任教育部部长兼北京大学校长(《アジア历史事典》,1959—1962:4/6b—7a)。在他的努力下,众多留学生会集北大:留学过日本的陈独秀担任教务长;在哥伦比亚大学获得博士学位的胡适任哲学教授,图书馆馆长李大钊留学日本早稻田大学(《民国人物大词典》,1991:253—254);当然还有鲁迅,也是从日本回来的留学生。这些人是"五四"时期新文化运动的先驱。

当然,在近现代中国,文化双重性不仅体现在一些杰出的个人身上,而且体现在一个长期的根本的变化过程之中。在思想领域,"五四"运动力倡大规模移植西方文化,深刻地塑造了当时的整整一代人及其后继者们。在法律领域,支配着法庭诉讼的现代法典起初完全翻版于德国(经由日本),在逐步适应中国现实的过程中,最终形成了一个十足的双重文化版本。① 在教育领域,制度设计的蓝图几乎完全是西式的(其中有很多也是经由日本介绍到中国的),当它融入中国的社会背景之后,所形成的学校和大学体制说

---

① 我估计,迄 20 世纪 30 年代,每年每 200 户家庭中至少有 1 人涉及新式法庭诉讼。那么,在 20 年中——大约相当于村庄调查所反映出的有效记忆期,每 10 户家庭就有 1 人涉讼,足以使现代法庭体系进入每个人的生活和意识。这不仅包括城市人口,乡村亦是如此(Huang,1996,178—181)。在 20 世纪 50 年代后期至 70 年代后期的高度意识形态化时期,诉讼率下降。然而,20 世纪 80 年代后期和 90 年代,现代式法庭(其模式可以直接上溯到民国时期)的诉讼率超过了 30 年代。例如,20 世纪 90 年代,每年每 50 户家庭中就有 1 人涉及新式法庭诉讼(Huang,1996:180;这个数据是按照 200 万件诉讼案件或 400 万个诉讼当事人,及 12 亿人口或 2 亿户家庭推算出的)。西方式法律和法庭再次成为几乎影响每一个中国人生活的重要因素。

到底也是具有双重文化性的。

1949 年以后，一度处于中国历史中心舞台的双重文化人和文化双重性自然被排挤于历史主流之外，直到 1978 年改革开放。"资产阶级知识分子"，尤其是那些在国外受过大学教育和在受西方影响最深的研究领域（诸如英语、英语文学和法学等学科）工作的人，在 1957 年的"反右运动"和 1966 年至 1976 年的"文化大革命"中受到了严重打击。但是，对学校和司法机关（以及医疗卫生、艺术和其他领域）中的"资产阶级的流毒"的猛烈抨击恰恰证明了西方文化在中国有着巨大的影响。

随着改革开放，双重文化人和文化双重性又迅速回到了历史舞台的中心。许多受过西式教育、在"文化大革命"中受到迫害的知识分子和中国共产党的领导人，又重新获得了权力和地位。

此时在中国的经济生活中，双重文化人的作用也比以往任何时候都更加重要。首先是海外的华人企业家，他们大都完全或者部分从香港介入内地的经济，有一些人的先辈是居留在海外的具有双重文化背景的资本家。这些富有的双重文化人被一些学者称为"流亡资本家"（diasporic capitalists，这个称呼容易造成误解，并不恰当），但他们在最近的 20 年里为中国特色的经济发展起到了推动作用。《福布斯》杂志 1994 年评出的 35 位海外华人亿万富翁（全球共 350 位亿万富翁）中的大多数近些年都在中国进行大量投资。① 一方面他们的家族企业传承了技术和市场秘诀，另一方面中

---

① 包括香港的李嘉诚和胡应湘（Gordon Wu），新加坡和马来西亚的郭鹤年（Kuok）兄弟，印度尼西亚的瑞亚迪（Riadys），以及泰国的谢氏兄弟 [Chearavanonts (Lever-Tracy, Ip, and Tracy, 1996）]。

国为他们提供了廉价且易于管理的劳动力,以及原材料和优惠的投资条件。

　　除了那些顶级大企业家,到中国投资的海外双重文化人更多的是中小型的企业家,他们的投资规模较小,但同样将外国的资本—技术和中国的劳动力—原材料结合起来加以充分的利用。他们和那些更引人注目的企业大亨一起构成了充满活力的外资和合资企业的核心部分,在过去的 20 年里,这部分企业连同乡镇企业使中国经济走上了十分醒目的发展道路。

　　以西方模式为基础的民国时期的立法传统再度重现,法院制度复兴,新近颁布的法典不少取法西方。在教育方面,西方教学模式重新获得主导地位,英语再度成为重要的外语。在智识领域,"五四"运动提倡的全盘西化也再次成为一种主要的思潮。

五、近现代世界中双重文化的影响

　　在上文中,为了讨论的方便,我把"文化双重性"这个概念主要限定为英语和汉语文化在个人身上的充分共存,举出的最典型例子是体现在双语者或准双语者身上的语言双重性。但是,如果我们不拘泥于语言双重性所要求的两种语言表达之间对等和聚合的程度,而只关注双重文化影响的共存,那么我们正在讨论的显然是一个比我所限定的要大得多、广泛得多的现象。

　　对非西方世界"现代性"问题的思考尽管有着多种路径,但西方的入侵无疑是一个基本的考虑因素,也是历史研究中界定"近现代时期"的最常用的标志(因此通常认为中国的"近代"始于鸦片战争）。本土文化与西方文化的共存最初是因为帝国主义在政治—军事上的扩张。随着帝国主义的终结，这种共存则成了资本主义全球化和西方文化借助各种新的媒介持续剧烈扩张的结果。

事实上，对于整体意义上的非西方世界而言，西方文化不断增强的在场以及由此而来的现代西方文化与"本土传统"的共同在场，可以说是"近现代"时期所面临的基本现实之一，也构成了大多数近现代非西方民族的基本生存现实。西方资本主义五个世纪的扩张几乎将西方文化带到了世界的每一个角落。西方文化与本土文化的共存不仅已经发生了，而且使文化多元成为近现代史上真正巨大的趋势之一。

当然，在近现代中国，受双重文化影响的人数远不止上面讨论过的各种双重文化人群体。在留学生、教会学校毕业生和海外华人这些双重文化人之外，还有更多的中国人经历过双重文化的影响。到了 20 世纪 30 年代，居住在中国的外国人超过 30 万人，①主要分布在根据不平等条约开放的大约 90 个通商口岸的租界里，和他们联系密切的中国人在不同程度上处于西方文化的影响之下。80 年代和 90 年代的改革开放带来了新的变化，西方文化不仅在中国复苏，而且得到飞速发展和传播。每个月都有数以千计的人因雇佣、参与和协作等关系被吸引到外资企业和中外合办企业。精通英语和英语文化的人数呈几何级增长。像 1949 年以前的一些城市那样，中国的主要城市再度全面受到外国文化的影响。

我并不认为，双重文化的影响最终必然导致双语形态的文化

---

① 确切的数字难以取得。这里是根据费正清的估算（Fairbank，Reischauer and Craig，1965:342）得出的数字。

双重性,中国不会所有的地方都像香港那样,出现两种语言和文化传统以几乎平分秋色的方式共存的局面。我想表明的是,我们需要采取一种能够描述文化双重性的总体特征的视角,来思考西方文化和非西方文化在近现代非西方世界里的共存现象。当反帝国主义和民族主义诸意识形态命令我们只能以非此即彼的二分法进行思考的时候,还应该看到,文化本身并不接受这样的命令,因为其生命力存在于各个民族的生活经验之中。① 正如大多数双重文化人和双语者在大多数时间里对两种文化和语言的共存能够应对自如,受到不同程度的双重文化影响的民族大多数也能在日常生活中迅速地适应两种文化。诸如"半殖民地"或"(西方)资产阶级势力"之类的概念在文化领域里预设了一种"中国"与"西方"相互排斥的敌对立场,属于民族主义意识形态的说法,在日常生活层面上其实没有多大意义。

六、文化双重性与萨义德和格尔茨

学术理论的近期发展诸趋势虽然在某种程度上有助于我们克服西方中心式的现代主义自以为是的狭隘立场,但具有讽刺意味的是,它们仅仅强化了西方与非西方的非此即彼二元对立。爱德华·萨义德(1978)的分析有助于克服欧洲中心主义立场——他认为帝国主义是一种文化现象,而"东方主义"话语是这种现象的核

---

① 卢汉超指出:透过"小市民"的日常生活,就会发现不能简单地以"西化的"和"传统的"这种旧的二元对立的方式来看待 20 世纪的上海(Lu,1999)。

心。他令人信服地指出,"东方主义"的理论建构把中东的国家和社会视为"他者"(the other)(这种建构同样适用于中国),因而预设了帝国主义的扩张并起到把其合理化的作用。萨义德与别的学者的不同之处在于,他将关注的中心从政治—军事帝国主义转向了"文化帝国主义"(Said,1978)。

与此同时,克利福德·格尔茨(Clifford Geertz)所提倡的"地方性知识"和"深度描述"则动摇了欧洲中心式的实证主义立场。格尔茨认为,现代世界过分相信理想化的现代科学。而对其他社会的研究,尤其是人类学方面的研究,则使我们有机会看到与之相对的文化建构和知识是怎样一幅图景。格尔茨主张,我们必须致力于"厚/深度描述"(thick description)。这并不意味着对事实的密集叙述,而是指一种"阐释性的人类学",它能够告诉我们什么是本土解释,它们自身的概念结构以及与我们的解释的差异。同样,对格尔茨所说的"地方性知识"(local knowledge)也不能望文生义,它不是单纯地指关于某一地方的一般知识,而是指人类学家为了让我们摆脱自身的西方现代主义前见,而对本土含义所作的解释性澄清(Geertz,1973,1978;Anderson,1995)。

在萨义德和格尔茨这类理论家的影响下,中国研究的部分领域已经开始对现代主义前见进行批判性的"反思",并成为对以往带有西方中心主义色彩的研究的激进批判运动的组成部分。新的研究不再假定中国为西方的从属,转而采取相对主义的姿态:中国和西方同样重要。这些研究不再试图将各种具有前见色彩的普遍原则强加于中国——因为它们毕竟只是西方的建构——而是解释性地将中国本土的含义忠实地转译给我们,这不仅有助于我们理解中国文化,而且使美国的中国研究学者获得了一种批判性的视角来看待自身的文化。①

　　然而,这些新的理论趋向还未能超越过去的研究中基本的非此即彼的二元话语结构。诚然,新的文化主义研究不再奉西方为典范,也不再视非西方为从属性的"他者",而是强调相等主义和文化相对主义,但是,这种强调本身即暗含着一种西方与非西方的二元对立。它也造成了一种倒置,转而偏重非西方。萨义德(1978)认为,我们必须对西方中心式的东方主义研究和西方的文化帝国主义话语进行反思性批判,用一种站在受害社会立场的话语来取代之。格尔茨(1973,1978)则主张用本土"意义之网"的"深度描述"和"地方性知识"来取代西方/现代主义中心论(以及西方文化帝国主义)和基于西方现代主义前见的社会科学话语。对他们二位来说,选择仍然是在非此即彼的二元对立中作出的。

　　格尔茨式的研究尤其对近现代史缺乏关注。既然它的目的是通过探索不同的文化建构来为现代西方自以为是的理论假定提供一面批评性的镜子,那么它的研究重点自然就选择了与西方接触前的而不是接触后的非西方。它的假定是,在现代西方文化帝国主义的影响下,非西方最终只可能完全受其支配。非西方社会甚至可能完全采纳现代主义的假定和现代西方话语。一旦如此,本土文化就不可能再为现代主义者眼里的西方文化提供一种清晰的、批判性的观照。因此,格尔茨本人几乎闭口不谈本土文化在西方的影响下到底经历了什么样的变化和不变。他只是简单地假定

---

① 这些目标至少是何伟亚(James Hevia,1995)著作中声称要达到的。参看周锡瑞(Joseph Esherick,1998)对这本书的证据基础的批评。

它们必然的从属性。

正如他们所批评的前辈现代主义(包括马克思和韦伯理论中所显示的现代主义)学者，萨义德和格尔茨最终把我们置于一个现代/本土、(文化)帝国主义/反帝国主义相对峙的非此即彼的二元世界之中。面对现代西方文明及其文化帝国主义倾向，反帝国主义者别无选择地必须抗拒。在帝国主义的世界之中，只可能存在一方的支配与另一方的从属，不可能有文化双重性或文化二元性所体现的平等共存。

七、对中国研究的含义

在过去的近现代中国研究中，学术理论和意识形态中非此即彼的二元话语结构的影响力是如此强大，以至于连那些自觉地反对东方主义建构的学者都经常不经意地采用了它。因此，美国一代学者的解释为什么近代中国未能走向现代化(也就是未能更像西方一些)的研究导致了另一代学者反过来强调中国其实很像西方：中国的城市不仅是行政中心，并且像西方的城市那样从事商品化生产；中国也有"近现代萌芽"时期；中西的差异不在于性质而在于时间——中国充其量只是滞后了一个世纪。①

与此同时，对帝国主义的激进批判也强化了这种二元话语结构。20世纪六七十年代，美国的社会历史学家领导了当时对西方

---

① 在美国学者中，这种观点的主要代言人是罗威廉(William Rowe, 1984, 1989, 1990)。它的影响在许多其他地域的学者中也不罕见。

帝国主义和带有帝国主义色彩的现代化范式的批判运动。① 他们的智识源泉主要是马克思主义,其中一些人在评价前现代时期农民社会时也吸收了"实体主义"。20 世纪八九十年代,美国激进的文化史学家将对帝国主义的批判从物质领域转向了文化领域。他们的智识源泉是萨义德的"东方主义"、格尔茨的"地方性知识",对某些人来说,还包括"后殖民主义"(postcolonialism;subalternism)作品。② 自始至终,西方和中国之间的对立依然鲜明。

中国学者受这种二元话语结构的影响程度并不亚于美国和欧洲的学者。为了反驳马克思的亚细亚生产方式的概念,毛泽东提出了"资本主义萌芽"的观点:中国的发展本来并不迟滞,而是像西方那样朝着资本主义迈进,是西方帝国主义改变了中国固有的历史进程。中国学者从此投入大量的精力来论证明清时期的"资本主义萌芽",尤其是商品化和资本主义雇佣劳动关系的兴起。③

关于中国的近现代时期,这些学者强调帝国主义和"半殖民主义"下的现代西方对中国的压迫。因此,中国的革命不仅要摆脱封建主义的枷锁,而且要摆脱帝国主义及其在中国形成的半殖民主义的枷锁。只有这样,中国才能回到应有的资本主义—社会主义的历史道路,也才能维护自身独特的民族性格和文化。

这些建构都不允许把双重文化影响视作互动性的、结局未定

---

① 周锡瑞(1972)对此有代表性的讨论,与黎安友(Andrew Nathan,1972)的对立论点同时发表。
② 白露(Barlow,1993)是这种新的激进的文化研究阵营的代表人物。
③ 阿里夫·德里克(1996)有力地指出,"东方主义"不只是"西方式的"东方主义者的创造,受东方主义建构影响的本土知识分子也可能采取这一立场。

的、还存在着多种可能性的过程。文化双重性更加没有容身之地:在帝国主义的背景下,它只能意味着压迫,不可能平等共存;近现代中国要么是一个土生土长的中国,要么是西方奴役下的中国,不可能存在同时容纳中西文化的第三种选择。

萨义德和格尔茨的后现代主义观念在拒斥现代主义的西方及其"文化帝国主义"的同时,不经意地强化了过去的研究中非此即彼的二元话语结构。诚然,这种拒斥源自一种值得赞赏的对帝国主义及其西方中心论以及自以为是的现代主义的批判态度,但是它仍然是基于西方与非西方二元对立的立场。它既然完全拒斥了现代主义的西方,也就将非西方世界置于除了前现代时期本土文化之外没有其他选择的境地。

结果导致了这些研究与现代非西方世界的许多知识分子的疏离。后者大都急迫地要求自己的社会步入现代化进程,能够得到在他们看来属于现代文明普遍馈赠的东西,比如更高的劳动生产率、从生存压力和繁重的体力劳动中解脱出来的自由、更好的医疗服务、更高的婴儿存活率、更长的人均寿命,或者只是为了不再遭受帝国主义的欺凌而要求的强大的军备。在他们看来,拒斥现代主义而又心安理得地享受现代文明馈赠的格尔茨,其实只不过是沉迷在对土著传统中离奇古怪事物的细枝末节式的津津乐道之中。①

双重文化人和文化双重性的历史例证表明了一种不同的方式,可以用来理解现代西方与非西方世界之间的文化交接。在个

---

① 见伍德赛德(Woodside,1998)的析述。

体生活经验的层面上,而不是在国家和理论家的意识形态建构的层面上,双重文化的影响通常能够非常容易地像两种语言那样共存,不存在必然的支配—从属的关系。各种意识形态可能会要求在传统与现代性、中国的与西方的、自治与支配或者本土化与西化之间作出非此即彼的选择,但是在生活经验中人们对此并不一定理会。

和背负着各种意识形态建构的国家不同,日常生活中的人们对自己的"中国性"相当自信:中国人认为适合融入他们生活的东西就是"中国的"东西。"中国文化"和中国的语言一样,不是某种一成不变的抽象事物,而是中国人在一定时期享有和使用的东西。[①] 在这一层面上,"西方"和中国并不存在必然的冲突。一个人可以既是现代人又是中国人。

文化双重性这个概念促使我们承认并正视现代非西方社会中双重文化的影响的事实。如此看待西方文化向非西方世界的扩张,使我们可以抛开意识形态化的观点,而把它视为一种结果未定的历史进程来理解。在当今的后帝国主义时代,文化的影响力并不一定与政治—军事支配联系在一起,也不会被后者转化为政治问题,因此更加需要强调的是文化双重性共存的一面而不是冲突的一面。

对于文化互动中的支配—从属关系,在这里,让我们来更细致地审视一下如下假定:西方文化和本土文化之间的互动最终只能导致一方对另一方的支配。这种假定有两个根源。一个源自各个

---

① 何炳棣(1998)的文章有力地证明,正是多种族性和文化多重性构成了"汉化"和中华文明的精髓。

国家的政治史视角:现代西方民族国家的扩张的确历史性地导致了对非西方社会的政治支配(即帝国主义和殖民主义);另一个源自格尔茨这类研究小型土著社会的人类学理论家的视角:西方和现代民族国家的入侵,伴随着工业化和城市化,的确历史性地导致了"前现代"社会及其文化的解体(至少是局部的解体)。

然而这些视角是否适用于中国文化呢?我们首先需要考虑的一个事实是,帝国主义对近现代中国的政治支配是局部的,而不是整体的。即使在毛泽东时代的建构中,西方的入侵也只是把中国变成了"半殖民地",而不是殖民地。中国近现代时期的国家史不同于一个殖民地国家的历史。

更重要的是,需要分别考虑中国文化与作为政治性实体的中国国家。就晚清国家虚弱的海防以及它与现代西方军事力量的差距来谈支配—从属关系,是讲得通的,但是在文化和思想领域也存在类似的关系吗?

国家和民主这类现代西方概念的确影响了中国文化,而且随着帝制政权的瓦解,"传统的"中国思想体系,比如儒家思想,作为一种统治性的意识形态已经分崩离析,但是这些因素会导致中国文化处于从属的地位乃至全然崩溃吗?

语言再次为我们提供了一个有效的途径来考虑这个问题,因为它是一种文化体系中最具体的表现形式。我们清楚地知道,汉语和中文的生命力要比帝制政权及其儒家意识形态顽强得多。中国的儿童继续在这种语言环境中成长,中国的成年人继续本能地、习惯性地使用它,连同它全部的意义之网。现代汉语比起古典汉语的确有了很大的变化,但是如果据此就大谈汉语对英语的"从属性"岂不是很荒谬？

事实上，在近现代时期，外国语言对汉语的影响是极其有限的。汉语的生命力部分体现于它对音素外来词的抵抗力。譬如，"民主"和"科学"这两个词在"五四"时期曾经短暂地以音素外来词的形式出现，即"德谟克拉西"和"赛因思"。但很快它们就为汉语中既有的词汇和意义所取代(尽管是经由现代日语)。正如前文谈到的那样，新的术语和概念，即使是对外国术语和概念力求工整的翻译，都不可避免地会打上中国文化的印记，比如"自由"之于"freedom"。

谈到双重语言和双重文化背景的个人或社会的时候，我们应该很明确，有关支配和从属关系的概念仅在极其有限的范围内才是有用的。前文提到过，在英汉双语者那里，两种语言的关系更像是一种叠加，一种物理意义上的混合，或者一种化学意义上的复合，而不是支配与从属的关系。汉语本身的内涵和思维方式并没有在英语这种当今世界最具"霸权"的语言面前失去自我。

可能会有读者反驳说，汉语在这方面可能是独一无二的。但是，我们可以再以日本为例。尽管它心甘情愿地接受外来的术语和概念，包括音素外来词，尽管"二战"后受到美国的占领，并接受一套外来的全新的政治体制，但毫无疑问的是，日本的语言和文化依然继续保持着独特性和完整性；甚至在印度和中国香港这样受到殖民统治的社会，英语不仅是殖民者的语言，也成为本土精英社会的正式语言，但本土的语言和文化并没有瓦解，依然保留了绝大部分本来的思维方式和内涵。印度的例子还进一步表明了英语这样的殖民者语言如何被转化为印度独特的民族性格和文化的媒介

（Chatterjee,1993）。

实际来说,历史上的各种语言和文化体系并不是像政府和国家那样运作。它们不会随着海防的溃败和京城的陷落而瓦解。事实上,它们在一个民族日常的使用和生活经验中继续存活着并且不断地再生。只要父母们继续用本来的语言教养自己的孩子,只要一个社会中的成员继续用这种语言进行交流,它们就还有生命力。甚至当一门外来语言对本土文化的"渗透"达到了语言—文化双重性的程度,也不会导致一种非此即彼的二元对立,或者某种支配关系,而是结局未定,充满各种创造性的可能。

八、当今美国的"外国区域研究"面临的危机

上述关于文化双重性和双重文化影响的观点可能可以提供一条途径,构成概念,帮助美国的中国研究摆脱过去的负担。这些负担,包括西方中心式的现代主义及其派生的"国家安全"考虑,也包括后现代主义及其对西方近期历史的虚无主义式的拒斥。它甚至可能帮助我们从当今困扰着美国的中国研究的危机中找到一条合理的出路。

战后美国的中国研究最初产生于国家安全的考虑。政府通过《国防教育法案》的投资以及民间通过福特基金会的资助来支持对外国的区域研究,主要是出于"冷战"和"了解自己的敌人"的动机,学术上的成果则是副产品,并非本来的目的。时至今日,进入了后"冷战"时期,以往的驱动力已经失去了其最初的紧迫性。

同时,学术理论中的新时尚也威胁到了外国区域研究。在社

会科学领域,各门学科在模仿自然科学的过程中,不停地"硬化","理性选择"理论大行其道。随着社会科学各学科普遍强调"假设—驱动"和"假设—验证"的研究模式,对问题的研究逐渐变成一种从理论化的假设出发的公式推演。现代西方的各种"理性"建构(例如"经济行为理性")在世界范围内成为学术研究的普遍指导原则。有关不同社会文化特征的定性知识甚少受到尊重。经济学、社会学和政治学等学科越来越不愿意雇用区域专家,认为他们缺乏学术方法和理论功底;不会再像过去那样培养中国经济学、中国社会学和中国政治学方面的学者。

主要活跃于史学在内的人文科学领域的后现代主义者的"文化研究",本可以对这种科学主义和形式主义倾向起到一种有益的纠正作用。这也的确是格尔茨等人本来的意图——他强调我们要重视文化的相对性,以及科学研究的客观外表下的文化建构性。这种批评本来可以以"地方性知识"的名义为区域学术研究提供强大的支持。

然而,文化主义的过度激进却在社会科学和人文科学之间造成了极端的对立,某种程度上也在各个学科内部造成了对立。在反"文化帝国主义"的政治姿态和反"纯"经验研究的认识论姿态下,以及所使用的排他主义式的行话中,激进的文化主义创造出一个唯我独尊的世界,没有能力(甚至没有愿望)与其他类型的理论进行建设性的交流。格尔茨(1973,1978)的"地方性知识"和"深度描述"听起来像是在提倡一种深入的外国研究,实际上它们最终却被赋予一种狭窄得多也特殊得多的含义,仅仅是要研究前现代时期本土社会的"概念结构"。这就几乎不可能与采取普遍主义路径的社会科学进行建设性的交流。

其后果就是在学科之间和学科内部造成分裂,这种分裂在许多方面都使我们联想起以前的现代化理论和将这种理论斥为"东方主义"的后现代理论之间的鸿沟。"理性选择"方法和现代化的范式一样,把西方当作一种放之四海而皆准的标准并将社会科学研究当作实证主义式的操练。激进的文化主义方法则斥责这些理论前见源自西方中心论和科学主义假定,并呼吁人文科学将目光转向本土意义之网。在这种两极化的世界里,很难同时从两者身上获得智识滋养。从双重文化角度出发的研究冒着被斥为不科学的危险,而从人类普遍关怀的意向出发,比如克服生存危机和提高医疗水准,则会担上一个现代主义者或"东方主义者"的嫌疑,也就是帝国主义者的嫌疑。

在这个绝对主义流行的两极化世界里,人数很少的理论家(和自命的理论家)占据了学术争论的中心舞台。而那些"只"从事实际研究的大部分学者则沦落为默默无闻的"沉默的大多数",或者在相互对立的阵营之间被推来搡去。

甚至文化多元主义这种本来有价值的、反映当代美国社会构成的世界主义教育理想也被卷入大学里科学主义和后现代主义之间的两极分化中。在回应社会科学领域实证主义普适论的过程中,人文科学领域中的文化多元主义越来越倾向文化相对主义。既然西方过去对其他文化的研究过多地受到了现代主义、"东方主义"或帝国主义视角的影响,那么我们现在对西方以外的文化的研究必须求助于"它们自己的说法"。但是在大学教育中,其含义却演变成中国史课程大多由具有中国血统的学生选修,日本史课程大多由具有日本血统的学生选修,德国史课程则由具有德国血统的学生选修。美国文化多元主义的运作结果体现出来的并不是世界主义的"国际化"教育的初衷,而是狭隘的民族中心主义。

在美国学术界中,"硬"社会科学的实证主义普适论与"软"人文科学的民族中心主义文化论之间的对立,使外国区域研究领域几乎难以达成什么共识。与此同时,外部资助的紧缩和不确定性正在使各个外国研究中心丧失它们迄今最重要的生命线。各大学的最高层甚至开始考虑中止对各个外国区域研究中心的资助。

文化双重性也许会对当今的危机起到某种作用。用学术化的话来说,它不同于各种"理性选择论"的方法,因为它并不主张现代西方所建构的理性是人类唯一的理性。它倡导要彻底地了解至少一种不同的文化,从而获得一种比较和批判的视角。同时,它也不同于文化相对主义,因为它的出发点不是割据式的民族中心主义和相对主义立场,而是双重文化在现代世界的庞大现实。在普通人的生活中,两种文化的共同在场并不会像帝国主义的政治史那样导致支配—从属的关系,而是会形成一种平等得多的结局未定、存在着各种创造性的可能的持续互动的关系。

在美国的大学教育中,文化双重性的价值在于它可以消除民族中心主义割据的局面。它承认我们的课堂上越来越多的学生是双重文化人这一事实,并强调这是有价值的。一种双重文化的教育不会像民族中心主义式的教育那样误用文化多元主义。相反,它会让学生在学习西方文化的同时也学习一种(或更多的)非西方文化。对于双重文化教育来说,不能用激进的文化主义引导学生排斥他们身处的西方文化,他们需要更深地融入西方文明;也要鼓励他们对自己的其他文化背景的自豪感并培育这种背景。最重要的是，文化双重性本身即是美国自由主义教育传统中值得追求的目标：正是文化双重性使人们能够超越自身的狭隘观念，并培养出比较和批判的视角；也正是因为文化双重性，才可能真正地作出跨文化、跨国界的选择。这样的双重文化教育不仅仅有益于人数越来越多的具有双重文化背景的学生，同样也有益于仅具单一文化背景的学生。

这里对文化双重性的讨论，目的不是以一种新的"主义"取代别的什么主义。这里所说的文化双重性，是指那些将两种文化和两种语言结合起来的个人和群体的具体现实。他们的经验告诉我们，两种文化和语言能够融洽地共存。其意义和经验教训针对的是一段特定的历史，不是另一种意识形态化的"主义"。

最后，我希望强调的是，文化双重性的历史表明，两种文化的共同在场不会像民族国家的历史以及西方中心的现代主义或后现代的相对主义建构那样，必然地导致帝国主义与民族国家主义或者支配与从属之间非此即彼的选择。相反，在人们的日常生活经验层面上，文化交流会迅速地形成调和——没有侵犯和支配，也没有欺骗和压迫。在近现代中国，在美国的中国研究中，文化双重性和语言双重性以一种集中的方式向我们展示了两种文化是怎样共存、混合乃至融合成为某种新事物的。人们可以从中得到不同文化间的相互理解和超国界视野的启示。

参考文献

海啸（笔名）（1994）：《东南纺织巨龙唐星海》，载赵云生编《中国大资本家传》卷 10,长春:时代文艺出版社。

　　教育部统计室编(1936):《(民国)二十三年度全国高等教育统计》,上海:商务印书馆。

　　孔凡军、刘素平、李长印等编(1994):《走出中国》,北京:中国藏学出版社。

　　刘汉标、张兴汉编(1994):《世界华侨华人概况》,广州:暨南大学出版社。

　　《民国人物大辞典》(1991),石家庄:河北人民出版社。

　　《神州学人》(1997),北京。

　　熊明安(1983):《中国高等教育史》,重庆:重庆出版社。

　　《中国人名大辞典:现任党政军领导人物传》(1994),北京:外文出版社。

　　《アジア历史事典》(1959—1962)10 卷,东京:平凡社。

　　Anderson, Benedict (1995) . "Dojo on the comer" (review of Clifford Geertz, *After the Fact: Two Countries, Four Decades, One Anthropologist.* Cambridge, MA: Harvard Univ. Press, 1995). *London Review of Books* 17, 16 (Aug. 24) :19—20.

　　Barlow, Tani (1993) . "Colonialism's career in postwar China studies," *Positions* 1, 1:224—267.

　　Bookman, Howard [ed.] (1967—1979). *Biographical Dictionary of Republican China.* 3 vols. New York: Columbia University. Press.

　　Chatterjee, Partha (1993) *The Nation and Its Fragmentst Colonial and Postcolonial Histories.* Princeton, NJ: Princeton University Press.

　　Cheng, Joseph Kai Huan (1976). "Chinese law in transition: the late Ch'ing law reform, 1901—1911." Ph. D. diss. Brown University.

The Civil Code of the Republic of China (*1930—1931*). Shanghai: Kelly & Walsh.

Dirlik, Arif (1996). "Chinese history and the question of Orientalism." *History and Theory* 35,4:96—118.

Duara, Prasenjit (1998). "Why is history anti-theoretical?" *Modern China* 24,2:105—120.

Esherick, Joseph (1972). "Harvard on China: the apologetics of imperialism," *Bulletin of Concerned Asian Scholars*.4,4:9—16.

Esherick, Joseph(1998). "Cherishing sources from afar," *Modern China* 24,2:135—161.

Fairbank, John K. , Edwin O. Reischauer, and Albert M. Craig (1965). *East Asia: The Modern Transformation*. Boston: Houghton Mifflin.

Geertz, Clifford (1973). "Thick description: toward an interpretive theory of culture," pp. 3—30 in Clifford Geertz (ed.), *The Interpretation of Cultures: Selected Essays*. New York: Basic Books.

Geertz, Clifford (1978). "Local knowledge: fact and law in comparative perspective," pp. 167—234 in Clifford Geertz (ed.), *Local Knowledge: Further Essays in Interpretive Anthropology*. New York: Basic Books.

Hevia, James L. (1995). *Cherishing Men from Afar: Qing Guest Ritual and the Macartney Embassy of 1793*. Durham, NC: Duke University. Press.

Ho. Ping-Ti (1998). "In defense of Sinicization: a rebuttal of Evelyn Rawski's ' Reenvisioning the Qing, '" *Journal. of Asian Studies* 57, 1: 123—155.

Huang. Philip C. C. (1972). *Liang Ch'i-ch'ao and Modern Chinese Liberalism*. Seattle: University of Washington Press.

Huang, Philip C. C. (1996). *Civil Justice in China: Representation and Practice in the Qing.* Stanford. CA: Stanford University Press.

Lever-Tracy, Constance, David Ip, and Noel Tracy (1996). *The Chinese Diaspora and Mainland China: An Emerging Economic Synergy.* New York: St. Martin's.

Lindbeck, John M. H. (1971). *Understanding China.* An Assessment of American Scholarly Resources. New York: Praeger.

Lu, Hanchao (1999). *Beyond the Neon Lights: Everyday Shanghai in the Early Twentieth-Century.* Berkeley: University of California Press.

Nathan. Andrew J. (1972). "Imperialism's effects on China," *Bulletin of Concerned Asian Scholars* 4, 4:3—8.

Rowe, William T. (1984). *Hankou: Commerce and Society in a Chinese City, 1796—1889.* Standford, CA: Stanford University Press.

Rowe, William T. (1989). *Hankou: Conflict and Community in a Chinese City,* 1196—1895. Stanford, CA: Stanford University Press.

Rowe, William T. (1990). "The public sphere in modern China," *Modern China* 16, 3:309—329.

Said, Edward W. (1978). *Orientalism.* New York: Pantheon.

Woodside, Alexander (1998). "Reconciling the Chinese and Western theory worlds in an era of Western development fatigue (a comment)," *Modern China* 24, 2:121—134.

第三编

现实关怀的学术研究

专题一　实践社会科学建构

第 6 章

认识中国

——走向从实践出发的社会科学*

长期以来,无论是在国内还是国外,中国研究领域都因未能形成自己独立的学术理论而遗憾。在西方入侵之前,中国文明对本身的认识自成系统,藐视其他文明。但是到了近现代,这一认识全面解体,逐渐被西方认识取代。一方面,国内外中国研究也因此普遍从西方理论出发,不少学者甚至把它们硬套于中国实际,结果使相关研究不时走向歧途。另一方面,反对这种以论带史倾向的学

* 本章原载《中国社会科学》2005 年第 1 期。原作是中文的,没有英文版。本章第二部分"悖论社会与现代传统",载《读书》2005 年第 2 期。在写作和修改的过程中,夏明方、张家炎和白凯给了我很大的帮助。叶显恩、李放春、应星、张静、沈原、孙立平、王铭铭、郭于华、仝志辉、崔之元、彭玉生以及该刊的三位审稿人提出了宝贵的意见。另外,本人曾和李根蟠、曹幸穗和张小军讨论有关问题,受益匪浅。最后,此文的修改也得助于我为北大、清华等院校的 30 来位研究生开办"社会、经济与法律的历史学研究"研讨班上的讨论。

者,或者是提倡本土化的学者,又多局限于经验研究,罔顾理论,或者干脆认同传统中国文明。有的试图与西方理论展开对话,但一般只能说明中国实际不符合西方理论,却不能更进一步地提炼出自己的理论,与之抗衡。迄至今日,本土化潮流固然相当强盛,但同时又有许多西方理论在国内仍被普遍认为是"经典先进"或"前沿"的,是大家都必须与之"接轨"的。

这样,中国研究领域其实正被两种对立所主宰。一是西方化和本土化的对立,现在已经高度意识形态化和感情化,成为非此即彼的二元对立。二是与此相关的理论和经验的对立,等于把理论和经验截然分开。所以,我们必须超越这两种对立,做出有目标的选择和融合,并建立符合中国实际的新理论。本章试从认识方法的角度来探索一个可行的方向。

本章指出,现代西方的主流"形式主义"(formalism)①理论多从理性人的构造出发,把它作为一切理论的前提,这是它们基本的认识方法。近年来这种"启蒙现代主义"理论受到后现代主义的强烈冲击,对其隐含的西方中心主义、科学主义等理论提出多方面的质疑。在近年众多的理论之中,又有社会学—人类学领域的布迪厄提出的"实践理论"(theory of practice)对马克思、韦伯以来经典著作发出强有力的挑战,它试图超越过去主观主义和客观主义之间,以及意志主义和结构主义之间的长期分歧,并且提出以实践为根据的理论的设想。

---

① 英语"formalism"和中文译词"形式主义"意义不完全一致。在英语语境中 formalism 一般不带贬义,比较接近中文"'形式化'了的理论或认识"的含义,具体见以下关于韦伯的讨论。

布迪厄的设想其实和中国革命在大革命失败后形成的独特的认识方法有不谋而合之处。本章因此从这里切入,进而讨论其学术含义。排除其伴随的阶级斗争意识形态,这套认识方法在理念上接近于布迪厄的实践理论;在调查方法上,它类似于现代人类学;而在学术研究上,则在相当程度上体现在费孝通所进行的现代中国社会学、人类学研究中。它十分不同于儒家传统中的认识论和历史观,也与现代西方主流认识论迥异。它要求从实践出发,进而提高到理论概念,然后再回到实践去检验。正是这样的方法为我们指出了一条走向从实践出发的社会科学和理论的道路。

一、中国现代的认识论和历史观的形成

1927 年大革命的失败迫使中国革命运动的重心从城市转移到农村,它的社会基础也从工人转移到农民。但当时的知识分子对农村的认识大多十分有限(来自农村的当然除外),甚至是一无所知。明清以来,中国大部分知识分子早已迁入城镇,脱离农村生活。到了近代,随着城市现代化的进展,这种隔离更加显著,城市中的知识分子和乡村里的农民几乎生活在两个不同的世界。加上传统儒家思维方式——一个脱离社会实际的、用道德理想替代社会实际的思维方式——的影响,绝大多数知识分子都缺乏实际的、准确的关于农村的认识。正是在这几个历史条件的相互作用之下,形成了中国革命运动对其知识分子的特殊要求:深入农村学习,了解实际,从那里找出行之有效的措施和政策。

其后形成的是一个完全不同于儒家传统的历史观。它要求知识分子认同农民的立场和观点,一反过去以士大夫为中心的历史观。正是革命的需要使得中国共产党把历史视作由农民的利益和行动推动的历史。

在理论上,它要求从实践的认识出发,进而提高到理论,然后再验之于实践。只有行之有效的认识,才是真正正确地把实践和理论结合起来的认识。这一认识的集中点是村庄和农民的实践,截然不同于儒家集中于圣贤的经书,用道德价值来衡量一切的认识论。从这个角度来考虑,中国革命在其过程中形成的一套认识方法和历史观是十分革命性的,也是现代性的。①

当然,在中国革命的历程之中,有许多出于阶级斗争意识形态而违反这种认识精神的例子。但我们这里是要挖掘革命传统中符合它原先的认识理念的部分。中国革命之所以胜利,与其说是依靠马克思主义的理论,不如说是依靠以实践为先的认识方法对(当时共产国际的)马克思主义理论的纠正。

二、中国现代的认识方法和西方启蒙现代主义认识论的不同

这样的认识方法也十分不同于现代西方的主流形式主义认识论。后者从抽象化了的理性人的构造出发,以之为前提,作为一切认识的基础。如此的认识可见于许多西方近现代的经典理论。这里我将主要以韦伯的社会学和法律学为例,兼及亚当·斯密的古

---

① 李放春(2005)很具启发性地提出了"革命现代性"的概念。

典经济学。

韦伯本人便很有意识地把从现代人是理性人出发的形式主义和从道德观念出发的实体主义加以区别。毋庸说，他把自己看作一个形式主义者，这一点在他对现代社会、经济、政治和法律的一系列分析中表现得十分明显。

至于亚当·斯密，他的出发点同样是理性（经济）人的建构。斯密认为，在市场经济下，理性经济人会做出最合理的选择，追求利润最大化，由此推动社会分工，促进规模效益以及资本积累，伴之而来的是经济发展和国家富裕。

与西方现代主义的认识论截然不同，中国革命的特殊的认识方法产生于对大革命时期所犯过分依赖经典理论错误的反思，以及此后必须获得农民支持才可能生存的历史必要。这样的认识方法不同于形式主义从理论前提出发的演绎方法。（它也不同于归纳方法，因为它不仅要求从经验研究得出知识，更要求把知识提高到理论层面之后再返回到实践中去检验。）

中国革命的认识方法和西方现代形式主义认识方法的不同之处可以见于农民学三大传统及其对我们认识的挑战。形式主义的农民学传统是以追求利润最大化的理性小农为前提的；马克思主义反之，以被剥削而（在适当历史条件下会）追求解放的小农为前提；而实体主义则以追求满足消费需要，亦即生存需要的小农为前提。

但我们如果从农民实践出发，并以之为准绳，则小农很明显地同时具有这三种理论分别投射在他们身上的不同特征（我曾称之为三副面孔），而这三种特征占的比重分别因各阶层的小农而异，也因历史时期、历史环境而异。现存的三大理论中的任何一种显然都不能涵盖小农实践的全面，它们都是片面的。

如果我们的研究从实践出发，提出的问题便会很不一样。我们不会坚持以一种理论压倒另一种理论，也不会长期陷入无谓的意识形态的争论。我们会把注意力集中于悖论现象，承认从其中任何一个理论传统来看，农民的实践都有悖论的一面。我们需要了解和解释的是(从西方理论看来)矛盾的现实，不是争论哪一个理论是唯一正确的理论。同时，我们会注意到上述三种特征怎样并存，以及它们之间的互动和隔离，而不会去坚持把片面的真实当作唯一和全面的真实。

布迪厄的实践社会学的出现并不偶然。它是对过去形式主义历史社会学的一个重要理论批评。他要求从认识实践出发，一反过去从理论前提出发的认识方法。他又要求从微观研究的人类学出发，一反过去的宏观认识方法[从马克思、韦伯下来，到 20 世纪美国的历史社会学，从巴林顿·摩尔到查尔斯·蒂利，再到西达·斯考切波(Theda Skocpol)和迈克尔·曼(Michael Mann)，全是宏观的研究]。他试图超越形式主义中的主观主义和马克思主义中的客观主义之间的长期分歧，以及形式主义的意志主义和马克思主义的结构主义之间的分歧。从实践出发，他主张同时照顾到象征和物质因素[如他的象征资本(symbolic capital)概念]，以及主体与结构[如他的习惯倾向(habitus)概念，在倾向(predisposition)之上另有抉择]。

我们应把布迪厄的实践社会学与经验主义清楚地区别开来：他要求探索"实践的逻辑"，从实践中挖掘它的(常常是未经明确表达的)逻辑,由此提炼出抽象的理论概念,而绝对不是纯粹经验研究的累积。

但是,布迪厄本人并没有成功地把他的设想付之于自己的研究实践。在布氏自己关于卡比利亚(Kabylia)社区的实地调查研究中,他只不过梳理出了该社区在象征领域的一些结构性的构造,其写作的结果是横切面的结构性分析,并没有能够关注到纵向跨时间的历史实践过程和变化。其实,他的理论概念中最贴切的分析是他对(自己的)法国社会中高层社会阶层的分析,对其中的"象征资本"、微妙的社会区分(distinctions)以及阶级习惯倾向写得入木三分。但这些也主要是横切面的静态分析而不是跨时间过程的动态分析。

我个人认为费孝通所进行的研究要比布迪厄本人的研究更接近于后者的设想。首先,费孝通对开弦弓(江村)的研究非常贴近实际而又能从中提出高层次的概念。譬如,他一开始就根据农民的生产实践而把农村经济看作由种植业和手工业共同组成的结合体。这个概念看似简单却十分中肯。当时的许多农村研究只关注种植业,忽略了农村经济的一个主要问题和潜能。正是手工业领域才真正显出了当时世界经济大衰落对农村的影响,也正是手工业才具备后来乡村工业化的潜能。

费孝通的实地研究之所以能够在相当程度上体现布迪厄实践社会学的另一重要原因是历史变化本身。江村在后来的 60 年中经历了根本性的"转型"变迁。这是任何一种现存西方经典理论都不能包含的变迁,它使得过程性的历史分析成为必要。两种截然不同的结构的持续接触、交锋、汇合是不能以任何单一性结构来理解的。正是这样的历史情境迫使我们采取另一种认识方法来理解问题。要把握这一变化，也只有从实际的历史实践过程出发才有可能形成新的分析概念。费孝通的乡村工业化概念便是一个很好的例子。

另外，正因为费孝通的研究具有贴近人民生活实践的多面性，他才能不仅照顾到客观现象（譬如水稻生产），也照顾到主观现象（如农民对待"科学和魔术"的态度）；不仅析述了阶级和亲族的结构，也析述了个人意志和抉择（如江村的治理）。

其实费孝通所进行的研究从广义上来说，在学术上正体现了在中国革命过程中所形成的认识和调查研究方法。正是中国知识分子长期脱离农村，缺乏对农村的确切认识，迫使现代的知识分子要深入一个个村庄认识农村。正是在革命过程之中中国共产党别无选择地要依赖农民的支持来与国内外敌人作斗争，才迫使共产党必须准确地掌握农村的实际状况，从而寻找出一条行之有效的动员农民的行动路线。也正是在这种必要之下形成了世界上最重视社区田野调查的社会科学传统。在国外，只有人类学才用这样的认识方法，而它也主要用于对其他民族的研究，一般不会用于本国的社会。但是在中国，深入现场调查研究则被认为是理所当然的研究方法，不仅在人类学—社会学领域，就是在历史学、经济学、法学和政治学领域也常常如此。时至今日，国内各个社会科学领域的不少同人仍旧会带领学生去做田野调查。这是唯有在中国的社会科学领域才能看到的现象。即使是在改革和面向西方的今天，中国的社会科学家们仍然在有意无意中体现出现代中国革命遗留下来的认识传统。

这种认识方法和西方现代人类学方法不约而同地产生于两者的一个基本共同点。现代人类学之所以要用"参与者的观察"的认识方法,是因为它知道要了解一个和自己身处的社会完全不同的社会,我们不可以只依赖宏观分析和数据,否则就会在不知不觉之中运用那些自以为无须检验的"真理"和"前提",从而完全曲解了我们要了解的另一个社会。我们首先需要深入那个社会,了解它的不同的组织逻辑和社会成员的心态,也就是先在"感性认识"方面下功夫,然后才有可能把认识提高到分析概念层面。中国以农村包围城市的革命经历的认识基础,可以说是历史上最大的一次参与式调查。我们甚至可以说,唯有在中国的现代史中才能看到西方人类学的认识方法被成功地当作革命战略而运用于全社会。

但光是经验性的调查研究是不够的。中国革命之所以取得胜利,不仅是因为对一个个村庄的深入调查,还因为在相当程度上成功地结合了参与者调查的方法和对社会历史的宏观分析。(当然,其中也有许多由阶级斗争意识形态歪曲实际的例子。)同样地,布迪厄之所以成功,是因为他能从人类学的认识方法中提炼出强有力的对全社会的宏观分析概念。

但布迪厄既是成功的,也是失败的。他自己对卡比利亚的社区研究并没有能够超越其他人类学著作的局限。而费孝通的著作则能在深入的微观调查的基础之上,提炼出跨时间的历史实践演变过程以及强有力的宏观概念,并在其后获得被实践检验的机会。

三、走向从实践出发的社会科学和理论①

韦伯的宏观的跨社会、跨时期分析的焦点在于资本主义社会
及其文明。至于他对非资本主义的一些分析,则主要是用来作为
对照和陪衬的,以凸显资本主义的特征。马克思也是如此。他们
的长处在于结构性的分析,通过与其他类型文明的比较,点出一些
资本主义特有的组织性逻辑(如资本家对无产阶级剩余价值的剥
削,现代理性在政权、法律以及经济中的体现)。

理论界一个常用的手段是通过抽象化和理念化的理想模型
(ideal-types)的建构来显示一个整合了的系统的内在联系与逻辑
(如韦伯的现代理性官僚制度及其一系列的特征:专职化,专业化,
以职位而不是以人为主)。韦伯虽然也提到不同于他的理想模型
的历史现象——例如他对中国历史上实际的政权组织进行分析时
曾经引用自己的两个模型,即世袭主义和官僚制度[世袭官僚制度
(patrimonial bureaucracy)],认为对中国的实际要结合这两个理想
模型来理解,对中国的法律也同样要结合实体性和理性[实体理性
(substantive rationality)]来理解,但他并没有充分阐明这两个很具
启发性的念头。他的主要理论分析在于第一种方法,即把中国等

① 孙立平(2002)提出了"实践社会学"和"转型社会学"的设想,对我很有启发。但
我对"实践"概念的使用和孙先生颇为不同(也和布迪厄不完全一致)。他的"实
践"是主要相对于制度而言的,我这里的"实践"则更相对于理论和表述(表达);
他的"实践"主要针对"过程—事件分析"而言,我这里则更以长时期历史实践变迁
为主。我之突出认识论问题,以之为关键,孙先生大概不会同意,但我相信我们的
指向是基本一致的,或者起码是相辅相成的。

同于世袭主义政权的抽象模式和实体主义法律的抽象模式。批评他的后现代主义者在这一点上说得对:他主要是把中国当作陪衬性的"他者"来对西方作现代主义的也是西方中心主义的理念化了的概括。

而中国(以及许多其他发展中国家)自近代以来却是长时期混合不同类型的社会,无论是在帝国主义入侵后的清代,还是国民党治理下的民国时期,或是中国共产党治理下的社会主义中国,还是改革中的中国。结构性的理想模型分析有助于了解资本主义社会和前资本主义社会、工业社会和前工业社会(以及后工业社会或信息时代的社会)的一些(尽管是理念化了的)基本的、宏观性的不同。但用来理解一个长期在多种系统、多种技术时代并存下的社会,是远远不足的。人们或用资本主义理论,或用传统社会理论来试图了解近现代中国,得到的只是隔靴搔痒的感觉。

即使是在西方入侵之前的明清时期,也不符合马克思或韦伯的理念化了的类型。它充满悖论的矛盾现象。这是我在有关华北和长江的两本著作中所要表达的一个中心论点(黄宗智,1986,1992)。在现代工业化初步兴起的民国时期、中国共产党领导下的社会主义建设时期以及改革后的转型时期,也仍旧如此。

正是这样一个多种社会类型并存的社会,迫使我们抛弃简单的理念化了的类型分析和结构分析,而着眼于混合体中的历史演变过程本身。"转型"一词用于中国,不应理解为带有目的地从一个类型转向另一个类型,从封建主义转到资本主义,或从社会主义转到资本主义,而应看作一种持久的并存以及产生新颖现象的混合。正因为现有单一类型理论的不足,我们需要从混合社会的历史实际出发,来创建新的理论概念。

在这方面,布迪厄试图建立的实践理论是一个有用的方向和尝试。只有着眼于实践过程,我们才能避免理念化了的建构的误导,尤其是意识形态化了的建构的误导。同时,着眼于实践中未经表达的逻辑,正是我们用以把握不同于现有理论框架的新的概念的一条可能的道路。

至于后现代主义,正因为它对现代主义以及西方中心主义的建构提出质疑,也是我们可以利用的一套思想。同时,它强调非物质的心态领域也是对过去唯物主义的很好的纠正。但我们不能像许多后现代主义者那样否定一切经验证据,以致把所有认识都仅仅看作不同的建构。那是极端的相对主义。我们知道,对经验信息的真实与否作出正确的判断,在认识过程之中是非常必要的。现代中国的革命历程充满了正确的和错误的判断的例子。

四、一些初步的认识

(一)中国法律的实践历史

根据韦伯的建构,现代西方法律是理性的,是从(天赋)人权前提出发的一套原则,它们独立于政权,并且是施之于任何具体情况而皆准的法则。而中国传统的法律则是非理性的,出于统治者的道德理念(也就是儒家以礼、以和为先的理念),实质上是世袭主义统治的非理性手段。

国内外有的学者完全同意韦伯的建构,认为今日的中国如欲依法治国,必须全盘西化,建立和传统完全不同的法制。针对这样的移植论,有的学者则提倡面向中国的本土资源,从传统中发掘和继承可以用于今日的法律原则和制度。其中有的学者特别强调中国的调解传统,认为这是中国独有的优良传统。这种意见得到不少西方学者的认可。面对西方的极高的诉讼频率、极昂贵的律师费用,以及极严重的全法律制度危机,他们提倡借鉴中国的调解传统,发展西方(尤其是美国)的诉讼外处理纠纷的制度(Alternative Dispute Resolution,简称 ADR),用来控制诉讼频率。这样,就形成了全盘西化主义和本土资源主义两种意见的针锋相对,并且造成了现代和传统的非此即彼的二元对立话语环境。

中国的法律实践其实并不符合双方任何一面的建构。现代以前的调解其实主要是在国家法律制度之外的社区中进行的。正规法庭的主要手段其实是断案,而不是调解。县令调解其实只是儒家的理念,不是其实践。这是我从相当大量的诉讼案件档案中得出的一个经验结论(黄宗智,2001,2001b)。过去许多学术研究都把官方的构造等同于历史实践,其实是歪曲了历史的真实。从实践中来说,法庭调解其实并不是儒家法庭的实际行为,只是它的表达、它的理想建构。中国前现代的法庭,从实践来说主要是一个进行判决而不是进行调解的法庭。

法庭这样的实践说明的是清代的法律和治理既有它道德性意识形态的一面,同时也有它非常实际的一面。地方县官体现的其实是两者的结合,我曾称为"实用道德主义"。结合道德高调的意识形态和十分实际的法庭实践,其实是它未经明言的逻辑,也是它能够长期维持顽强的生命力的原因之一。

　　这里,让我简短地谈谈相关话语的研究及其与实践的关系。一般的研究只分析官方话语。民间话语,尤其是农民的话语,因为缺乏资料,不容易掌握。但我们不必完全局限于官方表达的分析。如果我们着眼话语实践,区别意识形态化了的官方话语及其实用话语,我们就可以看到在官方表达层面下的运作实际。例如在汪辉祖的著作(1939)中,两种话语即并存不悖。其中有当时已经公式化了的一些理想仁政和道德的表达,也有关于实际运作的实践话语。后者显示:调解是民间所为,明判是非的断案乃是法庭所用。儒家仁政理想把民事纠纷当作不重要的"细事",但在地方官员的治理实践中,"细事"的处理其实十分重要。而在处理这样的"民事"案件时,清代法庭实际上经常按法律明判是非。

　　进入现代,我们可以看到国民党统治下模仿德国民法典的《中华民国民法典》本身其实也对应社会现实而做了适当的修改。最显著的例子是典地制度。西方没有这个制度。德国民法典只有买卖、租佃、抵押和质权的制度,没有"典"的概念。中华民国民法最后是使用了民间原有的词——"典",来表达这样一个中国比较独特的保留回赎权的土地买卖和借贷制度。这是法律的实用话语,和它原先全盘移植德国现代法律的用意不同。

　　进入中华人民共和国,一个很重要的变化是民间社区调解的正规化以及法律化。同时,法庭开始大规模进行调解,完全不同于前现代的中国法庭。我们可以说,真正普遍地进行调解的法庭,并不是中国法律前现代的传统;它其实是中国共产党的发明。

　　同时,中国的所谓调解和西方人心目中的调解很不一样。它可以用相当程度的强制性手段,包括法官明确对当事人说明法庭的立场,其隐含的意思就是,如果当事人不接受法庭的调解,法庭就会依法判决。另外法庭也可能动员当地的党、政组织,对当事人施加压力,或者是给予当事人实质性的利益刺激(诸如安排好的工作、解决住房问题),凭这种办法来调解解决纠纷(尤其是离婚案件)。更显著的是法官的调查研究行为深入现场,访问当事人和社区领导及亲邻,了解实际情况,尽可能在真实确切的信息基础上进行调解。这种行为延续至今。在西方的按钟点计时收费的法律制度之中,这是完全不可想象的。这本身也是上面讨论的革命认识论传统的一个体现。这些都超出了西方概念之中的"mediation"可能使用的手段,它是现代革命政党在一定历史条件下的独特产物,具有它独特的未成文的逻辑,既不同于任何西方形式主义的理论建构,也不同于反对全盘西化的本土资源论者想象中的中国传统法制。

其实,中国前现代法律传统的可取之处不一定在于它对自己的不符合实践的表达。诉讼案件档案显示了清代法律实践中出人意料的一种社会公正精神。上面已经提到了"典"的制度:它赋予不幸被迫典卖土地的小农以相当有利的、几乎是无限期的回赎权,并且是以原价回赎的权利。同时,清代法庭相当普遍地禁止超过月利三分的"违禁取利"。再则是佃农的"田面权",成文法律虽然没有给予其正式认可,但是我们可以看到,法律实践对这种保护租地人权利的民间习惯基本是放任的。当然,社会公正绝对不能说是当时法制的主导思想,但这种法律实践所包含的逻辑仍然不失为今日值得借鉴的一个传统。

(二)中国经济的实践历史

亚当·斯密的形式主义经济理论认为,理性经济人在市场环境下会促进经济发展。因此,我们一旦看到明清时期相当程度的市场经济发展,便会以为伴随它的应是相应的经济发展。国内外有学者从这样的观点出发,坚持 18 世纪中国江南地区的经济是和当时的英国旗鼓相当的,因为两者同样是"斯密动力"之下的经济。

这样的论点正是形式主义理论前提对实际情况的误导的又一个例子。18 世纪英国的经济是一个极其独特的经济。它显示的是前工业社会中极其少见的农业劳动生产率的(将近)成倍提高。同时,其也呈现了新的手工业的发展,它逐步独立于农业,成为当时小城镇大规模成长的基础,并引起了一系列有关人口行为的变化。再则是科学革命条件的形成,以及英国当时独特的煤炭业的极早发展,等等。英国工业革命的形成实际上是好几个相对独立的历史趋势的偶然交叉所致,当时不可见于世界其他地方。18 世纪中国的江南既没有成倍的农业劳动生产率的提高,也没有农业手工业的分离,因此也没有英国规模的城镇兴起,更毋庸说它的人口行为变迁。把它等同于英国经济,有悖于近几十年来的学术研究所积累的经验证据(黄宗智,2002)。

但是,这个明显错误的论点仍然具有相当的影响。我们要问:它为什么会被一些人接受?在美国,部分是因为意识形态的推动。这些人的用意是把世界上的经济全都纳入亚当·斯密的模式之内。我们不要被他们在斯密模式上附加的一个花样——英国煤炭资源的偶然性——愚弄。有人因此认为他们并不是简单的市场主义者。但是我们要问:现代经济发展,在"斯密动力"之外,是不是真的那么简单地只需要煤炭便能促成? 18、19 世纪的中国是不是只要有了煤炭便真的能像英国那样进入工业革命?

他们的另一个附加花样是后现代主义的"去欧洲中心化"口号。国内可能有人会觉得在这一方面他们的论调很有吸引力,因为把 18 世纪的中国说得十分美好,甚至领先世界,足可使人感到骄傲。(但是,果真如此我们又该怎样去理解其后 19 世纪的中国?)其实,无论他们的意图如何,这样的论点和 20 世纪 50 年代美国保守派反共、反中国的论调客观上是一致的。当时的看法是传统中国文明十分灿烂,因此,共产党革命完全缺乏任何历史和社会基础。现在,美国 20 世纪 50 年代保守主义的这一套看法,已经被新保守主义完全恢复了。他们认为中国革命是全盘错误的,直至改革开放,中国终于抛弃了无谓的革命,才正确地走上了像西方一样的市场主义的道路。在本质上这是纯粹的西方中心论:英国的资本主义经济,通过斯密古典经济的市场主义的抽象化、理念化,乃是放之四海而皆准的唯一正确的经济发展道路。正是在这种意识形态和政治权力的推动之下,才会使明显错误的论点仍然具有一定的影响力,起码在美国如此。

这里要简略地讨论一下美国知识界今天出人意料但也是完全可以理解的,新古典经济理论和后现代主义的一些学者的联盟。表面看来,两者应是水火不容的。前者自视为保守主义者,而后者多认同于激进主义。但是,两者有一些很重要的共同点。第一,无论是指向西方发展模式的古典经济论,还是指向前现代传统(受西方现代主义影响之前)的后现代主义,都同样无视中国革命传统。

第二,两者在认识方法上有一个十分基本的共同点:否认经验证据的真实。正是这样的认识态度使明显违反经验证据的 18 世纪中英等同的论点得以具有相当的影响。①

国内大部分学者并不接受 18 世纪中英等同的论点,因为多年的经验研究的积累不允许这样,但可能有不少人同意它依赖的新古典经济学理论。我个人以为,过去国内的中国经济史研究之所以能够领先全世界,是因为它同时包含生产力和生产关系两方面的研究(虽然当时的意识形态比较倾向生产关系),在中国社会科学院经济研究所里可以说是体现于吴承明和李文治二位先生的研究,而不是单一的"一面倒",因此发挥了马克思古典政治经济学的内在威力。但是今天的市场主义论其实只考虑马克思的所谓生产力,而无视生产关系,抛弃了马克思理论的"一条腿",也抛弃了过去多年积累的经验证据。国内农史学传统所积累的关于生产状况的知识就更不用说了。我认为马克思主义政治经济学需要在生产力和生产关系两者之上再加上生产状况这第三种因素。此外是人口问题,虽然该问题可以纳入生产力研究,但国内长期对这个因素考虑不足。再则是环境因素,这在前现代农业经济中明显是个关键因素,过去对其也考虑不足。像亚当·斯密那样只用市场机制和理性经济人的构造来解释一切经济现象,是一条狭窄的道路,它不能包含中国经济方方面面的复杂历史实际,例如,由帝国主义、阶级剥削或小农生存所推动的市场化。这是我在有关长江的著作(黄宗智,1992)中已经提到的论点。

---

① 也正是在这种认知态度的情境之下,布什政府才无视经验证据而使做出发动伊拉克战争的决策成为可能。

如果着眼于中国明清时期农村的生产实践,我们看到的不会是像 18 世纪英国那样的农业资本化,肥料投入和劳动生产率的近倍增加,以及农业手工业的分离,而是与亚当·斯密理论期待相悖的现象。农民生产实践显示的是农业生产长期徘徊于基本同样的水平,手工业、农业长期相互结合于一家一户。即使进入现代,农村生产实践仍然基本维持原来的状态。

问题是为什么。我认为,这些悖论现象所显示的是这个经济在实践中的生存逻辑。在人多地少的压力之下,小农家庭同时借助于种植业和手工业来维持生存,缺一不可。两者中的任何之一都不能单独周转,因此长期结合,这与英国近代早期趋势相悖。费孝通的江村研究正凸显了这个特点。

进入中国共产党治理下的农村集体化时期,农村的生产单位规模扩大。根据当时中国的意识形态理论,接下来的应是在农业现代化(包括机械化、化肥投入、机动灌溉、科学选种等方面)的同时出现相应的劳动生产率的提高。但是,集体单位的生产实践显示的却是在多方面的现代化进程之下进一步的内卷化——劳动生产率及劳动报酬并没有相应提高。如此的实际所显示的逻辑是现代投入所产生的发展被高度内卷化的劳动投入蚕食掉,结果是农村收入和生活水平停滞不前。

改革时期,农村工业蓬勃兴起,吸收了 1 亿多的农村劳动力,先进地区明显有农业生产去内卷化的趋势。其后,城市工业的高速发展以及大量外来资本的投入,又吸收了约 1 亿农村劳工者。这些都是规模非常大的变化。但是,由于中国的乡村人口规模是如此巨大,劳动力是如此密集,以致时至今日,除了沿海一带,农业生产实践基本还是小规模低劳动生产率型的生产。适度规模的设想(具有进一步资本化和较高的劳动生产率的生产)仍旧有待于将来。相对国内工业经济以及信息产业经济,农业生产人均收入仍然偏低。截至今天,部分农村人口仍然生活艰难,农村经济变迁仍然存在上述种种悖论。中国农村经济的全面发展仍旧有待于将来。

这个简单事实,若从西方现代形式主义的认识方法出发,便很容易被忽视、抹杀。他们总是以理论前提的期待来替代实际,认为在市场经济下每个人的理性抉择必定会推动经济发展以及人民生活的全面现代化,因此完全无视中国 18 世纪以来长期的社会危机。然而,现代中国革命过程中所形成的认识方法不允许我们这样做,它要求我们面对实践,从事实出发。正因为社会现实不符合现存的理论建构,我们必须深入社会去了解它的实际及其运作逻辑。今天,我们需要的是从农村人民的生活实践出发的分析和理论概念。若从纯粹出自理论的"假设"出发,很容易完全脱离实际、歪曲事实。部分农村人口的持续贫穷说明了中国从 18 世纪以来长时期存在的社会问题,绝不可与英国和西欧相提并论。

正如有学者所指出的,今天我们看到的是三种不同时代、不同技术的经济的共存(孙立平,2003):仍旧主要依赖人力畜力的农业和农村手工业,使用无机能源的城市和城镇工业,以及后工业时代的信息产业。而在各个系统中人民的待遇和生活(以及心态)又极其悬殊,因为今天在一个经济系统中的阶级分化之上更加上了不同经济系统的分化。这种悖论性的共存造成不同于现存理论的社会实际,也迫使我们对它的不同部分及其之间的交接互动(民工问题便是一个交接性问题)作深入的社会调查。我们需要通过历史实际来建构关于这种混合多种经济的理论概念。

(三)中国社会的实践历史

在市场主义的理论建构中,明清以来的中国社会历史,一如它的经济历史,与英国的模式应该是相似的。

但是,中国明清以来显示的却是一系列的悖论现象。首先是明清时期手工业的社会基础。上面提到,英国早期工业化过程中出现的是手工业和农业的逐渐分家,使城镇成为手工业中心,脱离农业,也因此降低了结婚年龄(年轻人不必等待继承家庭农场而成家,可以凭手工业收入成家),同时提高了成婚率(更多的次子、三子等人可以成家)。但中国江南等地区的手工业兴起却一直和农业连在一起,成为农民生存依赖的"两柄拐杖"[这是我在有关华北的著作(黄宗智,1986)中使用的形容],缺一不可。我在有关长江的著作(黄宗智,1992)里称其为农村生产的"家庭化",这里不再多论。

英国和西欧的小城镇是伴随早期工业化而兴起的。其大城市的成长见于(其前的中世纪和)其后 19 世纪的工业时代。而中国明清时期虽然有一定数量的小城镇的兴起,但真正大规模的小城镇发展要到 20 世纪 80 年代伴随快速的乡村工业化方才兴起。相对英国,中国的情形也是悖论:近现代发展先出现在大城市,而后才是小城镇,与西方的过程相反。这里所包含的经济发展逻辑是以大型工业带动小型工业,先用计划经济的强行高比例资本积累,在大型工业上取得突破,再由它来带动小型工业,而不是西方的相反的模式。费孝通说得好:西方的模式是"大鱼吃小鱼,小鱼吃虾米",而中国乡村工业发展的模式,起码在其初期,却是"大鱼帮小鱼,小鱼帮虾米"。

最近十多年来,随着跨国公司(全球)资本的大规模输入,中国社会又一次显示出悖论性的变迁。上面提到,在当前的社会中,我们看到的是人类历时数千年的三大社会经济系统的同时并存:传统农业及其社会,现代工业的城市社会,以及最近的后工业(信息技术)社会,这不符合经典理论家们的建构。无论是斯密、马克思还是韦伯,他们构造中的西方现代社会是一个由资本主义逻辑整合了的社会,而不是一个长期结合多种社会类型的社会。

并且韦伯认为,伴随资本主义经济而兴起的应该是越来越理性化的社会。其政治体系应是一个理性法律、理性国家机器以及理性民主制度的体系。但近现代中国的实践却又是悖论的:它具有相当部分韦伯称作世袭主义以及国家主义的特征,也是一个政治变迁在相当程度上与经济发展脱节的社会。

另外,布迪厄虽然很具启发性地提出了象征资本的概念,把马克思主义的阶级和权力关系分析延伸到非物质的象征领域,但他完全没有考虑到在社会转型中象征和物质领域可能背离,以及背离可能引发的现象。现代中国的历史经验告诉我们,转型中的社会极容易出现象征和物质领域的背离,而在两者的背离之中,会出现许多不寻常的与现存理论完全相悖的现象。一个例子见于土改中的农村。有人通过社区研究,说明一个非常矛盾的现象(张小军,2003;参见黄宗智,2003a):正是在阶级的物质基础被完全消灭的时候,阶级的象征建构被提高到前所未有的决定性地位。正是在地主失去了土地之后，他的阶级象征标榜对他的社会命运起了前所未有的作用。同样，在"文革"期间，正是在国内资本主义失去了所有的物质基础（包括国家赎买私人资产的年利五分公券的有效期的终结）的时候，所谓资本主义路线和"走资派"变成了关键性的象征标榜。我们要问：为什么会有这样的现象？它包含什么样的逻辑？

这一切都是我们研究中国社会科学的学者面临的挑战：怎样从实践的认识而不是西方经典理论的预期出发，建立符合中国历史实际的理论概念？怎样通过民众的生活实践，而不是以理论的理念来替代人类迄今未曾见过的社会实际，来理解中国的社会、经济、法律及其历史？我曾经建议：我们要到最基本的事实中去寻找最强有力的分析概念。一个做法是从悖论现象出发，对其中的实践做深入的质性调查（当然不排除量性研究，但是要在掌握质性认识基础之上来进行量化分析），了解其逻辑，同时通过与现存理论的对话和相互作用，来推进自己的理论概念建构（黄宗智，1993）。在这个过程之中，我们不妨借助有用的西方理论，尤其是针对西方现代形式主义主流的理论性批评。我们真正需要的是从实践出发的一系列新鲜的中、高层概念，在那样的基础上建立符合实际以及可以和西方理论并驾齐驱的学术理论。这是一个艰难的工程，不是一个或几个人所能完成的，甚至不是一代人所能完成的工程，但我们可以朝着这个方向走，逐步建立从实践出发的社会科学和理论。

参考文献

费孝通(1984):《小城镇 大问题》,载江苏省小城镇研究课题组编《小城镇 大问题:江苏省小城镇研究论文选》,南京:江苏人民出版社。

黄宗智(1986):《华北的小农经济与社会变迁》,北京:中华书局(2000 年再版)。

黄宗智(1992):《长江三角洲的小农家庭与乡村发展》,北京:中华书局(2000 年再版)。

黄宗智(1993):《中国研究的规范认识危机——社会经济史中的悖论现象》,《史学理论研究》第 1 期(有删节),全文转载黄宗智(1992)。

黄宗智(2001):《清代的法律、社会与文化:民法的表达与实践》,上海:上海书店。

黄宗智(2002):《发展还是内卷? 十八世纪英国与中国——评彭慕兰〈大分岔:欧洲、中国及现代世界经济的发展〉》,《历史研究》第 4 期。

黄宗智(2003a):《中国革命中的农村阶级斗争——从土改到"文革"时期的表达性现实与客观性现实》,《中国乡村研究》第 2 辑,北京:商务印书馆。

黄宗智(2003b):《法典、习俗与司法实践:清代与民国的比较》,上海:上海书店出版社。

李放春(2005):《北方土改中的"翻身"与"生产":中国革命现代性的一个话语—历史矛盾溯考》,《中国乡村研究》第 3 辑,北京:社会科学文献出版社。

孙立平(2002):《实践社会学与市场转型过程分析》,《中国社会科学》第 5 期。

孙立平(2003):《断裂:20 世纪 90 年代以来的中国社会》,北京:社会科学文献出版社。

汪辉祖(1939):《学治臆说》,见《丛书集成》,北京:商务印书馆。

张小军(2003):《阳村土改中的阶级划分与象征资本》,《中国乡村研究》第 2 辑,北京:商务印书馆。

Bourdieu, Pierre (1977). *Outline of a Theory of Practice*. Cambridge, England: Cambridge University Press.

Bourdieu, Pierre (1990). *The Logic of Practice*. Stanford, California: Stanford University Press.

Fei, Xiaotong [Fei, Hsiao-tung] (1939). *Peasant Life in China: A Field Study of Country Life in the Yangtze Valley*. New York: Dutton.

Said, Edward W (1978). *Orientalism*. New York: Pantheon Books.

Smith, Adam (1976). *The Wealth of Nations*. Chicago, University of Chicago Press.

Weber, Marx (1968). *Economy and Society: An Outline of Interpretive Sociology*. 3 vols. New York: Bedminster Press.

第 7 章

悖论社会与现代传统 *

西方主流形式主义理论大多把现代早期以来的西方设想为单向整合于资本主义逻辑的社会,但是明清以来的中国实际明显不符合这样的逻辑,而进入近现代,在西方帝国主义冲击之下,仍旧如此,甚或有过之而无不及。但是,由于现代西方的势力和理论一直主宰着全世界,中国(以及大多数的发展中国家)主要使用西方理论来认识自己,结果把实际硬塞进不合适的理论框架。本章试图提出一个不同的认识方法:从实际出发,使用“悖论社会”(Paradoxical Society)概念来突出它们违背西方理论信念的实际。探讨的重点仍旧是社会史、经济史和法律史。需要说明的是,英文

---

* 本章原载《读书》2005 年第 2 期(有删节)。这里收入的是原稿全文。原稿是用中文写的,没有英文版。此文写作、修改过程中,夏明方、孟宪范、张家炎、白凯、李放春、崔之元、林刚、安秉駧(Ahn Byungil)、苗文龙和刘莉给了我很大的帮助,谨此致谢。

"paradox"和中文"悖论现象"一词的含义不完全一致：前者指的不仅是个别违背理论预期的现象，更指一双双相互矛盾、有此无彼的现象的同时存在。因此，只要我们敢于正视这个悖论现象，便会立刻对预期它们不会同时并存的理论信念及其所包含的因果逻辑提出质疑。本章对"悖论"的使用将以此意为准。此外，本章还用"现代传统"（新传统）这一概念来突出已经具有一个半世纪历史传统的中国近现代实践对这个现实所做的回应及其所包含的"实践逻辑"，进而探讨现代传统中的理念传统。我认为，正是悖论社会的现实以及现代传统中的实践和理念传统，为我们提供了一个建立符合中国实际的学术理论和发展道路的方向。

一、悖论社会

我曾在《中国研究的规范认识危机——社会经济史中的悖论现象》一文中突出了中国明清以来的诸多悖论现象（paradoxes），认为我们如果从实际而不是西方形式主义理论信念出发，便会看到中国社会存在许多悖论现象。由此出发，便会对西方主流理论提出质疑，不仅是描述性的质疑，也是对其所包含的因果逻辑的质疑，比如，对商品化必然会导致经济全面发展的信念的质疑。同时，更会突出怎样来解释中国的现实的问题。我的"内卷型商品化"和"没有发展的增长"等概念乃是这样的一个初步尝试（黄宗智，1993）。

在帝国主义入侵和西方的强烈冲击之下，上述许多明清以来的悖论现象进一步地深化和显著化。帝国主义确实促进了中国的进一步市场化,但是中国经济在那样的刺激之下,只出现了极其有限的发展,也有因破坏而引起的贫困化,但主要的趋势仍是广大农村经济的继续内卷。同时,帝国主义虽然一定程度上触发了城市的发展,但是没有同时促进农村发展。这样,形成了另一对相关的悖论现象:没有乡村发展的城市发展。①

西方主流形式主义理论所考虑到的主要是西方社会本身,把它理念化为一个整合于资本主义的市场经济以及随之而来的一系列变化的历程,把那些变化等同于理性化、资本化、民主化、(理性)官僚制度化、法治化等一系列直线性的现代"化"的过程。当然,西方的社会实际绝对不那么简单,也具有一定程度的悖论性,但它们绝对不会像中国(以及其他第三世界国家)那样,出现在西方的侵略之下形成的外来影响与本土文明长期并存的现象。这种并存本身便是一对主要的悖论现象。

人们试图用西方的现代化概念和话语来理解、描述中国近现代的变迁。但是,这些"启蒙现代主义"所构造的概念用于中国,除非硬套,最终只能突出一系列的悖论实际。在西方,(从西方理论看来)悖论是比较不常见的现象,但在第三世界它是常见的、普遍的。因此我要在这里突出"悖论社会"这样一个概念。如果说西方近现代社会的逻辑是斯密和韦伯的资本主义化和理性化,那么中国近现代社会的逻辑则是多重悖论和矛盾。

毋庸说,形式主义经济理论是不会承认第三世界中的悖论实际的。它会坚持理性经济人在自由贸易的环境之下,必定会推动

---

① 亚当·斯密的理论预期是城乡交换以及伴之而来的良性互动与同步发展(Smith, 1976)。

广泛的、城乡互动的经济发展,造成西方式的整合。但是,我们知道,这正是帝国主义在 19 世纪所用的理论借口。[虽然如此,今天有一些中国学者倾向于使用(新)古典经济学框架来硬套中国社会实际。这是一个复杂的、令人费解的现象,但我们可以由此看到西方主流理论的学术霸权影响。]

有人也许会认为"悖论现象"概念本身就有问题,因为它是一个以西方为中心而衍生出来的概念:唯有从西方形式主义理论概念出发,才会显得是悖论。我在这里要再次说明,提出悖论,绝对不等于用形式主义理论来认识中国。因为,唯有从实际出发,才能看到悖论,而从悖论出发,必定会质疑今天压倒世界的西方主流形式主义理论,并突出建构另一种理论的必要。我这里用"悖论",正是为了凸显西方理论逻辑在中国的不适应,从而提出面对中国社会实际的命题。只有从这样的实际出发,才有可能建立不同的新理论体系,既能与西方理论对话而又能独立于它的理论体系。

其实,韦伯本人已经意识到中国实际并不符合他的理想模型,并试图同时使用自己的两种模型来理解中国实际(Weber,1968)。我们如果沿着他那条思路去认识中国,便会设想前现代和现代社会并存和相互作用,世袭主义统治和现代理性官僚制度并存,非理性卡迪法制和现代理性形式主义法制并存,资本主义与前资本主义并存,前市场身份经济和市场契约经济并存等悖论现象。这样,其突出的问题便会变成不是单向的整合,而是两种系统并存的悖论实际,以及它们之间的交接、矛盾和互动,而不是单向的"化"。

二、二元对立的语境

帝国主义不可避免地激起了相应的民族主义和感情,并因此把人们推向相反方向。对"五四"时期的知识分子来说,西方既是(帝国主义)敌人也是(科学、民主)模范,而中国则既是爱国的感情依托,也是憎恶的落后对象。在这样的感情张力下,提倡现代化似乎是在支持帝国主义,而指向传统似乎是在反帝。因此,很容易形成一种非此即彼的二元对立的思维模式,迫使人们否认中西并存的基本实际,要么简单地完全接受西方理论而否认中国悖论实际,要么完全否定西方而无视悖论实际双方中的一方。

这样的二元对立倾向仍可见于今天中国研究的各个领域。在法学界,主张全盘西化的移植论者和与其唱反调的本土资源论者针锋相对。前者认为自己才是真正心向依法治国、迈向民主政治改革、追求现代理性治理的人,而后者则认为前者过分崇洋、轻视本国传统以及中华民族的优点。

在经济学界,自由主义派和其反对者同样对立。前者认为,唯有全盘资本主义化以及产权私有化,才有可能促进像西方那样的全面发展和现代化;延续或扩大国家所有只会带来进一步的(腐败的)官僚化。而后者则指出国家官僚控制下的私有化所引起的一系列弊端,以及经济"转型"中的诸多违背社会主义理念的社会公正问题。

在历史学界,西化论和反西化论同样对立,并且最近在其张力之下形成了一个古怪潮流:把清代时期的中国说得十分美好,说它是中国历史上市场经济最发达的"高峰",与 18 世纪的英国并驾齐驱,甚至领先世界。从经验证据来说,这是完全违背实际的观点[我已经对有关经验证据作了详细讨论(黄宗智,2002),这里不再多论]。它之所以仍旧具有一定的影响,部分原因是出于民族感情:将传统中国与西方等同,使人们感到骄傲。这是它民族感情的一面。同时,它又用西方(新)古典经济学的理论来理解中国,这是它西化的一面。把两者合并,就可以用市场经济来连贯灿烂的 18 世纪中国和改革开放后的中国,凭此打造出一个由市场经济推动的非常强大的中国的前景。这个论调的部分吸引力在于它既拥抱民族感情又拥抱西方化,即在感情上做到既反西方又拥抱西方,既反中国传统又拥抱中国传统。

在中西传统长期并存的悖论实际下,这样的感性拉锯当然是完全可以理解的。但是,中国近现代最基本的国情之一就是西化和本土化的长期并存以及两者的相互作用,缺少其中任何一个,都会脱离实际。面对历史实际,我们更需要探讨的是两者的并存和互动。最为关键的是首先要超越非此即彼的二元对立的语境,从两者共存的现实出发寻找出路。今天的中国学术界,虽然在一定程度上受到非此即彼的二元对立思维模式困扰,但是已经显出不少超越这种对立的动向,这一动向也是我们应该认可和参与的动向。

三、形式主义的误导

正是中西共存以及悖论的实际要求我们采取不同于从理论前

提出发的西方主流形式主义认识方法来认识中国。若从"启蒙现代主义"的人是理性人的理论前提出发，预期现代社会必定会整合资本主义市场经济、社会、政体和法律逻辑，那么我们就必定会否认中国的悖论实际，因此陷入西方现代和中国传统的二元对立的非此即彼的争论。

现代形式主义理论之所以把人们推向这样的选择，不仅由于现代主义的实质性内涵，也由于它所提倡的认识方法。因为形式化理论在它理性人的前提之上，更要求在话语上规范化以及逻辑上整合化（也就是"形式化"），把其前提贯彻于全套理论。形式主义理论其实不仅是一套理论，也是一套建构理论的方法，一套如何把知识系统化进而提高到理论层面的方法。因此，它对我们的影响不仅在于它的实质性内容，也在于它所要求的认识方法是被现代人广泛看作"科学"的方法。

人人的行为都是理性的行为这个前提显然不符合实际，因为就凭日常的接触和观察，我们都会知道许多人的行为是出于感情用事的，理性常常只不过是借口。也就是说，斯密的经典经济学和韦伯的经典社会学的理论前提都是很片面的。但是，它们仍然能够屹立不倒，并且压倒其他的理论，许多主流社会科学家们甚至简单地把它们等同于实际。这是因为在意识形态因素之外，还有科学主义在起作用。现代科学要求人们把知识形式化，也就是说构造一系列只有"专家"们才能了解的专用话语和概念。这样，便只有专家，也就是已经接受其理论前提的人们，才对其拥有发言权。普通人不可问津，更毋庸置疑。正是在这样的科学主义的构造和制度之下，形式主义社会科学，尤其是经济学，能够长期卫护自己的主流地位。

西方现代科学主义对中国语境的影响可以见于中国语境对"形式化"的理解：根据严格的现代西方哲学的定义，"形式化"概括的是"科学方法"，是现代科学认识所必需的方法。但是，如果我们离开这种对"形式化"的严格用法，便会看到在广泛的知识界的话语实践之中，自然而然地对"形式主义"形成了一种贬义性的使用，认为它过分依赖形式，忽视实际。当然，有的人会认为这是一些非专家知识分子无知，他们不了解深奥的科学认识方法，但我认为这正体现了人们在话语实践之中的智慧，他们不接受科学主义的误导。可是，人们虽然反对"形式主义"，却多迷信"科学方法"，没有意识到科学主义所体现的正是形式主义。

今天，我们需要摆脱形式主义从理论前提出发的认识方法的束缚，而从人们的实践出发去认识中国。与理论建构不同，人们在实践之中，一般会自然而然地面对现实。它不会像理论那样要求自洽、整合于逻辑，因此作出非此即彼的一元选择。它会从二元或多元的实际出发，允许矛盾和非逻辑的存在，或者要求协调、综合两组不同的建构，并在此基础之上作出行为的抉择。我们也可以说，相对理论而言，实践是比较均衡的，它不会像理论那样一再大幅度地摇摆和一面倒。中国的近现代充满这样的实践及其所包含的逻辑。[1]

---

[1] 这里用的概念可以缩减为"实践历史"，与布迪厄的"实践"和"实践逻辑"概念有一定的关联，但不完全一致，因布迪厄并没有认真考虑历史变迁（Bourdieu，1977）。

四、实践的现代传统

二元对立的语境所造成的误区之一是无视现代传统。对立的是西方的现代和中国的前现代,非此即彼。我们看到,形式主义经济理论所主宰的经济史,用亚当·斯密理论连贯 18 世纪中国和改革后的中国,基本无视其间将近两个世纪的时期。而本土论者则指向未经西方入侵和影响的中国传统,因此同样忽视中国近现代历史。此外,本土论者所借助的后现代主义是从全盘否定西方现代主义出发的,因此只关注(受西方影响之前的)"传统",同样无视近现代史,包括中国革命在内。① 这样,完全抹杀了近一个半世纪以来在中西并存下所形成的"新传统"——我在这里称之为"现代传统"。而正因为在理论领域长期存在非此即彼的二元对立,具有协调双方性质的现代传统主要凸显于实践,而不是建构,所以我们今天要走出这个理论上的和话语上的二元困境,必须着眼于实践及其现代传统。

我在上一章"认识中国——走向从实践出发的社会科学"中已经突出中国革命运动在大革命失败之后,在特定历史条件之下所形成的独特的认识方法:要求从对农村的实践的认识出发,提高到理论概念,再回到农村去检验。这是和儒家认识传统相悖的认识方法,也是和西方现代要求形式化的(把理性人作为前提的)所谓

---

① 格尔茨的"地方性知识"构造把西方现代与地方传统进行二元对立,非此即彼,因此完全把二者共处的近现代排除在其注意之外(Geertz, 1978;1973)。见黄宗智(2003a;第 119—122 页)。

科学方法相悖的认识方法。虽然在整个革命历程中多次由于阶级斗争的意识形态而违背了这种认识理念和精神，但它不失为现代（革命）传统中既是革命性的也是现代性的一个"传统"。

除了革命运动本身的胜利之外，这个认识传统的威力也可见于其他特定领域。譬如在卫生领域，正如有人证明的，中国共产党十分可取地避免了囫囵吞下现代科学主义的错误，而国民党的抉择就是如此。国民党统治者几乎完全接受西方的现代医学知识及其理论和价值观，认为传统医学是不科学的、不可取的，因此在上海和北京等大城市用国家政权（通过赋予执照的控制权）试图建立新的基于西方现代医学的卫生体系。虽然有个别乡村改良主义人士提出重新培训现有乡村产婆的设想，但是在当时农村实际情况下，现存产婆多是由农村有生育经验的妇女"兼任"的，她们大多不能脱离家庭参与新式的（要求在城市居住几个月的）训练。而接受过新式训练的"助产士"也不会进入农村服务于贫穷的农村人民。结果国民党的卫生制度只见效于大城市，并没有对农村当时的卫生制度起实质性的改革作用。农村新生婴儿的死亡率也因此徘徊于原来的 25% 左右。但中国共产党则从农村实际出发，在认可旧式产婆的经验认识之上，采取最简单廉价的办法给予她们一些基本的现代卫生知识（譬如洗手、剪指甲、烧水消毒），凭此在短短十年之中把婴儿死亡率降低到原来的 7%，因而在"大跃进"之前便在这方面几乎达到世界先进的水平。这是十分值得赞赏的实践经历，也是包含着反对简单的现代西方科学主义的逻辑的经验（Byungil Ahn，2011）。

在法律领域，如果我们只着眼于理论构造，中国的近现代法制似乎一无可取。革命运动时期,因为中国共产党把清代的传统视作落后的封建传统,同时又把国民党模仿西方(主要是德国)的法制视作资产阶级法律,因此只面向苏联,模仿其制度。但是,随后而来的是中苏的分道扬镳,以及再后来苏联的解体。因此,在中国近现代司法经历中剩下来的可取的部分似乎只是从农村得出的一些调解方法,而在今天的全球化贸易和信息时代,这些从农村来的传统又似乎是完全不可依赖的过时的、落后的制度。也正因为如此,才会使全盘西化成为今天中国法学界的强势话语。

要寻找现代的传统,我们必须着眼于实践。抗战时期,中国共产党在解放区的历史环境之下,形成了一套自己的独特的法律制度。它的特点是法庭普遍积极地进行调解(一反以断案为主的清代的传统)(黄宗智,2001),用法庭调解的手段来尽量减少党和农村人民之间的矛盾,尤其是新婚姻法所引起的矛盾。在推行婚姻自由的大原则下,中国共产党一方面坚持要革除旧式的重婚、婢女、童养媳、买卖婚姻、包办婚姻等弊端,而另一方面又极力试图减少农民对新婚姻法的反抗。它所采取的手段是对一个个有争端的婚姻案件进行调解,凭此协调两者之间的张力,并由此形成了比较独特的法庭调解以及干预夫妇感情的制度(Huang,2005;黄宗智,2006)。

这套制度其实是在实践过程中形成“现代传统”的很好的例子。它既不同于西方、苏联的法律制度,也不同于清代遗留下来的传统。它是现代革命政党在一定历史条件下所形成的独特的制度,有它自己的逻辑。在推行新婚姻制度的过程中,最后形成了自己从实践中得出来的逻辑:以夫妇是否有感情基础及其牢固程度作为法庭应否调解和好或允许离婚的标准。当然,在运作之中有许多过分强制性地干扰夫妻关系的例子,但是总的来讲,这套制度已经经历了相当长时期的实践考验,仍旧广泛运用于今天的中国。它明显既是革命性的,也是现代性的。当然,它只是法律的一部分,不足以应付今天的一切法治需要,但它肯定不失为一个有价值的现代传统。

另外,在农村的治理之中,中国革命运动响应上述的认识论而在其初期形成了具有民主的可能倾向的"群众路线"。在其理想的运作之中,革命干部深入农村,向民众学习,在确切的认识基础和他们认同的立场和观点之上,把初步的"感性认识"提高到理论概念,形成行动"路线",再回到农村去检验,行之有效的才是正确结合实践和理论的认识。同样地,在采用理想的"马锡五审判方式"的过程之中,法官们会依赖"群众"的"雪亮"的眼睛来调查研究,进行调解,处理纠纷,体现从实践和民众意愿出发的认识方法。当然,这套方法曾经多次被阶级斗争的意识形态误导。但是,在适当的制度性保障下,我们可以想象一个走向民众参与的治理和法律制度。

在经济领域,现代中国同样在实践之中走出了一条独特的乡村工业化道路,也就是说没有城市化的工业化的悖论道路。按照西方的模式,工业化是应该伴随着城市化的,20 世纪 50 年代的中国确实遵循了那样的西方模式。但中国农村人口是如此庞大,即使 1952 年至 1979 年是以年增长率11%的速度发展工业,也只吸收了极少比例的农村人口。而农业方面,虽然在同时期呈现出了相当可观的土地生产率的提高,但仅仅略高于农村人口的自然增长,农村人均收入长时期徘徊于同一水平（Perkins and Yusuf,1984）。这样的情况形成了乡村工业化的特殊需要和过程。在改革开始之后的短短十年之中，以超过 20% 的年增长率突飞猛进，吸收了将近 1 亿的劳动力。这是十分了不起的成就，也是世界历史上比较独特的现象。

上面这些都可以称作中国面对西中并存的悖论实际的挑战，在实践之中所形成的可取的现代传统的例子。在今天的二元对立、非此即彼的语境之中，这些是很容易被忽视的既是现代的也是经过一定历史考验的"现代传统"。

应该说明，这里谈的"现代传统"范畴绝不排除前现代传统，而是一个包含中国前现代传统与西方现代相互作用的概念。我之所以突出"现代传统"中的实践传统，只不过是想说：本土化学者们所指向的那些前现代传统，如果在中国近现代的一个半世纪的实践中没有起过作用，那么便很可能只是他们出于感情或意识形态的构造，而不一定是真的符合历史实际的东西。当然，这样的思路绝对不排除在现代的实践传统之中去发掘、继承或发扬那些既有悠久历史又可以和现代实际相结合的旧传统意识、习惯、文化、思维。

五、双刃性的实践逻辑

当然，现代的实践传统及其逻辑不会是完全正面的，它也充满了负面的例子。我突出从实践出发的认识，其中并不包含对实践的价值判断。

譬如，农村工业化虽然规模庞大，但最后并没有能够减少农村人口的绝对数量。在沿海和城郊地方,它确实起了去过密化的作用,转移出相当比例的农村劳动力,农村收入和生活水平也相应提高(进入了"小康"水平)。但是,在广大的内地农村,农业收入仍然很低。

其后是全球资本投入中国以及相应的城市高速经济发展,因此又吸收了 1 亿的农民工。这里先不考虑"农民工"所包含的一些社会问题,而只从农村人多地少问题的角度来衡量这一变化。它事实上仍然没有能够减少农村的非常密集的人口。时至今天,农村人口仍然基本徘徊于改革初期的 8 亿的绝对量,人多地少的局面仍旧没有明显的改善。即使是 20 世纪 80 年代的适度规模设想(如江南的每劳动力 20 亩地),也仍然没有能够真正实现。农村劳动收入的提高主要得自非农收入,而粮食生产收入即使是在沿海一带,仍旧大多徘徊于原有的水平。城市发展但农村落后的悖论现象仍旧是中国的基本现实。

这个经历所突出的逻辑是中国人多地少的极其巨大的事实,不是农村工业化和全球资本与全球市场便能够彻底解决的问题。今天的农村问题是如此庞大、复杂,以致我们必须在乡村工业化和全球化这两条已经十分宽阔的道路之上,另外寻找更多的出路。近年来的"西部大开发"是具有一定潜力的一条道路。另外,在改革过程中相对被忽视的一家一户的小面积种植业以及与它直接关联的副业,显然需要进一步提高。一条可能的出路是转向高收益的、劳动密集的多种或专业化经营,但必须有投入上和销售上的扶助,不可仅仅寄希望于城市化以及其可能(像西方经历的那样)带来的大规模机械化生产。人们今日相当普遍地认为西方式的高度城市化必然也是中国农村的出路，但是事实上，中国农村人口起码在今后相当长时期之内，不大可能大规模减少，因此我们需要从悖论实际出发，去小面积的、劳动密集的农副业生产中寻找出路。①

另外是社会问题。在多种经济系统并存的情况之下，社会贫富悬殊的分化不仅仅是经典理论考虑到的资本主义社会中的阶级分化，更是不同技术水平(和收入)的经济系统的差别。传统农业和现代工业以及后工业的信息产业之间的差异悬殊，因而形成一系列社会问题。而人多地少和低收入农业是一系列其他问题的基本经济起因。广大农村的贫穷廉价劳动力的就业保障可能出现问题。而下岗职工问题则是在计划经济和市场经济混合的过程中出现的问题。这些存在于两种经济制度的交接点上的问题正是悖论社会的一个重要特征。这样的社会危机实在不允许仅仅用转型的过渡或市场化中的资源配置合理化过程等形式主义理论模式来淡化。

六、理念的现代传统

正因为如此，光是"实践逻辑"及其"现代传统"是不足以指导中国未来的学术和发展方向的。所谓"实践逻辑"的方法主要是回顾性的分析方法，不是前瞻性的方法，而我们需要的是两者并用。无论是学科或理论的建构，还是全社会的走向，都不能不加区别地依赖现代实践所有的传统，而需要有一定的理念来作为实践的现

---

① 我自己在这方面的反思得助于与林刚和夏明方两位先生的讨论。

代传统的不同部分的取舍标准。现代西方的经典理论家都明显地在理论之上兼具有一定的理念——譬如,斯密的资本主义经济中每个人的最大利益以及韦伯的一切现代制度的理性化。

其实,在理念方面,中国在现代的历程中也已经作出了不少选择,可以说已经形成了一个理念的现代传统。首先是民主:从辛亥革命以来,所有中国政府,无论什么党派,甚至包括军阀政权,起码表面上都尊重宪政、民主,在形式上都用宪法来规定国家主权在于人民,并且保证人民"出版及集会结社自由"(杨幼炯,1936;亦见黄宗智,2003b:51—53)。(中国共产党进一步建立了各级人民代表大会制度。)"五四"时期的知识界更广泛地以"德先生"为主要理念。由此可以看到民主理念在人们心目中的重要性。时至今日,我们可以说民主理念早已不仅是一个西方现代的传统,因为它在中国本身的政治话语中也已具有将近一个世纪的传统。今天我们应该承认,民主是中国人愿意从西方现代传统里借鉴的制度(虽然它的具体状态和形成道路肯定会带有中国特色)。中国前现代传统虽有"民本"的理念,但它没有得到制度化,而历代所实行的是君主集权。

此外是社会公正。我们看到,即使是清代政权,面对农村贫困的社会危机,也在法律实践中采取了一系列照顾贫困人民的措施,包括尊重回赎出典的土地的权利,允许民间田面权的存在,克制高利贷等(黄宗智,2003b:第5—7章)。进入现代,无论是孙中山"三民主义"中的"民生",还是国民党立法者用来综合(他们认为是)基于家族的中国传统法律和基于个人的西方现代法律的社会公正理念(黄宗智,2003b:59—62),都关心贫苦人民,要求国家照顾社会弱者。而中国共产党则更彻底地选择了以劳动人民为先的社会主义理念。我们可以说社会公平理念明显是得到人们广泛支持的,而且在现代的历史中十分明显地体现于城乡劳动人民给予共产党革命运动的拥护。它在中国也有一个相当长的传统。在这方面,中国应该能够做得比西方更公平,尤其比美国那样没有任何社会主义传统的西方国家公平。

再者是融合中西的法律制度。从清末开始,历经军阀、国民党以及共产党政权,各政权都以建立新式的法制为要务。初期的改革曾经想全盘移植西方法律,但其后的立法都以融合中外法律为目标,试图从西方(包括苏联)和本土作出选择和结合,建立符合中国社会实际的法律。无论今天法学界的意识形态化争论如何,中国当前实用的法律其实是同时来自三大传统的:清代法律(包括清末的改革)、(模仿德国的)民国法律以及解放区的法律。其理念是要结合中西,建立既符合现代要求又符合中国实际的法律制度。这也是中国近现代传统中的一个重要理念。

融合中西法律的理念,毋庸说体现了更广义的融合中西文明的理念。在比较"软"的法律领域,在长时期的实践过程之中,已经形成了有一定基础的中西结合。至于在更"软"的艺术和人文学科领域,本土传统的延续和继承是更毋庸说的了。至于相对较"硬"的领域,上面已经提到现代卫生制度中的中西并用,把融合中西理念体现在一门比较西式的现代科学领域。

法律和卫生实践中的中西结合更体现了中国革命遗留下来的认识方法:从准确认识实践出发,提高到理论概念,再回到实践。在法律领域,虽然曾经受到把法律当作阶级斗争武器的误导,以及今日二元对立论争拉锯,但在实践中已经自然而然地应用了这种认识方法。在卫生制度以及中西医学并用之中,它更加显著。毋庸说,中国近二十年改革中的"摸着石头过河"也是这种从实践出发的逻辑的体现,所缺的是进一步的理论提炼。

正是民主、社会公正、中西结合、从实践出发等理念一起,而不仅是近年来更为流行的形式主义的(由市场和理性人所推进的)"资源配置合理化",才能代表现代中国的理念传统。它们要求我们作出有意识的抉择,而不像形式主义经济学那样完全信赖不具道德意志的市场运作。正是前面那些理念才堪称足可衡量中国现代多种实践传统的标准。

今天的中国,完全可以挖掘其近现代实践中可取的传统及其逻辑,并明确其现代传统中的可取理念。同时,也可以根据中国自己近现代的理念来对过去和当前的负面实践作出总结和批判。这样,从准确地认识实践出发,再提升到中、高层理论概念,才有可能建立符合中国实际的社会科学并为中国选择一条合适的道路。

参考文献

黄宗智(1993):《中国研究的规范认识危机——社会经济史中的悖论现象》,《史学理论研究》第 1 期(有删节),全文转载黄宗智:《长江三角洲的小农家庭与乡村发展》,北京:中华书局,1992(2000 年再版)。

黄宗智(2001):《清代的法律、社会与文化:民法的表达与实践》,上海:上海书店出版社。

黄宗智(2002):《发展还是内卷? 十八世纪英国与中国——评彭慕兰〈大分岔:欧洲、中国及现代世界经济的发展〉》,《历史研究》第 4 期。

黄宗智(2003a):《学术理论与中国近现代史研究——四个陷阱和一个问题》,载黄宗智编,《中国研究的范式问题讨论》,北京:社会科学文献出版社。

黄宗智(2003b):《法典、习俗与司法实践:清代与民国的比较》,上海:上海书店出版社。

黄宗智(2006):《离婚法实践与当代中国法律制度的形成》,《中国乡村研究》第 4 辑。

杨幼炯(1936):《中华民国宪法史料》,北京:商务印书馆。

Ahn, Byungil. "Midwifery Reform, Modernization and Revolution in Twentieth Century China," 未出版(加利福尼亚大学洛杉矶分校历史系写作中的博士论文的一部分)。

Bourdieu, Pierre (1977). *Outline of a Theory of Practice*. Cambridge, England: Cambridge University Press.

Bourdieu, Pierre (1990). *The Logic of Practice*. Stanford, California: Stanford University Press.

Geertz, Clifford (1978). *Local Knowledge: Further Essays in Interpretive Anthropology*. New York: Basic Books.

Geertz, Clifford (1973). *The Interpretation of Cultures: Selected Essays*. NewYork: Basic Books.

Huang, Philip C. C. (2005). "Divorce Law Practices and the Origins, Myths, and Realities of Judicial 'Mediation' in China," *Modern China*, v. 31, No. 4 (April).

Perkins, Dwight, and Shahid Yusuf (1984). *Rural Development in China*. Baltimore, MD: The Johns Hopkins University Press (for the World Bank).

Smith, Adam (1976). *The Wealth of Nations*. Chicago, University of

Chicago Press.

Weber, Max (1968). *Economy and Society*:*An Outline of Interpretive Sociology*.3 vols. New York:Bedminster Press.

专题二　　实践法史研究

第 8 章

中国法律的实践历史研究 *

　　为了试图打通、贯穿长期被隔离的历史与现实,《过去和现在:中国民事法律实践的探索》一书突出的是一个研究方法和几个主要论点。后者因为是得自所要提倡的研究方法的论点,因此也可以视作对该方法的阐释和例证。

　　我要提倡的方法乃是"实践历史"的研究。"实践"一词在这里的使用主要包含三个相互交叠而又不完全相同的含义。第一个含义是一般意义上的实践,亦即相对于"理论"而言的实践,主要指行动。这与我在《清代的法律、社会与文化:民法的表达与实践》一书中采用的第二个含义,即相对"表达"而言的"实践"概念比较接近,但又不完全相同。这两者应区别于布迪厄采用的第三个含义,该

---

* 本章最先出版于《开放时代》2008 年第 4 期。之后经过修改和增订纳入《过去和现在:中国民事法律实践的探索》(法律出版社 2009 年版)作为导论。

284

实践主要是相对制度和结构而言的"实践"。

　　在中国革命传统中,"实践"所指,既与一般意义相符,又比一般意义狭窄,主要是把"普适"的(西方)马克思主义理论应用于中国革命的问题。但因它突出理论与实践的背离问题(因此需要"毛泽东思想"来做两者间的媒介),和《过去和现在:中国民事法律实践的探索》一书的中心论点有一定关联。我自己的著作强调了中国自己的"表达"和理论也会与其"实践"相背离。① 布迪厄提出的"实践的逻辑"的概念,则要求到人们的"实践"过程之中,而不只是在制度结构中,去挖掘一个社会的逻辑真髓,并借此超越西方学界长期以来存在的主观和客观、结构和能动的二元对立问题。②

　　此外,在上述三种"实践"含义之上,我要特别强调历史的维度。毛泽东的"实践",既有时空维度,也是个跨时空的普适概念。我之"实践历史",主要是想突出人文社会领域现象的历史性。布迪厄固然强调过程,以之区别于制度和结构,但他的过程甚少考虑历史,主要是研究现实社会的人类学家使用的一种概念。③ "实践历史"之于简单的"实践",其不同之处在于它不仅包含上述三种意义的实践及其历史,也包含它们经过与理论、表达和制度之间的互动而体现于实践的历史。兹分别举例予以说明。

----

① 更准确地说,是背离下的结合。

② 显然,这里的"实践"和亚里士多德区别于理论(theoria)、实践(praxis)和生产(poiesis)的实践交搭而不完全相同,要比马克思的贯穿理论与实践的"革命的实践"(revolutionary praxis)宽阔,也比美国政治学理论家斯科特把 practice(希腊文metis)理解为经过反复使用(练习)的技术要宽阔得多(Scott, 1998)。

③ 当然,他的"惯习"(habitus)概念试图处理"历史"积累在结构和能动之间所起的中介作用,但本书对"历史"的认识要比布迪厄的宽阔得多。

一、相对理论而言的实践:美国法律形式主义与其法律实践历史

这里首先要说明的是(一般意义上的行动)实践与理论的不同。人们常常强调西方理论是西方经验的抽象化,不符合中国实际。这当然有一定的道理。但需要指出的是,西方理论,尤其是经过国家权力意识形态化的理论,也不符合它本身的实践历史。

美国的所谓"(古典)正统"理论,便是一个很好的例子。人们一般把它追溯到从 1870 年担任哈佛法学院院长的兰德尔(Christopher Langdell)。因为这个传统特别强调法律的普适性和科学性,也强调通过演绎逻辑而得出绝对真理,所以学者们也称其为"法律形式主义"(legal formalism)。它确实在 19 世纪 70 年代到 20世纪 20 年代在美国法学界占到近乎统治地位。但同时,它也从一开始便受到兰德尔在哈佛的同事霍姆斯(Oliver Wendell Holmes,后来任最高法院大法官)的挑战。霍姆斯特别强调法律的历史性,而非其超越时空的普适性;同时也强调法律必须要经过实用来检验,根据其效应而决定取舍。人们普遍把霍姆斯认作美国法律实用主义(legal pragmatism)的创始人。这个传统到 20 世纪 20 年代由新兴的法律现实主义(legal realism)继承。

在实践层面上,美国最高法院的重要决定并不只来自其"古典正统"理论,而主要来自古典正统和实用主义—现实主义理论传统之间的拉锯。前者到 20 世纪 20 年代一直在最高法院占据优势,但其后在罗斯福总统任下,持后一理论传统的法官占到了最高法院

九名大法官的大多数。美国众多的劳动和福利的重要决定便来自这个时期。其后,非"正统"人士一直维持其优势,但是在小布什总统带领的新保守主义统治下,"正统"人士再次占到多数。回顾美国法律的实践历史,其真髓显然不在于任何单一的理论传统,而在于其不同理论传统的长期并存和拉锯。

二、相对表达而言的实践:清代法律

鉴于西方理论与中国实际的脱节,有的学者强调必须用中国本身的概念范畴来理解中国经验,但我这里要进一步说明的是,中国本身的表达也常常与其实践历史相背离。我关于清代法律的第一本专著强调的是清代法律之表达与其实践背离,同时又相互抱合,亦即两者之间既有长时期的背离和张力,也有相互的适应和结合。

具体言之,清代官方表达给我们的是由以下三个方面组成的这样一幅图像。第一,民事诉讼不多。首先是国家意识形态认为这种诉讼不应当有。即使有,也不过是"细事",中央政府多不关心,由州县来"自理"。再者,一般良民是不会涉讼的,如果涉讼,多半是受了不道德的讼师讼棍的唆使。还有,县官们处理民事诉讼案件的时候,一般是像父母亲处理孩子们的争执那样,采取调处的方法,用道德教诲子民,使他们明白道理,不都以法律判案。毋庸说,这些表达都和儒家的仁政意识形态有关。它们对过去的学术研究影响深远。

诉讼案件显示的却是不同的图像:民事诉讼案件占了县衙门

处理案件总数的大约三分之一。这是我从四川巴县、台湾地区淡水—新竹和顺天府宝坻县档案得出的比例。也就是说,清代官方话语所谓的"细事"案件,实际是地方衙门事务中占相当比例的一部分,也是极其重要的一部分。

第二,诉讼当事人大多数是普通人民,上公堂多是迫不得已,为了维护自己的合法利益。我从 628 个案件之中,鉴别出正好 500 名原告的身份背景,其中有 189 人是普通农民,20 人是农村的雇农,51 人是普通地主,另外 82 人是城镇的普通居民,25 人是功名士子,33 人是商人,剩下的是少数的大地主、大贷户、集体团伙等。他们不符合官方话语中诉讼当事人的形象。

第三,衙门处理纠纷时,要么让庭外的社区和亲族调解解决,要么就是县官堂讯断案,依法律办事(当然,并不排除适当斟酌情理)。县官本身极少在庭上进行调解。我统计出 628 件案件中经过正式堂讯的案件共 221 件,其中只有 11 件是由县官仲裁处理的,令双方都作出退让,其他的全是县官当场断案,明判是非。从案件档案来看,清代县官是很少像官方表达那样从事调解的。

我们稍加思考便可以理解,一个县令,是不会也没有可能采取老解放区和改革以前的那种"马锡五办案方式"去处理案件的。他们没有这样的意识,也没有如此的空闲。他们一般都是"坐庭判案"。还有,他们虽然在自己的写作之中,喜欢按照当时官方话语的习惯,把自己表达为一个仁人君子,凭道德感化、开导子民,但他们实际上是一个复杂官僚机构的底层分子,为了自己官宦前途,最安全妥当的办案方法,还是按律例规章行事。另外,那些坚持到正式庭审的当事人,一般要么比较顽固,要么坚决认为自己权益受到了对方的侵害,一般都不太容易被说服调解。在那样的情况下,县令最实际的行为是当场判决。

在这一点上,汪辉祖说得最实际、最透彻。他说:"盖听断以法,而调处以情。"又说,"可归和睦者,则莫如亲友之调处"。县官是凭法听断的。做调解的是亲邻,不是县官。他进一步解释说,"法则泾渭不可不分","情则是非不妨稍借"。意思是,一旦上了公堂,就只好秉公办事,依法断案,使是非分明。这样,告负的一方多半会怀恨于心,双方长期互相敌视,不如由亲友调解那样可以和睦了结,大家不伤感情。正因为他认为知县要凭法听断,所以他告诫当县令的同僚,必定要熟读律例,"每遇工余,留心一二条,不过数月,可得其要"(引自黄宗智,2001:165—166)。

按照西方大陆法的形式主义逻辑,儒家理想与清代实际司法行为似乎是相互矛盾(而不能共存)的;然而对于中国的法律家们来说,这里并不存在逻辑是否洽合的问题。儒家说教阐明的是法律制度的理想,实际运作则容忍实用规则和判决,即使它们有可能与儒家理想相悖。在中国的法律推理中,儒家理想表达的显然是一种应然世界的图景,而法典中的实用条款和法官的判决行动,则回应的是这些理想难以鞭及的现实生活情境。实际的现实决定着某些行动,恰如儒家说教持续指向一个理想世界的图景。《清代的法律、社会与文化:民法的表达与实践》一书突出的结论可以这样总结:在清代法律的实践历史中,说的是一回事,做的是一回事,两者合起来又是另一回事。

三、相对制度而言的实践:男女继承权与其实际运作

"实践历史"也包含布迪厄意义中区别制度结构与实践过程和实际运作的含义。例如,国民党1930年的民法采用了德国民法的男女继承权平等法则,但是在实际运作中,新法律并没有在农村实施。这是我根据来自顺义(民国时期河北省)、吴江(江苏)、宜宾(四川)和乐清(浙江)四个县的247个案件证明的。理由很简单,当时农村妇女大多"出嫁",家庭老人必得由留村的儿子来赡养,不能让出嫁的女儿来继承其土地。为此,国民党时期的法庭在农村的司法实践中,普遍只承认儿子的继承权。但是,立法者并没有因此而修改法律条文,而是允许条文(制度)和与之背离的实践共存,在司法中等于是睁一只眼闭一只眼来对待农村惯习。

法律条文与司法实践的这个背离要到1985年《中华人民共和国继承法》出台方才得到立法上的正式处理,即把继承与赡养连接起来,那样,农村儿子之所以继承父母财产是因为他尽了赡养义务,不是因为他是男子;而女儿,如果她尽了赡养义务,同样可能优先继承父母财产。这样,立法者既维持了男女平等原则,又照顾到了农村实际,借此协调了制度和实践间的不一致。这个解决方案是经过多年实践之后方才总结出来的法律原则,它是西方法律所没有的原则。

起码在这个问题上,中华人民共和国立法者没有局限于简单地全盘移植西方法律的意识形态。当然,在改革时代,全盘西化的

意识形态再次占到压倒优势。但是,上述的这段历史还是为我们
展示了一定的立法上的创新的可能。

四、不同于形式主义理论的实践历史

这里要说明的是,我之所以要强调从实践历史出发去研究法
律,是因为现今世界法学(和各门社会科学)中影响最大的是形式
主义理论及其思维方式。形式主义关注理论多于实际,它特别强
调演绎推理,想借此得到跨时空的绝对和普适真理。这种理论上
的绝对化倾向很容易被国家意识形态化,以致从法国革命后的“恐
怖统治”(Reign of Terror)开始,在西方近、现代历史中频频出现。
19 世纪的帝国主义和近年的美国新保守主义便是比较突出的
例子。

韦伯可以被视作整个现代主义传统的最佳代表者之一,同时
也是其最佳的分析者之一。为什么? 因为他说明了西方现代文明
的深层前提和信念,即其关键在于对形式理性的理解。正如韦伯
指出的,西方现代法律和其他法律之不同之处,主要是因为它的
“形式理性”。他认为,西方现代大陆形式主义法律传统的出发点
是有关权利和权利保护的普遍原则。它要求所有的法庭判决都必
须通过“法律的逻辑”,从权利原则推导出来。“每个具体的司法判
决”都应当是“一个抽象的法律前提向一个具体的‘事实情形’的适
用”,而且“借助于法律的逻辑体系,任何具体案件的判决都必定可
以从抽象的法律前提推导出来”(Weber,1978[1968]:657)。

与此相比,韦伯认为中国清代的民事法律是实质主义或工具

主义的，它关注的是从统治者视角考虑的社会秩序，而不是个人权利的保障，因此也很容易受到专断意志的影响［Weber，1978（1968）：844—848］。对韦伯来说，即便是英美的普通法，也是一种"经验主义的司法"，而不是他所认可的理性形式主义法律。他认为前者立足于先例，而不是普适权利原则；其所依赖的是由普通人组成的陪审团，而不是使用法律逻辑的专家（Weber，1978［1968］：976，891）。

韦伯的上述观点对中国法律研究影响深远。根据他的视角，人们普遍认为清代法律只有具体的、特殊的规则，没有普适的、抽象的规范。同时认为清代基本没有民法可言，即便是博迪（Derk Bodde）和莫里斯（Clarence Morris，1967）的高水平研究，也未能摆脱这样的成见。人们也会认为清代的司法实践，因为没有使用形式主义法律那样的推理，并没有真正（即韦伯）意义上的裁判（如滋贺秀三，1981：74—102）。人们也会认为，革命时代的中国，根本没有任何法律可言。中国真正的民事法律要到改革以后大规模引进西方法律方才开始出现（William C. Jones，1987：309—331）。（此前，只有《中华民国民法典》才可能算作真的民法。）

我将详细论证，清代法律与大陆形式主义民法之间的差异，并不在于前者缺乏用以指导判决的法律条款，而在于其坚持将概念体系扎根于以解决实际问题为本的各种事实情况规定之中。清代法律从未试图抽象出普遍有效的法律原则，相反，它假定只有与实际的司法实践相结合，抽象原则才可能得到阐明，才具有真正的意义和适用性。这一切还要进一步说明。

五、实用道德主义

下面就用《过去和现在：中国民事法律实践的探索》一书中从实践历史出发而提炼的一个关于中国法律的概念作为例子来说明。首先，我说的"实践历史"研究方法，不是一个纯"经验主义"的研究方法。我认为，纯经验的堆积意义不大，我们必须连接经验与理论。我要强调的方法是从实践历史出发来建立符合中国实际的理论概念。其次，我说的"实践历史"，也不是一个纯"回顾性"的概念，而是一个伴随前瞻性道德理念的概念。它强调的是要通过准确掌握历史实际，而不是理论的凭空设想，来追求某些特定的道德理念（如和睦社会、社会公正、人民权利）。

此书详细论证中国传统法律的一个重要特征，即在经验与理论这对范畴之中，侧重经验，但并不忽略概念。它要求的是抽象概念与具体经验情况紧密结合。与欧洲大陆法中以韦伯为代表的形式主义法律传统不同，中国法律一贯要求寓抽象概念和法则于具体事例，不像形式主义法律那样要求抽象出脱离具体情况的普适法则。譬如，在产权方面，中国传统法律没有像西方现代法律中的私有产权抽象法则，而是在当时的历史环境中，立法取缔"盗卖田宅"（譬如，欺诈性地将他人土地或房屋当作自己的财产出售，或侵占他人田宅）、"擅食田园瓜果"等侵犯他人产权的具体事例以及"卑幼私擅用财"（不顾父母意愿擅自使用家庭财产）等事例。又譬如，它没有抽象出婚姻合同的概念，而是立法规定惩罚各种欺诈违约行为（譬如，"再许他人"或"有残疾者，妄作无疾"或"期约未至而强娶","期约已至而故违期")。在民法的另外两个主要领域,即继承和债务两个方面,做法相同。

有的学者(包括韦伯)因此认为中国古代法律只重特殊具体情况,缺乏抽象概念和原则,但这是一种误解。中国古代法律之与西方现代形式主义法律的不同,不在能否建立抽象原则与处理非具体的问题,而在于怎样连接经验和理论的不同思维方式。形式主义要求通过法律(演绎)逻辑,建立脱离具体情况的普适法则,而中国传统法律则要求寓抽象原则于实例。一个很好的例子是清代关于杀人的立法。其全部有关的法则实际上是围绕一个十分抽象的范畴——意图——而组织的。杀人罪分六等,取决于不同程度的意图。惩罚最重的是"谋杀",例如用毒杀人;次之是"故杀",例如在愤怒的时候有意杀人;再次是"斗殴杀",在斗殴中杀人;之后是"戏杀",譬如在拳击比赛之中无意杀了人;继而是"误杀",譬如在玩火或者玩射箭的时候杀了人;最后是"过失杀",是完全出于无意的,是"耳目所不及,思虑所不到"的行动,譬如在山坡上拉车失去控制而因此杀了人(薛允升,1970:849—857)。我们可以说,这样的区分要比后来模仿德国法律的国民党法律中的"故杀"和"过失杀"两分法来得细致(正因为如此,民国时期法官判案时常常转而使用清代法律的概念和区分,详细分析与案例见 Neighbors,2004)。它不是出于纯抽象的概念(有意或无意),而是把抽象概念与具体事例紧密连接起来。这些我在《过去和现在》一书的《民事判决的过去和现在》与《中国法律的现代性》两章中作了详细论证。

同时,清代法律绝对不是一个仅仅具有回顾性、完全根据过去发生的具体事例而建立的法律(有人据此批评美国法律实用主义,说它缺乏明确的立法日程,归根结底只是对古典正统的一种反应),而是一个具有强有力的前瞻性理想的法律制度。它对社会前景的设想寓于道德理念,譬如,认为在理想的和睦社会中(当然,儒家话语把这种理想等同于过去的圣王时代),将会基本没有诉讼,全凭道德解决纠纷,即使有诉讼,也将由地方"父母官"凭道德教化解决。

但是,在具备这种道德理念的同时,清代法律在实践中十分实用性地设立了处理所谓民间"细事"(约相当于现代的"民事"范畴)纠纷的司法制度,首先依赖社区或宗族调解,而后是社区调解和法庭干预之间互动的"第三领域"(下文还要讨论),最后,如果纠纷仍然得不到解决,才是由"州县自理"的庭审来解决。而县官们在拥抱儒家治理道德话语之外,经常在实践中采用十分具有实用性的判决(亦即所谓"断案"),明辨是非,依法判决。我称这种结合为"实用道德主义"。这个论点我在《清代的法律、社会与文化:民法的表达与实践》一书中已经提出(黄宗智,2001);《过去和现在:中国民事法律实践的探索》一书的《民事判决的过去和现在》《法庭调解的过去和现在》两章将做进一步的探讨。

之所以用"实用道德主义"这个概念来概括清代法律的实践历史,用意之一是突出它之结合道德性表达和实用性行动,两者既背离又统一,既矛盾又抱合,亦即我之所谓"说的是一回事,做的是一回事,合起来又是另一回事"。另一用意则是突出其所包含的比较特殊的思维方式,从而与韦伯的形式理性形成鲜明的对照。

这种思维方式的部分特征可以见于毛泽东时代。当然,毛泽东时代建立的国家意识形态也有一个类似实用主义的传统,我们可以称为实践主义精神。其诞生主要是基于中国共产党自己的革命经验,是对党早期的教条性马克思主义的反应。在大革命失败之后,革命根据地转向农村——当时大部分党员所不太熟悉的环境,因此创造了重新认识理论与实际的关系的契机。其后,在抗战时期,大量来自沿海城市、地区的知识分子来到延安。他们不了解当地的实际情况,甚至无法与当地农民"群众"交谈,以致造成一个党组织自身的危机:怎样去团结这两大群体。这就是"实践论"形成的部分历史背景。当时强调,首先要深入农村,获得"感性认识",并认同于劳动人民的"阶级感情",而后经过知识分子所掌握的理论之提升,才有可能进入更高层次的认识,并最终验之于实践。基于这种现代的革命认识论,全党形成了一种普遍的从事"调查研究"的要求("没有调查就没有发言权"),并使之成为一股风气。时至今日,国内不少社会科学学科的教师们仍然经常带领学生出去作实地调查,了解具体情况。这种精神,国外绝少能够看到。这一点我已在《认识中国——走向从实践出发的社会科学》和《悖论社会与现代传统》两文中有过讨论(黄宗智,2005a、b)。即使在改革后移植西方形式主义法律的立法之中,我们仍然可以看到原先重视经验与实践的思维方式的延续。

这里可以扼要介绍《过去和现在:中国民事法律实践的探索》一书着重突出的两个例子。首先是赔偿法律。它来自德国法律,中国古代法律没有类似规定。它的关键概念是"侵权行为"。正如韦伯所说,它从自然权利前提性原则出发,由此推论出一系列的规定:侵权行为取决于侵权过错,而过错则导致赔偿责任,没有侵权,没有过错,便没有赔偿可言。但是,中国法律则对此作出了不同的理解。我将详细论证(该书第六章《民事判决的过去和现在》)《民法通则》对此的理解是出于中国原有的"实用道德主义"思维方式的。鉴于经验事实,民事损害中既有过错事实情况的侵权行为,也有无过错事实情况的偶然损害,而法律必须对两种不同的损害都作出规定。为此,它一方面规定过错性侵权必得负赔偿责任,另一方面则同时规定即使是无过错的损害,当事人也应该负适当的民事赔偿责任。这点也将在该书第六章中详细论证。

对西方法律形式主义的思维方式来说,这两个是不可并存的前后矛盾的规定。但对中国的立法者来说,事实情况如此,法律只不过作出相应的规定,不存在逻辑上矛盾和不能自洽的问题。在我看来,这个例子正展示了中国可能创立自己的独特的现代法律的一条路子。

六、离婚法实践与法庭调解制度

离婚法实践的历史同样展示了上述的思维方式,而又同时展示了中国维持至今的很具特色的法庭调解制度。毛泽东时代响应特殊历史要求,而在民间调解制度之上广泛运用了法庭调解制度。后者的起源主要是为了处理离婚纠纷,在党早期对婚姻自由的激进允诺(单方要求离婚便允许离婚)之下,面对农村的激烈反对,试图一起一起地通过调解来处理有纠纷的离婚申请,消解党和农村人民之间的矛盾。其后,通过长时期的实践,更形成了比较独特的离婚法理,要求法庭对待离婚请求时用感情确已破裂为标准来处理。这样,既能避免所谓"资产阶级"的轻率的"喜新厌旧"等原因造成离婚,又能够适当破除不顾感情的旧"封建婚姻",即一夫多妻、婢女、童养媳、父母包办和买卖婚姻。为此,在毛泽东时代形成了极其独特的法庭调解制度,逐步形成了一整套方法、程序以及作风,即要求法官们深入村庄社区,通过访问"群众"(亲邻以及当地党组织),调查研究,了解当事人婚姻的背景以及现状,解剖其婚姻矛盾起源,然后积极渗入,使用各种手段,包括政治教育、组织压力、物质刺激等手段,尽一切可能,试图挽回当事双方的婚姻,要求做到"调解和好"绝大多数由单方提出离婚要求的婚姻。《过去和现在:中国民事法律实践的探索》一书根据来自华北 A 县和江南 B 县的 336 个案例,详细阐明了上述各点。在改革时期,毛泽东时代的这种"马锡五审判方式",尤其是其强制性的部分,已日趋式微,但通过离婚法实践而形成的法庭调解制度,尤其是无过错事实情况下的调解,仍然是今天中国法律制度的一个重要组成部分。此书第四、五两章将集中探讨这个历史过程。

这里,我们如果把视角从回顾"实践历史"的"实然"转到今天追求中国自己的"现代性"的"应然",上述离婚法实践中形成的"感情破裂"标准也可以视作现代中国婚姻法所包含的"实践历史逻辑"或"现代性"。它不同于抽象而不实际的男女单方要求即离婚的"婚姻自由"原则;它是个脱胎于多年的实践历史的法律原则,要到 1980 年的《中华人民共和国婚姻法》出台方才被正式纳入法律条文。我个人认为,这个出于现代革命的法律传统,今天完全应该配合中国法律中的由实际到法则再到实践的思维方式来推进使用。同时,这里体现的是新中国重视实践的立法精神:法律原则一般要经过相当长期的实践检验,方才会被正式纳入法律条文。

西方形式主义法律从抽象权利原则出发,要求其适用于任何事实情况,因此造成必争对错胜负的对抗性法律制度。但是,真实世界中的纠纷既有附带过错的纠纷,也有不牵涉过错的纠纷(在离婚法领域,西方到了 20 世纪 80 年代已广泛改用不考虑过错的原则)。事实上,现今西方法律,针对其对抗性法制所导致的诉讼过度频繁的实际,正在试图摸索出一条补充性的非诉讼纠纷解决道路。中国在这方面所积累的经验远比西方丰富,可以有意识地朝这个方向发展。《过去和现在》一书的《离婚法实践:当代中国法庭调解制度的起源、虚构和现实》《取证程序的改革:离婚法的合理与不合理实践》《法庭调解的过去和现在》与《中国法律的现代性?》四章中对这个方向作了初步的探讨。

同时,毋庸置疑,调解传统以及实用道德主义传统有显著的混淆是非的倾向,不能清楚区别违反法律、侵犯权利的纠纷和无过错的纠纷,很容易出现用后者的原则来处理前者的"和稀泥"弊病。在当事者权力不平等的情况下,更容易沦为权力和关系的滥用。今天引进的西方的、从权利原则出发的法律,是对这样的倾向的一种纠正,即应该在有过错的事实情况下明确权利、维护权利,正如中国的调解传统可能在无过错的纠纷中成为纠正西方过分对抗性的、必定要区分对错、判出胜负的诉讼制度一样。

在我看来,根据中国法律的从实际出发的思维方式,今天可以考虑采用这样的区分:在事实情况不涉及一方过错的情况下,使用调解,包括法庭调解,因为这样的纠纷中调解成效较高;反之,则依法判决,维护法定权利,采用西方法律的优点。

同时,应该避免盲目照搬西方制度。一个例子是近年在取证程序方面的改革,无视中华人民共和国过去的实践积累,完全抛弃了毛泽东时代主要由审判员调查取证的"职权主义",而采用了西方的由当事人举证的"当事人主义"。其理念和动机是维护当事人举证的权利。在刑法领域,因为政府本身是当事一方,这是个合理的设想,但它并不完全适用于处理公民间纠纷的民法领域。在离婚法的实践之中,则因为缺乏西方的制度性配套,尤其是缺乏证人制度的作用,结果形成一种"两不是"的运作,带有严重的脱离实质内容的形式化倾向。其极端表现是陷入官僚体制中的形式主义作风,只顾程序形式,不顾实质内容。这样的实践,可以说是取证程序改革所未曾预料到的不合理的后果。这个事实在《过去和现在》第五章中,根据从南方 R 县最近几年的离婚诉讼案件档案中抽样所得的 45 个案例详细论证。事实是,实践和实践历史可以是合理的,并且可能作为中国追求自己的现代性的一种资源,但也可能是不合理的,是违反原来所要追求的道德价值的。

这里强调的是"实践历史"与"理论(主宰的)历史"思维之不同,主要在于后者很容易脱离实际,如果用于实际,容易引起一系列上述那样的不合理未预后果。实践历史则比较贴近实际。如果配合前瞻性的道德理念,纳入实践历史逻辑的考虑,更能够形成可行的实用性改革方案。这也是我提出"实用道德主义"概念的部分用意。

七、第三领域和集权的简约治理

《过去和现在:中国民事法律实践的探索》一书还举出另一个

基于中国"实践历史"的分析概念的例子,突出了另一个具有十分重要现实意义的历史传统。在已经出版的关于清代民法的《表达与实践》的第五章中,我突出了清代纠纷处理制度中的"第三领域"。民间的社区和宗族面对纠纷所做的是调解,而县官在正式堂审中所做的是断案,此两者之间实际上存在一个庞大的"第三领域"。纠纷当事人一旦告上衙门,便会触发民间与官方两套制度间的互动。一方面是社区或宗族的加紧或重新调解,另一方面是县衙对原告状词、被告辩词以及各种呈禀的批示。那些批示一般要么榜示或传达,要么由当事人通过其他渠道获知。它们常常会直接影响正在进行的民间调解。如果当事双方在这个阶段中达成协议,便会具呈要求撤诉,而县官几乎没有例外地会批准就此销案。这样,纠纷便会在这个半制度化了的第三领域中通过民间与官方制度的互动而得到解决。

在另一篇文章[黄宗智(2007f):《中国的"公共领域"与"市民社会"——国家与社会间的第三领域》]中,我从同样的角度剖析了20世纪90年代中期十分流行的(哈贝马斯的)"公共领域"和其后的"公民社会"理论中国家和社会的二元对立、非此即彼建构。中国实践历史十分不同,国家与社会长时期交搭、互动。我因此提出其间的"第三领域"的概念。

我们可以进一步以中国基层治理的实践历史为例。现代西方关于国家与社会关系的理论,受到法国革命以来资产阶级争取自身权力的历史经验之影响,形成深层的社会与国家对立、非此即彼的理论框架。这种思维方式,可以鲜明地见于从韦伯到哈贝马斯的理论中,甚至可以说几乎可见于所有的历史社会学理论中。"国家"主要是指其正式（formal）的官僚体制，"社会"则主要是指其非正式（informal）的自发组织，甚少考虑介于两者之间的领域。这实际上是把国家与社会视作一个非此即彼的二元对立体。

但在中国治理的实践历史中，更多的是在中央集权的国家机器直接统治范围之外，国家与社会互动或联合的半正式运作。这种半正式治理模式首先体现于清代处于国家与村庄关键联结点上的乡保——19世纪宝坻县每个乡保平均负责二十多个村庄。和正式官僚不同，他们是由社区举荐和县衙批准的准官员，没有薪酬，工作中也不附带文书。但是和简单的民间制度也不同，他们是国家认可和委任的，并要为国家机器尽一定的职责。我因此称他们为半正式的准官员。另一类似的例子是在清末启动的半官方村长制度，其性质和乡保一样。再者是清末启动的村庄教育，一般都由村庄自己提供校舍（多是村庙），聘雇教员；政府提供的是教育设计蓝图，并没有拨给具体的资源（Vanderven，2005）。中国乡村现代民众教育正是这种由国家和社区共同推动的。此外是当时管理乡村教育的劝学所，其成员由地方提名、县令任命，也是半正式治理方式的例子。和乡保、村长一样，他们是一种准官员，没有或极少有文书，在正式的衙门机器以外，协助县令管理基层教育（Vanderven，2005）。此外则是晚清之后兴起的城镇商会，同样是半官方半民间的组织，由官方号召、地方商人响应而组成。

这些准官员的运作从行政方法角度来考虑是非常简约的，大多既不带薪酬也不带文书，而国家正式机构要在遇到纠纷或人事变更时方始介入。例如，乡保们一般自行其是，除非有村民控告或者人事替换，否则县衙是不会干预他们的运作的。因此我们对他们之所知主要来自县政府档案中涉及他们的纠纷。清末的村长和劝学所也是一样。我们关于民国时期村长的信息主要得自县政府档案中有关他们的诉讼纠纷和人事调换(当然,20世纪20年代之后,也有人类学实地调查资料)。甚至于县衙本身的管理,也多采取这种方法。我们对于县衙门各房的实际运作的认知多来自有关他们的诉讼案件,譬如在某房之内为争夺该房的控制权力时引起纠纷,或者是房与房之间因争夺权力和财源而引起纠纷(Reed,2000)。在这些情况下,县令方才介入,其形式很像他对村庄治理的介入——是以纠纷解决为主要手段的。

我称这种行政方法为"集权的简约治理",既不同于正式官僚体制,也不同于非正式的民间组织,而是具有自己逻辑的治理方法。《过去和现在:中国民事法律实践的探索》一书第三章《集权的简约治理:以准官员和纠纷解决为主的半正式基层行政》(以下简称《集权的简约治理》),集中讨论了这个实践历史传统。

此外,我的第三领域概念虽然概括了这个领域的空间,但没有说明其实际运作的状况和逻辑。我在《集权的简约治理》中所用的副标题——"以准官员和纠纷解决为主的半正式基层行政"——是对其实践历史的初步概括。这种行政方法的形成首先来自儒家的简约治理理念,可以见于清代国家关于"盛世滋丁,永不加赋"的承诺。另外,可以见于清政府对地方衙门吏役人数的限制——远远少于19世纪实际运作中的人数。但其后,面对日益膨胀的人口和国家治理实际所需,逐渐形成了这套在君主集权制度下的基层半正式的行政方法。其根本来源是长期的历史实践,不单是某种治理意识形态,诸如儒家的简约治理意识形态,甚或高一层次的(瞿同祖的)"儒化的法家"概念(Ch'ü T'ung-tsu,1961)。因为这种行政方法产生于意识形态和行政需要在实践历史中的互动与结合,而不是任何简单的意识形态。

这里,如果我们再次从历史实践的实然转而考虑社会/体制改革的应然,"集权的简约治理"所点出的是今天的一条可能途径。新时代对福利国家的需求当然会使旧有的简约治理传统的部分内涵显得过时,但是简约主义中的半正式行政方法以及国家发起结合社会参与的模式,也许仍然可能在中国起一定的作用(比如,在公共服务领域),并在其追求自身特色的政治现代性中扮演一个不容忽视的角色。

八、简约治理下的社区调解制度

最后是和简约治理密切相关的中国长期以来的社区调解制度。一方面,国家在治理上的一个基本概念和方法是让民间社区本身来处理其间的"细事"纠纷;在民间不能解决问题的时候国家方才介入。另一方面,在小农经济基础上所形成的一个个相对紧密内聚的社区中,逐步形成了一整套自我解决纠纷的机制:由社区具有威望的人士出面,在听取、考虑到纠纷当事双方的观点之后,分别以及连同探寻双方都能接受的妥协方案。其间也考虑到国家法律以及民间的所谓"道理",但主要目的是照顾到人情的妥协。然后,在双方自愿之上,达成调解,可以用"赔礼道歉"、口头承诺或书面协议、共同聚餐等方式来赋予调解方案一种仪式化了的确认。

这套概念和方法既是国家治理的一部分,也是乡村长期以来形成的关键习俗。使我们惊讶的是在近百年一再否定中国传统法律的大环境下,其居然基本维持了下来,在国民党统治时期如此,在集体化时期也如此——虽然在人员上从社区自生的威望人士一改而为政党—国家认可的干部,并且在概念和方法上把过去的以妥协/人情为主,法律和道理为辅,一改而为以法律—政策为主,人情和道理为辅,但是仍然维持了原来的基本概念和方法,即由社区自身来解决其间的(民事)纠纷。在改革时期,虽然在农民工大规模流动的现实下,经历了前所未见的冲击,但是调解制度整体仍然展示了顽强的生命力,并且仍然得到了国家的坚定认可和支持。时至今日,在全盘西化意识形态的大潮流下,它在司法实践中仍然是中国法律制度的一个关键部分,也是其最具特色的一个部分。这是《过去与现在:中国民事法律实践的探索》一书的第二章《社区调解的过去和现在》的主题。

　　此书从社区调解出发,然后进入"集权的简约治理",探索非正式和半正式治理两个实践历史传统以及它们的现实含义。然后,进入离婚法的实践历史,突出中国法庭调解制度的起源、虚构和现实。同时,考虑到新近取证程序改革中的实践,说明盲目模仿西方制度的不良后果,也同时说明实践既可以是合理的,也可以是不合理的。再之后考虑到中国法律实践历史中,包括民事裁判和法庭调解,所展示的一系列创新性概念和方法,以及其"实用道德主义"思维方式,包括其在今天的现实意义。同时,更集中讨论法庭调解制度的现实含义。最后是前瞻性的讨论,从"现代性"问题角度来考虑中国法律历史及其现在应该选择的去向。

九、结语

最后要说明,我提倡的从实践历史出发的研究思维方式,显然和中国法律长期以来偏重经验和实用的传统是具有一定的连续性的。它体现的是一个不同于西方现代由形式主义主宰的认识观念,是一个可供建立中国自己的现代认识方法和理论所用的资源。它可以用来超越经验与理论的非此即彼二元对立的思维方式,其关键在于经验与理论的紧密连接。一旦连接理论,便有可能超越经验的简单描述性、回顾性和纯特殊性;同时,一旦连接经验,便会承认理论的历史性,避免其超时空的绝对化或意识形态化(详见拙作《经验与理论:中国社会、经济与法律的实践历史研究》,2007d)。

我在这里并不是要完全拒绝韦伯那样的形式主义理论和逻辑,因为新理论概念的建构需要与形式化理论对话,概念的系统化也需要借助于形式逻辑。我反对的只是它们的绝对化和普适化。至于实证主义理论和研究方法,我的观点是同样的。对待两者之后的后现代主义,我的观点也一样。它们都是对认识有用的资源,但不可绝对化。

根据上面所举的具体例子,我们也许可以这样来总结"实践历史":实践显然没有形式逻辑那么清晰、简单;它的优点是比较贴近、符合实际。同时,实践历史常常(但并不必然)也体现理论和行动间的妥协并存,或相互适应,因此不会像理论那么单一或偏激,它一般比较包容。在上述一些例子中,实践历史在协调理念和实际的过程中,有时更能体现某种意义上的实用智慧。正是后者为我们提供了对今天来说可能有用的资源。

在认识方法上,我的观点可以这样来总结:经验是一回事,理论是一回事,但连接起来,又是另一回事。至于本书的实践历史主题,也许也可以这样来总结:从实然的角度来考虑,实践是一回事,理论、表达或制度是一回事,但是在实践历史中并存、互动、结合和背离,则又是另一回事;从追求应然的角度来考虑,实践历史以及其所包含的逻辑是一种资源,可能使人们更现实和明智地选择追求某种道德理念的途径。

参考文献

白凯(2003):《中国的妇女与财产:960—1940 年》,上海:上海书店出版社。

黄宗智[2001(2007)]:《清代的法律、社会与文化:民法的表达与实践》,上海:上海书店出版社。

黄宗智[2003(2007)]:《法典、习俗与司法实践:清代与民国的比较》,上海:上海书店出版社。

黄宗智(2005a):《认识中国——走向从实践出发的社会科学》,载《中国社会科学》第 1 期,第 83—93 页。

黄宗智(2005b):《悖论社会与现代传统》,载《读书》第 2 期,第 3—14 页。

黄宗智(2006):《离婚法实践:当代中国法庭调解制度的起源、虚构和现实》,载《中国乡村研究》第 4 辑,第 1—52 页,北京:社会科学文献出版社。

黄宗智(2007a):《中国民事判决的过去和现在》,载《清华法学》第 10 辑,第 1—36 页,北京:清华大学出版社。

黄宗智(2007b):《中国法庭调解的过去和现在》,载《清华法学》第10辑,第37—66页,北京:清华大学出版社。

黄宗智(2007c):《中国法律的现代性》,载《清华法学》第10辑,第67—88页,北京:清华大学出版社。

黄宗智(2007d):《连接经验与理论:建立中国的现代学术》,载《开放时代》2007年第4期,第5—25页。

黄宗智(2007e):《集权的简约治理——中国以准官员和纠纷解决为主的半正式基层行政》,载《中国乡村研究》第5辑,第1—23页,福州:福建教育出版社。

黄宗智(2007f):《中国的"公共领域"与"市民社会"?——国家与社会间的第三领域》,载黄宗智《经验与理论——中国社会、经济与法律的实践历史研究》,北京:中国人民大学出版社。

黄宗智、巫若枝(2008):《取证程序的改革:离婚法的合理与不合理实践》,载《政法论坛》第1期,第3—13页。

马原(1998):《中国民法教程》,北京:中国政法大学出版社。

韦伯(2005):《韦伯作品集(IX)·法律社会学》,康乐、简惠美译,桂林:广西师范大学出版社。

薛允升(1970):《读例存疑重刊本》(五册),黄静嘉编校,台北:中文研究资料中心。

张新宝(2006):《侵权责任法》,北京:中国人民大学出版社。

《中华人民共和国法规汇编(1985)》(1986),北京:法律出版社。

《中华人民共和国法律汇编(1979—1984)》(1985),北京:法律出版社。

最高人民法院研究室编(1994):《中华人民共和国最高人民法院司法解释全集》,北京:人民法院出版社。

滋贺秀三(1981):《清代诉讼制度における民事的法源の概括的检讨》,载《东洋史研究》第 40 期第 1 卷。

Bernhardt, Kathryn (1999). *Women and Property in China, 960—1949.* Stanford, CA : Stanford University Press.

Bodde, Derk and Clarence Morris (1967). *Law in Imperial China: Exemplified by 190 Ch'ing Dynasty Cases.* Cambridge, MA : Harvard Univ. Press.

Ch'ü T'ung-tsu (1961). *Law and Society in Traditional China.* Paris : Mouton.

The German Civil Code (1907). Translated and Annotated, with an Historical Introduction and Appendices, by Chung Hui Wang [Wang Chonghui, 王宠惠]. London : Stevens and Sons.

Grey, Thomas G. (1983—1984). "Langdell's Orthodoxy," *University of Pittsburgh Law Review* 45 : 1—53.

Hull, N. E. H.. Roscoe Pound and Karl Llewellyn(1997). *Searching for an American Jurisprudence.* Chicago : University of Chicago Press.

Jones, William C. (1987). "Some questions regarding the significance of the general provisions of civil law of the People's Republic of China." *Harvard International Law Journal.* 28 , 2 (Spring) : 309—331.

McMahon, Kevin J. (2000). "Constitutional Vision and Supreme Court Decisions : Reconsidering Roosevelt on Race," *Studies in American Political Development*, 14 (spring) : 20—50.

Neighbors, Jennifer Michelle (2004). "Criminal Intent and Homicide Law in Qing and Republican China." Ph. D. dissertion, University of California, Los Angeles.

Reed, Bradly W. (2000). *Talons and Teeth: County Clerks and Runners in the Qing Dynasty.* Stanford: Stanford University Press.

Scott, James C. (1998). *Seeing Like a State: How Certain Schemes to Improve the Human Condition Have Failed.* New Haven: Yale University Press.

Tamanaha, Brian Z. (1996). "Pragmatism in U. S. Legal Theory: Its Application to Normative Jurisprudence, Sociological Studies, and the Fact-Value Distinction," *American Journal of Jurisprudence* 41:315—356.

Tunc, Andre ed. (1986). *International Encyclopedia of Comparative Law, V. XI, Torts.* Dordrecht, Germany: Martinus Nijhoff Publishers.

Vanderven, Elizabeth (2005). "State-Village Cooperation: Modern Community Schools and Their Funding, Haicheng County, Fengtian, 1905—1931," *Modern China* 31,2 (April):204—235.

Weber, Max (1978). *Economy and Society: An Outline of Interpretive Sociology, Vol. 2.* Berkeley: University of California Press.

White, Morton (1976[1947]). *Social Thought in America: The Revolt Against Formalism.* London: Oxford University Press.

Wiecek, William M. (1998). *The Lost World of Classical Legal Thought: Law and Ideology in America, 1886—1937.* New York: Oxford University Press.

第 9 章

中国法律史研究的现实意义 *

　　仅从法律文本和理论来看,当今的中国法律似乎完全拒绝、抛弃了传统法律及革命法律,走上了"全盘西化"的道路。但是,如果从法律的实践历史来看,则中国法律明显是个混合体,其中有旧帝国传统的延续和演变,也有新革命传统的创新和延续,更有对西方法律所做出的选择性转释和改造。本章根据笔者这 25 年研究清代以来法律史的一些基本认识,试图指出创建具有中国主体性和符合中国社会实际的法律的方向,并初步勾勒出其可能的图景。

＊　本章是笔者为 2014 年出版的法律史三卷本《清代以来民事法律的表达与实践:历史、理论与现实》(北京:法律出版社)所写总序,围绕与韦伯的对话来总结三卷本的内容。

一、来自法律实践历史抉择的例子

拙作《清代以来民事法律的表达与实践:历史、理论与现实》三卷本,首先论述清代法律及其实际运作所展示的长期以来中国法律独特的思维方式。它结合高度道德化的表达与比较实用性的实践,形成一个表达和实践既背离又抱合的统一体。这个基本的"实用道德主义"思维方式也可以见于中华民国的民事法律制度:即便在理论层面上完全采纳了西方的现代法律(其典范是德国 1900 年的民法典),它仍然对舶来的西方法律做了选择性的重新理解和应用。进入革命时代的解放区法律和 1949 年以后毛泽东时代的法律,以及其后改革时期的再度大规模引进西方法律,我们仍然可以看到这方面的一些基本的延续,也可以看到创新。既可以看到明智的抉择,也可以看到盲目的模仿。以下是一个简单的总结,为的是指向一条适用于当前和未来的中国法律制度的途径。

(一)中国法律的思维方式

首先,清代法律实践历史所展示的特殊思维方式是:在连接概念和经验方面,一贯要求紧密结合法律概念和经验情况,寓抽象法律原则于具体事例,拒绝脱离具体事例的抽象化。这是《大清律例》所展示的基本思维方式。这就与韦伯所认为的西方现代法律的核心——形式理性(formal rational)思维方式十分不同。正如韦伯所说,形式理性主义法律要求的是:"(1)所有的法律决定必须是抽象法律命题之'适用'于具体的'事实情况';(2)所有的事实情况,必然能够通过法律逻辑而从抽象的法律原则得出决定。"[Weber,1978:657—658;中文翻译参考韦伯,2005:29。笔者这里的翻译是根据英文版所做,与康乐、简惠美(2005)的翻译略有不同]。韦伯心目中的"逻辑"显然是西方的所谓"演绎逻辑","演绎逻辑"也被他和许多西方知识分子认为是西方文明所独有的逻辑思维。美国"法律形式主义"[亦称"古典正统"(classical orthodoxy)]鼻祖兰德尔便特别强调现代法律的这个特点,把法律等同于古希腊的欧几里得几何学(Euclidean geometry),坚持法学能够同样地从有限的几个公理(axioms)得出众多的定理(theorems),而后通过"法律逻辑"来适用于任何事实情况。在韦伯眼中,中国传统法律绝对不属于这样的"形式理性"类型,而是属于"实体主义法律"(亦称"实质主义法律")类型。他认为,后者的特征是:它偏重具体事实,缺乏抽象原则,更缺乏法律逻辑。而对韦伯来说,这些都是形式理性主义法律所必备的条件。

我在拙作中已经详细论证:中国法律思维不是缺乏抽象概念,而是一贯认为事实情况千变万化,不是任何抽象原则所能完全涵盖的,因此要赋予抽象原则以实质性的意义,必须通过实际具体的例子来阐明,而法律所未曾考虑到的事实情况则可以通过比附类推方法来处理。相对韦伯提倡的从抽象到事实再到抽象的思维方法,中国法律一贯使用的可以说是从事实到概念再到事实的认识论。

此外,清代法律实践还展示了另一个一贯的法律思维方式。它有前瞻性的一面,但依赖的不是西方现代法律的权利前提"公理"，而是儒家的道德理念，例如"仁政""和谐""无讼"及君子的"忍"和"让"等。同时，它也有比较实用性的一面，允许在实际运作中，相应社会实际做出调整。这种思维既可见于《大清律例》中主要采用道德性表达的"律"及众多比较实用性的"例"的结合，也可见于官箴书中的道德话语和实用话语的并存。

在韦伯眼中，以上的思维方式都不是他所特别认可的形式理性思维。他认为道德理念介入法律正是"实体主义"的特征而不是"形式主义"（独立的法律体系），它特别容易陷入"非理性"，即由外来的个人意志或感情所主宰而不是"理性的"——坚持依赖法律逻辑来做出决定。

（二）中国的调解传统

韦伯所谓的实体主义法律的最好例子可能是中国的调解制度。在调解之中，无所谓普适的法律原理和逻辑，也无所谓抽象原则之适用于所有具体情况。它的重点不在抽象法律原则，而在解决具体纠纷。它的方法不在依据法律逻辑从抽象原则得出关于对错的判断，而在探寻实际可行的妥协方案。它的目的不在维护抽象普适的法律原则，而在维护社区长期共同相处的人们之间的和谐关系以及"己所不欲，勿施于人"的道德理念。在韦伯眼中，这样的制度是十足的"实体主义"法律类型的制度。

同时，调解制度也展示了中国"实事求是"的思维方式。它的重点不在抽象原则而在事实情况和可行性。唯有通过对事实情况的掌握，调解人员才有可能提出实际可行的纠纷解决方案。我们也可以说，它在乎的不是形式理性法律所十分着重的（形式化）程序,而是解决实际问题。它不会像形式主义法律那样区别"法庭真实"和"实质真实",不会为了服从程序法而排除实质性的真实,不会把法庭的探究限定在法律现有程序所允许的范围之内所得出的"法庭真实"。形式理性主义法律认定这是作为人为法律所可能获得的最贴近实质真实的真实,因为真正的绝对性真实唯有上帝才能知晓。按照韦伯划分的类型,中国调解制度背后的认识论和纠纷解决方法是完全来自"实体主义"的。

　　固然,中国的调解制度在近百年来经历了多重的变迁。在清代,它主要是社区和宗族的非正式(非官方)调解制度,其组织和运作基本是上述的模型。进入中华民国时期,一方面是原来的制度在农村的延续,另一方面是国民党极其有限的、不十分认真的尝试把调解纳入其正规法庭制度。但在中国革命时期的解放区,调解制度则大规模扩延,在社区的调解之上增加了基层干部的调解和调处、基层政府的行政调处,以及法庭调解(包括带有强烈判决性的调解)等一系列的制度创新。这些变化在 1949 年之后的毛泽东时代更得到前所未有的扩展,一度成为法律制度整体的主要内容。但在改革期间,既由于农村社区的变化(从熟人社会到半熟人、陌生人社会的演变),也由于农村干部功能和权力的收缩,调解所起作用曾经显著收缩。同时,面对越来越多的诉讼案件,法庭也越来越倾向于更多地依赖较高效率的判决,较少依赖很花工夫和时间的调解——尤其毛泽东时代那种深入基层调查研究、走"群众路线"的调解。

　　虽然如此,世纪之交以来,在社会需要(人民广泛认为,相对法庭制度而言,调解是费用较低而成效较高的制度)和政府积极推动的双重动力下,调解制度重新扩展。今天,它仍然是中国法律制度中一个极其重要的组成部分,其所起作用和规模要远远超出世界其他大国的法律制度。目前,在每两个纠纷之中,仍然有一个是通过社区干部调解而消解的(而旧式的非正式亲邻朋友调解制度也在一定程度上重新呈现——虽然其数量不好估计,因为没有关于它们的系统统计材料)。剩下的一半进入法庭制度的纠纷中,每两起中仍然有一起是由法庭(不同程度地)借助调解手段来解决的。可见,调解在当今中国仍然显示出顽强的生命力,不失为中国法律制度很有特色的一个组成部分。

拙作通过众多实际案例和跨时演变的分析,提出了一个简单的原则性建议:在没有过错(或双方当事人基本为同等过错)的事实情况下,适用调解;在一方有过错的情况下,方始采用形式化的法庭判决制度。中国完全没有必要像西方对抗性的形式理性制度那样,把没有过错的纠纷推向必分对错的非此即彼的形式理性对抗性法律程序。中国完全可以在无过错的纠纷情况下,侧重调解。这样划分调解和判决的分工,既可以避免西方对抗性制度的弊端,也可以避免运用调解来处理有过错的纠纷的"和稀泥"弊端。

实体主义的调解制度与来自西方的形式理性法律制度在今天的并存,其实是中国三大法律传统并存的具体例证。社区调解明显属于源自古代的法律传统和思维方式,而干部、行政和法庭调解则是中国革命的创新。这些制度与移植而来的形式理性法律条文和制度并存,正好证实了中国近百年来的历史实际和当前的混合型法律现实。在实践层面上,这一切都是无可置疑的现实。当前和未来的问题其实主要是如何从理论层面上来理解这样的现实。

(三)对侵权法的重新理解

三大传统在中国法律里的并存和混合,不仅可以见于调解制度和形式化法庭制度的结合,也可以见于形式化法律制度内部的一些例子。拙作探索的一个重要例子是侵权赔偿法律制度的条文和运作。其源自西方的法律文本是韦伯型的"形式理性"法律:法律从个人权利的"公理"出发,通过法律逻辑,得出在民事法律中,由于侵权行为的过错而规定不同数量的金钱赔偿的"定理"。但是,拙作在大量实践案例的基础上说明,在许多(甚至是大多数的)所谓侵权纠纷中,实际上双方都没有过错(例如偶然无意的损伤)或双方都具有大致同等的过错(例如一般的斗殴纠纷)。按照韦伯的形式理性思维,法律面对侵权纠纷时必须明确区分对错,不然便没有赔偿和民事责任可言。为此,很容易把事实上没有过错的纠纷推向对抗性的处理。但是,中国法律则没有,甚或不能理解西方法律这样的逻辑性冲动和需求。对此问题,当代中国的立法者采用的是一种从事实出发的"常识性"处理方法:简单地承认没有对错的侵权纠纷的事实存在,由此出发,规定在那样的情况下仍然可以根据实际情况让无过错的当事人承担一部分的民事责任,借以解决这个因有人遭受较为严重损失而发生的社会问题。这里展示的正是上面说的从经验到法律再到经验的实用性思维方式,与韦伯所阐释的形式理性法律完全不同。对韦伯来说,像中国这样的思维完全是"实体主义"性的,甚至是矛盾的或非理性的。但我们应该把上述的例子理解为中国立法者对移植来的西方法律的选择性阐释和改造。虽然如此,这样的抉择并没有被提高到理论层面,而只是一种显示了实用道德主义思维的例子。

(四)赡养与家庭主义产权

　　另一个对西方法律重新做出选择性理解的例子涉及财产权利和赡养义务。按照西方个人主义法律的思路,孩子对双亲的赡养只负有比较有限的带有条件的义务。德国 1900 年施行的民法典规定,一个孩子只在下述两个条件之下才负有赡养双亲的义务:一是父母亲没有自己谋生的能力,二是孩子能够维持自己所习惯享有的生活水平。不然,便没有赡养双亲的义务。我们知道,中国古代法律规定孩子不赡养双亲是要受到严重惩罚的。即便是模仿西方,几乎照抄《德国民法典》的《中华民国民法典》(1929—1931 年颁布)都把赡养双亲转释为基本无条件的义务。在上述《德国民法典》的规定之后,《中华民国民法典》便立刻声明,如此的规定不适用于孩子的"直系血亲尊亲属"。《中华人民共和国继承法》(1985年颁布)则更进一步,做出《德国民法典》所没有的法理创新:它规定,赡养双亲的孩子可以在继承财产上多分财产,没有尽如此义务的则可以少分。这样,既把赡养定为基本无条件的义务,更通过一定的物质激励来确保孩子会为双亲尽其赡养义务。这里展示的正是中西方不同的家庭观念。费孝通比较生动地称中国的为"反馈模式",西方的则是"接力模式"。

　　"家庭主义"在中国法律里的顽强持续也可见于财产继承法律的一些其他方面。大家知道,中国传统的继承法律把家产视作一个基于父子关系的跨代际权利。与西方法律不同,传统中国的任何父亲都不能凭其意愿(比如,通过遗嘱)把一个儿子排除在继承自己土地的权利之外。这就和西方的个人主义法律十分不同。这是因为中国传统法律把家产基本认作一个以父子为中心的（可以称作"父子一体"的财产观念）跨代际权利。在民国法律之下，立遗嘱人照样不可以通过遗嘱而把具有法定继承权利的孩子排除在继承权利之外，规定他们最起码可以得到所谓的"特留份"，相当于均分财产的一半。这也是中国传统家庭主义财产观延续的一面。（但民国法律允许所有权拥有人在生前通过"赠予"而绕过继承法这方面的限制。）而在中华人民共和国的法律下，遗嘱法律虽然表面上似乎像美国个人主义法律那样允许立遗嘱人有不受限制的财产处分权，但在实际运作层面上，迄今仍然规定立遗嘱人的房产继承人必须通过其他合法继承人的同意方才可以自由处分所继承的房产。这就和这方面的美国法律十分不同。

当今，个人主义的遗嘱法及赠与法，与古代法律遗留下来但在现代从"父子一体"被转释为"父母亲和孩子一体"的继承法（与古代相同之处在于跨代，不同之处在于男女平等的继承权利）两者之间仍然在拉锯。其间的张力、矛盾和妥协，可以见于近年最高人民法院三次关于父母亲能否把房产通过赠与而确定为自己已经结婚的孩子单方个人所有财产的"解释"。

（五）典权

在大规模从西方引进法律理论和条文的潮流下，以上具有中国特色的财产权利法律的延续可以说是中国面对西方法律所做出的选择性改造。另一个例子是传统的"典权"惯习。它是允许土地典卖人长期以十分有利的条件回赎自己出典的土地的权利。这是作为中国现代法律范本的德国民事法律所没有的法律范畴和法理。《中华民国民法典》的立法人在复杂的争论之后，最终决定直接沿用这个得到国家法律认可的传统的民间习俗，其基本用意是照顾弱势人民（被迫出卖土地者），声称那才是"圣王之道"，所拒绝的是简单的西方个人主义的比较绝对的产权概念。中华人民共和国的成文产权法律则最终拒绝了传统的"典权"。但是，我个人认为，中国将来如果允许土地的自由买卖，典权法律肯定会重新呈现于民间。目前，因为国家严禁农村个人自由买卖土地，典权传统被暂时置于一旁。

（六）男女平等产权与司法实践

对西方法律的选择性援用也可以见于农村关于男女平等财产继承权利的实际运作。在法律条文上，男女权利平等是得到确认的。但是，在司法实践中，即便在国民党时期，鉴于农村的女儿出嫁的社会实际，男女平等的继承权利一直都没有被实施，只在城市中起作用。关键在于，一般的赡养责任是由留家的儿子（而不是出嫁的女儿）来承担，因此父母亲的土地和房子实际上都仍然和清代一样是由儿子继承的。在中华人民共和国时期，没有土地私有产权，但房子方面的司法实践是和中华民国时期基本一致的。我们上面已经看到，在法理层面上，中华人民共和国还做出了直接连接赡养义务与财产继承权利的创新。这样，在法理上，儿子继承家里的房子不是因为他们是男子而不是女子，而是因为他们承担并尽了赡养义务。这也是根据中国实际情况对西方法律做出的合理改造。

320

（七）革命法律传统

对中国的法学界来说，传统法律在今天法律实践中的延续相对来说比革命法律传统的延续更好理解。一是因为研究相对较多，也是因为在今天的话语氛围中，由于民族感情传统比革命更容易占到一定的正当性。我个人对革命法律的研究最多只能算是个小小的开端，还有大量的工作和材料等待新的研究人员去挖掘。我这里只能非常粗略地提到自己做过的几点相关研究，其中包括完成法律第三卷之后对劳动法规的历史演变所做的初步探讨（在该书中作为进一步的探讨而纳入附录）。

1.婚姻和离婚法

首先是婚姻和离婚法。革命法律的出发点，是既拒绝传统的婚姻法律也拒绝西方的现代法律。一个关键性的立法是离婚自由。根据 1931 年的《中华苏维埃共和国婚姻条例》，夫妻任何一方坚决要离婚便可以即行离婚。当时反映的当然是革命知识分子中的理想，也是 1926 年苏联婚姻法的典范作用。这个法律条文在当时的世界范围内是比较激进的，代表的是革命党对进步青年的一种承诺。

但是，如此的离婚法很快便遭到强烈的反对。首先是革命军人的反对，法律允许军属与其丈夫离婚正"犯了他们的忌讳"。另外，则是农民的反对。对一般农民来说，婚姻是关涉一辈子的一大花费，条件不允许他们像都市中产阶级那样比较轻易地结婚、离婚。面对农村人民广泛的反对，中国共产党很快便做出了一系列的退让,从其原先的革命性承诺逐步后退,最终确定了一个十分实用的处理方法:一起一起地通过调解来处理所有有纠纷的离婚要求,目的是尽可能地把党和革命军人与农民之间在这方面的矛盾最小化。

这个具有一定历史偶然性的演变所导致的结果之一,是法庭调解制度的广泛兴起。在革命时期及 1949 年之后的毛泽东时期,离婚纠纷毫无疑问地占据了中国民法最大比例的地位,其处理方式不仅决定了婚姻和离婚法的实践,一定程度上也决定了民法整体的实践。

离婚法在实践中形成了一系列很有特色的运作方式。当时要求的是法庭调解人员深入基层,亲自调查研究,了解夫妇间的"矛盾"根源,并尽一切可能配合当地政权组织,试图使得双方"调解和好"。为此,可以动员当地的党组织和亲属、邻居来协助法庭为当事人解决矛盾,甚至可以在劝说的压力之外,更借用物质刺激,包括按需要为当事人安排更好的工作条件等。同时,也不排除高压的、具有判决性(不准离婚)的压力,尽可能促使当事人放弃离婚要求。在这个过程中,形成了一些来自实践的方法和法理原则,尤其是深入实地调查研究和依赖群众的方法,它的影响超出婚姻和离婚领域而涉及民事法律制度整体。同时,也形成了比较独特的以"夫妻感情是否确已破裂、调解无效"为准则的离婚法理。

2.法庭调解的制度创新

如此的离婚法实践正是促使法庭调解制度创新的一个关键动力。拙作详细论证,清代法庭做的是断案,不是调解。做调解的是社区和亲族,不是法庭。法庭的理念是尽可能由社会自身来处理"细事"纠纷,官方衙门只在社会自己不能解决纠纷的时候介入,一旦到正式堂讯的阶段,便要做出明确的有法律根据的判断。也就是说,法庭调解不是中国的古代传统,而是共产党面对处理离婚争执的发明和制度创新。这也许是革命立法传统对当前法律制度的影响中最为明确和重要的一面。

3.劳动法

在离婚法和法庭调解制度之外,革命立法的另一主要传统是劳动法。作为"无产阶级先锋队"的中国共产党当然自始便十分重视劳动立法,要为劳动人民争得公平和有尊严的待遇。1931 年通过的《中华苏维埃共和国劳动法》,因此对 8 小时的工作日、安全的工作环境、合理的休息时间、加班工作的待遇、保护妇女和未成年工人、劳动福利等诸多方面做了明确具体的规定。中国共产党当时的立场是要为所有的劳动人民争取其应有的权利,在正规工人之外,还包括非正规的临时、非全日、季节性工人,甚至纳入了农村的雇工、苦力、工匠("乡村手艺工人"),以及家庭佣人("家庭仆役")。

今天回顾,我们还可以看到另一个历史趋势的起源。在苏维埃地区,当时的共产党不仅是革命党,也是执政党。因此,我们可以把后来革命胜利之后的一些演变趋势追溯到苏维埃时期。首先可以看到的是把党政官员和工人一起纳入劳动法所保护的"职工"范畴。按照当时的意识形态来说,这是完全合理的做法:共产党乃是劳动人民的先锋队,代表的是劳动人民的利益,其机关和机构的人员当然应该被纳入与工人相一致的劳动者范畴,当然应该享受同等的法律保护和待遇。正是这样的起源为革命胜利之后的一系列变迁埋下了伏笔。

其后,在毛泽东时代,为了规范农村人口大量涌入城市,建立了一整套的法规,严格限制把"民工""临时工""季节工"等转化为正式职工。1958 年建立了户籍制度,严格限制农村人口进入城市,把农村孩子限定于其母亲(而不是父亲)的户籍。由于中国长期以来城乡在工资和一般生活水平上的差距,这些劳动规则在有意无意之中造成了一个区分为两个层面的劳动者的制度。

进入改革时期,处于劳动法规保护之外的"非正规"工人大规模兴起。先是农村乡镇企业的"离土不离乡"员工,由于其农村户籍,谈不上城市职工的劳动法律保护和社会保障或福利。其工资初始时是依据农村的工分制度来支付的。再则是 20 世纪 90 年代的大规模"离土又离乡"农民工进城打工浪潮,绝大多数农民工都被当作临时工、季节工等非正规劳动力来使用,也谈不上劳动法规的保护和正规职工的待遇和劳动保障。再其后是国有企业的"抓大放小"和"减负"改革,以及大规模的中、小国有企业员工的"下岗"。结果是使用非正规员工的非正规经济部门的快速扩展,时至今日,已占到所有城镇就业人员的 63%。如果加上他们留在家乡就业的家人,足足达到总就业人员的 83%。而处于国家正规劳动法律保护的国有单位和其他大企业的(白领)职员和(蓝领)工人,在总就业人员中所占比例则只有六分之一,且其中约半数是党政机关、事业单位和国有大企业的职工。而大多数的劳动人民则难以享有劳动法规规定的社会保障。

迄今国家劳动法规(体现于 1995 年的《中华人民共和国劳动法》及 2008 年的《中华人民共和国劳动合同法》)所做的,主要是为当前的社会经济现实提供法律依据。由此,劳动法明确限定受到劳动法律保护的"劳动关系"法律范畴,确定为受雇于具有"法人"身份的"用人单位"的全日、全职正规职工。至于那些不具有法人身份的、不是法定正式用人单位的企业的职工则被宽泛地纳入"劳务关系"范畴,只适用一般的民事法律,难以适用劳动法。此外,2005 年来,"劳务派遣公司"和"派遣工"大规模兴起,主要是为正规"用人单位"(主要是国有单位和大企业)组织非正规的廉价劳动力。这样,更提高了非正规员工所占的比例,更突出了正规与非正规员工间的身份、工资和福利上的差距。

当然,其差距归根到底是长期以来的城乡差距,这也是今天中国贫富差距存在的现象之一。

(八)不明智的盲目移植

在中国近百年的立法历史和司法实践之中,既有明智抉择的例子,也有众多不那么明智地盲目仿效西方的例子。拙作的重点在于为中国法律的发展探寻可行的符合中国实际的优良图景和方案,但我们也不可忽略过去的错误例子。其中,我们尤其需要避免盲目仿效和移植,拙作也探讨了几个这方面的实例。

1.取证程序

首先是试图移植西方基于其对抗性法律制度(和法律程序主义)的取证程序,坚持从毛泽东时代的法庭(法官)调查制度转入西方式的主要由当事人负责的"当事人主义"取证制度。其改革的动机是促进中国法律的"现代化"("与国际接轨"),当然也有减轻法庭负担的动机,在刑事方面则更有削减法官权力的动机。但是,用于离婚法,这样的取证程序改革所导致的是一系列出乎预期之外的后果。首先,中国法律制度缺乏西方那种证人取证的实施条件,在实际运作中,证人多拒绝出庭。这样,在既没有证人举证,也没有法官深入当地调查的情况下,法庭无法证实法律条文所关心的一些问题,例如丈夫是否真的虐待妻子或第三者是否真正存在。结果是离婚法庭越来越脱离法律条文的原意,越来越趋向形式化的操作,变成简单地惯例性地拒绝当事人的第一次离婚申请,而批准第二次申请。即使诉诸调解,一般也只是形式上的调解,不具有实质意义和作用。这样的结果实际上违背了法律条文的原意,是盲目移植不实用的、未经真正了解的西方法律形式的结果。它既不适用于中国,也脱离了西方取证制度的真髓,包括其关键性的证人制度、法庭在事前的"证据开示"(discovery)制度以及双方律师的"交叉询问"(cross examination)制度。脱离这些配套制度,当事人主义取证程序只可能陷于虚设。这是个应该被引以为戒的教训。

2. "刑事和解"

此外则是近几年来风靡一时的"刑事和解"运动,其推动力来自一种民族自豪感(例如,坚持和解是中华民族独有的优良传统),借口则是西方时髦的"恢复性正义"(restorative justice)理论的移植。但实质上,该运动完全没有理解西方恢复性正义的实质内容。

后者的运作核心在于让犯罪人和其受害者面对面交谈,通过教会或社区的介入,试图促成犯罪人的忏悔以及受害人的宽恕。它实际上只适用于少数初犯轻罪的未成年犯罪人。但在中国则被鼓吹为符合中国和解精神的制度。其实,在实际运作中,由于中国惯行的刑事拘留制度,不可能像恢复性正义那样让被告人和被害人面对面交谈,更毋庸说真正意义上的忏悔和宽恕。在中国,"刑事和解"可能导致的其实主要是给予有钱的被告人用钱赎刑的机会,间或更促使被害人对被告的"漫天开价"。如此盲目地、脱离实际地模仿西方的尝试,应是我们再次需要引以为戒的经验。

3.刑讯逼供

再则是传统法律遗留下来的、今天比较广泛存在的"刑讯逼供"制度。有学者引用我的"实践历史"概念来为这一制度辩护,坚持刑讯逼供是一个具有重要实用价值的高效实践做法。这里应该说明,我绝不同意这样的意见。刑讯逼供是一个无视中国"仁政"价值理念的制度,更是一个无视现代法律基本"人权"原则的制度。它代表的是中国古代专政的恶劣一面,亟须改革。同时,我也不同意有的同人所提倡的引进、模仿西方"米兰达规则"(嫌疑人的沉默权)的做法,因为那是个完全没有考虑到中国根深蒂固的"坦白从宽,抗拒从严"制度实际的建议。(在现存制度下,被告人引用米兰达规则只可能被视作"抗拒"。)我们需要的是根据实际情况进行可行改革。目前最实际的办法,也许是在刑讯中录像的方法。借此可遏制侦查人员滥用违法的刑讯逼供手段。

以上简略综述说明的是,中国过去的法律实践历史既展示了融合中西法律的明智抉择的例子，也同时告诫我们要避免盲目模仿。我们下面要做的工作，是根据实践所展示的方向来试图勾勒出一个能够进一步融合中西法律的图景。

二、未来的方向和图景

我曾经多次申明，这样的工作不是一个人或几个人，甚或一代人所能做到的。如何建立一个具有中国主体性、符合中国实际的法律制度，是一个需要长时期和众多研究人员一起来探索的问题。我这里只能在自己的三卷著作基础上，试图再迈进一步，指出一些初步的方向性想法。

首先，调解显然已经被证实是个具有很强的实用性的传统和制度，今天仍然充满生命力。它的理论基础不是韦伯所谓的形式—理性主义，而是韦伯所认为的与之对立的实体主义正义。它的出发点是道德理念，不是韦伯所认可的法律公理。它不重逻辑而重实用，不重抽象原则而重实际效果。在实际运作中，它要求的是紧密连接经验事实，而不是抽象法律逻辑的运用。这些都是韦伯所认定为实体主义的特征。

调解在今天中国法律制度中与从西方引进的形式化法律共同存在，并且与之形成一种相互补充和辅助而不是相互对立和排除关系的现实，也许是对韦伯的理论最好的挑战。中国真有必要像韦伯提倡的那样在逻辑上把民事法律制度完全整合于一个自我封闭、排除不同逻辑的形式理性主义吗？

在韦伯的理想类型建构中，像中国现今这样把形式主义和实质主义混合是不可接受的。他虽然承认实体主义法律也可以是"理性"主义的("实体理性主义"是他建构的四大理想类型——形式非理性、实体非理性、实体理性、形式理性之一)。但是,在这点上韦伯的思路并不十分明确。因为在他的理论中,"理性"主义概念既包含系统性和可预期性,更包含形式逻辑性,而中国今天的调解制度在他眼中肯定只具备前者而不具备后者。无论如何,在韦伯眼中,它肯定不是形式理性的理想制度。对韦伯来说,即便是经历了相当高度形式理性化的英美普通法传统,也具有很不理想的实体主义成分——他尤其不认可其陪审团制度,认为它违反了形式理性法律制度依赖掌握专业知识、词汇和逻辑的专家的优良特征。他认为,依赖由普通人民组成的陪审团只可能导致非理性的后果。(Weber,1978:889—890)

这里,我们也许能窥见韦伯形式理性主义的偏激性、狭窄性。在他关于法律史的宏观叙述中,他完全没有从以下的角度来考虑英美普通法:它与其说是实体主义的,不如说是实体主义和形式主义的混合体。它其实源自两者之间的长期拉锯。一方面,它是一种重经验轻抽象法理的"判例法",特别强调之前的判例在法律制度运作中的关键作用。但另一方面,我们上面已经看到,历史上美国普通法经历了兰德尔(作为哈佛法学院院长)那样极力把法律形式理性化的演变,结果树立了所谓的法律"古典正统"。虽然如此,我们还要看到兰德尔的哈佛同事霍姆斯所代表的占据与"古典正统"几乎同等地位的法律现实/实用主义,它也是近乎主流的传统。两股潮流事实上长期并存、拉锯,可以说共同造就了美国的法律体系。两者之间的关系具体地体现于长期以来举足轻重的最高法院的九名大法官之间的分歧和拉锯。

如果我们借用韦伯自己的"形式主义"和"理性主义"两大理想类型范畴来反思他的历史叙述,便可以看到他所总结的这两种"主义"的结合其实造成了一个具有特别强烈的封闭性和普适要求的传统。正如韦伯所指出的,"形式主义""非理性"源自巫术时代,一方面高度非理性,但另一方面则特别强调高度形式化的仪式,因此显然是具有高度封闭和排他性倾向的传统。而"理性主义"的核心则在于演绎逻辑,它固然是极其精确严密的思维方法,但也具有强烈的自以为是绝对真理的倾向,自以为可以超越时空、自以为乃普适的真理。两种传统的汇合事实上造就了高度封闭、排他的法律专业化团体。后者则正是韦伯所特别认可的,他把他们称作捍卫和组成形式理性主义法学的主要"担纲者"(韦伯,2005:167—173)。

但后者也是韦伯自己指出的形式理性法律所面临的最严重危机的肇因。他敏锐地指出,20世纪初期法律制度所面临的主要问题是其高昂的律师费用,这造成劳动人民不能和资本家一样依据法律来维护自己权益的局面。(韦伯,2005:225)实体主义的"社会主义"法律运动的兴起正源自这样的"阶级问题"。根据韦伯的分析,社会主义的核心理念是人人应该只占有其自身劳力所创建的价值和财产。

虽然如此,韦伯本人是反对这样的"革命法律"的。他把"革命法律"追溯到法国革命及其"自然法",认为自然法最终之所以解体是因为它经不起严格的演绎逻辑考验(Weber,1978:867—871)。他认为,20世纪初期的社会主义法律同样如此,因为劳动价值明显并不仅仅来自劳动,也产自资本(Weber,1978:870—871)。由此,他最终把社会主义法律贬为实体主义的法律,明确区别于他所认可的形式理性主义法律。

对韦伯来说,一个深层的反对实体主义的原因是他认为实体主义是与专制紧密联结的。他特别认可形式理性的部分原因,是他认为由于其高度的专业化、形式化和逻辑化,它直接挑战实体主义专制君主的权力,起到遏制外来权力介入法律的作用,由此导致法律的独立化。(Weber,1978:812—813)他对革命法律的判断是,它是实体主义的,它缺乏形式理性主义那样的遏制专制权力和趋向法律独立的内在动力。也就是说,它会轻易陷于专制权力的控制。

但是,历史上的革命立法明显不仅仅具有专制的倾向,也具有司法独立和民主的倾向。革命拒绝的是旧政权与其法律体制,也因此具有一定的反专制倾向。美国的独立战争便是明显的例子。即便是韦伯所批评的法国革命,也在专制倾向之上具有明显的司法独立和民主倾向。关键是,革命和革命立法本身并不排除司法独立的可能。同时,韦伯所推崇的德国形式理性法律,不一定会排除专制权力和司法独立——纳粹主义统治便是例证。

更有甚者,正如韦伯自己所指出的,19 世纪末期和 20 世纪初期,形式理性法律所面临的关键问题是其高费用的律师基本把法律公正限于资本家和有钱人(Weber,2005:225)。韦伯没有说明的是,这个问题的根源正是他所十分称道的法律人士的高度专业性和排他性。韦伯点出的问题可以说是今天的美国法律制度的致命弱点。

与此相关也是韦伯没有说明的另一个问题是,高度程序化的形式理性主义法律也促使法律专业偏离实质正义而沉溺于繁杂的程序。今天许多美国律师的专长,与其说是法律和正义,不如说是程序及其漏洞。几乎每个财富 500 强的公司都聘有一大群专钻税收法律空子的律师和会计。其惯用的一个手段是把公司的利润账目从国土之内转入海外的"避税天堂"。如今,大企业不承担其应负的纳税义务已经成为普遍的现象。这是当今美国法律制度的另一个致命弱点。

在其对待实体主义的论述中,韦伯一再把形式主义和实体主义视作互不相容、完全对立的两种体系。但是,我们可以更实际地来理解现代西方法律在这方面的演变过程。它不是一个简单拒绝和排除实体理性社会主义革命正义的历程,而更多的是资本主义的逐步对劳工和社会主义运动做出妥协的过程。今天绝大多数的西方国家(及其法律制度)实际上既是资本主义性的,也是"福利国家"(welfare state)性的,其所经历的历史演变绝对不是一个简单的非此即彼的过程。

但韦伯则自始至终一贯认为形式主义和实质主义是绝对对立的。这个观点部分来自他认同的思维方式,坚决要求法律体系组成一个"毫无缝隙"(gapless)的统一体。他偏重理论上的完美整合性,无视经验上的复杂性和非逻辑性。我们要问的是:难道我们在追求中国自身的"现代性"中,除了韦伯认可的形式理性便别无选择? 只能走上他所提倡的思维方式? 只能模仿他早在 19、20 世纪之交便认为是面临严重社会不公危机的法律制度?

我个人认为,韦伯提倡的纯粹形式理性主义法律对中国来说是不合适的,也是不可能的。说它不合适,是因为中国法律的历史背景与韦伯心目中的德国典范十分不同。我们前面已经指出,中国近百年历史所确定的是:中国法律制度在实际运作层面上,必然是三大历史传统(古代法律、革命法律和舶来的法律)的混合体,缺一便不符合历史实际和社会现实。我们上面已经看到,在实践层面上,现当代中国为了适应社会实际,已经对引进的西方法律做出了一系列的重新阐释和改造,其中既有古代传统的延续和创新,也有革命传统的发明和演变。要单一地拒绝古代和革命传统,既不符合历史实际,也不符合社会需要。如此的选择其实是不可能的,因为它只会导致法律与历史和社会的脱节,只会导致不可行且不适用的法律制度。

以上是根据中国法律实践历史经验的观察,尚未被提升到理论层面。要进入理论层面,我认为韦伯的思想和理论是个重要的资源,因为它具有全球的视野、强劲有力的和清晰的分析框架(理想类型),其中既有历史也有理论,乃是我们自己建立理论的理想对话对象和敌手,可以帮助我们对自己的历史路径进行概念提升。

一个很好的出发点是中国古代传统的思维。它和韦伯从理论到经验再到理论的思维方式截然相反,是从经验再到理论到经验的思维,也是今天中国人仍然强烈倾向的思维方式。要求中国立法者和法学学者完全采纳并真正适应由演绎逻辑主导的法律思想,真是谈何容易,因为中国知识分子一般都特别难以运用西方的演绎逻辑。法律专家如此,更毋庸说普通人了。其中一个关键因素是面对二元对立的建构,大多数的中国知识分子很自然地倾向于长期以来儒家所强调的"中庸"(过犹不及)思维,不会轻易采纳非此即彼的抉择，而更会倾向于兼容两者、争取其间平衡的中庸之道。同时，中国知识分子的宇宙观长期以来都比较倾向于把二元对立的事物和现象看作类似乾与坤、阳和阴的相互依赖、相互作用、相辅相成的关系，而不是对立的非此即彼的关系。我们可以说，长期以来，中国知识分子在这方面的倾向是基于对大自然的认识，是一种对有机事物和世界的认识，而不是像西方现代那样的基于单一朝向，一推一拉的无机事物和机械化、工业化世界的认识。我们可以认为无机的工业比有机的农业经济先进，但我们绝对不可以把无机的因果关系认作比有机的相互作用关系更符合人类社会的实际。

中国这种既此且彼的思维习惯不仅可以见于古代，也可见于革命时代（例如"非对抗性矛盾"的概念），更可见于改革时代（例如"社会主义市场经济"的建构）。我个人认为，如此的思路特别适合今天中国法律面对的实际问题。韦伯型的形式理性思维不可避免地会把我们逼向在中西之间做出单一、非此即彼的抉择：要么全盘西化，要么完全依赖本土资源。但中国的实际显然不允许如此的抉择。今天中国实际给定的最基本的现实是，它兼有中国的（古代和革命的）法律传统和舶来的西方理论，缺一便无所谓"现代中国"。这是历史实际，也是别无可能的选择。

我认为，面对形式理性法律对中国自身实质理性法律传统的挑战，最明智的抉择是直面两者共存的现实，而后在其中追求明智的融合与超越，而不是不实际、不可能的非此即彼抉择。关键在于如何融合、如何超越。

以上提出了一系列由实践历史挖掘出来的融合中西的例子，

它们正好说明如何走向如此的结合。先是在有机的因果观之上，加上中国由来已久的紧密连接经验与概念的"实事求是"，以及"摸着石头过河"来探讨新型的融合的思维方式。其中，传统和现代的"实用道德主义"不失为一个仍然可用的思维方式。上面已经粗略地勾勒了一些具体的结合方案和模式；这里要做的是为其提供基于中国历史的哲学和宇宙观依据。我认为，这是中国未来立法和法律体系重组的明智方向，不是韦伯那种既拒绝中国古代传统也拒绝中国现代革命传统的思路，那种既是西方中心主义也是狭窄的现代主义的思路。中国自己的思维方式和实践历史所指出的道路才是真正具有中国主体性和可行性的道路。

参考文献

韦伯(2005)：《韦伯作品集(Ⅸ)·法律社会学》，康乐、简惠美译，桂林：广西师范大学出版社。

Weber, Max (1978). *Economy and Society： An Outline of Interpretive Sociology*, 2 vols. Berkeley： University of California Press.

第 10 章

《历史社会法学：中国的实践法史与法理》导论*

经过数十年来对清代以来民事法律的研究及其三卷本的撰写[《清代的法律、社会与文化：民法的表达与实践》《法典、习俗与司法实践：清代与民国的比较》《过去和现在：中国民事法律实践的探索》，由法律出版社再版为《清代以来民事法律的表达与实践：历史、理论与现实》（三卷本），2014 年出版]，我得出以下的基本认识：研究法律不能就文本论文本，一定要看到文本之外的司法实践。法律表达与法律实践之间既有相符之处也有相悖之处，这是因为法律在实际运作之中，必须在一定程度上适应社会实际。正是表达与实践之间和法律与社会之间的既矛盾又抱合的关系，组

---

* 本章为笔者与尤陈俊合编的《历史社会法学：中国的实践法史与法理》论文集（法律出版社 2014 年版）导论。

成了法律体系的整体。这个"道理"看似简单,但对一个偏向规范、相对偏重条文而比较忽视实践的学科来说,带有一定的反"主流"倾向,但我深信,这是研究法律不可或缺的认识。脱离实践便脱离了法律活生生的一面,并很容易把条文的表达错误地假定为实际。而同时,法律研究也不可只回顾性地关心司法实践和无视前瞻性的法律准则,因为那样的话,同样会脱离法律演变的关键动力,即其"表达"与"实践"间不断的相互作用。

探索成文法律的实际运作,需要把其置于社会情境中来理解,而社会情境的一个关键变数是不同阶级/阶层以及不同等级之间的差别。过去的中国法律一直都展示着深层的社会阶级/等级观念和区别,例如士绅和农民、男女、尊卑等社会阶级/等级之间的差距。今天,它仍然展示着城市居民和农村农民的身份差别以及不同阶层间的差距。

近十年来,我从美国的学术界转入中国的学术界,并主要为中国读者写作,从对中国现实的消极关怀(想而不写)转向积极的关怀,更加深切地感到历史和社会这两大维度对于理解中国今天的法律的不可或缺性。唯有看到法律的历史社会背景和变迁,才有可能真正认识到它今天的含义。唯有考虑到其"从哪里来",才有可能对其"到哪里去"的问题提出符合实际的思考。无视过去,只可能是脱离实际的空想,也特别容易陷入简单的模仿/移植主义、西方主义和现代主义。同时,无视前瞻性的规范,很容易陷入盲目的保守,即便美其名曰现实主义或实用主义,实际上也会陷入一种简单的回顾主义和本土主义,无视现有体系的缺点,并无视当今全球化中的一些必然的共同演变和趋势。

前瞻的关怀,也迫使我们去考虑一系列理论问题,诸如移植主义与本土主义,西方/现代主义与历史主义或后现代主义,形式主义与实体主义或实用/现实主义,以及资本主义与社会主义。在中国矛盾重重、极其复杂的现实面前,这些不仅是象牙塔里的辩论,而且还是带有现实意义和紧迫性的问题。

根据我的理论探索,现有法学理论传统中,没有理论传统完全符合自己从这几十年的经验研究所获得的基本认识。虽然如此,其实有不少学者使用和我相似的研究进路,主要是因为人们本能地具有一定的真实感,会自然地拒绝不符合实际的意识形态和时髦理论而探求真实。但这样的学者绝少直接讨论理论和方法问题。而在纯理论领域,则一般多会陷于一定程度的现代西方中心主义,并趋向某一种极端。法律形式主义尤其偏重"理性"和形式化演绎逻辑,偏重条文多于实际运作、规范多于实践/实用。其部分原因是理论家——尤其是形式主义的理论家——比较普遍地过分相信(被认为是西方文明所独有的)演绎逻辑,要求把理论"体系"整合、统一于那样的逻辑并推展到其最终的结论。即便是批判"主流"法律形式主义的众多理论,也往往会遵循同样的逻辑而走向某种极端。回顾过去,法律实用/现实主义、"历史法学"、法社会学、后现代主义等理论潮流,都对纠正主流法律形式主义的偏颇起过很好的作用,但是与其对手一样,这些理论最终也倾向遵循逻辑而夸大其观点,结果是产生一系列非此即彼、二元对立的理论争执。

在我看来,要求逻辑上的统一性是纯理论探讨的关键弱点。它不可能符合当今中国的需要,照顾到中国的基本实际和给定的历史条件,即中国与西方的、历史与现代的、实用与形式的必然并存。正因为纯理论要求逻辑上的整合和统一,它不可能照顾到中国的矛盾现实。唯有从实际/实践出发,我们才能看到中西方因素必然在中国并存的基本现实,才能看到两者必然的相互作用,既看到其相互矛盾的方方面面,也看到其互补不足和相互融合的方方面面。与纯理论建构不同,实践不会要求简单的逻辑上的整合,它更贴近实际中的错综复杂关系和重重矛盾。从实践出发的研究进路和理论创建,才有可能为中国探寻出一条既符合实际又带有前瞻性的法律建设道路。

为此,我近几年来一直在提倡建立一种新型的、更符合中国实际需要的研究进路和理论。简言之,这是一个既带有历史视野也带有社会关怀的"历史社会法学"进路。使用这一新词语,绝对不是功利性地为了标新立异而标新立异,而是要认真探寻中国实际需要的法律和法学。以下先对《历史社会法学:中国的实践法史与法理》一书所纳入的示例性论文(多是我近十年来在国内有幸教过的优秀青年学者的论文)分别作介绍和点评,借以更具体地阐明历史社会法学的宗旨和方法。而后进一步说明历史社会法学与现有多种法学传统的异同。

一、历史社会法学研究示例

(一)妇女与法律

1.法律的"小农化"

纳入本论文集的第一篇示例性文章,是白凯教授针对美国一股时髦的、探寻中国各朝代转换期间的所谓"转型"学术潮流而提出的(含蓄的)批评。此类转型论原先的动机,是要在中国历史中探寻类似于西方的演变。日本学者内藤湖南(即内藤虎次郎)率先提出"唐宋转型"论,试图把唐宋之际与西方的"近代早期"(Early Modern)画等号——行内之所谓的"内藤假设"。之后,有学者提出所谓的"明清转型"论,尔后更有人提出"宋元转型"论。(作为退休多年的老教授,我)可以直白地说,这些动向难免都带有一些学者为了扩大自己专业领域所研究的朝代的影响的功利性动机。白凯提的问题是,从妇女与法律历史的角度来考虑,明清之际实际上展示了什么样的变与不变。

此前有不少研究聚焦于妇女的"自主性"问题,它们特别强调明清之际一些妇女所展示的相当程度的独立自主性,以此作为明清社会的"早期现代"转型的实例。但是,正如白凯指出的,这些研究的材料局限于上层阶级的妇女,主要来自江南地区一些突出的例子(如当时的一些知名"才女");对占大多数的农家妇女来说,实在没有太多的实质性含义。

白凯的文章首先梳理了唐宋到明清长时段中关于妇女的法律的主要变迁：唐宋时期，在没有兄弟的情况下，女子是可以继承其父亲的财产的；到了明清，她不再享有如此的"权利"，唯有在父亲五服宗亲之内没有任何男性可能继承者的情况下，才可以继承其父亲的财产。这不是她的自主权的扩大，而是收缩。同样，在宋代，女子的嫁妆（所谓"奁产"）是她自己的财产，而在明清则变成其丈夫家的财产。在唐宋和明代，孀妇改嫁的主婚权属于她出生的"母家"，但在清代，该权利改属其"夫家"。唐宋时期，一位订了婚的女子在法律上仍然被视为其母家的女儿（如果杀伤其"未婚夫"，会被视作两名"凡人"间的罪行，而不是以卑犯尊的杀夫罪行）；而在清代，订了婚的女子则被视为夫家的人，若杀伤其"未婚夫"，作杀夫罪论。

白凯认为，这些变化的动力，也许是来自明清法律逐步吸纳广大农村人民的惯习的大趋势。相对于上层阶级来说，农村婚嫁的"财礼"（彩礼）（相对其家财产整体来说）是更为沉重的负担，因此也带有更强烈的回报预期。法律条文的演变反映的正是这样的现实：因为夫家付出了沉重昂贵（婚娶代价）的彩礼，他们应该有权主张孀妇的改嫁（以及收纳其彩礼）。同理，如果一名孀妇没有儿子，她夫家的族亲应该有权从同宗中选择一位嗣子来继承其丈夫的财产。更有甚者，入嫁女子的嫁妆也应被视作夫家的财产。正是根据这样的逻辑，一位女子，一旦其娘家收纳了彩礼，即便还没有举办婚礼，法律上便将其认作夫家而不是娘家的人。如此的法律变化所指向的，不是"早期"城市资产阶级和资本主义现代化的起始，而是小农经济社会的进一步定型和对国家法律的渗透，亦即白凯所谓的"法律的小农化"（peasantization of the law）或平民化。

也就是说，从法律史和更宽阔的历史社会视角来考虑，展示重要变迁的，不是短暂的"明清之际"，而是长时段的唐宋到明清；其性质不是简单的线性"早期现代化"，而是非线性的社会经济变迁，不是简单的妇女日益朝向现代化的自主性扩增，而是与其相反的趋势。这些变迁的动力，主要是法律越来越多地考虑到普通农民生活的现实，而不是像之前那样主要根据社会上层精英的生活模式来制定法律。

2.清代与民国法律下妇女的抉择

第二篇文章是我本人的，也是从历史社会视角来分析法律条文和实践的研究，探讨的也是妇女的独立自主性如何演变的问题，时间跨度是清代到民国。除了相关法典之外，文章依据的是193件来自清代三个县以及民国四个县的"婚姻奸情"案例。文章首先论证，清代法律与民国法律对妇女意志的建构十分不同：前者把妇女视为只具备从属意志的人，其抉择空间限于同意与拒绝之间，没有独立自主的抉择能力。法律由此得出"和奸"（同意被奸）、"和诱"、"和略"等妇女罪行范畴。我把这样的建构称作"消极的自主性"。民国时期国民党的法律则根据西方现代的法理，把妇女构建为独立自主的主体，在理论上赋予妇女以独立的财产权利、自主婚姻和离婚权利以及与男子同等的性关系自主权利，基本废弃了清代的"和"范畴。

但是，法律实际运作的变迁，和文本表面的变化十分不同。清代的法律其实一方面给予被侵犯的妇女一定的保护，但另一方面也对她们提出非常严苛的要求。正因为法律把女子视作只具有从属意志的人,一名孀妇可以凭"守志"的名义而申请法庭阻止她夫家的亲属为谋利(获得彩礼)强迫她改嫁,一位贫穷的妻子也可以凭"买休卖休"例而申请法庭禁止其夫把她卖给别人为妻,或凭"典雇妻女"例而禁止丈夫或父亲逼她卖淫。但同时,对一位已经被侵犯了的女子来说,法律要求的是,她必须不顾自身(可能)受到的伤害来卫护其"贞节"。除非她能够提供确凿的进行抗拒的证据,不然她会立刻面临"和奸""和诱""和略"罪行的嫌疑。

　　民国时期确实有部分妇女——主要是城市上、中层社会受过教育的妇女——依靠法律获得一定的财产所有权和婚姻与离婚自主权。但是,在受侵犯的场合中,农村以及城市的贫穷妇女,则反而因为新式的现代法律建构而失去了她们在清代所可能获得的保护:一名孀妇不再能够要求法庭阻止其夫家亲属逼她改嫁;一位妻子不再能够要求法庭禁止其父亲或丈夫把她卖给别人为妻或逼她卖淫。正因为法律把她建构为一个完全独立的自主体,法律不再考虑予以那样的保护,其逻辑是一位具有完全意志的成年女子,怎么可能违反自身的自主性而另嫁他人或者卖淫? 这在逻辑上是矛盾的。在这样的法律逻辑面前,她实际上只能等到自己已经被强迫改嫁或卖淫之后,才能以"妨害自由"罪名来要求惩罚其丈夫或夫家亲属,不然就是要求与丈夫离婚。对于一名需要丈夫来维持生活、不愿与丈夫离婚也不愿被丈夫卖给别人的女子来说,这样的法律是起不到实际保护作用的。简言之,"现代的"国民党法律在增加了城市上层阶级妇女权利的同时,也消除了清代法律所赋予弱势贫穷妇女的一系列保护。

在方法上,这篇论文说明的是,若要理解法律的实际含义,我们绝对不可以只看法律条文,而要通过实际案例,看到法律实践。同时,需要考虑到当事人的不同社会背景(一定程度上也需要对普通和弱势的民众产生同情和理解),才能认识到法律的实际含义。我们看到的不是线性的"现代化"或简单的历史"发展",也不是简单的"先进"的西方现代法律与"落后"的中国古代法律的对比,而是在条文、社会环境和司法实践这三维的相互作用下,清代和现代的妇女的自主权既有所扩增也有所收缩的实际。

3.革命根据地的离婚法实践

第三篇文章是杨柳从类似的研究进路对陕甘宁边区离婚法实践的探索。文章依据的主要史料是当时当地数量可观的离婚诉讼档案。文章详细论证,从离婚法实践的角度来考虑,解放区主要由三种等级的人组成:"抗属"(军属)、农民以及"公家人"(党政干部)。每一等级的离婚权都和他们的社会身份直接相关。首先,这些案例意外地让我们看到,当时的离婚当事人,主要并非我们——由于受丁玲的《三八节有感》等文章的影响——所意料的,因为爱上了(来自城市的、有教育和政治觉悟的、年轻貌美的)女同志而要求与老家的农村老婆离婚的男干部,而更多的是想和农民老公离婚而改嫁"公家人"的女子。杨柳证明,在当时的离婚法律下,最难获得离婚批准的是军属。这是因为,为了保持军人的忠诚,革命政策非常严格地要求维护军人的家庭关系。最容易获得离婚批准的则是进步女子和女干部,凭借的名义是与丈夫"感情不和"或更好地为革命服务,但有的也许是出于利益考虑而希望离开其农民丈夫而嫁给"公家人"。介于军属和干部两者之间的,则是普通农民的离婚权。

这是一份基于新鲜史料的开创性研究,既阐明了离婚法律条文和实际运作间的复杂关系,也使我们看到当时边区的社会实际,包括在革命党转化为一个地区的执政党的现实之下所形成的社会等级划分雏形。

4.事实别居与法律别居

第四篇文章是李红英关于清代与民国时期妻子与丈夫"别居"的研究。清代法律没有夫妻"别居"的概念,但是在实际生活中,一位婚姻不幸福的女子,主要只能依赖回娘家来逃避痛苦的婚姻生活。面对那样的"事实别居",其丈夫只能凭借"背夫在逃"罪的名义来诉诸法律的威权逼她回家。国民党的法律则不同,立法者一方面建构了夫妻有"同居义务"的规定,允许丈夫借此来要求法院勒令妻子回家,阻止其在娘家长期居住。另一方面,国民党的法律还从西方法律引进了夫妻"别居"的法律范畴,但其基本用意是给予那些意欲离婚的夫妻一个过渡期或缓冲期,而不是针对不幸福婚姻中的别居诉求。

李红英认为,在实际运作中,对许多妇女来说,"别居"并不是像立法者的用意那样在离婚过程中起作用,而更多的是成为一些妻子为了既避免痛苦的婚姻生活,又保持法律婚姻关系以使丈夫继续扶养自己所采用的手段。这里的关键是社会实际情况:民国时期的普通妇女大多没有独立谋生的能力,凭借"法律别居",她们可以既与丈夫分开居住又维持其生活。对有的妇女来说,法律别居也是一种应付丈夫娶妾的手段。因丈夫娶妾而要求与其别居,是当时在司法实践中被法庭认可的手段。另外，与清代不同，民国时期丈夫能够凭借"同居义务"来逼迫妻子回家和自己同居。据此，文章证实，对民国时期的"别居"不该像以往的学术研究那样从离婚制度的框架来理解，而需要从清代的"事实别居"转化为民国的"法律别居"的历史社会演变的背景来理解，其实际含义不同于其条文表面的意义，也不同于其背后的西方现代法理的用意，所反映的是民国时期这方面的社会实际以及法律实践的真正意义。

5. "私和奸事"与第三领域

第五篇文章是景风华关于（我之前在第一卷书中提出的）法律"第三领域"的研究。所谓"第三领域"指的是，在清代官府断案和社区调解之间存在一个两者相互作用的第三领域。一旦当事人在衙门提出状告，其所在的社区的亲族或村庄领导就会积极地试图调解纠纷，其间调解人和当事人都会考虑到法庭的初步反应和案件的进程，由此形成法庭与社区在此"第三领域"间的互动。

景风华认为，在涉及"犯奸"（包括"和奸""刁奸"与"强奸"）的案例中，清代法律同时遵奉两个不同的原则：一方面鼓励社区自己处理"细事"纠纷，官府无须介入；但另一方面又同时规定有伤"风化"或带有重情的奸事案件是不可以凭借社区调解而"私和（奸事）"的。在第三领域的中间地带中，这两个并行的原则间一直都充满张力，既可能导致社区的调解，也可能导致国法的介入。文章根据案例论证，在实际运作中，清代法庭在对待普通的"和奸"事时，即便其有伤"风化"，也倾向于允许社区自身解决，但如果涉及强奸、导致伤害或死亡等重情，则会坚持惩罚"私和"罪行。

进入当代,法律把过去的"和奸"重新理解为两相情愿的"通奸"(在清代司法实践中已见端倪),国家法律不再过问(涉及军属的除外);至于强奸(当代法律不再使用"刁奸"这一法律范畴),则被明确定义为违反国家法律的罪行,要纳入公诉制度处理。但是,在实际运作中,有的被强奸的受害人及其亲属,或出于保护隐私和受害者名声的考虑,或出于从犯罪人那里获得高额赔偿的考虑,宁愿私下了结。但法律不允许私了,为此,在实际运作中,一些被害人只能谎称自己是自愿的或者是和犯罪人相爱的,甚或翻供,来争取销案私了的空间。

当前法学界因此有提议给予受害者控诉与否的抉择权利(所谓的"亲告")。但问题是,在目前的社会环境下,有的犯罪人(例如,霸占一方的"混混"或黑社会头目)可以通过恐吓的手段,迫使受害人不提起控诉,而有钱人(如"富二代")则可以凭借"赔钱免刑"而逃避法律的惩戒,甚或一再重犯。目前,历史悠久的中国法律的"第三领域"未来将何去何从,仍然是个未知数,其法理和制度支撑有待进一步探索和完善。

此篇文章虽然简短,但同时考虑到历史演变和社会背景、条文与实际运作、过去和现在,并基于此而立论,可被看作"实践法学"和"历史社会法学"的示例研究。

(二)习惯、调解与法律

1.介于民间调解与官方审判之间的第三领域

此部分首先是我自己关于清代法律"第三领域"的文章,依据的是清代四川巴县、顺天府宝坻县和台湾地区淡水厅—新竹县三地的诉讼档案，共 628 个案例，论证的是清代和民国时期法律实际运作中处于官方法庭和民间调解之间的中间领域的具体情况和细节。其论点在上面介绍景风华文章时已经简单总结，此处不再赘言。

这里要做的是概念上的进一步讨论。借用马克斯·韦伯提出的"形式"/"实体"的法律理想类型的区分，中国古代的民间调解无疑是"实体主义的"，因为它是以伦理价值（如仁、忍、让与和）而不是以权利和形式逻辑为主导的，也因为它讲究的是妥协和实际地解决纠纷，而不是形式主义权利的条文、程序和明判对错。我在《清代的法律、社会与文化：民法的表达与实践》一书中进一步论证，即便是清代的成文法律也应该主要被归纳为"实体主义理性"类型，因为它讲究的主要也是伦理/道德，而不是形式逻辑化的法律，强调的是实质的真实，而不是形式化程序下所证明的"法庭真实"。同时，国家的正式法律体系也具有一定的一致性和可预测性，亦即韦伯定义"理性"的部分内涵。综合起来，可以说大致符合韦伯的"实体理性"类型。

但是，它也具有一定的形式化方面的特征，例如要求县官作出明判是非的"断案"，并且在一定程度上具有固定的程序，在实际运作中尤其如此（例如，定期受理细事案件和规定诉状所用的状纸及格式）。而其"合情合理"的法理建构，不仅包含"合情"的同情心（仁）伦理内容，也包含"合理"的逻辑性考虑。即便是"合情"部分，也在同情心的伦理观上，更包含符合"情实"或"实情"的考虑。

进入民国和当代，伴随西方现代的形式主义法律的引进，法律制度日益形式化。如果说清代法律在实体主义性之上也带有一定程度的形式主义性,那么现代和当代的法律体系则在形式化的基础上,仍然带有一定的实体主义性。上面已经提到,当前法律体系基本给定的历史条件是,传统的实体主义法律制度(最鲜明的例子是民间的调解制度)不可避免地和从西方移植的形式主义法律并存。而拙作所谓的"第三领域"则是(部分形式化的)官方制度与(实体主义的)民间制度之间相互作用的领域,其中既带有一定的张力、矛盾和弊病,也带有诸多相辅和融合的方面。两者的并存所可能发挥的创新潜力,还是个未知变量。

我们可以从这样的框架来理解社会习惯和法律之间的关系。民间调解可以被视作社会习惯中最突出的一个方面,既是中华法系的鲜明特点(中国人遇到纠纷,第一选择仍然是调解,迫不得已才会告上法庭,而美国人则正好相反,第一选择即是诉讼),也是今后法律创新的重要资源。它在近百年来虽然经历了许多变迁,但今天仍然充满活力,不可忽视、不可或缺。

2. "习惯法"

本专题的第二篇文章是余盛峰从比较法视角出发,关于民间形成的、具有规范力量的"习惯法"与国家制定法之间的争衡历史的研究。文章论证,在清末民初,中国的法律思想一度十分重视"习惯法"。其所使用的"习惯法"词语和范畴,取自 1907 年《瑞士民法典》。清末民初之时,本着该法典第 1 条中"无法从本法得出相应规定时,法官应依据习惯法裁判"的精神,曾作过大规模的民商事习惯调查并以此作为立法的铺垫。当时,"中体(民俗)西用"

观念曾经是主要思想。但是,后来发现,全国各地的"风俗"多有不同,较难统一。进入民国时期,没有颁布比较重视民俗的《大清民律草案》,而沿用了《大清现行刑律》的"民事有效部分"作为过渡。再后来,国民党的立法者更认为,中国的习俗多为"劣俗",不可作为立法依据。由此,决定放弃"习惯法"的立法进路而全盘引进、模仿德国民法。余盛峰本人似乎更认可"习惯法"的立法进路。为此,他把民初(北洋时期)的立法倾向称作"习惯法"的"黄金时代",而把国民党的立法叙述为充满"内在矛盾"的后黄金(僵滞、衰败?)时代。

在余盛峰文章的字里行间,我们也许还可以窥见,此议题背后附带有英美法系与大陆法系之间的争论,且更附带有正当法源最终应是自下而上的民间习惯还是自上而下的国家制定法的争论。也就是说,应是比较本土和"民主"的普通法,还是比较威权主义的国家制定法?余盛峰认同的似乎是本土习惯和英美的普通法传统,批判的是国民党模仿现代主义的德国"形式主义理性"法律。

从我们这里要提倡的"历史社会法学"来考虑,余盛峰文章的优点在于其宽阔的比较法视野以及其对法律思想的探讨。其证实的是,"习惯法"的立法进路,在近现代中国的法律思想中一度是个重要的可能选择。同时,文章所反映的是,在今天的国内法学界具有一定影响力的"本土(民众)主义+民主主义"的意识潮流。

文章如果有什么不足的话,那就是没有更充分地考虑到具体的法律条文与司法实践。其实,即便是大理院时期的司法实践,也不见得比国民党时期带有更多的"习惯法"。正如余盛峰的文章说明的,在《大理院民事判解要旨汇编》一书收录的2000多个案例

中,仅有 30 余项"涉及习惯效力"。我们应该进一步指出,至于国
民党时期的法律体系,它其实不仅在实践层面上多有沿用旧习的
方方面面[上面已经论证,尤其是传统的调解制度,此外例如农村
的男子(实际上的)优先继承权、农村为养老所用的"养老地"习
俗],而且即便是在法律条文中,也多有沿用国家法认可的旧俗,例
如"典权"和赡养父母方面的硬性规定(详细论证见拙作《法典、习
俗与司法实践:清代与民国的比较》)。鉴于此,"黄金时期"与其后
的衰落论点,也许只适用于法律思想史,对于法律的实际运作来
说,这种论点也许并不能成立。该论文集纳入此文,也许可以被视
作"历史社会法学"研究进路与法律思想史研究之间的异同的说
明,甚至是新"历史社会法学"与原有的"历史法学"的本土主义倾
向之间的异同的说明(下面还要讨论)。

3.借尸抗争

　　尤陈俊的文章探讨的是改革开放以来一系列的"借尸抗争"事
例,其中包括民间因遭遇到(基层)政府滥用权力和暴力而导致冤
屈死亡的情况下,凭借死者的尸体而进行的抗争。由于葬礼习俗
和"入土为安"观念在民间所具有的深切含义,死者亲属采用不下
葬尸体的极端手段来申诉冤情的做法,具有相当大的象征威力和
煽动力,一定程度上也具有某种正当性。部分这样的抗争事例导
致了有关单位为"维稳"而采取"法外"手段来平息争端,甚至查究
基层官员的违法违纪行为。而那些"有效"的抗争结果,则成为后
来者使用同样"策略"的部分原因,以致近年来"借尸抗争"几乎形
成了一种"抗争类型",影响到政府和法治的威信。文章仔细梳理

了此议题的相关经验材料，包括民间的纠纷，并讨论了众多的相关研究和其检视的不同维度。最终的结论是，政府需要进一步完善基层法治以杜绝那样的违法行为，而不是凭借临时的法外手段来处理矛盾，平息民愤。

文章有保留地引用、讨论了梁治平等人将"习惯法"和"制定法"当作一对相互对立的概念的分析框架。正如我在上面讨论余盛峰文章时所指出的，梁治平那样的框架反映的是"本土主义+民主主义"诉求的意识。这里要明言，我认同一定程度的本土和民主意识，但在我看来，"习惯法"作为一个历史学术分析范畴，其实是个含糊不清的概念，它混淆了民间习惯和国家制定法，因而不能清楚区分没有被国家采纳的习惯，包括具有规范力量的习惯（如余盛峰文中讨论的亲邻先买权），和被国家法律采纳的习惯（如上述的典权），以及被国家法律拒绝的习惯（如田面权）。如果像梁治平那样进一步把"习惯法"等同于英美的普通法系和多元、民主的法律传统，则只会导致更多的混乱。尤陈俊文章原来的问题意识也许部分来自"习惯法"和制定法对立的思路。无论如何，在我看来，我们如果坚持使用"习惯法"这个含糊的词语/概念，应该首先更明确地把它限定于被国家法律采纳的民间习惯，而其他的习惯则简单称作习惯。其实，最简洁的办法是干脆把"习惯法"这个含糊不清的概念/词语置于一旁，使用更简洁精确的"习惯"一词，由此来研究习惯与成文法之间的关系。那样的话，可以避免把众多不同的东西笼统地纳入一个极其混乱的概念。

(三)刑法中的自首制度

蒋正阳的论文探讨的是清代与当代刑事法律中的自首制度。这是个历史悠久而又很有中国特色的制度,在中国革命时期更形成了(今天已经相当固定化了的)"坦白从宽,抗拒从严"的刑事政策,与西方当今的维护被告人"沉默权"(米兰达规则)制度形成鲜明的对照。文章首先系统梳理了清代的自首制度及其实际运作:其核心理念是给予犯罪人悔改的机会,并恢复原来的秩序,据此允许免罪或减刑。它更具有一系列程序性的规定,如自首必须在案情被发现之前,不适用于再犯者和杀伤者,允许亲属代首。更有"首服"("首露")制度,允许犯罪人直接向受害人认罪了结。当今的自首制度则不允许那样的"私了",基本排除首服制度。同时,对亲属的"送首"也有一定的限制,更注重犯罪者个人的意志。

清代的案例已经展示,在实际运作中,国家不一定会因自首而减刑,在特别恶性的罪行情况下,会拒绝减刑。当代处理案件更加如此,条文措辞用"可以减轻"代替"应当减轻",实践中按照具体情况灵活处置。

更重要的是,清代一方面有"干名犯义"的法律规定,禁止子孙告其尊亲,但另一方面,又鼓励亲属代首,可以减免惩罚,两者之间有一定的张力。蒋正阳的文章分析了一起相关案例:兄长被害,父亲与凶手私了,犯"私和"罪,儿子代父亲自首,控诉凶手。文章说明,清代刑部最后同时适用"干名犯义"和亲属代首这两个原则,既(因儿子代首而)减免父亲之罪,又(因干名犯义)而惩罚儿子。其中的道理是,让儿子(遵从孝道而)代父亲服刑,并为兄长报仇雪冤,而同时又坚持维护家庭(孝)伦理而惩罚其诉告父亲的行为,这一处理本身有一定的合理性。文章认为,此案首先阐明清代法律更偏重家庭/家族关系,与西方现代的个人主义不同。同时,其法律思维允许相悖的道理并存,和形式主义理性所要求的(演绎)逻辑上的统一也十分不同。

在当代的一些其他案例中,文章更进一步论述,在家族与个人之间,当代中国的刑法相对更重视个人意志,这与清代不同。同时,在犯罪人悔改和国家司法便利之间,当代也更加重视功利性的司法考虑。

虽然如此,当代仍然沿用了清代自首制度的基本核心,并通过革命经验将其扩展为"坦白从宽"的制度。蒋正阳建议,中国法律也许应该在模仿西方的现代主义大潮流下,注意到传统法律的优点,把其视作当今立法的一个可资参考、反思和有选择地沿用的资源。至于这个具有中国特色的制度整体,这里我们也许可以另外加上这样的思考:自首和"坦白从宽"制度固然不失为一个能够促使犯罪人悔改的制度,也是一个高效的国家执法手段,但今后的问题是如何同时照顾到嫌疑人应有的权利,消除单方面为国家执法便利而施以"刑讯逼供"等手段所导致的高比例冤案和错判。[见拙文《中西法律如何融合? 道德、权利与实用》,纳入法律出版社再版的拙作《清代以来民事法律的表达与实践》(卷三)《过去和现在:中国民事法律实践的探索》的附录一。]

(四)行政与司法

田雷的文章引领我们进入一个崭新的领域。它探讨的是位于

山东、江苏两省交界的微山湖地区所引发的两省政府之间的利益
冲突和纠纷。湖面频繁地伸缩,导致产生关于傍湖土地和湖产的
争执和纠纷,包括械斗。问题是,由于微山湖处于两省的管辖范围
之内,两省的政府必然会同时被卷入,但两者之间的界线和权限模
糊不清,由此导致两省政府之间长时期的矛盾和拉锯。

在一般的现代国家科层制政权之下,如此的争执会被"依法/
规则"处理,而像中国这样的国家,则会由中央指令说了算。田雷
详细论证,出乎意料的是,中央在处理这个省际之间的纠纷时,所
采用的既不是科层制行政或法律手段,也不是简单的中央命令,而
是持久的调停。中央扮演的角色,几乎像民间社区领导人调解社
区人员纠纷那样,是在照顾到当事人利益的前提下,在两个省级政
府之间斡旋,探寻平息纠纷的妥协方案。田雷认为,它的角色一定
程度上也有点类似于历史上基层政权(我所谓)的"中央集权的简
约治理"模式——国家机构广泛依赖非正式准官员,并在遇到纠纷
时方才介入(详见拙文《中央集权的简约治理》)。这里,中央对待
两省政府的做法,既带有中央集权的色彩(必要时可以说了算),也
带有一定的"简约治理"性质,介入两省之间的纠纷时,采用的手段
是调处而不是指令。

这个案例可以说明的,首先是中国政与法之间长期以来的紧
密纠缠。法律与其说是像现代西方那样的维护个人权利的体系,
不如说是国家治理的工具,所以会有强烈的司法行政化和行政司
法化的双重倾向。而微山湖事例中所采用的司法手段,不是形式
主义法律,而是源自中国实体主义法律体系的调解机制。如此的
运作,不仅可以广泛见于国家基层机构与民众之间的关系,也可以

见于国家和地方政权之间的关系。田雷的文章说明,中国的政治体系,绝对不是盛行于西方的所谓"极权主义"模式(中央一个电话即可解决相关问题),也不是试图取而代之的"碎片化的威权主义"模式,而更贴近"大跃进"之后在中国呈现,在改革时期尤其突出的,中央与地方"两个积极性"的微妙关系。其间既有集中的中央领导,也有分权的地方创新和实验;既有指令,也有协商和谈判;既有韦伯型的形式主义科层制治理,也有实体主义型的简约和调解治理。

田雷文章的探索堪称"历史社会法学"或"历史社会政治学",它带有历史视野和社会关怀。也许更重要的是,它不是简单地模仿西方学术来"与国际接轨",而是在扎实的关于实际运作的经验证据基础上,来探讨更符合中国实际的概念和理论。

(五)国际法

赖骏楠的文章首先详细"解构"了 19 世纪西方国际法的表述。后者使用"文明"国家的建构,拟定了一系列文明国家在国际关系中所应具有的法律规范。对创始者来说,其理想也许确实是崇高和文明的,也为后来的国际法奠定了基础。但同时,它把中国这样受到帝国主义侵略的国家表述为没有达到其所要求的文明水平的国家,并因此认为其不具有享受国际法所要求的平等文明的国际关系的权利。赖骏楠文章使用的证据,多是当时国际法学界顶尖人物自己的话,具有较强的说服力。而在帝国主义的现实下,当时所谓的国际法,其实并没有起到任何约束侵略、促进文明平等的国际关系的作用,所导致的是自我高调表述为"国际条约"的,实际上是以战争逼迫受害国家接纳的"不平等条约"。

赖骏楠论证的可以说是中国法学史上一个可耻的经验和惨痛的教训。文章证实,甲午战争前后,清政府自大而无知地用其脱离实际和实用的空洞道德化理念来理解西方法律,把当时的国际法理解为"万国"的"公法",没有清楚地认识到其普适化表达与其帝国主义实质之间的背离,也没有体会到其实用含义,更没有认识到自身所应作出的回应和对策。日本则完全相反,它非常有意识地掌握西方的这个文明武器,不仅洞察到其实质,更了解到如何去对付和利用它。在甲午战争前后,日本积极地把自己建构为一个遵循西方国际法的"文明"国家,包括遣派青年学者到西方学习国际法,并在著名的国际法学术刊物上发表如此论点的学术文章;而在对待战俘和财产等问题上,把被侵略的清帝国叙述为没有达到国际文明法律标准的国家。结果,日本成功地说服了一些知名的国际法学者,并被西方国家接纳为一个文明国家,而把被侵略的清帝国视作一个不文明的野蛮国家。回顾历史,我们可以说,在国际法话语战场上,清政府遭受的是和其甲午海战中同样的惨败。

这里应该说明,赖骏楠文章的方法虽然是(当今时髦的)"叙述"和话语分析,但其背后具有鲜明的实际感,以及对表达和实践的背离的明确认识。文章证明,普适化"文明"(或"现代")乃是一种双刃的表达,既可成为文明的规范,也可以是侵略的借口,更可以是被害者用来抗拒的手段,或(像日本那样)用来做出同样的侵略行为的武器。这对我们理解当前的国际法学也有极其重要的意义,展示的正是我要提倡的"历史社会法学"方法,与一般脱离实际和实用的话语(或"东方主义")分析十分不同,堪称典范。

(六)理论探索

1.布迪厄:象征资本与实践逻辑

王海侠的文章阐释的是布迪厄的"象征资本"概念,强调的是必须用布迪厄本人理论体系中的核心概念"实践逻辑"来理解和使用。文章首先论证,布迪厄本人不仅是一位学术理论家,也是一位一贯为劳动人民争取公平待遇的政治行动者。运用布迪厄的象征资本概念,需要考虑到其实践、实用的含义。这就和简单的"后现代主义"研究十分不同。同时,考虑到布迪厄对"资本"的理解——和马克思主义理论中的物质资本一样,象征资本也附带有压迫和权力关系——便不可能像当今的社会学部分主流那样,借用布迪厄的名义而使用"社会资本"(或"社会网络"或"社会资源")概念,但实质上完全无视布迪厄对象征资本真正的理解。

文章转述众多借用象征资本概念来研究中国的文献,借以具体说明其用途,其中不乏具有一定洞察力的文献。但文章重点突出的则是,象征资本不单是一种可资利用的资源,更重要的,它是赋予掌控者对别人实施压迫和(象征)暴力的资本。其掌控者不仅可以是"(象征)资本(家)",也可以是掌握这样的资本的官员和国家机器。唯有考虑到象征资本的实际作用,我们才能超越简单的话语层面的分析而洞察其更深层的含义。

用于对中国土改经验的分析,它不仅考虑到简单的话语层面变迁(革命通过推翻旧话语体系来建立新话语体系),更能考虑到话语建构和社会实际之间的微妙变动关系:正是在革命中消灭了阶级的物质基础的同时,"阶级"才被建构为至为重要的象征标签,之后越来越脱离物质基础,并导致特殊性质的权力关系和暴力压迫(例如在"文革"期间)的产生。同时,国家通过新的象征建构获得了土地所有权,这对之后国家权力的运行影响深远。正是在象征与物质的微妙相互关联和转化中,以及其实际作用中,我们才能看到象征资本的实践逻辑。

在这样的理解下,象征资本分析具有比话语分析更强大的威力。它帮助说明我们为什么不仅要考虑到表达,更要考虑到实践。而布迪厄的"实践逻辑"概念所指向的,也是我们这里要提倡的认识方法,即到实践中去挖掘其所包含的概念,并由此来建构理论。

2.韦伯的"法律社会学"

赖骏楠的文章首先是对韦伯关于四大法律类型的理论体系的学术化梳理和阐释。文章证实,在四大类型[形式—非理性、形式—理性、实质(实体)—非理性、实质—理性]中,韦伯本人在其论述中真正采用的,其实主要是形式—理性与实质—非理性这两个类型,几乎构建了简单的二元对立。

文章附带说明的是,出于多种原因,韦伯关于法律社会学那部分的逻辑脉络并不清晰,组织也比较混乱。根据我个人这十年来教授韦伯学说的经验,其《经济与社会》第8章"法律社会学"[由康乐、简惠美译作《法律社会学》一书(广西师范大学出版社 2005 年版),是迄今最好的翻译本]的前三章(除了第 1 章最后总结四大类型的几段),特别容易使初读者觉得难以掌握其逻辑脉络。之后各章则比较清晰,比较容易掌握。初读者其实最好跳过前面三章。

赖骏楠文章的梳理，会对读者有一定的帮助。

文章进而论证，在韦伯的理论体系中，"形式—（合）理性"法律类型是和资本主义具有一定的"选择性亲和/缘"（elective affinity，韦伯语）关系的。事实上，面对当时的历史情境，韦伯本人对工人运动比较反感，认为社会主义是趋向实质—非理性法律的；同时，他也没有认真关注 19 世纪后期与 20 世纪初期资本主义的垄断趋向以及其所凸显的众多弊端。文章最终指出，韦伯虽然具有尊重经验证据的历史学家的一面，但对其思想起决定性影响的则更多是先验的理念。这里我们可以进一步指出，赖骏楠文章辨析的这个倾向和思维方式，与韦伯所建构和特别认可的形式主义理性理想类型是一致的。

赖骏楠的文章的观点和我自己新近对韦伯的重新理解不谋而合（见拙作《清代以来民事法律的表达与实践》总序）。拙作论证，韦伯曾貌似价值中立地把社会主义法律等同于"实质/体理性"理想类型，但在实际的分析中，却一再拒绝这个类型，认为它不是由形式逻辑以及法律专业人才所组成的法律体系，而是由外来的伦理价值所主宰的。韦伯认为，正因为如此，它不可能成为一个真正独立自主的体系，容易受到外来权力的干扰。韦伯自己之所以特别认可形式主义理性类型，和他对资本主义、市场经济、民主和三权分立国家体制的认可密不可分。正是根据那样的思路，他把传统中国定性为实体—非理性（卡迪）司法。至于当代中国的体制以及其惯常的道德化话语表述，韦伯毫无疑问会同样将其定性为实体—非理性类型。他对中国最终采用的分析，其实是西方的形式—理性和中国的实体—非理性的二元对立。在这点上，正如后现代主义理论分析说明的那样，对韦伯来说，中国最终只不过是一个用来确立西方价值观的"他者"。

虽然如此，韦伯具有和马克思同等宽阔的比较视野，并且同时关注历史实际与理论类型。他所建构的理想类型体系，今天仍然不失为一个可用的理论体系。与之对话，可以起到拓展我们自己视野的作用。上面已经提到，中国法系今天面临的抉择，也许可以这样来理解：面对被引进的形式—理性法律和传统的实体—理性法律并存的基本历史现实，我们除了考虑到其间不可避免的张力和矛盾，是不是也可以从中挖掘韦伯完全没有想到的创新潜力？譬如，社会主义的社会公正理念，是否真的必然和系统理性的法律体系相互排斥？同样，中国传统的"仁"与"和"的理念，是否只可能和"现代"法律相互排斥？另外，韦伯和马克思所代表的历史社会法学和历史政治经济学，是不是只可能相互排斥，还是也有互补不足和相互纠正偏颇的可供选择的方面？两者之间，除了其明显的张力之外，是否也具有等待我们去挖掘、推进和超越的创新潜力？

二、历史社会法学

今天在国内各大法学院占据主流地位的，是舶来的西方形式主义法学。正如韦伯详细论证的，"形式—理性"法律要求法律从其基本前提（权利）出发，通过紧密的法律逻辑，演绎出各个不同的部门和条文，形成一个"自圆其说"的前后一贯的整体。在美国，法律形式主义的宗师兰德尔更是把法学比喻为古希腊的欧几里得几何学：它从几个公理出发，可以凭借逻辑推理出一系列定理，适用于任何事实情况。这是美国法律的所谓"古典正统"的核心。在德国，则具有更深厚的传统，韦伯正是其最著名的提倡者和分析者。这是个具有深厚学术积累的法学传统。

但是，形式主义法学也有明显的缺陷。它偏重理论和概念，试图把法律从其社会环境中完全抽离出来；它偏重法律条文，可以无视司法实践；它认为法律是普适的，可以完全独立于经验和时空。正因为如此，在德国和美国，都兴起了与其对抗的不同法学传统。例如德国（和奥地利）的法社会学［耶林（Rudolph von Jhering, 1818—1892）；埃利希（Eugen Ehrlich, 1862—1922）］和美国的实用/现实主义法学［霍姆斯（Oliver Wendell Holmes, 1809—1894）；庞德（Roscoe Pound, 1870—1964）；卢埃林（Karl Llewellyn, 1893—1962）］以及由其衍生的法社会学和"法律与社会运动"（Law and Society Movement）。它们的重点在于强调法律和社会的相互关联，认为法律和社会是互动的。在 20 世纪 70 年代之后，美国更有"新法律实用主义"［New Legal Pragmatism，托马斯·格雷（Thomas C. Grey）］以及带有一定的马克思主义和后现代主义影响的"批判法学"（Critical Legal Studies）的兴起［昂格尔（Roberto Unger），肯尼迪（Duncan Kennedy）］。这些理论传统的共同点是，拒绝永恒不变和超越时空的普适法律，强调法律与社会是同步演变的，并且应该如此，认为法学需要重视实用/现实。尤其是法律实用/现实主义，长期和主流的法律形式主义相抗衡、拉锯，并且在美国占据着与法律形式主义同等的主流地位，起到弥补形式主义法学之不足的重要作用。

但是，法社会学和实用主义法学也同样具有明显的缺陷。它们之中虽然有的理论家比较关心历史,但总体来说,它们和社会学(以及经济学等其他社会科学)一样,比较偏向当前的横切面,缺乏长时段历史演变的视野。此外,20 世纪六七十年代美国的法律与社会运动根据其本身的关键人物的回顾与反思[楚贝克(David M. Trubek),格兰特(Marc Galanter)],更附带强烈的实证主义(科学主义)以及西方(或美国)中心主义色彩。之后,虽然在"批判法学"和后现代主义思想潮流的冲击下有一定的反思,但其先前的狭隘和自大,则被来势汹汹、与美国新保守主义紧密关联的"法律与经济运动"(Law and Economics Movement)继承。

与此不同,19 世纪德国"历史法学"(Historical Jurisprudence)的兴起,正是为了突出跨时维度,强调法律与(民族)文化之间的关联与同步演变,并强调历史资源在立法中应有的地位[萨维尼(Friedrich Karl von Savigny,1779—1861)]。它推进了法律史的研究,也弥补了形式主义法学和法社会学缺乏纵向跨时视野的缺陷。[但德国的历史法学后来过分强调永恒性的"民族精神"(Volksgeist),显示了极端的本土和民族主义倾向,并带有一定的形式主义倾向,而因此引起这方面的批评,例如庞德等人的现实主义批评。它缺乏深入的社会经济关系视角。这些是它的不足。]

我们之所以要提出"历史社会法学"(Historical-Social Jurisprudence;Historical-Social Study of Law)这个新名词,首先是要强调三个维度缺一不可。中国的法学应该具备一定的社会关怀(不然,何足以言"社会主义")。同时,我们没有采用"法社会学"的建构,因为它最终也是模仿西方已具有一个多世纪历史(和深层的现代主义与西方中心主义)的学术,并且容易偏向和从属于社会学学科,陷入简单地使用社会学方法尤其是计量方法来研究法律,失去原先的法律与社会两者互动的基本认识。我们特别强调历史视野之不可或缺,认为对于历史传统悠久而厚重的中国来说,如此的视野尤其必要。

同时,我们也没有采用"历史社会学"的建构,因为它最终也会模仿西方已经相对定型的学术传统,并且同样在学科上和制度上容易偏向并从属于社会学。相对于现有的知识谱系来说,我们更认同历史社会学的古典"政治经济学"起源,认同马克思和韦伯那样宽阔的历史、社会(和经济与政治)的视野。同时,在我们的概念之中,"历史社会法学"是既具有深厚域外学术传统的学科(在形式主义理论之外,主要是法律实用/现实主义、法社会学和历史法学的理论传统),也具有中国自己厚重的古代法律理论传统以及其现代社会主义革命传统的研究进路。

我们的设想不是简单的"全",而是具有鲜明特点的法学。现阶段我们可以提出一些方向性的重点。在以上的历史—社会—法学以及形式主义—实用主义—历史主义三方面并重的特点之上,历史社会法学亦将选择性地承继中国自身的法学传统资源。例如,其长时期的连接概念/理论与经验的思维方式(区别于形式主义之偏向理论)以及其一贯的实用倾向。无论在研究过去还是设计今天的立法方面,我们都特别强调实践经验和效果,用来纠正(而不是完全取代)"主流"形式主义过分偏重抽象理论的倾向。我们对法律的基本认识是实践和行动中的法律,不单是理论和条文中的法律。在舶来的西方理论之上,我们更倾向于从中国过去和现当代的实践历史经验中探寻实用智慧资源,从中提炼理论概念,采用的是从经验到理论再返回到经验/实用的研究进路,而不是与其相反的从理论到经验再返回到理论的认识方法。在我看来,前者允许多重的矛盾和悖论、创新和演变,后者则会被限制于其理论前提及其逻辑演绎所允许的范围。

同时,我们也将特别强调中国法律传统中的前瞻性伦理资源,用来纠正近年来完全偏向移植西方的形式主义主流法学倾向。举例说,我们要问:法律的出发点,是否一定要是与个人主义和资本主义密不可分的"权利"这一前提概念,而不可能是更宽阔和包容的伦理,例如长期以来被广泛用于调解制度的儒家的"仁"与"和"理念? 在个人主义之外,是否可以更强调人际关系,包括家庭关系? 再者是中国新民主主义革命所遗留的社会公正理念,以及其法庭调解等制度创新。它们在中国今天的法律体系中仍然展示出一定的活力。我认为,在强调伦理和实用性方面,革命法学传统和中国古代法学传统是有一定的连贯性的。至于在国际法层面上,我们要问:是否可能在现代的国家"主权"前提概念之外,更辅之以中国传统的"大同"和现代革命政府的"和平共处"等理念,借以纠正大国霸权主义? 改革时期在从国外移植形式主义法律方面做了大量宝贵的工作,足可弥补中国自身法律传统多方面的不足;今后的重点应该是借助中国的历史传统和现代革命传统,以及多年来的实践经验,来进一步弥补国内实际上硬套用移植来的法律的缺陷。

作为一个研究进路的初步设想,我们目前只能提出一些方向性的想法,距完整的理论体系尚远。它的提倡和建立,意味的是朝着上述方向进行探索的决心,而这样的目标不是一个人或几个人甚或一代人所能达到的。但我们的总体构想是比较清晰的，即建立一个融合中西和古今的中国法学以及理论和法律体系。我们坚信，和目前中国法学二元对立的简单"移植主义"和"本土主义"相比，我们的方向是更包容、更实际、更可能持续的法学——更可能为全人类作出中国独特的贡献。

专题三　实践经济史研究

第 11 章
从实践出发的经济史和经济学 *

　　在因果关系的层面,笔者采用的观点是,历史上许多重大变迁,诸如英国的农业革命和其后的工业革命以及中国当今的"隐性农业革命",不会来自简单的单一起因,而更多的是来自几个不同的、半独立性的历史趋势的"交会"。试图模仿自然科学的社会科学,多倾向于比较简单的单一因素解释。譬如,对舒尔茨来说,只需具备有收益的新技术,传统农业便可进入现代化转型。对刘易斯来说,一旦进入现代经济发展,便会导致一个整合的劳动力市场的形成。笔者这里论证的不是那样简单的理论主导的经济史,而是更符合历史实际的从实践出发的经济史,其中充满多种因素的

---

* 本章前半部分原收入《中国的隐性农业革命》(法律出版社 2010 年版)作为结论。之后经过改写和拓展成为《明清以来的乡村社会经济变迁:历史、理论与现实》(卷三)《超越左右:从实践历史探寻中国农村发展出路》(法律出版社 2014 年版,本书以下简称《超越左右》)第十六章。

相互作用以及一定的历史偶然性。

　　《超越左右》一书一贯强调人口因素,目的绝对不是争论人口是历史的单一决定性因素,而是直面中国基本国情,强调对市场、资本、技术、社会结构和国家体制等其他经济因素的理解,必须看到它们和基本国情之间的互动。近年来学术界倾向于单一地突出市场因素,几乎达到过去单一地突出阶级关系的极端程度。此书论证,无论是市场运作还是社会结构,国家制度还是资本和技术,都得结合人多地少的基本国情来理解。

一、经济学理论和研究

　　《超越左右》一书已经详细论证,舒尔茨的《改造传统农业》(Schultz,1964)是个从理论前提出发的论证,不具备严谨的经验根据。它的出发点是,理性经济人在纯竞争性市场所作的抉择,必然会导致资源的最佳配置。这是个(可以称作)"理想类型"。由此,舒尔茨争论,如果人都是理性的经济人,包括传统农业的农民,他们绝不会为零报酬而劳动。所以,不可能有"劳动力过剩"。

　　他的这个理论雄辩所自拟的对手是"零价值"劳动概念,并没有讨论符合实际的劳动力相对过剩问题,更不要说在这种情况下的劳动报酬递减问题。也许是出于对舒尔茨理论(在 20 世纪 60 年代广泛被视作右派的经济学,是芝加哥学派的一个支流)的保留,1979 年的瑞典科学院诺贝尔经济学奖遴选组在舒尔茨之外,同时也遴选了在人口问题上和舒尔茨完全敌对的刘易斯,让两人分享当年的诺贝尔奖。

刘易斯的成名作是他 1954 年发表的《劳动力无限供给下的经济发展》论文以及其 1955 年出版的更详细的《经济发展理论》一书。作为一位具有一定实践经验的经济学家而不是舒尔茨那样的纯理论家,刘易斯比较清晰地认识到许多发展中国家的人口过剩实际,并据此提出他的二元经济理论,试图直面传统经济中具有"劳动力无限供应"的实际,以及在这种情况下的低劳动报酬。在这一点上,他无疑比舒尔茨要贴近中国或印度的实际,也因此受到不少国内经济学家的推崇。

但是新古典经济学理论在经济学领域中所享有的霸权是如此强盛,即便是刘易斯那样观察到经验实际的经济学家,最终仍然只能把自己的分析完全纳入其理想类型框架之中。他下一步便坚持,在发展过程中,劳动力过剩的传统经济部门会进入一个"转折点"(之后被称作"刘易斯转折点",亦称"刘易斯拐点"),逐渐被纳入现代经济部门,最终形成新古典经济学所建构的理想前提状态,即在市场机制运作之下,被整合入单一的劳动市场,由此达到一些要素的最高效率配置。刘易斯之所以如此推论,也许是因为唯有如此方才能够得到"主流"新古典经济学的认可,但更可能是因为刘氏本人也正来自这样的学科背景,经历过这样的学科训练。

无论如何,刘易斯完全没有想象到当时以及后来在中国(和印度以及众多其他发展中国家)长期呈现的历史实际,即在劳动力相对过剩的情况下,在现代经济和农村经济两个部门之外,还形成了一个新的部门——规模极其庞大的低收入"非正规经济"。伴随经济发展,这个新兴部门并没有逐渐被现代正规部门吸纳;相反,依赖大规模农村过剩劳动力的支撑,它在近几十年来日益扩展,吸纳了远远多于现代正规经济部门的就业人数。

我们这里要问:像舒尔茨这样获得诺贝尔奖的经济学家,怎么会完全没有正视中国或印度劳动力相对过剩的实际呢? 像刘易斯这样获得诺贝尔奖的经济学家,怎么会在观察到劳动力过剩的现实之后,对中国或印度的发展状况作出如此离谱的预测呢?

在我看来,我们只能从新古典经济学本身的思维习惯来理解。它从理论前提信念出发,要求把一切知识凭演绎逻辑纳入其自我封闭和整合(即形式主义的)的体系之中。它坚信自己学科对市场经济运作的前提或理念是科学的、普适的真理。它完全没有考虑到如此的信念的历史背景,没有理解到它其实是西方现代主义的一个建构,好比类似的法学学科的权利论一样,其实乃是一种理念或期望,最终产生于西方现代主义价值观(人是"理性人"),并不是什么科学的客观普适真理。它其实既是西方中心的,也是唯现代主义的。

长期以来,那样的信念引导许许多多优秀的经济学家把终生的精力投入单一问题中,即从信念出发观察一切经验,把怎样促使现实变得更接近于理念作为思考的中心问题,把信念视作现实的必然终结,甚或简单地把信念等同于实际。诺贝尔奖得主哈耶克便从内部人的角度对新古典经济学这种倾向作过精辟的批评,认为它错误地相信"假个人主义",惯常把现实等同于理想,过分迷信数学、科学、均衡模式(Hayek,1948:尤见第 2、3 章)。舒尔茨正是把理念等同于现实的典型例子,而刘易斯则是把理念当作现实的必然终结的例子。在其对"金融海啸"的反思中,美国联邦储备委员会前主任格林斯潘(Alan Greenspan)在 2008 年 10 月 23 日的美国国会听证会上,承认他过去可能确实过分地信赖市场的自律能力。也就是说,把理想建构等同于现实(《纽约时报》,2008 年 10 月 24 日)。这些顶尖的经济学家都没有考虑到,如果市场经济实际上并不完美,或者并不一定是经济演变的终结点,历史经验能否有别的含义和指向? 在我看来,新古典经济学这种思路其实类似于西方文化在现代之前对上帝和天堂的信念。进入现代,上帝在人们思想中的位置多被科学和理性取代,但人们对后者的宗教性信仰本质则一仍其旧。我们或许可站在宗教的视野之外来问:如果没有上帝和天堂,或者只有一种神和天域,人世的经验事实又该怎样来理解?

在信念因素之外,还有学科变迁的历史因素。我们如果回顾西方前工业化和早期工业化时期的政治经济学,例如,略晚于亚当·斯密的马尔萨斯(Thomas Malthus, 1766—1834)和李嘉图(David Ricardo,1772—1823),他们其实都同样把人口置于自己学术研究的中心,对人口因素有比较清晰的认识,因为在农业社会中,人口和土地显然是关键性的经济因素。要到此后的资本主义工业化时期,经济学方才逐步把主要注意力转移到后来的资本(例如马克思,1818—1883)和技术[例如熊彼得(Joseph Schumpeter, 1883—1950)]因素上去。再之后,在 20 世纪后期的全球化(资本流动和贸易)的大趋势下,方才像新古典经济学和新保守主义意识形态那样特别突出市场和贸易的动力。

其实,比以上的理论家更有助于我们理解中国农业历史的,首先是丹麦的农业经济理论家博塞拉普。在她 1965 年出版的《农业增长的条件:人口压力下农业演变的经济学》(Boserup,1965)一书

中,她极具洞察力地论证,农业发展从 25 年 1 茬的树林刀耕火种到
5 年 1 茬的灌木刀耕火种,再到几年 1 茬(例如,隔年休耕或种植饲
料作物),而后 1 年 1 茬、1 年 2 茬或更多,劳动的边际生产率随之
递减,其背后的关键动力是人口压力。这是一个适当突出人口和
土地关系(以及农业劳动力相对过剩)的理论,特别有助于理解农
业时代的演变。

再则是英国经济史学家瑞格里(E. A. Wrigley),其在 1988 年
发表的《持续、偶然与变迁:英国工业革命的性质》一书中(Wrigley,
1988),非常清晰地区别前现代的"有机经济"(organic economy)和
现代的"基于矿物能源的经济"(mineral-based energy economy)。
前者的生产受土地的限制,其劳动力能源充其量只能借助畜力而
达到数倍于一个人力的幅度,后者则可以达到数百倍或更多(例
如,一个劳动力一年可以挖掘 200 吨煤炭,即相当于自己劳动力的
许许多多倍的能源。当然,之后的电力、天然气、石油甚至核能更
不用说了)。前者面对的是非常有限的能源,会快速地进入劳动生
产率边际报酬递减的状态,后者的劳动生产率扩增空间则要大得
多。这就点出了两种经济间的关键差别。舒尔茨那样的理论家则
把农业和工业经济想象为同一性质、遵循同一规律的经济。

毋庸说,《超越左右》中多次引用的俄国农业经济理论家恰亚
诺夫,则更揭示了两种经济在组织原理上的不同:一种以家庭和其
自家劳动力为基本生产单位,另一种则以资本主义企业和个体化
的雇工为基本单位。这就点出了农业经济实质与斯密和马克思两
大理论传统对资本主义经济认识的不同。

博塞拉普、瑞格里和恰亚诺夫等人和当前占"主流"的经济学

理论学者在思维方式上的关键不同在于，他们的理论是从基本事实或历史出发的理论（人类农业史中的劳动密集化、传统和现代经济使用能源的不同、家庭组织和资本主义企业的不同），亦即《超越左右》一书之所谓"实践历史"出发的理论，而后者则是从建构或理念出发，如（虚构的）"理性经济人"在（虚构的）"纯竞争市场"所作的抉择必然会导致（虚构的）"资源最佳配置"——三者都是理想化的建构，无一是事实。前者的思维方式是从经验到理论再返回到经验或实践，而后者则是从理论建构到经验再返回到理论。前者允许逻辑上不整合于形式（演绎）逻辑，而后者则要求严格地整合、统一于形式化演绎逻辑。正是鉴于此，我多年前在《华北》一书里便已提出"从最基本的事实中去寻找最重要的概念"研究进路的设想［黄宗智，1986（2000、2004、2009）："中文版序"，第 2 页］。

在笔者看来，面对西方现代经济学学科偏重抽象理论建构的趋势，我们需要坚持从基本事实出发的研究进路，避免以论带史、歪曲中国实际的理论倾向。侧重实践是《超越左右》一书所要提倡的研究方法。笔者已从这个角度对中国法律历史作出三卷本的详细分析和论证（黄宗智，2001，2003，2009）。在经济史领域，从中国经济史中的农村土地（相对）不足、劳动力（相对）过剩、当前非正规经济的超巨型存在、小规模农业的顽强持续以及家庭作为基本经济单位的强韧持续出发，便不会错误地将西方时髦的新古典经济学或现代化理论照搬而套用于中国农村，不会简单地认同舒尔茨的中国没有劳动力过剩问题的理论，或刘易斯的传统部门必然会整合于现代部门的二元经济理论。也不会坚持中国必定或已经像美国那样迈向"中产阶级"占绝大多数的"橄榄型"社会结构，不会想象一个完全个体化的经济或完全核心化的家庭结构,更不会坚持中国农业必然要走向美国资本主义大农场的那种规模经济效益的道路。

要抛开西方从启蒙运动时期以来对理性的核心信念所演绎出的现代社会科学理论,以及其话语霸权,我们首先需要抛开其从理论前提信念出发和依赖演绎逻辑的认识方法。《超越左右》一书提倡的是把这种研究进路倒过来的方法——从基本事实出发,由此来建立理论概念。也可以说,要从人们的经济实践或经验实际而不是西方的经济理念出发,在扎实的经验研究和认识之上,建造符合中国实际的分析概念,进而将其提升到概念和理论层面。在这个过程中,不妨与西方经典理论对话,并借助演绎逻辑,将它们作为推进自己创建新分析概念的手段。但最后必须回归到中国实践中检验所建造的概念或理论正确或合适与否,避免陷入以西方理论理解中国实际的盲区和误解中。

当前的中国经济,在实践层面上已经做出举世瞩目的成绩和创新,虽然在纯理论层面上还谈不上什么世界级的创新,起码谈不上能够得到西方理论界认可的理论创新。今天,我们需要的是从中国的实践和其实际创新出发,将其提高到理论层面,并与西方现有理论对话,再于实践中检验,由此来创建具有中国主体性的社会科学和理论。

二、经济史研究

经济史本来应该是一门十分贴近经验实际的领域,也应该是充分考虑到中国特殊性的领域。现代中国有优良的经济史传统，一开始便比较重视踏实的经验研究。在那些早期的研究中，人口一直是研究人员关心的核心课题，这是符合中国以农业为主的经济体实际的研究进路。但此后，在国家意识形态化的马克思主义—毛泽东思想下，逐渐轻视人口因素，形成比较简单和偏激的认识。即便是在马克思主义的框架内，在其原来考虑的生产关系和生产力互动的框架中，也偏激地强调生产（阶级）关系一面，忽视其与生产力（技术和人口）之间的相互关系。在意识形态和宣传机构的推动下，一直没有好好采用生产关系—生产力相互作用的、比较综合性的认识和研究进路。

在改革期间，主导的意识形态从唯生产关系论一变而为唯生产力论，并且很快就基本采纳了西方新古典经济学的市场原教旨主义，以西方的市场主义来取代过去的马克思主义政治经济学。在这样的大潮流下，不仅不再考虑生产关系，也基本不再考虑人口因素，转而完全偏重西方新古典经济学（以及其背后的新保守主义意识形态）所特别强调的资本主义市场因素。但同时，对"理论"的态度则基本和过去一样，一仍其旧地倾向于把理论当作信条而不是方法，把其简单化、绝对化。在"与国际接轨"的口号下，全盘引进西方新古典经济学理论，作为取代马克思主义政治经济学的新意识形态。在高等院校中，"经济学"越来越被等同于美国（新保守主义下的）新古典经济学。其中，研究生课程完全采用了他们的教科书，而抛弃了过去的马克思主义政治经济学。法学界同样，完全抛弃了中国革命中的法律思想（以及中国传统的法律思想），以西方形式主义法学取而代之。在这个过程中，也忽视了美国的另一主流传统,即法律实用主义。其他的社会科学学科也显示了类似的倾向。

　　美国的中国经济史研究,尤其是 20 世纪 50 年代之后的两代研究,例如最著名的何炳棣(Ho, 1959)和珀金斯(Perkins, 1969),则继承了中国民国时期的研究,一直把人口问题置于中心地位。何炳棣做的是奠基性的人口史研究,珀金斯则更是把人口与耕地间的相互关系作为其研究主题(Perkins, 1969, 1984)。但之后,中国经济史研究领域逐渐受到伴随美国国家化新保守主义意识形态而占据主流地位的新古典经济学以及所谓新制度经济学的经济史研究的影响,试图把他们的经济学理论引入中国经济史领域。其中,影响较大的一股潮流是新古典经济学的市场原教旨主义,另一股潮流则是新制度经济学,尤其是 1991 年诺贝尔经济学奖得主科斯(Coase, 1988, 1991)以及 1993 年诺贝尔经济学奖得主诺斯(North, 1981, 1993)的理论。后者在新古典经济学的理论架构和前提之上,添加了产权理论,特别强调产权因素在经济史上所起的作用,争论明确的产权乃是市场机制优良运作的关键。他们认为,唯有在清晰的产权下,才可能降低"交易成本"(市场运作需要信息、交涉、合同、执行等交易成本),不然的话,会引起众多争执,提高交易成本[亦见德索托(De Soto), 2000]。在这些分析之下,中国经济滞后的原因变成要么是市场发育不足,要么是产权不清晰。其最近发展的原因则在于其初步的市场化和私有化,其不足则来自其尚未充分建立完整、健康的市场和产权制度。

　　在如此的理论之下,中国的劳动力过剩问题被基本排除在理论视野之外。经济史领域也伴随如此潮流而转向,拒绝了上几代对人口因素的认识，试图用西方的时髦经济学理论来硬套中国实际。

同时，在旧意识形态的影响全面崩溃之下，爱国主义一定程度上代之而起。知识界普遍重新发现传统文化，重新引以自豪，一反过去对传统的否定。加上中国近年来经济蓬勃发展，激发了民族和国家的优越感，形成了强烈的爱国主义感情氛围。

在那样的思想和感情氛围下，在经济史学界呈现了美化清代的潮流。其中一个有一定影响的论点是，坚持中国前现代人口行为与西方没有分别，坚持中国并没有特别沉重的人口问题。我们在《超越左右》第二章已经看到，相关学者使用"产后堕胎"的怪论，扭曲经验证据，力图证明中国人口行为无异于西方，其人口压力并不比西方大，借此来把大家对基本国情的常识性认识排除在中国经济史考虑的因素之外。在美国偏重创新立异和赶时髦的学术氛围中，这种自我包装为全新的、完全否定马尔萨斯理论的论点，得到了一定的认可。同时，其完全否认18世纪以来中国在人口压力下所出现的社会问题，以及完全否定相应而起的20世纪的由共产党领导的革命，也在美国新保守主义意识形态下获得一定的认可。在排除了人口压力问题之后，这股学术潮流从原教旨的市场主义出发，坚持中国市场经济发展无异于西方。由此，坚持18世纪中国经济其实经历了和西方同等的发展，并没有面对更沉重的人口压力。其后则被帝国主义的榨取和中国革命的反市场意识形态拖累，直到改革时期方才再次走上正确的市场经济道路。

以上的分析概念多来自美国学者，但在国内获得了一定的响应。有不少人认同以上的观点，把它转释为一种"去西方中心化"

的论点。那样，既能满足民族情绪的要求，也可以自我表述为与"国际接轨"，满足当今国内学术管理机构的意识形态要求。有的人则在此上更借助西方"后现代主义"的一些时髦概念和话语，利用西方思想界对现代主义认识论的反思，来树立基于中国历史的优越感。由此，便形成了一股颇具影响力的国内外联合潮流。

　　读者明鉴，在从 18 世纪以来中国人口相对土地来说已经饱和的事实下，人均耕地只有英国的 1/100。与当今的美国农业（平均 2700 亩耕地）相比，则是农场平均不到 10 亩。如此的基本事实，难道真对中国和英国或美国的农业经济演变中的差别没有造成影响？中国农业经济史真的与西方无异？在中国自明清以来经济史中大规模劳动力过剩、农村人均耕地严重不足、农村居民大规模隐性失业的现实下，坚持中国经济史中没有人口压力问题到底意味什么？这股学术潮流借用当前的民族感情和"去西方中心化"的情绪来歪曲中国经济史和现实，到底为的是什么？只是为了标新立异？还是为了得到美国新保守主义意识形态的认可？抑或是时髦的后现代主义潮流的认可？更可能是陷入了主流经济学的思维方式，难以自拔。无论如何，对中国的 9 亿（户籍）农民来说，如此的论调只可能导致对农村人民实际问题的完全忽视，与中国现实问题完全脱节。

　　我们今天不能在西方现代社会科学的科学主义话语霸权和意识形态下，放弃自己的现实感和历史感。中国真的不存在人口压力问题？在市场机制运作下中国真的已经走上了像美国那样快速变为一个中产阶级占大多数的橄榄型社会和经济结构的道路？中国真的在 83.2% 的人口仍然处于低报酬的（城镇和乡村）非正规经济之中时,就已经进入了"刘易斯拐点"? 中国真的很快就会变成和美国一样?

这里提倡的是要拒绝现代主义下的科学主义,排除自以为是普适的但实际是来自西方前提信念的社会科学,拒绝其从理论信念出发而后回到理论的研究进路。我们需要的是对中国实际的清醒认识,从中国实际出发,逐步建立符合中国实际的认识、分析概念和理论。在经济史和经济学领域,需要的方向也许可以称作实践的经济史,即从最基本的事实和人们的实际经济经验出发,由此提炼分析概念,而不是从得自西方理论的信念出发的研究。笔者之所以提倡实践的经济史,是要拒绝这种归根结底是高度意识形态化和情绪化的研究,走向提炼一种新型的、基于中国实践经验的经济学,区别于西方根据其现代科学主义、形式逻辑和资本主义历史经验所创建的社会科学。

实践经济史和经济学与当前主流经济学的不同在于,它不从属于(韦伯认为是西方现代文明核心的)"形式理性"(formal rationality)。也就是说,它不要求自己成为一个形式主义的(即自我封闭和整合的)体系,也不企图树立普适的理性,更毋庸说从属由两者合并而产生的偏重演绎逻辑的形式理性。它不会是西方(或东方)中心主义的,也不会是现代主义的。它之所以侧重实践,是因为实践更贴近生活实际,不要求具备完美形式理性。它不会是中、西方非此即彼的二元对立,而允许西方现代和中国传统的并存、拉锯和融合。它不会要求不符合实际的非此即彼的抉择。它并不拒绝西方的演绎逻辑,而是要求在掌握其威力之后(好比核武器)而超越之。在对待理论和经验、理念和现实、价值和实用的关系上,它也更符合中国历来文化传统的核心精神。

三、中国新时代农业发展的实践历史

　　中国新时代的农业发展是来自一种新型的历史动力的农业革命,和过去"英美模式"和所谓"东亚模式"的农业革命都很不一样。中国农业的人口或土地的沉重压力排除了英美式借助畜力(由此导致工业化时期以马力来计算机械力度的习惯)来提高劳动生产率的那种农业革命。其后,又蚕食掉了"东亚模式"那种凭借化肥和科学选种来推动劳动生产率发展的农业革命。因此,从现存的理论来说,它是"悖论"的,也因此才会是被主流经济学家和经济史学家所忽视的"隐性革命"。

　　它的特殊动力与其人口/土地沉重压力有一定的关联。在耕地严重短缺的实际下,中国(和印度)的农业只可能更长期地陷于劳均土地不足的困境。它们不能借用像英美农业那样的大农场规模效益。它们不能只靠农业本身来克服人多地少的困境。它们要依赖强大的非农经济发展来吸收较高比例的农村过剩劳动力,借此来缓解人口压力,由此方才可能借助于技术和资本来推动农业劳动生产率的提高。日本是第一个具备如此历史条件的东亚国家。其后是"绿色革命"时期的中国台湾地区和韩国。但是同时期的中国大陆和印度,其人口压力是如此沉重,以致其非农发展没有能够提供如此的条件。为此,劳均耕地继续收缩,劳均产出徘徊不前。它们要等待更好的、更蓬勃的非农经济发展,方才有可能提高农业劳动生产率。

当前的历史性机遇来自伴随收入增长而来的食品消费结构转型。伴随强劲的国民经济发展所带来的人均收入的增长,中国(和印度)的民众近年来比较普遍地食用更多的高值农产品,尤其是肉—禽—鱼和菜—果。由此,为农业结构向高值农产品转型提供了需求和机遇。而在新技术和资本的投入下,如此的转向也提高了土地对劳动力的容量,因为肉—禽—鱼和菜—果生产,相对粮食,都更体现劳动和资本双密集(例如,一亩拱棚蔬菜需要相当于四亩露地蔬菜的劳动投入),由此缓解了土地严重不足的问题。同时,它为务农人员提供了增加收入的可能。在这样的动力之下,中国农业总产值已经多年持续增长,在 1980 年至 2010 年间达到年平均6%的增长率,上升到原先的 6 倍。劳均产值则上升得更多,因为在世纪之交之后,农业劳动力人数已经显著递减。为此,给中国提供了农业劳动生产率发展的历史性契机。

以上这个历史性变化可以视作在人口压力下长期以来所形成的农业和食品消费的传统模式(即越来越以粮食为"主食",少量肉—鱼、菜为副食的单一化农业模式)的相反动向。它既展示了中国的人多地少和大规模劳动力过剩传统,也展示了近年来城镇非农就业大规模增加以及在计划生育下生育率下降的两大趋势的交汇;它既来自其非农经济的快速发展对高值肉—禽—鱼和菜—果需求的影响,也来自近几十年来的新技术发展(更大规模的化肥、农药、机械和良种供应,也包括实用性的生物技术)以及小家庭农场的顽强延续及其内在的潜力;既来自改革时期的市场化,也来自继承土地革命传统的承包地制度。作为以小规模家庭农场为主的农业体系,中国的新农业所展示的不是古典概念中的大规模经济效益,相反,是(我们可以称作)小规模经济效益,依赖的是劳动和资本双密集的小农场和其(同一单位经营两种或更多的相互辅助的生产活动而带来的)范围经济效益。这一系列的历史因素,尤其是其相互关联以及其多种趋势的交汇,都是在舒尔茨(以及近年来的中国经济史研究)市场主义视野之外的因素,也因此才会既是(对西方理论来说)"悖论"的,也是"隐性"的。

一句话,中国新时代农业革命的创新在于它的(可以表述为)"小而精"模式,特别展示于蔬菜、水果和种养结合的小规模农业。近年来,中国已经越来越明显、越来越多地走向以劳动和资本双密集型的新型小农业来替代"大而粗"的土地密集型旧农业(主要是粮食、棉花、大豆和油料的"大田"生产)的道路。这个变化特别鲜明地体现于近年来新农业的菜—果和旧农业的大豆间的经济关系的演变。中国越来越多地依赖于以出口小而精的高质农产品,来换取进口大而粗的农产品,甚至在国外大规模购买土地来进行大豆生产(例如,重庆在巴西购买 300 万亩大豆产地)。2010 年,进口大豆的总量达到 5480 万吨,3.6 倍于国内自家的总产,而出口的蔬菜、水果和水产则超过 1000 万吨(《中国农村统计年鉴》,2011:表 7–5,表 9-1,表 9-2)。

但这不是简单的以廉价劳动力换取资本或土地的模式。我们已经看到,中国的小生产已经不仅是劳动密集化的生产,而且也是资本密集化的生产。拱棚和温室的高值蔬菜种植展示,小规模农业可以在劳动和资本双密集化的条件下提高劳动生产率和收益,一反过去的劳动生产率和收益递减的内卷化或过密化生产。这可以说是中国新时代农业革命的重要创新。如此数量的资本化程度相当高的小规模生产是史无前例的。它为我们展示了与两百多年来经济学所特别强调的(大)规模经济效益相反的道理。

而且这个创新是在国家相对轻视小规模生产的实际下做到的。我们已经看到,多年来国家政策一直向规模经济倾斜,偏重"龙头企业"而不是小农业。其基本认识正是来自斯密和马克思的规模经济效益理论。

《超越左右》一书论证,如果政府能够从当前的基本放任通过积极与农民合作来建立真正的农业合作社,既借助农民的自主性和创新性,也借助政府的引导性、资源和组织力量,中国是完全可以走上恰亚诺夫当年只隐约窥见的、依据小家庭农场生产为基础的成规模合作的纵向一体化道路的。在生产层面上,可以避免资本主义的"横向一体化"雇佣劳动组织,避免农业人员的"无产化";而在纵向一体化层面上,可以建立成规模的、高效率的加工和销售模式。如此,便可以走出一条完全有中国特色的新时代农业经济发展道路,一条超越过去的"左"的计划经济和当今"右"的主流新自由主义经济学理论的道路。它会彻底挑战之前的经济学,在实践层面上把中国的农业经济学推向真正具有创新性和自主性的经济学。

四、中国国民经济发展的实践历史

当前的中国农业、农民、农村问题显然不仅关乎农业经济,更关乎整个国民经济。《超越左右》一书因此在第三编和第四编集中讨论了中国国民经济的发展经验。

根据科斯、舒尔茨和诺斯等人的新制度经济学理论,明晰的产权乃是经济效率和发展的关键。从这样的角度来考虑,印度的产权制度要比中国相对明晰,没有中国这种个人、集体、国家混淆的承包地制度。同时,按照新制度经济学理论来说,印度市场化程度更高的经济以及其民主的政治体制也应该会导致比中国更高效率的经济发展。但事实是,与印度相比,改革时期的中国经济发展更加成功、快速。至于产权制度,在中国改革时期的经济发展中,地方政府利用国家对土地的特权,广泛征用农民土地,开发各种各样的经济建设特区,以及推进房地产业发展,从而提高了地方政府收入并带动了整体经济的发展。从 GDP 增长来考虑,国家的征地特权(也就是说,私有产权的不清晰、不确定),正是地方政府所推动的中国经济发展的秘诀之一。如此的实践经济史和诺斯等人的新古典与新制度经济学理论完全相悖。(其前的集体化时期的经济史同样和他们的理论相悖。按照他们的理论,中国的计划经济和政治体制只可能导致经济滞后,而印度的政治经济体制,应该比中国的优越。但是,改革前的中国实践的经济史也和他们的预期和分析相反,其增长率要高于印度将近一倍。)

上面已经提到过,即便是刘易斯的比较重视人口因素的"二元经济理论",也明显和中国经济史相悖。按照刘易斯的理论,市场经济下的现代经济发展必定会导致整个国民经济向现代经济部门的整合,把所有要素市场纳入整合的单一市场,或者起码必定会朝着这样的理念转型。但事实是,中国和印度的城镇非正规经济快速膨胀,其中就业人数的增长要远远超过正规的现代经济部门。两个国家在经历了 30 多年的蓬勃经济发展之后,其城镇的非正规经济不仅没有收缩，反而日益扩增。

　　既然主流经济史和经济学对中国过去的理解充满盲点和误解，那么在中国今后的出路问题上，当然也如此。根据他们的理论信念，中国应该进一步确立私有产权并建立更完全、更放任的市场经济，政府则对经济干涉越少越好。在社会问题方面，他们提倡的是依赖自由放任的市场经济发展来回应市场化中所引起的阶级分化和社会矛盾，相信市场经济发展必定会导致庞大中产阶级和橄榄型社会结构的形成。但事实是，在最近的 30 年中，中国和印度都形成了一个贫富悬殊的社会结构，其城市的现代经济部门和乡村经济以及半工半耕的非正规经济间的鲜明差距，造成了两国共同的社会问题。

　　面对这样的现实，一个可能途径是印度式的资本主义制度，基本也是舒尔茨等人所提倡的模式。但事实是，在沉重的人口压力之下，印度的社会危机只会比中国更加严重。近 40 年来，其最贫穷的无地农业雇工所占比例快速扩增，从农业从业人员中的 25%增加到 45%。其处于（根据世界银行最新计算）贫困线下（每日消费在 1.25 美元之下）的人口比例今天仍然高达 42%。而中国的农民，正因为产权不明晰的承包土地制度，则还都是占有一定土地权益的自雇或半自雇的"小资产阶级"或半无产阶级，没有产生像印度那样大量的无地农业雇工。这是中国只有 15.9%的人口处于世行所定贫困线下的一个重要原因（当然，中国更快速的经济增长也是个重要因素）。

　　今天回顾，中国的发展经验其实与印度的截然不同。一个特别突出的经验是 20 世纪 80 年代兴起的"农村工业化"，称得上是中国在全球范围内的重要实践创新。其主要内容首先是乡村的就地工业化，亦即"没有城镇化的工业化"。这是它"悖论"的第一方面，和斯密与马克思的预期，即伴随城镇化的工业化完全不同。同时，它主要是由基层政权组织发起、带动、经营的（后来方才进入相当高比例的私有化）。这也和基于资本主义经济发展的经济学理论十分不同。我们已经看到，中国的农村工业化是西方一个理论支流——魏昂德的地方政府公司主义和钱颖一的"中国式联邦主义"——的经验根据，是和经典新自由主义与马克思主义经济学相悖的。

其后的创新也主要来自政府所扮演的角色。20 世纪 90 年代地方政府招商引资，借助廉价劳动力和廉价土地吸引外来投资，已经不再是简单的地方政府公司主义，而更是地方政府和非政府资本的搭配。再其后，则是国有企业的改制，它们被转化为营利性的国有（或国有控股）公司。

新的制度环境不是简单的经典理论的市场经济，而是一个混合经济体系。进入新世纪，国有和非国有经济两者基本是"平分天下"的。在那样的体系中，两者并存于市场机制之中，而国有企业毋庸说占有一定的有利条件，在资源动员和资本积累方面如此，在税收优惠等方面更是如此，都占有比非国有经济更有利的地位。

问题是，这样是否会造成新自由主义经济学家科尔奈理论（Kornai，1992）所预测的一系列的低效效果，如微观层面的职工福利负担过重、官僚化运作和低效、软预算约束，以及宏观层面上的垄断性、排除非国有企业、低效资源配置、不平衡经济结构等。

实际上，科尔奈理论的经验依据是完全没有市场机制的计划经济,不符合中国当前的混合经济实际。在中国当前的经济体系中,市场价格和资源配置机制都起到了很大的作用,不仅对非国有企业如此,对国有企业也是如此。同时,竞争机制也起到了一定的作用,有的国有企业要和非国有企业竞争,有的则要和国内其他地方的政府和其管辖下的国有企业竞争,有的更要和国外的政府和公司竞争。这就造成了和之前的体系很不一样的运作实际。

正是在这样的混合经济体系下,中国实现了举世瞩目的经济发展。今天回顾,中国的政治体制已经证明它可以像革命时期的政党—国家体制那样是一个集中、统一、高效的体制,也能够高效地组织、动员资源。

中央于2007年指定的重庆统筹城乡的试验说明,在招商引资、融资、动员资源、开辟市场、基础建设,甚至房地产经营等方面,政府和政府企业能够起到远大于非政府企业的作用,由此来推动经济发展。更有甚者,它启示,在经济发展中,政府和国有企业所掌控的资源的市场增值以及在市场经营中所获得的利润,其幅度和可能力度要远大于政府的税收(预算内财政收入),也大于民营公司。这笔超巨型的财富一旦真正用于民生,它有力量解决改革以来积累下来的超巨型社会不公问题,能够为农民和农民工提供其在改革时期所失去的社会保障,也可以为远离家乡的农民工后代提供其所亟需的(工作所在地的)义务教育。

而这些极大数量的农民和农民工的收入的提高,能够为中国经济解决其高度依赖出口的问题。在全世界经济萧条给中国所带来的困境中,能够为中国经济提供其所欠缺的内需,来支撑可持续的发展。然后再通过发展所带来的国资增值和国企利润,来为更多的人民提供福利和公共服务。

正是这样的发展机制，在重庆促成了该地经济快速和健康的发展，在连续 5 年中既做到了年均 16% 的经济增长率，也做到了全国首位的社会发展，大手笔地处理了城乡差距方面的社会问题。而其经济健康性最鲜明的证据在于其房地产业，在经历了 5 年的极其快速的经济发展之后，房价仍然徘徊于 6000 元/平方米的（新盖房）均价（《重庆市主城九区新建商品住房均价》，2011.12.31）。这是一个大部分中等收入人群所能承担的房价，和全国其他主要城市的房地产泡沫状况十分不同。

重庆经验所包含的经济逻辑迥异于资本主义经济。两者同样是市场经济，同样依靠经济发展中的市场增值来推动经济发展。所不同的是，资本主义经济由于其组织逻辑（私有财产和资本），也由于其意识形态，只能把这样的市场增值归属于资本所有者（资本家），从而导致严重的社会不公。同时，资本家的无限利润追求和扩大再生产，也导致自然资源的无限耗损和当前的环境危机。而中国的混合经济则完全有可能走上像重庆所启示的那样的不同道路。它的国有企业的市场盈利可以变成为公平而不是私利的盈利，而它的社会公平可以同样变成为发展而公平，而不仅是为公平而公平的公平。

它与过去的计划经济的不同关键在于，计划经济因为拒绝市场，不可能借助市场的增值力量来推动公平，只能靠国家的行政手段和再分配来做到（相对）公平，结果是贫穷的公平而不是小康或富裕的公平。而重庆的经验所启示的是，国家及其企业可以借助市场力量来为公平而盈利和发展，然后反过来再借助公平推动的内需来推动发展,如此螺旋式地循环。这样的方向如果真能走通,会是个了不起的实践创新。中国如果真能走上(我们可以称作)"为公平而发展、为发展而公平"相互推进的道路,这将不仅是对中国而言的划时代实践创新,也是对全人类而言的划时代创新。

那样的话,过去来自资本主义发展经验的经济学理论,对理解中国来说都将显得薄弱无力、不攻自破。正是如此的实践经验可能真正包含具有中国和其革命历史传统的主体性。我们可以由此看到一个既与今天西方主流截然不同的,也与过去的马克思主义主流截然不同的社会科学。如此才说得上是具有中国主体性和特色的现代文明。

第 12 章

明清以来的乡村社会经济变迁：历史、理论与现实[*]

　　"现代经济学"中一个未经明言的基本假设是：各种生产要素的投入和单位产出都可以大幅度增加。同时，假设这些要素都像理论世界中那样分别存在，相互间处于一种单一方向的推拉关系之中。如此的基本假设当然源自理论世界的工业经济经验，但今天被相当普遍应用于农业经济。

---

[*]　本章为黄宗智著《明清以来的乡村社会经济变迁：历史、理论与现实》三卷本总序（法律出版社，2013 年）。三卷分别是《华北的小农经济与社会变迁》《长江三角洲的小农家庭与乡村发展》《超越左右：从实践历史探寻中国农村发展出路》，文中简称《华北》《长江》《超越左右》。

一、农业和工业经济的不同

实际上,农业中的有机要素——土地和劳力——其产出可能提高的幅度是和工业经济中的无机要素——资本和科技投入——十分不同的。人力和土地的产出和总量其实都受到比较严格的限制。前工业化的农业产出主要取决于给定的土地和在其上的人力投入。固然,在未有人定居的地方,单位土地面积上所施加的劳力可以在长时期中加大不少,甚至达到四五十倍之多。正如农业理论家博塞拉普(Ester Boserup, 1965)所指出的,农业演变的主要历程是从 20 至 25 年一茬的森林刀耕火种到 6 至 10 年 1 茬的灌木刀耕火种,到 3 年 2 茬的"短期休耕",再到 1 年 1 茬至 2 茬的耕作制度(部分地区可以达到 3 茬)。但是,我们需要指出,刀耕火种大多只见于人类早期的农业历史之中。一旦充分定居,一个区域农业生产的提高一般都主要来自从 1 年 1 茬提高到 1 年 2 茬,其产出提高的幅度不到一倍。在种植频率之外,每一茬所施加的人力和能量可以通过使用牲畜的力量来提高(例如在 18 世纪的英国农业革命中那样),但充其量也不过是几倍的幅度。再则是通过人的勤奋度——精耕细作——来提高其能量投入,或从比较粗放的作物(如粮食)改种劳动更密集化的作物(如蔬菜、棉花、蚕桑),但其产出所可能提高的幅度也比较有限。

正如英国经济史理论家瑞格里所指出的,"基于矿物能源"(mineral-based energy economy)的无机工业经济则十分不同。一个煤矿工人一年可以挖掘 200 吨煤炭,足够产生自己个人劳力许多倍的能量(E. Anthony Wrigley,1988:77)。人们今天普遍使用以几百马力来计算的汽车能量便是一个很好的例子。瑞格里估算,1 马力/小时大约相当于 5.1—7.6 个人的人力(Wrigley,1988:39)。也就是说,一辆普通轿车的能量很容易就达到超过 1000 人的人力。这就意味着在生产的能量投入上有完全不同幅度的可能增加量。正是后者的基本情况和逻辑塑造了现代经济学这方面的认识和假设。但是,作为"有机经济"的农业,则完全不可能如此。

这里,有的读者也许会反驳,一旦引入机械,农业不就变成和工业同样的产业了吗? 比如,在美国今天的农业中,一个劳动力的耕种面积百倍甚或数百倍于中国一个农业劳动力的,用的是机械化的耕—播—收和自动灌溉、施肥、除草等。今天美国农业和中国农业间的差距是 1000 多亩地(166.7 英亩)一个劳动力对不到 10 亩地一个劳动力。这不正是单位劳动力产出可以大规模提高很好的例证吗?

但如此的论证所忽视的是土地这个有机因素。首先,土地常常是个限定的要素,尤其是在中国这样的农业早发展、高人口密度国家,老早就在各大江河流域形成高度劳动密集的耕作制度,而在 14—18 世纪则有更多移民进入山地和边疆,达到基本饱和的程度。之后几个世纪,中国便进入了土地与人口比例逐步递减的历史进程。

更重要的是,土地是个有机因素。这里最管用的其实是一个在中国农学和农史领域中长期被广泛使用的(今天已经被现代经济学所遗忘的)概念——"地力"。这是个与"人力"并行以及相互关联的概念。正如中国的农学和农史专家所非常清楚地认识到的,地力只能被小额扩增——比如,通过精耕细作或肥料使用来提高。即便如此,在同一块土地上多加一茬便意味着加重了地力的负担,而多施肥料或用更好的肥料只能解决问题的局部。譬如,明清时期长江三角洲在人、畜肥之上使用豆饼肥料来增加土地的营养和肥力。

"地力"和"人力"概念其实清楚地说明了人们对它们作为有机体的认识①——一个相当普遍被现代经济学忽视的基本认识。中国农业史中广泛使用的诸如"田面"和"田底"那样的词汇只能作为隐喻来理解,绝对不能生硬地按字面意思来理解——譬如,按照现代工业经济学和现代法律的倾向那样,要求明确"田面"权所指到底是多少尺寸的深度。农民会直觉地把"田面"理解为类似于人体的有机体,不会滑稽地要求知道其深入人体皮肤多少。"一田两主"的概念同样不可凭现代人的意识来要求明确其具体深度。

在历史上充分定居的地方,单位土地产出只能通过劳动集约化,如种植频率的提高,或精耕细作,或灌溉设施,或肥料投入等方法来提高。但那样只能做到逐年小额的提高,在数个世纪之中充其量达到几倍的增长幅度。正如珀金斯(Dwight Perkins,1969)的计量研究所证实的,在1368年到1968年6个世纪中,中国人口增加了约7到9倍,而农业平均亩产量才提高约一倍(而耕地由于山区和边疆移民扩增了约4倍,共同把农业总产出提高到之前的八九倍)。

这里,我们也可以以18世纪英国的农业革命为例。当时其土

---

① 而单纯从字面意思看,"马力"概念则混淆了无机体和有机体,反映的是前工业世界对工业世界在话语层面上的影响。

地和人口的比例约百倍于中国，在一个世纪之中，农业产出提高了约一倍，亦即 0.72%／年，主要是人们通过配合畜力的使用和诺福克粮食和饲料的轮种制度（在圈地之前，农民不可能在共有土地上如此轮作）。再则是 20 世纪六七十年代一些发展中国家的所谓"绿色革命"，即通过化肥、机械和科学选种等现代投入让单位土地年产出实现 2%—4% 的提高，亦即在 18—36 年间提高一倍，之后便不容易持续提高。如此的增长显然低于人们所广泛假设工业和"现代经济"所能达到的幅度。

正是人力—地力关系的局限约束了前工业时代中国农业经济的发展，而即便是在工业时代，在具有现代投入的条件之下，也主要是土地和地力的限度约束了土地的产出，由此限制了农业单位劳动力的可能产出。这一点最简洁、精确的表述其实是人们惯常用的"人多地少"概念——它被十分恰当地认作中国的"基本国情"（而 18 世纪的英格兰和现代的美国则相对可以代表"地多人少"的情况）。今天，它仍然限制了务农人员可能的人均产出。机械、化肥和科学选种固然扩大了中国农业发展的空间，但那个空间仍然受到土地（相对人口）稀少和地力有限的苛刻限制。

地少人多排除了像美国农业那样简单凭借机械动力的投入来大规模提高单位劳动力产出的可能，而地力的限制又严格限制了单位土地的产出。前者使美国和中国农业间的差距悬殊，达到百倍之多，而后者则表现在中国高于美国，虽然只是不到一倍。这样的事实本身便说明地力可能提高的幅度十分有限——它受自然界的约束。同理，正是中国"人多地少"的基本国情排除了其采用美国的土地集约型农业模式的可能。事实是，中国农业不可能根据来自工业经济经验的假设来理解。农业的有机要素(人力和地力)和工业的无机要素(资本和科技投入)的不同关键在于它们的产出和绝对量的可能扩大幅度。

同时,人力和地力之间的关系是一种双向的相互作用和相互决定的有机关系,而不是无机要素之间那样的单向的推与拉的机械关系。人多地少的基本条件既决定了中国农业的人力使用模式,也决定了其土地使用模式,共同导致了中国精耕细作的农业模式。人力和地力之间的关系类似于一个"生态系统"之内的双向互动关系,其中任何一个"要素"的演变都会带动其他组成部分相应的演变,正如格尔茨在他早期的《农业内卷化——印度尼西亚的生态变化过程》一书中所阐明的那样(Geertz, 1963)。人力和地力不能像无机体间的机械关系那样分开来理解,因为农业说到底是人在土地上种植作物的有机问题,不是一个机器生产的无机问题。

这里要对博塞拉普的理论做进一步的讨论。她敏锐地揭示了人口压力必然会推动土地使用的劳动密集化,但她没有充分揭示的是,土地生长作物的"地力"受到不可逾越的限制。在人类农业史上,种植频率充其量也不过是1年3茬。如果人少地多,人们可以借助使用更多的土地来提高单位劳动力的产出,其道理等于是把博塞拉普的模式倒过来理解。但是,在人多地少的给定情况下,单位土地和劳动力的产出都受到不可逾越的限制。单位土地不可能超越1年3茬,而每茬作物所能够有效吸纳的劳动力投入同样有一定的限制,不可避免的是边际报酬递减的限制,并且显然具有一定的"极限"。①

　　瑞格里把这个道理表述为"有机经济"在能源方面的限制,很好地说明了有机(农业)经济和无机(现代工业)经济之间在能源生产(和投入)方面的一个关键差别,但瑞格里没有明确说明的是,有机经济这方面的约束主要来自人力和地力在作物生长过程中相互间所形成的限制。地多人少的话,所受到的限制来自人力,其可能扩大幅度十分有限;地少人多的话,所受的限制则来自地力,其可能扩大幅度同样十分有限。人力和地力由此相互决定了农业产出的限制。人力和地力与资本和技术在这方面的不同才是有机经济和无机经济间不同的关键。

　　正是上述的基本约束突出了边际报酬递减的经济规律。在人多地少和土地的自然生产力有限的现实下,单位土地面积上越来越多的人力投入只可能导致其边际报酬的递减,与地多人少的农业环境十分不同。从 1 年 1 茬到 2 茬甚或 3 茬,每茬产出(相对投入)的递减便是最好的例证。同时,通过比耕作更高度劳动密集的手工业"副业"(另一个十分贴切的普通用词)来辅助小规模农业生产的不足,也是一个好的例证。中国农民这种同时依赖不止一种生产活动来支撑生活的特征一直持续至今,与西方相对地多人少的农业系统十分不同。这就是本书之所谓的农业"内卷化"或"过密化"。

　　我们需要从以上的角度来理解恰亚诺夫所指出的(小农经济)农业的特征,即其基本生产单位是家庭而不是工业经济中的个体

————————————

① 裴小林(2008)特别突出土地"极限"的问题。

化产业工人;同时,小农家庭既是一个生产单位也是一个消费单位,和仅是一个生产单位的资本主义企业十分不同[Chayanov,1986(1925)]。在依据工业经济经验的经济学占霸权地位的今天,这些特征很容易被忽视。作为一个消费单位,家庭农场的经济行为不仅取决于生产考虑,也取决于消费需要。对于单位土地的地力,相应劳动力投入的边际报酬递减,说明了恰氏提出的基本理论:农户在单位土地上的劳动力投入取决于其劳动力边际产出的"辛苦度"和家庭消费边际需要间的平衡。据此,恰氏更进而考虑到农业与手工业间的关系,以及农业与人口压力间的关系。

在这些方面上,《华北》和《长江》两书有比较详细的说明。拙作的特点之一是通过翔实的关于基层小农场运作的经济人类学资料来分析并说明其生产逻辑。这是一个由微观的生产实践来说明宏观的经济逻辑的研究进路和方法,由此来展示它和现代工业经济的不同。

《华北》一书论证,清代后期以来冀—鲁西北平原地区足足有一半以上农户("贫农")的农场规模在十亩以下,因此农业中的"就业不足"问题非常严重,必须同时依赖(农业)打工或家庭手工业来辅助、支撑生活。《长江》一书则论证,长江三角洲土地更少(虽然其地力相对华北较高),更高程度依赖手工副业,商业化程度也更高。但是,两个地区的贫农挂着农业—打工/手工业两柄拐杖来支撑生活的基本原则是一样的。而这样的手工业与农业紧密结合的经济组织,由于其所依赖的劳动力比雇用长工的经营式农业来得"便宜",能够支撑更高的地租和地价,在长江三角洲地区因此排除了(明清之际还相当普遍地依赖雇佣劳动的)经营式农业。

　　以上说明的经验证据和其所包含的道理是本书之所以挑战舒尔茨（Theodore Schultz, 1964, 1979）著作的原因。他坚持农业和工业是由同样的经济规律所主宰，并假设所有的生产要素都是同样性质的，其总量和产出几乎可以无限增加。同时，由于他认为市场机制必定会导致最优的资源配置，他认为人口过剩（也就是说，土地相对人口的严重不足）不可能存在，完全没有认识到人—地关系乃是农业的先决条件。

　　同时，他单独突出"人力资本"，坚持只要具备前提性的私有产权和市场机制，加上"绿色革命"那样的现代技术投入，便必定会推动、导致"传统农业的改造"。像他那样把有机的"人力"和无机的"资本"两个概念混淆起来用于农业，本身便是对有机体和无机体的基本差异的忽视。农业绝对不应该被等同于无机工业产业，不应该被简单地以基于工业经验的假设的经济学的"规律"来理解。中国农业不可能像在美国地多人少的基本条件之下，借助市场机制，通过资本和技术的投入，几乎无限制地提高单位劳动产出。

　　回顾中国经济史，在共产党领导的革命之前的 6 个世纪中，农业相当高度商业化，但是市场机制的扩延从来没有解决中国人多地少的基本问题。在 20 世纪上半期，引入现代投入，依然没有解决问题。新中国成立之后，在集体化之下更多地引入现代投入，同样没有解决问题。本书第三卷《超越左右》详细论证，即便是中国今天的农业，仍然强烈地受到人口—土地关系的影响，完全不同于舒尔茨的新古典经济学理论所想象的那样。

　　正是基于上述原因，本书的出发点是中国土地和人口关系的演变，因为它是中国农业生产的给定基本条件。对自明清以来到当代的演变,无论是"资本"或现代科技投入,还是财产制度和相关法律,或社会结构,或市场关系,都不能脱离土地—人口关系基本条件的背景来理解。改革时期的农业去集体化和家庭化以及市场化演变也一样。这绝对不是要单独突出人口为单一的决定性因素,而是要澄清人口与土地间的给定"基本国情",由此来分析其与其他生产要素和制度及社会演变之间的关系。

这里要进一步说明,本书也绝对不是要否认市场经济在改革时期所起的作用,因为它确实起到了重大的作用。但是,笔者所突出的市场作用是完全在舒尔茨视野之外的。首先,舒尔茨完全没有考虑到人们消费的转型。具体来说,人们的收入,尤其是城镇居民收入的增加,导致中国食物消费的基本转型,粮食:肉/鱼:蔬菜/水果的比例从8:1:1向4:3:3转化,而那样的市场需求则促使中国农业结构的转化,导致近20年中的一次(我称之为)"隐性农业革命",促使中国农业生产转向越来越高比例的高值农产品 从粮食转向更多更高值的蔬菜和肉食生产。这是一个比之前历史上的农业革命——例如18世纪的英国农业革命和20世纪六七十年代部分发展中国家的"绿色革命"——增幅要大的革命,在最近20年达到每年6%产值(可比价格)增长的幅度。正如我在书中所强调的,市场机制所起的强大作用是无可否认的,但其所导致的农业革命的肇因是完全不同于舒尔茨所提倡和想象的"绿色革命"。

同时,今天中国土地—人口的有机关系仍然是中国的基本国情。它排除了像美国那样发展简单的土地、资本和技术密集型农业的可能;小规模家庭农业将长期占据中国农业的主体地位。中国农业的基本生产单位仍然将是最多几个英亩的家庭农场，其农场的规模迥异于舒尔茨的想象。它们固然越来越多的是（我称之为）"资本和劳动双密集化"的小规模农场（例如，拱棚蔬菜、种养结合的小农场、果园、鱼塘等，它们比"旧农业"使用更多的化肥、农药、塑胶棚和塑胶膜、人工饲料等）。这些（我称之为）"新时代的小农场"同样需要从中国人多地少的给定条件，以及有机的土地—人口关系来理解。

拙作论证的是，把农业想象为一个和工业产业同样性质的"产业"并服从同样的经济学"规律"，其实是个无稽的想象。把农业想象为一种（无机工业）产业，首先是对农业的误解，它无视中国人多地少的基本国情。这等于无视中国经济的历史。那样的想象其实也是一个源自现代主义的、西方中心主义的意识形态。它最终想象的中国农业（或者认为应该是）和美国是一样的。这是对中国农业史和经济史错误的认识，也是对中国现实错误的判断。更要命的是，它提倡的是个错误的改革方案，想象的是大规模农场的规模效益，而不是小规模农场的给定条件和效益。

令人特别担忧的是，上述新自由主义经济学的整套理论今天居然已经成为中国的现代经济学的主流，其中也包括农业经济学。这也是笔者在这里如此带有紧迫感和使命感地对其提出批评的原因。

二、中国的非正规经济

人口—土地关系不仅是中国农业的先决条件，也是中国国民经济整体的先决条件,在改革时期尤其如此。全球资本进入中国以及中国本土资本主义企业的兴起,使中国也呈现出了其他发展中国家半个多世纪以来早已普遍存在的现象,即农村廉价劳动力大规模涌入城镇打工。从追求利润最大化的资本的角度来看,这正是其所需要的廉价劳动力,也是其跨国公司普遍进行"外包"(outsourcing)的缘由。从农村劳动力的视角来看,它带来的是受欢迎的有较高报酬的就业机会。

两者的结合在全球范围内带来的是被联合国国际劳工组织(United Nations International Labor Organization,简称 ILO)称作"非正规经济"的大规模兴起。1969 年,ILO 因其为全球"非正规经济"人员争取"有尊严的待遇"而获诺贝尔和平奖。正因为农村具有"无限的劳动力供应"(Lewis,1954,1955),资本可以用(相对)最低的工资、最坏的工作环境、最低等的(或根本就没有)福利来雇用工人,无论当地劳动法规如何。从资本的视角来看,这完全是市场经济的客观供需规律使然——当然也正好偏向资本。而从当地政权的视角来看,外来资本的涌入意味着在本地的投资和其所带来的"经济发展",为此相当普遍被认为是优先于工人生活状况和社会公正的事。正是这样,促使"非正规经济"快速兴起和扩增。因此,ILO 对"非正规经济"的基本定义正是:不受法律保护和没有福利的经济,并呼吁为非正规经济人员争取法律的保护和有尊严的待遇。事实上,半个世纪以来,在全世界各地发展中国家,非正规经济已扩展到城镇总就业人数的一半到2/3甚或更多(ILO,2002)。在中国的后计划经济时代,与印度和印度尼西亚等较高人口密度国家相似,非正规经济员工已经达到城镇就业人员总数的2/3的比例。

　　但是，由于中国特殊的户籍制度和土地承包制度，今天中国绝大多数"工人"不是城镇居民而仍然是农村户籍的农民。一方面，由于户籍制度他们很难成为城镇居民，同时城乡生活水平的差距也阻碍大多数农民工在城市买房长期居留。另一方面，由于承包地的地权，农村对他们还具有一定的吸引力。因此，在中国城镇打工的农民不会像在其他国家那样完全脱离农村，而是形成了一个跨城乡的具有一定"中国特色"的结合务工和务农的庞大群体。

　　今天，传统的城镇工业"工人"和农村务农"农民"这两个人们惯用的范畴已经不再适用于中国。这是因为大多数城镇工人已经不再是城镇居民而是农村户籍农民；同时，大多数农民家庭已经不再是简单的务农人员，而是同时务农和务工（以及其他非农就业）的人员。本书第三卷《超越左右》详细论证，在今天的中国，几乎每一户所谓的农民家庭都有人在外打工。绝大多数劳动人民家庭主要是紧密结合工业（和其他非农就业）与农业的"半工半耕"人员。在我看来，我们不应该像国际劳工组织那样把"非正规经济"范畴限定于城镇，而应该把中国的半工半耕劳动人民也计算在内。那样，可以避免不符合实际的、具有严重误导性的传统"城镇"和"乡村"以及"工人"和"农民"的划分，更好地突出今天中国社会经济的实际和特点。

　　需要指出的是，中国的非正规经济是和社会主义革命传统的劳动立法和制度并存的，在这点上也和大部分其他的发展中国家有一定的不同。中国共产党是作为劳动人民——主要是工人和农民——的先锋队取得胜利的。成为执政党后，工人阶级顺理成章被纳入国家正规"职工"的范畴，受到革命劳工运动所争得的劳动法律的一系列保护和保障,包括有尊严的工资待遇、安全的工作环境、合理的工作时间、超额工作的成倍报酬以及各种福利——医疗、退休、失业、工伤、生育。他们实际上和国家党政官员以及大企业白领职工一起形成一个正规经济身份的阶层。这是笔者第三卷《超越左右》中最新的探索所论证的要点,也是笔者研究中最直接连接经济和法律两大领域的论点(相关讨论亦见笔者新版的法律三卷本最后的"进一步的探索")。但是,这个源自革命传统的现实使中国的正规和非正规经济之间的差别比没有社会主义革命传统的国家悬殊。今天,处于非正规经济范畴的大多数劳动人民被排除在法定的正规"劳动关系"之外,难以享有劳动法律规定的社会保障和福利。今天回顾起来,国家在 1958 年 1 月开始执行的严格的户籍制度(当时是为了限制农民大规模涌入城市而造成混乱),后来实际上是把占少数的正规职工和占大多数的劳动人民划分为两个层级。

中国正规和非正规经济间的差别不仅是经济和社会地位的差别,也是法定身份上的差别。今天,中国社会的两大阶层一边是占所有就业人员中的 16.8% 的正规经济人员,其半数是国家党政机构和事业单位以及国有企业的人员,半数是较大的民营企业的职工。他们是所谓的"中产阶级"的大多数,其生活方式正日益向全球的中产阶级消费者趋同——包括在房子、家具、汽车、食物消费和价值观念等方面。另一边则是占 83.2% 的非正规工—农劳动人民。他们承担的是低报酬的工作,绝大多数得不到劳动法律的保护也基本没有(或只有低等的)社会福利。

两者间差别的一个具体表现是,在交通事故导致死亡的情况

下，农村户籍人的补偿标准是 8 万元到 10 万元，而城市户籍的则是
20 万元到 30 万元。更有甚者，在国家 2009 年以来建立的新型农
村养老保险制度下，一个 60 岁以上的农民每个月可以拿到 55 元，
而一个公务员的退休金则约 6000 元。[①]

　　以上叙述的经验事实都明显与主流经济学家们的意见不相
符。他们根据所谓的"刘易斯拐点理论"而坚持中国今天已经从一
个"二元经济"（一元是具有"无限劳动力供应"的"传统农业"部
门，另一元是城市的"现代经济"部门）进入一个完全整合的、没有
城乡差别的劳动力市场的经济体系。一些具有很大影响力的人口
学—经济学家几年前便已开始坚持这个论点，完全无视低工资—
低福利的非正规经济和高工资—高福利的正规经济间的显著差
别。实际上，两者间的差别非但没有像"刘易斯拐点理论"预期的
那样伴随国内生产总值（GDP）的快速增长而消失，反而是存在差
距。世界银行等国际单位历年估算的基尼系数便是很好的证据。
与"拐点论"类似，新自由主义社会学家们则采用了来自美国的"中
产阶层"和"橄榄型"社会理论，争论中国社会的结构已经类似于美
国的中产阶层占到全社会大多数的模型，完全无视中国社会贫富
差距大的实际。本书第三卷《超越左右》比较详细地讨论了上述情
况和问题的方方面面。

　　从经济史的视角来看，中国两大社会经济阶层间的差别，最终
根源还是中国"人多地少"的"基本国情"。今天中国农业仍然处于
人均不到 10 亩土地以及土地生产力自身具有严格限度的小规模

---

① 《养老金双轨制被指为最大不公：公务员 6 千农民 55 元》，载《经济观察报》2013
　年 5 月 3 日。http://finance.sina.com.cn/china/20130503/221015345379.shtml。

经营的苛刻约束之下。农业中的"隐性失业"和劳动力就业不足因此仍然存在。近年来的"隐性农业革命",固然(像本书详细论证的那样)通过劳动和资本双密集化的小规模新农业吸纳了更多的劳动力,因此这方面有一定程度的改善。同时,农民在城镇和农村的非农就业中也起了很大作用。但是,正规与非正规经济间的待遇差距,以及城市比农村的更快速发展,使农村依然日益落后于城市,也使测量中国分配不公程度的基尼系数攀升。

从改革时期的经济历史来看,中国在 GDP 增长方面的成功及其一定程度上的社会不公问题显然是来自同一根源的。正是中国庞大的廉价农村劳动力使其得以成为"世界工厂";同时,也正是这个劳动力的低待遇导致中国一定程度的社会不公以及当前的社会问题。

从更长远的历史视角来看,中国的小规模劳动密集型农业既是传统中国较早的城市发展的来源,也是其 18 世纪以来大规模农村贫困和社会不公的根源。中国在江河流域早已形成的高密度小规模农业正是中国大型复杂城市(和辉煌的城市文化)兴起的先决条件。正如博塞拉普(Boserup,1981)的另一理论洞见所指出的,在前现代的物流条件(没有冷藏设备和现代运输条件)下,食物供应被限定于一定的较小空间范围。一个同一面积的地区,如果有1000 万人口,即便其生产剩余相对较低(譬如 10%),仍然能够支撑一个 100 万人的城市(如唐代的长安);而同一面积的地方,如果只有 100 万人口,即便其生产剩余相对较高(譬如 30%),也只能支撑一个 30 万人口的城市(如中世纪的伦敦)。同时,(劳动密集的)小规模农业,以及其所导致的劳动生产率递减,乃是城乡差距的根源。它也是现代中国革命的主要导因。

中国今天的社会不公其实和历史上的城乡差距有一定的关联。明清以来农村农户在人多地少的基本国情下,长期结合"农业+(农业)打工"和手工业的生产方式来应对生存压力。改革以来,农村农户根据同样的逻辑,越来越多地依赖农业和工业打工来支撑家庭开销。今天,城市中 16.8% 的正规经济的"中产阶级"和城乡 83.2% 的相对贫困非正规经济间的差距,归根到底也和中国人多地少的基本国情相关。

当前,贫富不均是一个亟须处理的问题。为此,本书也初步探讨了一个地方,在中央的直接指示下,通过实验所提出的统筹城乡方案。它在处理农民工问题方面已经探寻出一些可行的措施,但在农村本身方面则尚需继续探索。

三、一个不同的探索方法

在多年的农村研究中,笔者曾多次向自己提问:当下流行的意见为什么会对上列的基本事实视而不见? 我们需要怎样来纠正这样的盲点和走出误区?

意识形态和理论偏向是一个重要因素。在理想的状态中,理论可以为我们澄清繁杂的事实,并凸显其间隐藏的关联。正因为如此,一个认真的研究者必须要掌握相关的学术理论。但是同时,学术理论很容易被意识形态化,①并被表达为绝对、普适性的真理。

---

① 笔者对"意识形态"的理解是,它是背后有政治权力推动的一套理论。

今天的新自由主义理论(基本和美国新保守主义相同)和过去的马克思主义学术理论都是如此。今天,后者所陷入的盲点和误区要比前者的容易被觉察,部分原因是它今天已经相当广泛地为人们所拒绝。在今天的全球思想氛围中所真正不容易掌握的,其实是马克思主义关于资本主义的洞见部分。新自由主义则正好相反,它一定程度上已经成为统治全球经济的意识形态,难以洞察的不是其洞见而是其盲点和误区。

市场资本主义能在全球占据霸权地位,部分原因固然是人们相当普遍地认为资本主义企业的经济效率高已被证实;同时,资本主义企业的破坏性(如对环境)和剥削性(如对劳动人民),今天也许尚未达到显而易见的毁灭性地步。另一原因则是缺乏社会主义国家的制衡。吊诡的是,在中国,尤其是在经济学界,新自由主义的势力比在西方还要强盛,新近海归的博士显示的是新近皈依"信徒"所特有的那种简单、绝对的信仰。

但意识形态的势力只是部分原因,更基本的也许是人们相当普遍地倾向于接受当权者提倡的意识形态,倾向于接纳绝对和简单的答案。要独立追求真实必须有特殊的努力和坚守,比接受简单、时髦的理论难得多。更容易的道路是追随意识形态潮流和本行的"权威"。这一切在过去的马克思主义—毛泽东思想主导时期非常显著。

问题也可以从认识论的层面上来理解。作为学者,我们需要的是真正的好奇而不是简单的信条,真诚的求真而不是懒惰的接纳,系统的探讨而不是时髦的答案,质疑而不是给定的意识形态或理论。仅凭我们的日常经验,大家便都知道真正独立思考的学者是比较少见的。独立的学术研究路径当然需要更多的时间和努力。要针对某一个题目做出原创性的贡献,必须系统掌握经验知识和证据并对之进行独立的思考和分析。那样的研究,比从给定的"理论""假设"或"命题"出发,拼凑相关材料/数据、进行公式化表述要难得多,花的时间要多得多,但在现有制度下获得研究资助的可能则要低得多。

这些是今天国内外学术研究所普遍面对的问题。我们的"最优秀、最聪明的"(the best and the brightest)青年学生当然很快便会掌握上述的这些"游戏规则",很快便会采纳更容易被人接受的做法。那样的研究更容易获得本行"权威"的认可,也更容易在"核心刊物"上发表。只有极少数的青年学者会愿意投入"十年磨一剑"的扎实、独立研究。

在认识论层面上,笔者一直有意识地要求摆脱意识形态化的理论先行研究,而采用从经验证据出发,由此提炼概念,而后再返回到经验证据的研究进路。目的是试图掌握一个题目的最基本的事实,然后借助与现有理论的对话来提炼自己的概念。这和当前流行的从理论到经验再到理论的做法正好相反。

这不是要提倡无视或拒绝理论,而是要把理论当作工具而不是给定答案。学术理论可以对我们的问题意识有很大的帮助。比如,处于理论和经验证据的交锋点是很好的问题。笔者曾经把如此的问题表述为与人们广泛使用的"规范认识"("范式")相悖的("悖论")经验证据和现实,强调悖论的现象是特别需要重新分析和理解的现实。(《中国研究的规范认识危机》纳入《长江》一书后作为进一步的思考。)再则是来自不同理论传统的交锋点的问题——譬如，新自由主义和马克思主义（或实体主义或后现代主义）理论传统的交锋点，都会是很好的研究问题。从那样的视角出发，会促使我们摆脱单一（意识形态化）理论传统的束缚，也会促使我们和现有理论对话，借以澄清、深化自己的思路。其中的关键在于从真正的问题而不是给定的答案出发，从真正的经验证据探讨出发而不是从空洞、抽象的理论建构出发。

在笔者看来，由此获得的初步答案需要返回到真实的经验证据中去检验。譬如，如果恰亚诺夫关于小农经济家庭农场的"实体主义"理论洞见确实比马克思主义或形式主义理论更接近中国的历史实际、更能帮助我们理解经验证据，那么，它是不是也能够更好地有助理解当前的实际？是不是也能够帮助我们找到当前问题更好的解决方案？家庭作为一个生产单位在历史上到底起了什么样的作用？今天又如何？这方面，中国与现代西方到底有什么样的不同？其前景又如何？这是本书所试图回答的一个重要问题。

以上表述的也是连接历史与现实的问题意识。它源自笔者近十年来在国内教学所形成的对现实问题的积极关怀，不同于过去在美国的消极关怀（只想不写）。这点应该可以说是笔者近十年来做研究的主要动力，也是笔者自觉在问题意识上与当今美国一般的中国研究不同的关键。后者所关注的多是最新理论潮流和意识形态所突出的问题，最终主要关乎美国本身的社会或思想，而不是中国现实中的社会或思想问题。譬如，20世纪50—70年代的主导问题是"共产主义"对美国/西方的挑战或"威胁"，八九十年代则一方面是市场主义的普适性（来自新保守主义，即便是假装为"去西方中心化"的论点），一方面是认识论上的焦虑（对一切"实证""事实"的怀疑，来自后现代主义）。（虽然如此，美国的中国研究，无论在经验还是概念层面上，都不能简单归为"东方主义"的研究，像其帝国主义时代更高度意识形态化的学术那样。）从笔者自身的经历来审视，前者更容易脱离中国实际，而后者则更容易受国家意识形态主宰。说到底，最好的学术和现实关怀还是真诚"求真"的学术，而不是为了迎合意识形态或时髦理论，或为名为利的研究。

笔者认为，即便当我们由于经验证据而倾向于某一种理论传统的时候，我们仍然需要维持原来的探索精神来对待其他的理论。笔者自己发现，经验实际（例如，满铁的翔实调查材料所展示的农村实际，以及明清以来众多的诉讼案件档案所展示的司法实践和社会实际）要远比任何理论来得复杂、多维和多变。在遇到自己倾向接受的理论传统不能解释某些经验证据的时候，我们需要考虑其他理论传统的洞见是否能够更好地解释这些经验证据。更重要的是，我们要愿意改造自己原来的概念，或创造新的概念来解释新的证据。经验证据以及历史感与真实感，而不是理论，更不是意识形态，应是我们最终对概念取舍或重新塑造的标准。

如果说这里的研究明显地试图综合三大理论传统——形式主义（新自由主义）理论、马克思主义和实体主义，识别力强的读者应该还能看到，除此之外我还受到后现代主义理论洞见较深的影响。不然，不可能对新自由主义和马克思主义理论所包含的现代主义和西方中心主义提出如此持续的批评和反思。

虽然如此，笔者个人认为我研究的基石在于对中国乡村社会经济历史经验证据的长期积累和认识（也包括其与世界其他相关地方的经验的比较）。在 40 多年的研究历程中，笔者一直在尽可能开放地和系统地积累来自经验证据和自己的真实感的认识。后者才是笔者对各种不同理论的不同评价和使用的最终依据。

如果说笔者这一三卷本的第一、二卷是综合三大理论传统——形式主义、马克思主义和实体主义的研究,而其中更多地侧重实体主义理论,读者会发现,在第三卷中,笔者虽然仍然倾向于既非资本主义也非社会主义理论的第三选择,但是面对改革时期市场经济所起的作用,笔者较多地引用了形式主义理论视角(如关于市场机制在中国的"隐性农业革命"所起的作用),这方面比之前(如在《华北》和《长江》两书中用投资组合理论来理解农民农作物组合型)更显著。同时,读者也会注意到,当前的庞大的非正规经济实际引导笔者返回到马克思主义和中国革命的阶级视角,虽然笔者采用的绝对不是一般的生产关系或阶级分析,而更多的是突出中国现实与经典理论预期的不同。

笔者个人认为,这三卷所表述和显示的研究路径可以用"从证据到理论再到证据"来简单总结。笔者用"证据"来表述尤其是来自实践历史经验(区别于其表达)的证据。因此,也用了"从实践到理论再到实践"的表述。这里所说的"实践"是区别于理论、表达和制度意思的实践,指的是行动(相对于理论)、实际运作(相对于表达)和运作过程(相对于制度)。如此表述的用意都是区别于今天学术界惯用的"从理论到经验再到理论"的方法,因为笔者认为那完全是一种理论主导的方法,不可能由此得出真正原创性和求真性的研究成果。

笔者也用了"实践经济学"和"实践历史"的表述,以及"实践社会学(人类学)""实践法学"和"历史社会法学"几个词语来简单总结我所提倡的学术方法，为的是区别于理论先行的研究。这不是一个简单的由任何单一理论传统所主宰的方法，而是一个要求经验证据与理论概念不停地相互作用和连接的方法，也是我 40 年来在这三卷著作中试图运用的方法。谨请读者自己决定这样的方法是否真正适合中国乡村社会经济的研究，以及今天的国内外学术界。

第 13 章

"家庭农场"是中国农业的发展出路吗？[*]

2013 年初,国家提出要发展(100 亩以上的)"家庭农场",之后全国讨论沸沸扬扬,其中的主流意见特别强调推进家庭农场的规模化,提倡土地的大量流转,以为借此可以同时提高劳动生产率和土地生产率。其所用的口号"家庭农场"是来自美国的说辞,背后是对美国农业的想象。本章将论证,这是不符合世界农业经济史所展示的农业现代化经济逻辑的设想,它错误地试图硬套"地多人少"的美国模式于"人多地少"的中国,错误地使用来自工业时代的经济学于农业,亟须改正。它也是对当今早已由企业型大农场主宰的美国农业经济实际的误解。美国农业现代化模式的主导逻辑是节省劳动力,而中国过去 30 年来已经摸索出的"劳动和资本双

---

[*] 本章原载《开放时代》2014 年第 2 期(3 月),第 176—194 页。收入本书时做了细微的调整并补入了一个"后记"。

密集化"的小而精模式的关键则在于节省土地。美国的"大而粗"模式不符合当前中国农业的实际,更不符合具有厚重传统的、关于真正的小农经济家庭农场的理论洞见。中国近 30 年来广泛兴起的适度规模的"小而精"的真正的家庭农场,才是中国农业正确的发展出路。

美国式的工业化农业模式将把不少农民转化为农业雇工,压缩农业就业机会,最终会消灭中国农村社区,这是一条与中国历史和中国现实相悖的道路。而中国过去 30 多年来的小而精农业现代化模式,则是维护真正适度规模的小家庭农场、提供更多的农业就业机会,并可能逐步稳定、重建农村社区的道路。未来,它更可能会成为收益更高并为人民提供健康食物的、同样小而精的绿色农业道路。

一、农业现代化历史中的两大模式:地多人少与人多地少

农业经济学者速水佑次郎(Yujiro Hayami)与其合作者拉坦(Vernon Ruttan)在 20 世纪七八十年代做了大量的计量经济研究,用数据来比较世界上一些重要国家的不同的农业现代化历史经验。他们搜集和计算的数据包括本章主题人地关系与现代化模式的数据,用小麦等量来比较 1880—1970 年将近一个世纪的单位面积和单位劳动力产量演变,并计算出不同的单位劳动力的拖拉机使用量和单位面积的化肥使用量。总体来说,他们的计量工作做得相当严谨,可信度较高,但因其关注的问题、理论概念和数据过

分繁杂,没有清晰地突出人地关系方面的数据,更未有针对性地阐释明白这些关键数据的含义。(Hayami and Ruttan,1971,数据见附录 A、B、C:309—347;1985,数据见附录 A、B、C:447—491)之后,他们的数据曾被丹麦农业经济理论家博塞拉普(Boserup,1983:401;亦见 1981:139)重新整理和总结。由于博氏长期以来特别关注人地关系与技术变化之间的关联(Boserup,1965,1981),因此特别突出了这方面的数据。遗憾的是,她该篇论文论述的是全球各地有史以来不同时期的农业经济历史轮廓,处理议题太多,因此没有从这些数据中提炼出鲜明的、有针对性的概念(Boserup,1983:数据和整理见 1983:401;亦见 1981:139)。其后,"文化生态"理论家内汀(Robert McC. Netting)注意到博塞拉普整理出的数据的重要性,特地在其著作的导论中转引了整个列表,正确地突出了小规模、相对劳动集约化小家庭农场的重要性。但他关注的重点不是农业经济而是农业社会的"文化生态",也没有清晰地说明那些数据的经济逻辑。(Netting,1993:25)为此,我们有必要在这里重新检视速水佑次郎和拉坦 40 多年前提出的数据,进一步说明其所展示的农业现代化历史中的两大代表性模型。兹先将其关键数据列于下表。为了更清晰地突出这些数据所包含的理论含义,讨论将先集中于美国和日本的比较,然后再讨论英国、丹麦、法国、德国和印度的数据,并进入笔者添加的中国数据。

表 13.1　1880—1970,7 个东西方国家和地区以及中国农业现代化过程中人地关系和生产技术的演变

	平均每男劳动力耕种面积(公顷)		每公顷产量 1 吨小麦等量		每男劳动力产量 1 吨小麦等量		每公顷用化肥量(公斤)		每台拖拉机相对男劳动力数量	
	1880年	1970年	1880年	1970年	1880年	1970年	1880年	1970年	1880年	1970年
美国	25	165	0.5	1	13	157	/	89	/	1
英国	17	34	1	3	16	88	/	258	/	—
丹麦	9	18	1	5	11	94	/	223	/	2
法国	7	16	1	4	7	60	/	241	/	3
德国	6	12	1	5	8	65	/	400	/	—
日本	1	2	3	10	2	16	/	386	/	45
印度	—	2	—	1	—	2	/	13	/	2600
中国*	1.5	0.7	1.7	2.7	2.6	1.9	/	157	/	960

∗中国相关数据计算方法和出处见附录。

数据来源:Boserup,1983:401;1981:139;Hayami and Ruttan,1971:309—347,附录 A、B、C;Hayami and Ruttan,1985:447—491,附录 A、B、C;Netting,1993:25。

显而易见,美国代表的是一个地多人少国家的农业现代化道路。在表 13.1 列出的 1880—1970 年间 90 年的变化中,我们可以很清楚地看到,它的土地资源(相对劳动力)特别丰富:1880 年美国每个男劳动力种地 375 亩(25 公顷),日本则是 15 亩(1 公顷),是 25∶1 的比例。之后,美国主要通过使用机械,来进一步扩大每个

男劳动力所耕种的面积。1970 年，其使用机械是日本的 45 倍，平均每个男劳动力一台拖拉机，而日本则是 45 个男劳动力一台。随之而来的首先是，每个劳动力所种面积差别的悬殊：到 1970 年，美国每个男劳动力种地 2475 亩，日本才 30 亩，是 82.5：1 的比例。美国农业的要素组合意味的是，每劳动力产量（以小麦等数计算），亦可说是"劳动生产率"，远高于日本，并在这期间显著提高，1880 年是日本的 6.5 倍，到 1970 年达到 10 倍。但其单位土地产量则较低，到 1970 年只是日本的 1/10。从劳动力和土地的配合角度来说，美国的模式是比较"粗放"的，单位劳动力用地较多，单位面积用劳动力较少，因此其单位劳动力产量较高，但单位土地面积产量较低。笔者把这样的农业及其现代化道路称作"大而粗"的种植模式。

反过来说，日本所代表的则是相对人多地少的模式。日本每个男劳动力耕种面积在 1880 年是美国的 1/25，到 1970 年则只是其 1/82.5。日本每劳动力的产量在 1880 年是美国的 1/6.5，到 1970 年更只是其 1/10。但是，日本每亩产量在 1880 年是美国的 6 倍，在 1970 年则达到其 10 倍，就劳动力和土地的配合来说，日本的模式是比较"劳动密集"的，因此其单位土地面积产量较高，但由于每劳动力用地较少，单位劳动力产量较低。它是一个"小而精"的农业现代化模式。

在现代化的农业"资本"投入中，我们还需清楚区别两种不同性质的现代投入。第一种是机械，主要是拖拉机（可称"机械资本"），它是促使每劳动力能够通过规模化提高其产量的关键因素。上文已经看到，1970 年美国单位劳动力使用的拖拉机量是日本的

45 倍(是中国该年的 960 倍),这是因为美国的农业现代化模式主要是机械化,其关键是节省劳动力。它的前提条件是地多人少的资源禀赋,即"新大陆""得天独厚"的基本国情。但这并不意味"现代化"必定是这样的规模化。日本反映的则更多是类似于中国的人多地少的基本国情,其所依赖的主要不是节省劳动力的机械,而更多是下文要分别讨论的尽可能提高地力、节省土地的化肥。至于中国,其人多地少的起点和日本相似,但进入现代,情况要比日本更加严苛。如表 13.1 所示,1970 年其每个男劳动力耕种的平均面积才 10 亩,是日本的一半。时至 2013 年,中国仍然远没有达到日本在 1970 年便已达到的每个男劳动力的平均耕地面积,即 30 亩。中国今天如果像表 13.1 那样不计妇女劳动力,充其量也只是每个(男)劳动力 15 亩(黄宗智,2010b:75,122)。如果与美国相比,差异当然更加悬殊,其节省土地的激励只会比日本更加强烈。

　　第二种现代农业投入是化肥,与机械的性质有一定不同。它的主要目的是提高地力。另外,它的使用也和劳动力投入有一定关联:譬如,每茬作物可以比较粗放地依赖机械或自动化来施用,但也可以更精密地手工施用,或手工配合机械来施用。它可以仅施肥一次,也可以施肥两次或三次。同时,不同作物需要的化肥量是不同的。众所周知,蔬菜所需肥料(化肥)和劳动力都要比粮食高得多,水果基本同理(见黄宗智,2014:第 7 章,图 7.5;亦见 Huang and Gao,2013:48,图 5;黄宗智、高原,2013:图 5)。日本 1970 年的单位面积化肥使用量是美国的 430%,反映的正是节省土地的激励,与美国以节省劳动力为主的模式完全不同。日本按亩使用化肥量比美国精密,最重要的因素是其高产值农作物在所有农作物中所占比例要比美国高得多。这个道理和中国近年来兴起的高产值"新农业"产品是一样的：它们普遍使用比粮食高出甚多的化肥量，而且施肥方式比较精细，反映的正是"小而精"——与美国"大而粗"的农业现代化不同——的道路。它是（非机械）资本和劳动双密集化的模式。1970 年，中国每公顷的化肥投入量已经超过美国，今天则达到将近日本 1970 年的幅度（345 公斤/公顷——见《中国农村统计年鉴》，2011：表 3-4，表 7-1。近 30 年来蔬菜的化肥和种子投入与粮食的不同，见 Huang and Gao，2013：48—49；黄宗智、高原，2013：37）。

这里，需要进一步说明一个人们常常忽视的道理。正如经济史理论家瑞格里所说，农业说到底是一种依靠"有机能源"的生产，不同于使用"无机的矿物能源"（inorganic, mineral-basedenergy）的现代工业"产业"。一个劳动力通过使用畜力充其量可以把投入生产的能源扩大到 8 倍，但远远达不到一个矿工一年挖掘 200 吨煤所能产生的能源的幅度。（Wrigley，1988：77）这里，我们需要补充说明，其实"地力"——中国厚重的农学传统的概念和用词——也主要是依靠有机能源的。即便借助机械和化肥与科学选种，单位土地面积的产能仍然会受到地力的限制，其可能提高的幅度也比较有限，比不上机械能源可以大幅提高。因此，在给定的人地比例下，农业生产量可能扩大的幅度比较有限，与无机能源的机械生产十分不同。与工业相比，农业更严格地受到人地比例自然资源禀赋的制约，不可能像工业那样大幅突破其制约。这是农业与工业的一个基本差别。但今天，经济学界则普遍倾向于将来自"无机能源"机器时代的经济学理论不加区别地应用于农业，广泛地把农业当作一个机器时代的"产业"来理解和分析,以为它可以如机械世界那样几乎无限度地大规模扩增产量(更详细的讨论见黄宗智,2014,关于农业的三卷本总序)。

实际上,人力和"地力"远远不可能与机器时代以百匹、几百匹马力来计算的拖拉机或汽车相提并论。美国那样的模式,通过使用拖拉机来推进农业的"现代化",虽然可以克服人力的局限,但并不能克服"地力"的局限,因为作物生产是生物生产,最多只能达到几倍的增幅(譬如用更多肥料,或一年从一茬到两茬、三茬),和现代使用无机能源的工业十分不同。美国农业之所以能够做到十倍于日本的单位劳动力产量(以及今天几百倍于中国的单位劳动力产量——下文还要讨论),靠的不仅是机械,而更主要、更基本的是大量土地——多至日本和中国目前不能想象的每劳动力耕种面积的土地。没有美国那样的土地相对劳动力的资源禀赋,每劳动力配合再多的拖拉机也不可能做到那样的劳动生产率。(详细论证见黄宗智,2014,第 1 卷:三卷本总序)说到底,人地比例资源禀赋及其约束乃是农业发展的决定性因素。

当然,上文以美国和日本为代表的两大农业现代化模式是比较突出的"极端"(而中国人口则比日本还要密集),而大多数发达国家的实际经历介于两者之间。表 13.1 还纳入了速水—拉坦所搜集的欧洲其他几个国家的数据,按照其土地/劳动力不同比例顺序排列为:英国、丹麦、法国、德国。显而易见,那些国家在土地/劳动力的资源禀赋上介于美国和日本之间:英国最接近美国,其 19 世纪后期的劳均耕地面积仍然和美国相差无几(但到 1970 年由于农业机械化程度和人地比例的不同,其劳均耕地面积只是美国的

1/5）。德国要低于英国，虽然如此，1970 年德国的劳均耕地面积仍然是日本的 6 倍。显然，与日本和中国相比，欧洲发达国家的人地比例资源禀赋总体上要宽松得多，基本上仍然是一种相对地多人少的模式。

表 13.1 也显示，在人多地少的资源禀赋方面，与日本相差无几的是印度。印度在 1970 年的农业劳均耕地面积和日本一样：30 亩（2 公顷）。但印度的农业现代化进程远远滞后于日本，1970 年仍然尚未使用机械和化肥（平均 2600 个男劳动力一台），在这方面比中国还要落后（中国该年是每 960 个男劳动力一台大型或中型拖拉机，或四台小拖拉机）。《中国的新型小农经济》一书已经说明，日本的经济发展起步较早，而且得益于其人口在 18、19 世纪已经进入低增长状态，在 20 世纪上半期的蓬勃工业化过程中，在拖拉机、化肥和科学选种等现代投入进入农业的过程中，其农业人口基本稳定，而不是像中国（和印度）20 世纪 50—70 年代那样，现代投入所带来的土地和劳动生产率的提高基本被人口（由于医疗卫生的进步）的扩增（而耕地没有多大扩展的情况下）和农业的进一步内卷化销蚀掉。1952—1978 年间，中国的农业总产增加了约 3 倍，但人口增加了 2/3，而且由于集体制度下被动员的妇女劳动力和农闲时的水利工程等劳动力投入，每亩劳动力的投入其实增加得更多，达到 3—4 倍的幅度。因此，农业劳动力的按日收益长期停滞不前。（亦见黄宗智，2010b:5；黄宗智、高原、彭玉生，2012:22—23）

笔者和彭玉生已经详细论证，中国要到 20 世纪 80 年代之后，由于"三大历史性变迁的交会"——人口增长率的降低，伴随收入增加的食品结构转型（从 8：1：1 的粮食、蔬菜水果和肉鱼的比例逐步转向城市中上收入群体以及中国台湾地区的 4∶3∶3 模式)而转入更多的劳动与资本双密集的高产值农业生产,以及大规模的农民进城打工,劳动力对土地的压力才开始得到缓解。农业从低产值粮食生产转向越来越高比例的高产值菜—果、肉—禽—鱼生产,从而形成了小而精"新农业"的发展,推动了中国的(笔者称之为)"隐性农业革命",其产值在 30 年中达到之前的 6 倍,年增长率约 6%,远远超过历史上其他的农业革命[如 18 世纪英国的农业革命,100 年中,年增长率充其量才 0.7%(100 年才翻了一番),以及 20 世纪六七十年代的"绿色革命",年增长率才约 2%—3%]。(见黄宗智,2014:第 2 章;亦见黄宗智,2010b:第 5 章;黄宗智、彭玉生,2007)

在同一时期,印度也经历了性质相同的变化,只是没有中国那么快速。另外,由于土地的家庭联产承包责任制,中国没有经历与印度相同程度的农业劳动力的"无产化"[如今印度农业劳动力的 45%是无地雇农,中国则约 3%(2006 年数据)],而是一种比较独特的"没有无产化的资本化"的农业现代化进程(见黄宗智,2014:第 6 章;亦见黄宗智、高原、彭玉生,2012)。但在人多地少资源禀赋约束所导致的农业滞后发展以及"小而精"模式方面,中国则和印度基本相似。

与日本相比,中国也有一定的不同。其中一个重要的差异同样源自中国平均分配土地的承包制度。日本的无地农业雇工今天已经达到农业劳动力的 20%以上,而中国则一直维持着没有无产化的资本化的农业模式(仅约 3%)(黄宗智、高原、彭玉生,2012:22—23)。但在"小而精"而非美国式的"大而粗"特征上,中国则和日本基本相似。最后,与类似于日本的农业变迁历史的韩国和中国台湾地区相比,由于它们特殊的历史条件(更早的农业现代化)以及中国大陆和印度更沉重的人口负担,中国大陆要滞后几十年。(详见黄宗智,2010b:6—8)

这一切说明的基本道理是:我们不能混淆使用无机能源的机器时代的工业产业和前机器时代使用有机能源的农业。后者的生产要素,特别是人地关系以及人力和地力的自然约束,基本是给定的自然条件,其劳动力既可能是相对稀缺的,也可能是相对过剩的、多余的,而不是像新自由主义经济学理论(如舒尔茨——见黄宗智,2014:第3章)那样假设所有的生产要素都稀缺,而后通过市场机制而达到最佳配置。农业的人地关系基本是给定的自然条件,而不是由市场机制配置来决定的。它对后来的农业现代化进程起到了决定性的影响。这就和现代经济学理论的出发前提很不一样。

由于人地关系的决定性作用,农业经济历史展示的不是现代经济学理论所设想的单一发展模式,而是两种由于人地关系资源禀赋不同而导致的迥异的发展模式。当然,机器时代的拖拉机扩大了人力的可能扩增幅度——美国高度机械化的农业中一个劳动力可以耕种几千亩地便是例证。但是,那种扩增幅度的前提条件是地多人少,而对与其情况相反的人多地少的中国来说,是不可能做到的。我们绝不可以根据现代机器时代经济学的理论建构而误以为中国农业可以简单通过市场机制的资源配置便走上美国模式的道路。事实上,符合中国国情的农业现代化道路绝对不是美国地多人少的那种"大而粗"的模式,而是日本率先展示的人多地少、

"小而精"的现代化模式。

以上所说的事实和道理其实是个常识性的认识,但在新自由主义经济学的霸权话语(详细讨论见黄宗智,2014:第三章;亦见黄宗智,2012a:61—65;68—70)的支配下,人们相当普遍地认为(新自由主义)经济学乃是一门比较"硬"的"科学",不是一般人所能理解的,而新自由主义经济学专家为了提高自己的身价,当然也特别宣扬那样的观点。结果是,在科学话语威势的压抑之下,许多人都以为经济不可以用常识性的真实感来评价,而必须由专家们来谈论和解释。殊不知,所谓的专家们的认识大多深受不合实际的抽象形式化理论的主宰,把经济想象为一种在世界任何地方都遵循同样基本逻辑的(工业)存在,普遍忽视农业最基本的常识和道理。今天,这种态度和误识影响非常深远,已经不知不觉存在于我们之中。它是国人相当广泛地错误地认为农业现代化道路必须是一条像美国那样的规模化道路的主要原因。

二、美国"模式"的误导

中国之前曾因模仿苏联而走偏了农业发展的道路。集体化的社队组织,虽然有其一定的成绩(尤其是在社区水利、卫生、教育和社队工业方面),但确实遏制了农民的创新性,也掐死了市场动力。在"大跃进"时期,更受到"越大越好"的错误信念的影响。在市场化的今天,中国已经抛弃了之前过分偏重计划与管制的认识和做法,但仍有可能会再犯类似的错误——由于过度模仿某一种模式并过度信赖某一种理论而走偏,即今天被认为最"先进"的美国"模式"及其"普适"的经济"科学"。

多年来国家极力支持"龙头企业"，便是一个例子。这样的相关政策误以为，中国必须模仿美国的先例，依赖大农业产业公司以及规模化经营来推动中国农业，而忽视了这些年来最重要的、真正的农业经济发展动力，即"小而精"的小规模家庭"新农业"。事实上，即便是名义上的大规模农业企业，也多采用和小家庭农场签订定购协议或合同的操作模式——可以称作"合同农业"（contract farming）［见黄宗智，2014：第 6、9 章；亦见张谦（Forrest Zhang），2008，2013］——实质上仍然是以"小而精"的小规模农场作为主要生产单位的模式。这是因为，小家庭农场的自家劳动力至今仍然比雇工经营的劳动力便宜和高效。实际上，"龙头企业"所提供的更多、更重要的是纵向的加工和销售方面的链条，而不是横向的简单规模化的雇工农业生产。而其关键弱点则在于，将市场收益大多划归商业资本而不是农业生产者（见黄宗智，2014：第 6、7、9 章；亦见黄宗智，2012b：94—96；黄宗智、高原、彭玉生，2012）。

在国家政策向"龙头企业"倾斜的偏向中，通过合作社来为"小而精"的农业提供产销纵向一体化的另一种可能道路，其实一直都未曾得到适当的支持。对于合作社，中国政府过去所做的要么过于管制，要么过于放任，真正需要的政策则是由政府引导和投入资源、由农民为自己的利益来参与并主宰的合作社。这是日本和中国台湾地区农业所展示的先例。它们的出发点是日本基层政府管理农业的制度。其后，在美国决定性的影响下，走上了基层政府通过农民的合作组织而逐步民主化的道路。结果，基层政府将其权力和涉农资源逐步让渡给由农民为自身利益而组织起来的农民协会,由此来推动农协的发展,也由此推动农村治理的民主化。这是一个由历史条件的巧合所导致的、具有一定偶然性的结果,但也是中国大陆今天应该有意识借鉴的模式。(详见黄宗智,2014;第十章;黄宗智,2010a)

在2013年2月发布的中央"一号文件"要大力发展"家庭农场"的号召下,各地政府纷纷响应,媒体也大做宣传。其中,关键的想法是要克服被认为低效的小农场,进行规模化经营,鼓励土地流转,其中不少人明显是想模仿美国农业的发展模式。农业部(今农业农村部)更把"家庭农场"具体定义为经营土地超过100亩的"大农场",①其基本用意是积极支持这些较大规模的农场,将它们视作未来的发展典型。这种设想背后的主导思想明显是把成规模的农场看作中国农业发展的必然道路,没有充分重视中国农业"小而精"的模式。和之前向"龙头企业"倾斜的思路一致,其想借助这样的规模化农场来拉动农业的现代化发展。其背后所想象的图景,则是美国模式。因此选用的"家庭农场"口号也是来自美国农业的说辞,而非中国自身的当代小农经济。

这里,我们首先要说明,美国的农业其实不是所谓的"家庭农场"口号所虚构的事情。它确实曾经主要是一般意义上的家庭农场,即主要依赖自家劳动力的农场,但半个多世纪以来,早就被大规模的依赖机械资本和雇佣劳动力的企业型农场取代。根据美国农业部的数据,美国农业总产值的一半是由其最大的2%的农场(40 000家)所生产的,73%是由占据所有农场的9%的平均10 000

---

① 也有试图更精确地,把1年1茬地区的规模地定义为100亩,1年2茬的定义为50亩(农业部,2013)。

亩的"大农场"所生产的①。(美国农业部,2005:图3,图5)美国总数200万个农场共雇佣60万—80万(具有美国公民或长期居留身份的)农业雇工,另有100万—200万来自墨西哥和其他地区的外来移民工(migrant worker)的农业短工/季节工。(Rodriguez,2011;亦见"Facts about Farmworkers",2013)

美国的文化和历史确实深深地认同于"家庭农场",可将它们视作美国"民族性"(national character)的一个主要代表和象征,但在实际的经济历史中,"家庭农场"在农业中的主导地位其实早已被大规模的企业农场取代。今天,"家庭农场"在美国是虚构多于实际、文化幻想多于经济实际的象征。广为中国国内讨论所引用的2012年在《大西洋月刊》(*Atlantic Monthly*)7/8月期发表的以《家庭农场的胜利》为标题的文章,其所引用的孤例"家庭农场",其实是一个拥有33 600亩(5600英亩)耕地的、极其高度机械化和自动化的农场。它有3名全职劳动力,1个是农场主——经营者本人,2个是全职职工,另外雇用临时的季节性短工,是个十足的高度资本化、机械化、自动化的农业公司,其实完全不应视作"家庭农场"(Freeland,2012)。

但在美国农业部的统计口径中,对"家庭农场"所采用的定义只是经营者及其家人(血亲或姻亲)拥有农场一半以上的所有权(美国农业部,2013:47)。对中国读者来说,这是个充满误导性的定义。在国内,以及对国际上大多数的农业研究者来说,一般对家

---

① 这里对"大农场"的定义是,年总销售量超过25万美元(150万元人民币)的农场,其(2003年的)平均经营规模是1万亩(1676英亩)(美国农业部,2005:11,表3)。

庭农场的定义则是,主要依赖自家劳动力的农场。即便在新近打出的"家庭农场"口号下,中国农业部调查中的定义仍然是主要依赖自家劳动力的才可称为家庭农场。(《家庭农场认定标准 扶持政策认定工作启动》,2013)按照如此定义,美国大部分所谓的"家庭农场"已经不是家庭农场,最多只能称作"部分产权属家庭所有的企业型农场"。美国农业部的研究宣称,今天仍有 96% 的美国农场是家庭农场,所用的便是前述定义而非一般人所理解的定义。(美国农业部,2013:47)这本身就说明,美国农业模式是不适用于中国的。

两国所谓的"大农场",其实根本不是同一回事。上文已经提到,美国农场的经营面积与中国截然不同。美国农业部定义的"大农场"的平均面积是 10 000 亩(1676 英亩)(美国农业部,2005:11,表 3),而中国农业部定义的大家庭农场只有 100 亩。两者对规模的不同想法和演变,可以美国所使用的农业机械为例:美国 1970 年使用的耕地和播种机,一天可以种 240 亩地(40 英亩);到 2005 年,其广泛使用的机械一天可以种 2520 亩地(420 英亩);到 2010 年,更达到 5670 亩(945 英亩),是 1970 年机械的 24 倍,其最新、最大的农业机械价格可以达到每台 50 万美元。同年,收割机的效率/功能也达到 1970 年的 12 倍。(美国农业部,2013:23;Freeland,2012)

美国的规模化大农场的基本模式是谷物种植的大农场。2007年,"大田作物"(field crops,指在谷物之外还包括棉花、干草、烟叶等)仍然占据美国总播种面积[收割面积(harvested acres)]的96.4%。(2013:11,表 1)这个事实与其农业基本特征紧密相关:正因其土地资源(相对农业劳动力)特别丰富,其农业的现代化主要体现于通过机械的使用而规模化,而最适合机械化的农业是"大而粗"的大田谷物种植,此种植可依赖上述的大型拖拉机、播种机、联合收割机自动化地浇水和施肥,以及农药化地除草,其中的关键经济逻辑是凭借机械和农药来节省(相对)昂贵的劳动力,尽可能多地使用机械和农药,尽可能少地使用劳动力。这正是上述《大西洋月刊》所引"典型"的模式。其中秘诀正是美国"得天独厚"的土地资源。这样的农业是其农业的绝大部分主体,来源正是以上叙述的"大而粗"的农业现代化主导模式。

当然,这并不意味着美国农业全是谷物农业。它还有剩下3.6%的耕地用于种植高产值农作物,主要是蔬菜、瓜果、木本坚果、花卉。这些可以说是美国(相对)"小而精"的农业。它们是相对劳动密集[也是(非机械)资本密集]的农业。这部分的农业不能主要依赖机械,必须使用一定比例的手工劳动来收割、摘果、浇水、施肥、施药。对劳动力相对稀缺(昂贵)的美国来说,它自身无法提供、满足这样的劳动力需求。这就是美国每年雇用100万—200万外来季节工和移民工的主要原因,其中包括较高比例的所谓"非法"移民。

美国移民政策长期纠结于非法移民禁而不止的问题。历史上,加利福尼亚州所依赖的廉价外国劳工,先是19世纪的中国劳工,而后是20世纪初期日本的——最终是墨西哥的——包括高比例的所谓"非法"移民。一方面,不少美国人反对允许非法入境,觉得会占用美国公民的就业机会;另一方面,农业企业(此外,尤其是建筑业)需要廉价劳动力来支撑。所以,无论其政策表述如何,在实践层面上,对非法入境的控制时松时紧。"非法"劳动力的广泛使用,其实早已成为美国农业(和建筑业)不可或缺的组成部分。其间关键是实际需要,尤其是劳动密集的高产值农业。(Chan,1986;亦见 Huang,1990:66)根据美国农业部的数据,2007 年用地3.6%的高产值农业所生产的产值已占到美国农业总产值的36.8%。(美国农业部,2013:11,表 1)

这些高产值农产品的产值要比其所占总播种面积的比例高出10 倍;虽然如此,它所占耕种面积的比例仍然只有 3.6%。这个事实本身便说明了美国土地资源丰富的特征:它的农业结构不是出于节省土地的考虑而是出于节省劳动力的考虑。也就是说,它最关心的不是单位土地产量的最大化,而是单位劳动力产量的最大化。大田作物的单位面积产值虽然要比其播种面积所占比例少一半(63.2%相对 96.4%),但仍然是美国农业的主要形式,所占耕种面积是高产值农产品的足足 27 倍。相比之下,中国的谷物种植面积所占比例今天已经减缩到总播种面积的56%。谷物的产值只占农业总产值约 16%,而非谷物的高产值农产品已经占到 66%。(见黄宗智,2014:表 2.4;亦见黄宗智、高原,2014:表 2)也就是说,中国农业的主导逻辑和美国正好相反:是单位土地产量的最大化,而不是单位劳动力产量的最大化。这是两条截然不同的农业现代化道路。

美国的谷物生产是主要依赖机械的"大而粗"的农业,其少量的高产值农作物生产则是主要依赖廉价移民雇工的相对"小而精"的生产。在后者之中,即便是小规模的(主要依赖自身劳动力的)真正意义的家庭农场,一般也会雇佣季节性移民雇工。规模越大,雇工越多(但这方面没有系统的数据,因为雇佣"非法"移民是介于法律灰色地带的行为,不容易统计)。根据在册的正式记录,高产值农产品中的"小农场"(300 亩以下)雇佣的劳动力在其投入总劳动力中所占比例较低(7%—24%);而 600 亩以上的则雇工较多,达到(在册劳动力的)一半以上,另有季节性临时工。至于谷物农场,即便是规模化的大农场,其在册雇佣劳动力也仅有 20%(小麦)—36%(大豆)。当然,还有未经统计的季节性临时工。(美国农业部,2013:18—19,表 6,表 7)

对于人多地少的中国农业来说,美国这两种农业代表的模式其实都不适用。美国谷物种植的丰富土地资源以及用机械资本几乎完全地替代劳动力,都是不可模仿的。其高产值农产品所依赖的国外移民和非法劳动力也是不可模仿的。中国农业没有如此丰富的土地资源,也没有如此多来自外国的廉价劳动力。中国的家庭农场可以雇佣一些本地和外地(而不是外国)的较廉价短工,但不可能像美国那样使用和本国公民工资差距悬殊的劳动力,也不可能雇佣到几乎和本国农业从业人员同等数量的外国雇工。所以,美国模式不符合中国实际。

即便是今天已经相当高度机械化的中国大田农业,其机械化—自动化程度仍然和美国的大田农业有基本的不同。中国的机械化局限于替代比较昂贵的主劳动力的工作环节,没有进入比较廉价的(可以利用家庭)辅助劳动力的生产环节,其实和上述美国的真正企业化、完全机械化—自动化的大农场仍然很不一样。其实,即便是今天中国的机械化大田农业,在管理方面仍然主要依赖手工操作,一定程度上也是"资本和劳动双密集化"的农业。

许多国人对模仿美国模式产生误解和幻想,其依据的不是美国实际的农业历史和现实,而是被误解的经济学理论。不少人以为在市场机制的资源配置下,经济必定会达到最优规模,具体体现于具有规模经济效益的大公司和农场,由此得出中国政府政策必须向"龙头企业"和成规模的"大家庭农场"倾斜的结论。有的则更把农场规模化以及确立私有产权、推动更大规模的土地流转挂钩连接。说到底,其所希望模仿的是想象中的美国模式,并错误地把这种图像描述为"家庭农场"。

今天需要国家提供扶持的关键农业主体,其实并非可能成为美国式的千万亩以上的大规模公司和大规模企业型"家庭农场",而是中国式的目前才几亩到十几亩、数十亩的小而精的、真正(主要依赖自家劳动力)的家庭农场。在高附加值的新农业——如拱棚/温室蔬菜、水果、秸秆养殖——生产中,从几亩到十几亩(主要依赖自家劳动力的农场)已经是适度的规模,也是近30年来的"隐性农业革命"的生产主体。此外,在低附加值的粮食种植中,几十亩到百亩的半机械化—自动化、半家庭劳动力的农场已经是适度的规模。今天如此,在近期、中期的未来也将如此。

这里需要补充说明的是,"适度规模"和"规模化"是两个截然不同的概念。"适度规模"主要针对中国在"人多地少"基本国情下的农业"过密化"和农民就业不足,其所指向的是"去过密化"(即非递减的)收益以及农民的充分就业。这样的"适度规模"绝对不是"规模化"概念下的"越大越好",而是根据不同客观条件,针对不同生产需要而开发的有不同特点却能最优、最适度的规模。关于这一点,下文将用实例来进一步说明。

三、实际案例

2013 年中央"一号文件"出台之后,各地涌现出不少关于所谓"家庭农场"的"调查报告"。目前我们固然尚未掌握全面的、系统的信息,但根据已经发布的一些比较扎实的实例信息,其中的经济逻辑已经相当清楚。以下是一个初步的讨论。

首先,根据媒体的相关报道,此次中央"一号文件"的发布与2012 年由国务院发展研究中心农村经济研究部带头(中央农村工作领导小组办公室、国家发展和改革委员会、农业部等 18 个部委参与)的、在 2012 年 7 月于上海市松江区泖港镇开展的试点和调查研究直接相关。根据报道,试点和调查的重点是粮食(水稻和小麦)生产,其基本设想是突破小规模生产而进入规模化生产,认为后者既会提高土地产量,也会提高劳动力收益;同时,也非常明确地说明"家庭农场"乃是舶来词,被借用来突出此番试点和调查背后的设想。对其中不少成员来说,其背后所勾勒的无疑乃是美国模式。(《上海郊区的家庭农场》,2012)

但是,根据报道本身所举的实例,我们可以清楚地看到,其实这些百亩以上所谓的"大家庭农场"单位面积净收益和产量都要低于小农场。最明显的是松江区调查所举的主要实例:承包、转入200 亩土地来种水稻的李春华。李春华所种水稻,除与小规模家庭农场基本一致的支出(肥料、农药、种子、灌溉等)之外,还需负担土地使用权转让费(约 700 元/亩)和雇工费(250 元/亩)。因此,其每亩水稻的净收益才 184 元,远低于无需付租金和雇工费的小规

模家庭农场的数字(下文还要讨论)。此外,李春华从在稻田的 1/3
面积上复种(作为越冬作物)的小麦中获得 200 元的净收入(但小
农场也种越冬作物)。在两茬作物之外,他还获得 450—500 元的
各级财政补贴,借此达到 1000 元/亩的净收入(据报道,"2011 年,
松江区各级政府提供的农业补贴约 2607 万元,来自中央财政、上海
市财政和松江区财政的补贴分别占 14%、40% 和 46%,而根据调研
组对 100 个家庭农场的数据分析,户均获得补贴 56 746 元,亩均补
贴 498 元"。——同上)。也就是说,李春华的主要收益其实并非
来自其经营模式的经济优越性,很大程度上是来自政府的补贴。
至于单位面积产量,该报道没有明确地与小规模农场作比较,但我
们可以从其他地方的调查看到,其实这些规模化的"大"农场,充其
量也只能达到与小农场同等的单位面积产量,一般情况是低于小
农场。

　　贺雪峰在安徽平镇的实地调查,说明的首先是与上海松江区
同样的情况:企业型农场和"大家庭农场"的亩均净收入要远低于
小规模的中型家庭农场,三者分别是 315 元、520 元、1270 元。其
间,关键的差别在于大型农场必须支付土地租金(土地使用权转让
费,而种自家承包地的小家庭农场则大多不用)和雇工费用。在雇
工费用方面,企业型的农场除了支付一般的(主劳动力)雇工费(90
元/亩),还要支付代管费(监督费)(80 元/亩);大家庭农场则只需
支付(辅助劳动力)雇工费(50 元/亩);而小规模的中型(真正意义
的)家庭农场则基本完全依赖自家的劳动力,没有雇工支出。(贺
雪峰,2013a:表 3、4、5)因此,小农场的每亩净收益要高出大型农场
甚多。

至于单位(耕地)面积产量,企业型农场总产(水稻和小麦)是1100斤,大家庭农场是1600斤,小的中型家庭农场则是1800斤。显然,大面积的管理比较粗放,小的则比较精细。因此,小农场的单位面积产量较高(同上)。这是与上文讨论的农业现代化两大模式相符的经济逻辑,也是常识性的认识。

但是,农业部种植管理司司长则对媒体宣称,"家庭农场"使用7.3%的耕地,但生产的却是全国12.7%的粮食。他要强调的是,规模化生产远比小规模生产高效,无论从单位面积产量还是从单位劳动力产量来考虑都如此。(《种粮大户和生产合作社:种了1/10的地产了1/5多的粮食》,2013年3月25日)这和我们上文论述的农业经济历史和逻辑完全相悖,显然是一个来自理论先行的建构,与真实的经验数据无关。

我们再看学者陈义媛在湘南"平晚县"实地调查的实例。地方政府在平湖镇选定1800亩地作为双季稻示范地。陈文案例的主要人物易天洋来自该处,他在那里承包了200亩(2012年)土地。我们已经知道,早在20世纪60年代中期,上海市松江区(当时是县)曾经大力推广双季稻(当时的口号是"消灭单季稻!"),但面临的现实是比较严重的"边际效益递减"——早稻和晚稻需要与单季稻几乎同等的肥料和劳动力投入,但按日收益(质和量)远不如单季稻,因此乃是"过密化"的行为。之后,其在去集体化时期进行了大规模的"去过密化"调整,放弃了之前大部分的双季稻种植,强调更适度的劳动力投入。(黄宗智,2000:224—225,241,245)但如今,由于国家要求尽可能提高粮食单位面积产量,湘南地方政府遂重新试图推广双季稻。但陈义媛的材料说明,双季稻是划不来的,而易天洋之所以这样做,主要出于两个原因:一是政府的补贴(150元/亩),二是靠规模化来抵消递减的按亩收益,借此使自己的收益最大化。其代价则是较低的按亩收益,也是较低的按劳动日收益。但这些对易天洋来说并不重要,因为他个人(得自自身资本)的收益比常人要高。2011年,易某经营131亩,每亩收益仅545元,与贺雪峰在安徽调查的大型家庭农场基本一样,远少于小规模的家庭农场,但他个人的年净收益是6万元,高于小规模的家庭农场主,当然也高于村庄其他人。陈义媛的第二个案例中的人物易龙舟和易天洋基本相似,只是规模更大,达到270亩,因此其个人收益也更大(陈义媛,2013:142—143)。

这两个案例展示的是规模化"家庭农场"的真正含义。这不是经济学中的"资源最佳配置",而是通过政府行为扭曲了经济逻辑的资源配置。陈义媛指出,这个政府"举措的直接后果是排挤了只耕种自家承包地的农户"(陈义媛,2013:143)。贺雪峰更形象地把那样的后果称为"政府支持大户打败小户"(贺雪峰,2013b)。这是只对资本拥有者有好处的行为。对适度结合土地和劳动力使用以及(人多地少的中国的)农业总体布局来说,乃是不经济的行为。

本章提倡的适度规模经济,在大田农业中,其实已经体现在近年来兴起的中型规模家庭农场。他们相当于过去(土地改革后)所产生的(自耕农)中农。今天,在旧农业的粮食种植中,他们有不少像规模化的农场一样,采用机耕、播、收(但不会去用自家所有的机械,而是雇用机械服务),再辅之以(比较廉价、精密的)自家管理,包括施肥、浇水、施药、除草等。像这样的农场,如果达到20至50亩的规模,其实就已经达到了自家劳动力的充分使用,乃是最符合中国国情的、最能高效使用土地的、最能为农业从业者提供充分就业和"小康"收入的真正意义上的"家庭农场"。在笔者2012年组织的《中国新时代的小农经济》专辑讨论中,已经有相当详细的经验和理论论证(黄宗智编,2012)。这些中型农场一定程度上已经是"现代化"程度相当高的农场,也是收入相当高的农场。虽然,与美国的大规模"家庭农场"相比,还只是部分机械化—自动化的农场,远远没有达到美国的程度。它们是一种结合"大而粗"机耕、机播、机收和"小而精"管理来生产的农场,在管理方面,一定意义上也是"资本和劳动双密集化"的模式。伴随农业从业人员近十年来比较快速的递减,这样的中型农场农场主("中农")未来完全有可能占到农村农业人员的多数。

这些"中农"一般也是最关心本村社区事务的阶层,是可赖以稳定、重建农村社区的核心力量(黄宗智编,2012)。笔者认为,国家应该积极扶持这样的农场,应该更积极地通过鼓励、扶持农业合作社,来为这样的农场提供更好的产—加—销纵向一体化服务,让它们可以占到更高比例的市场收益,并为这样的农场提供融资、贷款的渠道,让更多的农民可以成为过上小康生活的中农。从更长远的角度来看,国家更应该鼓励他们进入更高产值的、同样是"小而精"的绿色农业经营。那样的方向,才是中国广大农村人民的最佳发展出路。

至于在高产值的新农业领域,全国也早已自发兴起大量的适度规模的农场。上述2012年的专题讨论中有一定的具体案例。这里,我们可以以河北省邯郸市永年县的蔬菜种植为例。正如报告所指出的,该地从20世纪80年代开始,至今已经形成了15万亩的大蒜种植基地和 80 万亩的"设施蔬菜"种植基地,但其种植主体不是大农场而是"中小拱棚蔬菜",亦即用地 1—3 亩、基本由家庭自家经营和自家劳动力全就业地操作的"适度规模"的新农业。报告指出,这些拱棚蔬菜"一是投资小、见效快。拱棚以竹木结构为主,亩成本 6000 元左右,一次建造可使用 3 年左右,折合每年每亩使用成本约 2000 元,生产亩投入 1500 元。二是种植茬口灵活。一年可种植 5—6 茬,主要品种有甘蓝、芹菜、西红柿、油麦菜、西葫芦等 70 多个品种。三是土地利用率高。拱棚构造可以充分利用土地,间距小,土地利用率在 95% 以上。四是抗风险能力强。大雾、冰冻等天气对拱棚蔬菜生产影响较小"(《关于赴河北省永年县学习考察蔬菜产业发展的报告》,2013)。报告没有特别指出但十分明显的是,这也是中国农村相当高比例的普通农户能够做到的经营模式,与新提倡的"大规模家庭农场"模式那种限定于超过 100 亩规模和掌握一定资本的极少数农民完全不同。

四、对家庭农场理论和实际的误解

2013 年被媒体广为宣传的所谓"家庭农场",其实还带有对"家庭农场"历史实际的深层误解,以及对其相关理论的完全曲解。学术界今天依然有不少人把"小农经济"等同于前商品经济的"自然经济",并把小农经济最重要的理论家恰亚诺夫提出的关于"家庭农场"的理论视作局限于前市场化的自给自足自然经济的理论(这样的意见甚至包括明智如内汀那样的理论家——Netting, 1993: 16,第 10 章)。根据同样的思路,许多国外研究中国农业的学者,都用英文"farmer"（农场主，也是美国历史中一贯使用的词）而不是"peasant"（小农）来翻译中文的"农民"一词，而中国自身的英文刊物，也几乎完全采用了同样的话语。正如上文所述，许多人认为，适用于中国农业的是基于工业经济的"现代"经济学，尤其是今天所谓的"主流"或新自由主义经济学（包括认为私有产权是一切发展的关键因素的所谓"新制度经济学"），而不是恰亚诺夫的"小农经济"理论，以为这只适用于不复存在的前商品"自然经济"。

这是对经济历史实际的基本误解。"小农经济"从来就不是自然经济。在具有厚重传统的国际"农民学"（peasant studies）中，一个最基本的概念和出发点是对"小农经济"的定义：小农经济是部分商品化、部分自给自足的经济（经典的教科书论述见 Eric Wolf，1969）。这点在中国经济史中非常明显。尤其是在明清时期，通过"棉花革命"（1350 年几乎无人种植棉花、穿着棉布；1850 年几乎所有中国人都穿着棉布、棉衣）及桑蚕经济的扩增，中国农业经历了蓬勃的商品化。长江下游的松江府变成了"衣被天下"的棉纺织品主要产区，全国小农普遍参与粮食与棉布的交换，并且形成了全国性的市场。同时，像太湖盆地那样的蚕桑农业、农户的缫丝以及城镇的丝绸加工业，为全国的上层阶级提供了所惯用的衣着商品（农民则主要穿着布衣）。在粮食中，越来越区分出上层阶级所食用的"细粮"（大米和小麦）和农民所广泛食用的"粗粮"（小米、玉米、高粱，甚至以甘薯来替代粮食）。前者早已成为高度商品化的、应被称为"经济作物"的粮食。在华北，细粮和棉花成为其两大"经济作物"。以上列举的商品经济实例是经济史学界的常识，也是中国 20世纪 50—80 年代数十年的学术研究，包括国内的"资本主义萌芽"

学术研究,以及国外上两代学术研究所积累的基本知识。唯有完全依赖理论而忽视历史实际的学者,才会拥抱"小农经济"是"自然经济"的误解。

即便在理论层面,马克思、恩格斯早有(生产资料自有者的)"小商品生产"(亦称"简单商品生产"或商品的"简单交换")的概念,他们认识到农民的商品生产以及集市和市镇中的商品交易。20 世纪 50—80 年代,中国史学界以"资本主义萌芽"的概念来扩大马克思、恩格斯原有的"小商品经济"概念,借以解释明清时期的经济实际。其实,更有学者借用"萌芽论"于唐宋(以日本"京都学派"内藤湖南为主),甚至战国时期(傅筑夫)。诸如此类的学术理论和经验研究,拙作《明清以来的乡村社会经济变迁》三卷本(特别是第二卷《长江三角洲的小农家庭与乡村发展》)多有涉及,这里不再赘论。

即便是新自由主义的农业经济学,也早已使用市场经济理论来解释、分析(西方的)"家庭农场"和农业经济,它将前现代农业经济看作一个由市场机制来配置资源的高效率经济。(Schultz,1964)这样的理论误区在于简单套用基于机器时代的经济学于农业经济,没有了解到有机能源经济和无机能源经济的差别——不可能大幅扩增的人力与地力要素与可以大幅扩增的机械、技术、资本要素的不同,因此也没有理解到人地比例资源禀赋对农业所起的决定性影响。它更会促使人们通过(夸大了的)市场经济机制,来认识小农经济或"传统农业"。

至于实体主义理论(区别于新自由主义的"形式主义"理论和马克思主义理论)的理论家恰亚诺夫,其出发点是对 19 世纪后期和 20 世纪初期部分商品化的"小农经济"实际的精确掌握，读者只需进入他著作中大量的具体经验论证，便会立刻看到这点。对恰氏来说，小农经济是一定程度商品化了的经济这个事实，是不言而喻的实际。而他之所以把实际中未曾商品化的部分作以抽象化的理论分析，主要是为了展示家庭农场的特殊组织逻辑。这是高明的理论家所惯用的方法：抽象出其中的部分经验才能够掌握、展示、阐释其所包含的逻辑。而恰氏特别关心的是小农经济所包含的与资本主义生产单位在组织上的不同逻辑。

首先，他说明，一个家庭农场既是一个生产单位，也是一个消费单位，其经济决策会同时取决于这两个方面；一个资本主义生产单位则不然，它只是一个生产单位，其员工自身消费的需求不会影响到企业的经济决策。这是个关键的不同。[Chayanov, 1986 (1925)：1—28]恰亚诺夫虽然没有将"人多地少"的小农经济作为研究的核心，但他仍然极具洞察力地指出，一个家庭农场如果没有适度面积（相对其劳动力而言）的土地，其会在报酬递减的条件下于现有的土地上投入越来越多的劳动力，借以满足自家消费的需求。而一个资本主义经营单位则不会这样做，一旦其边际劳动成本变得高于边际收益，便会停止投入更多的劳动力（雇用更多的劳动力），因为那样做是会亏本的。但家庭农场则不同，因为必须满足其自家的消费需要。（Chayanov, 1986：118）同时，正因为它投入的是自家的劳动力而不是雇用的劳动力，所以不会像一个资本主义企业那样，计算劳动力和劳动时间的成本收益，而会主要关注其最终收成是否满足其家庭消费的需要。基于此，恰氏构建了其著名的消费满足度和劳动辛勤度之间的均衡理论，来突出这种非资本主义性质的经济决策和行为。(Chayanov, 1986：尤见82—84)其目的不是说明小农家庭农场完全遵循如此的逻辑，而是说明这样的逻辑在小农经济中起到一定的作用。

其次，恰氏还系统分析了一个家庭农场在何种经济情况和刺激下，才会进入手工业生产(包括其卖出的部分)来辅助其种植生产(同上：第3章)，以及在何种情况和逻辑下会投入更多的"资本"(肥料、畜力等)来提高其生产和收益(同上：第5章)。恰氏要证明的是，这些决策都异于一个资本主义的生产单位，会受到其特殊的"家庭农场"(既是一个生产单位也是一个消费单位的组织结构)的影响，也就是既考虑其收益，也考虑其消费需要，而不考虑雇用的劳动成本，这是因为家庭农场会基于使用自家已经给定的家庭劳动力来决定其经济抉择。这一切绝不是说家庭农场是自然经济、与市场不搭界、与收益考虑不搭界，而是要指出，家庭作为一个经济决策单位，与雇佣劳动的资本主义生产单位有一定的不同。

再次，恰氏确实反对资本主义纯粹为追求利润最大化而经营的基本逻辑，认为那样的经济组织不是小农经济的最佳出路，但他绝不因此拒绝市场、拒绝盈利。他最终的设想是，通过以家庭农场为主体的合作社来提供从农业生产到农产品加工再到销售(即他所谓"纵向一体化")的服务，其目的不是资本的盈利，而是把从市场所获得的收益更公平地分配给小农家庭而不是仅仅分配给拥有资本的公司或资本家。(同上：第7章，尤见263—269)也就是说，他试图为小农摸索出一条介于集体化计划经济和资本主义企业(雇工)经济之间的道路。但这绝不是因为他认为小农经济是没有商品经济、没有交换和交易的"自然经济"。作为19世纪和20世纪之交的经济理论家,如果他真的把当时的小农经济视作一个非商品的"自然经济",这意味着对事实情况的完全忽视和误解。恰氏绝没有这么无知或愚蠢。

最后,恰氏的最关键贡献在于其理论特别适用于理解人多地少的中国农业经济,这更甚于他自己最关注的、相对地广人稀的俄国及其小农经济。拙作三卷本已经详细论证了由人口压力所推动的"内卷型商品化"(为消费所需,从相对稳定但低收益的粮食改种总收益更高但风险更高的商品化棉花和蚕桑,并加入棉纺织以及缫丝的手工业生产,随之而来的是单位劳动日收益的递减、单位土地收益的扩增)[黄宗智,2014:第2卷;黄宗智,(1992,2006)2000]在应付消费需要的压力下,家庭作为一个生产单位,具有特殊的坚韧性和经济性:可以高效、廉价地结合两种不同的生计,像依赖两柄拐杖那样同时通过两种生计来解决自己的消费所需——在明清时代是种植业与手工业的结合,今天则是农业与外出打工的结合。在江南地区,它基本消灭了(资本主义企业型的雇工)"经营式农场"。(详见黄宗智,2014:第5章;亦见黄宗智,2011)这些是对高度商品化和半无产化("半工半耕")的小农经济的认识,绝不是把"小农经济"等同于"自然经济"的认识。当然,中国农民半无产化地拨出部分家庭人员进城打工的经验实际,是恰亚诺夫在20世纪初不可能清晰认识到的。以上分析是对恰氏理论的延伸和补充,一定程度上也是基于中国历史实际而对其理论的修正。但恰氏聚焦于家庭作为特殊经济组织的洞见和启发,乃是以上分析的出发点。

简言之,将恰氏视作简单的"自然经济"理论家是对恰氏著作的误解,也是陷入马克思主义和新自由主义(以及古典自由主义)经济学的一个共同误区:认为人类的经济只可能是单线地通过商品化而从前资本主义到资本主义的演变,从前市场经济到市场经济的演变。这是拙作第2卷《长江三角洲的小农家庭与乡村发展》立论的主要敌手。当然,和古典与新古典(形式主义)经济学理论家们不同,马克思和列宁是基于这个基本认识而提倡社会主义工人革命的,在前资本主义到资本主义的单线演变中,加上了必然会更进一步向无产阶级革命和社会主义演变的信念和理论。但在从前资本主义到资本主义的线性历史发展观上,马克思、列宁和新自由主义的认识基本一致。恰氏追求的则是另一种可能的道路,一种他认为更平等、更人道和更民主的理念。也正因如此,他才会被新自由主义经济学家敌视,并在斯大林统治时期被杀害。

面对今天中国(男女)劳均仍然仅仅10个播种亩的现实,恰氏的理论给予我们多重启发。首先,其思路的延伸可以为我们说明人多地少压力下家庭农场的特征,也可以为我们说明,为什么今天家庭劳动力也仍然比雇佣劳动力来得高效和便宜,为什么即便是今天大型农业企业公司也仍然宁愿与(真正意义上的)家庭农场组织"合同农业",而不是采用传统资本主义的雇佣方式,以及宁愿从事商业资本而不是产业资本的经营方式。其次,他开启的思路延伸更可以说明,为什么由主劳动力和辅助劳动力组成的家庭生产单位特别适用于需要不定时而又繁杂的劳动投入的"劳动和资本双密集化"的小规模新农业农场,为什么那样的生产组织是高效的、合理的,能够战胜雇工经营、横向一体化大农场的生产模式。最后,他开启的思路延伸还可以说明,为什么基于如此生产单位的农业在今天最需要的不是横向的规模化和雇佣化,而是纵向的生产、加工和销售的"纵向一体化"服务。后者正是当今政府最需要配合、扶持农民自愿和自主建立合作社而做的工作,而不是再次于过度简单化的管制型集体生产和放任型资本主义生产之间作出非此即彼的抉择。过去集体化的错误,并不意味着今天一定要走到纯粹的美国式资本主义经济的极端。鉴于中国的国情,"小而精"的(真正意义上的)家庭农场配合政府引导和支持农民为自身利益而投入和控制的(产—加—销)纵向一体化合作,才是未来的最好出路。(亦见黄宗智,2014,第3卷:第10章;黄宗智,2010b)

新近提出的规模化"大家庭农场"的口号,其实和上述的新型小农经济实际完全脱节。它是一个资本主义经济学化了的设想,也是一个美国化了的修辞。它更是一种误解美国模式的设想,是一个以机械化、规模化为主的美国式农业发展设想,又错误地把它表述为所谓的"家庭农场"。同时,它也忽略了农民学、小农经济学和理论,以及中国经济历史实际和中国30多年来的(隐性)农业经济革命的实际。说到底,它是一个没有历史和实践根据的悬空设想。

我们今天需要的是脚踏实地地对"三农"实际和问题的理解,而非再度受到理论空想主宰的、不符实际的设想和决策。我们需要的是面对实际、真正考虑中国农村大多数人民利益的决策。首先需要的是对中国"人多地少"及其相应的"小而精"农业现代化道路实事求是的认识。从那样的实际出发,才有可能走上符合中国国情的道路。从"小而精"真正意义的家庭农场实际出发,才有可能建立真正适合中国的、"适度规模"的、真正的家庭农场。如此才是最能够为中国农村提供充分就业机会的"劳动与资本双密集化"的农业,更是可赖以重建中国农村社区的道路。从长远来看,它更可能是一条自然走向"小而精"的"绿色农业"的道路,能够为人民提供健康食物的道路。这是一条与美国模式的工业化农业、全盘资本主义化以及威胁到全世界食品安全的农业截然不同的道路。

后　记

所谓"家庭农场"的决策,依据的主要是由国务院发展研究中心农村经济研究部带头、18 个部委于 2012 年 7 月参加的关于上海市松江区的调研。要充分理解这个政策,我们首先需要认识到松江区(和其他上海市区)的特殊情况。松江区是工商业已经高度发达的、高度城市化了的上海市市辖的一个区。当地人民几乎全在第二、三产业就业,只有极少数人(在邻近的奉贤区,才占总就业人数的 3%)仍然在种地。而且,即便有一定比例的当地人户籍仍然是"农民",但他们已经享有和城镇居民基本同等的福利(奉贤区的养老福利达到每月 800 元)。所谓的农民,实际上多是城市化了的但不愿放弃承包地权的非农就业者。(夏柱智,2020)两区中的所谓"村",其实基本都是"城中村"(都市里的村庄),且其村民几乎没有愿意种地的,绝对不可被当作一般的村庄来看待。此前,松江等区剩下的耕地多由外来的"客耕农"从本地农民处转租来种植。(袁中华,2015)但后来,部分由于外来租佃土地的农民所附带的一些治理问题(夏柱智,2020),也许更多出于一种"本市主义"的考虑,市政府决定要排除外地的佃农,转向推动本地农民来种植剩余的耕地。要落实这个政策，政府需要把耕地收入提高到可以在工商业高度发达的经济环境中占据一席之地的水平，因而推出了成规模的（超过100亩的）所谓"家庭农场"的计划。但是，由于农业收入相对较低，也由于成规模农场的租金和雇工成本相对（比本地小农户）较高，如此的规模化农场每亩净收益其实才约为小家庭农场的一半（在松江约500元相对1000元），政府因此必须提供相应的补贴来提高这些农场的净收入（在松江每亩约500元），那样才会有人愿意种地。但这些当地的基本事实，并没有被明确说明。

反之，这种所谓的"家庭农场"被虚构为一个可以在全国推广的农业发展政策。其凭借的是人们对规模效益的信赖，对美国模式——哪怕只是虚构的、想象中的模式——的尊崇，以及对新自由主义经济理论的盲目跟从。同时，相关者借助上海市作为全国先进地区的威信，以及虚构的、来自美国的"家庭农场"说辞来推动，居然成功地向全国推广。（详细论述见黄宗智，2014：第13章）

以上的分析应该成为我们今后要高度警惕的一个实例。它对我们的启示是：不可凭借意识形态化的理论来决定农业政策；不可盲目信赖"美国模式"，更不可信赖想象和虚构出来的美国模式；在决策过程中，一定要依据掌握实际情况的、脚踏实地的研究，绝不可凭借时髦意识和官僚化的修辞来设计农村的发展出路。究其根本，问题源自长期以来对小农经济和农村的漠视、脱离实际的理论，以及没有农民参与的决策。

附录:中国数据的计算方法和出处

A.1880 年数据

每男劳动力耕种面积:1880 年人口和耕种面积数字转引自珀金斯《中国农业的发展(1368—1968 年)》中 1873 年和 1893 年数字的平均。(Perkins,1969:16)从人口数字转换为男劳动力数字使用的是 1952 年的比例。(《中国统计年鉴》,1983:103,122)

每公顷产量:用的是珀金斯 1853 年谷物亩产的数字,与其 1933 年的数字基本一致(243 斤/亩和 242 斤/亩)。

每男劳动力产量:用的是简单的耕种面积乘以每亩产量。

B.1970 年数据

每男劳动力耕种面积:该年总耕种面积除以该年总农业劳动者数之半。耕地面积来自《新中国六十年统计资料汇编 1949—2008》,转引自中国咨讯行;农业劳动者人数来自《中国统计年鉴》,1983:122。

每公顷(耕种面积)产量(小麦等量,1 吨):中国的产量数据主要是播种面积的数据,来自《中国农村经济统计大全(1949—1986)》(1989:148—155)。该年稻谷面积约一倍于玉米,小麦(主要是越冬作物)播种面积则约为稻谷、玉米总和的一半。折算为谷物(这里是稻谷、小麦、玉米"三种粮食")耕种面积产量的估算方法是:[2×(稻谷亩产量+小麦亩产量/2)+(玉米亩产量+小麦亩产量/2)],再除以 3,得出谷物单位亩产。

每男劳动力产量:集体制度下中国妇女投入的劳动要高于其他国家,但这里没有估算妇女劳动力,只估算男劳动力。

每公顷用化肥量(公斤):化肥总施用量数字来自《中国农村经

济统计大全(1949—1986)》(1989:340)。耕种面积数字来自《新中国六十年统计资料汇编1949—2008》。

每台拖拉机相对男劳动力数量:拖拉机总数来自《中国农村经济统计大全(1949—1986)》(1989:304),即大中型拖拉机数加小型拖拉机数再除以4。男劳动力数同上。

参考文献

陈义媛(2013):《资本主义家庭农场的兴起与农业经营主体分化的再思考——以水稻生产为例》,载《开放时代》第4期,第137—156页。

《关于赴河北省永年县学习考察蔬菜产业发展的报告》,2013,http://www.sxscw.org/newsView.aspx? id=1434。

贺雪峰(2013a):《一个教授的农地考察报告》,载《广州日报》2013年10月30日。http://www.snzg.net/article/2013/1031/article_35640.html。

贺雪峰(2013b):《政府不应支持大户去打败小户》,http://news.wugu.com.cn/article/20130517/52525.html。

黄宗智[(1992、2006)2000]:《长江三角洲的小农家庭与乡村发展》,北京:中华书局。

黄宗智(2010a):《中国新时代的小农场及其纵向一体化:龙头企业还是合作组织?》,载《中国乡村研究》第8辑,第11—30页。

黄宗智(2010b):《中国的隐性农业革命》,北京:法律出版社。

黄宗智(2011):《中国的现代家庭:来自经济史和法律史的视角》,载《开放时代》第5期,第82—105页。

黄宗智编(2012):《中国新时代的小农经济》,载《开放时代》第3期,第5—115页。

黄宗智(2012a):《我们要做什么样的学术? ——国内十年教学回顾》,载《开放时代》第 1 期,第 60—78 页。

黄宗智(2012b):《小农户与大商业资本的不平等交易:中国现代农业的特色》,载《开放时代》第 3 期,第 88—99 页。

黄宗智(2014):《中国乡村:明清以来的社会经济变迁》,三卷。第一卷《华北的小农经济与社会变迁》;第二卷《长江三角洲的小农家庭与乡村发展》;第三卷《超越左右:从实践历史探寻中国农村发展出路》,北京:法律出版社。

黄宗智、高原(2014):《大豆生产和进口的经济逻辑》,载《开放时代》第 1 期,第 176—188 页。

黄宗智、高原(2013):《中国农业资本化的动力:公司、国家还是农户?》,载《中国乡村研究》第 10 辑,第 28—50 页。

黄宗智、彭玉生(2007):《三大历史性变迁的交汇与中国小规模农业的前景》,载《中国社会科学》第 4 期,第 74—88 页。

黄宗智、高原、彭玉生(2012):《没有无产化的资本化:中国的农业发展》,载《开放时代》第 3 期,第 11—30 页。

农业部:《家庭农场认定标准扶持政策制定工作启动》,2013 年 7 月23 日,http://finance.sina.com.cn/china/20130723/120116214584.shtml。

《上海郊区的家庭农场》,2012,http://stock.sohu.com/20130523/n376788529.shtml。

夏柱智(2020):《嵌入行政体系的依附农——沪郊农村的政府干预和农业转型》,载《中国乡村研究》第 15 辑,福州:福建教育出版社。

《新中国六十年统计资料汇编 1949—2008》,转引自中国咨讯行,http://www.infobank.cn/IrisBin/Text.dll? db = TJ&no = 448125&cs = 8428474&str = % B8% FB% B5% D8% C3% E6% BB% FD +% C0% FA%

C4%EA。

袁中华(2015):《"客耕农"与城市郊区的小农农业——基于上海的实证研究》,载《中国乡村研究》第12辑,第198—221页,福州:福建教育出版社。

《中国农村经济统计大全(1949—1986)》(1989),中华人民共和国农业部计划司编,北京:农业出版社。

《中国农村统计年鉴》(2011),北京:中国统计出版社。

《中国统计年鉴》(1983),北京:中国统计出版社。

《种粮大户和生产合作社:种了1/10的地产了1/5多的粮食》,2013年3月25日,http://www.guancha.cn/Industry/2013_03_25_134016.shtml。

Boserup, Ester. (1983). "The Impact of Scarcity and Plenty on Development", *The Journal of Interdisciplinary History*, v. 14, no. 2: 383—407.

Boserup, Ester. (1981). *Population and Technological Change: A Study of Long-Term Trends*. Chicago: University of Chicago Press.

Boserup, Ester. (1965). *The Conditions of Agricultural Growth: The Economics of Agrarian Change under Population Pressure*. Chicago: Aldine.

Chan, Sucheng. (1986). *This Bitter Sweet Soil: The Chinese in California Agriculture, 1860—1910*. Berkeley: University of California Press.

Chayanov, A. V. (1986 [1925]). *The Theory of Peasant Economy*. Madison: University of Wisconsin Press.

"Facts about Farmworkers," 2013, *National Center for Farmworker Health*, http://www.ncfh.org/docs/fs-Facts%20about%20Farmworkers.pdf.

Freeland, Chrystia. (2012). "The Triumph of the Family Farm," *Atlantic*

Monthly, July/August, http://www.theatlantic.com/magazine/archive/2012/07/the-triumph-of-the-family-farm/308998.

Hayami, Yujiro and Vernon Ruttan. (1985). *Agricultural Development: An International Perspective*. Revised and Expanded Edition. Baltimore: The Johns Hopkins University Press.

Hayami, Yujiro and Vernon Ruttan. (1971). *Agricultural Development: An International Perspective*. Baltimore: The Johns Hopkins University Press.

Huang, Philip C. C. (1990). *The Peasant Family and Rural Development in the Yangzi Delta, 1350—1988*. Stanford: Stanford University Press.

Huang, Philip C. C. and Yuan Gao. (2013). "The Dynamics of Capitalization in Chinese Agriculture: Private Firms, the State, or Peasant Households," *Rural China*, v. 10, no. 1(April):36—65.

Netting, Robert McC. (1993). *Smallholders, Householders: Farm Families and the Ecology of Intensive, Sustainable Agriculture*. Stanford: Stanford University Press.

Perkins, Dwight H. (1969). *Agricultural Development in China, 1368—1968*. Chicago: Aldine.

Rodriguez, Arturo. (2011). "Statement of Arturo S. Rodriguez, President of United Farm Workers of America," Before the Senate Committee on the Judiciarys Subcommittee on Immigrants, Refugees, and Border Security, October 4, https://www.google.com/# q = Statement + of + Arturo + S. + Rodriguez%2C+President+of+United+Farm+Workers+of+America.

Schultz, Theodore W. (1964). *Transforming Traditional Agriculture*. New Haven: Yale University Press.

USDA(United States Department of Agriculture), Economic Research

Service. (2013). "Farm Size and the Organization of U. S. Crop Farming," ERR-152, http://www. ers. usda. gov/publications/err – economic – research – report/err152.aspx#.Uo0gt8SfivY.

USDA. (2005). " U. S. Farms: Numbers, Size and Ownership," in Structure and Finance of U. S. Farms: 2005 Family Farm Report, EIB-12, http://www.ers.usda. gov/publications/eib – economic – information – bulletin/ eib24.aspx#.Uo0fp8SfivY.

Wolf, Eric R. (1969). *Peasants*. Englewood Cliffs, N. J. : Prentice Hall.

Wrigley, E. Anthony. (1988). *Continuity, Chance and Change: The Character of the Industrial Revolution in England*. Cambridge, England: Cambridge University Press.

Zhang, Forrest Qian. (2013). "Comparing Local Models of Agrarian Transition in China," *Rural China*, v. 10, no. 1(April) :5—35.

Zhang, Forrest Qian and John A. Donaldson. (2008). " The Rise of Agrarian Capitalism with Chinese Characteristics: Agricultural Modernization, Agribusiness and Collective Land Rights," *The China Journal*, no. 60(July) : 25—47.

专题四　非正规经济研究

第 14 章

中国被忽视的非正规经济：现实与理论 *

　　20 世纪 70 年代以来，"非正规经济"在全世界发展中国家高速扩展。联合国的国际劳工组织、世界银行的"社会保护单位"（Social Protection Unit）以及诺贝尔和平奖选拔委员会等众多机构，均一再指陈这样的事实。经历了市场化改革的中国同样如此，但它的存在仍然被中国的官方机构忽视。本章对现有经验证据进行检视和总结，同时分析学术界相互对立的经济学理论对这个事实的不同理解，最终提倡摆脱意识形态偏颇，综合不同理论的洞见以形成比较平衡的观点。

---

* 本章原载《开放时代》2009 年第 2 期。当时所能获得的可靠数据主要是 2006 年的《中国农民工问题研究总报告》（简称"总报告"）中的数据。之后，尤其是从 2009 年开始，有更精确可靠的数据——详细讨论见笔者 2013 年的《重新认识中国劳动人民：劳动法规的历史演变与当前的非正规经济》（本书第 16 章）（亦见拙作《中国的非正规经济再论证》，载《中国乡村研究》第十辑（2013）。

一、中国的非正规经济

"非正规经济"今天已经变成发展中国家最大的非农就业部门,并吸引了越来越多的发展经济学家们的注意。根据国际劳工组织的权威数据,它在"亚洲"①已经扩展到非农就业的 65%(北非的 48%、拉美的 51% 以及撒哈拉以南非洲地区的 78%)(ILO,2002)。尽管国际劳工组织尚未把中国充分纳入其分析范围(部分原因是缺乏数据),但事实上,即便是根据有限的中国官方数据,这个现象在市场化改革时期的中国已经不容忽视:1978 年,全国仅有1.5 万就业人员处于正规部门之外;到了 2006 年,已经爆发性地达到 1.682 亿人,等于城镇 2.831 亿就业人员总数的 59.4%(《中国统计年鉴》,2007:表 5-2,128—129;亦见胡鞍钢和赵黎,2006)。和其他发展中国家一样,这个比例还在扩大。已有众多的研究一再指出发展中国家的这个现象,其中包括世界银行的"社会保护单位"所发的多篇论文(例见 Blunch, Canagarajah and Raju, 2001; Canagarajah and Sethurman, 2001; Das, 2003)。

国际劳工组织在 1919 年组建于国际联盟下,并因提倡社会公正而于 1969 年获得诺贝尔和平奖。它对"非正规经济"和其就业

---

① 国际劳工组织统计的是印度、印度尼西亚、菲律宾、泰国和叙利亚的数据,未纳入中国的数据。

人员采用了合理和具有实用性的定义，[1]后者即缺乏就业保障、福利和法律保护的劳工。在中国，最恰当的例子当然是 1.20 亿"离土离乡"在城镇就业的农民工，以及 0.80 亿"离土不离乡"在本地从事非农就业的劳工。[2] 这些总数 2 亿的农民工不具有城镇的正式户口，他们做的多是城镇居民所不愿做的最重、最脏和最低报酬的工作。

他们之中有的以低报酬、无福利的临时工身份就业于正规部门，[3]有的则在正规部门之外就业，包括所谓的"私营企业"或"个体户"，有的就业的单位甚至根本就没有在国家工商管理部门登记过。在 20 世纪 70 年代和 80 年代，国际劳工组织曾经将其注意力集中于当时被认定为可以和正规部门明确区分、处于其外的"非正规部门"（informal sector），但后来，鉴于众多受雇于正规部门的非正规临时工的事实，改用了更广泛的"非正规经济"（informal economy）这一概念，将在正规部门工作的非正规人员纳入其中。（ILO，2002）

---

① 这是因为它在组织上比较强调实践，其管理机关和每年的国际劳工会议由政府人员、企业主和工人代表组成（见 The Nobel Peace Prize 1969，Presentation Speech）。这里引用的 2002 年的报告是由一组知名研究人员所写，牵头的是哈佛大学的陈玛莎（Martha Chen）和联合国统计部的乔安·瓦内克（Joann Vanek）。

② 这是权威性的《中国农民工问题研究总报告》（2006）的数字（下面还要讨论）。

③ 根据本章使用的概念，正规部门的非正规人员应该包括承包正规企业工程的非正规私营企业、个体户和未经正式登记的人员，不限于正规部门单位正式上报的在册临时工。如果简单地从正规部门单位上报的在册就业人员数出发，减去正规职工，得出的只是几百万的人数，完全没有考虑到绝大多数的农民工。例见制造业、建筑业的就业人员数与职工数（《中国统计年鉴》，2007：表 5-6，135；表 5-9，142）。

有关中国非正规经济的统计数据仍然比较简略,这与印度、墨西哥和南非等国家的有很大的差别,后者多年前已与国际劳工组织配合,非正规经济数据已被进行系统统计。[①] 目前最好的计算方法,是以国家统计局的城镇就业人员总数为基数(这是根据 2000 年人口普查的数字,纳入了在城镇工作 6 个月以上的暂住人员),减去每年经正规单位上报的人员数,而得出城镇非正规经济就业人员数。[②] 这样,我们从 2006 年的 2.831 亿城镇就业人员数,减去 1.149 亿的正规单位的职工(按照国家统计局采用的登记类型划分,即国有单位、集体单位、股份合作单位、联营单位、有限责任公司、股份有限公司、港澳台商投资单位和外商投资单位——《中国统计年鉴》,2007:表 5-7,138),而得出 1.682 亿的城镇非正规就业人员数,包括经登记的"私营企业"和个体户,以及未经登记的人员,如表 14.1 所示:

[①] 但中国已经开始通过劳动和社会保障部(现为人力资源和社会保障部)配合国际劳工组织,在 2002 年参与了其年会,并发表了有关报告(Ministry of Labor and Social Security, n. d.)。

[②] 国家统计局于 2000 年根据该年的人口普查对就业人员统计数据进行了调整,纳入了非正规经济就业人员。过去的数据则来自登记单位的年终报告,因此没有纳入非正规人员(《中国统计年鉴》,2007:表 5-1,第 117 页脚注)。但新数据可能会对农民工有重复计算,即把他们既纳入城镇的就业人员数,也纳入乡村的非农就业人员数。原则上,在外 6 个月以上的人员不再计算,但事实上如果他们"收入主要带回家中,经济与本户连为一体",则仍然算入"乡村人口"(《中国统计年鉴》,2007:496)。2005 年巴尼斯特(Banister)讨论了这两条统计途径间的差别和对"城镇"和"乡村"两个范畴的不一致使用,并突出了关于来自农村的流动人口数据的欠缺。巴尼斯特当时无法依赖后来比较系统的《中国农民工问题研究总报告》(2006)(见下面的讨论)。

表 14.1　2006 年全国城镇非登记注册类型就业人员数(亿)

就业人员数	%	正规职工数	%	非正规就业人员数					
				私营企业	%	个体户	%	未系统统计	%
2.831	100%	1.149	40.6%	0.395	14.0%	0.301	10.6%	0.986	34.8%

(《中国统计年鉴》,2007:表 5-2,128—129;《中国劳动统计年鉴》,2007:表 1-8,13)

　　当然,在城镇的 1.682 亿非正规就业人员中,主要是 1.20 亿的农民工,而有关后者的最好材料是 2006 年的《中国农民工问题研究总报告》。这是在温家宝总理指示下,由国务院研究室牵头,召集有关部门和研究人员,在 31 省(区、市)7000 个村庄的 6.8 万农户的抽样问卷调查基础上形成的研究报告。[①] 根据这个报告,在 1.20 亿农民工中,有 30.3%(0.364 亿)在制造业部门工作,22.9%(0.275 亿)在建筑业工作。此外,约 0.56 亿农民工就业于"第三产业",其中 10.4%(0.125 亿)从事"社会服务",如保姆、社区保安、理发店员工、送货人员、清洁工、清运垃圾人员;6.7%(0.08 亿)是住宿餐饮业服务人员;4.6%(0.05 亿)是批发与销售业人员,如小商店、摊位人员和小贩。

　　这样的农民工是不具有城镇户口的公民。他们从事的是低报酬和低福利的工作。根据"总报告",2004 年他们平均工资只有

[①] "总报告"对"城镇"范畴的定义是和国家统计局就业人员统计一致的,即限于县城关镇及以上的城镇,不算其下的镇,但人口普查则纳入所有的镇,采用两条途径的统计因此有所不同(《中国统计年鉴》,2007:123,180)。

780 元/月,每日平均工作 11 小时。也就是说,他们的工作时间是正规职工的 1.5 倍,而获得报酬仅是后者的 60%。他们中只有 12.5% 签有工作合同,10% 有医疗保障,15% 有退休福利。① 大多数要么在小规模的非正规企业内工作,要么就是自雇的个体户,较少得到国家劳动法规和工会的保护。因为不具备城市居民身份,他们只能负担更高的医药费用和子女教育费用。在全国每年 70 万工伤受害者中,他们毋庸说占了最大多数。这些基本事实也可见于众多较小规模的研究。②

　　以上事实在一项国际调查中得到进一步证实。这是一项由国外学者和中国社会科学院共同开展的(1988 年、1995 年和 2002 年三次调查中的)第三次"中国家户收入调查"(Chinese Household Income Project)。此项调查是以国家统计局的抽样调查为基础,根据经过修改的范畴而抽样进行的。③ 2002 年的调查覆盖了 120 个县的 9200 个农户以及 70 个城市具有城市户口的 6835 户居民,同

① 近几年国家虽然大规模扩大医疗保障、工伤保险和养老保险的覆盖面(王绍光,2008),但绝大多数农民工仍然处于其外。
② 例如,2002 年北京市丰台区的一项有关调查显示,被调查的城市居民平均工资是 1780 元/月,而农民工则只有 949 元/月。他们之中有 1/3 的人员每天工作时间超过 12 小时,1/6 超过 14 小时。(李强、唐壮,2002)另一项关于合肥市的研究,基于 836 份有效问卷,发现 80% 的农民工按月报酬在 800 元以下,86% 每天工作 10 小时到 14 小时。(方云梅、鲁玉祥,2008)另一个 2007 年关于武汉、广州、深圳和东莞等城市的研究,根据 765 份有效问卷发现,农民工工资在 2004 年以后有显著的增长(49.5% 月薪为 1000 元以上),但他们平均每周工作 65 小时。如果按小时计算,他们的工资只达到 2005 年全国正规职工平均工资的 63%。(简新华、黄锟,2007)当然,"总报告"仍然是目前最为全面的调查。
③ 例如,加上了在自家所有房子居住人的房租等值估算,但是仍然没有纳入城市居民在医疗和教育上所享有的"暗补"的估算(Gustafsson, Li and Sicular, 2008:15—17)。应该指出,也没有考虑到工作时间的差别。

时对"农村移民"（rural migrants）进行了次级样本调查。此项调查
发现，农民工的工作报酬比城市居民平均低 50%。[1] 而这个数字尚
未将两者在工作时间、医疗保障和教育费用等方面的差别考虑在
内（Gustafsson, Li and Sicular, 2008：12, 29；Khan and Riskin, 2008：
76）。

如表 14.2 所示，在 1.20 亿农民工之外，还有约 0.50 亿就业于
非正规经济的城镇居民。其中许多是下岗职工，在非正规经济重
新就业，大部分在服务业（第三产业）就业。我们缺乏全面、可靠的
材料，但根据 1997 年一个相对系统的在 17 个省 55 个城市的问卷
调查，大部分下岗职工是"中年"人员（年龄 30 岁到 50 岁的占
64%），只具备相对较低文化水平（其中小学和初中学历的占 56%，
上过大学或大专的仅有 5.7%），绝大部分成为交通运输、批发零
售、餐饮和社会服务业等部门的非正规就业人员，或在小型的所谓
"私营企业"工作，或者变成自雇的个体户，大多只比农民工稍高一
个层次。只有很少部分下岗人员（4.7%）认为国家的各项再就业工
程对他们有过"很大的帮助"（"城镇企业下岗职工再就业状况调
查"课题组，1997；亦见 Ministry of Labor and Social Security, n. d.）。

表 14.2　不同登记注册类型和户口分类对应的城镇就业人员数（亿）

登记注册类型	人员数
合计	2.831
正规	1.149

---

[1] 这是按就业人数计算的。如果按人均计算，则低 35%。

续表

登记注册类型	人员数
非正规	1.682
农民工	1.20
城镇居民	0.482

《中国统计年鉴》,2007:表 5-2,128—129;亦见《中国农民工问题研究总报告》,2006。

按照登记类型划分,1.682 亿非正规就业人员中有 0.696 亿人员就业于在国家工商行政管理部门登记过的单位,其中 0.395 亿就业于所谓"私营企业",0.301 亿人员则是"个体户"。如上所述,足足有 0.986 亿人员根本没有登记(见表 14.1)。

所谓的"私营企业",按照国家的定义,乃是"由自然人投资或自然人控股"的单位。因此,它们不包括具有法人身份的有限责任公司或股份合作单位或港澳台商投资单位以及外商投资单位等单位(《中国统计年鉴》,2007:表 5-7,138)。因此,绝对不应像在美国语境中(和有的美国研究中)那样把私营企业理解为所有的非国有企业。事实上,这些自然人所有的私营企业的就业人员只占全部就业人员的 14%,绝对不应被等同于中国"资本主义"的全部或其最大部分(《中国统计年鉴》,2007:表 5-2,128)。

私营企业多为小型企业。2006 年全国共有 0.05 亿家经登记注册的私营企业,在城镇登记的共雇用 0.395 亿人员(在乡村登记的共雇用 0.263 亿人员),①每家企业平均 13 个员工(《中国统计年鉴》,2007:表 5-13,150)。根据 2005 年对这些企业第六次(1993年以来每两三年一次的)比较系统的抽样(每一千个企业抽一个)问卷调查,其中只有 1.13% 是规模大于 100 位员工的企业。② 绝大多数乃是小型的、平均 13 位员工的企业,包括制造业部门(38.2%)、商店和餐饮部门(24%)以及"社会服务"(11.1%)和建筑业(9.1%)部门。这些企业的非正规员工绝大多数没有福利、社会保障或得不到国家劳动法律保护("中国私营企业研究"课题组,2005)。

当然,在私营企业"就业人员"中,也包括那些可被视为小型"资本家"的 500 万企业所有者,以及一些高技术的高薪人员。但其绝大多数无疑是普通员工,也是待遇低于正规经济职工的就业人员。

至于 0.301 亿在城镇登记的自雇个体户就业人员,以及 0.215亿在乡村登记的个体户就业人员,他们在总共 0.26 亿家个体单位工作,亦即平均每单位 1.9 人员——大多是登记人本人和一两位亲朋(《中国统计年鉴》,2007:表 5-14,151)。这些自雇人员包括小商店店主、小摊摊贩、旧的和新型手工业工人及其学徒、小食品商人、各种修理店铺主,等等。如此的就业人员当然大多没有福利和社会保障。

最后是为数将近 1 亿的未经登记的非正规就业人员。在技能

---

① 这里的"城镇"再次指县城关镇及以上,"乡村"则包括其下的镇。见前页关于"城镇"和"乡村"范畴的脚注。

② 2003 年年底全国有 0.0344 亿家这样的企业。当然,也有很少数符合美国语境想象的那种中大规模的资本主义企业。

和工作稳定性方面,他们还要低一个层次,许多是临时性人员,诸如保姆、在自家从事生产的人员(如裁缝、洗衣服者)、运送人员、学徒、小贩。

总体来说,以上三种主要的非正规经济类型(私营企业、个体户和未登记人员)共同构成一个低报酬、低稳定性、低或无福利、不受国家劳工法律保护的就业图景——也就是我们所说的非正规经济。

以上的 1.682 亿城镇非正规就业人员基本属于同一层次或最多稍高于在乡村从事非农就业的 0.80 亿人员,后者包括乡镇工业(第二产业)的工人和多种服务业(第三产业)人员,诸如运输(包括卡车、小拖拉机、三轮车、自行车、牲畜、人力)、零售业(小商店、摊子、小贩等产业)、社会服务(新或旧型手工业、理发、修理等产业)。当然他们也符合我们"非正规经济"的定义。

此外是大约 3 亿的农业就业人员(指的是广义的农业,即农、林、牧、渔业,并且正如《统计年鉴》注明的,不排除兼营商业者——《中国统计年鉴》,2007:表 13-4,463)。[①] 这些农民固然可以计算在我们定义的非正规经济内,因为他们没有正规福利和劳动法律保障,但他们多具有承包地的使用权(劳均约七播种亩——黄宗智,2005),因此可以说具有一定的社会保障,和其他许多发展中国

[①] 上面已经提到,根据《中国农民工问题研究总报告》(2006),全国共有 2 亿农民工从事非农就业,其中 1.2 亿人员在城镇就业,0.8 亿人员在乡村就业。正因为 1.2 亿在城镇就业的农民工的户口仍在农村,而其中大部分又没有在国家工商行政管理部门正式登记,故将近 1 亿(0.986 亿,见表 14.1)农民工未被纳入根据登记单位所提交的年终报告而计算的统计数据。2000 年的人口普查则纳入了这样的城镇人员。

家如墨西哥和印度不一样。这当然是毛泽东时代计划经济的"遗产"之一,具有一定的社会保障功能。但是,人们一般只能从土地得到比较低的报酬(这毋庸说乃是外出打工的重要背景)。他们也许还是应该用旧的范畴来概括,诸如"农民""农业就业人员""第一产业"。相对来说,非正规经济主要涉及城镇经济和非农就业。一旦将农业排除在非正规经济以外,那我们实际上是在使用一个三元的分析框架——农业、非正规、正规。我认为如此三元框架要优于农业与工业、现代与传统,甚或非正规与正规的二元框架。

这样,非正规经济包含的主要是 2 亿农民工和 0.5 亿非正规就业的城镇居民,总共是 2.5 亿人员。在人数上略低于 3 亿的农业人员,但要比城镇正规职工高出 2.2 倍。[1] 如果不算 0.8 亿离土不离乡的农民工,把"城镇"定义为县城关镇及以上(见 P459 脚注②),那么非正规就业人数就是 1.5 倍于正规职工人数。无论如何,非正规经济在中国也和其他发展中国家一样,已经成为非农就业的最大部门,远大于正规部门。

上述非正规经济的图像也可以从历史的角度来理解。它有四个主要来源和组成部分:一是 20 世纪 80 年代乡村工业化和乡镇企业的兴起;二是 20 世纪 80 年代后期开始的农民工大规模入城就业;三是 20 世纪 90 年代中期以后国有和集体企业职工的大规模下岗以及在非正规经济中重新就业;四是非正规私营企业和个体户从 20 世纪 90 年代开始快速兴起。这些变化是 20 世纪 80 年代以

---

[1] 本章无法进一步考虑在外地从事农业的农民,这是一个相当普遍的现象。这些劳工也许也应该被纳入非正规经济的一部分,但我们在现有统计材料下无法对此作出可靠估计。

来非正规经济快速扩展的主要原因。

　　我们也可以从一个不那么明显的历史视角来理解,即借助于马克思(可以视作批判市场经济者)和韦伯(可以视作赞同市场经济者)所共同使用的阶级范畴"小资产阶级"(其所指原来主要是手工业工人和小商业者)来分析这个现象。他们在 1949 年前的中国曾广泛存在。其后,或被组织起来,或被重新划分,乃至于几乎完全消失,但在改革时期则又大规模重现。他们是今天的"工商个体户"的主要组成部分,包括运输、零售和服务业,其中既有旧型的也有新型的。他们伴随着可以称作"新小资产阶级"亦即所谓"白领"职工而兴起。后者主要见于新型的正规服务部门。旧型和半旧型的小资产阶级尤其容易被忽视,因为无论是马克思主义还是新古典经济学,习惯上多只重视实物产品,对非实物产品常常考虑不多。新、旧小资产阶级这些范畴可以使我们在乡村工业和城镇工业的扩展之外,注意到旧、新服务业的兴起。而它们兴起的部分原因来自新城镇工人的需要(廉价物品和服务),部分也来自连接农村和城镇经济的需要(更详细的讨论见黄宗智,2008b)。

　　上述经验图像如果基本准确,那么我们要提的问题是,该用什么样的理论框架来理解它,怎样来叙述和构建它。

二、"二元经济"理论和美国模式

　　20 世纪 60 年代美国的主流发展经济学,也就是今天国内的主流发展经济学,是刘易斯的"二元经济"理论。[1] 刘易斯的理论着眼的是发展中国家(尤其是亚洲国家)人口过剩的事实。"无限的人口供应"是他二元经济论的出发点,他借此来区分传统农业部门与现代资本主义工业部门。前者的"工资"徘徊于糊口水平,后者则对应资本投入、劳动生产率提高、利润扩大、信贷增加、更多的资本投入、更大的产出、更高的利润以及更多的劳动力需求而发展。伴随这些发展,现代部门吸纳越来越多的农村过剩劳动力,直至其不再过剩而达到一个"转折点"(其后被人们称作"刘易斯转折点")。此后就会进入新古典经济学所勾画的劳动力(和其他生产要素一样)稀缺状态,工资将随之而快速上升。因此,经济发展基本是一个减少过剩劳动力而整合现代劳动市场的过程(Lewis,1954;亦见 Lewis,1955)。[2]

刘易斯的分析和一般的古典经济学分析有一定的不同。例如,1979 年和他同时被授予诺贝尔经济学奖的舒尔茨则力争:即便在传统农业经济中,劳动力同样是一种稀缺资源,同样通过市场机制而达到最佳配置。因此,并无剩余劳动力的存在。舒尔茨坚持把剩余劳动力理解为"边际生产率等于零"的劳动力。[3] 另一个不同是,舒尔茨(正确地)把农业视作一个具有发展潜力的部门,没有

---

[1] 1958 年我作为普林斯顿大学本科生曾经选过刘易斯的课(刘易斯几年之后才正式受聘于普林斯顿大学),如今记忆犹新。

[2] 人们多称刘易斯 1955 年的著作为他的经典之作,但事实上他 1954 年的论文《劳动力无限供应下的经济发展》才是他真正影响最大的著作(Lewis,1954,1955;亦见 Tignor,2006:273 及其后)。

[3] 但即便不等于"边际生产率为零"的劳动力,刘易斯关于劳动力过多的观点无疑是正确的。问题是刘易斯没有清楚掌握"内卷型"农业的(边际生产率递减但不相当于零的)运作逻辑(详细讨论见黄宗智,2008a)。

像刘易斯那样把它简单等同于停滞在糊口水平的部门(Schultz,
1964;亦见黄宗智,2008a)。但两人对由市场推动的资本主义发展
的信赖则是完全一致的。

　　刘易斯的分析理路后来被费景汉(John C. H. Fei)和拉尼斯
(Gustav Ranis)数学化("形式化"),并得到进一步巩固和推进。他
们两人特别突出了发展中国家的"冗余劳动力"(redundant labor),
正因为是多余而无成本代价的劳动力,它能够在发展现代工业部
门起重要的作用。这个论点对近 30 年的中国毋庸说具有特别的
意义[Fei and Ranis,1964;亦见 Lin,Cai and Li,2003(1996)]。刘易
斯的模式后来又被托达罗(Michael P. Todaro)延伸,加上了"城市
传统部门"(traditional urban sector)的概念,认为许多面对城市高失
业率而仍然迁入城市的移民,其动机不在于实际的高收入,而在于
对高收入的预期。这样,他们的行为仍然是"理性的",来自合理的
收入概率估算,虽然是未来而不是眼前的收入。其间,他们会在
"城市传统部门"工作,暂时接受低于现代部门所给的待遇
(Todaro,1969;亦见 Todaro,1989:278—281)。

　　鉴于中国劳动力的相对过剩,以及国家从 1958 年以来实行的
城乡二元户口制度,人们认为二元经济论特别适合中国实际乃是
意料中的事。我这里的讨论仅以蔡昉先生一篇分量较重的论文

(《中国社会科学》主题)为例(蔡昉,2007)。①

在这篇文章里,蔡昉对刘易斯模式提出两点补充,但基本上接受其核心观点。首先,他加上了"人口红利"的概念,即在人口从高生育—低死亡到低生育—低死亡的转型中,在一段时期内,不从事生产的消费人口(儿童和老人)相对生产性人口比例会降低,形成刘易斯所没有考虑到的特殊有利条件。其次,过去中国的二元户口制度反映了二元经济的事实,但今后亟须改革,以便促成中国向整合的现代劳动市场转型。但这两点并不影响刘易斯的基本论点,蔡本人也没有否定刘易斯基本论点的意图。蔡实际上完全接受刘易斯的模式,特别强调中国其实已经进入了刘易斯从二元经济到整合劳动力市场的"转折点"。

吴敬琏先生差不多完全同意蔡昉的观点。和其他"主流"经济学家们一样,他特别强调中国"三农"问题只可能通过城市化,由现代工业部门吸纳农村过剩劳动力来解决。和刘易斯与蔡昉一致,他把农村经济视作一个基本停滞的部门,认为发展只可能来自城市现代部门(吴敬琏,n. d. ;Wu,2005:第3章)。此外,吴强调中国需要依赖中、小型私营企业,脱离过去计划经济思路下的那种大规

---

① 蔡昉和林毅夫、李周多年前合写的《中国奇迹》则提出了比较简单化的论点,认为"传统"计划经济之没有恰当利用中国劳动力丰富的"比较优势"乃是关键因素(其实,费景汉和拉尼斯早已更精确地突出了这一点)[(Lin, Cai and Li, 2003(1996)]。张曙光的书评指出,该书过分单一地强调发展策略,也没有充分考虑制度经济学理论,并且比较极端地完全否定计划经济(就连其对20世纪50年代国家确立主权的贡献都没有予以考虑)。

模生产单位(吴敬琏,2002)。①

　　作为上述分析的延伸,蔡昉还引用了库兹涅茨(Simon Kuznets)的理论。库兹涅茨在他著名的 1955 年对美国经济学会的主席演讲中论证,在早期的经济发展过程中,社会不平等会加剧,要等到发展的微波外延,才会导致进一步的平等(Kuznets,1955)。蔡昉没有提到的是,库兹涅茨的经验证据来自美国、英国和德国,并且库兹涅茨本人当时便指出,他的模式乃是"5% 数据,95% 推测"(蔡昉,2007:5,10—11;Kuznets,1955:4,26)。

　　以上这些美国 20 世纪 50 年代和 60 年代的主流发展经济学观点,也引用了所谓"三个部门理论"(three sector theory)来充当现代化模式的另一理论支撑。该理论始于早期新西兰经济学家费舍尔[Fisher,1935(1966):尤见 32—34]和澳大利亚经济学家科林·克拉克(Clark,1940:337—373),两人率先强调发达国家中"第三产业"(服务部门)的兴起之重要意义,认为伴随收入的提高和基本物品需要的满足,人们消闲时间上升,对私人服务(例如娱乐)的需求将会持续扩展。对这条思路最为简洁明了的阐说来自法国经济学家让·福拉斯蒂(Jean Fourastié)。他认为,经济发展是从以农业为主,到以工业为主,再到以服务业为主的线性演变。在"传统文明"(诸如欧洲的中世纪和后来的发展中国家)时期,第一产业(即农业)的就业人员占总就业人员的 70%(工业占 20%,服务业占10%);在转型时期,农业就业人员所占比例下降到 20%,工业上升

---

① 吴先生关于具体问题的讨论多同时采用不同理论视角,并紧密连接经验。最近的一个例子是他和张剑荆的访谈(吴敬琏,2008b;亦见 Wu,2005)。但他无疑基本同意二元经济论。

到 50%，服务业上升到 30%；最后，在"第三文明"时期，农业就业人员进一步降低到 10%，工业降低到 20%，服务业则上升到就业人员的 70%（Fourastié，1949）。

这个"三个部门理论"及其观点也被许多中国学者接受，其中尤其突出的是中山大学的李江帆先生和他的中国第三产业研究中心。李几乎完全接受了福拉斯蒂的概念框架，大力主张"第三产业"乃是中国当前和未来发展的关键（李江帆，1994，2005）。国内主流经济学相当普遍地引用了这个观点（例见吴敬琏，2005）。

以上主张并不限于经济学，也包含社会学领域。它集中体现于把"现代社会"等同于"橄榄型"社会结构的概念。其理论来源是美国社会学家米尔斯（C. Wright Mills）1951 年的经典著作《白领：美国的中产阶级》（Mills，1956）。其核心观点很简单：当时的美国社会正戏剧性地向一个以"新中产阶级"为最大多数的社会演变，尤其显著的是在 20 世纪上半叶大规模扩展的白领阶层。在众多使用这个观点来研究中国的著作之中，由陆学艺先生牵头的《当代中国社会阶层研究报告》（2002）尤其突出。陆认为，中国社会已经走上了这条轨道，正在迅速地从传统和不平等的"金字塔"形社会结构向"现代""橄榄型"结构转型。中产阶级正在以每年（所占社会就业人员比例的）1% 的速度扩增。陆预测到 2020 年，将达到 38%—40% 的比例（毋庸说，正是这样的好几亿中产阶级消费者的想象在促使跨国公司在中国大规模投资）。其结论很明显：伴随经济发展，中国正沿着必然美国化的道路前进（陆学艺，2002，2003，2007；亦见黄宗智，2008b 的讨论）。这也是吴敬琏（2008a）和蔡昉（2007）的基本观点。

　　现今中国的"主流"经济学和社会学观点可以说基本就是美国化或"美国模式"。它预测越来越高比例的人员将从传统部门转入现代部门,从农村进入城市,从贫穷阶层进入中产阶层,亦即必然向美国模式转型。这正是 20 世纪 60 年代在美国学术界占主流地位的观点,也是当时组成所谓"现代化理论"(modernization theory)的核心。它从西方经验的抽象化出发,伸延到发展中国家,容纳了一定的修改,例如农村劳动力过剩,以及短期的耽搁,例如刘易斯的"二元经济"和托达罗的"城市传统部门",但它的核心概念一直没变,即由市场推动的资本主义发展必然会导致全面"现代化",最终和美国一样。

　　但在美国,这个现代化模式,连同新古典经济学的一些基本理论前提,在 20 世纪 60 年代之后受到广泛批评,直至美国学术界几乎完全否定了现代化模式,甚至把它等同于头脑简单的观点(下面还要讨论)。但是那个发展经济学的"革命"将被 20 世纪 80 年代和 90 年代的"反革命"取代,而新古典经济学将因美国"新保守主义"(Neo-Conservatism)的兴起而在经济学界取得霸权地位,几乎被等同于经济学全部。其后则明显伴随美国在伊拉克战争中的失败、其国际声誉的下降以及 2008 年的金融海啸而衰落。[①] 这些观察已越过了我们叙述的时间排序。下面,我们首先来讨论 20 世纪 70 年代和 80 年代对现代化理论的批评。

---

① 笔者从 1966 年到 2004 年在加利福尼亚大学执教 38 年,这些变化可以说是亲眼目睹和亲身经历的。

三、"非正规经济"

对二元经济模式和现代化主义的批评最初不是来自理论家而是来自应用经济学家和经济人类学家的经验研究。事实是，大多数发展中国家（"第三世界"）在 20 世纪 60 年代和 70 年代所经历的城市化规模要远超过其现代工业部门所吸收的新就业人员；由农村流入城市的人口其实大部分没有进入现代部门而是进入了传统与现代部门之间。我们看到，托达罗曾经试图用所谓"托达罗模式"来概括这个事实。但后来在第三世界国家作实地调查的研究者们提出的"非正规经济"概念，才更精确、贴切地概括了这种在城市中的低层次就业。

首先是 1972 年国际劳工组织的"肯尼亚报告"（ILO，2002）。它是一个动员了 48 位研究者的大规模研究，由汉斯·辛格（Hans Singer）和理查德·乔利（Richard Jolly）这两位英国著名的发展经济学家主持（两位都在英国萨塞克斯大学发展经济研究所就职，后来分别于 1994 年和 2001 年得到英国伊丽莎白二世女王的封爵）。当时肯尼亚的现代企业多是资本密集、带有外国投资的企业，所雇用人员十分有限（虽然其经济是以年均 6%的速度增长的）。在城市就业的人员，其实大部分不是在正规现代部门就业的工人，而是在非正规部门就业的（被调查者称作）"穷忙人员"（working poor），包括对应于小规模的、不经国家管理甚或是被国家法规压制的企业中的人员、小贩、木匠、修理工、厨师等，区别于受国家管理和支持的大企业中的就业人员。此外，很多非正规人员从事的是现代的而不是传统的经济活动,诸如机器维修、现代型建筑、销售、家具制造、出租车等。这些事实都不符合"二元经济"模式假设的传统与现代两部门对立和由此到彼的简单转型。为此,报告的作者们没有采用当时影响极大的二元经济模式,而改用了正规与非正规相区别的框架。他们强调政府不应压制非正规部门,应该为其对发展和就业的贡献而给予积极的支持。

此后是经济人类学家凯斯·哈特(Keith Hart,后来执掌剑桥大学非洲研究中心)对加纳的研究。和国际劳工组织的报告一样,哈特使用了"非正规部门"这一范畴,特别突出其中的自雇者,强调要将其区别于受雇的领工资者。他搜集的数据和国际劳工组织的报告同样显示了此部门的规模和低报酬(Hart,1973)。

此后有很多类似研究,这里要特别提到的是荷兰经济人类学家布雷门(J. C. Breman)关于印度的研究。布雷门一方面进一步确认上述研究,另一方面也指出其中一些概念上的问题,尤其是前面已经提到的在正规部门中就业的非正规人员问题(Breman,1980)。其后的社会经济史研究则证实,即便是在欧洲,城镇工人的增加也造成了对廉价物品和服务的需求,多由旧小资产阶级提供,其中自雇的个体户居多。另外,传统与现代经济的连接也推动了小商业人员、手工业工人、服务人员、运输人员等在城市的出现和增加(Crossick and Haupt,1995;Mayer,1975;黄宗智,2008b)。

国际劳工组织在整个过程中起了重要的作用,一方面在全球范围收集了基本数据,另一方面鲜明地提倡要为非正规劳工争取"有尊严的"(decent)待遇。上面已经看到,关于第三世界这方面的经验信息和数据积累是如此强劲有力,甚至连世界银行这样的组织都建立了"社会保护单位"［归属于其"人类发展网络"（Human Development Network）］，完成了众多的研究报告。它们的目的，正如其组织名称所显示的，乃是"社会保护"和"人类发展"。此外，穆罕默德·尤努斯（Muhammad Yunus）在 2006 年获得诺贝尔和平奖也绝非偶然：他的孟加拉乡村银行（Grameen Bank）一直为非正规经济中最底层、弱势的人员——在孟加拉国农村从事非农就业的妇女——提供关键性的金融服务。

中国目前对非正规经济的关注仍然比较少。有分量的研究才刚刚开始出现，其中值得特别一提的是胡鞍钢和赵黎（2006）的文章，该文章虽然比较简短，但相当精确地整理出了一些基本的可用数据。此外，上面已经看到，中国在 1998 年设立的劳动和社会保障部，于 2002 年召集了一个国际劳工组织的会议，并积极创办了一些为提高就业人员的技术和教育水平，以及帮助安排下岗工人重新就业的项目。但是，和问题的规模相比，他们所做的仍然显得远远不够。同时，劳动和社会保障部（的规划财务司）主管的统计工程也仍然没有正视非正规经济（见下面的讨论）。

四、意识形态化的理论争执

国际劳工组织提出的"非正规部门"，以及后来的"非正规经济"范畴，其实具有重要的理论含义，但是在理论界的争执中，最显著的位置很快就被马克思主义和新古典经济学间的论争占领。对"二元经济"提出挑战的影响较大的一位理论家是冈德·弗兰克（Andre Gunder Frank）。他试图把现代化理论倒转过来，争论帝国主义非但没有给后进国家带来发展,也没有缩小城市与乡村间的差距,反而给它们带来了"一国之内的殖民结构",体现在"中心城市"与乡村"卫星地区"之间的关系上。乡村的经济绝对不像"二元经济"理论构建的那样与城市隔绝,而是成了城市的"依附"(dependency),像拉丁美洲成为美国的依附卫星地带一样。帝国主义的借口是现代化,但其引发的结果实际是依附性和发展不足。对弗兰克来说,其中关键的经济逻辑是马克思主义的"剩余价值"剥削,即从劳动者所创造的价值和付给他们的工资间的差额中掠取的"剩余"。"依附性"说到底就是剩余价值的剥夺和流出,从农村到城市以及从卫星国家到发达国家(Frank,1973)。

　　如果弗兰克对新古典经济学以及由其衍生的二元经济论的批评显得有点意识形态化,甚或控诉化,沃勒斯坦(Immanuel Wallerstein)的"世界体系理论"可能显得比较客观。与弗兰克不同,帝国主义对沃勒斯坦来说不是出于某些国家或某些人的恶毒意图,而是源自16世纪到18世纪一个世界体系的形成。这个"世界资本主义体系"(world capitalist system)结果分化成为三个地带,即"中心"地带(core)、"边缘"地带(periphery)和"半边缘"地带(semi-periphery)。剩余价值由边缘地带流向中心地带(而半边缘地带则既是剩余的抽取者,也是被抽取者,它在该体系之内起到了免除两极分化的功能,由此协助维持整个体系)。沃勒斯坦指出,如此的剩余流动并不一定意味着第三世界的劳动者越来越贫穷,事实上他们的经济情况多有提高,但是从全球视野来看,中心地带与边缘地带间的差距没有缩小,而是在持续扩大(Wallerstein,1979)。

弗兰克和沃勒斯坦这种来自马克思主义经济学的理论带动了发展经济学界在 20 世纪 70 年代和 80 年代的"革命",但其后则被新古典经济学的"反革命"(这里又一次使用托达罗的用词)取代。这一学术界的"反革命"当然得益于苏联和东欧共产党政权的瓦解,以及在里根[及其下的"里根经济学"(Reaganomics)]、老布什和小布什总统任下的市场原教旨主义洋洋得意的霸权的兴起。其间的一个关键差别是对廉价外国劳动力使用的理解:前者认为是剥削,后者认为是导致经济最优化的市场机制的作用。

新制度经济学是伴随新古典经济学的"反革命"而兴起的,并对其起了重要的支撑作用。其主要理论家包括哈耶克、科斯(都是芝加哥大学的)以及诺斯。哈耶克从对新古典经济学的强有力批评入手,指出它当作前提的完美理性、知识和信息都不可能在真实世界的个体间存在(哈耶克,1948:第 1、2、4 章)。但是,在其书后面几章我们能看到,哈耶克的最终目的其实并不在于对新古典经济学的批评,而是对社会主义计划经济的攻击。他认为,后者才真正把"科学主义"的假设推到了极端。他的结论是,不完美的个人,通过价格机制而做出自由抉择,乃是最贴近理想状态的经济制度。劳动力的合理配置当然是其中的一个方面(哈耶克,1948:第 6 章;亦见汪晖,2004,下卷,第 2 部:1438—1492 的精辟讨论)。毋庸说,如此的视角完全排除用剥削概念来理解(非正规经济中的)廉价劳动力的使用。

至于科斯,他也是以批评新古典经济学的姿态来立论的。他认为,最佳的资源配置不可能像新古典经济学假设那样,只依赖个人企业家和价格机制来达成。他特别突出了经济活动涉及的"交易成本"问题,认为"公司"(the firm)和产权法律的兴起正是为了要把这些成本极小化(Coase,1988)。诺斯则争论新古典经济学忽视了"国家"和"制度"。对他来说,"制度"所指最终其实只不过是清晰的排他性的产权法律。在他对经济史的理论性回顾中,只有西方国家的那种私有产权法律才可能真正导致经济发展(North,1981)。科斯和诺斯同样排除剥削劳动者的概念。

他们三人(哈耶克、科斯和诺斯)都毫无保留地反对国家干预市场和提供福利。他们虽然似乎是在批评新古典经济学,但每一位都保持了对市场机制的信念——认为唯有在自由市场下,个人追求效率最大化以及公司追求利润最大化,才可能做到资源的最佳配置而赋予最多数人最大利益。他们对此所作的改动只不过是另加了"唯有排他性的产权才可能降低'交易成本',由此提高经济效率"这个理念。最终,他们只不过进一步强化了新古典经济学的核心信念:国家对市场运作干预越少越好。

对许多追随新制度经济学的学者来说,这套理论要比简单的新古典经济学更具说服力,因为它似乎考虑到了政治(法律)制度。对中国许多经济学家来说,新制度经济学自始便具有特殊的吸引力。正因为它强调市场经济的创新力,也因为它提倡私有产权,并要把国家角色最小化,许多"主流"中国经济学家都把它认作改革中国的灵丹妙药,其影响在中国可能要大于任何其他经济学流派[例见 Wu(吴敬琏),2005:18—20]。有的固然把"制度"理解为广义的政治体制和国家政策,不限于其原来狭窄的产权含义(例见樊纲,2008;樊纲、陈瑜,2005;樊纲、胡永泰,2005),但有的更可能是在有意识地利用其理论来讨论比较敏感的政治改革问题。

但是,今天回顾起来,原来在美国的马克思主义和新古典经济学(以及制度经济学)间的争论,相当部分其实关涉政治和意识形态多于学术研究,因为双方都可能被卷入"冷战"时期的意识形态斗争。为此,哈耶克对古典经济学原来极有说服力的批评——它设想不符实际的完美理性和知识,它对平衡分析过分"痴情",它以理论设想替代实际,它对数学技术过分依赖——最终完全被他对计划经济的意识形态化批评掩盖。他批判的火力最终完全转移到计划经济上。我们可以看到,对国家干预——哪怕只不过是凯恩斯主义那样的干预——的攻击,才是他最关心的目的。同时,弗兰克和沃勒斯坦对资本主义—帝国主义的合理批评,指出其对第三世界廉价劳动力的剥削(和对其原料的榨取),最终无论有意还是无意,都被等同于完全拒绝市场经济而采用集权的计划经济论点。

计划经济的众多弱点早已被前社会主义国家之转向市场化充分证实。毫无疑问,这种计划经济导致了庞大而僵硬的官僚体制的产生,更不用说结构性的"预算软约束"和"短缺经济"等问题(Kornai,1980)。至于马克思主义基于其劳动价值论的核心概念"剩余价值",看来无法更充分地考虑资本和技术以及市场供需对价值所起的作用。实际上,对马克思主义经济学和计划经济的否定今天可能已经走到了极端,有的论者甚至完全否认计划经济在重工业发展、有效医疗与教育服务和对劳动者的公平待遇等方面的成就。

今天,在新保守主义霸权衰落之下,以及使人们联想到 20 世纪 30 年代经济"大萧条"和 2008 年"金融海啸"之后的经济衰退,也许我们能够更加清楚地看到新古典经济学的盲点和缺失。哈耶克多年前提出的学术性批评部分是十分中肯的。此外,无约束的利润追求和市场机制显然引发了许多越轨行为,无论产权清晰与否都如此。① 新古典经济学所理想化的理性行为,明显不能解释市场资本主义在历史上多次显示的贪婪和剥削、畏惧与恐慌(诸如 19世纪至 20 世纪的帝国主义、20 世纪 30 年代的经济大萧条以及2008 年的"金融海啸")。制度经济学在新古典经济学上附加了产权论点,但它起码在其主流理论传统中,同样教条性地认同于对国家干预市场和提供福利的完全反对。

回顾起来,马克思主义和新古典经济学的论争双方都有失于意识形态化偏颇。在冷战的氛围中,两者真正的洞见都被自己的意识形态立场模糊。新古典经济学以及制度经济学指出,市场经济和私有产权能够触发企业的创造力和竞争力,远胜于计划经济,这无疑是正确的。马克思主义经济学则指出,放任的资本主义利润追求会导致越轨行为、不平等以及对劳动者的剥削,帝国主义的过去如此,全球资本的今天也如此,这无疑也是正确的。

---

① 譬如,美国证券与交易委员会(Securities and Exchange Commission)主任克里斯托弗·考克斯(Christopher Cox)公开承认该委员会的监督计划"自始便具有基本问题",因为它允许"投资银行自愿从被监督退出"(《纽约时报》,2008 年 9 月 26日)。而联邦储备银行前任主任艾伦·格林斯潘(Alan Greenspan)则十多年以来"都猛烈地反对任何关于金融衍生品在国会或华尔街的检视"(《纽约时报》,2008年 10 月 9 日)。在 2008 年 10 月 23 日的国会听证会上,格林斯潘承认他过去可能确实过分信赖市场的自律能力(《纽约时报》,2008 年 10 月 24 日)。

五、对经验现实的误导

中国主流经济学毫无保留地接受了新古典经济学和美国模式,不仅影响了有关数据的表述,也决定了什么样的数据被搜集和不被搜集。非正规经济中对劳动者的不公平待遇几乎被认为不存在。例如,《中国劳动统计年鉴》给出的"城镇单位就业人员平均劳动报酬"数和"全国平均职工工资"数,一是 20 856 元,二是 21 001元,因此给人以正规和非正规人员报酬十分接近的错误印象(《中国劳动年鉴》,2007:表 1-28,52;表 1-43,82—83)。实际上,这些数据主要只关乎正规职工,也就是 2.83 亿城镇就业人员中的仅仅1.15 亿,只考虑到少量的(总共才几百万人)由所在单位正式上报的临时工,并不包括承包正规企业工程的非正规(经过登记的)私营企业或个体户的人员,更毋庸说未经登记的农民工和城镇非正规人员(《中国劳动统计年鉴》,2007:表 1-1,2;表 1-14,24;《中国统计年鉴》,2007:表 5-6,135;表 5-9,142)。我们已经看到,2004年,农民工的平均劳动报酬才 780 元/月,亦即 9360 元/年,和《中国劳动统计年鉴》报道的年 16 159 元全国平均报酬相去甚远。

报道的每周工作时间数据也一样。根据被列出的数据,各年龄段和教育水平的每周工作时间全都介于平均 40—50 小时之间(《中国劳动统计年鉴》,2007:表 1-68,119)。这显然与《农民工"总报告"》所得出的平均每天 11 小时、每周 6—7 天的事实的出入。后者为一般中国公民所熟知,也是众多小规模研究所得出的结果(见前文脚注提到关于北京、合肥和武汉等城市的研究)。

　　有关"第三产业"的统计数据也同样具有误导性。在概念上,国家统计局把这个指标定义为"第一、二产业以外的其他行业"。其下划分为:交通运输仓储和邮政业,信息传输、计算机服务和软件业,批发和零售业,住宿和餐饮业,金融业,房地产业,租赁和商务服务业,科学研究、技术服务和地质勘查业,水利环境和公共设施管理业,居民服务和其他服务业,教育,卫生社会保障和社会福利业,文化、体育和娱乐业(原来的教育、文化艺术和广播电影电视业,现把教育单列),公共管理和社会组织(即原来的国家机关、党政机关和社会团体)(《中国统计年鉴》,2007:表 5-6,135—137;表 5-4,131)。这些听来差不多全是相当"现代"的范畴,诸如信息企业(IT)、房地产、金融、大学和研究机关、电视和电影以及党政机关,其就业人员也差不多全符合"白领""新中产阶级"的图像。因此,难怪李江帆(1994,2005)等经济学家会毫无保留地把"第三产业"整体认作最先进的产业。[①]

　　这些统计数据再次限于正规经济,其中约 0.60 亿人员工作的部门属于服务部门(约 0.50 亿人员从事的产业属于第二产业,主要是制造业和建筑业),完全忽视了 0.56 亿在服务业工作的农民工,以及大多在服务部门工作的 0.50 亿非正规就业城镇居民。这样把保姆、清洁工、垃圾清运人员、送递人员、餐饮和住宿服务人员、小贩等与信息技术人员、高级研究人员等混为一谈,便很容易把"第

[①] 国家统计局从 1985 年开始采用了一个四层次(等级)的划分,以流通部门的运输、商业、饮食业等产业为第一层次,金融、保险、房地产、居民服务等产业为第二层次,教育、文化、广播、电视、科研等产业为第三层次,国家党政机关为第四层次。2003 年改用以上讨论的新划分(李江帆,2005:14)。

三产业"的从业人员全想象为"白领"或即将变作白领的人员。

时至今日,国家也许应该更系统地搜集有关这个庞大的并在继续扩展的非正规经济的数据。那样,才有可能使中国的社会经济实际在其统计材料中得到体现。

系统统计材料的欠缺,结合来自市场原教旨主义和现代化主义教条的理论,乃是企望以理论替代实际的一个重要起因。如此才会使社会学界的部分领军人物即便掌握了相当翔实的有关农民工的研究成果,但仍然坚持中国社会已经进入了现代的"橄榄型"结构,并预测白领、新中产阶级将于 2020 年达到全人口的 38%—40%。如此的预测完全忽视了非正规经济已经从微不足道的数量而爆发性地增长到了城镇就业人员的 60% 还多,其扩增率远比他们模拟的"中产阶级"快速的事实。在全国非农就业范围内,今天非正规经济人员已比正规经济人员多出 2.2 倍。

这里可以简单地考虑一下"刘易斯转折点"问题。中国正规部门就业人员总数经过 30 年的改革之后只不过增加了 2000 万人(0.20 亿),从 1978 年的 0.95 亿人增加到 2006 年的 1.15 亿人。[①] 要达到"刘易斯转折点",即把所有的剩余劳动力纳入现代部门,尚需要吸纳 1.68 亿的非正规经济就业人员,以及 1.50 亿的农村剩余劳动力(根据"总报告"的估计)。也就是说,正规部门就业人员数尚需扩增最近 30 年增加量的 16 倍,真是谈何容易。即便如此,仍将有 0.80 亿人员就业于非正规乡镇企业,以及 1.50 亿人员就业于低报酬农业。

---

① 毋庸说,这些数据包含大量的下岗人员。但是,即便只算新加的共约 0.80 亿人员,它也只是所有需要被吸纳人员的 1/4,而这是经过 30 年的奇迹般增长才做到的。

　　中国今天的社会结构离"橄榄型"显然还很远,其实更像个"烧瓶形",已经不是简单的"金字塔型";但是下层部分包含 2.50 亿非正规经济人员以及 3.00 亿农业人员,无疑仍然占社会的绝大多数。中国面临的难题是,这样的结构可能会长期成为社会模型。

　　中国的人口在近年的经济发展中固然是个有利资源,但它也是个沉重负担。其规模是如此之大,和美国是如此不同,在中短期内中国的农业就业人员比例根本就不可能像美国那样缩减到总就业人员的 1.6%(2004 年)。庞大人口所导致的大量务农人员和剩余劳动力将长期是中国的基本国情。

　　有的读者也许会问,所谓"东亚模式"和"四小龙模式"呢?日本、韩国和中国台湾地区在人口密集性(和文化)上,不是和中国大陆基本相似吗?但它们不是已经成功地转型为发达国家或地区和"橄榄型"社会了吗?这里要再次指出,问题的规模是完全不同的。出于特殊的历史原因,今天日本务农人员只占其就业人员总数的 4.5%,[①]这与美国相似,第中国大陆则完全不同。即便是中国台湾地区的 6.6%,或韩国的 8.1%也和中国大陆相去很远(更毋庸说像新加坡和中国香港了)(《中国统计年鉴》,2007:1020,1002)。从人口负担的规模和经济体量大小来看,中国台湾地区和韩国其实更像上海市及其郊区,实在不能和全中国相提并论。真正合适比较的是中国台湾地区或韩国与中国上海市,而不是这两者和中国大

---

① 正如格尔茨多年前已经指出的,一个关键差别是日本在经历农业现代化——化肥、拖拉机和科学选种——的时期,其农业人口基本稳定不变(Geertz,1963:130—143);中国的则增加了 3 倍,蚕食掉了通过现代化而得来的劳动生产率的提高(Huang,1990)。

陆。毋庸说,劳动力的供应量乃是决定非正规经济规模和比例,以及其长期性的一个关键因素。从这个角度来说,国际劳工组织所研究的印度和印度尼西亚对中国来说要远比美国和"四小龙模式"都更具关联性。当然,中国未来兴许能够解决其劳动力过剩问题,但此时此刻,我们需要的是直面真实问题,而不是想象其不存在或必定会很快消失。

这一切绝对不是想要贬低非正规经济。它无疑为许多没有就业机会的人提供了机会;它赋予农民非农就业的收入来源,因此提高了农民的总收入;同时,2 亿的农民工以及 0.5 亿的城镇非正规人员,毋庸说对全国民经济的发展作出了十分重要的贡献。此外,我们也可以看到,在最高程度发展的城市中,非正规就业报酬已经有一定的提升,参保比例也有所增加。我们没有理由否定以上任何一个论点和事实。其实,国际劳工组织、世界银行"社会保护单位"以及胡鞍钢和赵黎等人的研究,都已经强调了非正规经济的这些积极方面。

但这并没有改变非正规经济就业人员所受不平等待遇的事实,他们大多数是在达不到标准的工作条件下,为比正规经济低得多的报酬(而且大多数缺乏福利)而工作的。正因为如此,国际劳工组织和世界银行"社会保护单位",都把提高非正规人员工作条件定作主要目标。他们提倡的是一个简单的要求:有尊严的就业条件。这是一个既出于社会公正考虑,也出于可持续发展考虑的目标。一定程度的社会不平等,以及对这么多劳动者的相对不公正待遇,既不合理也不经济。提高非正规就业的待遇既能赋予劳动者利益,也会提高其生产率,并扩大国内消费需求,由此推动国民经济发展。

以上两条思路其实绝对不互相排斥。低报酬和不公平的待遇要求国家采取社会公正措施，而企业创新潜能则要求国家扶持其发展。通过工会组织来试图维护农民工基本权利，使他们不必受到一些恶劣的剥削；①终止隔离城乡户口的制度也会是一个例子；赋予劳动法的保护也是；提供金融和信贷条件来刺激非正规企业的发展也是；提供医药、教育等公共福利也是。这一切不是要求国家管制或控制，更不是要求国家直接经营或命令，而是要求除去制度障碍，抑制越轨行为，并提供福利与服务，也就是说，从一个沉重的汲取型国家转型到一个服务型国家。我们也可以把这条思路伸延到农村和农业（黄宗智、彭玉生，2007）。

意识形态化的新古典经济学与比较实际的非正规经济论的不同在于，前者最终关心的是某种理论逻辑，后者则关心经济发展的实际，兼顾社会公正，而且不仅是学术也是应用；前者以理论模式替代实际，后者则正视现实问题，并要求对其作出行动；前者使我们忽视甚或排斥非正规经济，后者则要求对其公平对待和适当扶持。

新古典经济学的美国模式最基本的教条乃是市场原教旨主义：国家对市场的监督和干预越少越好。自由市场的机制本身会导向最优化和最高效率，推进经济发展。它会给最多的人带来最大的利益（对新保守主义者来说，它更会带来自由主义民主制度）。在"二元经济论"里，这一切都没有受到质疑，它只附加了发展中国

---

① 全国总工会声称截至 2008 年 6 月底，农民工会员已增至 6500 万人（《全国总工会》，2008）。

家会因为传统部门劳动力过剩而稍微滞后这样一个小弯儿。发展会按从农业到工业再到服务业的顺序演进的"三个部门"理论，以及社会结构将从"金字塔型"进步到"橄榄型"，只不过是对同一模式的进一步阐述。

新制度经济学，起码在其主流理论中，基本上重新确认了这个模式对国家制度的看法。国家应该通过法律而建立清晰和高效的私有产权，为市场经济创造"制度"环境；此外则不可干预市场运作，尤其不可掺入社会公正。它的基本信念仍然是新古典的，即通过市场机制而理性地追求个人效益最大化以及公司利润最大化，是最佳的经济模式并会为大多数的人带来利益。

但非正规经济的现实不符合这样的逻辑。在大多数的发展中国家里，尤其是中国和印度这样的国家，劳动力无疑是（相对）过剩的。① 在这种情况下，市场和利润最大化的逻辑，肯定会使企业公司试图把工资尽可能压到市场机制所允许的最低程度，并把工作时间尽量提高到劳工所能忍受的最大程度。在劳动力过剩——根据农民工"总报告"的估计，中国农村仍有 1.5 亿过剩劳动力——以及没有国家法规限制的情况下，一个纺织公司或餐馆为什么要支付更高的工资或接受较少的工作时间？一般情况下有更多的后备人员愿意接受现有的工作条件。这正是为什么非正规经济就业人员的平均工作时间是正规人员的 1.5 倍，而获得的工资只是正规人员的 60%（这是没有考虑两者的不同福利的差别）。问题是对拥有庞大剩余劳动力的中国来说，这样的情况很可能长期延续。

---

① 在这一点上刘易斯无疑是正确的，虽然这并不等于"劳动力边际生产率等于零"。我这里指的是相对过剩而不是绝对过剩。

今天我们也许应该把理论双方真正的洞见和其意识形态化的偏颇区别开来。新古典经济学和制度经济学认为市场和私有产权可以激发企业创新动力和竞争，那无疑是正确的，但新保守主义坚信市场是一切社会经济问题的万应灵药，则肯定是错误的。事实上市场主义的极端趋向已经再次把世界经济推到了大萧条以来最严重的危机中。中国非正规经济中不合理的工作条件也来自同样的趋向。正如尤努斯指出的，新古典经济学把企业家构建为利润最大化的追求者，不仅事实如此，而且理论上也应该如此，因为唯有如此才能配合市场机制而把经济推向最高效率，这其实鼓励了贪婪行为，几乎等于是一种自我实现的预言（Yunus，2006）。

同时，马克思指出资本主义的利润追求会造成严重的不平等和剥削，无疑也是正确的；但社会主义国家过去完全拒绝市场经济，完全依赖计划，造成了庞大沉重的官僚制度以及僵化的经济，这毋庸说也是应该承认的真实。

作为历史实际，美国的经济其实并不是任何单一意识形态的产物，既不简单来自完全放任，也非来自国家干预。在经济大萧条之后，市场主义让位于国家福利措施和制度。当前的金融危机同样导致了大规模的国家干预。美国经济实际上主要产生于自由市场理念和国家干预的社会公正理念双方的长期拉锯、互动和相互影响。作为历史实际和实践，它一向不是简单的非此即彼。正因为如此，今天美国经济也许还能够避免因金融危机而陷入大规模的经济灾难。我们也许应该承认新古典经济学和马克思主义经济学都同样需要去意识形态化，才可能突出双方所包含的正确见解。

中国的非正规经济是对两者之不同的很好说明。自由市场主义者赞扬非正规经济提供就业机会的功能,以及它所显示的创新力和企业潜能,这无疑是正确的。他们认为国家不应压制或过分控制非正规企业,也是正确的。但他们之中意识形态化的论者反对国家采取任何社会公正措施,认为市场机制乃是使最大多数人获得最大利益的最好途径,这无疑是错误的。至于马克思主义者,他们指出对农民工的不公平的待遇,这无疑是正确的。他们之中有不少人认为国家应该提供公共服务和社会福利,这也是正确的。但他们之中的高度意识形态化论者要求严格控制或取缔非正规经济,甚或回归官方经营或计划经济,这无疑是错误的。国家机器需要从计划经济下负担极端沉重的汲取和管控型国家转为一个服务型的国家。同时,也许可以有限度地作为一个"发展型政府"适当介入经济发展。

我们如果能够把意识形态置于一边,答案可能相当简单:适当结合来自市场的动力和创新,以及来自国家的(对市场越轨行为的)监督、扶持和公平。后者并不意味着拒绝民营的社会公正组织,只意味着应由国家和民营部门合作,来保证公共服务和社会福利的提供。尤努斯把希望寄予人类崇高利他精神的一面,提倡为他人而不是为自己营利的所谓"社会企业"(连带社会企业的证券交易所和股票评级)(Yunus,2006)。但我们也许可以借助不同的逻辑:要成功地利用私有市场经济所激发的创新动力,需要国家对市场进行适当监督,提供公共服务,并保证社会公平。

为非正规经济采取社会公正措施,当然并不意味着为公平而牺牲经济发展。正如众多学者早已指出的,社会公平是社会—政治稳定性的一个关键因素,因此也是可持续发展的一个关键因素。

(社会—政治不稳定的经济成本该如何核算?)恰当结合国家的社
会公正干预和市场的创新动力可以理解为国际劳工组织和尤努斯
获得诺贝尔和平奖的真正意义——为全世界的劳工争取"有尊严
的"工作条件。这也许也是社会主义市场经济的应有之义。

参考文献

蔡昉(2007):《中国经济面临的转折及其对发展和改革的挑战》,载
《中国社会科学》第 3 期,第 4—12 页。

"城镇企业下岗职工再就业状况调查"课题组(1997):《困境与出
路——关于我国城镇企业下岗职工再就业状况调查》,载《社会学研究》
第 6 期,第 24—34 页。

樊纲(2008):《改革三十年——转轨经济学的思考》,www.
xschina.org。

樊纲、陈瑜(2005):《"过渡性杂种"——中国乡镇企业的发展及制
度转型》,载《经济学(季刊)》第 4 卷第 4 期,第 937—952 页。

樊纲、胡永泰(2005):《"循序渐进"还是"平行推进"? ——论体制
转轨最优路径的理论与政策》,载《经济研究》第 1 期,第 4—14 页。

方云梅、鲁玉祥(2008):《农民工生存状况调查》,载《中国统计》第 3
期,第 25—27 页。

胡鞍钢、赵黎(2006):《我国转型期城镇非正规就业与非正规经济,
1990—2004》,载《清华大学学报(哲学社会科学版)》第 21 卷第 3 期,第
111—119 页。

黄宗智[2005(2007)]:《制度化了的"半工半耕"过密型农业》,载
《读书》2006 年第 2、3 期连载。

黄宗智(2007):《经验与理论:中国社会、经济与法律的实践历史研

究》，北京：中国人大学出版社。

黄宗智（2008a）：《中国小农经济的过去和现在——舒尔茨理论的对错》，载《中国乡村研究》第 6 辑，福州：福建教育出版社。

黄宗智（2008b）：《中国的小资产阶级和中间阶层：悖论的社会形态》，载《领导者》第 22 期，第 55—64 页。

黄宗智、彭玉生（2007）：《三大历史性变迁的交汇与中国小规模农业的前景》，载《中国社会科学》第 4 期：第 74—88 页。

简新华、黄锟（2007）：《中国农民工最新情况调查报告》，载《中国人口·（资源与环境）》第 17 卷第 6 期，第 1—6 页。

李江帆（1994）：《第三产业发展规律探析》，载《生产力研究》第 2 期，第 49—53 页。

李江帆编（2005）：《中国第三产业发展研究》，北京：人民出版社。

李强、唐壮（2002）：《城市农民工与城市中的非正规就业》，载《社会学研究》第 6 期，第 13—25 页。

陆学艺编（2002）：《当代中国社会阶层研究报告》，北京：社会科学文献出版社。

陆学艺（2003）：《当代中国社会阶层的分化与流动》，载《江苏社会科学》第 4 期，第 1—9 页。

陆学艺（2007）：《2020 年三成中国人是中产》，载《共产党员》第 16 期，第 12 页。

《全国总工会：工会开展农民工维权工作综述》（2008），载 www.wenming.cn。

汪晖（2004）：《现代中国思想的兴起》，下卷，第 2 部，北京：生活·读书·新知三联书店。

王绍光（2008）：《大转型：1980 年代以来中国的双向运动》，载《中国社会科学》第 1 期,第 129—148 页。

吴敬琏(1999):《发展中小企业是中国的大战略》,载《宏观经济研究》第 7 期。

吴敬琏(日期不可查):《来自实践的真知灼见——评伏来旺〈转移战略论〉》,www.teen.cn。

吴敬琏(2005):《中国应该走一条什么样的工业化道路》,载《洪范评论》第 2 卷第 2 辑,北京:中国政法大学出版社。

吴敬琏(2008a):《从〈大国崛起〉看各国富强之道》,载《党政干部文摘》第 1 期。

吴敬琏(2008b):《中国的市场化改革:从哪里来,到哪里去?》,张剑荆专访,www.teen.cn(9 月 2 日)。

张曙光(2007):《中国腾飞之路和国家兴衰理论——兼评林毅夫等著〈中国的奇迹:发展战略与经济改革〉》,www.lunwentianxia.com。

《中国劳动统计年鉴》(2007),北京:中国统计出版社。

《中国农民工问题研究总报告》(2006),载《改革》第 5 期.www.teen.cn。

中国私营企业课题组(2005):《2005 年中国私营企业调查报告》。

《中国统计年鉴》(2007),北京:中国统计出版社,www.southen.com。

Banister, Judith (2005). "Manufacturing Employment in China," *Monthly Labor Review*, (July):11—29.

Blunch, Niels-Hugo, Sudharshan Canagarajah and Dyushyanth Raju (2001). "The Informal Sector Revisited: A Synthesis across Space and Time," *Social Protection Discussion Paper Series*, No. 0119. Social Protection Unit, Human Development Network, The World Bank.

Breman, J. C. (1980). "*The Informal Sector*" in Research: *Theory and*

Practice. Rotterdam: n. pub.

Canagarajah, Sudharshan and S. V. Sethurman (2001). " Social Protection and the Informal Sector in Developing Countries: Challenges and Opportunities," *Social Protection Discussion Paper Series*, No. 0130. Social Protection Unit, Human Development Network, The World Bank.

Clark, Colin (1940). *The Conditions of Economic Progress*. London: MacMillan and Co.

Coase, R. H. (1988 [1990)]. *The Firm, the Market and the Law*. Chicago: University of Chicago Press.

Crossick, Geoffrey and Heinz-Gerhard Haupt (1995). *The Petite Bourgeoisie in Europe, 1780—1914: Enterprise, Family and Independence*. London and New York: Routledge.

Das, Maitreyi Bordia (2003). "The Other Side of Self-Employment: Household Enterprises in India," Social Protection Discussion Paper Series, No. 0318. Social Protection Unit, Human Development Network, The World Bank.

Feijohn C. H. and Gustav Ranis (1964). *Development of the Labor Surplus Economy: Theory and Policy*. Homewood, Ill: Richard D. Irwin Inc.

Fisher, Allan G. B. (1966[1935)]. *The Clash of Progress and Security*. New York: Augustus M. Kelley, Publishers.

Fourastie, Jean (1949). Le Grand Espoir du XXe siecle. *Progres technique, progres economique, progres social*. Paris: Presses Universitaires de France.

Frank, Andre Gunder (1973). " The Development of Underdevelopment," in C. K. Wilber ed. *The Political Economy of*

Development and Underdevelopment. New York: Random House.

Geertz, Clifford （1963）. *Agricultural Involution: The Process of Ecological Change in Indonesia.* Berkeley and Los Angeles: University of California Press.

Gustafsson, Bjorn A. , Li Shi, and Terry Sicular （2008）. *Inequality and Public Policy in China.* New York: Cambridge University Press.

Hart, Keith （1973）. "Informal Income Opportunities and Urban Employment in Ghana," *The Journal of Modern African Studies*, v. 11, no. 1: 61—89.

Hayek, Friedrich A. （1948[1980）］. *Individualism and Economic Order.* Chicago: University of Chicago Press.

Huang, Philip C. C. （1990）. *The Peasant Family and Rural Development in the Yangzi Delta, 1350—1988.* Stanford: Stanford University Press.

ILO （International Labor Office） （2002）. *Women and Men in the Informal Economy: A Statistical Picture.* Geneva: International Labor Organization.

ILO （1972）. *Employment, Incomes and Equality: A Strategy for Increasing Productive Development in Kenya.* Geneva: International Labor Organization.

Khan, Azizur Rahman and Carl Riskin （2008）. "Growth and Distribution of Household Income in China between 1995 and 2002," in Gustafsson, Li and Sicular: 61—87.

Kornai, Janos （1980）. *Economics of Shortage.* Amsterdam: North-Holland Publishing Co.

Kuznets, Simon （1955）. "Economic Growth and Income Inequality," The

American Economic Review, Vol. 45, No. 1 （Mar.）：1—28.

Lewis, W. Arthur （1954）. "Economic Development with Unlimited Supplies of Labour," *The Manchester School of Economic and Social Studies*, v. 22, no. 2 （May）：139—191.

Lewis, W. Arthur （1955）. *The Theory of Economic Growth*. London： George Allen & Unwin Ltd.

Lin, Justin（林毅夫）, Fang Cai（蔡昉） and Zhou Li（李周）（2003 ［1996］）. *The China Miracle：Development Strategy and Economic Reform*, *rev. ed.* Hong Kong：The Chinese University Press.

Mayer, Arno （1975）. "The Lower Middle Class as Historical Problem," *The Journal of Modern History*, v. 47, No. 3 （Sept.）：409—436.

Mills, C. Wright （1956［1951］）. *White Collar：the American Middle Classes*. New York：Oxford University Press.

Ministry of Labor and Social Security, Department of Training and Employment, the People's Republic of China （n. d. ［2002］）. "Skills Training in the Informal Sector in China," International Labor Office.

The New York Times （2008a）. "S. E. C. Concedes Oversight Flaws Fueled Collapse," September 26.

The New York Times （2008b）. "Taking Hard New Look at a Greenspan Legacy," October 9.

The New York Times （2008c）. "Greenspan Concedes Flaws in Deregulatory Approach," October 24.

The Nobel Peace Prize 1969, Presentation Speech, http:// nobelprize.org.

North, Douglass C. （1981）. *Structure and Change in Economic History*.

New York: W. W. Norton.

Schultz, Theodore (1964). *Transforming Traditional Agriculture*. New Haven: Yale University Press.

Tignor, Robert L. (2006). *W. Arthur Lewis and the Birth of Development Economics*. Princeton: Princeton University Press.

Todaro, Michael P. (1969). "A Model of Labor Migration and Urban Employment in Less Developed Countries," *American Economic Review*, v. 59, No. 1:138—148.

Todaro, Michael P. (1989). *Economic Development in the Third World*, 4*th ed*. New York and London: Longman Group Ltd.

Wallerstein, Immanuel (1979). *The Capitalist Wolrd-economy*. Cambridge: Cambridge Univ. Press.

Wu, Jinglian(吴敬琏) (2005). *Understanding and Interpreting Chinese Economic Reform*. Mason, Ohio: Thomson/South-Westem.

Yunus, Muhammad (2006). "Nobel Lecture," 2006 Nobel Peace Prize, http://Nobelprize.org.

第 15 章

中国发展经验的理论与实用含义

——非正规经济实践 *

　　以往关于中国发展经验的理论和分析,大多忽视了改革时期形成的庞大的非正规经济。而要从理论和实用层面理解非正规经济,我们必须把它置于整个国民经济中来分析。本章从理论梳理切入,然后论证 20 世纪 90 年代中期以来,中国经济发展的主要动力其实既不单是国内外的私有企业,也不单是地方政府,而更多的是两者之间的微妙关系,主要在于地方政府为"招商引资"而执行的众多非正规实践,其中关键在于利用廉价非正规经济劳动力来吸引外来投资。这是近年中国经济发展的"秘诀"。

　　目前,以科斯为代表的所谓"新制度经济学"仍然是对怎样理解中国经济改革影响最大的理论。它所强调的主要是市场环境下

＊　本章原载《开放时代》2010 年第 10 期:134—158。纳入本书时做了些许修改。

的私有公司组织和相关法律所起的作用,没有真正考虑到地方政府所扮演的角色。因此,社会学家魏昂德和经济学家钱颖一等人特别指出这个缺点,论证中国地方政府及其所办的乡镇企业的行为其实类似于市场经济中的公司,乃是改革早期经济发展的主要动力。

但以上两种意见都不能解释 20 世纪 90 年代中期以来的演变。中国经济发展的"火车头"从乡镇企业变为地方政府在"招商引资"的竞争下积极配合与大力支持的外来企业。后者变成此后中国国内生产总值快速增长的主要动力。在"招商引资"中,地方政府普遍为外来企业提供低于自家开发成本的廉价土地和配套基础设施,以及各种显性和隐性的补贴乃至税收优惠。如此"非正规"实践的广泛运用,为新建立的市场经济以及旧计划经济所遗留的官僚体制起到了协调作用,是中国发展经验的关键。同时,也产生了本书前述的极其庞大的、处于国家劳动法规和福利覆盖范围之外的"非正规经济"。

过去的分析要么强调民营企业的作用,要么强调地方政府的作用,但忽视了更为关键的两者之间的关系。结果不仅忽视了两者的协调机制,也忽视了中国发展经验的社会维度。本章采用的是具有理论含义的历史分析,既指向针对中国发展经验的新的理解,也指向针对当前问题的不同对策。

一、现有分析与历史经历

(一)新制度经济学

以下二位经济理论家对中国的经济改革和中国的主流经济学影响甚为重要:对计划经济的理解,主要是哈耶克和科尔奈,而对市场经济的理解则主要是科斯和他代表的"新制度经济学"。他们的影响可以见于代表中国主流经济学的吴敬琏的著作。

首先是哈耶克,他在这个问题上的主要论点是,从批评新古典经济学切入,论证人并不像新古典经济学所假设的那样是纯理性的,所掌握的信息也不完全,但即便如此,他们在不完美的市场中凭价格做出的抉择,仍然远远优于计划经济。他认为,如此的认识才是"真正的个人主义"(true individualism),不同于新古典经济学所假设的那种具有完美"理性"的个人主义。市场价格包含的是不完美但"真正的知识",远远优于科学主义的经济学家们所追求的"假知识"。经济学家们常犯的错误是把理念等同于实际,并沉溺于数学模式。如此的意识延伸到极端便成为计划经济的错误,它试图以少数几个人的计划来替代由无数人组成的市场及其价格信号。(Hayek,1980:尤见第1、6章;亦见 Hayek,1974)

在个人主义和拒绝国家干预市场的观点上,哈耶克显然是一位"古典自由主义者"——他的自我称谓。因此毫不奇怪,他在西方会成为新保守主义意识形态浪潮最推崇的经济学家之一,获得美国前总统里根、英国前首相撒切尔夫人、美国前总统(老)布什等授予的各种荣誉("Friedrich Hayek",http://www.wikipedia.com,根据 Ebenstein,2001:305 等各处)。在中国改革的政治经济环境中,哈耶克作为 20 世纪 30 年代计划与市场经济大论战中的主角,自然具有极大的影响。

科尔奈则是详细论析"社会主义"计划经济的主要理论家,提出了对其内在逻辑的完整分析模式。其中最关键的是两个概念:"短缺经济"和"软预算约束"。科尔奈认为,社会主义体系是建立在国家统制之下的,其财产所有权属于国家(Kornai,1992:75);其经济协调机制来自官僚体制(bureaucratic coordination)而不是市场;其企业不遵循市场规律——即使亏本也不会倒闭,仍然会为官僚体系所支撑。正因为这些企业并不遵循市场供求机制,不遵循由无数销售者和购买者在其"横向连接"(horizontal linkages)中组成的价格信号,而是取决于由官僚体系中的上级和下级间的"纵向连接"(vertical linkages),它们不会提供消费者所真正需要的物品,因此导致惯常性的"短缺"(及不需要的多余)。如此的"短缺"被科尔奈称作"横向短缺"(horizontal shortage)。此外,在社会主义体系最关键的官僚体制上下级的连接中,下级惯常追求上级拨发的最大化及自己生产指标的最小化,而上级则反之,结果导致惯常性的"纵向短缺"(vertical shortage)。和哈耶克一样,科尔奈认为唯有市场机制才能解决计划经济的这些弊端。(Kornai,1992:尤见第 11、15 章)

至于对市场经济的论析,科斯的"公司"(the firm)理论影响最大。科斯认为,新古典经济学特别强调理性经济人的个人行为,忽视了公司组织的关键性。在市场经济中,"交易成本"至为重要:信息、交涉、合同、执行、验收及解决纠纷等都需要一定的成本。公司组织之所以兴起，是为了降低用合同与转包来组织个别生产者的交易成本。因此，一个公司的大小取决于其进一步扩大公司组织的边际成本相对于通过合同来组织同样活动的边际成本。前者大于后者时，公司组织便会停止扩张。在广泛的交易成本的现实下，法规成为不可或缺的条件。科斯解释说，要明白其中道理，我们只需想象一个不具备法规的证券或物品交易所，它们不可能顺利进行交易，交易的成本因此将高得不可思议。（Coase，1988、1991）以上是所谓"新制度经济学"的核心概念。[1] 它的主要贡献在于，突出公司和法律在经济发展中的关键作用。

对中国主流经济学影响巨大的新制度经济学理论家，还包括舒尔茨和诺斯。前者在他1979年的诺贝尔获奖词中被特别突出"人力资本"对经济发展的关键作用（Schultz，1979）[2]，后者则特别强调法律制度，尤其是清晰、稳定的私有产权（North，1993、1981）。以上讨论的五位中有四位获得诺贝尔经济学奖（哈耶克，1974年；舒尔茨，1979年；科斯，1991年；诺斯，1993年），其中三位执教于新制度经济学的大本营——芝加哥大学。

以上总结的哈耶克—科斯—科尔奈的核心概念和洞见构成中国主流经济学家吴敬琏关于中国经济改革的代表性著作的分析框架（Wu，2005）。[3] 在讨论各种理论传统和论争的第一章中，吴敬琏

---

[1] 其名称1975年首创自科斯的学生奥利弗·威廉森（Oliver Williamson）。

[2] 舒尔茨影响很大的1964年的著作《改造传统农业》，其实没有如此清楚地突出这点。对舒尔茨理论对错的详细讨论，参见黄宗智（2008b）。

[3] 这里引用的是2005年的英文版，是他1999年中文版教科书（吴敬琏，1999）的增订版。

明确表示认同哈耶克的观点,特别强调哈耶克(及科尔奈)的概念,即价格信息虽然不完美,但包含无数人在使用无数资源时的反馈,而计划经济①则拒绝依赖价格信号,试图凭借少数几个人通过计划来得出完美的信息以替代市场价格机制。(Wu,2005:第 1 章,尤见 13—14,18—20)

科尔奈是吴敬琏赖以分析计划经济弊端的主要理论家,尤其是他的"软预算约束"和"短缺经济"两大概念。我们可以从吴书众多部分看到这些概念的影响。(例见 Wu,2005:29—30,71,73,141;下文还要讨论)

吴敬琏虽然没有直接引用科斯,但他书中对交易成本、私有产权的法律保护、公司组织及民主等都十分称道。(Wu,2005:尤见第 1、2 章)他争论,计划经济附带非常高的信息成本,以及非常高的交易成本,这是因为计划经济可能导致对经济实际的歪曲和错误认识。此外,与哈耶克和科尔奈一致,吴认为自由民主政治制度乃是经济发展不可或缺的政治条件。②

一个略为不同的说法是林毅夫等的分析,其焦点是"发展战略",表述的是市场经济绝对并完全优于计划经济的主流意见(虽然并没有引用哈耶克或上述其他的主要制度经济学理论家的观点)。林认为,中国向市场化和私有化的转轨主要意味着转入更符

---

① 至于科斯理论的其他部分,国内倡导者很多。比较强有力的著作是周其仁的文章(2010)。他强调,产权私有化引发"人力资本"的发展,也降低了"交易成本"。计划经济则等于是一个过分庞大的公司,其组织/制度成本非常之高。

② 吴敬琏的理论认同虽然非常明确,但应该指出,他的许多分析具有一定的实用性,这点可见于他的一些具体观察和建议,例如关于小农家庭农场的分析(第 3 章)、金融制度的讨论(第 6 章)以及社会保障改革的意见(第 9 章)。

合中国要素禀赋的经济政策,即从重工业转到轻工业,从资本密集生产转到劳动密集生产,由此充分利用中国极其丰富的劳动资源,合适地借重中国的"比较优势"。所以林(及其书的合著者蔡昉和李周)指出,这是中国经济发展的决定性因素。(Lin, Cai and Li, 2003)

以上这些来自哈耶克、舒尔茨、科斯、诺斯、科尔奈,以及在吴敬琏、林毅夫等著作中得到回响的思想,相当程度上获得了决策者的认可并得到实施。我们在改革期间看到的是稳定扩展的市场化和私有化、频繁的立法、科斯型公司的迅速扩增、企业人才的蓬勃兴起和被歌颂等。

(二)魏昂德—钱颖一的批评

在经验层面上,以上分析的主要问题是忽视了地方政府所扮演的角色,因此才会有另一种理论解释的兴起,即社会学家魏昂德的论析。该理论是在政治学家戴慕珍(Jean Oi)的"地方国家公司主义"(local state corporatism)概念(Oi, 1992, 1999),以及谢淑丽(Susan Shirk)的地方分权乃是"中国经济发展的政治逻辑"论点(Shirk, 1993)的基础上形成的。魏昂德特别针对科尔奈的理论提出商榷。其后是经济学家钱颖一的"中国式联邦主义"(Chinese federalism)概念。魏和钱的论析是对上述主流意见的最主要经验与理论性挑战。

魏昂德直接挑战科尔奈对"社会主义体系"的分析。他论证,在中国改革的行政体系中,伴随管辖权从中央下降到地方(在其分析中,地方政府包括乡村权力机构),企业的"软预算约束"会变得越来越硬,信息越来越完全,福利负担越来越轻,政府对来自企业的利润和税收的关心越来越强。他强调,乡村层级企业的运作其实是遵循"硬预算约束"的。(Walder,1995)

魏昂德的分析被经济学家钱颖一进一步用纯经济学词语和数学模式来说明。钱把地方政府表述为一个类似于公司的组织,和公司一样为激励和竞争机制所推动。与魏昂德同样针对科尔奈的理论,钱争论改革期间的地方政府的性质其实是"维护市场"的。这个论点的关键概念是,科尔奈的"软预算约束"为分权治理下地方政府对企业收入和税收的关心所克服。财政收入竞争使得地方政府不愿维持亏本的企业,因此导致对企业的硬预算约束。为了和他的西方(美国)同行沟通,钱拟造了"中国式联邦主义"一词,把中国的地方政府比作美国联邦主义下的州政府(下文还要讨论)。(Qian and Roland,1998;Qian and Weingast,1997;Montinola,Qian and Weingast,1995)

魏—钱的论析可视作对科尔奈理论的一个重要纠正。科尔奈的目的是论证"社会主义体系"(及"共产主义的政治经济")中的"常规现象",并将其置于和资本主义市场经济完全对立的非此即彼的二元框架之中。魏—钱则以中国的地方分权,以及中国与苏联/俄国高度中央集权的不同,来论证国家行为可以维护市场而非反市场。未经明言的是,市场和政府、资本主义和社会主义未必是非此即彼二元对立的。我们甚至可以说,他们的论点讽刺性地点出,哈耶克—科斯—科尔奈的主流新制度经济学虽然十分强调其所谓制度,其实具有很大的盲点,使他们忽视了中国地方政府及其企业的相互竞争制度在中国发展中所起的关键作用。

同时,魏—钱的论点也显示,这个辩论其实仍然是在主流制度经济学锁定的框架内进行的。计划经济被全盘否定,市场机制不容置疑。魏—钱所论证的其实最终只是价格机制、竞争、牟利等市场原理也能适用于政府组织,而不是说市场原理并不足以解释中国的发展经验。

我们可以说,以上两种观点分别点出了同一故事的两个重要方面。科斯理论突出民营公司及其企业家们在日益扩展的经济中的角色,以及国家法规在日益复杂的经济中的作用;魏—钱则突出地方政府扮演的角色——在"维护市场的联邦主义"下,充分发挥分权和税收激励的作用,对企业实行硬预算约束,为自身的地方利益而竞争。

合并起来,这两种意见对改革早期的实际似乎掌握得相当完全。两者的弱点要在改革后期的经济发展及其经验研究中才会呈现。

(三)改革后期的经验

新的经验实际呈现于 20 世纪 90 年代中期之后。发展的关键因素变成不单是地方政府,也不单是民营企业,而是两者之间的关系。发展的前沿从地方政府发起、经营或控制的企业转到外来投资企业(包括"外资"和"港、澳、台")及快速扩增的(较大的)民营公司和(较小的)"私营企业"(2006 年平均雇用 13 人)。地方政府的角色则从兴办和经营企业者,一变而为招引和支持外来企业。伴随投资规模的扩大,地方政府经济活动的主要所在地也从基层的村、乡上升到县、市和省。

表 15.1　按登记注册类型划分城镇就业人员数 (万人)

年份	总数	国有	集体	其他*	公司**	港澳台	外资	私营***	个体	未登记****
1980	10 525	8 019	2 425	0	—	—	—	—	81	—
1985	12 808	8 990	3 324	38	—	—	6	—	450	—
1990	17 041	10 346	3 549	96	—	4	62	57	614	2 313
1995	19 040	11 261	3 147	53	317	272	241	485	1 560	1 704
2000	23 151	8 102	1 499	197	1 144	310	332	1 268	2 136	8 163
2005*	28 389	6 488	810	233	2 449	557	688	3 458	2 778	10 928
2010*	34 687	6 516	597	192	3 637	770	1 053	6 071	4 467	11 384

注:国家统计局根据 2010 年的人口普查对之前的就业人员数据做了较大幅度的修改,但所做修改不在正规登记单位人员数,而在暂住农民工人员数,尤其是未登记人员数以及乡村就业人员数。之前根据抽样户调查的数据,较为严重地低估了实际的未登记农民工人员数。

*联营单位("两个及两个以上不同所有制性质的单位")+股份合作单位(由企业职工共同出资入股单位)(《中国统计年鉴》,2008:29)。

* * 有限责任公司("有两个以上、五十个以下的股东共同出资")+股份有限公司("其全部注册资本由等额股份构成并通过发行股票筹集资本")(《中国统计年鉴》,2008:29)。"有限责任公司"包含"国有独资公司",但后者的从业人员只占"有限责任公司"所有从业人员的 17%(《中国统计年鉴》,2009:表 13-1)。

* * * "由自然人投资设立或自然人控股,以雇佣劳动为基础的营利性经营组织"(《中国统计年鉴》,2008:29)。

* * * * 得自(来自人口普查的)总数减去上列各种登记类型单位所填报的就业人员数。

数据来源:《中国统计年鉴》,2011:表 4-2。

表 15.2　按登记注册类型划分城镇就业人员数 (%)

年份	总数	国有	集体	其他	公司	港澳台	外资	私营	个体	未登记
1980	100	76.2	23.0	—	—	—	—	—	0.8	0

续表

年份	总数	国有	集体	其他	公司	港澳台	外资	私营	个体	未登记
1985	100	70.2	26.0	0.3	—	—	—	—	3.5	—
1990	100	60.7	20.8	0.6	—	—	0.4	0.3	3.6	13.6
1995	99.9	59.1	16.5	0.3	1.7	1.4	1.3	2.5	8.2	8.9
2000	100	35.0	6.5	0.9	4.9	1.3	1.4	5.5	9.2	35.3
2005	99.9	22.9	2.8	0.8	8.5	2.0	2.4	12.2	9.8	38.5
2010	100	18.8	1.7	0.6	10.5	2.2	3.0	17.5	12.9	32.8

数据来源:《中国统计年鉴》,2011:表4-1。

表15.3 按登记注册类型分乡村就业人员数(万人)

年份	总数	%	乡镇企业	%	私营企业	%	个体	%	农业*	%
1980	31 836	100	3 000	9.4	—	—	—	—	28 836	90.6
1985	37 065	100	6 979	18.8					30 086	81.2
1990	47 731	99.9	9 265	19.4	113	0.2	1 491	3.1	36 839	77.2
1995	49 058	100	12 862	26.2	471	1.0	3 054	6.2	32 638	66.6
2000	48 938	100	12 820	26.2	1 039	2.1	2 934	6.0	32 141	65.7
2005	46 299	100	14 272	30.9	2 366	5.1	2 123	4.9	27 497	59.4
2010	41 471	100	15 893	38.4	3 347	8.1	2 540	6.1	19 638	47.4

* 得自乡村就业人员总数减去乡镇企业人员数、私营企业人员数以及个体人员数。

数据来源:《中国统计年鉴》,2011:表4-2。

新的实际可见于表15.1、15.2和15.3。在20世纪80年代和90年代上半期,最显著的发展部门是乡镇企业,其绝大部分最初是由地方政府创办的。一个能够说明经济演变内容的指数是各种不同登记类型单位的就业人员数和比例：在城镇，包括国有、集体、公司、外来投资单位、私营企业和个体户；在"乡村"（按照国家统计局所定指标，包含县城关镇以下的乡镇），包括乡镇企业、私营企业和个体户。正如表15.1、15.2、15.3所显示的，这段时期发展最快的是乡村的乡镇企业。到1995年，它们的"离土不离乡"就业人员已经达到1.28亿人（表15.3），而该年城镇总就业人员为1.90亿人（表15.1）。

虽然如此，迟至1995年，在城镇就业人员中，国有企业仍然占到全就业人员数的59.1%（表15.1、15.2）；民营企业所占比例仍然较小，其中民营公司1.7%、私营企业2.5%，而外来投资企业也仅仅为2.7%。[①]

但其后则转变非常快速。到2005年，规模较大的民营公司和规模较小的私营企业及外来投资（包括港澳台地区）企业的就业人员总数达到0.71亿，相当于城镇就业人员总数的25%（表15.2），2010年更达到1.15亿，相当于城镇就业人员总数的33.2%。而20世纪90年代后期国有企业就业人员大规模下岗（共约5000万人），其后则进入21世纪后国有企业的大规模改制。到2005年，国有和集体单位就业人员减少到7300万人，只占城镇就业人员总数的25.7%，2010年更降到20.5%（表15.2）。

与此相比，乡镇企业远远没有像早期那样蓬勃扩增。它们在就业人员总数中所占比例于1995—2000年间停滞不前，徘徊于乡

[①] 但未经登记的人员于1990年已达到2300万之数，亦即城镇就业人员的13.6%。这是后来农民工爆发性增长的序幕。

村就业人员的 26%。① 进入 21 世纪后才再度快速上升,2010 年达到乡村就业人员的 38.4%(表 15.3)。

民营企业所占数量和比例的快速扩增,当然会被人们用来支撑主流制度经济学和市场主义的正当性。私人资本在发展中确实起了与日俱增的作用。但是,我们要问:中国的发展是否真的可以简单地用科斯的资本主义公司理论来理解?是否确实可以用主流制度经济学的凭借私有产权加法律保障来降低交易成本的理论框架来理解?

(四)现有分析的盲点

主流新制度经济学再一次不能解释地方政府所扮演的角色,正如魏—钱对改革早期的发展经验已经证实的那样。但是,魏—钱的分析也不能解释改革后期的经验。魏—钱的关注点是地方政府自己创办、经营或控制的企业,他们的分析是在 20 世纪 90 年代前期形成的,明显是基于改革早期主要由乡村企业推动的发展经验。他们分析的缺陷是 20 世纪 90 年代中期以后,地方政府的活动重点已经不是直接建立、经营或控制企业,而在于一种配合性地招引民营和外来资本。

在中国的制度环境中,地方政府和新的企业之间的关系可以说是真正关键的因素,在近 15 年中,这种关系比民营企业在市场

---

① 但在 2000 年之后再次上升,2010 年已达 1.54 亿之多。此时的乡镇企业,大部分是私有的(国家统计局未提供按照所有制区分的数据)。同时,乡村私营企业规模也快速扩增,就业人数于 2010 年达到 3347 万(见表 15.3)。

上的交易成本和地方政府所管理的企业都更重要。它们之间的关系体现在"招商引资"一词之中,它已经成为地方政府的头等大事,也是地方官员考核的主要标准。(王汉生、王一鸽,2009)我们需要知道:招商引资的具体内容是什么,它是怎样运作的。

科尔奈没有认真对待这个问题。在他看来,社会主义和资本主义分别是自我连贯一致的体系,所遵循的逻辑是截然对立的:计划经济是一个集权的体系,而资本主义则是一个自由民主的体系,两者互不相容。两者的混合只可能导致矛盾和冲突:集权和公民社会权力只可能对立;官僚管理只可能和资本主义企业相互矛盾;软预算约束只可能和硬预算约束对立;计划生产只可能和价格机制相互矛盾等。在矛盾和冲突之下,其结果只可能是唯利是图的价值观和官员的贪污。(Kornai,1992:尤见第 15 章;亦见第 21 章,509—511;亦见 570—574)科尔奈这个分析所不能回答的是:中国的经济体系若果真如此充满矛盾和冲突,我们又该怎样来解释改革期间举世瞩目的经济发展?

资本主义和社会主义、市场经济和计划经济的非此即彼二元对立,对过去关于中国经济改革的理解影响深远。我们已经看到,哈耶克—科尔奈,以及他们之后的吴敬琏—林毅夫都把如此的对立看作给定前提(科斯的公司理论则把高度发达的市场及高度规范化的合同与法律当作给定事实)。使我们感到诧异的是,反驳他们的魏—钱,或许是无意的,并没有对如此的对立提出明确的质疑。他们的辩论最终没有指出这样的对立所导致的错误认识,而仅仅争论中国的地方政府行为其实与资本主义公司组织相似。

在他们对地方政府和乡村企业的分析中,所强调的因素是和主流经济学一致的,即市场竞争、激励以及硬预算约束。我们可以说,哈耶克—科尔奈—科斯所强调的是资本主义型公司对经济发展的推动,而魏—钱所强调的则是和资本主义公司相似的地方政府行为对经济发展的推动。双方同样认为资本主义型的市场机制效应最佳,都没有考虑到中国改革后期政府与企业、计划与市场的新型关系。

今天回顾,我们可以看到辩论的框架和条件其实完全是由新制度经济学及与之志同道合的新保守主义[亦称"新自由主义",亦称"古典(放任)自由主义"]所设置的。双方都以计划经济的全盘错误和失败作为给定前提,都以为唯有纯粹的市场机制才能理性地配置资源。魏—钱反驳的焦点不是如此的二元对立,而是要说明即便是政府也可以遵循资本主义和市场逻辑来运作。双方都把"转型"理解为从计划到市场、从社会主义到资本主义的完全转变,却都没有从两者并存的角度来考虑"转型",因此也没有考虑到两者之间关系的动态演变。

当然,改革中呈现了民营企业的广泛扩增,但是,它们和地方政府之间的关系在实际运作中到底是怎样的?当然,改革中呈现的是地方政府之间的竞争,但那样的竞争相对新兴的企业来说到底是什么?地方政府在改革后期的"招商引资"竞争中,到底为那些企业做了什么?要精确掌握中国的发展经验,我们必须回答这些问题。

二、非正规实践与非正规经济

从历史视角来考虑,改革期间的中国经济体系明显是一个混合体,同时具有旧计划经济和新市场经济的特征。科尔奈指出其间的"不协调性"(incoherence),虽说是对的,但我们需要进一步问:两者又怎样协调而产生中国改革中的戏剧性发展?

在笔者看来,关键是实际运作中的高度伸缩性,亦即国内惯称的"变通",主要体现于规避、绕过甚或违反国家法规的非正规经济实践。以下首先是对 20 世纪 90 年代中期以来地方政府和企业在实际运作中的关系的简单总结,主要来自新近的经验研究,其后讨论这个发展经验的理论、方法和实用含义。

(一)地方政府和企业在实际运作中的关系

计划经济的一个不容否认的弱点是:极其沉重的官僚管理体系对企业人才和创新的压制,但同时,正因为政府的高度集权,它能够在短期内动员大量的资源。这首先意味着对一个企业来说,政府的支持是不可或缺的条件,只有获得其支持才有可能从众多部门和层级获得必需的许可证和资源,才有可能顺利运作。用制度经济学的话语来表述,与官僚体制打交道的"交易成本"非常之高,甚或根本就不可能克服,除非同一官僚体制为了招引其投资而特地为之铺路。这是我们所说的地方政府变通行为为旧体制和新经济起到协调作用的第一层含义。

但这只是其一小部分。高度集中的权力被用于发展（在改革早期创办乡村企业的时候已经展现）在改革后期一再展示，尤其可见于地方政府为经济建设而大量征用土地。它们之所以能够征用土地，部分原因是中国不清晰的土地产权制度：其使用权属于农民、所有权属于集体，但国家保留为建设而征用土地的特权。[①] 中央政府虽然多次声称要严格控制土地征用，防止滥用，但实际上，到 2007 年，至少已有四五千万农民的土地被征用。[②]（天则经济研究所，2007：7；陶然、汪晖，2010）

地方政府征地所付给农民的补偿一般都比较低，相对开发后的市价更显得如此（下文还要讨论）。这是地方政府之所以能够招引投资的一个关键因素，也是地方政府收入的一个重要来源（下文还要讨论）。

当然，光靠土地还不行，其开发需要能源、道路、运输等配套基础设施。那些也是地方政府为招商引资而提供的"一揽子"条件中的重要部分。正因如此，基础设施早已成为地方政府特别关心的头等大事之一，是招引投资工作不可或缺的部分。

使人感到诧异的是，地方政府居然能够并愿意以低到自家成本一半的价格来为外来企业提供土地和配套基础设施。一项关于土地比较紧缺的浙江省的研究指出，该省有 1/4 的土地是以不到

---

① 这方面，物权法和土地管理法之间有明显的矛盾（参见黄宗智，2010a：第 4 章）。

② 我们缺乏精确的数据。陆学艺（2005）给出一个比较高的估计：1.5 亿亩，涉及 9000 万农民。北京天则经济研究所中国土地问题课题组得出的则是 4000 万—5000 万失地农民（天则经济研究所，2007：7），被征土地总数可能介于 4000 万亩—8000 万亩之间。我们知道，耕地总面积从 1996 年的 1.951 亿亩下降到 2006 年的 1.829 亿亩（同上：10），但这个数字包含来自其他原因的耕地流失。

成本的一半价格出让给外来商人的。平均折扣是86%,即征地和配套基础设施成本10万元/亩的土地,平均出让价格是8.6万元。在土地资源更加短缺的苏南地区,例如苏州,成本(征地加配套设施)20万元/亩的工业用地,平均出让价是15万元,与其竞争的邻近地区则有价格低至5万元—10万元/亩的。陶然和汪晖在这个题目上发表过多篇研究,他们认为,地方政府以每亩亏本10万元的价格出让土地来招引投资是常见的现象。(陶然、汪晖,2010;陶然、陆曦、苏富兵、汪晖,2009)地方政府也常为引入的重点企业提供现金补贴。一个例子是农产品重点企业,在之前农业部发表的关于农业"产业化"(亦称"纵向一体化")的首篇长篇报告中有比较详细的材料,笔者在《超越左右》(黄宗智,2014)第十章已经据此论证,2000—2005年间,中央政府投入共119亿元来扶持国家级的"龙头企业"。地方政府亦步亦趋,比较发达的山东、江苏、浙江、上海等省市,每年投入5000万元来支持龙头企业(有的直接扶持企业资金周转,有的是贴息贷款)。此外,以山东省为例,该省内的市、县政府更在此基础上每年投入共1亿元。另外还提供税费减免优惠,每省市年1000万元或更多。这样对农产品重点企业的扶持已经是地方政府竞相招商引资的重要组成部分,并且是在中央政府领导下进行的。(与此形成鲜明对照的是,自发兴起的农业合作社则等于被排挤,既基本得不到那样的政府补贴也很少能得到银行的贷款)。(《中国农业产业化发展报告》,2008:219,194,179,199,188,236;亦见黄宗智,2010a)

　　地方政府愿意不惜成本来招商引资,主要是为了其后的回报。首先是企业增值税和所得税的财政收入(虽然中央政府要拿走前者的 75% 和后者的 50%)。更重要的是之后的一连串财政收入,因为从连带兴起的服务业和小企业可以征得营业税和所得税,而那些是 100%归属地方政府的。(陶然、汪晖,2010)

更重要的是,之后必定会发展的房地产及其在市场上的升值。地方政府可以从开发商处挣到十分可观的利润,远远超过其征地所付出的成本。2007 年的一项经验研究说明,长江三角洲地区的地方政府征地平均付出的代价是 2.5 万元—3 万元/亩,他们从开发商处获得的出让价则平均是 14 万元—35 万元/亩,而土地最终的市价是 75 万元—150 万元/亩,即原来征地成本的 30 到 50 倍。(天则经济研究所,2007:8)正因如此,较发达地区的地方政府的预算外收入有足足 60%—70% 来自土地开发的收入。(天则经济研究所,2007:10;亦见黄小虎,2007:46)事实是,征用土地乃是地方政府经济建设经费的最主要来源。这就是一般所谓的"土地财政"。

从企业的视角来考虑,它们获得的不仅是补贴和支持,也是其后(当然,要与地方政府维持良好的关系)的保护,可以借以免去众多的可能收费、摊派和行政约束。

即便地方政府对企业施加压力让它们遵循国家法规(大型的内外资企业更可能受到这样的压力),企业仍然可以廉价利用处于法律保障之外的非正规工人,也可以利用非正规的小企业和大量的个体户(亦即"新"和"旧"的"小资产阶级",详见黄宗智,2008b)。这种在廉价的"非正规经济"(下文还要讨论)中外包的成本远低于企业公司扩大自己正式的组织,对跨国公司来说尤其如此(下文还要讨论)。

可以见得,这一切使外来的企业处于十分有利的地位,因为它们得益于地方政府间的激烈竞争(想象一个有众多不同地方政府竞相招商引资的交易会),因为它们可以获得廉价的土地、能源等配套设施,税收优惠、直接和隐性的补贴,以及庞大的廉价非正规经济的支撑。

以上是中国之所以能够招引比任何其他发展中国家更多的外来投资的重要原因。这是为什么中国的商品交易占 GDP 的比例(即出口加进口产品作为 GDP 的百分比)高达 64%(2005 年),远远高于美国、日本、印度的约 20% 及巴西的 25%(Naughton,2007:377)。这也是为什么中国 1996—2002 年的外国直接投资(FDI)年平均占到 GDP 的 4%,远高于日本、韩国(Naughton,2007:404—405)。正如许多经济学家指出的,中国的经济发展在相当程度上乃是"出口带动"的。

地方政府的非正规经济实践中,非正式地运作某些法规乃是这个体系的核心。体系的整体可以说既包含计划经济的特征(强大的官僚制度、快速组织资源的能力及对经济发展的干预),也包含新市场经济的特征(资本主义型公司、价格机制、供求规律、竞争)。在改革后期,协调两者的是地方政府权力和资源的非正规运用,可以说是一种"有计划的非正规性",而且是在中央政府的默许下运作的。

(二)体制性成本与收益

地方政府和企业间的关系是如此重要,因此会有众多相关研究,包括对政府前官员加入民营企业的研究(例如吴文锋、吴冲锋、刘晓薇,2008),甚至统计企业董事会上的全国政协委员和人大代表,然后试图研究这种"政治资本"与企业绩效的关联(例如胡旭阳,2006;胡旭阳、史晋川,2008)。此外更有详细分析企业需要什么样的策略和行动来建立和维持其所需要的政府关系的研究(例如张建君、张志学,2005)。诸如此类的研究,对我们以上总结的经验实际的了解有一定的帮助。

有的研究者把上述现象等同于美国各州招引外资的竞争,试图仿效美国的"公共部门经济学"(public sector economics)研究。他们引用最多的例子是1994年阿拉巴马州(Alabama)为招引奔驰汽车公司在该州建厂,以及1989年肯塔基州(Kentucky)为招引丰田汽车公司在该地建厂而提供的高额补贴。[①] 但这两个例子对美国来说其实是反常而非一般的现象,局限于其处于衰弱时期的一个经济部门。正如克鲁格曼(Paul Krugman)等指出(Graham and Krugman,1995;Glickman and Woodward,1989)的,美国对外资的态度主要是"中立"的,对外来和国内的资本基本一视同仁;投资的落点其实更多取决于"集聚效应"(aggregation effect,即某一部门工业的公司都聚集在那个地方,因此我们也要在那里),而不是特殊补贴。在美国公共部门中惯行的是用"游说"(lobbying)来影响立法,而不是像对奔驰和丰田案例那样的补贴。(Grossman and

---

① 1994年,奔驰公司计划投入250万—300万美元建立一个预计雇用1500人的工厂。阿拉巴马州(Vance市)以价值330万美元的补贴赢得这场竞争,包括税收优惠、建厂用地和配套基础设施,甚至一个德语的学校(消息是《经济学人》杂志1994年1月报道的)。另一个有名的例子发生在1989年,丰田公司计划投入800万美元建厂,预计雇用3000人。获胜的是提供价值126万美元的一揽子补贴的肯塔基州(Biglaiser and Mezzetti,1997;Black and Hoyt,1989)。

Helpman, 1994; Biglaiser and Mezzetti, 1997)

在中国,美国公司的那种游说经济行为比较少见,它的实际更在于中国特殊的国家体制及混合(计划与市场)的经济制度。在中国惯见的现象在美国是反常现象,我们不应把两个体制等同起来。

中国体制的特殊性在于高度非正规化的运作。如此的非正规性存在于任何体系,但很少有像中国那么高的程度。正规制度在改革后期的中国经济整体中所占比例是比较低的,常常只是一种姿态(或者代表某种理想),但其眼前的实际运作主要是非正式的而不是正式的。

在这样的体系内,来自与其政治经济制度打交道的(也许可称作)"体制性收益"其实要高于"体制性成本"(即为了与体制打交道并与之维持良好关系而花费的成本)。结果是,在一个对投资者非常有利的制度环境中,与地方政府的良好关系不仅可以大幅度降低企业的"交易成本",也可以为它带来高额的显性与隐性补贴。这是科尔奈所强调的体系性矛盾和贪污的反面。它可以解释 2006 年钱颖一等对在中国投资的回报率研究的结论:"中国投资回报率总额在 1979 年到 1992 年间从 25% 降低至 1993 年到 1998 年及其后的约 20%。如此的回报率(用同样方法来计算)要高于大多数的发达国家,也高于包含众多处于不同发展阶段国家的样本。"(Bai, Hsieh and Qian, 2006:62)①这样的结论当然和中国吸引了比其他发展中国家要多的外来投资的事实一致。2005 年联合国贸易与发

---

① 此文的图 10(2006:83)展示中国在 52 个国家样本中所处的地位。大部分国家处于 2%—10% 之间,而中国则高达 16%(这是作者们按照样本所用指标重新计算所得的结果)。

展会议(UNCTAD)的一项对专家和跨国公司的问卷调查发现,作为投资目的地,中国在世界上排名第一,远高于其他国家(高柏,2006:表7)。

这一切意味着,在中国的经济改革体系中,(我们所称作的)"体制性成本/收益"是个关键因素,比科斯理论强调的市场正规合同交易成本更加重要,也比科尔奈和魏—钱所强调的地方政府企业到底处于软预算约束还是硬预算约束下的问题更加重要,起码在最近15年间如此。它们对一个企业能否创建、良好运作及有多高利润几乎起到决定性的作用。

(三)非正规经济

非正规经济是上述经济体系中一个极其重要的组成部分。笔者在《超越左右》(黄宗智,2014)第十一章已经详细论述,中国从计划经济传统中继承的虽然是高度官僚化和正规化的经济,但在改革期间的非正规经济实践下,已经极其快速地形成了一个极其庞大的非正规经济。首先是城镇(指县城关镇及以上的城镇)部门未经登记的人员(主要是"离土又离乡"的农民工,区别于此前"离土不离乡"的乡村企业就业人员),2005年已经达到1.1亿人之数,即城镇就业人员总数的38.5%(见表15.1、15.2)。本章之所以把他们称作"非正规经济",在于他们接受的是低于正规经济中职工的工资及不附带正规经济中职工所享受的法律和福利保障的工作(这也是联合国国际劳工组织所采用的定义)。我们已经看到,根据2006年由国务院研究室牵头的、比较权威性的调查报告,农民工平均每天工作11小时,每周6—7天,即比一般正规经济的职工要高出约一半的时间,而其获得的报酬则只是正规职工的 60%,而且是没有考虑到福利差别的比例。(详见黄宗智,2014:第十一章;《中国农民工问题研究总报告》,2006;黄宗智,2009b:53)

如果加上小规模私营企业的员工和个体户(大多是农民工或下岗工人),他们一般也没有法律和福利保障,2005 年非正规经济人员总数达到城镇总就业人员数的 60.5%,2010 年更达到 63.2%。[①](见本书表 16.2)

这个非正规经济及其近几十年的快速扩增乃是发展中国家的普遍现象,但在发达国家及前计划经济国家则占较低比例。在一定程度上,它是全球化所导致的,是全球资本跨越国界而探寻比自家便宜的劳动力所导致的。非正规经济的扩增是为了给外来资本提供廉价劳动力,也是为了给新的经济产业提供各种廉价服务。它是 20 世纪 60 年代以来兴起的现象。中国是较晚进入全球化体系的国家,较晚呈现这个在其他发展中国家已经具有半个世纪历史的现象。

事实是,中国改革开放的历史相当程度上是此前正规经济的非正规化的历史。正如表 16.2 已经显示的,2010 年正规职工所占比例已经从计划经济时期城镇就业人员总数的将近 100% 下降到 36.8%。

我们在本书前几章已经看到,非正规经济在全世界的爆发性扩增如此显著,联合国的国际劳工组织早已将其作为工作的聚焦

---

① 当然,其中少数人员享有福利或部分福利,但我们要把他们和正规经济部门中的非正规临时工和半正规合同工以及集体部门的职工和小型外来投资单位的职工等(其中许多人员不享受正规法律保护和完全的福利保障)放在一起来考虑。

点，特别突出其人员所忍受的在法律保障范围之外的工作条件，呼吁要为这个庞大的人群——包括在正规经济中工作的非正式工人，以及为正规经济提供各种各样廉价服务的人员，他们几乎全是在正规法律和社会保障范围之外，甚或是受到法律制裁的贫穷工作人员——争取到"有尊严的"待遇。（ILO, 2002）为此，ILO 在1969 年便已获得诺贝尔和平奖。（亦见黄宗智，2009b）

中国非正规经济的特点，除了其市场化较晚出现之外，首先是其庞大和几乎无限的规模，主要是因为极其大量的剩余劳动力。这种情况只可见于个别其他的发展中国家——例如印度。

更加特殊的是，中国通过一个地方政府激烈竞争的体制，积极地把其非正规经济当作"比较优势"来争取外来投资。和众多其他发展中国家一样，中国为全球资本提供了廉价劳动力，以及为新兴的经济部门提供各种非正规和半正规的服务。但和其他发展中国家不同，中国是一个在高度集中的中央政权的领导下，地方分权为追求外来投资而相互竞争的政治体系。（更详细的讨论见黄宗智，2009a）在那样的（我们也许可以称作）"（中央）集权的（地方）分权主义"[1]体制下，中国将其非正规经济变成一个更加强有力的招引外资的工具。这种非正规性我们也许可以称作"有计划的非正规性"。我们已经看到，其结果是远高于其他发展中国家的外来投资，以及全世界最快速扩展和最庞大的非正规经济。

这个其实在一定程度上是隐蔽的，因为官方没有正式统计这

---

[1] 李磊（Pierre Landry）把这个现象称作"分权的威权主义"（decentralized authoritarianism）（Landry, 2008；亦见黄宗智，2010a）。

个部门。[①] 在国家统计局于 2008 年建立农民工统计监测制度之前,它的就业人员数只能从来自人口普查所计算的、真实的就业人员总数减去各种登记类型单位所上报的人员数而得出。我们已经看到,实际是,非正规经济人员在 2010 年占据城镇 3.47 亿总就业人员中的 2.19 亿,也就是 63.2%(见表 16.2)。

如果加上"乡村"(包含县城关镇以下的城镇)的非农就业人员,即乡镇企业的 1.59 亿人、[②]乡村私营企业的 0.33 亿人及 0.25 亿人的个体户,非正规经济人员就要再加上 2.17 亿人(表 16.3)。最后,如果再加上 1.96 亿务农人员(因为他们大多也是缺少社会保障的人),非正规经济人员的总数将高达 6.33 亿,即占 2010 年国民经济(城镇+乡村)的 7.61 亿就业人员的 83.2%。(表 16.4;亦见黄宗智,2010a:第 8 章;黄宗智,2009b)

整个非正规经济都没有受到主流经济学家的正视。即便是讨论到,例如蔡昉引用刘易斯的"二元经济"理论(即一个具有劳动力"无限供应"的传统部门及一个现代的城市部门)(Lewis,1954,1955)的论文那样,将非正规经济当作一个很快就要消失的部门,给出的理由也是在中国刘易斯论证的"转折点"已经到来:中国的"二元经济"体系很快将被整合为单一的现代化的、全国劳动市场。

---

① 比如,国家统计局给出"城镇单位就业人员"的"平均劳动报酬"和"全国平均职工工资数",以及平均工作时间数,但这些都只包括经过正式登记的单位上报的人员,不包括未经登记的就业人员(2008 年达到 1 亿)(见表 15.1)。上面提到的 2006 年的《中国农民工问题研究总报告》才是比较可靠的材料(黄宗智,2009b:63;《中国农民工问题研究总报告》,2006)。

② 当然,乡镇企业中有的规模颇大也比较正规化,但我们要把这些和正规经济部门中的不少非正规工人一起来考虑,正如第 521 页脚注指出的那样。

（蔡昉,2007；黄宗智,2009b）

事实上,非正规经济非但没有减缩到即将消失的地步,甚至一直在爆发性地扩增,正如上面几章已经论证的今天占据中国绝大多数的就业人员。我们如果考虑到正规经济的职工（即主要是本章表 15.1 和表 15.2 从国有到外资的六个登记类型）,在 1978—2010 年的 22 年间,只增加了 0.33 亿人（从 0.95 亿人到 1.28 亿人）,再把这个数目和非正规经济的 6.33 亿人相比,就能看到,宣布刘易斯"转折点"的到来是多么远离实际。事实是,非正规经济之整合于正规经济只可能是未来的一个艰巨和漫长的过程。

至于主流制度经济学,正因为它把法律和产权认作经济发展的关键条件,自然把注意力集中于正规经济部门,因此忽视了非正规经济在发展中所起的作用。另外,魏—钱的分析虽然突出地方政府所创办、经营或控制的企业,但同样忽视了在改革后期快速膨胀的经济体中起关键作用的既非民营公司也非政府企业,而是地方政府的非正规行为以及因此产生的非正规经济。

对非正规经济的忽视也意味着对发展的社会维度的忽视,不仅是当前的,也是历史上的。说"历史上的",是因为不会与之对比也就因此看不到计划经济为大多数人提供的有效医疗、教育和福利保障（正如诺贝尔奖得主阿马蒂亚·森多年前指出的,改革前的中国在"社会发展"的关键指标上,即人们的寿命预期、教育水平及婴儿死亡率,其成就远远超越当时人均 GDP 与中国基本相同的印度）。（Drèze and Sen,1995；黄宗智,2010a：第 1 章）我们可以补充指明,如果比较两者的重工业发展水平,又何尝不是如此？至于当前的情况,同样会忽视中国的经济发展"奇迹"所附带的社会问题,看不到非正规经济既是中国经济发展的根源,也是其社会和环境问题的根源。

(四)中国发展经验的理论与方法含义

这一切并不否定过去分析的正确部分。新制度经济学强调私有化和市场化能够激发企业家们和民营公司的积极性,这点在中国经验中是得到证实的。同时,反对其原教旨市场主义(以及"古典自由主义"和新保守主义)内涵的论者,正确指出了地方政府及其乡镇企业所起的重要作用。

正如哈耶克多年前已经从内部人的视角指出,许多经济学家过分依赖理论前提,倾向把实际等同于理论构想。[Hayek,1980(1948):尤见第2章]主流经济学的论析,多从计划经济与市场经济在理论上非此即彼的二元对立及计划经济的全盘错误出发。它们对计划经济的批评,例如沉重的官僚体制、过分的意识形态化及对创业和竞争的压制,显然是正确的;但同时,它们忽略了改革前的计划经济的正面成绩,例如其快速发展的重工业、覆盖大多数人民的公共服务和福利及强大的组织能力。我们也许可以客观公正地说,哈耶克—科斯—科尔奈的制度经济理论其实主要是一种理论性的理想类型,而不是历史性—经验性的理论分析。

笔者认为,真实的历史更多寓于本书提倡的从实践到理论再回到实践的研究进路。也就是说,要依赖历史视野并扎根于经验证据,但又要具有理论关怀与含义。正是如此从实际出发的研究进路,才可能挖掘出被理论和意识形态遮蔽的维度。这里强调的是地方政府的非正规实践及由此产生的非正规经济。

应该可以清楚看到,中国之所以能够成功吸引外来投资,不仅是因为具有丰富的劳动力资源,也因为得自计划经济所建立的教育和医疗方面的基础,快速的重工业发展和基础设施建设,以及组织能力(这点特别容易因过去极端的群众运动而忽视)。但中国发展经验最突出的特点并非以上这些,而是当前集权的分权主义政治经济体系,其中地方政府为招引外来投资而激烈竞争,所依赖的是非正规的补贴和支撑及庞大的非正规经济。正是这样的组合,才能同时解释中国的经济发展和社会与环境问题。

具有讽刺意味的是,哈耶克—科斯—科尔奈等的主流制度经济学,虽然名义上特别强调被(新古典经济学)忽视的制度和经济史维度,但实际上完全忽视了中国发展经验中这个巨大的制度—历史实际。

总的来说,我们可以从四个层面来理解中国的发展经验。首先,与其他结合前工业与工业、传统与现代的发展中国家一样,非正规经济实践占据不容忽视的位置,正如国际劳工组织所强调的那样;其次,与其他后社会主义的国家一样,非正规经济起到协调旧计划经济和新市场经济的作用;再次,其庞大和看似无限的规模再次突出中国人口巨大这个基本国情,也是唯有印度等个别国家才能与之相比的国情;最后,它所突出的是中国改革的独特性,是其特殊政治经济体制与其非正规经济的结合。

在一定程度上,那样的结合也可见于改革前期,比如我们可以把地方政府在建立乡村企业过程中的众多非正规行为也纳入其中,并把乡村企业的"离土不离乡"员工纳入非正规经济来考虑。但城镇部门真正大规模的变迁则有待于改革后期:在各种补贴和政策的招引下而涌入的外来投资,以及为新兴的城镇企业打工和服务、部分缺少法律和福利保障的离土又离乡的农民工之爆发性扩增。正是后期的那些主要是城镇的现象,才真正符合国际劳工组织所使用的"非正规经济"一词的原意。

正是改革后期的地方政府竞争和非正规经济行为,把不清晰的产权和不成熟的市场变成比较优势,把政府对重点企业的非正规支持变成提高它们收益而借此招引外来投资的手段,把非正规经济变作招引外资竞争中的比较优势等。结果是近年来惊人的GDP 增长,但也带来了一定程度上的社会不公问题。正是计划经济和市场经济的结合,而不是以往分析中两者非此即彼的二元对立,才能解释中国发展经验的成功之处与问题所在。

三、中国的未来发展

最后,我们要问:以上讨论具有什么样的实用意义?

用于当前的实际,以上讨论适用于地方政府,正因为它们过去起到如此重要的作用,对未来的经济发展也十分关键。眼前的问题是:怎样应对非正规经济在推动 GDP 快速发展的同时所附带的部分社会与环境问题? 也许解铃还须系铃人。

这不是一个有关社会公正还是经济发展的非此即彼问题。事实是,近 30 多年来的发展取得了巨大成就,但同时我们也已看到随之产生的一些问题。在成为"世界工厂"的大趋势下,中国相当比例的"国内生产总值"是为外来资本和出口而产生的,比如根据2004 年的统计,出口加工生产占据总贸易的 53%。(高柏,2006;

119)在低工资和依赖非正规经济的现实下,这意味着大部分盈利归属于外来的投资者而不是中国的工人或中国的经济。[1] 正如高柏指出的,在这方面中国和日本此前的发展经验很不一样,后者从未如此程度地依赖外资和国际贸易,其进出口占 GDP 的比例从未超过 30%。(高柏,2006)上文已经指出,2005 年日本的进出口占 GDP 比例才 20%,和美国相似,而中国则是 64%。

显然,也是 2008 年全球经济危机对中国经济的冲击所更加鲜明地凸显出的,即要推进为大多数人民利益的和可持续的经济发展,中国必须扩大国内的需求和消费。这已成为一个跨越分歧的共识。

这一切所指向的是另一种发展道路,即用社会发展来推动可持续的经济发展。显然,低收入人群生活水平的提高会比富裕人群收入提高更直接、快速地影响消费,这是因为低收入群体的消费所占比例较高。因此,无论从社会公正还是经济发展的角度来考虑,目前的情况迫切呼唤着要提高占据中国人民大多数的下层和中下层社会群体的收入。中国政府从世纪之交以来,在这方面已经做了不少工作(如取消农业税和提供九年义务教育),但显然需要做的还有很多。

可以见得,中国政府今天所面临的战略性抉择,不是林毅夫等强调的资本密集重工业或是劳动密集轻工业的问题,也不是科尔奈强调的简单的社会主义还是资本主义、计划还是市场的问题,也不是一般所争执的社会公正还是经济发展的问题,而是怎样在支

---

[1] 一个较多被引用的新闻报道估计,跨国公司所得利润的 70% 是被拿出中国的(高辉清,2005;亦见高柏,2005)。

持大型公司的现实和支持低收入人群的改革之间探寻适当的调整。从中国人口数量巨大的这个给定事实来看,政府在这方面干预是必须的,不然很可能再次陷入 18 世纪以来的那种社会危机——推动 20 世纪中国革命的基本原因。

总而言之,我们首先需要精确掌握近 30 多年历史的教训。中国的经济发展并不简单地来自从计划到市场的转型,而是来自两者的不同特征的结合。改革前 15 年的发展不仅得助于市场化,也得助于计划经济下培养的能干的地方干部之利用农村剩余劳动力来建立乡村企业,以及计划经济下建设的重工业和基础设施。其后是同样可观的 15 年的发展,再次利用丰富的劳动力资源,除了外来投资和国内民营企业浪潮的推动,还得益于一个独特的体制——为招商引资而竞争的体制。在那样的竞争之下,地方政府广泛采用非正规的变通运作,利用显性和隐性的补贴及廉价的非正规经济招引外来投资。如此的历史实际显然和哈耶克—科斯—科尔奈那种制度经济学理论所强调的非此即彼的二元对立不相符。

我们看到,非正规经济实践的结果既是快速的经济发展,也是一定程度的社会不公和环境污染。今天往前瞻望,我们应该抛弃主流经济学过去的错误认识,抛弃把市场和计划、经济和政府、资本主义和社会主义构建成非此即彼的二元对立的错误。经验实际的历史视野使我们看到,民营企业、地方政府行为、非正规经济的结合才是中国经济发展的动力之一,同时也是部分社会和环境问题的来源。

参考文献

蔡昉(2007):《中国经济面临的转折及其对发展和改革的挑战》,载《中国社会科学》第 3 期:第 4—12 页。

高柏(2006):《新发展主义与古典发展主义——中国模式与日本模式的比较分析》,载《社会学研究》第 1 期:第 114—138 页。

高辉清(2005):《警惕外资带来的虚假繁荣》,载《亚洲周刊》,2005 年 10 月 6 日。

胡旭阳(2006):《民营企业家的政治身份与民营企业的融资便利——以浙江省民营百强企业为例》,载《管理世界》第 5 期,第 107—114 页。

胡旭阳、史晋川(2008):《民营企业的政治资源与民营企业多元化投资——以中国民营企业 500 强为例》,载《中国工业经济》第 4 期,第 5—14 页。

黄小虎(2007):《当前土地问题的深层次原因》,载《中国税务》第 2 期,第 46—47 页。

黄宗智(2014):《超越左右:从实践历史探寻中国农村发展出路》,北京:法律出版社。

黄宗智(2010a):《中国的隐性农业革命》,北京:法律出版社。

黄宗智(2010b):《中国的新时代小农场及其纵向一体化——龙头企业还是合作组织?》,载《中国乡村研究》第 8 辑,福州:福建教育出版社。

黄宗智(2009a):《跨越左右分歧:从实践历史来探寻改革》,载《开放时代》第 12 期,第 78—88 页。

黄宗智(2009b):《中国被忽视的非正规经济——现实与理

论》,载《开放时代》第 2 期,第 51—73 页。

黄宗智(2008a):《中国的小资产阶级和中间阶层——悖论的社会形态》,载《中国乡村研究》第 6 辑,第 1—14 页,福州:福建教育出版社。

黄宗智(2008b):《中国小农经济的过去和现在——舒尔茨理论的对错》,载《中国乡村研究》第 6 辑,第 267—287 页。

陆学艺(2005):《中国"三农"问题的由来和发展前景》,http//www.weiquan.org.cn/data/detail.php? id＝4540。

陆学艺编(2002):《当代中国社会阶层研究报告》,北京:社会科学文献出版社。

潘毅、卢晖临、张慧鹏(2010):《阶级的形成:建筑工地上的劳动控制与建筑工人的集体抗争》,载《开放时代》第 5 期,第 5—26 页。

《人民日报》,2010 年 7 月 30 日。

陶然、汪晖(2010):《中国尚未完成之转型中的土地制度改革:挑战与出路》,载《国际经济评论》第 2 期(上、下)。

陶然、陆曦、苏福兵、汪晖(2009):《地区竞争格局演变下的中国转轨:财政激励和发展模式反思》,载《经济研究》第 7 期,第 21—33 页。

天则经济研究所中国土地问题课题组(2007):《城市化背景下土地产权的实施和保护》,http://www.unirule.org.cn/Secondweh/Article.asp? ArticleID＝2516。

王汉生、王一鸽(2009):《目标管理责任制:农村基层政权的实践逻辑》,载《社会学研究》第 2 期,第 61—92 页。

吴敬琏(1999):《当代中国经济改革:战略与实施》,上海:远东出版社。

吴文锋、吴冲锋、刘晓薇(2008):《中国民营上市公司高管的政府背景与公司价值》,载《经济研究》第 7 期,第 130—141 页。

张建君、张志学(2005):《中国民营企业家的政治战略》,载《管理世界》第 7 期,第 94—105 页。

张玉林(2007):《中国农村环境恶化与冲突加剧的动力机制——从三起"群体性事件"看"政经一体化"》,载《洪范评论》第 9 辑,北京:中国法制出版社。

《中国农民工问题研究总报告》(2006):载《改革》第 5 期,http://www.usc.cuhk.edu.hk。

《中国农业产业化发展报告》(2008),北京:中国农业出版社。

周其仁(2010):《中国经济增长的基础》,载《北京大学学报(哲学社会科学版)》第 1 期,第 18—22 页。

《中国统计年鉴》(2009),北京:中国统计出版社。

《中国统计年鉴》(2008),北京:中国统计出版社。

Bai, Chong-en, Chang-Tai Hsieh and Yingyi Qian. (2006). "The Return to Capital in China," *Brookings Papers on Economic Activity*, vol. 2006, no. 2:61—88. Published by The Brookings Institution.

Biglaiser, Gary and Mezzetti, Claudio. (1997). "Politicians' Decision Making with Re-election Concerns," *Journal of Public Economics* 66:425—447.

Black, Dan A. and Hoyt, William H. (1989). "Bidding for Firms," *The American Economic Review*, vol. 79, no. 5 (Dec.):

1249—1256.

Coase, Ronald H. (1990[1988]). *The Firm, the Market and the Law*. Chicago: Univ. of Chicago Press.

Coase, Ronald H. (1991). "Ronald Coase Nobel lecture," http://www.nobelprize.org.

Dreyfuss, Robert. (2009). "Socialism in One City," *The Nation Magazine*, nov. 18.

Drèze, Jean and Amartya Sen. (1995). *India: Economic Development and Social Opportunity*. Delhi: Oxford Univ. Press.

"Friedrich Hayek", www.wikipedia.com, citing Alan Ebenstein (2001), *Friedrich Hayek, a Biography*. Chicago: Univ. of Chicago Press:305.

Glickman, N. J. and D. P. Woodward. (1989). *The New Competitors, How Foreign Investors are Changing the U. S. Economy*. New York: Basic Books.

Graham, E. M. and P. R. Krugman (1995). *Foreign Direct Investment in the United States*, 3rd ed. Washington, D. C. : Institute for International Economics.

Grossman, Gene M. and Elhanan Helpman. (1994). "Protection for Sale," *American Economic Review*, vol. 84, no. 4. (Sep.):833—850.

Hayek, Friedrich A. (1980[1948)].*Individualism and Economic Order*. Chicago: Univ. of Chicago Press.

Hayek, Friedrich A. (1974). "Friedrich Hayek Nobel lecture," http://www.nobelprize.org.

Huang, Philip C. C. (2010). "Beyond the Right-Left Divide: Searching for Reform from the History of Actice," *Modern China*, 36, 1 (Jan.): 115—133.

Huang, Philip C. C. (2008). "China's Neglected Informal Economy: Reality and Theory," *Modern China*, 35, 4 (July): 405—438.

International Labor Office (ILO). (2002). *Women and Men in the Informal Economy: a Statistical Picture*. Geneva: International Labor Organization.

Kornai, Janos. (1992). *The Socialist System: The Political Economy of Communism*. Princeton, N. J.: Princeton Univ. Press.

Landry, Pierre F. (2008). *Decentralized Authoritarianism in China: The Communist Party's Control of Local Elites in the Post-Mao Era*. New York: Cambridge Univ. Press.

Larson, Christina. (2010). "Chicago on the Yangtze: Welcome to Chongqing, the Biggest City You've Never Heard of," http://www.foreignpolicy. com/articles/2010/08/16/chicago _ on _ the _ yangtze? page = 0, 0.

Lewis, W. Arthur. (1954). "Economic Development with Unlimited Supplies of Labor," *The Manchester School of Economic and Social Studies*, 22, no. 2 (May): 139—191.

Lewis, W. Arthur. (1955). *The Theory of Economic Growth*. London: George Allen & Unwin Ltd.

Lin, Justin (林毅夫), Fang Cai (蔡昉) and Zhou Li (李周). (2003). *The China Miracle: Development Strategy and Economic*

Reform, rev. ed.. Hong Kong: Chinese University Press.

Montinola, Gabriella, Yingyi Qian and Barry R. Weingast. (1995). "Federalism Chinese style: the Political Basis for Economic Success in China," *World Politics*, 48(Oct.): 50—81.

Naughton, Barry. (2007). *The Chinese Economy: Transitions and Growth*. Cambridge, Mass. : M. I. T. Press.

North, Douglass C. (1981). *Structure and Change in Economic History*. New York: W. W. Norton.

North, Douglass C. (1993). "Douglass North Nobel Lecture," http://www.nobelprize.org.

Oi, Jean C. (1992). "Fiscal Reform and the Economic Foundations of Local State Corporatism in China," *World Politics*, vol. 45, no. 1 (Oct.): 99—126.

Oi, Jean C. (1999). *Rural China Takes Off: Institutional Foundations of Economic Reform*. Berkeley: Univ. of California Press.

Qian, Yingyi and Barry R. Weingast. (1997). "Federalism as a Commitment to Preserving Market Incentives," *Journal. of Economic Perspectives*, 11, 4 (Fall): 83—92.

Qian, Yingyi and Gérard Roland. (1998). "Federalism and the Soft Budget Constraint," *American Economic Review*, vol. 88, No. 5 (Dec.): 1143—1162.

Schultz, Theordore. (1964). *Transforming Traditional Agriculture*, New Haven, CT: Yale Univ. Press.

Schultz, Theodore. (1979). "Theodore Schultz Nobel Lecture," http://www.nobelprize.org.

Shirk, Susan L. (1993). *The Political Logic of Economic Reform in China*. Berkeley: Univ. of California Press.

Smith, Adam. (1976 [1776]). *The Wealth of Nations*. Chicago: University of Chicago Press.

Walder, Andrew. (1995). "Local Governments as Industrial Firms: An Organizational Analysis of China's Transitional Economy," *The American Journal of Sociology*, vol. 101, no. 2 (Sept.): 263—301.

Wu, Jinglian (吴敬琏). (2005). *Understanding and Interpreting Chinese Economic Reform*. Mason, Ohio: Thomson/South-Western.

第 16 章

重新认识中国劳动人民：劳动法规的历史演变与当前的非正规经济 [*]

在社会主义与资本主义两种话语混合的演变过程中，人们很容易受到一些不符合中国实际的概念范畴的影响。譬如，把产业"工人"范畴等同于大多数的劳动人民，并把"劳动法"理解为为大多数劳动人民设置的法律。这是一个源自经典马克思主义的观点。有的左派学者因此聚焦于传统概念中的"无产阶级"产业工人

---

[*] 本章在笔者《重新认识中国劳动人民——劳动法规的历史演变与当前的非正规经济》(载《开放时代》2013 年第 5 期：56—73) 一文的基础上，参照笔者的《中国被忽视的非正规经济》(载《开放时代》2009 年第 2 期：51—73) 和《中国的非正规经济再论证》(载《中国乡村研究》2013 年第 10 辑：21—69)，综合修改写成。所用数据更新到具有可靠农民工数据的 2009—2011 年。2012 年之后的变化在《中国的新型非正规经济：实践与理论》一章中有详细论析。

的研究,譬如,研究他们的依(劳动)法抗争。[1] 而新自由主义学者们,则倾向于把占少数人员的正规企业和国有单位的正式全职"职工"想象为占大多数的就业人员,把在中国占少数的"中产阶级"想象为占大多数的人员,把中国社会想象为一个"橄榄型"的即中间大、两头小的社会。[2] 在市场经济的抽象理论和想象中,其更以为规模巨大的临时性、半正式和非正式员工已经被完全整合于单一的劳动力市场,以为中国已经进入了所谓的"刘易斯拐点"。[3] 诸如此类的理论先行和意识形态化想象,促使人们忽视了中国大部分的劳动人民。

本章先从劳动法规的历史变迁切入,逐步重新梳理出中国大多数劳动人民的实际。他们既非经典左派设想的城镇工业"无产阶级",也非经典新自由主义所想象的已经被整合入一个统一的国内劳动力市场的劳动人民,更不是其所想象的占据"橄榄型"社会中大多数的"中产阶级"。

一、劳动法规的历史演变

今天的"劳动"及与之紧密关联的"工人"两个法律与统计范畴的运用,包含着三个不同的传统:一是中国革命传统中的"劳动"概念,基本上是马克思主义"无产阶级"或"工人"范畴的意思;二是在

---

[1] 最突出的研究之一是李静君之前的著作(Ching Kwan Lee,2007)。详细讨论见黄宗智,2013。

[2] 代表性的著作是陆学艺,2003,陆学艺编,2002。详细讨论见黄宗智,2009。

[3] 代表性的著作是蔡昉,2007。详细讨论见黄宗智,2009。

共产党执政之下形成的传统，"工人"在意识形态与工资和福利上，其实是个地位相当高的阶层；三是市场主义的改革时期，劳动法规规定的社会保障和福利实际上只有较少数的蓝领工人、公职人员和由其他白领人员组成的正规"职工"享有，而大多数劳动人民则难以享有。结果是，"劳动"和"工人"这两个法律和统计范畴的极其复杂和充满误导性的使用，亟须我们仔细分析。

（一）1949 年以前

在革命时期，"劳动"一词主要是从工人革命运动的视角来使用的，要为劳动人民争得有尊严的待遇，诸如安全、卫生的工作环境，最低限度工资，八小时工作时间，对妇女和童工的保护，社会保险，等等。如此的要求可以追溯到中国共产党成立初期。1922 年 5 月 1 日，在国际劳动节召开的全国劳动大会上通过了八小时工作制案。同年 8 月，党的"劳动组合书记部"拟定《劳动立法原则》，制定《劳动法大纲》（高学强，2010）。后在 1925—1929 年每年一度的（除 1928 年外）全国劳动大会上通过了一系列的具体规定：在八小时工作日（煤矿则限定六小时）之外的关于休息日、每周最多工作时间、保护妇女和童工的种种规定（禁止危险和困难工作、禁止哺乳期的妇女做夜工和高强度的工作、哺乳时间每次相隔不准超过三个半小时、每周须有连续四十二小时之休息等）（国家劳动总局，1980：11—15）。这些都是革命劳工运动所采纳的决议。

同时，在共产党的根据地内，形成了与上述革命传统并行的革命党执政传统，这反映于 1933 年颁布的《中华苏维埃共和国劳动法》。首先，在之前采纳的具体规定之外，补加了其他的一些法定基本要求:关于正式合同的规定,超时的额外工作工资的规定,更详细的妇女和童工保护规定,社会保险——包括医药、工伤、失业、退休("残废及衰老时")、死亡或失踪时的"家属补助金"等规定。(《中华苏维埃共和国劳动法》,1933:第68条)

同时,苏维埃劳动法把党政机构员工及工人一起并入了劳动法新采用的"职工"范畴(第1条)。党是"无产阶级的先锋队",把党政机关人员纳入"劳动"法律被认为是顺理成章的事。

延安时期,解放区的工会完全被置于作为政党—国家机构的全国总工会的领导和管辖之下。在实践中,工厂的工会其实常常是由工厂管理者来领导的。正如中华全国总工会前副主席倪豪梅在2012年的一篇特别能够说明问题的回忆论文中所揭示的,当时和今天的工会的核心问题是怎样才能促使工会独立于厂方管理层而真正代表工人的实际利益。(倪豪梅,2012)

今天回顾,1933年劳动法的另一个特点是明确把非全日制工人、临时工和为了"完成某项工程"而被雇佣的工人全都纳入劳动法的"劳动"范畴之下(第91条)。该法甚至把农业雇工、"季候工人""乡村手艺工人""苦力"和"家庭仆役"也都纳入了"劳动"范畴和劳动法保护范围之内,所表明的是对"劳动者"范畴比较宽阔的理解。在这方面,1933年的劳动法与后来改革时期对正规"劳动关系"越来越狭窄的定义将会形成鲜明的对照。

(二)共产党执政之后

共产党执掌全国政权之后,基本延续了江西苏维埃时期把党政机关人员纳入劳动法"职工"范畴的做法。这样,("白领"的)党政机关、国家机构和事业单位的职工全都与（"蓝领"的）国有企业工人一起，被纳入"劳动"法律保护之下。这不是个小问题——2010 年，"国有单位"职工总数几乎占到全国所有受到国家劳动法保护的正规职工总数的一半以上（相关论证见本章表 16.5）。

从 20 世纪 50 年代到 20 世纪 70 年代，国家基本没有颁布新的劳动法，但发布了相当数量的关于劳动的指示和规则，包括针对资本主义企业的社会主义改造的法规。它们的重点在于建立统一的工资制度，并把劳动分配纳入政府和经济计划的管辖之下（国家劳动总局，1980：15 及其后）。

今天回顾，一个比较突出的现象是对"临时工"的政策，一定程度上是后来改革时期部分问题的先声。当时，不少单位使用了比较廉价的农村劳动力——称作"民工"——来处理一些特定的劳务需要，①其方式有所谓"合同工""协议工""季节工""轮换工"等，区别于正式工人。比如，特定的建筑和运输工作，季节性工作如轧棉花、晒盐、制糖、制茶等，一般都使用临时工（国家劳动总局，1980：40—43）。

当时，国家政策相当严格地限制临时工转正为长期的正式工人。这时期的临时工规模虽然比较有限，但已为后来改革时期所形成的大规模非正规经济开了先例。

总体来说，计划经济时代，政府是比较严格限制民工的使用的，为此多次下达了相关规定。比如，1972 年国家计委规定，要把轮换工和县办企业常年使用的临时工都纳入国家劳动计划，不得

---

① 煤矿则有使用"亦工亦农"的"轮换工"，被认为是特别适合煤矿用工的一个型式（国家劳动总局，1980：44—45）。

在计划外招收;1977 年国家劳动总局规定,全民所有制的职工人数和工资总额都必须控制在国家下达的劳动计划以内;1979 年,计委明确规定,要压缩计划外用工。(国家劳动总局,1980:70—73)

总之,即便是在改革之前,正式的全职工人和党政机关干部的地位和待遇都明显高于其他集体单位职工,以及非正式的临时工和合同工,更不用说基层的农民。

作为基层的农民,毋庸说是临时民工的主要来源。实际上,即便是在计划经济时期,城乡也有明显的差别。1958 年 1 月采用的户籍制度更进一步巩固了城乡之间的差异。之后国家规定,农村人民,无论其父亲的户籍如何,只能承继其母亲的身份,更加严格控制城镇户籍。

(三)改革期间

改革期间呈现的是处于国家劳动法规保护和福利制度之外的非正规经济的大规模扩增。首先是 20 世纪 80 年代开始的农村工业化。初始时候的社队(乡村)企业是由农村集体单位用工分形式来支付其"离土不离乡"员工工资的,因此完全谈不上给予工业工人劳动法律保护和福利。当时企业的用工概念基本还是原有的"民工"和"临时工",或结合非农就业与农业的"季节工"。其后则是"离土又离乡""农民工"的大规模进城打工,以及 20 世纪 90 年代后期原来的(中小)国有单位员工的大规模"下岗",为的是其企业单位的"破产"或"减负"。这两者同样被置于劳动法保护和国家职工福利制度之外。与此同时是小规模"私营企业"的快速扩增,它们一开始只是被视作半正当的单位,只是具有"自然人"身份而不是具有正式"法人"身份的企业，也基本被置于正规劳动法和福利制度之外。伴随以上这些经济的快速扩增，农民工和下岗工人很快就占到所有城镇劳动者中的大多数。

国家机关和事业单位及较大的正规企业会遵守国家法规（当然，大规模的企业也意味着它具有对当地政府更大的杠杆权力，能够绕过国家劳动法规），而较小规模的"私营企业"，即便是在册的单位，因大多并不具备正规"法人"身份，本来就不被国家法律认定为正规的"用人单位"，因此更不会太重视国家劳动法规。而为了节省劳动力成本，两者一定程度上都会依赖临时工、非全日制工人等如今属于"劳务关系"的人员。这些在大城市也绝不罕见的现象（例如餐馆服务员、社区保安；即便是大学的清洁工也常常如此——见李干，2008），在乡村的"乡镇企业"和"私营企业"更加如此。至于未曾登记的小规模企业或只有一二名员工的"个体户"，就更不用说了。

当然，即便是属于正规"劳动关系"的蓝领工人，也不一定会得到法律的充分保护。譬如，企业与地方政府可以（作为"招商引资"的显性条件或隐性默契）不严格执行国家的劳动法规。即便不是这样，企业职工的维权也面临着重重障碍。在劳资争议中，一般的程序是，先要通过工会调解。调解不成，方才可以申请当地劳动与社会保障局的"劳动争议仲裁委员会"仲裁。而在这两个层次上，都可能会遇到当地招商引资的地方政府对公司的庇护。不服仲裁裁决，才可以向地方法院提起诉讼。即便是最后这个环节，仍然可能受到地方的阻挠。（例见《劳动争议纠纷案件现状及情况分析》，2012；《劳动纠纷起诉书——劳动纠纷案例一》，2010；《媒体公告解除劳动关系引出的诉讼》,2007)这些都是以往聚焦产业工人研究的"左派学术"已经说明的问题。(例见 Ching Kwan Lee,2007)

　　虽然如此,1995 年实施的"旧"劳动法仍然基本承继了 1933 年的《中华苏维埃共和国劳动法》的传统,延续并更详细地做出了关于劳动保护的规定:每周工作不得超过四十四小时,每日八小时;超额的工作不能超过三小时一天,并必须支付"百分之一百五十的工资报酬";普通假日的劳动必须支付"百分之二百"的工资,国家规定的假日则要支付"百分之三百";职工在工资之外,"依法享受社会保险待遇",包括退休、患病、工伤、失业、生育,即所谓的"五险"。再则是依法组织和参加工会的权利。此劳动法的主导思想基本仍然是旧型的,把劳资关系视作不对等权力的支配与被支配者之间的关系,因此需要保护作为弱势方的劳动者的基本权利,包括组织和参与工会的权利。(《中华人民共和国劳动法》,1995:第2、36、38、41、44、70、73 条)

　　2008 年施行的新劳动合同法则引进了合同理论作为其主导概念,假定劳资关系乃是市场经济中的自由、平等关系,并明确建构了基于"劳务关系"的"劳务派遣"法律范畴,说明其适用于"临时性、辅助性或替代性的工作岗位",与适用旧劳动法的诸多关乎"劳动关系"的条文区别开来。(《中华人民共和国劳动合同法》,2007:第 66 条)

　　2012 年 4 月的一起案例特别能够说明问题。有两位老农在一个化肥厂打工,每日工资 50 元。半年之后,工厂获得正式法人身份,成为法定的正式"用人单位"。两位老农要求成为该工厂的正规工人,但还是被厂主解雇了。二人向当地劳动争议仲裁委员会申请仲裁,要求劳动法律保护,但没有得到支持。理由是,他们在工厂工作的那半年,工厂尚未获得正式的"法人"用人单位资格,因此他们与工厂的关系只能算是劳务关系,不能算是正规劳动关系。所以,其不适用国家的劳动法和劳动合同法。(《劳务关系不是劳动关系诉讼难得仲裁支持》,2012)

2008 年的新劳动合同法实施以来,"劳务派遣工"人数快速扩增。先是大型国企,而后是事业单位和大型私企,都开始广泛使用劳务派遣中介公司,一方面把许多原来是长期的、正规的劳动关系的职工从企业转入劳务派遣公司,凭借后者的"护身符"来解除企业对其众多的法定义务("甩包袱"),基本上把旧正规职工转为临时性的劳务派遣工;另一方面越来越多地使用派遣公司来雇佣新的职工,为的也是减轻自身对劳动者的法定义务。(详细论证见《中国的新型非正规经济:实践与理论》第七、八章)2010 年,通过劳务派遣公司雇佣的农民工人数已经达到至少 1000 万,这是人力资源和社会保障部(原来的劳动和社会保障部的新名称)的官方估计。社会人士(如关注该问题的一些人大代表)则更倾向于使用2500 万人的数据。(人力资源和社会保障部劳动科学研究所,2010:263—266)2011 年 6 月,全国已经有 3700 万企业劳务派遣工,其后更加快速地扩增。之后,我们虽然缺乏精确可靠的数据,但媒体广泛使用的数字是 6000 万。

总而言之,经过上述历史演变,在国家劳动法规保护的正规经济之外,中国形成了一个庞大的基本处于劳动法规之外的非正规经济。下面我们转入对非正规经济概念的进一步说明,然后论证其在当今中国的具体规模和人数。

二、全球视野下的非正规经济

在世界上其他发展中国家,"非正规经济"早自 20 世纪六七十年代以来便已伴随资本的国际化而高速扩展。发达国家企业之所以进入发展中国家,一个主要目的就是寻求低于本国价格的劳动力。而其资本一旦进入发展中国家,不仅意味着企业本身将雇佣当地的劳动力,也使得与其关联和为其服务的本地公司兴起,更会触发一系列的连锁效应,包括必要的基础设施、产品的运输和销售,以及面向员工的各种各样的服务(例如交通工具、餐饮、娱乐、清洁、家政等)。除了新兴的现代经济部门的正规职工之外,还有与其关联的处于正规经济部门之外的众多员工和个体户,而他们也需要各种各样的旧型或半旧型服务(例如工匠、裁缝、小摊贩、廉价餐饮、维修等)。而当地农村越是人多地少,剩余劳动力就越多,其所能为现代部门提供的非正规廉价劳动力也就越多。这些现象先出现于中国以外的发展中国家,但在中国脱离计划经济之后,也非常快速地在中国扩增,其规模远大于大部分发展中国家。

正如联合国的国际劳工组织、世界银行的"社会保护单位",以及诺贝尔和平奖选拔委员会等机构所指出的:规模庞大并不断扩展的"非正规经济"是世界上发展中国家的普遍现象。根据国际劳工组织的数据,它在"亚洲"①已经扩展到非农就业的 65%(北非是 48%,拉美是 51%,撒哈拉以南的非洲地区是 78%)。(ILO,2002)

---

① ILO 统计的是印度、印度尼西亚、菲律宾、泰国和叙利亚,未纳入中国。

已有众多的研究一再指出发展中国家的这个现象，其中包括世界银行的社会保护单位所发表的多篇论文。（例见 Blunch, Canagarajah and Raju, 2001；Canagarajah and Sethurman, 2001；Das, 2003）

国际劳工组织在 1919 年由国际联盟组建，并因提倡社会公正而于 1969 年获得诺贝尔和平奖。它对"非正规经济"及其就业人员采用了合理和具有实用性的定义：缺乏就业保障、福利和法律保护的劳工。在中国，最恰当的例子当然是人数庞大的"离土离乡"的农民工，包括城镇中新兴的较小规模的"私营企业"的员工及"个体户"，更包括乡村的"离土不离乡"乡镇企业和私营企业员工。

非正规经济人员之中有许多以低报酬、无福利的临时工或承包身份就业于正规部门，大多没有在政府部门正式注册。在 20 世纪 70 年代和 20 世纪 80 年代，国际劳工组织曾经将其注意力集中于当时被认定为可以和正规部门明确区分、处于其外的"非正规部门"，但后来，鉴于众多受雇于正规部门的非正规临时工的事实，改用了更宽阔的"非正规经济"这一概念，将在正规部门工作的非正规人员（ILO, 2002）也纳入其中，最近几年则更倾向用"非正规就业"（informal employment）一词。虽然如此，但其基本定义并没有变。

三、中国的农民工

2006 年之前，因为农民工一直没有被纳入国家正规统计系统的指标，我们只能依赖 2000 年人口普查所显示的该年在城镇就业人员数,和国家登记的在册正规单位就业职工人数之间的差额,来推测未被登记的非正规农民工人数。这个方法虽然没错,但因为没有更直接的经验材料,因此具有一定的不确定性。2006 年发表的《中国农民工问题研究总报告》初步填补了这方面的空缺。那是在国务院总理的指示下,由国务院研究室牵头、召集有关部门和研究人员所做出的报告,但也仅是在对 31 省(直辖市、自治区)、7000个村庄的 6.8 万农户的,尚未充分精确化的抽样问卷调查基础上形成的研究,其中难免含有不甚精确的部分。①

之后,2008 年底,国家统计局终于正式建立了农民工统计监测制度,于 2009 年开始,每年发布关于农民工的调查监测报告。这些报告仍然来自根据 6.8 万户的抽样调查所做的研究,但在 2006—2009 年间,关于农民工的抽样调查已经高度精确化——譬如,系统纳入了外出或在本地、各行业、参保、教育背景、地区分配等数据。当然,由于农民工依然未被树立为一个正式的统计指标(而作为流动人口,也确实不容易统计),数据不是按户或按人直接调查或登记,而是凭借抽样的推算,因此难免带有一定的误差,但是其精确度和可信度已经比此前要高得多了。如今,其无疑是关于农民工的最权威的数据。

表 16.1 列出了 2006 年到 2011 年的农民工数据。可以看到,2006 年报告的数据推测和估计多于系统估算,而 2009 年和 2011年的数据则明显比较精确,依据的是更细致的抽样调查,然后按照

---

① "总报告"对"城镇"范畴的定义是和国家统计局就业人员统计一致的,即限于县城关镇及其以上的城镇,不算其下的镇,但人口普查则纳入所有的镇,两个口径的统计因此有所不同(《中国统计年鉴》,2007:123,180)。

系统的统计方法估算而得。

表 16.1　农民工人数、工作时间、参保率

调查年份	总数（万人）	外出农民工（万人）	本地农民工（万人）	工作时间	养老	医疗
2006	20 000	12 000	8000	平均 11 小时/天?	15.0%	10.0%
2009	22 978	14 533	8445	89.4%多于 44 小时/周	7.6%	12.2%
2010	24 223	15 335	8888	90.7%多于 44 小时/周	—	—
2011	25 278	15 863	9415	84.5%多于 44 小时/周	13.9%	16.7%

数据来源:《中国农民工问题研究总报告》,2006;国家统计局,2011,2010。

据此,我们可以看到,2011 年的"离土离乡"的农民工约 1.59 亿人,占城镇非正规就业人员的绝大部分。而"离土不离乡"的农民工则有 0.94 亿人,其中绝大部分是乡村的"乡镇企业"和"私营企业"就业人员。外出和本地农民工两者加起来的总数是 2.53 亿(25 278 万)人。

根据 2006 年的"总报告",农民工中有 30.3%(0.364 亿)在制造业部门工作,22.9%(0.275 亿)在建筑业工作。此外,约 0.56 亿就业于"第三产业",其中 10.4%(0.125 亿)从事"社会服务",如保姆、清洁工、清运垃圾人员、社区保安、理发店人员、送货人员等;6.7%(0.08 亿)是住宿、餐饮业服务人员;4.6%(0.05 亿)是批发与销售业人员,如小商店、摊位人员和小贩等。

农民工不具有正规城镇户口,与城镇居民在身份上存在一定

差异。他们从事的是低报酬和低福利甚至没有福利的工作。根据 2006 年的"总报告"，2004 年他们平均工资只有 780 元/月，每日平均工作 11 小时，每周 6—7 天。也就是说，他们的工作时间比正规职工多了近一半，而获得的报酬仅是后者的 60%。当时的调查者推测，他们中只有 12.5% 签有劳动合同，10% 有医疗保障，15% 有退休福利（根据后来更精确的数据，这些推测其实偏高——见表 16.1）。因为不具备城市居民身份，他们只能负担更高的医药费用和子女的"择校"教育费用。在全国每年 70 万工伤受害者中，他们占了最大多数。这些基本事实也可见于众多较小规模的研究。①

以上事实在一份国际调查中得到进一步证实。这是一个由国外学者和中国社会科学院共同完成的（1988 年、1995 年和 2002 年三次调查中的）第三次"中国家户收入调查"（Chinese Household Income Project）。该项调查是以国家统计局的抽样调查为基础，根据经过修改的范畴而抽样进行的。② 2002 年的调查覆盖了 120 个县的 9200 个农户及 70 个城市中具有城市户口的 6835 户，同时对

---

① 例如，北京市丰台区 2002 年的一项有关调查显示，被调查的城市居民平均工资是 1780 元/月，而农民工则只有 949 元。他们之中有 1/3 的人员每天工作时间超过 12 小时，1/6 超过 14 小时（李强、唐壮，2002）。另一项关于合肥市的研究，基于 836 份有效问卷，发现 80% 的农民工按月报酬在 800 元以下，86% 工作时间 10 到 14 小时（方云梅、鲁玉祥，2008）。另一个 2007 年关于武汉、广州、深圳和东莞等城市的研究，根据 765 份有效问卷发现，农民工工资在 2004 年以后有显著增长（49.5% 月薪达到 1000 元以上），但他们平均每周工作 65 小时。如果按小时计算，他们的工资只达到 2005 年全国正规职工收入平均水平的 63%（简新华、黄锟，2007）。当然，"总报告"是最为全面的调查。

② 比如，加上了自家所有房子居住人的房租等值估算，但是仍然没有纳入城市居民在医疗和教育上的所享有的"暗补"的估算（Guatafsson, Li and Sicular, 2008：15—17）。应该指出，也没有考虑到工作时间的差别。

"农村移民"（rural migrants）进行了次级样本调查。该项调查发现，农民工的工作报酬比城市居民平均要低 50%。[1] 而这个数字尚未将两者在工作时间、医疗保障和教育费用等方面的差别考虑在内。（Gustafsson，Li and Sicular，2008：12，29；Khan and Riskin，2008：76）

从表 16.1 中我们可以看到，在参与社会保障方面，2009 年到 2011 年有一定的进步。农民工在养老和医疗保险的参保比例方面有一定的提高，从 2009 年的 7.6% 和 12.2% 提高到 13.9% 和 16.7%，但客观上仍然很低。工资方面也有一定的提高，但我们欠缺可比较的数据。虽然如此，可以确定的是，绝大比例依然违反国家劳动法律规定的每周最多工作 44 小时，2009 年是 89.4%，2010 年是 90.7%，2011 年仍然高达 84.5%。中国的农民工虽然在其家乡具有大部分其他国家的"非正规经济"人员所不具备的承包地权，但在其他方面（没有或只有低等社会保障）和其他发展中国家是基本一致的。

四、城镇的正规与非正规就业人员

国家统计局根据 2010 年的全国人口普查数据，对之前的就业人员数据做了全面的调整。结合上述农民工数据，我们今天可以获得比较完整的关于农民工和非正规经济，以及正规经济就业人员的数据。由此，我们可以比此前更有把握地论述农民工和中国非正规经济的规模和演变过程。

---

[1] 这是按就业人数计算。如果按人均计算，则低 35%。

表 16.2　中国城镇历年非正规经济就业人员数（万人）

年份	私营企业	个体	未登记	非正规经济总数	占城镇就业人员%	正规经济总数	占城镇就业人员%
1978	—	15	0	15	0.2%	9514	99.8%
1985	—	450	0	450	3.5%	12 358	96.5%
1990	57	614	2313	2984	17.5%	14 057	82.5%
1995	485	1560	1704	3749	19.7%	15 291	80.3%
2000*	1268	2136	8163	11 567	50.0%	11 584	50.0%
2005	3458	2778	10 928	17 164	60.5%	11 225	39.5%
2010*	6071	4467	11 384	21 922	63.2%	12 765	36.8%

　　* 2010 年的数据根据第六次人口普查把 2001 年之后的城镇就业人数往上做了调整。根据新旧数据并存最后一年（2009 年）数据的比较，该年城镇就业人员总数经调整之后增加了 0.22 亿人，同时乡村就业人员数减少了 0.44 亿人，城乡总就业人员数调整后减少了 0.22 亿人。这些调整所反映的主要是比原先数据更快速的城镇化，也反映了相当数量的农村人员在城镇化过程中从农业就业变成非农就业，以及没有就业人员的演变。

　　数据来源：《中国统计年鉴》，2011：表 4-2。

　　表 16.2 是根据最新调整的就业人员数据所列出的中国历年正规和非正规经济就业人员数（2000 年及之前的数据没有变动）。这里的"正规经济"范畴纳入了统计局惯用的正式登记的、具有法人身份的国有单位、集体单位、股份合作单位、联营单位、有限责任公司、股份有限公司、港澳台商投资单位，以及外商投资单位的正式在册人员。在正规单位之外的，是规模较小的（虽然是经过正规登

记的）、不具有法定正规"用人单位"身份的"私营企业"（区别于较大型的民营股份单位和公司及港澳台和外资单位）和个体（户），以及数量庞大的未经登记人员。他们更适合我们这里采用的非正规经济范畴。

所谓的"私营企业"按照国家统计局的定义，乃是"由自然人投资或自然人控股"的单位。因此，它们不具有"法人"身份，与具有如此身份的"有限责任公司""股份合作单位""港澳台商投资单位"及"外商投资单位"等较大的非国有企业不同（《中国统计年鉴》，2007：表 5-7，138）。我们绝不应像在美国语境中（和有的美国研究中）那样把"私营企业"按照其英文的字面意义理解为所有的非国有企业。事实上，这些"自然人"所有的私营企业的就业人员在 2006 年只占全国就业人员总数的 14%，绝对不应被等同于中国"资本主义"的全部或其最大部分（《中国统计年鉴》，2007：表 5-2，128；黄宗智，2013）。

如此定义的"私营企业"多为小型企业。2006 年全国共有 0.05 亿（500 万）家经登记注册的私营企业，在城镇登记的雇佣人员为 0.395 亿，在乡村登记的雇佣人员为 0.263 亿，每个企业平均 13 个员工（《中国统计年鉴》，2007：表 5-13，150）。① 根据 2005 年对这些企业的第六次（1993 年以来每两三年一次的）比较系统的抽样（每 1000 个企业抽一个）问卷调查，其中只有 1.13% 是规模大于

---

① 这里的"城镇"同样指县城关镇及以上，"乡村"则包括其下的镇。见本章第 3 部分"中国的农民工"第一个脚注。2009 年，私营企业数增加到 624 万，人员增加到 9000 万人，每个单位平均 15 位员工（《第八次全国私营企业抽样调查数据综合分析报告》，2009）。

100 位员工的企业。① 绝大多数乃是小型的、平均 13 位员工的企业,包括制造业部门(38.2%)、商店和餐饮部门(24%)、社会服务(11.1%)和建筑业(9.1%)部门。如上所述,如此的非正规员工大多数缺少福利、社会保障("中国私营企业研究"课题组,2005)。②

至于 2010 年在城镇登记的 4467 万自雇个体就业人员,他们大多是登记人本身和一两位亲朋的个体经济(2006 年平均 2.2 人/个体户——数据见《中国统计年鉴》,2007:表 5-14,151)。这些自雇人员包括小商店、小摊子人员,旧的和新型手工业工人及其学徒,小食品商人,各种修理店人员等。这些人员数快速增长的部分原因是新兴现代经济部门对这方面服务的市场需求,部分是新近进城打工的农民工对这方面的需求。改革以来的城镇个体工商户,包括旧式(类似 1949 年前)的手工业者和小商业主的大规模复兴(人民公社化之后几乎完全消失),正是出于这样的需求。

根据国家市场监督管理总局的数据,个体工商户的户均注册资本在 2002 年是 16 000 元,2010 年上升到 39 000 元。(工商总局,2012)显然,这些都是较小的生意。即便与(小规模的)私营企业(其户均注册资本在 2007 年是 170 万元)相比也相去较远。我们绝对不应该像有的美国学者那样,把个体户等同于所谓的"私人企业家"(private entrepreneurs)。(详细讨论见黄宗智,2013)这样的

---

① 2003 年年底全国有 0.0344 亿(344 万)这样的企业。当然,也有极少数符合美国语境中的那种中、大规模的资本主义企业。

② 当然,在私营企业"就业人员"中,也包括那些可被视为小型"资本家"的企业资产总额为 500 万的企业所有者,以及一些高技术的高薪人员。但其绝大多数无疑是普通员工,也是待遇低于正规经济职工的就业人员。

就业人员大多没有福利和社会保障。

　　从阶级分析的角度来说，这些"个体户"符合马克思主义生产关系视角所突出的关于"小资产阶级"的特点，即以自家劳动力使用自家所有的生产资料（土地、工具、资本）的阶级［也可以称作"自雇者"（self-employed）——Wright，1997：第 4 章］，因此既不同于资本家，也不同于无产阶级。同时，也符合韦伯市场关系视角所突出的"阶级情况"，即销售自家（部分）产品的农户、手工业者或销售小商品的小商业者，因此与那些靠占据稀缺资本而具有垄断销售权力的资本家不同，也和在市场上出卖自己劳动力的工人阶级不同。（Weber，1978，1：302—307）正因如此，马克思和韦伯同样把小资产阶级这样的个体生产经营单位当作资产阶级和无产阶级之外的第三阶级看待。（详细讨论见黄宗智，2008；黄宗智，2010：第 9 章）当然，我们也可以把他们纳入"非正规经济"的范畴。

　　然后是 11 384 万（2010 年）未经登记的非正规就业人员。在技能和工作稳定性方面，他们还要低一个层次，许多是临时性的人员，诸如保姆、清洁工、社区保安、餐馆服务员、运送人员、学徒等。不用说，他们绝大部分同样没有福利和社会保障。

　　总体来说，以上三种主要的城镇非正规经济就业人员（私营企业人员、个体户和未登记人员）共同构成了一个低报酬、低稳定性、低或无福利的城镇经济体。①

　　由此可以看到,1985 年以来,中国的非正规经济就业人员已经从所有城镇就业人员的 3.5% 爆炸性地增长到 2010 年的 63.2%。这部分是由于(小)私营企业和个体户就业人员数的膨胀——2010年分别达到了 6000 万人和 4500 万人的数目,但更主要的则是未经注册人员的大幅度增加——从 1985 年的 0 人达到 2010 年的 1.1亿人,其中当然主要是农民工。同时期,正规经济职工 2010 年的就业人员总数(1.28 亿)却和 1985 年基本一样(1.24 亿)(1985—1995年的 10 年中有所增加,但 20 世纪 90 年代后期中小国有企业改制,其工人大规模下岗,正规职工基本返回到 1985 年的绝对数),而其所占城镇总就业人员的比例已经从 1985 年的 96.5% 下降到 2010年的 36.8%。这个变化非常大。

---

① 当然"私营企业""个体"和未登记人员中不仅包括农民工,也包括 20 世纪 90 年代后期和 21 世纪初的 10 年中,数量可能达到 5000 万的就业于非正规经济的城镇居民。其中许多是下岗职工,在非正规经济领域重新就业,大部分在服务业("第三产业")就职。我们缺乏全面、可靠的材料,但根据 1997 年一个相对系统的在 17个省 55 个城市的问卷调查,大部分下岗职工是"中年"人员(年龄 30 岁到 50 岁的占 64%),只具备相对较低的文化水平(其中小学和初中学历占 56%,上过大学或大专的仅有 5.7%),绝大部分成为交通运输、批发零售、餐饮和社会服务业等部门的非正规就业人员,或在小型的所谓"私营企业"工作,或者变成自雇的个体户,大多只比农民工的待遇稍高一个层次。只有很少部分的下岗人员(4.7%)认为国家的各项就业工程对他们有过"很大帮助"("城镇企业下岗职工再就业状况调查"课题组,1997 年;亦见 Ministry of Labor and Social Security, n. d.)。

五、乡村的就业人员

至于乡村就业人员,2010 年人口普查发现,之前根据抽样调查估计的数据有比较严重的误差。国家统计局根据更可靠的 2010 年普查对乡村就业人员数据做出了相当幅度的调整,减少 4369 万人,如表 16.3 所示。

表 16.3　乡村就业人员数(1980—2010) (万人)

年份	原数	调整数	增减	乡镇企业	私营企业	个体	农业
1980	31 836	—	—	3 000			
1985	37 065	—	—	6 979	—	—	—
1990	47 708	—	—	9 265	113	1491	36 839
1995	49 025	—	—	12 862	471	3054	32 638
2000	48 934	—	—	12 820	1139	2934	32 041
2001	49 085	48 674	−411	13 086	1187	2629	31 772
2002	48 960	48 121	−839	13 288	1411	2474	30 948
2003	48 793	47 506	−1287	13 573	1754	2260	29 919
2004	48 724	46 971	−1753	13 866	2024	2066	29 015
2005	48 494	46 258	−2236	14 272	2366	2123	27 497
2006[*]	48 090	45 348	−2742	14 680	2632	2147	25 889
2007	47 640	44 368	−3272	15 090	2672	2187	24 419
2008	47 270	43 461	−3809	15 451	2780	2167	23 063

续表

年份	原数	调整数	增减	乡镇企业	私营企业	个体	农业
2009	46 875	42 506	-4369	15 588	3063	2341	21 514
2010	—	41 418		15 893	3347	2540	19 638

* 根据 2006 年的全国农业普查,该年有 2.12 亿劳动力全年从事农业劳动 6 个月以上,0.91 亿在 6 个月以下(《中国第二次全国农业普查资料汇编·农业卷》,2009:表 2-1-15)。由此可见,后者之中有相当比例被归纳为乡镇企业、私营企业或以个体经营为主业的就业人员。

数据来源:《中国统计年鉴》,2010:表 4-2。

此前,根据全国 6.8 万农户的抽样调查,国家统计局低估了2001—2010 年全国城镇化的幅度,所以要以每年平均 485 万的人数对这些年份的乡村就业人数进行调整。农民的更快速城镇化意味着农业就业人数以相同幅度比较快速地递减。同时,乡镇企业从业人员在这 10 年间每年平均增加 281 万,2010 年达到 1.59 亿,乡村私营企业也比较快速地扩增,每年平均增加 216 万就业人员,2010 年达到 3347 万就业人员。① 毋庸赘言,农村乡镇企业和私营企业人员大多同样处于社会保障制度之外。一般的研究都把他们纳入"农民工"范畴,即"离土不离乡"的"农民工",以区别于"离土离乡"的农民工。

---

① 这里应该附带说明,中国农村今天越来越多的就业人员同时从事不止一种职业,譬如部分时间耕种、部分时间在乡镇企业或私营企业就业,或以个体身份从事小买卖、运输、工匠等工作。以上的统计是按照主要业务——每年就业 6 个月以上——来归纳的(详见《中国第二次全国农业普查资料综合提要》,2008;以及《中国第二次全国农业普查资料汇编·农业卷》,2009)。

至于乡村个体就业人员,他们在 1995—2000 年间达到 3000 万人左右的顶峰之后,下降到 2004 年的 2066 万人,之后再次攀升,2010 年达到 2540 万人(例如工匠、裁缝、修理工、理发师、运输工、小摊小贩等)。我们当然可以把他们理解为一种"自雇"的"小资产阶级",并将其等同于城镇的个体户,纳入"非正规经济"范畴。但由于他们多住在农村,其中不少人部分时间也从事一点农业,更合理的做法应该是把他们纳入"农民"(而不是"农民工")范畴。

至于以农业为主业的就业人员,在这 10 年间平均每年减少1213 万人,多于国家统计局过去的估算。也就是说,从每年 1 个百分点提高到 2 个百分点。第 1 个百分点可以根据彭玉生和笔者在2007 年的文章里分析的三大因素(生育率下降、城镇非农就业扩增、农业结构转变)来理解。(黄宗智、彭玉生,2007)第 2 个百分点则一半来自比我们预测的要更快速的城镇化,另一半来自我们没有充分考虑到的乡村非农就业(即乡镇企业及私营企业和个体户就业)的扩增。

结果是,2010 年的(以农业为主业的)农业就业人员已经下降到低于 2 亿人,仅为 1.97 亿人(根据 2006 年全国农业普查的定义,农业就业人员是每年从事农业 6 个月以上的人员——《中国第二次全国农业普查资料综合提要》,2008)。他们无疑应该被划归到"农民"的范畴,因为他们大多在农村居住,也因为他们大部分时间从事农业。

但是,我们同时也要指出,国际劳工组织的"非正规经济"这个概念用于中国并不完全理想。ILO 等使用此词的出发点基本把"非正规经济"认作一个仅仅出现在城镇的现象,并不对农村多加考虑,而中国的社会实际则是,如今"农"与"工"紧密交织不可分:大多数的城镇"非正规人员"是农村户籍人员,在老家还有土地(承包地权)和房子。反过来说,几乎所有的"农户"都有一两位家人在外打工或从事其他的非农就业,他们几乎都是(笔者称作)"半工半耕"的家庭(黄宗智,2006),不允许简单的"工""农"划分。这是中国社会实际的悖论方面,要求我们同时考虑到"农"与"工",而不是完全像传统马克思主义思想那样,聚焦于工业生产中的"工人"/"无产阶级",也不像 ILO 那样,把非正规经济视为一个纯粹的城镇现象。我们在使用"非正规经济"概念的时候,需要同时认识到中国社会的特殊性——占据其大多数的农村户籍农户今天乃是亦工亦农、半耕半工的农户,绝对不可简单想象为一个城乡完全分化了的社会。如果我们完全像国际劳工组织那样,把非正规经济视作完全或主要是城市经济的现象,便会过分隔离中国的城镇与农村,过分隔离农民工与农民,不符合中国的实际情况。

中国社会的特色之一是顽强持续的"小农经济"及如今半耕半工的农村户籍农户。在明清和民国时期,由于耕地不足,中国农民不能简单依赖农业谋生,长期以来农民一直都借助手工业副业来谋生;在改革时期,手工业逐步让位于工业打工,并逐渐形成以工业打工为主、农业为辅的生产模式。虽然如此,其在人口压力下结合两种生产来谋生的道理则一仍其旧,并由此形成以半工半耕农民为主的社会形态。(详细讨论见黄宗智,2011;黄宗智,2012、2011、2006)

按照这样的思路,我们完全可以使用中国革命传统中把"工农"概括为单一社会阶层、认作"劳动大众"的概念的方式,把乡村的非农和务农人员也都纳入广义的"非正规经济"。那样的话,更能突出城乡之间在身份上的差别,更能突出"农"与"工"之紧密交织的实际,更能突出如今只占据所有从业人员中较少数的"正规经济"人员与占据大多数的"非正规经济人员"间的差别。如表 16.4 所显示的,2010 年前者只占据总就业人员中的不到 16.8%,后者则占到 83.2%。

表 16.4　全国正规与非正规经济就业人员数和比例(1978—2010)(万人)

年份	总就业人员数	正规经济 + 集体人员数	正规经济人员%	城镇非正规经济人员数	乡村非正规经济人员数	非正规经济人员%
1978	40 152	40 152	100%	0	0	0
1990	64 749	14 057	21.7%	2 984	47 708	78.3%
1995	68 065	15 291	22.5%	3 749	49 025	77.5%
2000	72 085	11 584	16.1%	11 567	48 934	83.9%
2005	74 647	11 225	15.0%	17 164	46 258	85.0%
2010	76 105	12 765	16.8%	21 922	41 418	83.2%

数据来源:《中国统计年鉴》,2011:表 4-2。

当然,我们仍然需要认识到工农业间的一些基本不同。现代产业的典型是工厂生产,产业打工者多是聚集起来在工厂、工地工作的人员。这个事实是和广为人们接纳的规模经济效益概念紧密相关的。但农业不同,今天中国农业的主体仍然是分散的小规模(数亩地到几十亩地的——平均才 10 亩地)家庭农场。对在工厂打工的非正规人员来说,提高其(劳动)法律保护是主要的问题。但务农人员所面对的主要问题不是法律上的劳动保护,而是如何提供"大市场"中所需要的高效、廉价加工和销售服务。城镇打工者出路的关键在劳动法律的改革,农村务农者的出路则主要在摆脱目前商业资本对其的榨取(这是笔者《中国的新型小农经济:实践与理论》一书的主要议题)。

六、中国的正规经济

我们最后要检视今天的法定正规经济的组成。上面已经提到,2010 年城镇正规工人总数只是全国 76 105 万就业人员总数中的 12 765 万人,即 16.8%。如下表 16.5 所示,其中有不止一半(6516 万)是"国有单位"的职工,包括不止 2200 万的党政机关职工、将近 2200 万的"事业单位"职工,以及约 2000 万的国有企业职工。显然,这些职工中的大多数其实是"白领"的职员,只有少数是"蓝领"的"工人"。他们的共同点是享有国家劳动法律规定的、较高的工资和较优厚的福利。

表 16.5 按登记注册类型分的中国城镇就业人员(2010)

登记注册类型	就业人员数(万人)
国有单位	6516
中国共产党机关	567
国家机构	1326
其他	319

续表

登记注册类型	就业人员数(万人)
事业单位 国有企业	2196 2108
集体单位	597
股份合作单位	156
联营单位	36
有限责任公司	2613
股份有限公司	1024
港澳台商投资单位	770
外商投资单位	1053
总数	12 765

资料来源:《中国统计年鉴》,2011:表 4−2;《中国劳动统计年鉴》,2011:表 4−1。

　　此外则是表中所列的具有正规"法人身份"的非国有单位的正规职工,最主要的是较大规模的民营企业(有限责任公司和股份有限公司),共约 3600 万职工;香港、澳门和台湾,以及外商投资的单位,共约 1800 万职工。上面已经说明,即便是这些正规单位职工,也并不一定完全享有国家劳动法规定的社会保障福利(因为企业可能违反或无视国家劳动法的规定),但总体来说,享有的比例较高。

　　这些就是今天中国正规经济的主要组成部分,其中较上层的人员(政党—国家官员、事业单位的专业人士、大型国企和民企的"白领"职工及少数的高级"蓝领"技术工人)乃是占据今天所谓的

"中产阶级"的大多数的群体。他们多是城市的有房、有车者，消费上的要求和习惯已经越来越趋同国际大城市的"中产阶级"，和农民及农民工存在较大差异。

结　论

总而言之，我们惯常使用的"工人"和"农民"两个范畴，对中国当前的社会实际都带有比较严重的误导性。它们更适用于西方，而不是中国社会的历史演变。无论是马克思主义的历史观，还是与其对立的新自由主义历史观，都以为从农业进入工业社会将会是一个简单的过程，即大多数以家庭为主要生产单位的农村农民将转化为个体化的城市工业工人和其他职工。一般进入城市的第一代农民，便不会再返回农村，而会成为城镇人，成为工人。但中国的近现代历史其实是一个很不一样的过程。今天中国的劳动人民其实并不能清楚地被划分为工人和农民，而是两者紧密交织的半工半耕家庭的成员。

传统的"工人"和"农民"两个阶级范畴其实掩盖了改革期间的最庞大、最关键的社会经济变迁。今天，大多数的城镇"工人"不是城镇居民，而是农村户籍人员，部分家庭仍然在农村；而大多数农村户籍的"农民"不单纯是务农人员，也是非农就业人员，部分家庭人员同时在城镇和乡村打工或从事非农就业。这些半耕半工的家庭其实是中国最庞大、最基本的经济单位，它们结合农业和工业、农民和工人，组成一个密不可分的大群体。对这个群体的表述，最贴切的可能还是原来的中国革命的"工农"，即（广大）"劳动人民",而不是我们常用的、能够清楚划分的"工人"和"农民"范畴。

不同于实际的传统意义的"工人"和"农民",这个表述对我们关于中国社会和经济史的思考影响深远,也对我们的劳动立法历史影响深远,更对我们思考中国的社会不公问题的根源影响深远。传统的马克思主义视角促使我们的左派学者们聚焦于对正规的产业工人"无产阶级"的研究。他们的用意是为广大劳动人民说话,但是实际上,他们所研究的只是广大劳动人民中的较少数——全职、正规的蓝领产业工人,总数才约 2000 万人。

同时,国家对源自马克思主义的"劳动"和"劳动法"概念范畴的使用,同样使我们忽视了难以享有法律规定的保障和福利的绝大多数劳动人民。2010 年,"旧"劳动法其实只适用于具有特殊身份的正规职工,只占城镇总就业人员的三分之一,非正规人员则占到三分之二。我们如果把城镇正规人员与全国工农人员相比,则前者只占约六分之一,后者占到六分之五。

新自由主义经济学理论的"拐点"理论同样促使我们简单地聚焦于正规经济,并想象全国的劳动人民已经或行将被整合为一个同等待遇的单一劳动市场,完全无视巨大的非正规经济。与此密切相关的是美国的"橄榄型"社会模式理论。它促使大家想象一个中间大、两头小的社会结构,以为中国的社会结构已经达到,或在快速地趋向这样一个模式。他们同样忽视了大多数劳动人民,把约六分之一的"中产"职工等同于大多数就业人员。

实际上,今天中国的社会阶层主要由两个差距悬殊的阶层组成:一方面是新兴的占到人口约六分之一的正规经济人员中的较上层的"中产阶级"。他们在生活习惯、消费要求和价值观上,已经越来越和国际大城市的"中产阶级"趋同。另一方面则是难以享有国家劳动法所规定的社会保障的非正规人员——主要由九亿农村户籍的"半工半农"家庭所组成的广大劳动人民。他们的家庭人员部分从事农业,乃是农业从业人员;部分在城镇打工,组成城镇就业人员中的大多数,也是城镇非正规经济人员中的绝大多数。他们既非传统意义上的"工人",也不再是传统意义上的"农民",而是亦工亦农的农村户籍人民。他们才是中国大多数的"劳动人民",亟须我们去重新认识。

参考文献

蔡昉(2007):《中国经济面临的转折及其对发展和改革的挑战》,载《中国社会科学》第 3 期,第 4—12 页。

"城镇企业下岗职工再就业状况调查"课题组(1997):《困境与出路——关于我国城镇企业下岗职工再就业状况调查》,载《社会学研究》第 6 期,第 24—34 页。

《第八次全国私营企业抽样调查数据综合分析报告》(2009),《中华工商时报》,http://money.163.com/09/0326/09/55AQSU10002524SD.html。

方云梅、鲁玉祥(2008):《农民工生存状况调查》,载《中国统计》第 3 期,第 25—27 页。

高学强(2010):《新民主主义政权劳动保护立法的历史考察》,载《历史研究》第 1 期,第 109—110 页。

工商总局(2012):《十年来我国个体、私营经济快速发展》,http://www.gov.cn/jrzg/2012-10/03/content_2237467.htm。

国家劳动总局政策研究室编(1980):《中国劳动立法(资料汇编)》,北京:工人出版社。

黄宗智(2012):《中国过去和现在的基本经济单位:家庭还是个人?》,载《学术前沿人民论坛(学术前沿)》第 1 期(创刊号),第76—93 页。

黄宗智(2011):《中国的现代家庭:来自经济史和法律史的视角》,载《开放时代》第 5 期,第82—105 页。

黄宗智(2010):《中国的隐性农业革命》,北京:法律出版社。

黄宗智(2009):《中国被忽视的非正规经济:现实与理论》,载《开放时代》第 2 期,第52—73 页。

黄宗智(2008):《中国的小资产阶级和中间阶层:悖论的社会形态》,载《中国乡村研究》第 6 辑:第1—14 页,福州:福建教育出版社。

黄宗智(2006):《制度化了的"半工半耕"过密型农业》,载《读书》第 2 期,第30—37 页;第 3 期,第72—80 页。

黄宗智、彭玉生(2007):《三大历史性变迁的交汇与中国小规模农业的前景》,载《中国社会科学》第 4 期,第74—88 页。

简新华、黄锟(2007):《中国农民工最新情况调查报告》,载《中国人口资源与环境》第 17 卷第 6 期,第1—6 页。

人力资源和社会保障部劳动科学研究所编(2010):《2008—2009 年中国就业报告》,北京:中国劳动社会保障出版社。

《劳动纠纷起诉书——劳动纠纷案例一》,中顾法律网,2010-05-04,http://news.9ask.cn/xzss/hjtt/201005/564760.html.

《劳动争议纠纷案件现状及情况分析》,华律网,2012-09-12,

http://www.66law.cn/laws/45557.aspx。

《劳务关系不是劳动关系诉讼难得仲裁支持》,中国劳动资讯网,2012 - 04 - 11,http://www.51labour.com/newcase/showarticle.asp? artid=1760。

《劳务派遣》,百度百科,2013,http://baike.baidu.com/view/15253.htm。

李干(2008):《新〈劳动法〉实施后高校后勤劳动佣工的管理》,载《企业家天地》下半月刊(理论版)第 12 期,第 9—10 页。

李强、唐壮(2002):《城市农民工与城市中的非正规就业》,载《社会学研究》第 6 期,第 13—25 页。

陆学艺(2003):《当代中国的社会阶层分化与流动》,载《江苏社会科学》第 4 期,第 1—9 页。

陆学艺主编(2002):《当代中国社会阶层研究报告》,北京:社会科学文献出版社。

《媒体公告解除劳动关系引出的诉讼》,中国劳动资讯网,2007 - 09 - 08,http://www.51labour.com/newcase/showArticle.asp? artid=1115。

倪豪梅(2012):《论延安时期党的工会工作方针》,载《湖湘论坛》第 2 期,第 68—72 页。

《全国人民代表大会常务委员会关于修改〈中华人民共和国劳动合同法〉的决定》,2012 年 12 月 28 日公布。

《中国第二次全国农业普查资料综合提要》(2008),北京:中国统计出版社。

《中国第二次全国农业普查资料汇编·农业卷》(2009),北京:

中国统计出版社。

《中国劳动统计年鉴》(2007,2011),北京:中国统计出版社。

《中国农民工问题研究总报告》(2006),载《改革》第 5 期,第 5—30 页。

中国私营企业课题组(2005):《2005 年中国私营企业调查报告》,http://www.southcn.com。

《中国统计年鉴》(2007,2010,2011),北京:中国统计出版社。

《中华人民共和国劳动法》,1994 年 7 月 5 日通过,1995 年 1 月 1 日起施行。

《中华人民共和国劳动合同法》,2007 年 6 月 29 日通过,2008 年 1 月 1 日起施行。

中华人民共和国国家统计局(2011):《2010 年农民工监测调查报告》,国家统计局网站,http://www.stats.gov.cn/tjfx/fxbg/t20120427_402801903.htm。

中华人民共和国国家统计局(2010):《2009 年农民工监测调查报告》,http://www.stats.gov.cn/tjfx/fxbg/t20100319 _ 40262828 81.htm.

《中华苏维埃共和国劳动法》(1933),见国家劳动总局政策研究室编(1980):《中国劳动立法(资料汇编)》,北京:工人出版社,第 366—392 页。

Blunch, Niels-Hugo, Sudharshan Canagarajah and Dyushyanth Raju. (2001). "The Informal Sector Revisited: A Synthesis across Space and Time," *Social Protection Discussion Paper Series*, no. 0119, Social Protection Unit, Human Development Network, The World Bank.

Canagarajah, Sudharshan and S. V. Sethurman. (2001). "Social Protection and the Informal Sector in Developing Countries: Challenges and Opportunities," *Social Protection Discussion Paper Series*, no. 0130, Social Protection Unit, Human Development Network, The World Bank.

Das, Maitreyi Bordia. (2003). "The Other Side of Self-Employment: Household Enterprises in India," *Social Protection Discussion Paper Series*, no. 0318, Social Protection Unit, Human Development Network, The World Bank.

Gustafsson, Bjorn A., Li Shi, and Terry Sicular eds. (2008). *Inequality and Public Policy in China*. New York: Cambridge University Press.

Huang, Philip C. C. (2013). "Misleading Chinese Legal and Statistical Categories: Labor, Individual Entities, and Private Enterprises," *Modern China*, 39, no. 4 (July): 347—379.

Huang, Philip C. C. (2011), "The Modern Chinese Family: In Light of Social and Economic History," *Modern China*, 37, no. 5: 459—497.

ILO(International Labor Office).(2002). *Women and Men in the Informal Economy: A Statistical Picture*. Geneva: International Labor Organization.

ILO. (1972). *Employment, Incomes and Equality: A Strategy for Increasing Productive Development in Kenya*. Geneva: International Labor Organization.

Khan, Azizur Rahman and Carl Riskin. (2008). "Growth and

570

Distribution of Household Income in China between 1995 and 2002," in Gustafsson, Li and Sicular eds. , 2008, pp. 61—87.

Lee, Ching Kwan (李静君). (2007). *Against the Law*: *Labor Protests in China's Rust Belt and Sun Belt*. Berkeley: University of California Press.

Ministry of Labor and Social Security, Department of Training and Employment, the People's Republic of China. n. d. (2002). "Skills Training in the Informal Sector in China," International Labor Office.

The Nobel Peace Prize. (1969). Presentation Speech. http://nobelprize.org.

Weber, Max. (1978). *Economy and Society*: *An Outline of Interpretive Sociology*, 2 vols.. Berkeley: University of California Press.

Wright, Erik Olin. (1997). *Class Counts*: *Comparative Studies in Class Analysis*. Cambridge, England: Cambridge University Press.

专题五　国家体制与经济体系的探讨

第 17 章

集权的简约治理

——中国以准官员和纠纷解决为主的半正式基层行政[*]

　　近 20 多年来的档案研究显示,清代民事司法体系的那套原则和方法,出人意料地被广泛应用于众多其他的治理领域。时至今日,已经积累了不少证据,足使我们能够得出一些有关清代基层治理的初步结论,而这些结论又足以促使我们重新思考有关中华帝国和中国现代国家本质的一些主要理论阐述。

---

*　本章中文版原载《中国乡村研究》第五辑,福州:福建教育出版社,2007 年,第 1—23 页,并纳入《中国国家的性质:中西方学者对话(一)》专辑,载《开放时代》2008 年第 2 期,第 10—29 页。英文原作 Philip C. C. Huang,"Centralized Minimalism:Semiformal Governance by Quasi-Officials and Dispute Resolution in China,"*Modern China*,34,1(January,2008)。在此感谢白凯、夏明方、李怀印、彭玉生、白德瑞(Bradly Reed)、樊德雯(Elizabeth VanderVen)和汪洋在本文修改过程中提出的宝贵意见。汪洋为本文译出初稿,谨此致谢。译稿经我自己详细校阅修改,基本准确。但因概念众多,不容易翻译,文字去理想甚远,尚盼读者见谅。

　　首先,简要地重述一下我们对于民事司法体系的认识:清代对民法的整体看法被概括在它的"细事"范畴中。这是一个接近西方现代法律"民事"范畴的概念。清代的认识是,有关土地、债务、继承和婚姻(以及老人赡养)的纠纷都是"细"微的、相对不重要的事情。这首先因为,在国家眼里这些事件的纠纷远不如刑事案件来得严重,于是国家很少或者根本不加以惩罚。其次,较为不明显的一点是,国家认为这些事情最好由社会(社区、亲族)以妥协为主的纠纷调解机制而不是由国家以依法断案为主的公堂来处理。事实上,大多数纠纷正是由社区和亲属调解解决的。

　　但是,还有很多有关"细事"的纠纷并不能由此解决,而是告到了县衙公堂上。在这些场合里,国家首先依赖的是一个半正式过程。在此过程中,法庭体系和(因控诉而)再度启动的社会调解一同运作。两种体系之间的联系由社会提名、国家批准确认的不带薪准官员"乡保"担当。县令收到诉状、辩词和各种禀呈的时候,通常会写上简短的批示,而那些批示一般会被公布,或通过乡保传达给诉讼人。作为知县意见的初步表达,这些批示会在重新启动的社会调解过程中起重要作用,一方或另一方可能会更愿意妥协,由此达成调解协议。如果这样的庭外调解成功了,知县几乎毫无例外地会认可调解结果,因为对他来说,那样的结果要比任何公堂裁决来得理想。这个依赖准官员、法庭体系和社会调解间互动的半正式过程运用得非常广泛,几乎是个制度化了的常规程序。在告到公堂的所有"细事"案件中,可能有40%通过这种方式得以解决。只有在民间的和半正式的调解过程失败时,知县才会正式开庭按照法律裁决纠纷(Huang, 1993b; 1996:第五章;中文见黄宗智,

2001）。

这种治理的基本进路——有了控诉才介入，并尽可能依赖民间调解和半正式程序，不仅运用于民法体系中，也广泛地运用于整个清代地方行政中。尽管高层权力十分"集权化"，但是不同于现代官僚政府及其使用的正式监督和形式化文书，清代利用准官员和半正式纠纷解决机制进行地方治理的方法也许可以用"简约治理"和"简约主义"来概括。本章将从总结已经积累的证据出发，对中国过去和现在的治理方式提出一些看法。

一、历史证据

由于战争的破坏，晚清、民国的县政府档案存留下来的相对稀少，但是仍然有一定数量的资料相当完整地幸存下来，并在过去 20 多年内得到比较细致的研究。它们展示了民事（细事）司法的方法如何被应用于行政的其他领域，包括县以下的税收、教育、司法管理、村庄治理，甚至县衙门自身的管理。综合在一起，这些研究提供了一幅清代地方治理主要手段和特性的综合画面。

（一）晚清宝坻县例证

晚清宝坻县的档案资料（中国第一历史档案馆，顺天府档案资料）向我们展示了该县县级以下行政单位的实际运作，区别于宣示于众，其仅仅显示了国家意图和设计的规章制度。档案揭示，县级以下的准官员乡保是个关键性的人员，每人平均负责管理 20 余个村庄(宝坻县总共 900 多个村庄)的赋税征收和司法事务。这些乡保是县衙门和地方社会之间的主要联络人。他们是不带薪的准官员,来自地方社会,由地方提名,经国家批准确认。处在国家与社会的交汇点上,他们具有两副面孔,既是社会代表人,也是国家代理人。他们可能是地方社会中的强势人物,也可能仅仅是这些强势人物推举的作为应付国家索取的缓冲器的小人物;他们可能是地方利益的代表,也可能是利用自身和国家的联系,在地方上滥用权力以谋取个人利益的人。一些乡保仅仅是县衙门政令和通告的传递者,而另一些乡保却握有相当大的权力,甚至可以依靠自己的权威解决纠纷。这些不同在很大程度上依地方情况和乡保个人品性而异(Huang,1985:224—231 税收部分;1996:127—131 司法管理部分;中文见黄宗智,1986,2001)。

我们对乡保的了解并非来自任何形式化的官僚行政文书,而主要来自涉及乡保任命和针对乡保的控诉"案件"。宝坻县档案收有 1830 年至 1910 年间关于乡保任命和再任命的案件 99 例。① 有时,案件涉及运用各种手段谋求乡保职位的地方人士间的争夺;有时却又正好相反,案件涉及用尽各种可能手段避免被任命为乡保。就后一种情形而言,我们有众多被提名的和现任乡保逃亡的例子。甚至在一个例子里,某人一再容忍提名人的敲诈,以求避免自己被任命为乡保(Huang,1985:238;中文见黄宗智,1986)。此外有很多涉及乡保的控诉案例,诉状通常指责乡保滥收税款或滥用权威(例如 Huang,1985:225,28—30;中文见黄宗智,1986)。例如,在一个

---

① 这是王福明用该县 20 个里中 5 个里的材料整理出来的案件数。(从翰香,1995:26—33)

记录得特别详细的案件里,乡保田奎因为滥用职权一度被罢免,几年后,当他在 1814 年试图重新出任乡保时,再次遭到多位地方领袖的控告(宝坻县档案,87,1814,12.4;参见 Huang,1985:229;中文见黄宗智,1986)。在另一个案例里,拥有 20 000 亩土地的缙绅、大地主董维增,一次又一次挑选并提名自己手下的一个人担任乡保,目的是借此逃避田赋。1896 年,当地其他精英联合起来控告董和他的乡保,纠纷由此进入了司法系统(宝坻县档案,94,1896,5;1898,2;1898,7.15;参见 Huang,1985:230;中文见黄宗智,1986)。

正是这样的记录使我们得以勾画出乡保的图像。与此相对照,县衙门程序化的诉讼记录只能给我们提供一个在知县"饬令""查情""禀报"等程序化用词中,没有生动面孔的乡保。唯有从涉及乡保自身的案件和纠纷中,我们才能知道他们是谁,做了什么,卷入了什么样的纠纷。

但是过去的学术研究,包括我自己在内,都没有从材料中提炼出基层行政的特有方法,而这正是本章的焦点所在。在这些涉及乡保自身的案例中,知县的行为和其在民事案件中的所作所为非常相似。在没有针对他们进行正式控诉时,乡保一般都在没有官方监督和正式文书要求的情况下,按自己的意愿行事。因此,他们很少出现在县衙门程式化的文书中。唯有因控告或任免而卷入纠纷时,乡保的正式档案记录才会产生。在那些案件里,知县基本像在民事案件里一样作为。他的优先选择是让社会机制解决纠纷。如果这一机制失败了,他会作出明确的判决。在关于乡保任免的纠纷中,如果双方对峙,他会毫不犹豫裁定由何人任职;在涉及滥用权力的持久纠纷时,他会判决哪方在理,或罢免或保留现任乡保。这种治理方法的目的在于,用最少的官僚付出来维持现存体系。

正如我在关于"民事"诉讼的研究中所展示的那样,清代知县既没有时间也没有动机在公堂上卷入旷日持久的调解,为他眼中的下层人物达成自愿妥协而付出努力。对他来说,让诉讼双方达成自愿协议要远比直接判决耗费更少的时间和精力。[①] 并且,考虑到国家制度将"细事"当作应由社会自己解决的事务,那些拒绝社会调解而在诉讼程序中一直坚持到正式堂审的当事人,一般都是比较固执的坚持自身立场的人。无论知县的道德教化多么热诚或高尚,这些案件通常不易经过教化、调停得到解决。在实践中,仅从行政效率来考虑,这便要求知县按照法律作出明确的判决(Huang,1996,2006a;中文见黄宗智,2001,2007a)。关于乡保的控诉案件道理相同。

但是,这一事实并没有阻止知县在其写作中或发表的案例中,仍旧用儒家理想化的词汇将自己建构成一个凭借道德楷模和说教来进行治理的人。正是因为这种意识形态化的表达,有的学者把知县看作公堂上道德化的调解人。[②] 事实上,大多数知县通常只是职业化的官僚。遇到非判决不能解决的纠纷时,他们会选择迅速地根据法律判案。在那样的案件之外,大多数县令在某地有限的任期中,在治理上尽可能从简,没有必要便不介入——换句话说,

---

① 当然,这也是当今改革时代,随着案件数量的增长,法庭倾向少采用调解而更多诉诸简单判决的原因。

② 关于我和滋贺秀三在这个问题上的争论,见 Huang,1996:12—13;中文见黄宗智,2001。

尽可能依赖民间的社会机制和半正式治理方式。

(二)民国顺义例证

我们当然可以说,在民国时期,国家试图通过"现代国家建设"或科层制化(bureaucratization,亦译"官僚化")的方式(见下文),深化自身对乡村社会的控制。国民政府通过将国家正规官僚机构延伸到县以下新建的"区",加强其对乡村社会的权力。每一个区有一个由国家支付薪水的区长,具有正式文书和警察甚至武装保安的支持。这一重要的官僚化步骤出现在清末开始的各种改革之后。在新政时期,国家试图通过在自然村一级设立村长这一准官员职位,而不是像过去的乡保那样的跨村职位,强化自己对乡村社会的影响力。

然而,伴随 20 世纪官僚化的"国家建设",旧的草根阶层的简约治理仍然有相当部分被保留了下来。这里,像清代一样,我们的信息来源依然主要是涉及新村庄领导的任免和针对他们的控诉的档案。资料来自河北省顺义县。从 1929 年到 1931 年,顺义县政府共收到 88 份涉及村长的诉状。其中 70 份来自要求允许其辞职的现任或刚被提名的村长(顺义县档案,3:42 和 50,1929,1—12;3:170,1930,9—1931,9),6 份是针对现任村长滥用职权,主要是针对他们在税务管理中滥权的控诉,剩下的包括 5 份由其他村庄领导递交的要求任命新村长的诉状,5 份报告现任村长的死亡并要求新任命村长的诉状,以及两个特殊的案例①。

这些记录告诉我们,清代宝坻县关于乡保的记录所揭示的行政方法,仍然广泛地应用于民国的乡村治理。像乡保那样,新的村长是由地方领导提名并得到县令批准确认的。他们不是带薪的官员,更多的是村庄社区的代表而不是国家官员。除非有针对他们的控诉,或者有任命新村长的必要,否则大多数时候他们都是各行其是的(Huang,1985:241—244;中文见黄宗智,1986)。

1929—1931 年间顺义县资料中出现大量要求辞职的诉状,乃是由于国民党政府强化对乡村的控制,增加赋税,尤其是杂税(即"摊款"——主要是为了建立警察、保卫团和学校而征收),从而加重了乡村政府的压力。与清政府在宝坻县只试图控制到人均管辖20 个村庄的乡保一级不同,新政府试图通过村长直接把自己的触角延伸到自然村一级。与清政府满足于通过乡保在跨村一级运作不同,新政府希望让新的村长对税收负责。与清政府在两个世纪内将许多事务尽可能留给地方自身负责不同,新政府试图征收更多税款来进行现代化改革——建立现代警察、武装力量和学校制度。最后,在国民党和军阀交战时期的战略区域,军队过境时要求村庄提供粮食、畜力、住宿、人力和其他后勤服务(Huang,1985:278—280,284—285,288—289;中文见黄宗智,1986)。

---

① 一份是一名村长提起的针对几个村民的控告。另一份是三名新成立的(虽然不是普遍建立的)"检查委员会"成员提起的针对一名村长没有遵照国民党新指示公布村庄账目的控诉。在 1996 年的书中,我说有"大约 120 份"这样的诉状(Huang,1996:43—44;中文见黄宗智,2001)。更细致地看,那个数字包括了 15 份诉状复件,10 份不涉及村长的诉状,6 份只是由个别村民提起的普通民事诉状。总共是119 份。因此当时说一共"大约 120 份"。

　　这些新的压力致使许多旧村长申请离职,许多新被提名的村长试图逃避负担。一些人借口年老体衰或健康状况不佳,另一些人借口自己是文盲,没有能力或资格任职,还有一些人则借口自己有其他的责任和义务。在好几个例子里,刚被提名的村长转身就提名他人做村长,而那个被提名者反过来又要求取消这样的"荣誉",并坚持最初的那个人更有资格担任村长一职。许多乞求脱离村长职务的请愿人都提到了新增税款给村长增加的压力。另外一些人则提到了战时的军事索取。

　　这些资料使我们确信,国民党治下的乡村治理仍然带有许多像清代宝坻县档案所揭示的那样的特性。和清政府在乡保任命上的做法一样,国民党政府也从地方抽取人员,要求本乡本土的领导从社区成员中提名村长。国家并不任命或派遣这样的村长,而将自己的角色限于批准社区的提名。而且,和乡保一样,新的村长也是没有薪水的准官员。除非村长像乡保一样成为被控告对象,或者自己要求辞职或由他人替代,否则只要满足税收指标,村长都可以不受监督地依自己的意愿行事。这也正是为什么关于村长的信息来源主要是针对他们的控诉或者他们自己提交的呈诉。

　　从 20 世纪 30 年代到 40 年代初期,日本满铁所做的田野调查提供了重要的口述史信息,确证和充实了我们从档案记录中得到的认识。满铁研究人员在 1939—1942 年间调查的华北六个村庄,为半正式的乡村治理提供了细致具体的例证。乡村治理可以分为三种不同的模式。在鲁西北的后夏寨和冷水沟,由社区领导提名的早期村长大部分一直供职到 40 年代初期。他们通常更多地代表社区利益,而不是国家利益。他们所在的社区是以一个有内聚力的整体来和国家打交道的。这些村庄内的社区纽带在 20 世纪的变革中大部分都维持了下来。县政府根本没有干涉村庄事务。我们关于这些事务的认识来自口述史而不是县档案(Huang,1985:259—264;中文见黄宗智,1986)。

另一方面,在沙井和寺北柴(前者靠近北京,后者在冀中南),在国家对村庄经济新的压榨和索取之下,长期担任村长的人辞职了。这导致了权力真空,使得滥用权力的"无赖"得以窃取村长职位,并利用职务为自己牟取私利。但是,这些村庄的社区纽带依然足够强劲,在滥权行为面前,村民们联合起来,向县政府提起申诉,并最终罢免了这些无赖。在沙井的案例里,这一过程发生在抗日战争时期的 1939 年。在村庄(联合了邻近的石门村)向县政府提起针对无赖樊宝山的正式控诉后,后者被罢免并遭到刑事处罚(有期徒刑两年)。在寺北柴的案例里,这一过程发生在 30 年代早期。长期担任村长的张乐卿辞职以后,无赖李严林在接下来的两年里接替了他的位子。直到村庄向县政府提起控诉,李才被罢免,张重新回来担任村长。这里,我们的认识来自满铁调查员所提供的村庄口述史和他们搜集的县政府档案(Huang,1985:264—270;中文见黄宗智,1986)。

在第三种模式里,在冀东北的吴店和侯家营,社区的旧领导放弃了位子,而让"无赖"式的人物独占了村政府。在日本人进行调查的 1941—1942 年间,两个村庄都处在滥用权力的村长的管理之下,但是村庄并没有能够团结起来提起正式申诉。县政府完全没有介入村庄事务;因此,我们对发生在这两个村子里的事情的了解全部来自村庄的口述史(Huang,1985:270—274;中文见黄宗智,

1986）。

这些满铁资料确证,清代依赖准官员和纠纷解决机制进行统治的简约治理方法,仍然被国民党政府,甚至日本占领军政府时沿用。他们并没有试图在村长位子上设置带薪官员,把村政府正式官僚化。相反,他们继续采用了半正式行政的方式,将自身角色限定在批准和认可下面提名的领导人上。只有在针对滥用权力的控诉和新的任命发生时,政府的官僚机构才会介入。(而且,正如我们已经看到的那样,当新的压力和张力瓦解了旧有的社区联结纽带时,这种做法很容易为机会主义者和无赖窃取权位打开方便之门。)在原则上和方法上,这种统治方式和清政府处理"细事"的方式有一定的相似和延续之处。

(三)晚清和民国获鹿县的税务管理

李怀印对保存较好的(河北中南部)获鹿县晚清至20世纪30年代档案资料的研究,为上面的观察提供了进一步的确证。在获鹿,和宝坻县乡保一级相当的县以下关键"官员"是所谓的"乡地"。和乡保一样,乡地没有薪水,由社区提名(通常依照长期存在的"村规"轮流任职),并得到知县的确认。但是,与乡保不同,每个乡地通常与一个特定的村庄相连。相对于宝坻县人均负责20个左右村庄的乡保,这里典型的情形是一个乡地负责一个村庄。如李怀印所观察的那样,这一情况的出现可能是因为冀中南较之宝坻县所在的冀东北生态更稳定,土地生产率更高,由此保障了更紧密联结的村庄社区和更高程度的社区团结(Li,2005:9;2000:第一章)。较高程度的社区团结和较高程度的县行政渗透似乎矛盾其实共存,政府的行政方法是相同的。这里,有关"乡地"的资料主要来源同样是涉及乡地的提名和确认的"案件",以及针对他们滥用权力和职责的控诉。和真正科层制化的组织不同,在政府的正式档案里,我们很少得见乡地的日常行为。有关乡地的文书大多限于非常规的、知县干预了的"案件"和"诉讼"。

获鹿县税务管理的主要模式是由乡地先预付应征款项,然后再由他们在社区成员中分配税额,收缴税款。如果进行顺利,县政府收到了应征税款,那么征收大体上由乡地个人负责,基本上任其自行运作。只有当这一体系的运作出现问题,在纠纷、控告和人事变动中,知县才会介入(Li,2000:第五章;亦见 Li,2005:第四、五章)。

在清末新政和紧随而来的民国时期的"现代""国家建设"中,乡地体系和新建立的村长体系并存了下来。但是二者都遵循着旧有的简约治理原则:除非纠纷和申诉发生,这些不带薪的准官员基本自行其是。

(四)东北地区海城县的乡村学校和教育管理

这里要提及的另一批档案证据来自东北地区的海城县,材料相当完整,是樊德雯博士论文(2003)的核心内容。在海城县,中央政府从新政时期开始呼吁按照中央的指导方针建立乡村社区学校。部分村庄过去有教授《三字经》《百家姓》和《千字文》的私塾(其上是教授"四书""五经"的私塾),当时整个教学体系都以国家主办的科举考试为导向。现在旧的私塾体系要被新的学校体系替代。后者预期将教育普及到所有儿童,并强调数学、地理、历史、科

学、语文、体育、音乐等新式科目。(VanderVen,2003:第三章)

　　中央政府为新型乡村学校所做的设计虽然相当详细,但并没有为它们划拨任何官方资金。一般村庄都是利用村里的庙宇或村政府自己的收入来建造校舍,自行选择和聘雇学校老师。它们可以收取学费,以资学校运转,但是由于它们在设计上是社区的"公共"学校,学费通常很低。有的新学堂是经过改造的私塾,在课程里将新式和旧式的科目合到了一起。(VanderVen,2003:第三章;VanderVen,2005)

　　就地方教育管理而言,晚清政府(在 1906 年)建立起了部分科层制化和部分半正式的"劝学所"。这些县以下的劝学所负责监察地方和村庄的教育。他们并不是县衙门的一部分,也不从属于某一行政部门。在这一点上,他们和过去的乡保类似。但是,他们在一定程度上官僚化了:所里任职的官员有薪水,对在其管辖权限内的学校做定期的巡视,并将结果报告给知县。所的长官(至少在理论上)是由地方社会提名并得到知县任命的。而他反过来(至少在理论上)选择本所的其他"绅董"和工作人员,理论上要经由知县确认。由于这些教育机构的成员无一例外地来自当地,他们通常更认同地方的利益。在例行的汇报之外,除非遇到纠纷或控诉,这些机构在很大程度上可以自行其是。(VanderVen,2003:第六章)

　　我们关于这些学堂和教育机构的信息部分来自他们向县政府递交的官僚化了(甚至具有固定的表格)的有关学校的定期报告。这些报告涵盖了教学质量、学校管理、学生表现、健康状况、卫生工作等各方面内容。但是,就像我们在搜集有关乡保、乡地的资料时那样,在这里,更多的信息来自涉及乡村违反规则、特殊的申诉或纠纷等有待知县解决的"案件"。在这种案件里,这些教育机构的官员们很大程度上像乡保一样充当村庄和县衙门之间的联络人。知县主要在这些控诉和纠纷中直接介入。(VanderVen,2003:第六章)

樊德雯的上述发现,在李怀印完成他的博士论文之后对冀中南获鹿县教育所做的研究中得到了进一步的确证。和樊德雯一样,李怀印的材料主要由涉及新式学校的纠纷和申诉的"案件"组成。这些材料显示了和东北海城县相同的部分科层制化、部分半正式行政的原则和方法。(Li,2005:第八章)

使人惊奇的是这种由国家发起、结合了村庄社区和地方精英参与的治理模式产生了十分深远的影响。它开创了全国范围的乡村学校建设。今天的很多乡村学校都可以追溯到这个时期。"文革"时期广泛建立的村庄集体(大队)学校,尤其清晰地显示了与这些建于20世纪初期的学校的延续性。像晚清新政和民国时期的前身一样,集体制下的村办小学主要是由村庄(集体)自己出资建立的。当然,它们是在中央指导和其所制定的蓝图之下实施基础教育的。实际上,它们是村庄在国家简约主义的设计下由社区自己积极参与和推动的产物。

(五)清代四川巴县的衙门行政

最后,白德瑞(Bradly Reed,2001)对四川省巴县衙门档案的研究表明,同样的治理原则和方法甚至也被应用于衙门自身的管理。根据清政府的设计,知县是县衙门里唯一由中央任命的带薪官员。很早以前瞿同祖的研究就明白地指出了知县的"非正式"(瞿的用词)私人"幕友"所扮演的重要角色:特别是知县带着去各处赴任的刑名幕友和钱谷幕友的至关重要的作用。知县用他自己正常"薪水"以外的"非正规"收入(来自礼物之类)来支付这些师爷的收入(Ch'ü,1962)。而白德瑞的研究向我们展示了衙门的日常工作人员——那些在衙门各房里任职的书吏和差役的运作。

这些吏役也是半正式人员。他们中的绝大多数被假定是根本不存在的,因为清代行政法规明确地将县衙书吏和差役的人数分别限制在几十人以下,仅相当于 19 世纪大多数县真实人数的很小比例。他们的收入也被条例限定在 19 世纪吏役实际收入的小部分的数额上。然而,这些居于正规条例外的灰色人物担负着衙门的日常行政工作。他们一般都展现了一种准官员的价值观,将自己的资格和志向与正规官僚相比拟。

白德瑞所用材料的核心也是"案件"记录。而且这些案件主要涉及在各房吏役的任命和再任命中,以及围绕该房控制权所展开的争夺,或者是房与房之间围绕县衙门的权力和财政控制权所展开的争夺。正如白德瑞指出的那样,由于县衙门财政收入的大部分来自刑房在地方纠纷案件中所收取的费用,刑房也就成了特别容易发生冲突的地方。当这些冲突爆发的时候,冲突的一方或另一方会向知县提起申诉,希冀知县介入来解决纠纷(Reed,2001:第二章)。

正是通过有关这些纠纷的"案件"记录,我们了解到各房及其吏役的实际运作情况。白德瑞强调,这些案件向我们展示了县衙门日复一日的运作,非正规的吏役如何悖论地组成衙门的日常工作人员,他们如何同时带有非正规人员的不合法性和正规官僚的合法性［亦即白德瑞所谓的"非法官员"（illicit bureaucrats）］，在法定规则之外承担着地方政府的必要职能。

　　我在这里要补充指出的是衙门管理运作与司法、税务、教育管理运作间的共同之处。而且我们看到了它们对准官员的依赖——它们不是由政府而是由地方社会拨款，或由衙门从自己提供的服务所获得的收入中支取，来维系的半正式人员。这种方法也是为了让正式的国家机构尽可能少地介入地方事务，避免使用程式化的监察和文书工作等官僚政治手段。知县作为正式科层制的代表，仅在因纠纷而产生控诉的时候才介入地方事务；否则的话，基本上任其自行运作。

　　值得注意的是，知县几乎完全以管理他治下的村庄的办法来管理县衙门各房。各房头目由各房自己提名，然后由知县认可。每一房"代表"的准官员薪酬由各房自己负担。每一房首先依赖自己的内部机制解决纠纷。知县只有在不介入便无法解决纠纷时，或者在产生针对吏役滥用权力的控诉时才会介入。一旦介入，知县接下来便按照他处理细事案件的方式来解决纠纷和处理控告。这同样也是简约主义的行政。

二、集权的简约治理

　　韦伯在他的两个理想政府类型"世袭主义君主制"和"科层制"（"官僚制"）之间做了重要的区分。前者以一个把国家当作统治者个人领地的世袭君主制度为特色；后者以一个非人格化的、带薪官僚阶层行使专业职能的现代政府为特色。但是，当他讨论帝制时期中国的历史时,认识到实际和他提出的用以阐明理论联系的两个理想模型不同,因此颇具洞见地使用了"世袭主义(君主制)官僚制"(patrimonial bureaucracy)的概念,而不是简单地使用两个模型中的一个或另一个去进行描述。正如我在另文中提及的那样,韦伯的建议可以理解为一个既矛盾又统一的框架——一个既是"世袭主义的君主制度"同时又是科层制化的"官僚制度"的体系(Weber,1978:1047—1051;请比较 Huang,1996:229—234;中文见黄宗智,2001)。孔飞力在 1768 年有关"叫魂恐慌"的研究中强调"君主独裁"和"官僚制"间的冲突(Kuhn,1990),我的建议则是将二者看作在单一悖论体系中相互依存的两个部分。

　　然而无论如何,韦伯的理论框架对厘清中华帝国治理的两个重要特征很有说服力。(1)尽管在理论上皇帝有世袭权力,但是实际上他在很大程度上依靠官僚体系来确保自身统治的稳定性,并赖以抗衡世袭制统治的分裂倾向(导向独立的地方世袭领地)。(2)虽然韦伯本人并没有清楚地表达出这一点,尽管官僚制具有自我复杂化和延伸的倾向,但是世袭制的统治明显限定了政府机构必须尽可能地保持简约;否则的话,地方官员和皇帝本人将会被过多的中间阶层隔开,由此威胁到赖以编织这个体系的官员对皇帝的个人忠诚度,促使地方(世袭制)统治的分权倾向压倒官僚制的中央集权(Weber,1978:特别是 1047—1051;请比较 Huang,1996:第九章;中文见黄宗智,2001)。("世袭主义官僚制"作为"世袭主义君主制"和"官僚制"两个概念的融合,其实证伪了韦伯本人从前现代的、前官僚化的国家变化到现代的、官僚化的、理性国家的直线理论体系。)

但是韦伯的概念并没有考虑到作为本章中心议题的半正式治理。无论是他的理想化治理模型,还是关于中国历史实际的"世袭主义官僚制"概念,最终都局限于政府的正式机构和功能上。这是从国家和社会非此即彼二元对立概念出发的思路。沿袭这样的思路,治理问题就会变得局限于民间社会对立的政府正规机构。

这样的概念框架,在官方治理之外,能够考虑到中国非正式的士绅精英和宗族扮演的角色,就像韦伯本人所考虑的那样。这也是过去中国研究关注比较多的课题(例如 Chang,1955,1962;Ch'ü,1962;Freedman,1966)。但是这样的概括并不能涵盖作为本章上述讨论核心的半正式乡保、乡地、村长和"非法官员"。其实,它也不能涵盖瞿同祖所突出的"非正式""幕友",也不能涵盖与政府协作,在公共事务和地方治理中扮演越来越重要角色的晚清和民国时期的士绅以及商人精英。新式的商会特别能说明问题:它们是由政府(在 1904 年)提倡建立并受其管束的,但同时代表"私人领域"(private)个体商人的利益,并逐渐承担了很多政府职能,例如维持新式的市政服务,建立公共安全机构和调解纠纷。①

在韦伯之后,迈克尔·曼(Michael Mann)在政府正规权力中区别了中央集权化的程度(相对于其他与之抗衡的权力)——他称之为"专制权力"(despotic power),和政府深入社会的程度——他称之为"基层渗透权力"(infrastructural power)(Mann,1984;Mann,

---

① 参见罗威廉(Rowe,1984,1989)和冉枚烁(Rankin,1986)。他们的研究先是将这一趋势等同于哈贝马斯的和国家并置对立的"公共领域",但后来更多地将它看作国家与社会间的中间领域(Rowe,1993;Rankin,1993)。我 1993 年的论文对这些评述做了总结(Huang,1993a:220—221)。

1986）。由此,考虑到政府权力在行政、立法、司法三个部门间的分立,这些部门间的相互制约以及市民社会的权力,我们可以说当今美国政府的专制权力程度比较低,但是它的基层渗透权力程度却非常高(无论在其税务局权力、警察或联邦调查局在追捕逃犯时的触角,还是战争动员中,都可以见到)。与此不同,考虑到以皇帝个人名义为代表的中央权威,中华帝国的专制权力程度很高;但是,考虑到官僚机构仅仅能延伸到在 19 世纪人均负责管理 25 万人的县令一级,它的基层渗透权力的程度很低。低度基层渗透权力和高度专制权力的矛盾结合,是思考中华帝国政府及其和当今美国政府不同之处的一个有效路径。

　　曼的见解在王业键对中华帝国土地税的研究那里得到很好的支持。尽管清政府高度集权,王业键的研究证明,土地税(田赋、附加和耗羡)收入相对于农业总产出只占很小的一个比例:在 18、19 世纪,税入仅仅占到产出的 2%—4%。相比较而言,明治时代的日本和欧洲封建国家(更不用说现代国家)的税入则占到产出的 10%,甚至更多(Wang,1973;参见 Huang,1985:278—281;中文见黄宗智,1986)。税收当然是衡量政府基层渗透权力机构和影响力的一个很好的标志。晚期帝国政府获取的农业产出的低比例税收证明了这个政府相对薄弱的基层渗透权力。当然,这也表明了有限的财政收入对官僚体系规模的限制。

　　但是尽管有上述见地,和韦伯的分析一样,曼的分析也不能阐明政府正式机构之外的治理。他的双向区分仍然局限于和市民社会的民间权力并置对立的政府正式机构。他不能说明作为我们讨论焦点的半正式治理。换句话说,曼的专制权力和基层渗透权力间的区分,不能把握发生在政府官方和民间社会的中间领域内的治理方法。

正是在这一背景下,我提出了存在于国家、社会之间的"第三领域"概念,突出这二者之间重叠和合作的治理领域。在民法体系内,第三领域存在于以依法判决为主的官方法庭体系和以妥协为主的民间社会调解机制之间。向衙门正式提起控诉通常并不意味着社会调解的终结,反而刺激了更多的调解努力。同时,知县对诉状、辩词和各种呈禀的批词,作为其初步意见的明示,会对社会调解起一定作用。法庭体系则几乎没有例外地认可庭外调解的结果,其背后的理论是庭外居中调解有助于把纠纷双方的敌意最小化,避免纠纷恶化或重现。(Huang,1993b;Huang,1996:第五章;中文见黄宗智,2001)

同样,处在官方政府机构县衙门和民间社会调解机制之间的乡保也体现了清代治理中的"第三领域"。乡保在国家与社会间的灰色领域内运作,同时对知县和提名他的地方社区负责(Huang,1993a;参见 1996:127—131;中文见黄宗智,2003,2001)。我们在上面也已经看到 20 世纪初的村长,甚至帝制时期的县衙门房长,也拥有共同的特性。这些特性也可见于 20 世纪初扮演公共服务和政府角色的士绅和商人精英。20 世纪初的乡村教育同样并不单属于社会或国家,而是二者合作的结果。

我提出"第三领域"概念的目的并不是否定"国家"(譬如,正式的官僚机构)和"社会"(譬如,自然村庄)领域的无可否认的客观存在,当然也不是要继续沉溺于国家、社会非此即彼的二元对立建构中,而是要超越那样的建构。正如我们已经看到的那样,清代治理涵盖了二者之间的一个巨大领域。在这一领域内,二者相互重叠,协力运作。

　　但是,我的"第三领域"概念虽然突出了中间区域的存在,显示出其中准官员的身份,但它没有很好地把握这个领域中的简约治理方法。帝国的官僚体系本来可以选择全面官僚化和各部门职能专业化,以及与之相连的形式化文书工作。这样的话,会是一种繁密的"官僚政治"进路。然而相反,帝国政府选择了接近简易做法的一端,它坚持使用准官员而不是带薪的正式官员,除非发生纠纷和控诉,尽可能不介入此"第三领域"。仅当只有介入才能保障这一广泛领域内的治理能连续和平稳运作时,政府才会介入。

　　为了把握这一治理进路和政府的整体组织,我在这里提出了"集权的简约治理"概念。之所以是中央"集权",是因为帝国以皇帝个人名义声称拥有绝对(世袭)的权力。行政权威并没分割于相对独立的政府各部门,也没有为政府和市民社会所共享,而是聚集在中央。

　　这样一种中央集权制要求一个简约的正式官僚机构。尽管帝国政府有一个宏大的彻底控制社会的设想,特别是它的十进制户籍管理组织——里甲、保甲制度(见 Hsiao,1960)。然而事实上,世袭主义官僚制的逻辑要求政府机构保持最少数量的科层,以免切断整个体系倚为纽带的个人忠诚,造成地方性的世袭分割。当然,从一个长时期过密化的小农经济中抽取的有限赋税也是对官僚机构充分科层制化的另一个限制,恰巧契合了清政府减少国家强加于社会的负担的愿望。由此,清政府规定将每个县的胥吏和衙役人数分别控制在几十个之内,试图将地方知县下的吏役数量控制在最低限度(Ch'ü,1962:38,58),并且朝廷许诺了"盛世滋丁,永不加赋"。

这样一个简约的正式官僚机构继而导致了对通过准官员和纠纷解决机制进行治理的半正式的简约行政方法的依赖。正因为正式机构结束在县一级,县以下的行政必须依赖准官员来完成。对准官员和社会调解机制的依赖,要求正式官僚体系只在纠纷或申诉中介入。

当然,这一"集权的简约治理"概念在某一层次上会使人联想起韦伯的"世袭主义官僚制"和曼的"高专制权力—低基层渗透权力"。但与它们的不同在于,这个概念不仅试图把握政府正式组织的性质,而且试图把握政府行政的实践;它不仅试图指出政府正式机构的组织方式,而且试图阐明在官方政府和民间社会之间的灰色领域内运作的半正式行政实践。

三、儒法合一的治理

儒法合一的,或者可以说是"儒化的法家"治理,能够涵盖这样的治理实践的一部分。法家的意识形态是要通过法律、刑罚和官僚制度来进行治理。① 这种严苛现实主义的治理意识形态为儒家的仁政理想所中和。② 在地方治理的层次上,这种融合带来了将知县看作"父母官"的理想。我们可以说,这一理想把一个代表刑罚、

---

① 关于法家法律的"儒化",请参见瞿同祖,1961;并比较 Bodde and Morris,1967。
② 正如瞿同祖(Ch'ü,1961)所揭示的那样,法家意识形态同样也和儒家的社会等级观融合。

纪律和去人格化行政的法家的严厉父亲形象,同一个依赖仁慈、和谐与道德楷模的儒家慈祥母亲形象结合在一起。二者同样视中央集权为理所当然,因此把政府比喻为父母亲,把被统治的人民比喻为子女(子民)。另外,儒家还信奉对社会事务最小干预的理念。儒家的政治理想是一个近乎自我管理的道德社会。政府官员们的理想限定于以树立道德楷模为主要治理方法。这样,法律的理想原点是社会自己解决纠纷,国家机构尊重社会机制进行的纠纷调解。国家只有在这种机制失败、自己不得不介入的时候,才进行干预。诉讼是失常现象,依法判决的庭审则出于应付这种失常现象的必要。这就是将民法看成"细事"的意识形态支柱。这样的仁政对民众而言应是尽可能不繁重的——因此这也是 18 世纪将政府官员和税额指标定得极低的政策的根源。

在这里,读者自然会联想起已被众多学者研究过的 11 世纪司马光与王安石的论争。司马光可以被看作这里所讨论的儒家简约治理诸多方面的代表:他主张将官僚机构保持在简约的状态上,让社会尽可能自我治理。王安石提倡依赖带薪的正规官吏来进行治理;司马光反之,要求把县以下的治理寄托于社会自身的士绅精英(Bol,1993:169,173—176,177—181;比较萧公权,1982:487—493,515—517)。司马光的观点后来成为整个明清时代占统治地位的儒家主流政治观点。

但是,这种儒家简约主义不能充分涵盖帝国统治的意识形态——就此而言,甚至不能概括司马光自身政治观点的全部。就像我们已经看到的那样,帝国政府实际运作中的意识形态其实来自儒家和法家的融合。这一融合有着比 11 世纪司马光、王安石辩论更加深远的历史根源。甚至司马光自己也视依赖高度烦琐的官僚规章制度为理所当然。事实上,他的政治观点或许可以更好地被概括为"儒化的法家"治理意识形态,而不是简单的"儒家简约主义"。

然而,即便是这里阐述的"儒化的法家"概念,也不能全面涵盖上面描画的简约治理的各个维度。上面讨论的对准官员和纠纷解决机制的运用,作为一种治理方法,是来自行政实践的结果,而不是意识形态的原则。无论是儒家的简约主义还是法家的治理,都没有预见到使用乡保那样的准官员来作为国家官僚制度和社会调解之间的联结,在二者之间创造出治理的"第三领域",也没有预见到要求知县只有在非介入不能解决纠纷的时候,才采取直接行动的实际。在儒家简约主义理想延续不变的情况下,这些方法是政府在人口增长的背景下逐步扩延的结果。考虑到统治者坚持的世袭制集权,而又同时企图把世袭制统治内的分裂最小化,并承诺把税收最小化,以及由此而来的简化政府机构的愿望,使用纠纷解决方式的半正式行政可能是维护整个体系的高效率、低负担的办法。这就是帝国政权行政实践的隐藏逻辑,而"儒化的法家治理意识形态"概念最多只能涵盖其部分内容。

"儒化的法家"概念更不能够把握产生于 20 世纪现代化需要中的那些简约治理维度。准官员村长的设置,部分正规化、部分半正规化的"劝学所"的成立和由地方精英与新式商会承担的公共服务职能,都是这些维度的例证。更重要的也许是,在新式乡村学校的兴起中,国家推动与民众参与相互结合。儒家简约治理设想认为,地方士绅精英在地方行政中承担关键作用乃是理所当然,这也是司马光政治观点的核心。但在 20 世纪的乡村中,这样的士绅精英早已不存在了。新式学校中的民众参与更多来自儒家视野以外的村民和村庄农民领袖。儒化的法家归根到底是农业国家及其等级秩序的治理意识形态,它不能涵盖 20 世纪半正式行政的实践。

四、当代中国的科层制化和简约治理

自从韦伯系统概括近代西方民族国家政府机关的逐步扩张(和"理性化")以来,"科层制化"被看成从前现代到现代治理的主要变化。从国民党统治在县级政府之下设立官僚化的"区"开始,到随后的中华人民共和国设立更加复杂的"公社"(乡镇)一级行政机构,国家机构比过去任何朝代都更加深入社会。由国家支付薪水的官员呈几何状增长,从晚清的 25 000 多增长到新中国成立后以百万数计算的国家干部——1979 年"机关团体"人员共 500 万人,1989 年 1000 万人(1999 年到达顶峰 1100 万人,2002 年是已发表官方统计数字中最新的一年,人数稍微少了一些,见《中国统计年鉴》,1990:114;2005:125)。大量繁杂的规章、程序和文书工作伴随着这一毋庸置疑的科层制化进程。

考虑到这样一个明显并惹人注目的科层制化进程,人们很容易忽视与之平行的另一过程:那就是帝制和民国时期简约治理传统的部分特征的持续存在。在改革之前,被称作"集体"政府的"村政府"实际上具有许多过去的半正式行政方式的特性。最低一层由国家支付薪水的干部是公社(乡)一级的干部;村干部(即生产大队和生产小队干部)没有中央政府的财政支持,而是由村庄自己负担——集体干部吃"集体粮",而不是"国家粮"。而且他们也是村庄的代表。当然,新的国家制度利用了向下延伸程度远甚于正式政府机构的党组织来监督这些乡村领导。由此,村的党支部可以说相当于旧制度下的村长。支部服从上一级党支部的领导和管理。然而很多过去的治理方法还是保留了下来。就支部成员而言,他们几乎都是乡村自身的成员,和乡村自身的利益紧紧缠绕在一起;不可避免地,他们不会仅仅认同政党—国家,也会认同自己的村庄。

事实上,当代中国的乡村治理需要被理解为国家体制和延续下来的简约治理方法之间的互动,而不仅仅是前一种或后一种模式。村(大队)小学为二者的复杂历史提供了一个例证。我们已经看到,从20世纪乡村教育运动一开始,乡村社区就积极参与到乡村教育的发展之中。很多乡村学校主要是由村庄自身发起和出资的。国家设定了教育的指导方针,对学校进行监督检查,并且试图树立一定程度的正规化教育,但学校还是主要由社区自身维持和运作的。1949年以后,尽管国家干预程度提高,许多1949年以前的传统还是保存了下来。例如在"文革"时期(1966—1976),"民办公助"办学模式["民办"指由大队(村)和公社(乡)办理,"公助"指由政府在资金、师资等方面提供不同程度的帮助]成为典型,推动了农村义务教育空前程度上的普及。(Pepper,1996:414ff)在国家制定的指导方针下,乡村大多自己管理和维护着自己的学校。很多学校自己雇用教师,其工资起码一部分由集体工分来支付。农村的民办学校和城市的精英学校在质量上虽然有明显的差距,但是这个民办教育体系成功地为绝大多数农村人口提供了免费的小学教育。

　　然而,在改革时期,市场化和乡/村财政收入的减缩(相对于其职责),把整个半官方的乡村教育体系推入了危机状态。免费的教育被一个为钱所驱动的、大规模增收学杂费的教育体系取代。教育变成农民沉重的经济负担,许多人根本就无法承担。乡/村的财政短缺又导致了教师工资的拖欠、名额的不足和对(便宜的)代课教师的广泛依赖等现象,导致了教学质量的急剧下降。整个体系实际上已在崩溃的边缘摇摇欲坠。(李梁、许桐珲,2005)

　　中央政府因此宣布了九年(小学和初中)义务教育的意图,教育部宣称要将全国 380 万乡村教师纳入正式预算,保障一定标准的工资(教育部,2005 年 12 月 9 日)。这当然会导致更高程度的正规化和更深层的国家干预,并相应降低地方社区的半正式参与。

　　今天,乡村教育正徘徊在十字路口,也可以说是陷于漩涡之中。在毛泽东时代,大队和公社提供了以简约主义为基础的免费民办教育;改革时期的市场化却将早期的教育体系变成了一个极其昂贵和充满故障的体系;新的 21 世纪福利国家模式则希望全部由国库出钱,为所有人提供免费的九年制义务教育。这种过去和现在的混合,究竟会形成什么样的前景还是个未知之数。但是,旧有的国家发起与社区参与(建立在地方自我本位的公共服务动机上,而不是简单的牟利之上)相结合的半正式进路,仍有可能起一定的作用。也许,同样的逻辑也适用于卫生保健,其价格今日已像教育一样超出了大多数农村人口的承受能力。[1]　(宋斌文、熊宇红、

----

[1]　杨团(2006)提出了极具启发性的"第三条道路"医疗卫生服务体系模式。

张强,2003)

这些观察也许可以扩展到乡村治理的整体。首先,毛泽东时代集体制的大队和公社成功地提供了免费教育、卫生服务以及高度的公共安全,虽然是以党和国家对农村人口和经济的全能主义干预为代价的。① 这是一个矛盾的结合,同时包含全能主义的党和国家高度科层制化治理和过去的半正式简约行政进路。

事实上,毛泽东时代的乡村治理可以看作一个具有相当强烈的反官僚主义治理的传统,一个可以追溯到延安时期的"简政"口号的传统。毛泽东时代的政治运动和过去的简约主义治理有很大不同,但是这些不同不能消弭二者在治理方式上所有的共性。

就改革时代而言,它首先在 20 世纪 80 年代成功地利用了良好的乡村集体干部和新式市场刺激的结合,推动了令人瞩目的"乡村工业化",提高了农民的收入和生活水平。但是在市场化下,乡村治理逐渐屈服于货币主义和功利主义。首先,随着党组织权力的退却和乡村自治的呼声渐高,村、乡干部比改革之前有了更大的行动自由。事实上,地方治理在很大程度上不再像改革以前那样,完全遵循党的要求办事,而是在税收和计划生育等基本任务之上,只要避免党所明令禁止的事情,便多可自行其是。随着公共服务道德的崩溃,少数地方干部变得功利主义和自私自利。少部分权力滥用广泛出现在省、地、县地方政府为企业发展和房地产开发的征地之中(以期增加地方政府/官员的小金库,或提高其所谓"政绩"),以及为了自身或某些个人利益出售国有企业,并且使用专横

---

① 相较于旧的"极权主义"(totalitarianism)概念,邹谠建议使用"全能主义"(totalism)一词(参见邹谠,1994:222ff)。

权力支持那种行为,镇压抗议和反抗。这些行为多数没有受到中央的严厉制裁。党和国家机构越来越多地主要在国家既定目标不能达成,或纠纷发生的时候,才介入干预。各级上访部门堆积了一些民众对各级政府或某干部的申诉。[①] 这种权力滥用最极端的案例可以看作全能主义和简约主义的恶劣融合,近乎一种新型地方官僚世袭主义。

进入 21 世纪,一种新的地方治理模式正在兴起,可能会用新的公共服务型福利国家来取代过去的和改革早期的控制提取型国家。农业税已被废除,中央政府宣布了它彻底改造乡村教育和卫生服务的愿望。但是国家向新模式的转型并不容易,多半会带来许多意想不到的结果。村干部越来越成为只是简单地由上级政府拨款支薪的职工,不再是由地方社区财政自己负担的准官员。这似乎意味着韦伯式的"科层制化"或"理性化",但是这一变化是伴随社区(集体)资源和税收的锐减以及乡/村干部所承担的角色和功能的锐减(停止征税,因缺少财力和权威而停止提供公共服务)而发生的。[②] 令人担忧的是,村级治理的正规化和科层制化可能仅存于形式上,缺乏实质内容,附带烦琐的文书却没有真正的工作,正如近期的一个调查报告所指出的那样(董磊明,2006:第三部

---

① 从 1990 年《行政诉讼法》颁布开始,可以通过法庭对滥用权力的行为进行申诉(参见 Pei,1997)。但是直到今天,半正式的上访体系仍然是普通公民赖以抵制这些权力滥用行为的首要途径。

② 集体单位瓦解后,乡村教育卫生服务的资金一度来自乡(镇)政府提留和统筹的费用。但是,2003 年(在减轻农民负担的目标下)的税费改革取消了所谓"三提五统"。其后两年,资金缺口一度由扩征的农业税(几乎翻番)弥补。但是,随着2005 年农业税的正式废除,乡一级政府在税收和财政上真正完全被"挖空"了。(周飞舟,2006)

分)。科层制体系的上层到底能否全面承担和接手公共服务仍有待观察。

当然,在今天高度工业化和全球化的中国,对为农业国家设想的"儒化的法家"治理模式的多种要求已经不复存在了。科层制体系的规模也不再受到以农业为主的国民经济的有限税收的限制。而对教育、卫生、市场、交通和通讯基础设施的现代要求意味着新的政府和过去必定会有很大不同。简约主义治理模式必须联系今日从汲取控制型国家到公共服务型国家的转型,才可能起作用。然而,20世纪早期地方自治和由地方推动的公共服务先例,以及毛泽东时代的"国家+地方"参与模式(起码部分源于旧有的简约治理传统),排除其过度"全能"的弊端,仍然值得借鉴。民众参与和控制关乎地方利益的项目,有可能会推进近几十年来被市场经济原子化了的社区纽带的重新建立。考虑到小农经济和村庄将长期存在,简单地依赖西方科层制化的福利国家模式,不见得能够解决政府转型中的实际问题。

就我们在这里的目的而言,重要的一点是我们不能简单地用从现代西方舶来的"科层制化""官僚化""理性化"和"现代化"等概念,或者它们的对立面(如"去官僚化")来理解国家治理的变化。我们还要把在20世纪治理实践中占有一定地位的半正式行政及其依赖的准官员和纠纷解决治理方法,纳入我们的思考之中。

上面讨论的多对不同的概念——韦伯的世袭主义官僚制,曼的"高专制权力—低基层渗透权力",以及"儒法合一的治理"——有明显的重合。我们或许可以将高专制权力或者中央集权权力和法家联系起来,而将简约主义主要和儒家联系起来。我们或许也可以把官僚(科层制)治理主要和法家联系在一起,而将君主世袭制及其对简约治理的要求主要和儒家联系在一起。

但是这几对概念都更多地展示了政府制度上的结构和目的,较少涉及政府的实际运作或治理实践,而恰恰是后者赋予了前者实质内容。这里的区分在于政府的正式结构和实际运作之不同,在于政府机构和行政实践之不同。正如本章所建议的那样,中华帝国的政府机构确实应看作官僚制和世袭主义制,高专制权力和低基层渗透权力,以及法家和儒家的矛盾结合。但是,中华帝国在其政府与社会的关键性交汇点上的实际运作,则寓于半正式行政的治理方法、准官员的使用以及政府机构仅在纠纷发生时才介入的方法中。由此,我在这里提出了"集权的简约治理"概念。正如我们已经看到的那样,帝制时期遗留下来的这一治理传统,有一部分的内涵在民国时期、毛泽东时期和改革时期的治理中留存下来。新时代对福利国家的需求当然会使旧有的简约治理传统的部分内涵过时,但是简约主义中的半正式行政方法以及国家发起结合社会参与的模式,也许仍然可能在中国起一定的作用,在其追求自身特色的政治现代性中扮演一定角色。

参考文献

宝坻县档案,北京:第一历史档案馆。(归顺天府;以案卷号、年、农历月、日顺序引用。例如,宝坻县档案 87,1814,12.4。)

顺义县档案,顺义县档案馆。[依照目录号、案卷号、年、阴历月、日(若有)顺序引用。例如,顺义县档案 3:42 和 50,1929,1—12。]

从翰香主编(1995):《近代冀鲁豫乡村》,北京:中国社会科学出版社。

董磊明(2006):《村将不村——湖北尚武村调查》第一到第三部分,见 www.snzg.net。

黄宗智(1986):《华北的小农经济与社会变迁》,北京:中华书局。(2000、2005 年重版)

黄宗智(2001):《清代的法律、社会与文化:民法的表达与实践》,上海:上海书店出版社。

黄宗智(2003):《中国的"公共领域"与"市民社会"? ——国家与社会间的第三领域》,载《中国研究的范式问题讨论》,北京:社会科学文献出版社,第 260—285 页(此文是我英文原作[1993a]的翻译稿,错误较多,在本集中已适当改正)。

黄宗智(2007a):《中国民事判决的过去和现在》,载《清华法学》第 10 辑。

黄宗智(2007b):《中国法庭调解的过去和现在》,载《清华法学》第 10 辑。

教育部(2005):《教育部拟将 400 多亿农村教师工资金额列入预算》,新浪网 12 月 29 日,http: news. sina. com. cn/c/2005 - 12 - 19/102577445315.shtml。

李梁、许桐珲(2005):《"免费"义务教育百年跋涉》,《南方周末》11 月 24 日,见 http://hsyong.e-dublogs.org。

宋斌文、熊宇红、张强(2003):《当前农民医疗保障的现状分析与对策构想》,载《社会工作(学术版)》第 12 期,第 5—9 页。

邹谠(1994):《二十世纪中国政治:从宏观历史与微观行动角度看》,香港:牛津大学出版社。

杨团(2006):《医疗卫生服务体系改革的第三条道路》,载《浙江学刊》第 1 期,第 37—47 页。

《中国统计年鉴》(1990),北京:中国统计出版社。

《中国统计年鉴》(2005),北京:中国统计出版社。

周飞舟(2006):《从汲取型政权到"悬浮型"政权——税费改革对国家与农民关系之影响》,载《社会学研究》第 3 期,第 1—38 页。

Bodde, Derk and Clarence Morris (1967). *Law in Imperial China, Exemplified by 190 Ch'ing Dynasty Cases.* Cambridge, Mass. : Harvard University Press.

Bol, Perter (1993). "Government, Society, and State: On the Political Visions of Sima Kuang and Wang Anshi," in Robert P. Hymes and Conrad Schirokauer eds. *Ordering the World: Approaches to State and Society in Sung Dynasty China*, pp. 129—193. Berkeley: University of California Press.

Chang, Chung-li (1955). *The Chinese Gentry: Studies on Their Role in Nineteenth Century Chinese Society.* Seattle: University of Washington Press.

Chang, Chung-li (1962). *The Income of the Chinese Gentry.* Seattle: University of Washington Press.

Ch'ü, T'ung-tsu (1961). *Law and Society in Traditional China.* Paris: Mouton.

Ch'ü, T'ung-tsu (1962). *Local Government in China under the Ch'ing.* Cambridge, Mass. : Harvard University Press.

Freedman, Maurice (1966). *Chinese Lineage and Society: Fukien and Kwangtung.* London: University of London, The Athlone Press.

Hsiao, Kung-ch'uan (1960). *Rural China: Imperial Control in the Nineteenth Century.* Seattle: University of Washington Press.

Huang, Philip C. C. (1985). *The Peasant Economy and Social Change in North China.* Stanford, Calif. : Stanford University Press.

Huang, Philip C. C. (1993a). " ' Public Sphere ' / ' Civil Society ' in China? The Third Realm between State and Society," *Modern China*, 19, 2 (April) :216—240.

Huang, Philip C. C. (1993b). "Between Informal Mediation and Formal Adjudication: The Third Realm of Qing Justice," *Modern China*, 19, 3 (April) :251—298.

Huang, Philip C. C. (1996). *Civil Justice in China: Representation and Practice in the Qing.* Stanford, Calif. : Stanford University Press.

Huang, Philip C. C. (2002). *Code, Custom and Legal Practice in China: The Qing and the Republic Compared.* Stanford, Calif. : Stanford University Press.

Huang, Philip C. C. (2006a). "Civil Adjudication in China, Past and Present," *Modern China*, 32,2(April) :135—180.

Huang, Philip C. C. (2006b). "Court Mediation in China, Past and Present." *Modern China*, 32,3(July) :275—314.

Kuhn, Philip A. (1990). *Soulstealers: The Chinese Sorcery Scare of 1768.* Cambridge, Mass. : Harvard University Press.

Li, Huaiyin (2000). "State and Village in Late Qing and Republican North China: Local Administration and Land Taxation in Huailu County, Hebei Province. 1875—1936," Ph. D. dissertation, University of California, Los Angeles.

Li, Huaiyin (2005). *Village Governance in North China, 1875—1936.* Stanford, Calif. : Stanford University Press.

Mann, Michael (1986). *The Sources of Social Power, I: A History of*

Power from the Beginning to A. D. 1760. Cambridge, Eng. ：Cambridge University Press.

Mann, Michael （1984）. "The Autonomous Power of the State：Its Origins, Mechanisms and Results," *Archives européennes de sociologie*, 25：185—213.

Pei Minxin （1997）. "Citizens V. Mandarins-Administrative Litigation in China," *China Quarterly*, pp. 832—862.

Pepper, Suzanne （1996）. *Radicalism and Education Reform in 20th-Century China.* Cambridge, Eng. ：Cambridge University Press.

Rankin, Mary Backus （1986）. *Elite Activism and Political Transformation in China：Zhejiang Province, 1865—1911.* Stanford, Calif. ：Stanford University Press.

Rankin, Mary Backus （1993）. "Some Observations on a Chinese Public Sphere," *Modern China*, 19, 2（April）：158—182.

Reed, Bardly W. （2000）. *Talons and Teeth：County Clerks and Runners in the Qing Dynasty.* Stanford, Calif. ：Stanford University Press.

Rowe, William T. （1984）. *Hankow：Conflict and Community in a Chinese City, 1796—1889.* Stanford, Calif. ：Stanford University Press.

Rowe, William T. （1989）. *Hankow：Conflict and Community in a Chinese City, 1796—1895.* Stanford, Calif. ：Stanford University Press.

Rowe, William T. （1993）. "The Problem of ' Civil Society ' in Late Imperial China," *Modern China* 19, 2（April）：139—157.

Vanderven, Elizabeth（2003）. "Educational Reform and Village Society in Early Twentieth-Century Northeast China：Haicheng, County, 1905—1931," Ph. D. dissertation, University of California, Los Angeles.

Vanderven, Elizabeth (2005). " Village-State Cooperation: Modern Community Schools and Their Funding, Haicheng County, Fengtian, 1905— 1931 ," *Modern China* , 31 , 2(April) : 204—235.

Wang, Yeh-chien (1973). *Land Taxation in Imperial China, 1750— 1911.* Cambridge, Mass. : Harvard University Press.

Weber, Max (1978 [1968)]. *Economy and Society: An Outline of Interpretive Sociology.* Ed. Guenther Roth and Claus Wittich, trans. Ephraim Fischoff et al. 2 vols. Berkeley: Univ. of California Press.

第 18 章

"项目制"的运作机制和效果是"合理化"吗?[*]

一、探讨的问题

中西方学者过去十分突出计划经济时期中国比较特殊的"单位制",认为这是该时期社会组织的基本单元,也是治理运作的基本单元。而最近几年则有中国学者——主要是几位社会学学者——率先指出,在 21 世纪的中国,"项目制"已经取代"单位制",成为中国治理的基本方法。

从单位制到项目制"转型"的大背景,当然是大规模的市场化、私营企业的兴起以及经济体制从"指令性"的经济计划向引导性的

---

[*] 本章原稿由黄宗智执笔,龚为纲提供平晚县的研究,高原提供大、小农户粮食种植比较的研究。文稿修订经过三人协商。原文发表于《开放时代》2014 年第 5 期,第 143—159 页。收入本书时做了一定的删节和修改。

经济"规划"的转型(后者的讨论见黄宗智编,2013)。社会流动程度越来越高,特别是 2.69 亿(《2013 年全国农民工监测调查报告》)农民进城打工也是重要因素。如今,"单位"已经不再是政府治理实施以及中国社会的基本单元。

"项目制"的核心在于中央用"项目"的奖励来引导、调动、激励下级政府与项目承包者。自 20 世纪 90 年代中期实行分税制以来,中央财政收入大规模提高,无论是绝对收入还是相对地方政府收入,所占比例都远远超过改革初期。在 20 世纪 80 年代中期以后的财政包干制度下,地方政府的财政收入和支出一度超过中央,而在分税制下则由中央再次占到最大比例。(详见周飞舟,2006、2009、2012)在中央掌握前所未有的大量财政资金的现实下,"项目制"成为中央进行财政"转移支付"的主要手段,通过中央部、委、办的"发包"和招标,用项目奖励引导地方政府投入相应的"配套资金"以推动政策实施,已经成为中央借以调动地方政府执行中央设定目标积极性的最主要手段。对于非政府的投标者,企业和个人亦同。

今天,中央各部门在一定程度上已经变成项目发布和管理部门。至于地方政府,其相互之间的项目竞争已经成为地方官员的一项主要工作,与"招商引资"一并成为地方政府工作的两大主线。所涉及的领域除了经济,更包括教育、文化、科研、社区组建等众多其他领域,当然也包括"新农村建设"。作为中央提倡的一个综合性目标,"新农村建设"的"八大工程"(亦作"十大工程")包含不少于 94 项不同的专项项目(如道路、河流、绿化、社区建设等)。今天,众多村庄都在积极"抓包"项目,形成被折晓叶和陈婴婴称作"项目进村"的现象。(折晓叶、陈婴婴,2011)这是当今"资本下乡"的一个重要方面。

作为话语，"项目"也成为今天中国的一个关键词，成为人们的日常用语。不只地方官员、村干部等如此，即便在高校教师们的话语中，也可以看到"项目制"扮演的关键角色。

渠敬东等［尤其是渠敬东（2012）的理论概括论文；亦见渠敬东、周飞舟、应星，2009］率先点出项目制作为治理手段的关键性。他们敏锐地指出，官方已经采纳并广泛使用这样一种制度，赖以引导、建立其所期望的"发展"和"现代化"。他们的学术贡献在于把问题提到大家的面前，突出了其重要性。对渠敬东来说，单位制和项目制不仅是一种治理手段［如周飞舟所谓的"项目治国"（周飞舟，2006）］，更是"一种体制的精神性内涵"，"不仅表现为一种制度化的体制，也刻画着一段特定历史时期的时代精神"。（渠敬东，2012：114）

但是，在上引的渠等文章中，概念的阐释远多于扎实的经验研究。以上两篇文章主要是理论化的论述，也带有话语应用和分析，但没有扎实的关乎实际运作的经验研究。即便是比较关心实际运作的折晓叶和陈婴婴的文章，在考察"项目进村"的现象时，其经验依据也比较有限——在其所举的实例中，我们看不到项目进村的实际运作过程和效果。至于之后一些关于项目制的研究，例如陈家建（2013）的社区改造案例，虽然有关于施政意图的细节，但我们从中仍然看不到活生生的、具有真实感的实际效果的经验证据。

以上转述的学者们的分析，在缺乏实证研究检验的局限下，一定程度上只是为官方的行为提供了学术化的表述，把官方采纳的手段纳入了现有（主要是）西方的理论当中，特别是韦伯经典著作中的现代(西方)理性科层制的理想类型所开启的理论传统中。(当然,这样的现象不限于社会学,也可广泛见于经济学、法学等其他社会科学领域,可以说是它们的"主流"倾向。)他们之中,有的对此用现代化理论来比较简单地阐释官方的说辞以及提出一些保留和批评,本章在下一节还要进一步讨论。(尤其是折晓叶、陈婴婴,2011;周飞舟,2009)

这样,学术界研究直到最近所表述的主要论点和近年来"转型"关键词下所阐释的逻辑都大同小异:简言之,计划经济下不考虑激励问题,依赖的是命令,市场化了的今天依赖的则是人们逐利的激励,虽然有个体竞争(竞相获取项目本身便是一种竞争),其中差别类似于过去集体化社队下的农业和改革时期家庭联产承包责任制下的一家一户个体农业之间的不同。同时,项目制及其一系列的配套,包括由上而下的项目制定、审核、分配、监督、检查和再次"发包",以及由下而上的申请、竞争、变通、应对等,都被等同于现代化、专业化和"合理化"。这样的学术话语归根到底同一般的对"转型"关键词的理解是一致的,对土地承包制度、市场化、治理、法律等诸多方面的叙述都是如此。

我们这里要问的是:在实际运作中,"项目制"所展示的是否真的如其背后的官方设想以及现有学术阐释所指出的那样,是现代化的、市场化的、合理化的,甚至还展示了政府从"管制型"到"服务型"的转型?抑或,在实际运作之中,其实另有一套与其表达相背离的实践、一套鲜为学者们分析的逻辑?这是指在一些基本的现存体制性因素下,再好的意图似乎都有可能导致一定的偏差或异化。实践常常被另一种逻辑主宰,不是来自政策自身意图的逻辑,而是一种与之不同的潜在倾向和动力,也是今天非常需要警惕和纠正的倾向。

本章首先借助一个具有较为翔实经验证据的案例来试图勾勒出这种异化的过程,借以展示其中的原因和动力。在这个实例中,我们既能够看到相关政策的意图和形成过程,也可以看到其初步实施摸索阶段中的经验及其最终形成的运作方式和效果。我们可以看到其不同阶段中的演变过程,以及每个阶段所展示的逻辑。然后,我们将用就此得出的概念框架来重新检视一些其他的实例,最终进入更加宽阔和广为人知的"土地财政"实例。

二、粮食政策中的突出实例——推广双季稻

我们借助的实际案例是政府通过项目制来推广双季稻种植的政策。它与笔者最近分析的推广规模化的(所谓的)"家庭农场"政策直接相关,但又不完全相同。后者的动力主要来自对一种想象中的"美国模式"的迷信,包括对市场化的资源配置和规模化的经济效益的信仰。(见黄宗智,2014a)但是,双季稻的实例又比大量推行土地流转和奖励"家庭农场"更为清晰,因为它明显地是一种反经济"规律"的行为,是中央通过地方政府和基层政权而推行的政策。我们先从这个案例出发,来切入项目制问题。

在政府原来的设想中,面对中国越来越大的粮食(尤其是大豆)需求和越来越少的种粮面积——由于快速扩增的养殖业的饲料需求以及农业大规模地从粮食生产转向高产值农产品生产的趋势所造成的粮食需求压力——以及越来越大的粮食进口趋势的背

景下，"粮食安全"这个反映中国（清代中期以来）根深蒂固的忧虑的概念，再次被提上中央决策日程。用双季稻的推广来促使单位面积粮食产量最大化，已经成为中央的主要对应决策之一。其中的逻辑似乎无可辩驳：在水稻种植中，从一年种植一茬单季稻（加冬小麦），到一年种植两茬水稻（先早稻而后晚稻，再加第三茬的冬小麦），可一举提高单位面积总产量的 1/3 到一半。在人多地少的中国，这似乎是一个明智的甚或别无选择的决策。2009 年以来，政府日益加大推广双季稻的力度，采用的主要是项目制的方法。2011 年，国家发展和改革委员会更出台《国家粮食安全中长期规划纲要（2008—2020）》，确定了全国要新增 1000 亿斤粮食的规划，为此项目要投资 3645 亿元。（史普原，2014：6）

在龚为纲深入调查的湖南省"粮食大县"——"平晚县"（学术名称），我们可以清楚地看到这个政策所经历的摸索过程、其与"家庭农场"的相互关联，以及其所导致的实际后果背后的机制与运作逻辑。

（一）"平晚县"经历的三种做法和三个阶段

"平晚县"从 2009 年开始大力实施、推广双季稻政策，展示了三种不同的做法，一定程度上也是三个不同的阶段。第一个阶段是主要通过当地农业龙头企业安农公司的承包来推广双季稻种植，由公司来负责每亩地的农活，按亩收费。但这个方案被发现是个高成本、低效率的方法，不为村民们所接受。面对这个方案的失败，第二个阶段是主要通过乡镇政府对基层村庄干部施加压力来推广双季稻种植：有的村庄干部动员了一些村民把他们的土地转包给村干部来种植双季稻,但对村干部来说,这其实是个"可一不可再"的负担。2012 年之后的第三个阶段,看来也将是最终形成的实际后果,是由基层干部连同"大户"来承担双季稻"项目"。

这个演化过程的动因显而易见。首先,由当地的龙头企业安农公司来承包是个低效率的安排。由于其企业型的公司组织,它只可能依赖雇佣劳动力来承担种植的所有环节,不仅包括较强力度和较高技术要求的(一般是由农村青壮男劳动力来承担,也是较高报酬的)工作环节——如(机)耕、播、收,也包括强度较轻的管理环节的农活,如(一般是由农村辅助劳动力的老年或妇女来承担,也是较低报酬的)浇水、施肥、施农药和除草剂等工作。高原最新的文章细致地分析了这两种不同的农活,以及大农场和小农户在这方面的异同及其所展示的经济逻辑。(高原,2014)问题首先是,被雇的劳动力价格较高,一般是全职的劳动力,并非按需投入的较低廉报酬的辅助性家庭劳动力。同时,公司还要面临对其所雇佣的劳动力的监督和激励问题。正如一般小户的意见所反映的,被雇的劳动力不会像小农户对待自家农场那样投入精细的管理工作。为此,大部分当地的小农户都觉得安农公司没有为他们做到其所承诺的标准,因此到头来都不肯支付公司要求的 350 元/亩的服务费,觉得收费太高、效率太低、划不来。同时,公司又要承担相当高的土地转包费用(高于小农从亲邻朋友处转包的费用)。因此,安农公司承包种植双季稻的任务很快便遇到不可持续的阻力。以上是推广双季稻种植头两年(2009 和 2010 年)的状况。(龚为纲,2014:114—189,尤见 173)

为此,在上述压力下,有的村干部十分勉强地承担起了组织、种植双季稻的任务。任务是由上级按每村多少亩地分派下来的。举例说,在竹山村,村书记正是如此向村民们解释为什么一定要种双季稻,而面对村民们的抵制,他最终只好动员了几名村民把他们的地转包给村干部来种植双季稻,但对村干部来说,这是个吃力不讨好的沉重负担。相对单季稻来说,双季稻要求的是几乎加倍的劳动和"资本"(机耕、播、收费用,以及水、种子、肥料、农药、除草剂费用)投入,但两茬的净收入合起来还达不到一茬单季稻的净收入。(龚为纲,2014:第 4 章,尤见 135,表 4.8)

这个逻辑在笔者 1992 年的著作中已经分析得相当清楚。笔者研究的松江地区,在 20 世纪六七十年代积极推广了双季稻种植——当时的口号是"消灭单季稻!"但是,双季稻种植是划不来的,部分原因是地力的限制——多种一茬,两茬收成都会递减。另外,早稻和晚稻在质量上都不如单季稻,就连稻草(作为副产品原料)都不如单季稻。结果是,收益的增加与投入的增加不成比例。在改革期间,由于转入家庭联产承包责任制,农民首先是由于闲暇的激励(在集体分配劳动制度下,闲暇不是激励),后来是由于外出打工的激励——无论哪个,都是一种"机会成本"——很快就放弃了种植双季稻。至于国家提倡的"粮食安全"、提高单位面积粮食总产量(不顾劳动投入和农户实际收益)的指标,对小农户来说是没有意义的。(黄宗智,2006:224—225,228—229,241—242)

在以上的客观实际下,"平晚县"在推广双季稻种植的头几年中,引发了相当广泛的造假现象:乡镇和村政府以及安农公司在主干道的大马路旁边,也就是上级下来检查的官员最可能看到的地方,特地构建出专门为了满足检查的"双季稻生产核心示范圈",设置了可以糊弄上级的育秧和双季稻面积,为的是应付检查官员。这样的现象促使一位记者详细追踪该地双季稻种植情况,他于2013 年 4 月报道说,上报的和上层按照项目要求而"验收"的双季稻种植面积虽然名义上达到了很高比例(水稻种植面积的 90%以上),但实际只有约 40%的水稻用地真正种植了双季稻。这一现象使我们联想到周雪光之前对"退耕还林"等项目所阐释的、由个别地方政府和基层干部联合作假来满足要求的"共谋"现象,而实际情况则完全是另一回事。(周雪光,2008)

但是,在上级施压以及通过"项目治理"而提供的"奖补"制度之下,很快便形成了另一种机制:唯有两种人能够在这种客观情况下获得收益。

第一种人是乡镇干部和村干部。这是因为,政府通过"项目制"对完成上级指标的县乡政府和干部有一定的奖励。在县一级,在"以县为主"政策的推动下,县政府是获益较多的主体:被选为"100 粮食超级大县"的政府一年可以从中央获得不止 1000 万元的奖励。对"平晚"这样一个县来说,这是个十分可观的数目,也是其最大的一项预算外财政收入。(龚为纲,2014:38—39)在如此的激励下,难怪村级干部会感受到如竹山村村委书记在一个会议上所描述的那样来自上级的压力:上面要我们这样做,我们必须得做。(龚为纲,2014:第 5 章,尤见 147—153)在这样的情况下,通过层层下达的项目激励制度,每一层的基层政府与政权组织当然也会获得部分相应的报酬,来作为该政策项目的激励动力。

第二种人是当地的承包"大户"。我们在上文已经看到,由公司或村干部来组织、承担双季稻生产是亏本的、划不来的、不可持续的。但对一个掌握一定数目"资本"的当地"大户"来说,他可以运用另一种逻辑来使双季稻变为对其个人来说是合算的工程或项目。我们已经看到,对一个小农户来说,双季稻的种植显而易见是不合算的。但是,对一个有钱、有能力租入百亩以上土地的"大户"来说,他可以承担递减的按亩收入:只要每亩带有一定的净收入,他可以不在乎劳动和其他投入的报酬递减。其中道理很简单:配合上级的奖励,每一亩地所获得的较低收入可以凭借"规模化"来克服——一个小农户可以从种植一亩水稻获得将近千元的纯收入(而且只要投入一半的劳动),而一个大户经营者每茬只能获得不到一半的纯收益。也就是说,两茬水稻的纯收益总额还不到一茬单季稻的纯收益。但对一个这样的大户来说,他并不在乎每播种亩收益的低少和递减。对他个人来说,他只在乎自己的总收益,而总收益是可以通过"规模化"来提升的。哪怕每播种亩只有不到500元的纯收益,在上级的推动和帮助下,他也可以承包小户10倍、20倍的土地(即100—200亩地),甚或更多。这样,他的总收益相对于其他村民来说,可以达到小户的5倍、10倍,甚或更多。对他个人来说,这样一笔账算下来还是划算的,何况还可以通过政府的奖励(超过50亩双季稻,每亩奖励150元——龚为纲,2014:220—226),将自己的总收益再提高一个层次,约30%。这样,这事就变成一件他愿意干的事,和当地的小农户不同。(以上的分析亦见黄宗智,2014a:186—188)

(二)干部联合大户的运作逻辑

我们这里要问:为什么当地大规模的安农公司反倒不能依赖

同样的逻辑来营利? 首先,我们要说明不同规模的"资本"具有不同的回报预期。"安农"的创始资本是 1500 万(注册资金 300 万)(龚为刚,2014:209),其运作逻辑和回报预期是和城市中型规模的资本相似的,包括房地产业、观光旅游、出口农业等高回报的经营。该公司的预期和一位村级的种植一两百亩的"大户"是不一样的,后者的对比标准是村庄的小户,而不是城市的大资本。这也是安农公司监管下的农活达不到小农户所要求标准的部分原因。

此外,还有一个重要的考虑:一个本地的"大户"具有一定的当地关系,特别关键的是,他可以利用当地劳动力市场的辅助劳动力和短期雇工("短工"),使工资成本低于安农公司依赖的全职雇工的人力成本。这样,它可以借用中国比较独特的庞大的廉价家庭辅助劳动力市场来降低自己的经营成本。(详细论证见高原,2014)而一个"龙头企业"公司则只能通过"合同农业"或"订单农业"——与小农户家庭农场签订种植合同——来获得同样的条件。这也是为什么许多农业公司最终会从纯雇工的"产业模式"改为部分雇工、更大部分合同农业的商业经营方式来降低自己的成本。但总体来说,对安农公司那样的"龙头企业"来说,其真正的兴奋点不会是双季稻种植。我们甚至可以说,他们之所以协助政府来经营双季稻种植,目的并不是物质报酬,而更多是为了搞好与当地政府的关系,追求的不是简单的物质资本收益,是潜在的、具有高回报潜力的"象征资本"收益。

正是这样的一个机制,促使当地的干部和大户认识到,上级定下的双季稻种植指标,唯有通过上述的干部联合大户的方式,才是最实际的、稳定的和"高效的"。同时,"大户"种植可以获得上级许多官员——由于对"规模效益"的迷信（充分体现在提倡规模化"大家庭农场"的政策项目上）——的认可。笔者的《"家庭农场"是中国农业的发展出路吗？》一文（黄宗智，2014a；亦见本书第 13 章），特别突出了政策背后对（想象中的）美国模式以及对市场经济和规模效益的信仰。这里我们可以看到，其实规模化"家庭农场"政策也有一定的"实用"考虑：在现有体制和"项目"奖励执行机制之下，它是一个最实际可行的做法。因此 2012 年 7 月由中央 18 个部委参与的上海松江区泖港镇的"家庭农场"试点和调查研究，一开始便集中于粮食的种植，而该项调查则与中央 2013 年"一号文件"提倡大力发展规模化"家庭农场"的决策直接相关。（黄宗智，2014：186）

结果是，在"平晚县"，经过 2009—2012 年的摸索和尝试，当地乡镇和村干部联合大户的模式在实际运作中成为推广双季稻应用最广的模式。

（三）异化的后果

确实，在某些官员和学者的视角中，这个模式也许符合"合理化""现代化""规模化"逻辑，更符合国家"粮食安全"政策。它和国家正式采纳鼓励大型"家庭农场"的政策也是相符的。有的以为，这标志着中国走上了美国式"家庭农场"的道路。也许，更有甚者会认为这是一个综合、超越左右分歧的理想政策：既符合土地进一步流转和私有化以及农业产业化、规模化的设想，也满足了反对把中国粮食生产完全市场化（更大规模地由市场和价格机制来推动更佳的资源配置、更多地进口粮食、更全面地由市场经济来决定中国的农业布局)的思路,要求由政府介入来保证中国的"粮食安全"。国家的目的是增加粮食总产量,双季稻如果总产量比单季稻高,国家便达到了增产的目的。在那样的思路之下,"平晚县"的结果似乎很好地综合了这两种意见,做到了"双赢"的结果。这样的逻辑可能既是 2009 年推广双季稻,也是 2013 年推广大型"家庭农场"农业决策背后的逻辑。

但实际效果真的是这样吗？我们根据以上叙述的经验和逻辑可以看到,这样的双季稻种植绝对不是"资源的最佳配置"。大户在那样的情况下种植双季稻,唯有错误地、仅仅从单位耕地面积产出的狭窄视角来分析,其资源配置才是最佳的。从正确的经济效率的角度理解,需要从各种要素配合的效率而非从其中的单一要素(耕地面积产出)来考虑。也就是说,我们要同时考虑土地、劳动、资本投入的综合效率,分析其总体的投入、产出以及收益。那样考虑的话,双季稻其实非常明显是不经济的:节省了耕地,但浪费了劳力[因为其(按日)劳动生产率明显低于单季稻],也浪费了"资本投入"(种子、肥料、灌溉、农药、除草剂)。鉴于此,生产双季稻的效率也是明显低于单季稻的。其总体的生产率比不上单季稻。

这个道理其实很简单。农民关注的正是各种投入的综合考虑,体现于(相对土地、劳力、资本综合投入的)其最关心的净收益中。农民之所以在 20 世纪 80 年代不再愿意种植双季稻,绝不是因为懒惰或愚蠢或不爱国,而是因为他们确切知道双季稻的投入是不划算的。它绝对不是部分上层决策者、项目发包者以及部分主流经济学家和社会学家所想象的合理化与现代化。农民其实非常清楚地知道，双季稻种植是不经济的和不合理的，他们没有官员们和学者们的众多模式和专业用词，但他们对经济实际的认识简单直接，其实要比许多官员和学者实际得多。

"规模经济"也同样。农民之所以拒绝安农公司的服务，是因为他们非常清晰地知道，自家的劳动力投入要比公司雇佣的劳动力精细，也便宜得多，尤其是使用低"机会成本"的家庭辅助劳动力来负担管理性的农活（区别于耕、播、收这种高技术、高强度、高价值的农活——高原，2014）。他们清楚地知道官员们所说的"规模经济"其实是不经济的规模（我们也许可以将其称作"规模不经济"），其中关键在于，他们不会像有的官员和学者那样迷信修辞化了的"规模效益"，而是更实际地考虑自身的利益。而官方正在全力实施的政策于实际运作中的逻辑其实也很简单：对县乡地方干部来说，无论他们如何想，他们之所以推行双季稻政策，主要是因为这是上级要求的，当然也会考虑自己在"目标责任制"体系下的考核，也是因为上级通过"项目制"提供了物质激励——千万元以上的项目奖励。①

而对种植大户来说，逻辑其实也很简单：双季稻虽然划不来，但是，由于上级的奖励和地方干部的推动（帮助他们租入土地），每亩还是可以有收益的（虽然不如单季稻）。鉴于这个现实，他们可以借用"规模效益"而将自己个人的年总收益最大化，超过其他村民。至于这是否为最合理的土地、劳动力和资本（农机、种子、农药等）投入的综合使用方式，他们并不在乎，尤其因为获得国家奖励

---

① 关于治理制度和方法更全面的讨论，包括中央与地方的关系以及条条与块块的问题，参见龚为纲，2014；第2、3章。

减少了一部分投入。这样,无论地方干部还是大种植户,种双季稻的实际运作逻辑其实是通过执行国家的要求来获利,并分享国家项目所提供的奖补。其实质不是规模经济效益,而是其他。国家政策也许有不合理之处,也许是出于对农业实际的不理解,但借助国家项目的推动以及所提供的奖补,已经成为 21 世纪(我们可以借用经济史当中的表述)"力农致富"的重要途径。

具有讽刺意味的是,明清时期力农致富的经营式农场主反倒是凭借市场机制运作(因种植高值的经济作物)而致富的人。(详见黄宗智,2004;第 6 章、第 8 章、第 9 章)而今天被称为市场化和资本化的新兴大户,反倒源自与市场机制相反的机制。这里,我们可以联想到在高等院校少数凭借项目的"力(立)项致富"者,与政策本身要推动高水平学术研究的目的其实完全是两回事。

这里,最好的例子其实是安农公司。我们在上文已经看到,作为推广双季稻种植的载体,这个公司一开始便是失败的,因为他们的经营逻辑在中国农业经济现实下是不经济的,比不过高效使用家庭辅助劳动力的小农户。(亦见黄宗智,2014a;高原,2014)虽然如此,在中央和当地地方政府"招商引资"和"项目奖励"两大政策下,作为"龙头企业"的安农公司得到大力扶持,得以在几年之内从一个只有 300 万元注册资金的小企业,"成功地"转化为一个拥有几千万资金的企业。在应对中央提倡的双季稻种植的任务上,他们采用的一种手段是凭借较小的"代管户"来吸纳种植的风险和低收入,并塑造了"产粮大县迎检验收的核心圈"来应对监督、审查、验收。其真正的回报则不在于双季稻种植,而在于获得与地方政府更紧密合作的机会。由此,他们和当地政府塑造了一个"国家农业科技示范园",作为争取中央多种项目补贴和奖励的方式,"科技示范园"这个由地方政府(汇合多项项目)"打包"而成的项目,总投资则达到1亿元(关于项目制中的中央"发包"、地方政府"打包"以及村级"抓包"的分析,见折晓叶、陈婴婴,2011)。2012年,安农公司经营的土地面积达到35 000亩。(龚为纲,2014:179)这是个很能说明问题的实例,代表的是当今"招商引资"和"项目奖励"并行政策下,在基层所形成的地方政府、龙头企业和农业大户三角关系之结合,所导致的则是双季稻种植这种规模不经济行为以及大户与小农户之间的分化。

三、其他案例以及土地财政

以上关于湖南"平晚县"的案例,其2009年以来推广的双季稻种植政策和2013年以来推广的通过土地流转来发展成规模的"家庭农场"政策,固然相当翔实,所突出的逻辑也明显具有不只限于农业领域的含义,但我们还是要问:类似的机制还能见于别的领域吗?

(一)真伪合作社

学术界已经有一些关于"伪合作社"的研究积累。举其最近突出者,张颖、任大鹏指出,合作社在所有权和运作中,多有"公司化"的倾向,产权和资金使用都由少数甚或理事长一人控制,完全不符合合作社要为大多数成员谋求利益的旨意。(张颖、任大鹏,2010)

冯小在新近的研究中,举了这样一个实例:在 H 市,之前曾在该市当过粮食局局长的某某下海做生意,承包了 5000 亩土地,其中 600亩自己种植,主要是为了形成一个示范区以供上级检查,借此获得了多项"建设社会主义新农村"政策下的政府项目补贴,包括一系列的基础设施(泵站、道路、水渠等)项目补贴以及发展基金。此外,这位经营者还把自己的公司包装成一个合作社,借此获取良种补贴、农资补贴以及农机购置补贴。这位粮食局前局长变农业企业家的实际经营方式,其实主要是"反租倒包"其经政府关系流转入公司的 4000 多亩地。另外,还用"订单"方式纳入了 10 万亩地的小户,给他们提供种子和化肥,由公司购买其所种粮食。凭借那样的经营方式,该公司正在争取达到上亿元人民币的经营规模。如此,通过其官僚背景及与 H 市政府下属一个县的合作,这位前官僚企业家打造出了该地的一个主要的龙头企业和"招商引资"政绩。(冯小,2014b)当然,粮食局前局长的背景使其更清楚地掌握了政府的运作逻辑,更有条件借助自己的关系并更清楚地掌握"项目致富"的方法。

这个案例为我们上文的多个论点提供了佐证。最关键的当然是权力和资本的联系,哪怕是非经济行为。这既反映了项目治理体制,亦反映了"目标责任制"体制下的官僚体系运作。同时,它说明了小户经营的经济优越性:即便是这样规模的"龙头企业",仍然主要(在 10 万亩土地上)采用了"反租倒包"和"订单"农业的经营方法——以小农家庭为主要生产单位的经营模式,为的正是其相对高效的便宜劳动力和"小而精"的耕种方式,借此来克服大规模经营的不经济性。(关于中国"小而精"的农业历史和模式与美国

"大而粗"的农业历史和模式之不同的详细论证,见第 13 章;亦见黄宗智,2014a;高原,2014)但最重要的也许还是,它说明了一项支农政策(农业专业合作社)如何"异化"为一个"伪合作社"——农民社员没有决定权的合作社。现实是,"合作社"以及"三农"问题在一定程度上已经成为一个地方政府和商业资本仅仅可以用来牟利的"符号"和修辞。这正是作者冯小所要说明的中心概念。(冯小,2014b)

冯小的文中有三个更加详细扎实的案例,其中一个在这里值得特别一提。在湖北 H 市 S 镇,一位王老板和当地的混混头目刘刚以及一位经济能人陈鹏合伙流转了 800 亩地用来种植苗木,争得多个项目来建设基础设施。2011 年投入生产,由村里的小组长干部协同雇佣、管理、监督苗木公司的苗木种植。(冯小,2014b;亦见 2014a)和上述的粮食公司一样,为了获得国家的奖补,这个公司同样把自己包装成一个"专业合作社"来争取国家支农资源,虽然实际上除自己扩大生产和雇佣当地的劳动力之外,公司并没有为一般的小农户提供实际服务,这和表达与理论中的为广大农民服务并以农民为自主主体的"合作社"完全是两码事。

在另一份最新的研究中,许建明敏锐地指出,以往国家和学术界多把合作社等同于一个企业单位来思考,其实这是错误的、不符实际的误区。真正的合作社应为社团组织,其目的应该是为社团的成员服务,而不是为一个被当作企业的合作社争取最大的利润。为此,许建明把"规范化的合作社"定义为社员拥有股份和"一人一票"的社团组织。随后,他通过对福建省六个县合作社的抽样调查,探索了不同规范化程度的合作社对社员收入所起的作用。他发现,越高度规范化的合作社,亦即越由社员掌控资本和权力的合作社,对社员的收入提高影响越大;反之,越是由(大户或企业家的)资本掌控的(低度规范化)合作社,对社员收入提高的影响越小。(许建明,2014)作为佐证,许建明还系统分析了作为台湾地区农业投资集中点的彰浦县 2000—2010 年的小农户收入,发现台湾地区大量的农业投资进入该县后并没有提高该地小农户的收入。(同上:第 6 章;亦见许建明、王文燕、李文博,2015)

本书第 11 章已经论证,在中国台湾地区和韩国,由于历史的巧合,原来由日本设立的以农政为主要任务的基层政府机关,后来在美国的治理(日本)或决定性影响(韩国、中国台湾地区)下,逐步把资源和权力让渡给民主化下(即由社员控制)的农协组织,由此形成生气蓬勃的、为农民利益服务的综合农协合作组织,更推进了整个政治经济体制的民主化。它有效地推进了合作社的组建,有效地为小农户组织了"纵向一体化"的服务,更有效地开通了农民自主的农协组织参与高层决策的民主制度。这是一个受历史影响(在日本影响之后,由美国统治或起到决定性影响)偶然形成的合作社模式,也是中国大陆所应借鉴的模式。

但中国迄今所实施的,要么是集体化经济时期的管制,要么是改革时期的放任。实际上,在现行体制下,没有国家更积极的引导,根本就没有可能组织真正成气候的合作社("融资难"是一个关键问题),而过度干预的集体经济传统和改革时期不积极引导的矫枉过正——源自对之前经验的极端反应以及对市场理论的盲目信仰——则一直是个障碍。譬如,迄今国家的金融制度基本只贷款给以开发建设用地为抵押的开发商,极少贷款给普通农民。事实是,国家一直没有真正让普通农民(小农户)自主地运用支农资源,而那样才是真正能够调动农民积极性的激励,才是真正能够推动农民自主组织的激励。那样才是促使国家和农民真正合作,而不是目前这种既过度放任(如听凭农民自己去组织合作社)又过度管制(如过度限制农村信贷)的机制。

(二)"抓包"和"扶贫"

在最新的经验研究中,尹利民和全文婷根据对赣北一个村的调查,说明了项目竞争中的一个特殊机制。要成功地获得"抓包"项目资助,一个村庄必须首先筹得相应的配套资金。在他们研究的 D 村的第四组,为了获得总额 150 万元的项目资助,该组名义上先向工程承包方借债 50 万元,后又通过村干部私人关系委托个体企业主转入 60 万元。但这些只是虚假的"借债",其实践方式是,先转入资金来满足项目申请的要求,然后在资金到账、检查完后再把账户"抽空",实际上资金只在账上过了一遍,只是为了满足上级要求的"空转",并没有成为真正可用的资金。另外,第四组还争得扶贫资金 10 万元,借此达到了必需的 120 万元配套资金,由此获得了 150 万元的项目资金。此项工程的实际花费最终将是 230 万元,D 村四组将为此负债 70 万元(230 万元减去项目的 150 万元和 10 万元扶贫基金)。在这之前,D 村的第一、二、三组已经以同样的办法筹得并花费了 170 万元,负债 50 万元。(尹利民、全文婷,2014:54—55)可见,这样的运作机制称不上"合理化",实质上是由当地的政府、企业和村庄联合起来为获得项目资金而在一定程度上"共谋"的结果。

　　类似于此,在马良灿研究的贵州 Y 村,扶贫项目结果也同样脱离了项目设计的目的以及该地贫穷百姓的实际需要。首先是地方政府凭项目资金来强力推广蔬菜种植的扶贫工程,但实际上当地冬季干旱,不适合种蔬菜,因此项目很快便以失败告终。其次,Y 村动用了 400 万元的扶贫项目资金,强力推广每户养 3 头牛的脱贫措施,但实际上该地农户承受不了该措施所需的投入,大多在收到种牛之后便直接卖出,整个项目结果同样失败。最后则是危房改造项目,指定给每户 3 万元贷款。当地贫困户因此多采纳高规格、高标准的方式来建房,结果每户负债 5 万元以上。为了还债,绝大部分的劳动力被迫外出打工,挖空了新盖的社区,使其呈现出一片萧条的景象。据此,马良灿论证,由于贫穷农民本身主体性的缺失,扶贫项目工程多沦为形象的"亮点村""示范村",为的多是"路边花""雪花膏"类型的工程,实际结果只是当地的特殊群体为获得政府项目资助而进行的一种"政权经营",打造的只是个别"亮点村"的脱贫,而不是真正的扶贫。(马良灿,2013:尤见 216)在那样的运作机制下,难免会出现像 Y 村那样的脱离现实的扶贫工程。

　　正是以上讨论的这些新一代的实践经验研究,说明项目制的实际运作机制和效果与学术界之前凭现代化(科层制化、专业化、合理化)理论所推想的相去较远。

(三)土地财政

　　我们可以沿着以上思路去分析许多其他现象,其中最重要的也许是城镇化中的土地征用和开发,这也是具有较多扎实经验研究的课题。中央原来的决策和动机是比较明显的。在城镇化进展的过程中,土地是一个关键的财政收入来源,其实也是城镇化本身的关键资本来源。适当控制地方政府建设用地的扩增,乃是中央从指令性的经济计划体制转向引导性的经济规划体制的一个关键转变。此外,众所熟知,中央特别强调保护18亿亩耕地的红线,在这个战略性的决策前提之下,其每年分配给地方政府一定的建设用地指标,用意在于适当控制建设用地的价格,借以达到稳定发展的战略目的。在实际运作中,要允许地方政府获得一定的来自开发建设用地的财政收入,借以促进地方经济稳定又快速地发展,其借助的是市场化的物质激励和竞争。同时,中央一直认为也要关注到社会公平。

但在实际运作中,土地开发很容易陷入复杂的权钱关系之中。若用抽象化了的数字来表述,在征用农业用地为建设用地的初始阶段,较发达的地区征用一亩地的"价格"可能才1万元;而在(地方)政府完成基础设施建设后转让给开发商的阶段,价格已经上涨许多倍,达到不止10万元的幅度;而在开发商完成其建筑之后,其市场价格更可能达到100万元以上。(陶然、汪晖,2010;天则经济研究所,2007;陶然、陆曦、苏富兵、汪晖,2009;黄宗智,2010、2011)在这样一个过程中,对地方政府来说,从征地价格和土地出让价格之间的差价所获得的收入,很快就成为地方财政预算外收入的最大项,这直接关系到地方政府和官员的切身利益。而对开发商来说,中国快速城镇化过程中的土地、房地产增值乃是其快速致富的主要通道。加上中央政策用"目标责任制"的管理机制来特别强调地方政府和官员之间的"招商引资""政绩"竞赛(王汉生、王一鸽,2009),在利益激励之下,地方联合追求其共同利益几乎是很难避免的实际结果。而其中一个重要的激励和治理机制是中央引导"发展"的各种各样的项目奖励。地方政府的各类工业和技术"园区""基地"等,正是为了更有效地争取中央项目补贴和贷款的"打包"手段。

从理论上说,这是市场化的竞争机制,借以达到最优资源配置和效率。从征地到基础设施建设再到开发商的开发,都是一个市场化竞争的机制,由此做到高效合理的、快速的土地开发。但是,在实际运作中却很难避免地方政府与开发商的"共谋"。对一个开发商来说,其与该地政府的关系乃是能够成功获得开发土地"项目"的最关键因素。

在周飞舟的分析中,所谓的地方"分权"并不是真正的"分权",只是中央有意的"放权":目标是中央设置的,资源也是中央控制的,通过其部委的"条条"来"发包"和招标,制造一个由中央紧密控制的"锦标赛"氛围。地方政府官员的委任也是由中央紧密控制的,通过高度集中的人事制度来选拔最符合中央目标的地方官员。在这样的体制下,地方政府竞相试图最高程度地达到中央所设置的目标,中央则通过严密控制的目标责任制来审核地方政府和官员的政绩。在"大跃进"的极端例子中,更造成下面一层层的浮夸,最终甚至使得中央完全与真正的实际隔绝。(周飞舟,2009)

无论当前体制的起源以及"锦标赛"体制概念的洞察力如何,可以确定的是这个体制所产生的效果。众所周知,2013年底和2014年初,北京市区(五环以内)房屋的实际价格已经超过了5万元/平方米,也就是说,购买一套100平方米左右的两居一厅"房子"至少要500万元。对家里原来没有单位分配房子的,或并不具有较深厚经济基础的人——譬如,一个新近进入"白领""中产阶级"的就业者——来说,这是一个很不容易筹集的数目。我们在京的高等院校的教师们都知道,在学校大多不能再提供住房的现实情况下,一般新聘的讲师和副教授基本都没有能力买房。这也是北京和上海这样的城市,真正能够进入有房有车"中产阶级"的新白领其实只占新就业人口较低比例的关键原因,那就更不用说蓝领、没有城市户籍的"农民工"了。我们千万不能把大都市的社会想象为一个"中产阶级"已经占到或行将占到大多数或高比例的"橄榄型"社会。(更详细的讨论见黄宗智,2020;亦见黄宗智,2009:56—59)

以上对土地财政众多研究的简单总结说明,权—钱、官—商结合的反面效果应该说是改革期间呈现的最大、最重要的体制性问题之一。这也是人们相当普遍的共识。此外,还有许多关乎同一问题的佐证,例如由"非正规经济"概念(区别于具有法律保护和社会保障的正规职工与没有或少有这种保护的农民工、"下岗"职工以及新近快速扩展的"劳务派遣工"——见黄宗智,2020)所总结的、国际基尼系数所反映的中国一定程度的社会不公问题(黄宗智,2009、2010、2012),以及规章制度部分脱离真正的劳动人民(黄宗智,2020;黄宗智,2013)等现象,都说明中国社会还存在着贫富之间差距较大的现象,而其背后的原因正是改革后期由多种因素共同组成的一个相对凝固的"转型"国家"体制"。从这样的视角理解,无论是"项目制""招商引资""目标责任制""锦标赛"等,都是改革后期形成的这个政治经济体制运作机制中的关键部分。

四、结论

项目制的核心机制在于,中央以分配和奖补资金的手段来调动地方政府和其他承包者的积极性。这固然可以是一个有效的机制,可以引起一定程度的竞争以及上下层的互动。明确的项目目标,也可能导致招标和申请、监督和运作、验收和效果过程中一定程度的专业化、技术化。这也是西方发达国家政府一直运用的机制之一,虽然远远不到当前中国这样成为主要治理手段的程度。

但需要明确的是,这样的手段容易成为自身的终极目标。它依赖的激励机制是地方政府以及投标人的牟利积极性。项目制所导致的结果往往不是"现代化""合理化"以及政府从管制型到服务型的"转型",而是商人逐利以及一定程度的贫富悬殊。

在那样的机制运作中,资本主义价值观以及资本主义经济学实际上成为商人逐利的自我辩护。"理性经济人"的利益追求、由"经济人"推动的市场机制和最佳资源配置,并由此推动的经济发展、现代化和为民造福,都成为逐利商人的自我辩护和表扬。但其实际的效果和机制不过是纯粹的自利,甚至是损人利己的自利。

当然,其中关键也在于如何实施。"项目制"理论本身也许无可厚非,但显然需要其他的制度配套和较崇高的价值取向才可能更充分地展示其可能发挥的"现代化"和"合理化"作用。从更长远的视野来考虑,其中的关键因素也许是,理论中的受惠者是否真正能够成为实际运作中的主体。

参考文献

《2013 年全国农民工检测调查报告》,http://www.360doc.com/content/14/0512/17/1302411_376998538.shtml。

陈家建(2013):《项目制与基层政府动员——对社会管理项目化运作的社会学考察》,载《中国社会科学》第 2 期,第 64—79 页。

冯小(2014a):《资本下乡的策略选择与资源动用——基于湖北 S 镇土地流转的个案分析》,载《南京农业大学学报(社会科学版)》第 14 卷第 1 期。

冯小(2014b):《农民专业合作社制度异化的乡土逻辑——以"合作社包装下乡资本"为例》,载《中国农村观察》第 2 期。

Gao Yuan (2014):"Large Farms vs. Small Farms: Grain Production in Northwest Shandong", *Rural China*, v. 11, no. 2(Oct.):222—243.(中文版见《中国乡村研究》第十二辑,福州:福建教育出版社,2014 年,第 136—144 页。)

龚为纲(2014):《农业治理转型——基于一个全国产粮大县财政奖补政策实践的分析》,华中科技大学博士学位论文。

黄宗智(2020):《实践社会科学与中国研究·卷三 中国的新型非正规经济:实践与理论》,桂林:广西师范大学出版社。

黄宗智[2000(1986)]:《华北的小农经济与社会变迁》,北京:中华书局。

黄宗智[2000(1992)]:《长江三角洲的小农家庭与乡村发展》,北京:中华书局。

黄宗智(2009):《中国被忽视的非正规经济:现实与理论》,载《开放时代》第 2 期,第 51—73 页。

黄宗智(2010):《中国发展经验的理论与实用含义——非正规经济

实践》,载《开放时代》第 10 期,第 134—158 页。

黄宗智(2013):《重新认识中国劳动人民——劳动法规的历史演变与当前的非正规经济》,载《开放时代》第 5 期,第 56—73 页。

黄宗智(2014a):《"家庭农场"是中国农业的发展出路吗?》,载《开放时代》第 2 期,第 176—194 页。

黄宗智(2014b):《明清以来的乡村社会经济变迁:历史、理论与现实》,第一卷《华北的小农经济与社会变迁》、第二卷《长江三角洲的小农家庭与乡村发展》、第三卷《超越左右:从实践历史探寻中国农村发展出路》,北京:法律出版社。

黄宗智编(2013):《中国的经济计划体系:体系、过程和机制:中西方学者对话(六)》,载《开放时代》第 6 期,第 5—45 页。

马良灿(2013):《项目制背景下农村扶贫工作及其限度》,载《社会科学战线》第 4 期,第 211—217 页。

渠敬东(2012):《项目制:一种新的国家治理体制》,载《中国社会科学》第 5 期,第 113—130 页。

渠敬东、周飞舟、应星(2009):《从总体支配到技术治理——基于中国 30 年改革经验的社会学分析》,载《中国社会科学》第 6 期,第 104—127 页。

史普原(2014):《多重制度逻辑下的项目制:一个分析框架——以粮食项目为例》,载《华中师范大学学报(人文社会科学版)》第 1 期,第 4—9 页。

陶然、汪晖(2010):《中国尚未完成之转型中的土地制度改革:挑战与出路》,载《国际经济评论》第 2 期,第 93—123 页。

陶然、陆曦、苏福兵、汪晖(2009):《地区竞争格局演变下的中国转轨:财政激励和发展模式反思》,载《经济研究》第 7 期,第 21—33 页。

天则经济研究所土地问题课题组(2007):《城市化背景下土地产权

的实施和保护》，http://www.unirule.org.cn/Secondweb/Article.asp? ArticleID=2516。

王汉生、王一鸽(2009)：《目标管理责任制：农村基层政权的实践逻辑》，载《社会学研究》第 2 期，第 61—92 页。

许建明(2014)：《合作社的政治经济学研究》，厦门大学博士学位论文。

许建明、王燕武、李文博(2015)：《农业企业对农民收入的增益效应——来自于福建漳浦农业企业集群的"自然实验"》，载《中国乡村研究》第十二辑，第 179—197 页，福州：福建教育出版社。

尹利民、全文婷(2014)：《项目进村、集体债务与新时期的农民负担——基于赣北 D 村的个案分析》，载《华东理工大学学报(社会科学版)》第 1 期，第 53—57 页。

张颖、任大鹏(2010)：《论农民专业合作社的规范化——从合作社的真伪之辩谈起》，载《农业经济问题》(月刊)第 4 期，第 41—45 页。

折晓叶、陈婴婴(2011)：《项目制的分级运作机制和治理逻辑——对"项目进村"案例的社会学分析》，载《中国社会科学》第 4 期，第 126—148 页。

周飞舟(2006)：《分税制十年：制度及其影响》，载《中国社会科学》第 6 期，第 100—115 页。

周飞舟(2012)：《财政资金的专项化及其问题——兼论"项目治国"》，载《社会》第 1 期，第 1—37 页。

周飞舟(2009)：《锦标赛体制》，载《社会学研究》第 3 期，第 54—77 页。

周雪光(2008)：《基层政府间的"共谋现象"——一个政府行为的制度逻辑》，载《社会学研究》第 6 期，第 1—21 页。

第 19 章

国有企业与中国发展经验："国家资本主义"还是"社会主义市场经济"？[*]

国家不应该进入市场盈利——这个基本认识前提在西方现代经济和政治思想中根深蒂固。本章将论证，它深深影响了人们对中国改革时期发展经验的理解，把其重要的动力解释为其严重的不足；它也排除了关于国有企业如何能够为中国的社会和经济发展做出贡献的新思考。本章从一些关于中国政府（中央以及地方）在改革中所扮演的角色的基本事实的总结出发，回顾中西方"主流"经济学对它们的理解，然后论证政府及其下属的国有企业乃是中国经济发展的重要动力。

非正规经济指的是 1.45 亿的（城关镇以上的城市）农民工、0.5

---
* 感谢崔之元、塞勒尼（Ivan Szelenyi）、彭玉生、李放春和汪晖的建设性评论，特别感谢张家炎和白凯的详细阅读和建议。

亿的下岗工人、1.56 亿的"乡镇企业"职工、2.60 亿的农业从业人员[①],以及 0.23 亿的乡村"个体户"(其中不少人部分时间从事农业生产)和 0.30 亿的乡村"私营企业"职工,亦即总数达到 6.64 亿的从业人员,占全国 7.80 亿从业人员总数的足足 85%(《中国统计年鉴》,2010:表 4-2、4-3)。大多数人的相对贫穷当然既是一个社会问题也是一个经济问题:它严重遏制内需,迫使中国经济继续依赖不可持续的出口来推动发展。

今天中国面临的大问题是:继续沿着看似是"国家资本主义"的道路往前走,允许国家和其官员、企业家以及其他"精英"分子继续致富,一如"国富民不富"那句话所表达的那样?还是在发展市场化经济的同时照顾到社会主义的公平理念(但排除计划经济),就像国家话语中的"社会主义市场经济"所提倡的那样?本章最后将探讨一个属于后一条道路的地方上的新近的实验。它所指向的是凭借国有企业来为社会发展提供资金,借以扩大内需,推动可持续的经济发展。

一、一些基本事实

在国家不应该参与市场盈利这一基本认识的前提下,中国经

---

① 2010 年的《中国统计年鉴》表 4-3 给出的"第一产业"人员总数是 2.97 亿,但其表 4-2 则显示,其中许多人是兼业的,而兼业人员中共有 0.37 亿人在统计中被纳入"个体户"或"私营企业"范畴。这里的 2.60 亿数字得自乡村从业人员总数的 4.69 亿减去 1.56 亿乡镇企业职工、0.30 亿私营企业职工和 0.23 亿个体户。(《中国统计年鉴》,2010:表 4-2、4-3)

济发展最突出的一个特点(尤其是从西方资本主义国家的人的视角来说)是政府和国有企业进入市场而积极盈利。从 20 世纪 80 年代乡镇政府所积极创办的盈利企业开始,到 90 年代发展为高一级的地方政府(县、市、省)利用廉价土地、政府补贴、税收优惠以及"非正规"(既没有法律保护也没有社会保障)的劳动力来"招商引资",而后是 2000 年以来在"抓大放小"政策下进行国企改制,使之成为在市场上盈利的国有企业(小的则要么私有化要么任由其破产)。

截至 2011 年 7 月,中国共有 61 家公司进入了《财富》杂志的世界 500 强公司行列(2001 年只有 12 家),其中 59 家是国有企业(包括国有控股公司)。根据《财富》的报道,其营业额达到全国"国内生产总值"(GDP)的 47.8%。("61 Chinese companies make the Fortune 500 list,"2011)在 59 家国有企业中,有 38 家隶属中央政府,21 家隶属地方政府。38 家中央级的国有企业("央企")在 2006 年到 2010 年的五年中,营业额和纯利润都翻了一番,也就是说每年增长 14%(邵宁,2012)。以如此的绩效跨过 2008 年的金融危机,中国的国有企业已经在全球资本主义经济中占据相当稳固的地位。

在整个改革时期中,中国一直都悖论性地结合了高度的中央政权和高度的地方分权。前者尤其可见于人事权力方面的高度集中,后者则可见于各级地方政府为促进经济发展的各种积极性。两者的结合是"悖论"的,因为它们虽然似乎是矛盾的,但实际上是并存的。

在国内外的市场竞争中,中央和地方政府下属的公司享有私营企业所不可能具备的有利条件，在经济发展中起了重要的作用。
这首先是因为，即便是在中国今天的制度环境里，政府的许可也依
然起着关键的作用。最明显的例子是为城市建设而征用农村土
地，其程度和规模远远超出在西方的所谓"政府征用土地权利"
（right of eminent domain）所可能想象的范围。更毋庸说20世纪80
年代创办乡镇企业时所克服的众多体制性障碍和所组织的多种资
源，90年代在各地"招商引资"竞争中所提供的补贴、贷款、税收优
惠等，以及2000年以来政府在大型国有企业转化为盈利公司过程
中所起的关键作用。

在经验层面上，以上的简单总结是没有什么可争议的。这些
事实在现有的学术研究中已被充分证实。我个人也已撰写过多篇
论文对它们作出详细的论证或讨论（黄宗智，2008，2009a，2009b，
2010b，2011b）。在国外的研究中，可以特别一提的是两篇最新的、
专为美国国会的美中经济与安全审查委员会写的报告。赫什
（Adam Hersh）的一篇特别强调中国地方政府在中国经济发展中所
起的关键作用（但没有讨论中央和地方"两个积极性"的微妙组合
与悖论关系）。萨摩塞吉（Andrew Szamosszegi）和凯尔（Cole Kyle）
写的另一篇则主要论证了国有和国有控股企业占到非农业GDP的
至少40%，甚至可能高达50%（Hersh，2012；Szamosszegi and Kyle，
2012）。

萨摩塞吉和凯尔更向该委员会报告说，中国在2009年名义上
只有120家中央级国有企业，但它们拥有许多子公司，加起来总数
可能达到1.2万家，而地方政府的国有企业总数则共约10万家。
现有数据中没有根据GDP比例划分中央和地方国有企业的数据，

但有按地方区分国有和非国有职工人员比例的数据。[①] 它们显示,国有企业所占比例在浙江(14%)、江苏(15%)和广东(16%)等省较低,在湖南(32%)、四川(33%)、广西(38%)、江西(38%)等地较高,而在上海(20%)和北京(20%)、重庆(24%)、天津(26%)等直辖市则位于中等。(Szamosszegi and Kyle,2012:27,表 4-1)

二、霸权话语

具有争议的不是上述事实而是对它们的理解。在中国(更甚于美国)占据主流地位的理论是所谓的"新制度经济学"。那是源自一组诺贝尔经济学奖得主——尤其是科斯和诺斯——的理论。他们强调,唯有清晰的私有产权才可能导致市场经济的高效运作,而唯有市场经济才可能推动经济发展。[Coase,(1988)1990,1991;North,1981,1993]这已经成为这个自我表述为"硬性科学"的经济学学科的核心前提,几乎占有数学公理一般的强势地位(虽然经济学学科实际上完全没有能够预测,也没有能够很好地应对 20世纪 30 年代的经济大萧条和 2008 年的金融海啸)。

在那个公理背后是西方现代以来长时期的话语结构,包括一系列被认作理所当然而不用加以解释的认识前提。尤其突出的是源自"古典自由主义"(classical liberalism)及其后的"新古典经济学"(neo-classical economics)中的市场和国家、私人和公共的二元对立,坚持在市场"看不见的手"的运作中,国家绝对不该掺和。

[①] 也有固定资产投资数。

在当代的经济学学科中,市场和国家的二元对立在哈耶克那里获得特别强有力的卫护。他首先从一个内部人的位置来批评新古典经济学,指出其常常把理念等同于现实,并且过分依赖数学公式。他特别突出他所谓的"伪个人主义",认为新古典经济学错误地假设完全理性和具有完全信息的个人,而人们实际上并不完全理性,也不具备完全的信息。他认为,直面如此的现实,才是真正的个人主义(true individualism)。这是个强有力的批评,但在哈耶克那里,其最终目的不是真要推翻或修正新古典经济学,而是要攻击(苏联的)计划经济。他强调,计划经济的错误正来自其对理性的不符实际的科学主义迷信。他真正的核心论点是,由众多个人所组成的自由市场,其因子虽然不完全理性也不具备完全理性信息,但仍然是最佳的资源配置机制。[Hayek,(1948)1980:尤见第1、6章;亦见 Hayek,1974]哈耶克认为自己说到底其实是个"古典自由主义者"("Friedrich Hayek,"引自 Ebenstein,2001:305 及各处)。

对科斯来说,关键点在于过去被忽视的公司"黑箱",以及清晰的私有产权对降低其"交易成本"之必要[Coase,(1940)1990,1991]。至于诺斯,其核心论点同样是清晰的私有产权。他认为,这是市场经济和经济发展不可或缺的基本条件,也是发达国家和欠发达国家之间的关键差距(North,1981,1993)。

以上三人虽然都从批判新古典经济学的姿态出发,但他们实际上都极力反对国家干预市场"看不见的手"的运作。在最近的三十年中,哈耶克等人的古典和新古典经济学以及新制度经济学获得了(英美)新保守主义意识形态的强有力支持。尤其是哈耶克,他成为美国前总统里根、英国前首相撒切尔夫人和美国前总统（老）布什最为认可的经济学家（"Friedrich Hayek,"www.wikipedia.com，引自 Ebenstein，2001：305 及各处）。结果，他们的经济学理论获得了霸权话语的强势——不仅成为有政权支持和宣传的意识形态，而且是人们不加质问而使用的语言和修辞。

国家和市场、公共和私人的二元对立是如此的根深蒂固，美国的共和党和民主党同样认为国家绝对不该参与任何牟利性行为。市场盈利应该限定于私有公司，国家可以为公共服务而征税或贷款，但绝对不可盈利，更不用说经营牟利性公司。这个信念被认作是如此的理所当然，它几乎从来没有受到质疑。美国共和党和民主党的理念区别不在于国家可否经营企业，而在于市场的私人行为需不需要受到监督，以及国家该不该采用凯恩斯式对货币供应量和就业量的宏观调控。共和党人一般认为国家干预越少越好，应该任由市场的"看不见的手"自我运作，而民主党人则认为应该有凯恩斯型的干预。但两者都不会认真考虑国家或国有公司参与盈利。一个具体的例证是美国国家社会保障基金，虽然已经接近破产困境，但人们一般仍然认为基金不该被投入私有公司的股票，只能限于国债证券，虽然前者的回报率历来都高于后者。

在近代英国和美国的历史上，这个基本原则只有在帝国主义时期才被置于一旁，并且主要在殖民地如此［例如大不列颠的"东印度公司"（East India Company），起始时获得国王给予的垄断专权，其后成为统治印度的机构，也成为贩运、走私绝大部分鸦片至中国的公司，并为大英帝国政府提供了高额的税收］，但在话语层面上当时所引用的仍然是"自由放任"和"自由贸易"等口号。在美国,一个今天的属于政府牟利行为的例子是在 1971 年创办的(鲜为人知的)政府所有的海外私营投资公司(Overseas Private Investment Corporation),其目的是促进美国私营公司在所谓的"新兴市场"投资。它主要提供贷款、担保和保险服务,一直是个有利润的公司,但这只是个例外,在美国庞大的经济整体中微不足道。(黄宗智,2011b:14)另一个例子是美国的田纳西河流域管理公司(Tennesse Valley Authority,简称 TVA),其目的是在该地建设水坝防洪并借用水力发电而提供公共用电,但它同样是个例外,并受到前总统里根(在其政治生涯起始阶段)的猛烈攻击,被其指控为"社会主义"失误。(黄宗智,2011b:14)

在西方观察家中,新保守主义(新自由主义)所导致的是对中国盈利性国企的如下看法:它们是失误或最多是不理想的暂时性"转型"现象,从来不会是经济发展的重要动力,经济发展的动力非私营企业莫属。"主流"新制度经济学的论点是,要达到资源的最佳配置,中国必须进一步私有化,树立更完全、更清晰的私有产权,最终消除国有企业。

他们认为,国有企业只可能是低效率的。它们的经营者是官僚而不是企业家。和垄断企业一样,它们不需要面对市场竞争。它们其实是自由市场竞争的障碍,妨碍资源配置的优化。它们绝对不能解释中国的强势经济发展,相反,盈利性国企只可能是计划经济遗留下来的渣滓,只可能妨碍中国向真正发达的西式资本主义市场经济转型。"转型"一词本身为人们所广泛理解的隐含意义正是从落后的计划经济向发达的、私有的资本主义经济的转化。

和以上思路紧密关联的是当前的霸权话语的基本结构,即资

本主义和社会主义、私有和公有、市场和国家的二元对立。科尔奈
（János Kornai）便强烈并极具影响力地争论，资本主义和社会主义
是两个完全对立的经济体系，各自具有其独自的整合性与逻辑。
社会主义体系是个基于官僚管理的体系，资本主义则是基于私有
财产和市场信号的体系。前者依据官僚的抉择和决策而运作，后
者依据的则是企业家和消费者的抉择。前者的制度结构导致的是
"预算软约束"——国家出于意识形态和非经济方面的考虑，会继
续拨款支撑一个亏本的企业；后者则遵循"预算硬约束"——一个
亏本的企业将会因"市场纪律"而失败、消失。前者依赖官僚的决
策来进行生产，因此导致惯常性的（"横向"）"短缺"——人们需要
的商品经常短缺，而不需要的则可能十分充裕。后者则通过市场
信号来决定供应与需求，因此会生产人们真正想要的商品。正因
为两者都是一个整合的、逻辑上一贯的体系，任何混合都会导致体
系的"不协调"以及沉重的成本。（Kornai，1991：尤见第 11、15 章）

　　正是这样的思路导致一方只可能完全向另一方转型的观点。
貌似中立的"转型"一词的隐喻正是这样的逻辑。两者不可能混
合，不可能有"第三条道路"［关于这方面最新的讨论见 Szelenyi，
2011，以及黄宗智（2011c）的回应］。这样，根据科尔奈的逻辑，以
及哈耶克—科斯—诺斯等的观点，国有企业不可能是中国经济发
展的重要动力。上述赫什、萨摩塞吉和凯尔的报告中，未曾明确表
述的其实是美中经济与安全审查委员会所真正关心的问题，即中
国有没有违反世界贸易组织的基于古典和新古典经济学的规则，
而绝不是中国经济发展的成功秘诀。

　　在反计划经济的大潮流下，上述的意识形态在中国其实要比

在新保守主义的美国被人们更完全、强烈地接受。20 世纪 80 年代兴起的乡镇企业后来相当广泛地被私有化，其部分原因正来自意识形态的影响。90 年代的"招商引资"则是在私有企业推动发展的意识形态下实施的，并且是在中央采用 GDP 增长数值作为地方官员目标责任衡量标准的政策下进行的。（王汉生、王一鸽，2009；亦见黄宗智，2009b）最近十年"抓大放小"政策下小型国有企业被私有化也同样如此。

三、不同的理论

在美国的中国研究中，有的学者曾经试图纳入国家扮演的角色，尤其是地方政府在中国发展中所起的关键作用。我在另文中已经比较详细地讨论，其中一条思路来自政治学家戴慕珍（Jean Oi，1992，1999）和社会学家魏昂德（Andrew Walder，1995）的"地方政府公司主义"（local state corporatism）论点，其主要经验证据是 20 世纪 80 年代兴起的乡镇企业。在他们的概念中，地方政府几乎等于一个一般经济学意义上的盈利公司，其行为几乎和资本主义公司相同。根据魏昂德后来的进一步阐释，在中国的行政体系中，越贴近基层管辖范围，其政府行为的性质越像一个私营企业公司，即福利负担越轻，独立权越大，预算约束越硬。乡镇企业的成功正是这样的原因。另一条思路则来自经济学家钱颖一。他加上了地方政府间的竞争动力因素，使用"中国式联邦主义"一词来把中国经验纳入西方话语之中，把其地方分权类比为美国的联邦政府制度（Qian and Roland，1998；Qian and Weingast，1997；Montinola，Qian and Weingast,1995）。

　　戴—魏和钱的贡献是用西方观察者所习惯的概念,亦即新自由主义的话语来说明中国的发展经验。用一句话来表达,他们的观点是,中国之所以发展,是因为其地方政府的行为变得和西方市场化的私营企业基本相似。

　　戴—魏和钱完全没有提到国有企业在中国的制度环境中所享有的比私营企业更优越的竞争条件。我认为,在现有的语境中,难以说明的要点不是它们酷似私营企业,而是在一个混合的市场化经济中,它们具有私营企业所不具备的有利竞争条件。戴—魏和钱的论点其实是为占据霸权地位、认为唯有私营企业才可能推动经济发展的新自由主义话语所摆布的,因此才会特别强调中国地方政府行为其实和私营企业行为相似。实际上,私营企业固然在中国改革期间起到了非常重要的作用,但同样重要的是,政府和其国有企业也是中国发展的一个重要动力,而这并不仅是因为它们酷似私营企业,而且也是因为它们具有私营公司所不可能具备的有利竞争条件。不然的话,出发点是发展国有经济而且至今国有经济仍然占将近一半,是国有的中国经济整体,怎么可能发展如此强劲? 后者才是在新自由主义霸权话语下思考的西方观察者所特别难以掌握的实际。在我看来,要跨越中西方理解间的鸿沟,后者才是真正需要阐释明白的道理。

　　此外,我在另文中已经论证,戴—魏和钱的理论分析不能说明20 世纪 90 年代以来地方政府相互竞争的"招商引资"行为,它们并没有像 80 年代那样直接经营乡镇企业,而是主要起到了支持和推进国内外私营企业的作用。（黄宗智,2010b）至于 2000 年以来被改制为盈利型的国有企业则更在其解释范围之外。

至于来自应用经济学的研究,它们与戴—魏和钱的研究不同,一般只关心"是什么"的问题(中国国有企业所占比例是什么),而不是"为什么"的问题(它们为什么成功或不成功)。这在上述赫什和萨摩塞吉—凯尔为美国国会的美中经济与安全审查委员会所作的政策研究中尤其明显。在"为什么"问题的学术探讨方面,戴—魏和钱的研究依然是最好的例子。

四、中国的政治和社会环境

吊诡的是,一方面,新自由主义经济学理论教条使人们较难理解国有企业所起的正面作用,另一方面,中国政府对经济的全能控制的历史背景,又使国家能够比较容易地介入市场而牟利,至少在实践层面上如此。计划经济确实已被抛弃,为市场所取代。在中国的语境中,计划经济的抛弃意味着(起码暂时)放弃中国革命经济的平均分配原则,由市场自由竞争理念取而代之。而"市场"这个词则长期以来都会使人们立即联想到"商人"、逐利和追求富裕。邓小平常被人们引用的"让一部分人先富起来"所表述的正是这个意思。在这个过程中,国家的角色当然会有所收缩,但鉴于其全能的历史背景,即便是收缩了的角色也仍然要远远大于英—美古典和新古典自由主义传统的想象。在中国的观念架构中,国家应该干预经济——无论是否市场化的经济——实在是个再明显不过的道理,而从那里到盈利性国有企业则只需要跨出小小的一步。

在中国,新自由主义固然一定程度上也起了遏制国家干预经济的作用,但它同时更多地赋予了国家盈利行为一定的正当性。古典和新古典经济学假设个人逐利乃是发展经济整体的最佳办法,因此也是为全民谋幸福的最佳途径,其实一定程度上为人们的利己行为提供了理性化说词。结果,在改革时期的中国,不仅是商人甚至连官员们的逐利行为也获得了一定程度的正当性,而发展经济则成为其主要借口。

同时,即便教条化的新自由主义经济学家们不能真正了解中国改革时期的经济运作实际,比较实在的人们则完全可以看到其真相,理解国有企业相对私营企业在市场竞争中所享有的有利条件——诸如克服"体制"/制度性障碍(尤其是层层叠叠的行政管理程序,不然便完全不可能启动和运作),组织所需要的资本和资源,更不用说获得特殊的保护和优惠,以及绕过有关法规的特权等。如此的运作实际,也许不太容易为教条化的学者所认识,但对实干的官员和商人/企业家们来说则是很明显的事。正如一位在近二十多年中成为"大款"的企业家对我解释的,他做生意成功的秘诀很简单,就是"跟着国家走"。

正是在上述的环境中,贪污腐化有了一定的滋长空间,包括乡镇干部从乡镇企业获取私利,地方官员从招商引资获取佣金,或受贿或靠地方 GDP 增长的"政绩"实现快速的官位提升,以及管理人员从国有企业的私有化中获取私利。在国企的私有化过程中,管理人员由此致富其实具有一定的正当性。一个具有比较翔实证据的例子是西南部的一家国营酒厂(其高端产品价格已经达到1000元/瓶)的私有化,总经理在转型过程中获得公司 20% 的股份加上(截至 2009 年)9700 万元的股息(Chan and Unger,2009;亦见黄宗智,2011b:12—13)。这一切都是在遵循国家法规和政策的条件下实现的。

对国家劳动法规的滥用和无视,也是在新自由主义意识形态下进行的。中国农村是自然资源和廉价劳动力的所在地。在众多的借口下,农村劳动力被置于国家劳动法规保护的范围之外,基本无视其自身关于劳动时间、最低工资以及福利等的规定。正是这种做法促使中国难以享有国家法规规定的权益的非正规经济人员数量快速增长,其增长速度远远超过 GDP 增长。

根据国家统计局最权威的《农民工调查监测报告》(2009,下称《监测报告》),中国 1.45 亿农民工每周平均工作 58.4 小时,其中89%的工作时间要超过国家规定的 44 小时,而其人员中只有12.2%拥有医疗保险,7.6%拥有退休保障(国家统计局农村司,2010;亦见黄宗智,2011a:92)。[最近三年(2009—2011)的医疗改革,虽然已把基本的低度保障覆盖面扩大到大多数——95%——的农民,但农民和城市居民医疗保障之间的差距仍然悬殊——具体见下面关于重庆经验的讨论。]在这些方面,2009 年的监测报告和之前 2006 年的另一个系统的报告基本一致(《中国农民工问题研究总报告》,2006)。

但 2009 年的《监测报告》没有系统比较农民工收入和正规经济中职工收入间的差距。在这个问题上,我们仍然要依赖 2006 年的"总报告"。它证明,农民工的平均工作时间是正规职工的 1.5倍,但其每月平均收入只有正规职工的 60%。(同上;亦见黄宗智,2009a:53)另一个与之并行的、由国际学者组成的调查报告同样证明,农民工的平均收入只有正规职工的一半(Gustafsson, Li and

Sicular,2008:12,29;Huang,2009a:53—54)。而两个研究的结论都没有把福利差别计算在内。我们可以说,部分地方官员和私营商人之所以能够致富,正是借助于如此廉价的劳动力。

毋庸置疑,廉价劳动力和廉价农村土地乃是外来资本之所以能够获得超额回报的关键,也是一些地方官员赖以致富的关键。在这样的环境中,可以预料的是,部分官员、商人和新自由主义经济学家们会相互联合来给予自己的行为一定的正当性。人们把这样的现象称为"政、商、学(的)铁三角"(洛山愚士,2012)。

贪污行为同时受到左派和右派的抨击,而集体性的抗议事件则以左派的关注和评论尤多。前一种现象可以鲜明地见于众多高级官员因贪污而被判刑的案件,也可见于地方上的非理性形象工程以及对 GDP 增长的盲目追求。后者则可见于群体性抗议事件,主要是源于对征地和拆迁的抗议(于建嵘,2010)。

世界银行历次对全球各国的收入分配不平等程度的衡量是关于这些现象的社会背景的比较中立的研究。他们采用的是所谓的基尼系数(Gini coefficient,意大利经济学家基尼发明的方法,0.00标示绝对平等,1.00 标示绝对不平等)。大部分发达国家处于 0.30到 0.40 之间,而中国在改革初期(1982 年)的系数是 0.30,乃是全球比较平等的国家。到了 2005 年,该系数已经升到 0.45,在 131 个国家中排行第 90,成为世界上较不平等的国家之一(China Development Research Foundation,2005:13)。城乡差距则从 1985年的 1.8:1 跳到 2007 年的 3.3:1(World Bank,2009:34,and 图2.36;亦见黄宗智、高原、彭玉生,2012:25)。

廉价劳动力是中国之所以能够吸引这么多的外来投资的关

键。根据美国著名的布鲁金斯智库的一个近期研究,外来投资回报率在近二三十年中一直都维持在 20% 以上。(Bai, Hsieh and Qian, 2006:62;亦见黄宗智,2010b:145)在如此的资本回报率下,难怪联合国贸易与发展会议的一项对相关专家和跨国公司的调查发现,中国作为投资目的地在全世界排名第一,排名远高于其他国家。(高柏,2006:表7;亦见黄宗智,2010b:145)这也是中国 GDP 增长率如此之高的重要原因。

显然,中国社会的贫富不均正是来自以上的因素。劳动力廉价是 1.45 亿"离土离乡"农民工难以享有公平的社会保障和福利等的根本原因。它一定程度上也是农村持续贫穷的原因。

同时,农民工报酬被压到如此之低的水平的一个重要组织性"秘诀"是家庭作为农村基本经济单位的顽强持续至今。来自农村的农民工,即便能够凭薪酬在城市维持生活,但很容易依赖其家乡的家庭农场来替代其退休、医疗、失业、教育等"福利"。同理,政府可以把农产品价格和农业报酬控制在较低的水平。近年来的做法是国家大规模(高达年总产的 20%)储备粮食、棉花、猪肉等基本农产品,在价格低时收购,高时抛出,借以平抑价格波动,将其控制于一定范围之内,一如历史上的国家"常平仓"那样。而农产品的相对低廉价格之所以能够维持,部分原因正是因为农民可以部分依赖其在城镇打工的家庭成员的收入来维持家庭生计。(黄宗智,2011a,2012a,2012b)

五、中国的新自由主义论析

国内的"主流"新自由主义经济学的出发点不是上述基本事实,而是关于自由市场和私有产权的理论假设。在他们的市场原教旨主义信念下,认为唯有在市场的自由平等竞争下才可能做到资源配置最优化。国有企业违反这个基本规律,因为它们滥用"公权力"来获得特殊的优势,例如无偿的土地和自然资源的使用、特殊的贷款条件、特殊的税收优惠等,等于是一个垄断企业占据了特别有利的条件。他们认为,如果把这些"不公平"的因素计算在内,就会发现国有企业的效率其实远低于私营企业,其成本远高于私营企业。国有企业实际上要么是没有利润的,要么是低利润的,其实是不可持续的。因此,中国必须进一步完全私有化和市场化(这里的循环逻辑显而易见)。这正是国内今天影响最大的"新制度经济学"机构天则经济研究所关于国企的最新研究的基本论点。(天则经济研究所,2011)其所长盛洪教授最近更在凤凰卫视的"世纪大讲堂"总结了如此的观点(盛洪,2012)。

与上述论点略有不同的是林毅夫(此前在世界银行的中国代表、副行长和首席经济学家)的"比较优势"论点。对林毅夫来说,制度经济学家们过分强调私有产权的决定性作用。林认为,更加基本的因素是理性的资源配置。中国"资源禀赋"中的"比较优势"是充裕的劳动力。毛泽东时代无视这个基本经济现实,优先发展了资本密集的重工业,而不是劳动密集的轻工业。正因为违反了基本资源配置经济规律,国有企业只可能是亏本的,只可能依赖国家拨款而不是企业的市场利润来维持,由此导致科尔奈所指出的"预算软约束"。因此,最关键的改革不是建立私有产权,而是遵循比较优势的基本经济规律——也就是说,国家要优先发展劳动密集、非资本密集的轻工业,而不是重工业。(林毅夫、李志赟,2005)

显然,林毅夫的论析其实仍然完全来自新自由主义的理论框架。它要比盛洪和天则经济研究所的论析更"古典"。它使我们更多联想到哈耶克的"古典自由主义",而不是科斯或诺斯,而盛洪与天则经济研究所则更多源自科斯—诺斯的理论。显然,对拒绝市场原教旨主义信念的学者们来说,林毅夫和制度经济学学者们间的差别只不过是主旋律的变奏,类似于基督教中的不同宗派。两者都不会质疑最优化市场的基本前提。两者都强烈反对任何违反自由市场"规律"的行为。

我之所以反对中国新自由主义经济学家们的论析,首先是因为他们对国有企业的估计并不准确。当然,在国企的公司化过程中出现了少数贪污、腐败行为,但这说明亟须更严密的监管。但是,国有企业的运作并不是像他们所说的那样没有竞争力;它们其实必须在全球化经济中进行竞争并且已经在那样的竞争中显示了一定的活力。实际上,与发达国家的全球化公司相比,中国的企业和其他发展中国家的一样,是比较欠缺资本和落后的。正因为如此,唯有在国家的积极扶助和参与下,它们才有可能和发达国家的跨国公司竞争。在21世纪的第一个10年中,它们实际上已经成为中国经济发展的重要动力。不然的话,它们不会如此快速地进入《财富》500强的行列,也不会展示如此成功的利润绩效(下面还要讨论)。

国有企业必然是垄断公司的理论假设,其实并不适用于改革时期中国的混合经济。正如戴慕珍、魏昂德和钱颖一等已经论证的,20 世纪 80 年代的乡镇企业和 90 年代的地方政府,都是在与其他企业和其他地方竞争的环境中运作的,之后大型企业则更要与境外的企业和国家竞争。2000 年以来的大型国有企业显然也如此。

此外更要指出,国家所有和国家经营本身绝对不是官员贪污和逐利的缘由。显而易见,毛泽东时代的完全国有的企业几乎没有贪污。腐败贪污普遍是在国有企业改制为营利性国有企业过程的空隙中出现的。其实,更进一步的私有化只可能导致更多的腐败,正如在俄罗斯和东欧所显示的那样(Hamm,King and Stuckler,2012)。

新自由主义经济学家之所以拒绝盈利性国有企业,部分原因是他们所依赖的理论的出发点是完全私有的市场经济。由此才会认为国有企业乃是对经济的一种侵入,所导致的是滥用"公权力"的"不公平"竞争。但中国在改革时期经济的起点实际上不是私有经济而是国有经济,而且今天依然是个将近一半是国有经济的混合经济体。我们如果从现实出发,就会得出不同的看法:正因为国有企业乃是"全民所有",它们的利润和资源可以不侵犯私有经济和利益而被用于公益,远远超出一个私有经济体系所能想象的地步。这样,问题就不是国有盈利公司应否存在,而是怎样把它们变为服务于公益的公司。

所以,中国当前正确的经济政策不是新自由主义学者们所提倡的方案。消除国有和国有企业只可能严重削弱而不是强化中国在全球市场中的竞争力。当前需要的不是消除它们,而是要更完全、更好地遏制贪污腐败,并把国有企业引导向比盈利更崇高的公共服务价值目标和使命。

六、中国银行的案例

在进一步分析之前,我们应该讨论一下国有企业转变为国有盈利公司在微观层面上,即在企业内部到底意味着什么样的变化。这是一般的经济学家们不会关注的问题,因为他们注意的主要是理论"规律"和宏观数据。而我们这里要问的是,在公司的微观运作层面,市场化行为是否真的像科尔奈说的那样不可能和国家所有以及国家经营相结合?是否唯有私有化才可能破除官僚行为?如此的问题亟须一位具有洞见能力的经济人类学家来系统深入研究。

在那之前,我们要感谢中国银行董事长(和党委书记)肖钢(2011)发表的关于自己近年来领导中行改革的比较细致的回顾和论述,我们可以据此做一些初步的分析。中国银行是一个好的案例,因为它是一个科层制化改革程度比较高的单位,也是较晚执行市场化改革的单位。而且,肖钢的追述不是抽象的理论性探索,而是具有一定说服力的实践回顾。

首先,此书说明的是,国有企业公司化的关键并不单是或者不主要是产权的改革,而主要是该单位人员价值观的改革。肖称之为从"官本位"的态度/文化转化为"民本位"。要体会肖钢所表达的道理,我们只需稍微回忆之前国内银行职员的官僚态度——在等待了一个多小时之后,"顾客"所面对的是一个说话像官员对小民发话的办事员。新的理念是要破除如此的"文化"而建立一个为顾客服务的态度("民本位")。

肖钢的论述会使我们联想到科尔奈理论的某些部分。旧的运作"文化"源自中行的科层制人事制度,其领导职员拥有科层制职位,诸如处长、副处长、科长、副科长,是庞大的科层制等级体制中的一部分。我们可以补充说,如此的管理人员所继承的是传统的官僚文化——人们要经过长年的苦读和考试才有可能成为一名官员,因此很自然地会把自己的官职当作某种报偿,并自然地期待一定的特权和报酬。从而导致肖钢所描述的现象:"员工对企业的'索取'和'依赖'思想,大于对企业的'贡献'和'发展'思想。"(第31页及其后)

同时,"官本位"的企业文化意味着非常稀少的晋升机会。唯一的途径是"官职"的提升——唯有"升官"才能获得更高的报酬、更大的权力、更高的荣誉。在肖钢的描述中,这个制度等于是"千军万马挤独木桥"(第41—42页)。在烦琐的科层制中,从中央往下每一层对下一层进行紧密的管控。升官意味着要获得上一层的认可,因而促使层层官员的一定程度的媚上和任人唯亲。

正如肖钢所说,类似单位的改革关键在于其运作文化。他特别强调需要重视专业技能(第5章),为此,中行努力建立了凭专业技能晋升的途径,使专业人员的薪酬挂钩于专业知识、技术和表现,使其和管理人员能够达到同等甚至更高的薪酬。同时,尽可能促使审核制度专业化,对职员的顾客服务或新业务开发表现进行"科学的"评估。在肖看来,不能像高校审核制度那样只走形式。

肖钢提到几个其他的次级措施。一是尽可能引进青年人才。另一个是在中行内部创办专业培训班,借以提高现有人员的专业水平。再则是聘雇外国顾问公司来协助改造银行的"人力资源",特别是英国的一家翰维特公司(Hewitt Associates),到 2011 年已经持续八年,对中行的改革仍然起着重要的作用(第 34 页)。最后是从国外以数百万元人民币的(按照中国水准来说)高薪聘请总行的信贷风险总监。这里,肖特地提到一位在这方面具有丰富经验的美国专家董乐明(Lonnie Dounn)。显然,这是为了更好地避免重犯过去(因关系或政策而导致的)众多坏债的失误。

和以上的一系列措施相比,中行资产的私有化显然并不那么关键。这里肖钢的叙述直接挑战科尔奈的理论。中行固然引进了四家外资伙伴,即苏格兰皇家银行(Royal Bank of Scotland)、瑞士银行(Swiss Bank)、亚洲开发银行(Asian Development Bank)和新加坡淡马锡控股公司(Temasek Holdings,Singapore),但四家的股份加起来总共才 16.85%,而作为中行控股股东的中央汇金公司所持股权则仍然占到 83.15%。显然,引进外资的目的并不是终止国有产权,而主要是更好地在香港上市(2006)——一个具有知名国际机构投资的公司对可能的投资者来说,要比中国国家独资公司更有吸引力。对四个外来银行/投资公司来说,其目的其实主要是上市的利润,而不是成为中行真正的伙伴。事实上,中行和这四家银行/投资公司的协议中包括中行无条件保证三年之内每年年终每股净资产值不会低于 2004 年年终签约时候的资产值,并且,如果在这个固定期间上市失败,这些外来机构可以撤回其所投资本(第 75—77 页)。

从一个"国有企业"转化为一个上市公司(虽然仍然是国有绝对控股的公司)意味着一系列的变化。之后中行的管理层必须以公司的股票市价为重,因此也必须关注利润和效率。同时,股市的法则规定公司在关键信息方面必须做到一定的透明。由此,也意味着一定程度的投资者的"监督"。私人投资者通过市场而掌握到一定的影响力,哪怕只是非常有限的权力。综合起来,正如肖钢所说,这些是改变中行内部"文化"的重要因素。

但是,中行在其他方面仍然维持了中国国家单位的一系列特征。在其 28 万职工中,足足有 10 万党员,共分成 6000 多个小组、支部(第 95 页)。银行内部具有完全的党组织,包括其最高权力机关——党委,以及宣传、纪律、组织等各部门(第 75 页)。作为党委书记和董事长,肖钢无疑是全行的"第一把手"。

显然,这家国有公司的支配权是由共产党领导国家组织所掌握的。银行的董事会固然包含外国投资机构的代表,但控股的中央汇金公司有权委任六名董事。同时,董事会只有权力委任全行行长和副行长,无权委任十分关键的 25 个组成部门的领导人员。国家政策和银行利益间如果出现矛盾,作为董事长和党委书记,肖钢占据协调和斡旋其间的关键位置。

在科尔奈等新自由主义经济学家的眼里,这一切肯定是过分的国家控制和干预,何况从产权角度考虑,中行仍然处于不可接受的企业基本国有的状态。但是,虽然如此,中行在肖钢的领导下,绩效累累。在 2004 年到 2009 的五年间,其资产值翻了一番,净利润则增加了三倍(第 28 页)。2008 年的金融危机对"保守"(即具有相对高比例的资金储备而且完全不涉足金融衍生产品)的中行来说实际上是好机遇。在世界众多银行亏本的背景下,中国的银行大多仍然赚钱,因此占到全球银行所得利润的高比例。在金融海啸之前的 2007 年,中国银行业的(税前)利润才是全球 1000 大银行的 4.6%,到 2008 年这个比例上升到 10%,2009 年更高达74%,2010 年仍然高居于 26%(第 23 页,表 1-2)。凭借如此的绩效,中行以及中国的银行业可以说已经稳稳站定于全球经济中。[①]

这样,肖钢的论述为我们说明,国有企业的改革并不单是私有对国有、私营对国营的二元对立问题,更重要的是"企业"人员在市场化经济中的目的、价值观和工作伦理的转变。这些才是国有的中国银行改革"转型"为国有盈利公司的真正关键要点。更重要的是,看来共产党的领导和参与和一个要在国内外竞争的盈利公司并不相互排斥,这与新自由主义的预期不同,中国的国有企业似乎完全有能力成为资本主义游戏的赢家。

当前最需要的可能是进一步明确类似单位的使命。如果银行的利润只被少数权贵(例如银行经理和国家股权公司的关键人员)或公司本身所占有,改变单位运作文化而为公共服务只可能是空谈。真正的考验是银行的利润是否真为实现人民的利益所用。

七、社会不公

新自由主义学术最严重的失误是在对社会问题的思考方面。

---

① 进入《财富》500 强名单的四家中国银行分别是中国工商银行(第 170 名)、中国银行(第 215 名)、中国建设银行(第 230 名)和中国农业银行(第 277 名)。("List of the Largest Companies of China,"2012)

在当今中国的城市中,确实已经兴起了一个足可比拟西方和日本"中产阶级"收入水平的阶层。他们拥有西式的公寓型"房子",开的是昂贵的(常是进口的)轿车,并出入于价格上连一个美国"中产阶级"都觉得太贵的百货商店。

这个精英阶层的绝对数固然足可使跨国公司对中国市场的潜力感到兴奋,而具体多少人,主要看对"中产阶级"如何定义。国家统计局在 2005 年的一项研究中采用的定义是,家庭年收入 6 万到 50 万元人民币(即当时的约 7500 美元到 62500 美元——按照美国的收入水平来说,其实才处于中下层),凭借这个定义,中国的中产阶级只占到其全人口的 5.04%。2007 年这个数字上升到 6.15%(《国家统计局称中国有 8000 万中产,专家不同意》,2007;亦见黄宗智,2010a:198)。今天,我们如果用 5% 的数字,那就意味着这个所谓"中产阶级"的总人数是 7000 万人左右,用 10% 的数字,就是 1.35 亿人,15% 的话则超过 2 亿人。对全球化的跨国公司来说,正是根据中国"中产阶级"行将快速增长到类似美国中产阶级所占比例的想象,认为中国将会成为全球最大的中产阶级商品市场。

但是,应该明确,这个被误称为"中产阶级"的中国新兴阶层实际上只占到全国人口的较小比例,并且将在相当长的时期内仍然如此。上面已经说过,我们只需要提醒自己,今天全国就业人员中,共有 1.45 亿(城关镇以上的)城镇农民工、1.56 亿(城关镇以下的)乡镇企业的农民和非农民职工、0.5 亿的下岗工人、2.60 亿的务农农民、0.23 亿从事乡村"服务业"的"个体户",以及 0.3 亿的乡村"私营企业"职工。显而易见,低收入人群的总数是 6.64 亿,占到全国总从业人员中的绝大多数——85%。

新自由主义学者一般拒绝承认以上的事实,试图借用一些源自新古典经济学理论的模式来争论这些低收入人群只占少数甚至并不存在。譬如,新自由主义学者借用刘易斯的二元经济模式的预测——现代经济部门和具有"劳动力无限供应"并因此工资远低于现代部门的传统经济部门,伴随经济发展,将会进入一个"拐点"而整合为单一的劳动市场——来论证中国已经进入了"刘易斯拐点"。(蔡昉,2007;亦见黄宗智,2009a:57)其目的是要我们想象一个已经整合于城市"中产阶级"水平的劳动力市场。另一个同样影响很大的新自由主义社会学家们的论点是,中国社会已经形成类似于美国的中间宽阔的"橄榄型"而不是"金字塔型"结构。(陆学艺,2002,2003,2007;亦见黄宗智,2009a:58)与"拐点"理论同样,它是要我们想象一个和美国相同的、占到人口大多数的"中产阶级"。这些学者都非常认真地坚持这样的论点,基本无视中国85%的劳动力是在非正规经济中工作和生活的现实。

后者正是中国发展经验最令人担忧的一面。正是如此幅度的非正规经济使得中国虽然已经成为全球第二大经济体(并且可能行将成为第一),但同时(根据世界银行的测量)也是世界上较不平等的国家之一。以人数来计算,全国13.5亿人中有足足11.5亿是在非正规经济中生活和工作的。而且,总人口中有15.9%,亦即2.15亿人处于世界银行采用的日用1.25美元(约8元人民币)的贫困线以下。(世界银行,2008;亦见黄宗智,2010a:13—14)

存在一定程度的社会不公是中国发展经验不可持续的关键原因。大多数人民的相对贫穷是遏制内需和迫使中国经济依赖出口的理由。这个问题之所以特别严重和紧迫,是因为中国革命传统的核心理念是社会公平,或为劳动人民谋求幸福。在近三十年的改革经济实践之中,这个革命传统在实践层面上固然不具有太多实在的意义,但在话语层面上则一直被中国共产党继续沿用(虽然已不谈阶级斗争),而且时不时特别强调社会公平(例如"科学发展观"和"和谐社会")。社会公平理念虽然和社会实际有差距,但作为一个理念,它仍然被民众广泛认可。

不可持续不仅是个社会问题,也是个经济问题。这是因为中国迄今主要依赖的是出口主导的经济增长,通过其廉价劳动力而为世界各地提供廉价商品。但是,经过 2008 年的金融危机,人们已经几乎都认识到,如果中国要维持其高速的发展,必须更多地依赖国内的需求和消费。而要扩大内需,必须提高其非正规经济中的工农收入和消费——因为他们占据人口的绝大多数,并且是把收入的最大比例用于消费的人群。

至于环境污染问题,地方政府的积极招商引资不仅导致了一定程度上对国家劳动法规的漠视,也导致了对国家环境法规的漠视。(Economy,2004;张玉林,2007,2009;亦见黄宗智,2009b:81)无论中央的用意和修辞如何,地方政府在运作中的实践乃是中国今天环境污染危机的一个关键原因。这方面显然同样不可持续。

八、重庆的实验

有的读者可能会觉得本章所隐含的关于社会公正的倡议只是没有实际根据的凭空臆想,为此,我们下面要转入关于重庆市(人口 3300 万,在籍农民 2300 万)最近几年实验的简短讨论。那里,地方政府依赖的正是国有企业的特长来推动快速的 GDP 增长,五年(2007—2011)平均年增长率 16%[见屈宏斌(2012)的详细研究],同时,也借助于国有企业的利润而做到特别出色的社会(公平)发展。在重庆,国有企业的利润被称作税收(第一财政)和(城市建设)土地"出让"(给开发商)收入(第二财政)之外的"第三财政"(黄宗智,2011b)。

首先,第三财政的收入被用于为在城市打工的农民工提供与市民相等的福利。改变户籍的农民可以在五年期间保留其土地权益(下面还要讨论)。正如国务院发展研究中心 2012 年的系统研究报告所显示的,此项工程在 2010 年 8 月启动,到 2012 年 3 月,才一年半的时间里便已经为 322 万农民工改变了户籍,提前完成了原来计划要三年时间的工程。(于至善,2012;亦见黄宗智,2011b)这个数目基本包括所有在主城区工作五年以上及在其他各区城镇工作三年以上的农民工。转为市民身份意味着他们现在享有和城镇居民同等的医疗、退休、教育等福利。

正如重庆市政府所表述的,之前重庆的福利制度含有两个不同"层级"。其间的差别鲜明地体现于因交通事故而死亡的赔偿费:一个城市居民是 20 万到 30 万元,而一个农民则只有 8 万到 10 万元。至于普通的福利,按照重庆市的规定,在主城区的单位要为其市民职工的退休福利支付其工资的 20%,但为农民工则只需要支付 12%;要为其市民职工的医疗保险支付 1400 元/年,而为农民工则只支付 480 元/年。(上文指出,近三年的医改把 95%的农民纳入基本低等医疗保险,但绝对没有能够做到城乡同等的医疗保险和服务。)要整合为同一标准,光是这两项福利,市政府便需要在

15年期间为每个农民工支出约2万元。此外,对许多农民工来说,更关键的是教育费:城市居民基本免费,但一个农民工家庭如果要让其子女在城市上学,必须支付数千元/年或更高的"择校费"(九年义务教育只在户籍所在地生效)。要为农民工提供与城市居民同等的教育、卫生和住处等服务,还需要大约1万元/人。(2010)

　　另一项为农民工(以及新生代大学生和城市低收入群体)建造廉价公租房的工程同样感人。市政府正在建4000万平方米的公租房,计划人均约15—20平方米,租价每月约10元/平方米,也就是说,一套一家三口的50—60平方米的两室一厅房子月租价约500—600元(远远低于一个北京年轻讲师为一个一室一厅所必须支付的起码3000元/月的租金)。这样,可以为200万—300万人提供住房。按照规定,租户可以在五年之后购买其所住的房子,但不能在市场上盈利出售,只能返售给市房管部门。(黄宗智,2011b:17及其后)截至2011年底,已有8.2万套主城区房子以及3万套散布其他各区的房子,经过公开和透明的摇号配租程序,被分配给总共30多万人。(《增投资促消费　重庆公租房已惠及30万人》,2011)在主城区,新盖的公租房被分布于21个不同的商品房大组团,这样,避免形成公租房贫民区,让公租房和一般商品房享有同等的社区公共设备和服务。(黄宗智,2011b:17)

　　资金的主要来源是政府所储备的土地的市场增值以及国有企业的利润。2012年始,重庆的国有企业需要为公共利益上缴其利润的30%给市政府(于至善,2012),而重庆市政府则从2008年开始每年把其总支出的50%以上用于类似上述的民生工程。(《国企托底重庆发展　国资成政府第三财政》,2010;黄宗智,2011b:17)

对新自由主义经济学家们来说，这样的国家福利开销和计划经济时代不可持续的政策是相同的。但重庆的战略不是像(土改、集体化和社会主义建设的)革命经济时代那样的为公平而公平，而是借助社会发展来推动经济发展。显然，把农民工转化为城市居民，并大幅度提高其生活水平，定然会扩大国内需求和消费。

此外应该明确，把国有企业的利润用于民生，绝对不是什么"不公平"的措施，因为国企自始便是"全民所有"。把国有企业的利润用于提高为中国经济发展付出最多的劳动人民的生活水平，而不是成为少数权贵的私利，乃是再公平不过的事情。这里隐含的设想是把国有企业建设为真正意义的"公共公司"。这样的举措可以有不同的理论根据：譬如，以城市来扶助农村，或以富裕来扶助贫穷，有点像发达国家为发展中国家提供援助那样。但我认为更强有力的论据是促使"全民所有"单位为全民公益做出贡献。

在如此发展战略下的重庆，其经济状况显然相当健康。这个事实的最好见证也许是重庆的房地产业和市场十分不同于中国其他大城市。重庆市政府对住房这个中国头号民生问题采用的是分三个层次的做法，一是占据高达30%比例的廉价公租房(相对于其他地方的3%—5%)，二是60%的商品房，三是10%要交纳特别物业税的高档奢侈房。此外，政府一直严格控制房产地价，规定不能超过楼盘价格的1/3。结果是，截至2011年底，政府仍然把市区新盖房子均价控制在2010年的6000—7000元/平方米。这是一个中等收入阶层能够支撑得起的价格(相对于北京和上海等地市区的起码30000元/平方米)。(黄宗智，2011b：18，2011c；亦见《2011年主城九区新建商品住房均价及2012年高档住房应税价格标准》，

2011）这样的情况显示的不是"房地产泡沫"，而是一个可持续的、结合私营和国有企业的房地产业和市场。

此外，重庆的国有企业大多数（虽然不是全部）是基础设施建设和公共服务公司，诸如高速公路建设、能源提供、城市交通、水务、公租房建设等。整体来说，这些国有企业并没有妨碍私营公司的引进和发展，其实一定程度上还为其提供了必需条件。事实是，2001 年到 2009 年重庆非国有企业在 GDP 中所占比例从 40%上升到了 60%。（王绍光，2011：图 5；亦见黄宗智，2011b：22）这是和全国基本平行的发展趋势。（胡鞍钢，2012）

重庆市的例子证明，用国有企业的利润来促进公平发展是条可行的道路。也就是说，超越西方现代经济思想的私与公、资本主义与社会主义的二元对立，而采用一个在中国实际情况下比较实用的做法，即把在官僚经营和再分配政策下不堪重负的国有企业转化为生气蓬勃的市场化国有盈利公司，但不是为盈利而盈利（或为管理层、地方政府或公司本身而盈利），而是为了公共利益而盈利。而整个经济体系则是个国企与私营公司的混合体。

在经营公司以外，政府在其他方面的积极举措也是这一切之所以成为可能的关键。一个特别能说明问题的是渝新欧铁路运输。它创建的目的是把位于内地的重庆建立为一个"口岸"，打通它与庞大的欧洲市场的连接。首先是与哈萨克斯坦和俄罗斯，而后是与波兰、白俄罗斯和德国达成协议，让货物在重庆一次性过关，然后通过上列国家直达德国的杜伊斯堡（Duisburg）。全程共需

14 天①,要比通过上海或深圳而后海运到欧洲快二十来天。2011年 5 月,距原来和哈萨克斯坦与俄罗斯签订协议还不到一年,重庆市政府相关报告说铁路已经开通。到了 2012 年 4 月,已经每周通行两个班次,预计年终将会达到一周三个班次。同时,成立渝新欧物流公司,由重庆市控股,哈、俄、德等国参股。目前,每 40 英尺的集装箱运价不过 8900 美元,预期还可以进一步减低。(《渝新欧铁路:重庆向西,穿越世界心脏》,2012;《渝新欧(重庆)物流公司成立重庆将成欧亚货物集散中心》,2012;黄宗智,2011b:8)

正是对那样的物流条件的预期,促使重庆能在与其他地方政府的竞争之下,吸引到惠普、富士康、宏碁(Acer)、广达(Quanta)、英业达(Inventec)等公司,借以创建其新的信息产业园区。2012 年 4 月,仅仅在和惠普与富士康在 2009 年 8 月签订协议的两年半之后,重庆已经达到年生产不止 5000 万台笔记本电脑的地步,预期在 2014 年可能达到 1 亿台/年,相当于原来预测的全世界 3 亿台总销售量的 1/3。那样的话,重庆将会成为全世界最大的笔记本电脑生产地。(《重庆今年拟生产 5000 万至 6000 万台笔记本电脑》,2012;黄宗智,2011c:7)

毋庸说,这样和欧洲的物流连接对其他产业也起了关键作用,例如天然气和 MDI[是生产被广泛用于冷热保温的聚氨酯(polyurethane)的主要原料]生产,由德国的化工产业巨头巴斯夫(BASF)公司的 350 亿元投资带头;以及汽车产业,主要是长安汽车公司和其伙伴美国福特(Ford)公司牵头。显然,一个私营企业,甚

---

① 目标是 12 天。预期完成重庆—兰州铁路(现在的路线是重庆经西安到新疆)以及哈萨克斯坦新建的铁路之后便能做到。

或一个国有企业都不可能推动如此的投资和发展。只有政府(中央和地方)才有这样的能力(更详细的讨论见黄宗智,2011b:7—9)。

可以见得,重庆的发展战略明智地借助/利用跨国公司,依赖它们来推动产业的"集聚效应"。同时,它广泛使用"土地财政",在这点上和中国其他地方基本相似(详细讨论见黄宗智,2011b:9—10)。另外,和其他地方一样,它必须和私营企业、其他地方政府以及国外的企业竞争。

它和中国其他地方的不同是它特别突出社会公正,而且不仅是为公正而公正,而是借以推动经济发展。这个发展战略非常清晰地体现在重庆政府处理土地的方法上。土地收入在全国各处都是政府预算外收入的主要来源,但重庆没有让土地的市场增值(我们可以理解为一个"三阶段"的过程:从原来的征地到具备基础建设的"熟"地,到最终盖好楼盘的地)完全归属于开发商和政府机关,而是把其用于公共服务和社会公平。最好的例子是廉价公租房——这里,政府的"投资"主要是其所储备的土地及其增值,而后用楼盘的租金(包括出租给商店的租金)来支付贷款利息,本金则用楼盘出售收入来支付。其经济战略,正如重庆市政府所论述,是借助社会发展来推动经济发展,借助提高社会低收入人员的生活水平来扩大内需。他们的目标不仅是 GDP 发展,也是公平意义上的社会发展,其衡量标准则是世界银行所用的基尼系数和城乡收入差距。(黄宗智,2011b:16—19)

此外,市政府大力推动"微型"私营企业的发展,借以扩大就业。一个自身投资 10 万元、解决 7 个人就业的私营企业,可以获得政府 5 万元的资助,另加 15 万元的贷款,由此形成 30 万元的启动资本。这项工程的计划是到 2015 年发展总共 15 万家如此的微型企业,预期为 100 万人提供就业。(国务院发展研究中心,2012) 2011 年年底,此项工程已经促成 5 万个这样的新兴企业,职工共 35 万多人。(崔之元,2012)

至于农村,市政府发起了"三权三证"的工程,目的是让农民可以用自己的土地权益作为抵押来向国家正式金融机构贷款,而此前农民都只能向亲邻朋友(或高利贷商人)非正规地贷款。每亩被复垦的农村宅基地,经过证明可以换取一亩地的"地票",而在现有的土地制度下,这样的地票可以允许地方政府在中央严格维持"18 亿亩(耕地)红线"的政策下增加一亩城市建设用地,而那些建设用地必然会增值。我们可以用形式化的价格如 1 万元/亩的未开发的土地、10 万元/亩的具备基础设施的熟地和 100 万元/亩的最终具有楼盘的地来概括。因此,对地方政府和开发商来说,每亩地票都具有一定的市场价值。重庆市政府的政策是,让农民用其地权的 85% 的市值作为抵押向银行贷款。2010 年年底,1 亩地"地票"(在政府创办的地票交易所)的市价已经达到 10 万元,2011 年 7 月更增至 15.5 万元。对农民的其他两种地权,即承包地权和林地权,市政府采取同样的做法(当然,其市场价格要比宅基地低得多)。此项工程在 2011 年 4 月启动,计划到 2015 年将贷款 1000 亿元给农民。2011 年年底,当地银行已经贷出 57 亿元。这是个创新性的举措,也许能够为不少农民提供融资的机会。(洪偌馨,2012;黄宗智、高原、彭玉生,2012:26—27;亦见黄宗智,2011b)

重庆的实验固然也遭受了一定的挫折,但是,从长远来看,那并不意味着它的经验因此就不重要了。中国过去的发展经验中的社会不公和内需贫乏（也包括环境污染）显然是不可持续的。重庆的实验提供的是一条新的比较公平的发展道路。它与过去经验的不同在于用公平发展来推动内需和消费，并借助国有企业的利润来为其提供必要的资金。

九、"国家资本主义"还是"社会主义市场经济"？

我们可以用人们惯常用来描述中国改革时期经济的两个对立的词——"国家资本主义"和"社会主义市场经济"——来突出重庆实验所提出的问题。

"国家资本主义"一词所看到的是中国今天的经济具有一系列的资本主义经济特征——资本占到主导地位、以盈利为主的经济体系、资本家和其雇用的职工收入悬殊等，只不过国家依然扮演较重要的角色，尤其是国家对经济的干预及其国有企业的分量。与计划经济时代主要的不同是市场和盈利道德观取代了计划和革命再分配道德观。此词所突出的是国家所扮演的角色及其资本主义实质。

另一个常用词是"社会主义市场经济"。这是中国官方自 1993 年前后开始使用的正式表达。基本概念是这个经济体系是市场主导和市场推动的，在这方面和资本主义经济相同，但其目标则是社会主义的。当然，对"社会主义"这个词可以有多种不同的理解，包括计划经济和国有经济，但在本章的使用及在重庆的实验中，它主要代表的是一个带有社会公正的"国有+私营"公司的混合经济体，其理念是"共同富裕"。此词的含义是经济发展（"致富"），但是这

671

是带有社会公正的发展,而不是没有社会公正的发展。

本章的讨论说明的是,中国改革时期表现出来的似乎是"国家资本主义"多于"社会主义市场经济"。这正是为什么带有社会公正感的进步知识分子会对改革提出这么多的批评和抗议。他们不反对市场经济,但他们认为,中国的革命的社会公正理念很大程度上已经为私人逐利所取代。

正是在如此的背景之下,重庆实验对大多数的民众来说具有特别强烈的吸引力。因为他们知道,在目前的情况下自己没有太大希望能够达到在城市买房、买车的"中产阶级"精英的收入水平。该人群包括农民工和下岗工人的绝大多数,也包括在城市从事各种销售或服务的个体户,以及农村的务农农民和服务业农民,甚至包括一定比例的"中等收入"的城市白领,亦即全部从业人员的大多数。

重庆实验的基本概念简单明了。在城市化过程中,资产尤其是城市建设用地的市场增值,不应该只归属开发商和地方政府(官员私囊或其个人的官位爬升,或政府的形象工程和办公室等),而应该归属人民公益("民生")。例如,为城市 30% 的低收入人群提供廉价公租房、为农民工提供与市民同等的福利,以及为农民提供把其土地权益"资本化"(即用作抵押来贷款)的途径。正是那样的具体措施获得当地人民广泛的欢迎。对许多人来说,重庆经验代表的是占人口大多数的低收入人群能够分享到中国惊人 GDP 增长所附带的利益的一条道路。

上述两词的对立所捕获的正是中国今天面临的中心问题:如何赋予"社会主义市场经济"更多实实在在的内容?邓小平的改革

思路"让一部分人先富起来"所隐喻的最终目标还是"共同富裕"，但是，社会公正的问题被暂时搁置到未来。但在最近的几年中，正因为重庆实验赋予了"社会主义市场经济"具体和真实的内容，社会公正问题再次被提到了人们的面前。在我看来，这才是重庆实验对未来的史学家们来说所具有的真正意义。

十、结论

简言之，以上对三十年来中国发展经验的回顾指出，中央政府和地方政府及其所经营的国有企业，在中国快速的 GDP 增长中起了很重要的作用。理由是，在中国市场化的和混合的经济之中，国有企业显然比私营企业具备更有利的竞争条件，诸如克服官僚制度的重重障碍，组织和动员资源，获取补贴和税收优惠等，借以扩大公司的利润。我们甚至可以把这些条件称作一种制度性的"比较优势"。和中国的廉价劳动力同样，它们是中国过去发展动力的一个重要组成部分。

这个比较明显的经验叙述之所以如此充满争议，是因为新自由主义意识形态和话语在国内外的强大影响。那套话语受到（英国和美国）新保守主义意识形态的支持，也受到自我表述为一门科学的经济学学科主流的拥护，结果是几乎所有的观察者都坚持突出国有企业的短处并夸大私有产权与私营企业所起的作用。事实则是，中国的国家机器在整个改革时期都起了关键性的作用，而国有企业则已经证实自己能够成功地进入全球市场的盈利竞争。这个事实见证于 59 家国有企业成功进入《财富》500 强行列（非国有企业则只有 2 个）。对中国来说，和其他发展中国家一样，在和具有更充裕的资本和更先进的技术的跨国公司的竞争中，如果没有国家的积极参与，如此的成绩是完全不可想象的——这是因为国家是唯一具有如此强劲势力的实体。

新自由主义经济霸权话语所坚持的论点，即唯有私有公司才可能促进经济发展，其实把我们的注意力导向了一个伪命题。真正关键的问题不是国有企业是否应扮演重要角色，更不是它们是否应存在，而是它们所获利润的用途和目的为何。迄今为止，其很大比例的利润为资本家、官员和国家机器本身所拥有，而不是被用于全社会和公共利益，因此导致了一定程度的社会不公。新自由主义的经济学和社会学研究试图争论社会不公的现实并不存在，借助的是抽象的所谓"刘易斯拐点"模式，试图论证中国已经进入那样的拐点，其劳动力市场已经整合于城市的"中产阶级"。同时，也借助美国的"橄榄型"社会结构模式，争论中国的中产阶级已经像美国那样占到总人口的大多数。但实际是，中国总就业人员和人口的 85% 仍然在非正规经济中工作和生活，被迫接受低等的报酬、超常的工作时间，没有或少有国家劳动法规的保护，没有或只有不完善的医疗、退休等福利，以及其子女没有在城市学校受教育的权利。只要如此的社会现实依然存在，中国的经济就难以具有可靠的内需依据。

新自由主义经济学家不能理解国家和国有企业在中国经济发展中所起的作用，意味着他们也不能理解今天中国的社会—经济（和环境）问题的真正根源。

上文强调的不仅是（暂时还占据着霸权的）新自由主义经济理

论的严重失误,也是中国调整方向的紧迫必要。当前要做的绝对不是新自由主义经济学家所一再提倡的消除盈利性国有企业,而是要改变它们存在的目的——从赋利给开发商和官员转到造福全人民。鉴于中国经济改革的起点是国有经济,而今天的国有企业依然占据到国民经济的将近一半,国有企业在中国发展经验中的重要性实在再明显不过了。同时,鉴于国有企业在理论上依然是"全民所有",它们的利润应该被用于全体人民而不是少数权贵也再明显不过。再则,这也是唯一可以有效扩大内需而促使经济可持续发展的道路。

要调整其方向,国家可以从严格控制贪污腐败着手,并明确规定国有企业的利润必须被用于公共利益来改正当前一定的社会不公。那样的话,既可以帮助推进国有企业运作文化的改造,也可以为国有企业所享有的一些特殊有利条件提供正当性。关键不在消除国有企业而在促使它们服务于全社会。

最近的重庆经验让我们初步窥见这种做法的潜力。(即便是中国银行的例子也证实,树立比盈利更高尚的理念对改革银行的运作文化是多么的重要。)这是现有"主流"经济思想所不能理解的要点,也是重新塑造中国未来的要点。它是一条真正能够结合中国革命的社会公正理念和中国改革的经济发展"奇迹"的道路,也是一条能够超越传统资本主义和社会主义、结合私营和国有企业、结合市场经济和社会公正的新道路。

参考文献

《2011 年主城九区新建商品住房均价及 2012 年高档住房应税价格

标准》，2011，重庆市国土资源和房屋管理局公众信息网，http://www. cqgtfw.gov.cn/ztgz/fdcszt/201112/t20111231_181736.html，12 月 31 日。

蔡昉（2007）：《中国经济面临的转折及其对发展和改革的挑战》，载《中国社会科学》第 3 期，第 4—12 页。

崔之元（2012）：《独家专访崔之元：肯定重庆经验而非重庆模式》，搜狐网，http://business. sohu. com/20120118/n332512019. shtml，1 月 18 日。

高柏（2006）：《新发展主义与古典发展主义——中国模式与日本模式的比较分析》，载《社会学研究》第 1 期，第 114—139 页。

《国家统计局称中国有 8000 万中产，专家不同意》（2007），星岛环球网，http://www. stnn. cc：82/china/200712/t20071227_702070. html，12 月 27 日。

国家统计局农村司（2010）：《2009 年农民工监测调查报告》，国家统计局网站，http://www.stats.gov.cn/tjfx/fxbg/t20100319_402628281.htm，3 月 19 日。

《国企托底重庆发展 国资成政府第三财政》，2010，载《重庆日报》 12 月 10 日。

洪偌馨（2012）：《2015 年重庆农村"三权"抵押贷款达到 1000 亿元》，求是理论网，http://www.qstheory.cn/jj/jsshzyxnc/201203/t20120322 _147269.htm，3 月 22 日。

胡鞍钢（2012）：《"国进民退"现象的证伪》，中国华能集团公司网站，http://www.chng. com. cn/n31531/n647245/n805672/c829547/content. html，4 月 20 日。

黄奇帆（2010）：《重庆市户籍制度改革的政策体系、政策措施以及三个月的实践情况》，第 1、2 部分，中宏网，http://mcrp.macrochina.com.cn/

u/60/archives/2010/2083.html,11 月 14 日。

黄宗智(2008):《中国的小资产阶级和中间阶层:悖论的社会形态》,载《中国乡村研究》第 6 辑,福州:福建教育出版社,第 1—14 页。

黄宗智(2009a):《中国被忽视的非正规经济:现实与理论》,载《开放时代》第 2 期,第 51—73 页。

黄宗智(2009b):《跨越左右分歧:从实践历史来探寻改革》,载《开放时代》第 12 期,第 78—88 页。

黄宗智(2010a):《中国的隐性农业革命》,北京:法律出版社。

黄宗智(2010b):《中国发展经验的理论与实用含义——非正规经济实践》,载《开放时代》第 10 期,第 134—158 页。

黄宗智(2011a):《中国的现代家庭:来自经济史和法律史的视角》,载《开放时代》第 5 期,第 82—105 页。

黄宗智(2011b):《重庆:"第三只手"推动的公平发展?》,载《开放时代》第 9 期,第 6—32 页。

黄宗智(2011c):《对塞勒尼点评的简短点评》,载《开放时代》第 9 期,第 80—82 页。

黄宗智(2012a):《小农户与大商业资本的不平等交易:中国现代农业的特色》,载《开放时代》第 3 期:第 89—99 页。

黄宗智(2012b):《中国过去和现在的基本经济单位:家庭还是个人?》,载《人民论坛(学术前沿)》第 1 期(创刊号),第 76—93 页。

黄宗智、高原、彭玉生(2012):《没有无产化的资本化:中国的农业发展》,载《开放时代》第 3 期,第 10—30 页。

林毅夫、李志赟(2005):《中国的国有企业与金融体制改革》,载《经济学(季刊)》第 4 卷第 4 期。

陆学艺编(2002):《当代中国社会阶层研究报告》,北京:社会科学文献出版社。

陆学艺(2003)：《当代中国社会阶层的分化与流动》，载《江苏社会科学》第 4 期，第 1—9 页。

陆学艺(2007)：《2020 年三成国人是中产》，载《共产党员》第 16 期，第 12 页。

洛山愚士(2011)：《中国的精英铁三角与腐败》，文学城网站，http://bbs.wenxuecity.com/currentevent/423347.html，9 月 20 日。

屈宏斌(2012)：《广东模式与重庆模式比较》，财经网，http://comments.caijing.com.cn/2012-05-04/111837075.html，5 月 4 日。

邵宁(2012)：《珍惜"来之不易"　稳步推进改革》，人民网，http://cq.people.com.cn/news/2012417/20124171355358783918.htm，4 月 17 日。

盛洪(2012)：《市场经济与"国进民退"》，凤凰卫视，"世纪大讲堂"，4 月 21 日。

天则经济研究所(2011)：《国有企业的性质，表现与改革（最新修订稿）》，www.unirule.org.cn（2012 年 1 月查阅）原文见 http://www.usc.cuhk.edu.hk/PaperCollection/Details.aspx? id=8067。

王汉生、王一鸽(2009)：《目标管理责任制：农村基层政权的实践逻辑》，载《社会学研究》第 2 期，第 61—92 页。

王绍光(2011)：《探索中国式社会主义 3.0：重庆经验》，载《马克思主义研究》第 2 期，第 5—14 页。

肖钢(2011)：《百年中行新变革：市场化与人本化的人力资源管理》，北京：中信出版社。

于建嵘(2010)：《维权抗争与压力维稳》，凤凰网，http://media.ifeng.com/huodong/special/fenghuangzhoukanshinian/shixuezhezonglunzhoukan/detail_2010_10/13/2771369_0.shtml，10 月 13 日。

于至善(2012):《统筹城乡的若干工作方法》,中国改革论坛网,http://www.chinareform.org.cn/area/city/Report/201203/t20120321_137271.htm,3 月 21 日。

《渝新欧(重庆)物流公司成立　重庆将成欧亚货物集散中心》,2012,中国经济网,http://www.ce.cn/macro/more/201204/13/t20120413_23239625.shtml,4 月 20 日。

《渝新欧铁路:重庆向西,穿越世界心脏》(2012),观察者网,3 月 29 日(2012 年 4 月查阅)。原文见 http://www.douban.com/group/topic/28586545/。

《增投资促消费　重庆公租房已惠及 30 万人》(2011),华龙网,http://house.cqnews.net/html/2011－12/30/content_11602870.htm,12 月 30 日。

张玉林(2007):《中国农村环境恶化与冲突加剧的动力机制——从三起"群体性事件"看"政经一体化"》,载《洪范评论》第 9 辑,北京:中国法制出版社。

《中国农民工问题研究总报告》(2006),载《改革》第 5 期。

《中国统计年鉴》(2010),北京:中国统计出版社。

《重庆今年拟生产 5000 万至 6000 万台笔记本电脑》(2012),新浪网,http://news.sina.com.cn/c/2012－03－23/192524164939.shtml,3 月 23 日。

Bai,Chong-En,Chang-Tai Hsieh,and Yingyi Qian(2006),"The return to capital in China,"*Brookings Papers on Economic Activity*,Vol. 2006,No. 2,Washington,DC：Brookings Institution,pp. 61—88.

Chan,Anita and Jonathan Unger(2009)."A Chinese state enterprise under the reforms：what model of capitalism?" *China Journal.* 62(July),pp. 1—26.

China Development Research Foundation, 2005, *China Human Development Report*, United Nations Development Programme, China Country Office.

Coase, Ronald H. [1990(1988)]. *The Firm, the Market, and the Law*, Chicago: Univ. of Chicago Press.

Coase, Ronald H. (1991). "Ronald Coase Nobel lecture," http://www. nobelprize. org.

Ebenstein, Alan(2001). *Friedrich Hayek: A Biography*, Chicago: Univ. of Chicago Press.

Economy, Elizabeth C. (2004). *The River Runs Black: The Environmental Challenge to China's Future*, Ithaca, NY: Cornell Univ. Press.

"Friedrich Hayek," http://www.wikipedia.com, citing Alan Ebenstein, 2001, *Friedrich Hayek: A Biography*, Chicago: Univ. of Chicago Press, p. 305.

Gustafsson, Bjorn A. , Li Shi, and Terry Sicular (eds.) (2008). *Inequality and Public Policy in China*, New York: Cambridge University Press.

Hamm, Patrick, Lawrence P. King and David Stuckler (2012). "Mass privatization, state capacity, and economic growth in post-communist countries," *American Sociological Review*, Vol. 77, No. 2, pp. 295—324.

Hayek, Friedrich A. [1980(1948)]. *Individualism and Economic Order*, Chicago: Univ. of Chicago Press.

Hayek, Friedrich A. (1974). "Friedrich Hayek Nobel lecture," http:// www. nobelprize. org.

Hersh, Adam (2012). " Chinese State-Owned and State-Controlled Enterprises," Testimony before the U. S. —China Economic and Security

Review Commission on Feb. 15, http://www. americanprogress. org/issues/ 2012/02/hersh_testimony.html.

Kornai,János (1992). *The Socialist System: The Political Economy of Communism*, Princeton, N. J. : Princeton Univ. Press.

"List of the Largest Companies of China," (2012). Wikipedia, http:// en.wikipedia.org/wiki/List_of_the_largest_companies_of_China.

Montinola, Gabriella, Yingyi Qian, and Barry R. Weingast (1995). "Federalism Chinese style: The political basis for economic success in China," *World Politics* 48 (Oct.), pp. 50—81.

North Douglass C. (1981). *Structure and Change in Economic History*, New York: W. W. Norton.

North Douglass C. (1993). "Douglass North Nobel lecture," http:// www.nobelprize.org.

Oi, Jean C. (1992). "Fiscal reform and the economic foundations of local state corporatism in China," *World Politics* 45,1 (Oct.), pp. 99—126.

Oi, Jean C. (1999). *Rural China Takes Off: Institutional Foundations of Economic Reform*, Berkeley: Univ. of California Press.

Qian, Yingyi and Gérard Roland (1998). "Federalism and the soft budget constraint," *American Economic Review*. Vol. 88, No. 5 (Dec.), pp. 1143—1162.

Qian, Yingyi and Barry R. Weingast (1997). "Federalism as a commitment to preserving market incentives," *Journal of Economic Perspectives* Vol. 11, No. 4 (Fall): pp. 83—92.

"61 Chinese companies make Fortune 500 List," (2011). *China Times*, July 9.

Szamosszegi, Andrew and Cole Kyle (2011). "An analysis of state-owned enterprises and state capitalism in China," for the U. S. -China Economic and Security Review Commission, Oct. 26, pp. 1—116, http://www. uscc. gov/ researchpapers/2011/10_26_11_CapitalTradeSOEStudy.pdf.

Szelenyi, Ivan, 2011, "Third ways," *Modern China*, Vol. 37, No. 6 (Nov.), pp. 672—683.

Walder, Andrew (1995). "Local governments as industrial firms: An organizational analysis of China's transitional economy," *American Journal of Sociology*, Vol. 101, No. 2 (Sept.), pp. 263—301.

World Bank (2008). "World Bank updates poverty estimates for the developing world," http://econ. worldbank. org/WBSITE/EXTERNAL/ EXTDEC/EXTRESEARCH/0, contentMDK:21882162 ~ pagePK:64165401 ~ piPK:64165026 ~ theSitePK:469382,00.html; see also www.globalissues.org/ article/26/poverty-facts-and-stats#src3.

World Bank (2009). "China: From Poor Areas to Poor People: China's Evolving Poverty Reduction Agenda," Report No. 47349 - CN. www. wds. worldbank. org/external/default/WDSContentServer/WDSP/IB/2009/04/08/ 000334955 _ 20090408062432/Rendered/PDF/473490SR0CN0P010Disclose d0041061091.pdf.

Zhang, Yulin (2009). "China's war on its environment and farmers' rights: a study of Shanxi province," In Errol P. Mendes and Sakunthala Srighonthan (eds.), *Confronting Discrimination and Inequality in China: Chinese and Canadian Perspectives*, Ottawa: Univ. of Ottawa Press.

第 20 章

道德与法律：中国的过去和现在 *

韦伯认为法律应该是纯粹"形式主义理性"的，由法律逻辑整合为一个统一体，而不该让"外来"的道德价值掺入，否则将会成为"实体非理性"的法律；但历史实际是，法律从来就与道德密不可分。本章聚焦于道德和法律在中国的过去和今天的结合，不仅在理论层面也在实践层面，并检视其正面与负面。本章用意不仅在论证道德与法律的结合在过去实际存在并在当今必然存在，也在论证这样的结合并不一定是模糊的，而可以是清晰和精确的，并且是依赖可说明的理性原则的。本章的目的是探寻一条既是现代的也是中国的，既符合中国文明基本倾向也符合中国"现代"实用需要的立法进路。

* 本章原载《开放时代》2015 年第 1 期，第 75—94 页。感谢白凯、高原、张家炎和佩里·安德森的反馈和建议。纳入本书时做了一些修改和补充。

一、韦伯与形式主义理性法律

韦伯(1864—1920)关于现代西方法律形成的叙述所采用的主题是"形式理性法律"的形成、发展过程。根据他的建构,这主要是与"实质非理性"相对的过程。这是因为在他的心目中,形式理性法律更能防止外来影响的侵入,尤其是来自专制统治者的干预,而实质主义法律则多受那样的干预,无论是凭借道德价值的名义还是源自政治或感情的因素。(Weber,1978:654—658;亦见黄宗智,2014,三卷本总序,第一卷:13—18)

对韦伯来说,西方现代形式理性法律兴起的一个关键维度是其(我们可以称作)"去道德化"的过程。他认为,之前的宗教法规以及"自然法"都是高度道德化(实质化)的法律(虽然两者都具有一定程度的形式理性倾向,也是韦伯在其形式理性法律兴起的叙述中所突出的倾向——Weber,1978:828—831),而形式理性法律则是依赖逻辑理性的。对韦伯来说,形式理性法律是个高度专业化的体系,其发展和传承所依靠的是具有逻辑专长的法学专家。他认为,这样的一个体系更能够抵御外来权力的干预,不像实质主义法律那样,无论是实质主义非理性的还是实质主义理性的。他对前者给出的例子主要是由统治者情绪主宰的"卡迪司法",对后者给出的例子则主要是社会主义法律关于社会公平和福利的道德观念。(韦伯,2005:167—173;Weber,1978:812—814)

在美国,代表韦伯形式主义法律的是所谓的"古典正统观念"和"法律形式主义"。在兰德尔(1826—1906,1870 年后任哈佛大学法学院院长）的领导下，它特别强调法律和法学的科学化。对兰德尔来说，美国法律虽然源自比较重视案例和经验主义的普通法传统，但法律仍然应该和欧几里得几何学一样，从有限的几个公理出发，凭逻辑推理得出正确的定理，而后通过逻辑适用于任何事实情况。也就是说，法律是一个跨越时空的、普适的体系。［White，（1947）1976；Grey，2014b（1983—1984）；亦见黄宗智，2014，第三卷：208］

这里，我们要补充说明，近现代西方历史的一个重要维度是世俗化（去宗教化）。其前，不仅宗教法规，自然法一定程度上也受到天主教—基督教关于善恶的道德信仰的影响，近现代的世俗化则意味着法律与道德越来越分离，道德越来越成为主要归属宗教的领域，而治理和法律则越来越倾向去道德化的（现代）"理性"和科学。那是韦伯叙述历史和建构理论的大历史背景。中国文明没有像西方那样占据道德领域的宗教（天主教—基督教），道德主要归属儒学——它聚焦于在世的人生，基本不论鬼神——而不是宗教，而儒学在封建时期长期占据统治地位则意味着伦理道德在中国法律中一直占据特别重要的地位。

形式理性法学传统在现代西方占据着"主流"地位，在今天的中国法学中也具有极大的影响。今天国内的法学院几乎都以大规模引进西方现代法律为主导思想，许多中国法学家甚至比他们的西方同行还要无保留地相信现代西方法律是普适的，是唯一足可称作"现代法律"的法律体系。在全盘模仿西方的大潮流下，即便是对西方法律核心的形式主义毫无认识的中国学者，也连带接纳了其霸权话语。

与此形成鲜明对照的是,中国实质理性法律历史的地位日趋式微,在各大法学院的课程和教师及学生中只占越来越小的比例。中国法史的研究越来越成为一种类似于"博物馆"管理员的培训,为的是偶尔展示"馆藏珍品",但都是没有现实意义和用途的东西。结果是整个法史学术领域的普遍危机。即便是那些提倡依赖"本土资源"的法学学者,其所指向的大多也不是具体实际的传统法律,而是笼统的农村习惯,或革命传统,或笼统的中国文化,并把其置于中国和西方、传统和现代法律文化非此即彼的二元对立框架之中。(例见苏力,1996,2000;梁治平,1996;详细的讨论见黄宗智,2014,第三卷,序:1—7)

这里我们需要指出,形式主义在中国其实不会是长期一帆风顺的。首先,中国的语境对"形式主义"一词的理解与西方有一定的不同,主要有两种含义:一是官僚化的重形式、轻实质倾向,一是条文主义,而不是西方语境中侧重演绎逻辑的"形式主义"(formalism)①。有如此的不同,部分源自(也反映于)两个语境中"形式主义"一词的不同连带含义,一是贬义词,一是褒义词。同时,西方的形式主义也受到民族感情或本土意识对全盘西化的抵制。还有就是中国思想界对演绎逻辑的陌生感,对其缺乏理解,没有认识到其在西方文明中的关键地位。一旦认识到其真正含义,许多人便不会再像目前这样无条件地接纳。

更有甚者,韦伯所论述和代表的主流形式主义法律绝对不是西方法律思想中唯一的重要法学传统。近两个世纪以来形式主义

---

① 以至于陈锐(2004)以反驳法学界对形式主义的普遍藐视为出发点,来争论需要更客观地对待形式主义。

法律受到众多次级主流和非主流法学传统的质疑，在欧洲诸如历史法学（如萨维尼）、法律社会学（如耶林、埃利希）和法律程序主义（如哈贝马斯），在美国则诸如法律实用主义（如霍姆斯）、法律现实主义（庞德、卢埃林）和近年的批判法学（如昂格尔、肯尼迪）。之前的自然法认为道德规范是内在于自然界的，而法律必然是道德的（善的），而实证主义法学则认为法律和道德无关，有的坚持法律应当简单看作（任何）被施用的法律。① 与之不同，19 世纪中期以来的另类法学传统可以被视作对形式主义法学——认为法律乃是一门科学，法律乃是普适的、绝对的、永恒的——的挑战。他们在不同程度上都认为，在法律现有条文和文本之外，还需要考虑到法律实践、社会和历史实际，以及对未来的社会的"应然"的道德理念。在一定程度上，他们都坚持在形式逻辑之上，还要考虑到或者更多地考虑到关乎应然的道德价值。（更详细的讨论见黄宗智，2014b：导论）对本章倡导的观点来说，它们都是可用资源。

二、中国法律作为道德主义法律的典型

从道德和法律相互关联的视角来说，中国过去和现在的法律体系都是很好的例子。近年来中国法律虽然引进了大量的形式主义西方法律，但一定程度上仍然保留了其原有的道德主义倾向，而该倾向又明显不会伴随法律的"现代化"而消失。在中国文化和思想中，道德维度的重要性是非常突出的，无论是在儒学传统中，还

---

① 正如李寿初（2010）指出，前者认为"恶法"非法，后者认为"恶法"亦法。

是在历史上对外来宗教和思想(例如佛教或近代的社会达尔文主义、基督教等)的反应和理解过程中,甚或是对马克思主义和共产主义革命的重新理解中,都很明显。

当然,在目前西化主义和本土主义法学的二元对立之中,道德和法律两者在中国法律中并存与结合的基本事实也许会显得模糊不清。这是笔者在这里要具体检视中国法律中的道德价值观的原因之一,为的是精确地说明道德主义在中国法律中长期以来所扮演的角色,并试图阐明道德与法律结合背后所隐含的逻辑。中国法律在其实际运作中所展示的逻辑是笔者二十五年来努力研究的核心,本章将在多处引用笔者这些年来所积累的经验证据(详见黄宗智,2014,第三卷;亦见黄宗智,2001,2002,2009,2010,2013)。目的不仅是证实两者结合的实际,更是梳理两者结合的基本轮廓与原则,不仅在其理论层面,也在其实践层面。在我看来,如此的结合是创建一个未来既是现代的也是"中国特色"的法律体系的主要方向和道路。

从这个角度来考虑,用调解的方法来解决纠纷乃是道德主义实际存在于中国法律体系的一个主要例子。在实践中,调解依赖的是关乎应然的道德准则,而不仅是合法与否的法律原则。它关心的是德行,不是法律条文。它追求的是"和谐"理念,不是权利和其保护。它的目的是通过互让来解决纠纷,不是确定法律上的对错。它期盼的是通过人们的"让""忍"等美德来建构更良好的道德社会,而不简单是禁止和惩罚非法行为。如此的调解一直是中国法律体系的一个基本特征,很好地阐明了其所包含的道德主义。它与从个人权利前提出发,通过逻辑推理来说明什么是和不是侵权行为的法律体系十分不同。用韦伯的理想类型来说，它是"实质主义"的，不是"形式主义"的，是"实质非理性"和"实质理性"的，而不是"形式主义理性"的。（关于中国晚清以来调解制度的总结性论证和分析，见黄宗智，2014，第三卷：第 2 章）

（一）作为道德与法律、现代性与传统结合的调解制度

在 20 世纪新民主主义革命之前，调解是主要由社区和宗族（非正式）领导来执行的——譬如，几乎在每一个村庄之中，都有一位或几位社区所公认的（非正式）调解人士，由他们来解决村庄内部的纠纷。在中国共产党进入之后，原有的调解人士大多被村庄的党员干部取代。此外，还加上了基层行政机构的官员/干部的调解和调处与国家正式法庭所执行的调解和调处。（黄宗智，2014，第三卷：第 2、7 章）

从大量当代正式法庭调解的实践案例中，笔者引证的在实际运作中未经明言的逻辑最见成效的调解，多来自双方没有单一方过错的或者是双方都具有同等义务的纠纷；那样的案件是调解机制运用得最有效的案件，也是应该用调解来解决的。而在一方有过错的纠纷之中，则更适用判决，虽然仍然可以通过象征性的调解和让步来减轻简单判决对错可能导致的当事人之间长期的仇恨。即便只是象征性的妥协也有可能达到如此的效果。历史证明，调解和判决在过去和当代中国法律体系中如此并用，是一个有效的、低成本的方法，减轻了法庭的负担。

当前的中国法律体系仍然显示对调解的侧重。今天，在每两个涉及他人斡旋的公开（有记录的）纠纷之中，仍然有一个是通过

法院体系之外的调解而不是正式的法庭体系来解决的。而在进入法庭体系的（民事）案件中，每两个案件中仍然有一个是通过某种调解而不是判决来解决的。（黄宗智，2014，第三卷：62—63；亦见《中国统计年鉴》，2013：表 23-20，表 23-22）事实是，中国广义的（非正式、半正式和正式）调解制度在其使用规模和成效上来说，一定程度上仍然是全球范围内的一个典范。西方近几十年来兴起的"非诉讼纠纷解决"模式（多受到中国调解制度的启发）远远达不到如此程度的规模和成效。（黄宗智，2014，第三卷：198—202）

在多种不同的调解之中，非正式调解——由受人尊重的社区或族亲人士来调解，近年来有复兴的倾向，但无法统计——最清晰地展示了道德理念所起的作用。它的目的是防止纠纷双方长期的相互敌视（维持"和谐"），其最常用的道德准则是"己所不欲，勿施于人"（"如果别人对你这样，你会有什么感受？"），以及"让""忍"等道德价值，也就是传统儒家"君子"的道德价值观，与今天所谓的"好人"价值观也有一定的关联。（详细论证见黄宗智，2014，第三卷：第 2、7 章）

在半正式的调解——由社区干部或调解委员会，或乡镇的法律事务所或基层行政人员和机构（包括警察），或城市中的新型调解中心等所执行的调解和调处——之中，会更多地考虑法律（部分原因是伴随诉讼频率大规模上升，告上正式法庭已经成为越来越多当事人的可能选择），但仍然常常会使用儒家的道德准则来促使当事人妥协："如果别人对你这样，你会有什么感受？"避免双方长期的仇恨仍然是一个因素，但由于近年来（伴随大规模的进城打工）村庄大都逐渐从"熟人社会"转化为"半熟人社会"甚或城市那

样的"陌生人社会"，社区的和谐性已经不再被看作像以前那么重要。（同上）

在正式的法庭调解中，成文法律所扮演的角色更为重要，而社区和谐则不再是主要的考虑因素。部分原因是在现有的制度结构下，法律只可能是最重要的因素，因为如果调解不成，下一步便是（同一）法庭的判决。而从当事人的角度来考虑，如果拒绝法庭建议的调解方案，紧跟着便要面对法庭的正式判决。虽然如此，妥协仍然在起一定的作用，尤其是在那些没有对错的争执中，例如在离婚或侵权案件中，具体应该如何分配财产或确定赔偿额度，或者是在同等责任的案件中，具体该如何分配儿女的赡养责任。和谐的考虑仍然起到作用。但是，在全国大部分地方，尤其是城市中，紧密整合的社区已经不复存在，"陌生人社会"和"半熟人社会"已经成为大部分社区的实际情况，社区和谐已不再是关键的考虑因素。（同上）即便如此，我们看到，在正式的法院处理的民事案件中，每三起中仍然有一起是通过调解结案的。

整个调解体系可以描述为一个连续统一体，从主要依赖道德到主要依赖法律。大部分的争执是在调解和判决之间的灰色地带解决的，而不是简单地完全由非正式调解或正式判决来解决的。

即便是在大规模引进西方法律以及诉讼频率大规模上升的情况之下，如此从调解到判决的连续统一体，以及两种制度在法律体系中的并存，仍然是中国法律体系的一个强韧延续的特征。即便有的法学家呼吁抛弃调解而加速"现代化"（西方化），道德和法律的并存结合看来仍然将是中国法律体系的一个核心特征，过去如此，今天仍然如此。

（二）赡养父母亲

在调解领域之外，道德主义可以比较明显地见于家庭法。一个例子是赡养双亲的法律。在封建时期，"孝"是主导性的道德理念。《孝经》开宗明义地写道：孝乃"德之本也"，"教之所由生也"，"先王有至德要道，以顺天下，民用和睦，上下无怨"。在《大清律例》中，这个道德准则被部分表达为对不赡养双亲的儿子的惩罚。即便是 20 世纪的《中华民国民法典》，虽然是以德国民法典为典范的，但在赡养规定上仍然做了一定的修改和重新理解。在德国民法典中，子女唯有在父母亲无谋生能力，以及自己能够维持适合自己社会地位的生活的前提下，方才有义务赡养父母亲 [*The German Civil Code*,（1900）1907：第 1602 条]。民国时期的立法者显然不愿接纳如此的法律条款，因此在第一个条件之后立刻加上了这样一句："前项无谋生能力之限制，于直系血亲尊亲属不适用之。"[《中华民国民法典（1929—1930）》,1932：第 1117 条]至于第二个条件，则把其改为"因负担义务而无法维持自己生活者"，方才可以"免除其义务"。（同上：第 1118 条）也就是说，基本上规定要无条件地赡养双亲。

此外，《中华民国民法典》和当代中国法律同样采用了现代西方的男女权利和义务平等法则，规定子女（男女）具有同等的继承权利和赡养义务。但是，在农村的实际运作中，鉴于女儿多出嫁（到别村）的现实，大多只由儿子来赡养父母和继承家产。民国民法典没有试图解决这方面的法律条文和农村实践间的矛盾。而当代中国法律要到 1985 年的继承法，方才解决了这个矛盾，作出非常实用的规定：赡养老人的子女可以多分财产，不赡养者少得。(《中华人民共和国继承法》，1985：第 13 条)这样，儿子继承财产不是因为他是男子，而是因为他尽了赡养义务。中国对西方赡养法律如此重新理解，说明了"孝"道德准则的顽强持续。(详细论证见黄宗智，2014，第三卷：265—266；亦见黄宗智，2010)

(三)家庭主义价值观与财产法律

　　和以上议题紧密相关的是家庭主义道德观对财产法的影响。众所周知，清代法律把土地房屋看作家庭而不是个人的财产。根据所谓的"父子一体"的基本法则，土地房屋必须由诸子均分，而父亲不可以凭借一己的意愿剥夺任何一个儿子的继承权。这就和美国法律中凭借遗嘱而几乎可以无限制地把土地房屋传给任何人，包括一名陌生人的法律十分不同。清代法律按照父子一体法则作出了一系列的规定，包括多代家庭的道德理念、儿子没有父母亲的许可不得分家析产、父亲不能剥夺任何儿子继承家庭土地房屋的权利、儿子不许违反父亲(或在父亲去世后取代其权利的母亲)的意愿而出卖家庭的房子等。这一切都和现代西方法律中个人具有几乎无限制处理自己财产的权利十分不同。(详细的论证见黄宗智，2014，第三卷：134—135)

　　在当代中国，父子一体的法则已为父母亲和子女一体的法则所取代，起码在城市是如此。《继承法》规定，父母亲的财产由"第一顺序"继承人继承，即配偶、子女、父母亲。(《中华人民共和国继承法》，1985：第 10、11 条)中国虽然从西方采纳了个人可以凭遗嘱来支配其财产继承的法律，但其实在法则和实际运作中，一直都对此有一定的限制:立遗嘱人可以选择把房子的使用权传给合法继承人中的某一人或几个人,但是不可以排除合法继承人中的任何一人继承房子的权利。如果使用房子的继承人要卖掉房子,在实际运作中必须得到所有第一顺序继承人的同意,由公证处出具证明,不然不可以卖掉房子。(详细论证见黄宗智,2014,第三卷:287—290)

吊诡的是,比较"家庭主义"的中国财产法律并没有接纳西方的夫妻作为单一体的"共同所有"(joint ownership/tenancy)概念。我们在中国法律中找不到美国房产通用的夫妻"共同所有,留存者全权"(joint tenancy with the right of survivorship)的法则。部分原因也许是,在中国,已婚子女比较普遍和父母亲居住同一个房子,和美国比较普遍分居的情况十分不同。

更重要的是,这里我们可以看到,中国法律"家庭主义"的关键在于父母亲和子女一体的法则,而不在夫妻一体。在中国法律看来,夫妻间的结合和父母子女间关系的性质是不一样的。前者可以是暂时的(可以离异),后者则是永久的。正如宋代名儒周密(1232—1298)的形象表述,"父子天合,夫妇人和"。从这个角度来考虑,美国法律中的夫妻房子"共同所有"权不是源自家庭主义的法则,而是源自另一套逻辑,是关乎婚姻结合而不是亲子家庭关系的"结合"。正因为如此,中国法律完全没有接纳"共同所有,留存者全权"的法则,不仅房产如此,即便是银行或理财账户也如此。中国法理中亲子关系和夫妇关系间的不同,正是家庭主义道德观顽强持续的另一个重要例证和阐明。

(四)对结婚和离婚的道德化理解

即便是今天中国的婚姻法也受到深层的道德准则影响。现代西方对婚姻的标准理解是把它置于合同法之下:婚姻是夫妻作为两个独立个体达成的合同关系。这个现代概念当然是西方世俗化过程中的一部分,是从宗教法规中"神圣的婚姻"(holy matrimony)演化出来的。由此,离婚被视作合同关系的破裂,并假定某一方必定有违反合同的过错,从而导致离婚诉讼中尽可能(不顾高额律师费用来)证明对方是过错方的做法。当代中国立法者则明确拒绝如此的观念。(黄宗智,2014,第三卷:105)

当代的中国法律对婚姻的看法是其除了是一种协议关系,更是一种夫妇间的道德化行为,其基础是两人之间的感情。如此的理解主要来自革命传统,用意是推翻之前把婚姻当作两个家庭之间的一种(经过象征化的)经济交易、婚后则由丈夫支配的婚姻关系。当代中国的观念是婚姻应该是感情良好的男女双方的自然结合,离婚则是两人"感情确已破裂"所导致的后果。正是后者,成为离婚诉讼中法庭允许离婚与否的关键准则;其深层的观念是,婚姻不简单是一种合同,而是一种根据夫妇间应然的关系的道德化结合。(详细论证见黄宗智,2014,第三卷:第4章)

以上的准则从 20 世纪 50 年代以来便被普遍使用,但直到1980 年才被正式纳入婚姻法条文之中。其历史说明的首先是当代中国婚姻法与现代西方法律的不同,也是对西方法律从个人主义权利与合同关系出发,并由此推论出的一系列法律条文的不接受。它再次说明的是中国法律中道德价值和法律的并存。

它也说明当代中国立法的一个基本模型，即通过长期的试验，确定某一法则是符合社会实际、被人们接受的以及行之有效的，方才会被正式纳入法律条文颁布。这个特色也是中国的实质主义——道德主义化法律体系的一个方面。这点下面还要讨论。

在西方，由于之前必分对错的离婚法的运作对当事人和法庭都造成很重的经济负担，在 20 世纪 60 年代到 80 年代逐步采纳了"无过错"（no fault）的离婚法则。（Phillips，1988）但这里我们必须说明，所谓的"无过错"离婚法则不是像有的中国学者理解的那样——离婚案例中，既有有过错的案例，也有无过错的案例——而是"不论过错"的意思（因为它导致了极其高昂的离婚诉讼费用）。西方形式主义法律的思维方式是从一个抽象法则出发（不论过错），而后用之于所有的具体案件，而不是像中国法律的思维方式那样，先鉴别具体情况，从既有有过错的离婚纠纷也有无过错的离婚纠纷的事实出发，而后适用不同的法则。这种对西方法律的"错误"认识正好说明中西方法律思维上的基本不同。（详细论证见黄宗智，2014，第三卷：147—149）

三、实质理性法律其他的方方面面

以上的当代具体实例为我们提供了一个出发点，来进一步说明中国法律思维与西方的不同，包括一些别的、与道德主义紧密相关的特征。这些特征合起来足够组成一个与西方形式主义理性法律很不一样的法律体系类型，是一个堪用韦伯提出的（但只是十分简略不清的）"实质主义理性"理想类型来描述的，也就是笔者称作

"实用道德主义"类型的法律体系。（详细讨论见黄宗智，2014，第一卷：165—175）

（一）经验重于理论抽象

　　中国法律思维中一个特别顽强持续的特征是，在实质真实和法律（程序下所建构的）真实之间，具体经验和抽象理论之间，侧重实质真实和具体经验。这并不意味着不愿或不能作抽象思考，并不是因为中国传统的法学家们只能掌握具体而不能运用抽象——韦伯是这么认为的（例见 Weber，1978：845）——而是对抽象化/概念化的另一种想法。传统中国法律绝对不忽视或拒绝抽象的法律原则和道德准则，而是坚持抽象必须寓于具体事实情况，因为实际要比任何原则或准则来得复杂和多变，不是抽象理论所能完全涵盖的，所以任何抽象法则都需要用具体事实情况来阐明，那样才会明确、才能使用。如此的思维在《大清律例》中是很明显的。譬如，财产权利不是用抽象概念来表述的，而是通过一系列违反产权的具体事实情况来说明的。例如，欺诈性地将他人的土地房屋当作自己的财产来出售（"盗卖田宅"）、侵占他人田宅、（子孙）盗卖祖遗祀产等行为，都会受到法律惩罚。在关于婚姻协议的法律中，同样不采用抽象的原则，而是通过具体实例来说明不可欺诈或违反协议，例如将已有婚约的女子"再许他人"，"有残疾者，妄作无疾"，"期约未至而强娶"或"已至而故违期"等具体行为。这是和现代西方形式理性十分不同的思维方式，其对待如何连接抽象理论—道德原则和具体实例的方式，以及如何对待普适和特殊之间的关系的思维都十分不同。（详细论证见黄宗智，2014，第三卷：132—

138）

　　体现中国法律这种思维的另一例子是当代的侵权法和关于民事损害赔偿责任的法律。表面看来，法律条文似乎完全接纳了现代西方的法则，即"侵权行为"可以被追索金钱赔偿，其中关键在侵权过错——没有过错便谈不上赔偿。但是中国的侵权法进而规定"当事人对造成损害都没有过错的，可以根据实际情况，由当事人分担民事责任"。（《中华人民共和国民法通则》，1986：第 132 条）

　　对现代西方的法律思维来说，这样的规定，先说明有侵权过错就有赔偿的民事责任，而后又说没有过错也可以适当负担民事责任，是不符合逻辑的，是前后矛盾的。但对中国的法律思维来说，在造成民事损害的具体情况中，显然有的是双方都没有过错的［譬如，意外的（不涉及疏忽过失的）偶然事故］，而在那样的事实情况下，损害的问题仍然存在，仍然需要解决。既然是显然的事实，立法者觉得没有必要多加解释，因为这是不言而喻的事，没有必要处理这种情况和抽象的有过错便有赔偿责任的法则间的逻辑上的矛盾。所以，只简单地规定当事人"没有过错"的，仍然（按照法律）"应当承担民事责任"。（同上：第 106 条）其中隐含的道理可以说是，一个涉及民事损害的当事人，虽然没有过错，仍然应当在法律和道德上承担协助解决一个实际存在的社会问题的责任。（详细论证见黄宗智，2014，第三卷：144—149）

　　有的中国法学家认为，以上讨论的关于无过错侵权赔偿问题的看法来自西方的"严格责任"（strict liability）法则。但那其实是对"严格责任"法则的误解。"严格责任"的概念依据的不是"当事人都没有过错"那样的事实概况，而是关乎危险产品的生产者，法律要求更严格地对待他们,为此,降低了举证方面的要求,受害者只需要证实产品有缺陷,便足以证明过失并要求赔偿。也就是说,无须证明对方有意造成对自己的伤害,只需证明对方在行为上(无论其用意如何)对自己造成了伤害。此中的关键概念是"疏忽性过失"(negligence)。[详细分析见 Grey,(2001)2014c:231,257]这绝不是说即便是在当事人都没有过错的事实情况下,仍然应当承担民事责任。这里我们再次看到中国法律对待抽象法则和事实情况之间的关系以及其中的道德责任时,不同于西方法律的思维。(同上)

　　在道德推理之外,笔者曾经指出,这种思维方式是"从经验/实践到抽象再到经验/实践"的思维方式,和西方形式主义理性的"从理论抽象到具体事实情况再到理论"的思维方式十分不同。以上的讨论同时也说明,这样的思维和道德化思维也是紧密相关的,可以被看作中国法律思维中一个长期延续的特征,过去如此,今天也如此。

(二)实质重于程序

　　和以上论述的中国法律中的经验主义倾向相关的是,"实质真实"重于法律程序的倾向。现代西方法律的一个基本原则是法庭只能依据在法定程序下证明的事实来作出判决。因为,那是在人为的制度下所可能做到的极限,而"绝对的真实"则只有"上帝"才能知晓。那样的形式主义法律所导致的是,侧重程序和(据此而证明的)"法庭真实",而不是"实质真实"。美国法律体系中有不少法庭真实违反人们普遍认可的真实的例子——最广为人知的例子是辛普森(O. J. Simpson)的杀妻案。其背后的逻辑是,取证必须遵循法定程序,由此才可避免滥用证据,由此才可借以达到最客观的事实判断。其反面则是,为玩弄程序法律来证实或证伪违反实质的真实留下了一定的空间。

这里,坚持"实质主义"的最清晰的例子仍然是中国的调解制度。我们已经看到,主导这个法制领域的,长期以来一直都是道德主义而不是法律条文。此外,调解过程中对待事实情况的态度一直都是实质主义式的,而不是程序主义式的,其目的是让调解人掌握事实情况以便提出双方都能接受的妥协方案。调解人的调查多是纯粹实质性的,不会太多关心法定取证程序。这就和西方近年来兴起的"非诉讼纠纷解决模式"(Alternative Dispute Resolution,简称 ADR)很不一样。譬如,欧盟的部长委员会拟定了关于调解原则的协议,规定调解程序必须和法庭程序完全分开,调解程序中的证据不可用于法庭审判。(Committee of Ministers of the Council of Europe,1998)中国的法庭调解制度则没有做出这样的程序划分,而是两者合并的,同一个法庭和法官,调解不成,便即判决。这也是侧重实质过于程序的一个方面。(详细论证见黄宗智,2014,第三卷:222—226,198—202)

事实是,中国古代法律长期以来一直都拒绝程序主义,而认为调解人和法官是能够掌握并应该掌握实质真实的。那样的原则导致了一系列的相关制度安排:允许县官在搜集证据时有较大幅度的灵活性,不会受到太多的程序约束,甚至可以在审讯过程中依赖对嫌疑人的察言观色而作出判断。同时,作为检验这种实质主义断案方式的方法,比较简单地要求当事双方的"对质",并要求嫌疑人供认其罪行(哪怕只是用刑而获取的供认)。今天,这种传统仍然可见于被广泛使用的"坦白从宽,抗拒从严"制度。中国法律从来没有接受现代西方那样区分"法庭真实"和"实质真实"的程序重于实质观念。

这里我们应该承认,如此的实质主义法律的做法,包括对程序法律的抵制,比较容易演变成为现代西方法律所不能接受的对嫌疑人应有权利的侵犯。我们知道,近年来有许多关于中国刑法制度中部分使用"刑讯逼供"来强迫嫌疑人认罪的报道。目前,中国的刑事制度似乎无法克服对嫌疑人的"沉默权"(米兰达规则)的制度性障碍(无论其提倡者的用意多么善良)。在现有的制度环境中,嫌疑人提出如此的要求只可能被理解为"抗拒",接着要面对的只可能是"从严"。刑事制度整体所关心的仍然主要是工具性的司法效率,而不是西方法律强调的"正当程序"(due process)和"(在被证明有罪之前,应该作出)无罪假定"(innocent until proven guilty)。据统计,1979—1999 年间,全国共有 4000 多件"立案查处刑讯逼供案件"(1990 年 472 件,1991 年 409 件,1995 年 412 件,1996 年 493 件;其中错判案件无疑占较高比例),而这些数据肯定只占实际使用刑讯逼供案件中的较小比例,因为嫌疑人要克服很大的困难来挑战整个刑事制度才有可能让自己的案件被正式立案查处。这样看来,目前"冤案"数量是不小的。但是,有的学者还是争论,少量的误判只是整个高效率低成本刑事制度所付出的较小代价。(例见左卫民,2009)事实是,中国的刑事制度在适当保护嫌疑人的权利上,须进一步改革。(详细论证见黄宗智,2014,第三卷:268—272;亦见黄宗智,2010)

　　这里需要指出，道德主义和威权主义法律之间并没有必然的连带关系。我们已经看到，韦伯特别指望法律能够成为一个独立的、由专家们组成的、不会受到外来权力——统治者或非法律专家的人们的道德价值或意志——侵入的领域。他甚至反对普通法传统中的陪审团制度，认为那样会让普通人的意志和道德价值干预法律的运作。（Weber，1978：813—814）但是，他的这种批评为普通法国家相当高度的司法独立性所证伪，正如他对德国法律体系独立性的信仰为后来的纳粹主义统治所证伪。和普通法的非专家陪审团制度类似，中国儒家的仁政理念并不一定会妨碍司法独立。历史上儒家思想与专制主义的结合是具有一定偶然性的。初期的儒家道德思想是因为和专制皇权制度结合而后导致了所谓的"帝国儒家主义"（imperial Confucianism）统治意识形态。（Legge，1877—1878）即便如此，儒家的道德思想（和仁政理念）无疑仍然软化了强硬、专制的法家思想，塑造了县官作为"父母官"的隐喻（而不简单是严峻的父权）。

（三）法律体系中的实用性与"实用道德主义"

　　此外，中国法律中的道德主义一直是与实际效用考虑相结合的。清代法律中这样的例子很多。譬如，《大清律例》规定"父母在，子孙别立户籍分异财产"是要受到惩罚的。法律要求的是多代同居家庭的道德理念。但是，鉴于已婚兄弟之间（由于妯娌不和等矛盾）不容易相处的现实，法律继而又十分实用性地规定"其父母许令分析者，听"（《大清律例》：律87，例1）。我们知道，有清一代，像这样父母在世时的分家析产已经成为普遍的社会现实。这是帝国时期法律体系同时确认道德理念而又允许其实用性调节的例子。它是个适应社会现实的做法。(详细论证见黄宗智,2014,第三卷:134—135)

在当代中国,类似的例子可以见于以上讨论的结婚和离婚法律。中国共产党在革命早期,由于结婚和离婚自由的道德理念,在1931 年中央苏区颁布的婚姻条例中,不仅允许双方同意的离婚,还规定"男女一方坚决离婚的,亦即行离婚"。(《中华苏维埃共和国婚姻条例》,1931:第 9 条)但党很快就发现,这样的规定是不符合社会现实的,因为结婚在中国,尤其是在农村需要巨大的花费(相对家庭的经济情况来说),是一辈子一次性的大事。一般父母亲不会赞同比较轻率的结婚和离婚。面对农村父母普遍反对的现实,共产党很快就作出退让,先是禁止抗战军人妻子单方面要求的离婚,借以保护革命军人的利益——对共产党来说,军人的忠诚当然是个特别紧迫的考虑。随后则是决定把调解(和好)作为离婚前的必经程序,先是由社区干部来调解,而后是基层政府机构,不然法庭不受理,而即便在受理之后,法庭也必须先试图调解,调解不成才可能判决。这是共产党处理婚姻—离婚自由理念和社会实际间、法律条文和实践需要间的差距的实用性方法,一起一起地来处理有争执的离婚纠纷,为的是尽可能使党和民众间的矛盾最小化。(详细论证见黄宗智,2014,第三卷:第 4 章)

在当代中国的毛泽东时代,离婚纠纷占据法庭处理案件的绝大比例,而其对调解的广泛使用促使国家的正式法庭制度在其他民事领域中也同样使用调解。笔者曾经详细论证,传统法庭其实很少使用调解而更多依赖"断案",因此,当代法庭的广泛使用调解可以称作正式法庭制度的"调解化"。我们甚至可以说,法庭调解其实是中国共产党在离婚法实践中所发明的一个实用性制度。(同上)

当代中国对离婚法律的实用性做法也可以见于其较普遍的立法经验:只有在经过较长时期的实验之后,证明某个法则是被人民接受的并行之有效的,是符合社会实际并可以成为指导社会发展的准则之后,才会被纳入法律条文而正式颁布。(同上)

我们上面已经看到,把夫妻感情作为结婚和离婚的关键准则在 20 世纪 50 年代便被广泛使用,但直到 1980 年,方才被纳入法律条文而正式颁布。这是一个可以灵活使用的法则,可以同时照顾到稳定婚姻关系的目的(区别于被视作西方资产阶级对待婚姻的轻率态度),以及"离婚自由"的革命理念。(同上)赡养和财产继承法则同样。法律规定了男女同等的赡养责任和继承权利,但是在农村的法律实践中,一直(由于女子多"出嫁"的社会现实)主要只由儿子继承和赡养。最终,1985 年的继承法规定,尽了赡养(的道德)义务的子女在继承财产时可以多得,没有尽义务的少得,如此非常实用性地解决了法律理念和(农村)实践间长期以来的矛盾。

以上的具体例子说明的是,当代中国法律实践展示了一定程度的"实用主义",而其实用性是和关乎应然的前瞻性道德理念结合的。这种倾向也可以见于传统法律和其实践,例如关于分家的法则:法律虽然规定儿孙在父母去世之前分家是要受到惩罚的,但是,如果父母亲允许,则可以分家。如果和美国的法律实用主义相比,中国法律的"实用道德主义"在实用考虑之上,还附有前瞻性的道德理念，使得法律能成为推动社会变化的动力，避免陷入简单化的实用主义和经验主义可能导致的纯粹回顾性。（详细讨论见黄宗智，2014，第三卷：229—231）

四、法律中负面的非理性道德价值

以上论证的是，道德准则应该指导中国法律。这并不是说道德一定要完全取代现代西方法律的个人权利原则，而是说它应该扮演一定的角色。譬如，在没有过错的纠纷中，道德和其所主导的调解体系肯定是适用的。此外，本章的用意是提倡今天仍然要延续中国长期以来的道德化法律特征，尤其是涉及家庭关系的法律。在调解制度的例子之外，赡养法律、当代的产权和继承法律、离婚法律中的"感情是否确已破裂"准则等都是实例。此外则是中国革命的社会平等和公平理念——虽然在朝向市场化和个人主义的转型过程中，实际运作多忽视了这些革命的道德价值。这些都展示了道德理念在法律中的不可或缺。我们可以把这些例子看作"合理的"实质主义—道德化法律的实践。

但是，必须承认，道德主义也可能变成压迫性的。中国法律实践中有众多这样的例子——即便是"好"的用意，也可能导致"坏"的结果。一个明显的例子是专制皇权对家庭伦理的应用，把君臣、君民关系等同于威权主义父亲和子女间的关系，导致了极端专制主义的统治，基本把臣民等同于幼年孩子，也导致了广泛使用"刑讯逼供"的刑事法律制度。下面我们再举两个具体的负面例子来阐明这个论点。

(一) 贞节作为压迫妇女的道德价值

一个例子是男女高度不平等的社会中关于性行为的道德观。清代法律关于贞节的观点的部分法律建构是,妇女是个缺乏独立意志的消极体,而后从那样的建构得出关于妇女"和从"其侵犯者的罪行,包括"和诱""和略""和卖"甚至"和奸"。笔者曾把这套概念称作"消极的能动性"(passive agency),既非独立自主,也不是没有抉择。那样的建构,结合对妇女贞节的苛求,促使法律制度对妇女做出不切实际的要求,要求她即便是在冒着自身被伤害或被杀的情况下,证明自己曾经拼命抵抗。不然的话,便会涉嫌"和从"对自己的侵犯。对许多妇女来说,在面对那样的嫌疑下,最终只能用自杀来表明自己的清白。(详细论证见黄宗智,2014c:56—76;亦见黄宗智,2014,第二卷:第9章)

赵刘洋敏锐地指出,清代和当代中国显示的是妇女占据超常(在国际比较视野下)比例的自杀率(多于男子),而经过相当多案例的审视,赵初步假设妇女自杀的原因多与道德伦理相关。(赵刘洋,2016)果真如此,我们看到的将是,法律不切实际的道德要求对妇女形成了严酷的压迫,导致大量妇女的自杀。

(二) 超前的性别平等追求对妇女的负面影响

如此的负面效果也可见于与上述例子相反的一个例子,即超前的道德理念追求导致对许多妇女的伤害。在 20 世纪 50 年代初的婚姻法运动中,政府大规模动员妇女参与婚姻解放运动,目的是终止一夫多妻、婢女、童养媳、父母包办和买卖婚姻五大类型的"封建婚姻"。许多妇女响应了号召，奋起要求解除那样的婚姻，但她们发现，自己面对的是强大的阻力，包括来自家长、男子甚至党政干部的抵制。结果是，根据官方公布的数据，在 1950 年至 1953 年间，每年平均有七八万妇女因此自杀。(《贯彻婚姻法运动的重要文件》，1953：23—24；亦见黄宗智，2014，第三卷：99—101)那样的结果说明，法律和政策超前的道德追求对妇女造成的大规模伤害，甚至比落后的道德要求还要严重。

以上所举例子的目的不是争论法律不应该带有应然的道德价值观，而是说明其局限以及法律需要适当和实用性地纳入应然道德准则，而不是(像韦伯那样)完全排除使用应然的(道德)准则，拒绝以此来推动社会演变——这是后面还要讨论的问题。

五、盲目引进西方取证程序法律的问题

提倡全盘西化的当代中国法学家们(像韦伯那样)要求完全拒绝道德准则而引进西方各方面的法律和法则，包括其程序法。上面我们已经看到，"米兰达规则"引进并没有可能达到应有的结果。这里我们要考虑另一个完全无视中国实际制度环境的例子。

世纪之交以来，中国把引进的西方取证程序法应用于离婚法。原来的动机是不错的：鉴于中国刑法中被告嫌疑人权利的缺失，立法者意图用西方的取证程序法来加强被告的权利。具体来说，是把原来法官的取证权力和责任转交给诉讼当事人，前者被称作"法官职权主义"的观点，后者则是"当事人主义"的观点。(详细论证

见黄宗智,2014,第三卷:第 5 章)在引进西方法律的大潮流下,这样的取证程序改革被同时用于离婚法领域。但在该领域,实际效果并没有加强当事人的权利,而等于是从离婚法领域废除了任何取证。中国的离婚法律条文特别关心的是三项问题:一是夫妻间是否有虐待和暴力的问题;二是有没有第三者;三是夫妻感情到底如何。此前,这些问题的答案是由法官通过与社区亲邻的访谈来确定的。但在新的取证程序下,取证权力理论上转给了当事人,但一般的当事人其实都无法提供关于此三项问题的证据。一个重要的原因是,人们普遍不把法庭的证人传唤当回事,而目前的法庭制度又没有(像美国那样的既带有一定程度的强制性也)提供出庭作证人补贴。在缺失证人的情况下,离婚法的实际运作基本无法提供关于上述一、二、三问题的证据。因此,法律实践基本不再考虑法律条文原来定下的准则,即凭借对夫妻感情的状态来决定是否允许离婚,以及凭借有没有涉及过错,即一方与第三者的关系或虐待其配偶的行为,来确定怎样分配夫妻财产和孩子的抚养权。结果,离婚法在实际运作中变成几乎与西方"不论过错"相似的制度,基本不再考虑实质性和道德性的问题。离婚法庭越来越趋向一种官僚形式化的操作,即在当事人第一次提出离婚申请时,一般都不允许离婚,而在其第二次提出申请时,则几乎没有例外地允许离婚。这等于是整个离婚法体系的一种去道德化,加剧了人们,尤其是城市的青年,在婚姻态度上越来越漠视道德观念的倾向。(同上)

这个例子指向的是一个更大的问题,即引进的去道德化形式主义法律的总体性后果:引进的形式主义法律不但没有起到纠正、抵消或减轻伴随市场化和资本化而来的,社会和人们生活中普遍的去道德化和消费主义化,而是加强了那样的趋势。这里我们可以联想到影片《秋菊打官司》。秋菊的丈夫被村支部书记踢在"要命的地方",秋菊要求的是旧式道德化的"赔礼道歉",但书记拒绝道歉,秋菊只能试图向上面的司法机关"讨个说法"。但她发现,新的形式主义化法律体系根本就不考虑旧的那一套,她无法讨得她所要的公道。而最后,在影片的结尾部分,秋菊突然发现,公安部门按照新法律认定村支书犯罪伤人,因而对他实施刑事拘留,但那根本不是秋菊所希望讨到的公道,使她感到惘然若失。我们可以说,用引进的形式法律来替代旧的高度道德化的正义体系,其结果加剧了伴随市场化和个人主义化而来的道德真空化。在我看来,这也是法律应该带有道德价值观的部分原因。

六、怎样决定纳入哪些、排除哪些道德准则?

"善法"和"恶法"并存的实际不可避免地突出一个具有长久历史的问题,一个使我们联想到自然法和实证(主义)法间争执的问题,即道德在法律中到底扮演什么样的角色? 也许更重要的问题是,如果道德准则确实不可避免地存在于法律之中,我们该怎样来决定不同道德准则的取舍? 我们上面已经看到,对韦伯来说,法律应该排除道德准则,不然的话,它们会成为统治者或利益团体侵入法律领域的途径。在他看来,道德价值是极其多样和易变的,不能凭借形式理性来统一和普适化;对他来说,唯有形式主义演绎逻辑才可能达到他所认定的"理性"标准。正因为如此,他认为"实质主义"最终只可能是"非理性"的。事实是,他虽然没有像兰德尔那样简单地把法学等同于几何学,但在坚持法律超越时空的普适性上,是和兰德尔基本一致的。

韦伯代表的其实是现代西方法学和哲学中,将法律和道德、司法和德性置于非此即彼二元对立地位的倾向。形式主义理性主张的是普适性(如人权、演绎逻辑、法学乃一门科学),而实质主义道德倾向的则是特殊性。在韦伯那里,道德被视作局限于一定时空情境中的德性;它不可能超越时空而凭借逻辑被证明为普适原则。在现代西方的法学和哲学中,普适主义与特殊主义,法律与德性,其实是一个最基本的分歧。① 这也是后现代主义为什么会特别强调特殊主义、针对现代主义的普适主义,而主张把一切历史化,把法律置于具体的时空情境中,并在价值观上侧重传统、历史和地方的特殊性。

对主张普适性与特殊性是必然并存的而不是非此即彼对立的人来说,我们要问的是:在形式主义理性的强势之下,道德(与历史)要怎样才能够争取到其在法律领域所应有的地位? 特殊性(或实质性道德)要怎样才能够和"理性""科学"以及普适性连接上而不被完全局限于历史和特殊? 同时,在全球化的今天,特殊以及"中国特色"要怎样才能与西方所声称的普适性"接轨",成为西方法学界所能理解的原则?

要回答以上的问题,我们首先需要区别"抽象化"和"理想化"。韦伯是倾向拼合两者的,他的"形式主义理性"是对历史现象的抽

---

① 欧尼尔(Onora O'Neill,1996:第1章)明晰地总结了哲学和法理学界普适主义和特殊主义、司法和德性两大倾向的分歧。

象化,但也更是对该抽象概念的理想化(他自己便称之为"理想类型")。我们需要明确,"抽象化"(或概念化)固然是推理的不可或缺的步骤,但理想化则不是。正是理想化,而不是抽象化,才会很快被等同于实际而成为对实际的过分简单化。清楚地区别两者,可以允许我们探寻没有理想化的概念化的道路,也就是比较符合实际的抽象化。① (固然,"理想类型"乃是一种理论家们常用的手段。)严格来说,其目的是,或应该是,借助简化而更清晰地突出其中隐含的逻辑。譬如,形式理性理想类型的逻辑性、专业性、封闭性、独立性等。但韦伯并没有如此说明。结果是,他的"理想类型"带有强烈的把历史实际理想化的倾向。部分由于此,他的大多数读者的理解都倾向把其"理想类型"等同于普适性理论,甚或更简单地把其等同于实际。

这里,西方近代屹然超群的哲学大师康德,可以成为我们的重要资源。在他那里,我们可以找到强有力和细致的推论,说明理性绝对不仅仅限于形式理性(理论理性)。要把理论理性和行为/实践连接打通,需要的媒介是"实践理性"(practical reason),亦即关乎指导行为的道德准则的理性。② 纯粹的理论理性既是抽象化的,也是理想化的;实践理性则可以是没有理想化的抽象化,可以用来指导行为。

康德的实践理性还需要和一些其他的实践区别开来。它不是

---

① O'Neill,1996:39—44,有关于区别抽象化(abstraction)和理想化(idealization)的特别明晰的讨论。

② 在本章发表之后,我非常诧异地发现,哈贝马斯(Haberrmas,1986)曾经提出过与本章相似的关于韦伯形式理性和康德"实践理性"的思路,但他的目的是论证他提倡的借助程序法来保证理性辩论和交往行动。

预定目的的行动，也不是为达到某种利益的工具性行动，也不仅仅是纯特殊性的行动，因为那些都不可能凭借"理性"来证明是普适的。对他来说，"实践理性"的关键在于他的"绝对命令"（categorical imperative）准则："你要仅仅按照你同时也能够愿意它成为一条普遍法则的那个准则去行动。"①正是这个绝对命令连接打通了特殊性和普适性，能够使特殊的道德观念理性化，使道德理性能够成为指导真实世界中的行为的准则。实践是应该由能够通过"绝对命令"标准的准则和法则来指导的。（O'Neill, 1996:49—59）

从以上的视野来考虑，韦伯单一地偏重形式主义理性是对理性比较狭窄的理解。他建构了形式与实质、理性与非理性的非此即彼二元对立，没有认真考虑到实践理性，而后者才是连接理论理性与实际行动的不可或缺的步骤。这方面的欠缺，以及其对抽象概括的理想化，乃是促使韦伯最终成为一位主要是普适主义、唯心主义思想家的原因，虽然他确实也是一位同时考虑到特殊性的比较史学家。更具体地来说，虽然他在叙述历史演变（而不是理想类型）时，偶尔也会考虑到不同类型的"悖论"结合，譬如，如上所述，他曾把社会主义法律认作"实质理性"法律，但他没有加以仔细论述，并且最终还是强调了其非理性。（详细论证见黄宗智，2014，第一卷，总序:13—16）又譬如，在叙述中国的政治体系时，他提出了"世袭君主官僚制"的混合体概念［混合其世袭君主制（patrimonialism）和官僚（科层）制（bureaucracy）两个理想类型］，但

---

① 这是邓晓芒（2009:6）的翻译。

同样没有加以详细说明,并且最终仍然强调了其实质非理性。(详细论证见黄宗智,2014,第一卷:185—188;亦见 Weber, 1978:1047—1051)也就是说,在面对其理想类型和历史实际之间的张力时,他最终倾向的是重申自己的理想类型并把其等同于历史实际,所选择的仍然是理想(类型)化,而不是建立连接、合并理想类型和实际情况的概念/理论。我们这里要做的则是后者。

这里,我们可以再进一步引用欧尼尔(1996:49—59)来区别只适用于某种具体情况的特殊道德价值,和能够适用于同一情况下的别的人的道德准则。康德的实践理性是区别这两种准则的关键。然后,把后者更区别于适用性较狭窄的实践理性准则(例如,处于某一种事实情况下的所有的人),和适用性更广的准则(例如,适用于某一时代的所有的中国人,或更为广泛的,甚至适用于全人类的准则)。本章讨论的众多实例可以视作一个从狭窄到宽阔的连续体的后一类准则。这是一个可以把康德绝对命令付诸实用的解读。

在儒家思想中,相当于康德赖以对众多道德准则作出选择的"绝对命令",可以理解为这样一个标准:此准则达到"己所不欲,勿施于人"的"黄金规则"的标准了吗? 同时,我们要加上这样一个现代条件:"能够适用于所有的公民吗?"儒家这个"绝对命令"固然没有像康德的那样,附带着非常"现代"(启蒙时期)的个人自由(道德)选择的前提概念:在西方的传统中,突出那样的抉择,是和过去的自然法思想十分不同的认识——后者的出发点不是个人自身内在的自由抉择,而是被认作给定的、客观存在于自然的准则。这个不同可以被视作一个划时代的变化。(邓晓芒,2009)但儒家思想可以被视为起码暗示了主观的道德抉择,至少对"君子"来说是如此。当然,儒家思想在其初期之后,和专制皇权紧密结合,变成了专制主义的统治意识形态,而不再是简单的道德哲学。这是儒家思想今天之所以成为过时的思想的缘由,但道德思想本身则可以说是中国文明持久延续的基石。

如此的道德理性(加上适用于全体公民的现代化条件),足以遏制以上讨论的负面例子。它不会允许脱离实际和法律用意的程序法改革,也不会允许男子和女子那么悬殊的性道德要求及其所造成的对妇女的伤害,或者超前的不切实际的政策/行动及其对许许多多妇女所造成的伤害。它们显然不该成为普遍的法则。但男女平等和婚姻(和离婚)自由则是能够通过"可以成为普遍法则"标准的道德准则,可以赖以推进向男女公民平等社会的演变。至于婚姻应以夫妻"感情"为主要准则,尽了赡养义务的子女在财产继承上可以多得(反之则少得),家庭化的土地房屋产权,没有过错的造成民事伤害的当事人也应负一定的道德和法律责任等,则是可以推广、适用于一般公民的法则。我们不一定需要引进康德的绝对命令以及其对西方法律的特殊影响,更不需要简单凭借韦伯单一的形式理性来推进中国法律的"现代化"。儒家的道德主义传统本身便是一个可以用于现代实践理性的资源。

我们如果再加上中国法律所展示的实用方法——即经过实验证明是被人们广泛接受并行之有效的,方才正式立法颁布——便可以比较清晰地看到一条不仅能够从众多道德价值中做出选择的道路,也能够看到一条适应社会变迁而进行法律修改和创新的道路。

七、长时段历史视野下的法律和道德问题

(一)"法律的儒家化"?

从长时段的历史视野来看,瞿同祖先生关于"法律的儒家化"的论点,也许需要根据以上的讨论而加以补充和重新理解。对瞿来说,"儒家化"的核心含义是从汉代开始,在之前的法家法律里纳入了儒家尊卑等级法则及其相关的礼仪,亦即在法家的"法"中输入了儒家的"礼"。而"礼"不仅是关乎"民事"领域的道德准则,更多的是涉及按照尊卑身份来定刑的刑事领域法则。(Ch'ü Tung-Tsu,1965:第6章,尤见第267—279页)这是个被法史学界广泛接纳的论点。①

我们首先要指出,到有清一代,尊卑等级和阶级的观念已经不再那么重要,许多之前的规定已经不再存在于法律条文和实践中。譬如,从雍正时期开始,许多贱民——如乐户、疍民、雇工等——与"良民"间的法律身份划分被消除。(瞿先生本人在后续的思考中也提到这点——见 Ch'ü Tung-Tsu,1965:281—282)在清中叶以后的"细事"(民事)案件档案中,我们基本看不到"贱民"的身影。同时,之前禁止有功名的"士绅"和妇女提起诉讼的规定也明显松弛化——案例中有不少这样的士绅(主要是生员、监生,偶尔也有举人)和孀妇的例子。同时,我们可以在法律中看到,占据人口绝大多数的一般小农越来越占到法律所关心的中心地位,亦即白凯之

---

① 吴正茂、赵永伟(2006)是很有限的异议之一,下面将会引用。

所谓"法律的小农化"。譬如，因为婚姻的"彩礼"对农村人来说乃是一辈子一次的大花费（占据远高于富裕人家家庭财富的比例），已经接受了彩礼的家庭的即将出嫁的女子，与之前不同，被法律认作已经是未来夫家的人，当作已出嫁的女子来对待。（Bernhardt, 2014）但家庭内部的尊卑关系则比较强韧延续，变迁比较缓慢。

直到 20 世纪，伴随革命，越来越快速的城市化和工业化，以及改革时期的农民外出打工，阶层间和家庭中的尊卑划分也更快速变化。随之而来的先是皇帝制度的消失，而后是等级区别的更进一步弱化（当然，农村和城镇户籍制度除外——见黄宗智，2014，第三卷：附录三，301—328；亦见黄宗智，2013），以及家长威权的弱化，亦即瞿所强调的儒家思想核心。事实是，尊卑等级划分以及与之相关的礼仪到了今天大多已经成为不合时宜的过去。

但我们不应就此认为儒家化和儒家传统已经不再存在于中国法律和文明中。其实，部分儒家思想体系的消失一定程度上揭示了更为深层的儒家和中国文明的特征，在剥去了过时的表层之后而显得更加清晰。正如以上的论述指出的，真正坚韧的特征是关乎家庭关系的道德价值，在连接具体与抽象中侧重经验的思维，以及对待基本性文明挑战的一种态度和倾向。

上面我们已经看到深层的道德观念在法律中的顽强持续，例如"和谐社会"的道德价值（可以见于用调解制度的理论与实践来维持社会"和谐"）、赡养父母的孝顺法则，以及家庭化的财产法则等。在更深的层面，则是一种思维方式，即结合道德主义和实用考虑，组成了笔者之所谓"实用道德主义"。它包括侧重经验过于抽象理论，要求寓抽象法则于具体事例的思维，以及侧重实质真实过于形式化和程序化真实的法理。(当然,现有的官僚体系运作仍然严重偏向形式和仪式多于实质,但这是源自官僚体系的运作机制而不是道德价值观或法理思维的问题。)

更深层的是对待众多二元主义建构的一种基本思维。现代西方的倾向主要是把二元性视作非此即彼的二元对立,诸如现代与传统、西方与非西方(的"他者")、形式与实质、理性与非理性、形式主义与实质主义、普适主义与特殊主义、法律与道德等。这样的基本倾向可以清晰地见于韦伯——他也许仍然可以被视作既是西方现代主义最出色的代言者,也是其最出色的分析者之一。这种思维倾向的关键是演绎逻辑及其所强调的逻辑一贯性,区别于互相排斥的矛盾性。如此的思维是制定非此即彼二元对立形式化公式的来源。

中国和儒家的倾向则不是把这些二元性建构看作非此即彼的对立,而是把其视作并存的、相互作用的以及结合的。这当然是"中国思维"对待男性与女性、光明与黑暗、热与寒、不变与变等二元性的基本态度。这点可以见于仍然具有一定影响的《易经》,更可以具体地见于历史上儒家和法家间的关系,一如"外儒内法""阳儒阴法"等词句所表述的那样。上面已经指出,儒家思想正是以那样的思维方式来回应法家的挑战的,后来也是那样来回应一系列来自北方草原民族的挑战,以及(印度)佛教对中国文明的挑战的。鉴于如此的历史先例,我们也许可以预期中国文明最终也会这样来回应西方法律和文明的挑战。

作为一个侧面的观察,我们可以进一步指出,如此对二元主义建构的"中国思维"也经历了伴随马克思主义理论而来的"辩证法"

717

的挑战。后者不是韦伯型的非此即彼二元对立思维,而是正题、反题、合(成)题的思维。用于生产方式理论,它指的是从封建主义的否定到资本主义的再否定而后到社会主义的演变。用于阶级斗争,它指的是反封建地主(对佃农的)剥削的阶级革命,而后是反资本家(对工人)的剥削的革命而导致的(合成的)社会主义。而毛泽东思想对这样的辩证法的理解则是在那样的"对抗性矛盾"(需要通过阶级斗争来解决)之上,补加了"人民内部"的"非对抗性矛盾",借此而保留的是中国文明思维中对二元性的基本思路。(毛泽东,1937:308—310)在毛泽东时代,中华人民共和国确实曾经更多地倾向非此即彼的二元对立观,但今天则已经再次像儒家那样侧重二元共存和互补,而不是对立和相互排斥。从长远的历史视角来看,也许二元的互补性才是中国思维真正的基本倾向。

这里,"悖论的二元共存"一词,即表面上(根据西方理论)是对立的(矛盾的)和不可并存的现象,但其实都是真实而并存的——也有助于阐明这里的论点。(详细的讨论见黄宗智,1993)它可以适当地用于韦伯所认为是相互排除的矛盾,如西方和中国,现代性和传统,法律和道德。儒家思想所添加的是,在并存以上,这些二元性可以是互动的(我们可以说,类似于生物世界而不是机械世界中物与物的关系),或互补的,或被融合的。

面对二元性的现实,儒家的根本思维是选择"中庸之道",让"悖论的"两者并存。再加上中国共产党所接纳的现代进步理念以及马克思主义的辩证思维,我们还可以得出超越二元性的新合成体的思路。沿着儒家的"中道"来考虑,关键在不偏重任何一方,而在以一个宽阔的框架来允许两者的互动,犹如历史上的儒、法结合，实际上既包含"法家的儒家化"也包含"儒家的法家化"，而不是简单的"儒家化"。瞿同祖"（法家）法律的儒家化"一词其实容易引领人们错误地理解为法家被儒家取代。[1]

如此的用词和二元结合的思维很可能是中国文明的一个根本和深层的特征。它指向的是同样对待形式理性的西方现代法律和实质主义的中国法律。它其实也是一些已经被做出的重要抉择背后的思维，诸如结合代表"无产阶级"的共产党和代表新生产力的资本家、结合计划经济与市场经济的"社会主义市场经济"、结合西方和中国以及现代性与传统的"（中国特色的）现代化"等。

很大程度上，这些其实不简单是思想上的抉择，更是适应给定的现代中国的基本现实，即中国传统（古代的和革命的）和西方影响的不可避免的并存乃至今天的（"指导性"而非"指令性"）计划经济和市场经济的并存。从这样的视角来看，中国法律传统和西方法律、道德主义—实质主义和形式主义—理性主义的并存只是这幅大图像中的一个部分。它有可能成为与旧儒家—法家的结合那样的具有同等长久性的结合。

（二）走向更精确地阐明"中国的方式"

以上的论点如果笼统地表述，可以变得模糊和庸俗，像"阴阳""五行""八卦"等与时代不合的传统概念。"中道"同样可以成为不清不楚的"和稀泥"思维，也容易成为停滞（和保守）的、只有重复和循环的观念。那样的思维显然不可能成为现代中国法律体系或

---

[1] 吴正茂、赵正伟（2006）强调此点来对瞿同祖先生的"法律的儒家化"提出商榷。

文明的主导思维。

笼统含糊的"中国思维"也容易成为没有实质的修辞。在那样的大环境下,"中道"和"互补性"等言辞很容易变成掩盖腐败的说辞。那当然不是本章的用意所在。这里的目的是要清晰、精确地说明结合两者的原则,以及其法律体系在法理和实用层面的含义。

上面已经论证,两者的结合首先意味的是正义体系中调解和判决以及其不同逻辑的并存。前者更侧重传统,是以和谐和无讼的道德理念而不是个人权利为出发点的。在实际运作中,它最适合用于没有法律过错的纠纷,其目的是依赖妥协和道德劝告来解决纠纷,并尽可能避免当事人之间长期的相互仇视。但是,在一方有过错的纠纷中,则更适合明确依法判决对错,而不是模糊法律原则而默许同样错误的重犯。[①] 这样,不是要用含糊的、不分对错的调解来解决所有的纠纷,而是要求更精确地鉴别什么样的具体情况下使用调解,什么样的情况下适用判决。用意是要阐明道德和法律怎样具体协作。

我们还要清楚区别法律理论和实践。理论理性要求的是逻辑上的一贯性,现实和实践则多是复杂和含糊的,既包含相互排斥的二元矛盾(contradiction),也包含并存(co-existence)或互补性(complementarity),乃至调和性(syncretism)、互动性(symbiosis),更

---

① 至于在民事和刑事法律交接的地带,经过之前(从21世纪初开始)由于"和谐"理念所导致的对"刑事和解"可能所起作用的严重夸大,包括对西方修复性正义理论的错误援引,近几年来逐渐摸索出比较合理和实用性的做法,即把"刑事和解"限定于轻罪尤其是青少年和大学生所犯,以及(疏忽性)"过失"等有限领域,逐步建立适应程序和法则。(详细论证见黄宗智,2014,第三卷:272—279;亦见黄宗智,2010)

可能包含(促进)合成性(synthesis)或超越性的融合。表面看来,这
样的观点也许是含糊不清的,但其基本含义则是这样一个清晰精
确的概念,即具体事实情况和实践几乎必然带有含糊性和无限的
可变性,不该被违反实际地简单化。这正是为什么"理论理性"要
通过"实践理性"的媒介才可能理性地与实践/行为连接,而不是像
韦伯那样,把经过抽象化的实际进一步理想化,以至于违反实际。
在我看来,如此区别理论逻辑性和实践模糊性与非逻辑性、法典与
社会实际、法则与实际运作,才是对真实世界的精确掌握,而不是
对其违反实际的理想化、简单化。

　　如此区别理论与实践,以及如此理解理论与实践间的关系,可
以成为当前指导立法和法律实践的思想。要把理性和逻辑用于立
法,一个可行的途径是,用儒家的道德推理于立法,亦即以(可以被
认作是康德的)实践理性和"绝对命令"来决定道德准则和法则的
取舍。它们有没有达到"己所不欲,勿施于人"并适用于所有的中
国人的标准? 在上列的具体例子中,使用调解于无过错的纠纷、家
庭化的产权、赡养父母的义务、以夫妻感情为准则的婚姻法、没有
过错的意外损害中的道德义务等,应该是符合这样的条件的。同
时,过去采用的立法做法,即通过一定时期的实验,证实是被人们
接受的并行之有效的,方才正式纳入法律条文,也可以被视作采用
那样的标准的一种方法。(这和哈贝马斯所提倡的通过树立程序
法律来让人们充分沟通和理性地辩论,以此作为立法抉择的途径
颇不一样。)另一方面,把人民当作幼童的专制政府、性别间的道德
等级区别、超前的不实际追求、脱离实际的程序规定、刑讯逼供等,
则不可能达到上述适用于所有人的法则的标准。

如此应用实践理性/推理可以建立一个既符合道德准则也符合理性法则的，既是具有中国特色的也是与西方"接轨"的现代中国法律体系。如果强行做出韦伯型形式理性法律与实质主义/道德化的法律之间非此即彼的抉择，结果肯定不符合中国实际情况。无论强制执行哪一种选择，都会在具体实践中与中国实际脱节。承认真实世界的复杂性，以及其已经给定的中国传统和西方影响、过去和现在的并存，才是恰当的选择，也是唯一符合实际的选择。如此才是既理性又实用的思路，即便不是非此即彼的韦伯之所谓形式理性的。

以上讨论的实际法律例子也为我们阐明了不同性质的结合。譬如，非正式调解制度和正式法庭制度的并用，可以视作并存性的结合或悖论性的并存（paradox），而两者之间的半正式调解和调处以及法庭的调解，可以视为一种互动性或互补性或融合性的结合。在侵权法中，区别有过错和无过错的民事损害，是一种调和（引进的）抽象法则和不同逻辑的具体事实情况的结合。尽了赡养义务的子女在继承财产时可以多得的创新性法则同样。在婚姻法中，以夫妻感情为准的法则可以被视作对传统凭借彩礼的婚娶的否定，而后又对（"资产阶级"的）合同婚姻的再否定，最终通过实践和普适准则而得出的则是以感情为准的一种合成性的法律。

以上的逻辑链是，从实际存在的现实出发，包括不可避免的二元性并存与结合，而后系统地检验法律体系的（道德）准则和（法律）原则是否足可达到根据中国的"黄金规则"的测验而成为普遍法则的标准，同时，通过实验来确定法律是否被人们接受并行之有效，如此来推进法律向应然理念的演变。更有进者，在众多的二元性建构中,区分真正对立、矛盾的二元以及貌似对立而实质上同是真实和并存的,或者是可以结合/调和、互补或合成的,甚至超越性地融合成新颖体系的二元性。如此的创新性立法进路才是实际的和实用的,也是现代的,并且既是道德化的也是合理的。这是和今天具有广泛影响的非此即彼二元对立的西化主义和本土主义法学思想完全不同的立法进路。本章探索的问题最终是:怎样建立一个同时符合逻辑、道德和实用的新中国法律体系?

参考文献

陈锐(2004):《法理学中的法律形式主义》,载《西南政法大学学报》第 6 卷第 6 期,第 3—8 页。

《大清律例》,见薛允升条。

邓晓芒(2009):《康德论道德与法的关系》,载《江苏社会科学》第 4 期,第 1—7 页。

《贯彻婚姻法运动的重要文件》(1953),北京:人民出版社。

湖北财经学院编(1983):《中华人民共和国婚姻法资料选编》。

黄宗智[1993(1991)]:《中国研究的规范认识危机——社会经济史的悖论现象》,纳入黄宗智(2007)《经验与理论:中国社会、经济与法律的实践历史研究》,第 57—89 页(以及黄宗智,2014,第二卷:附录),北京:中国人民大学出版社。

黄宗智[2001(2007a)]:《清代的法律、社会与文化:民法的表达与实践》,上海:上海书店出版社,增订版,黄宗智,2014。

黄宗智[2003(2007b)]:《法典、习俗与司法实践:清代与民国的比较》,上海:上海书店出版社,增订版,黄宗智,2014。

黄宗智(2009):《过去和现在:中国民事法律实践的探索》,北京:法律出版社,增订版,黄宗智,2014。

黄宗智(2010):《中西法律如何融合? 道德、权利与实用》,载《中外法学》第 5 期,第 721—736 页。纳入黄宗智,2014,第三卷:附录。

黄宗智(2013):《重新认识中国劳动人民——劳动法规的历史演变与当前的非正规经济》,载《开放时代》第 5 期,第 56—73 页。纳入黄宗智,2014,第三卷:附录。

黄宗智(2014a):《清代以来民事法律的表达与实践:历史、理论与现实》,三卷本,增订版。第一卷《清代的法律、社会与文化:民法的表达与实践》,第二卷《法典、习俗与司法实践:清代与民国的比较》,第三卷《过去和现在:中国民事法律实践的探索》,北京:法律出版社。

黄宗智(2014b):《〈历史社会法学:中国的实践法史与法理〉导论》,载黄宗智、尤陈俊编《历史社会法学:中国的实践法史与法理》,北京:法律出版社。

黄宗智(2014c):《清代与民国法律下妇女的抉择:婚姻、离婚与犯奸》,载黄宗智、尤陈俊编《历史社会法学:中国的实践法史与法理》,第54—98 页,北京:法律出版社。

李寿初(2010):《超越"恶法非法"与"恶法亦法"——法律与道德关系的本体分析》,载《北京师范大学学报(社会科学版)》第 1 期,第 114—120 页。

梁治平(1996):《清代习惯法:社会与国家》,北京:中国政法大学出版社。

毛泽东(1937):《矛盾论》,载《毛泽东选集》第一卷,第 274—312 页。

苏力(1996):《法治及其本土资源》,北京:中国政法大学出版社。

苏力(2000):《送法下乡:中国基层司法制度研究》,北京:中国政法大学出版社。

韦伯(2005):《法律社会学》,康乐、简美惠译,《韦伯作品集 IX》,桂林:广西师范大学出版社。

吴正茂、赵永伟(2006):《法律儒家化新论》,载《安徽教育学院学报》第 2 期,第 57—60 页。

《孝经》(无出版日期):http://www. guoxue. com/jinbu/13jing/xiaojing/xiaojing001.htm。

[清]薛允升[1970(1905)]:《读例存疑》,黄静嘉重校本,共 5 册,台北:成文出版社。

赵刘洋(2016):《转型社会中的法律与家庭:以中国乡村社会中的妇女自杀为例》,载《天府新论》第 5 期,第 127—138 页。

《中国统计年鉴》(2013),北京:中国统计出版社。

《中华民国民法典(1929—1930)》,收于《六法全书》(1932),上海:上海法学编译社。

《中华人民共和国继承法》(1985),载《中华人民共和国法规汇编(1985)》(1986),北京:法律出版社。

《中华人民共和国民法通则》(1986),载《中华人民共和国法规汇编(1986)》(1987),北京:法律出版社。

《中华苏维埃共和国婚姻条例》(1931),收入湖北财经学院编(1983)。

周密(无出版日期):《齐东野语》,http://www.360doc.com/content/12/0331/07/2722521_199496913.shtml。

左卫民(2009):《范式转型与中国刑事诉讼制度改革——基于实证研究的讨论》,载《中国法学》第 2 期,第 118—127 页。

Bernhardt, Kathryn. (2014). "A Ming-Qing Transition in Chinese

Women's History? The Perspective from Law," in Philip C. C. Huang and Kathryn Bernhardt eds. *The History and Theory of Legal Practicein China: Toward a Historical-Social Jurisprudence*, pp. 29—50. Leiden: Brill.

Ch'ü, T'ung-tsu. (1965). *Law and Society in Traditional China.* Paris: Mouton & Co.

Committee of Ministers of the Council of Europe. (1998). "European principles on family mediation," http://www.mediate.com/articles/EuroFam. cfm(accessed July 29, 2005).

The German Civil Code. (1907 [1900)]. Trans. and annotated, with a historical introduction and appendices, by Chung Hui Wang. London: Stevens & Sons.

Grey, Thomas C. (2014a). *Formalism and Pragmatism in American Law.* Leiden: Brill.

Grey, Thomas C. (2014b [1983—1984)]. "Langdell's Orthodoxy," *University of Pittsburgh Law Review* 45:1—53. Reprinted in Thomas C. Grey, 2014a:46—99.

Grey, Thomas C. (2014c [2001]). "Accidental Torts," *Vanderbilt Law Review*, 54, 3:1225—1284. Reprinted in Thomas C. Grey, 2014a:198—257.

Habermas, Jürgen. (1986). "Law and Morality," Trans. Kenneth Baynes. *The Tanner Lectures on Human Values*, Harvard University, http:// tannerlectures.utah.edu/_documents/a - to - z/h/habermas88.pdf (accessed Aug. 11, 2014).

Legge, James. (1877—1878). "Imperial Confucianism," in *The China Review*, 1877, no. 3:147—158; 1878, no. 4:223—235; 1878, no. 5:299—310; 1878, no. 6:363—374.

O'Neill, Onora. (1996). *Towards Justice and Virtue: A constructive account of practical reasoning.* Cambridge, England: Cambridge University Press.

Phillips, Roderick. (1988). *Putting Asunder: A History of Divorce in Western Society.* Cambridge: Cambridge University Press.

Weber, Max. (1978 [1968)]. *Economy and Society: An Outline of Interpretive Sociology.* ed. Guenther Roth and Claus Wittich, trans. Ephraim Fischoff et al. 2 vols. Berkeley: University of California Press.

White, Morton. (1976[1947)].*Social Thought in America: The Revolt Against Formalism.* London: Oxford University Press.

后记一

法学和社会科学应该模仿自然科学吗？*

在全球的现代化历程之中，自然科学无疑起到了至为关键的作用，而在中国全力追求现代化的今天，几乎一切都要向自然科学看齐已经成为一个不言而喻的信条。这样的意识可以见于"法学科学"（juridical science）和"社会科学"（social science）这两个词语本身——虽然人们曾经试图把社会、经济、政治以及法学等学科与自然科学区别开来，但是，久而久之，大家都几乎没有例外地采用了"社会科学"和法学科学两词①，而且习惯性地把其中各个学科

---

* 本章原载《开放时代》2015 年第 2 期，第 158—179 页。文章由黄宗智负责社会科学和法学方面的论述，高原（获得理论物理学博士学位后转入社会经济理论与历史研究）负责自然科学方面的论述，而后共同修改写成。感谢白凯、赖俊楠、彭玉生、余盛峰和张家炎的详细阅读、批评和建议。纳入本书时做了一些修改。

① 在美国，"法学院"一般是和"社会科学院"并行的，同是"院"级单位，高于社会科学院下属的经济学、政治学、社会学等"系"级单位。在国内则大多把"法学"当作社会科学下属的学科之一。

都与"科学"相提并论，在国内尤其如此。这种倾向可见于学术管理人员的思想，当然也可见于各个学科的专业人士。

　　本章的目的首先是说明"社会科学"与"自然科学"的多重不同。当然，这并不表示笔者提倡社会科学应与自然科学完全隔离，拒绝任何借鉴，而是面对当今"科学主义"——认为关乎人间世界的社会科学应该和自然科学同样追求普适规律——的强大威势，更需要澄清的是两者之间的不同。本章之所谓"科学主义"所指不仅是哲学史中的"自然主义"和"实证主义"等影响强大的思想，而更是由于科技在现代世界中所起到的有目共睹的广泛作用，它在人们心目中有着无比的威信，从而促使人们认为其方法不仅适用于物质世界，也适用于人间世界。本章强调的则是，唯有认识到两种世界的不同，才有可能有限和有效地借助真正的自然科学方法来认识真实的人间世界。

一、法学和社会科学与自然科学的不同

（一）研究对象的不同

　　首先，应该说明两者研究对象的关键差别。人是具有意志、理性、感情的主体，而不是物体，而人间社会是由如此的主体相互作用所形成的，因此，尤其是在实践生活（区别于理论建构）之中，明显在客观性之外更具有主观性，在普适性之外更具有特殊性，在确定性之外还具有模糊性和偶然性。而关乎物质的研究，则只需考虑其客观性和普适性。固然，自然科学在其现代发展中，似乎日益关注特殊性,譬如,划分为众多不同的领域/次级学科,分别具有其不同的研究对象、规律和方法,但是,总体来说,自然科学仍然强烈倾向普适主义和纯粹的客观主义。这一倾向,在自然科学的第一个系统化的现代成果牛顿力学那里,表现得非常突出。其基本信念是:第一,科学的研究对象外在于研究者并永恒存在且不带有主观因素;第二,认为自然世界是被几个关键普适规律所支配的;第三,认为关于自然世界的命题与判断可以由可确定的几个基本公理的组合、应用推理出来,就像欧几里得几何学那样。[Bohm,1971(1957):130—132;Cohen,2002:57—58]

人们多认为,社会科学研究的最高目标应该是追求、模仿像自然科学那样的普适主义。殊不知,正是普适和特殊以及客观和主观的并存实际才足以说明人与物质世界的不同。其中关键不在于排除特殊而简单偏重普适规律,而在于同时看到普遍性和特殊性的并存以及其间的异同和互动。关乎真实人间世界的抽象应该同时照顾到普遍和特殊,而不是把两者简单化约为其单一方面。这也是为什么现有的不同学科共同组成了一个从普适主义到特殊主义的连续体,其两极是普适主义的自然科学和特殊主义的人文研究,而法学和社会科学则正居于其间。

(二)研究对象背后的基本关系的区别

自然科学所界定的研究对象,是处于人类意识之外的自然世界。在自然科学看来,这一研究对象背后起主要作用的主导性规律,是确定性的因果规律。自文艺复兴与启蒙运动以来,寻找自然现象中促因(cause)与后果(effect)之间确定性的因果规律,逐渐成为自然科学最重要的任务。对这些因果规律的发掘与认定,逐渐被视作理性(rationality)的重要能力。(Von Wright,1971:2—3)这一特征,在自然科学的核心——物理学那里尤为显著。而物理学中,牛顿力学最早得到系统的发展与严密的数学化。这和牛顿力学本身特别适合处理一对一的确定性因果关系(一个原因对应一个后果,而且这种对应关系是确定性的)有很大的关系。牛顿力学的对象——物体的运动,特别适合用一对一的确定性因果关系加以把握。[Bohm,1971(1957):5—6,12,34]

在人间社会,当然也有较为明确的一对一因果关系存在,但是,重大的历史现象[如英国的工业革命、中国革命、中国近二十年的"隐性农业革命",见黄宗智,2014a,第三卷:第2章;黄宗智,2003(1995);黄宗智,2014a,第三卷:第5章]多源自几个不同来源和半独立的历史趋势的交汇或交叉,在社会经济结构性因素之外,还源自人的主观意志的抉择,也因为实践世界中的无穷的特殊性和模糊性,在确定性的因果规律之外,还存在偶然性;而源自实践中的偶然性的长期积累,更可能成为具有强大影响力的历史趋势。也就是说,对理解人间社会来说,要逼近真实,不能从确定规律和抉择、客观与主观、必然与偶然、普适与特殊等二元双方中简单做出非此即彼的单一选择,而在于看到两者的并存和相互关联。

(三)普适与有限的规律

相应的不同是,物质世界与人类社会间的"规律"性质的不同。前者追求的是确定化、普适化的真实——是能够在实验室里重建设定条件并且没有例外地证实(或证伪)的规律;但在人类社会,这是不可能达到的条件，最多只能探索到有限真实的有限规律。在我们从经验作出概括和抽象化的过程之中，只能希望达到一种局部有限的真实，而不是普适的、完全确定的、可以通过可重复的实验来证实的真实。即便是在现今追求高度"科学化"（形式化）的法学和经济学领域，也会承认法律/经济是不可以像自然科学那样无条件地普适化的：譬如，把美国法律不加选择地完全照搬、实施于中国，或把来自美国经验的经济规律不加选择地完全套用于中国。

在社会科学领域，历史学科相对最偏向特殊主义。今天在国内，历史学科尤其带有强烈的完全特殊化倾向，其主流几乎拒绝任何抽象化（概括），只求忠于史实，只求精确"真实"地"反映""重建"史实，因此导致了（批判者所谓的）史学的"碎片化"。但这和经过半个多世纪的社会科学影响的国外历史学科很不一样。在西方发达国家，历史学科已经广泛采纳了社会科学众多的方法和理论。这种倾向尤其可见于经济史、社会史、家庭史、人口史等领域，并创造了认识上重要的突破。但这并不等于简单地采用科学主义、简单地追求绝对化的规律、简单地模仿自然科学，而是有限定界限的抽象化、规律化和理论化。

其实，历史上的重大事件，譬如中国革命，既不可以仅凭叙事来理解，也不可以仅凭社会经济结构来理解，而是要兼顾两者，既要掌握长时段的结构性变迁，也要认识到关键人物的意志和抉择。也就是说，兼顾结构与能动、普遍与特殊、规律与偶然，而且更要看到两者间的互动。中国革命史充满抉择与结构间的张力、相悖以及适应的例子。[例见黄宗智，2003（1995）关于土改和"文化大革命"的论析]譬如，适当结合倾向特殊主义的叙事史学和倾向普遍主义的社会科学化史学,要比简单依赖任何单一方更能解释中国革命。

(四)统一的规范认识和多元的理论

自然科学领域较多地认同于单一理论/规范认识。即便如此,仍然会呈现由于规范认识危机而导致的"科学革命"。正如库恩说明的,科学界一般倾向于大多数专业人士都接纳同一规范认识(paradigm)的常态,要到积累了众多违反规范认识的经验证据之后,才会形成一种范式危机,最后导致规范认识的修改和重组。[Kuhn,1970(1962)]我们可以用以下的例子来阐释库恩的这个论点。17—18世纪,物理学的规范认识是以牛顿运动定律为核心的。在这一规范认识下,物体的运动可以用严格确定的一组微分方程来描述。给出恰当的初始条件(initial conditions),我们可以推算物体在此后任一时刻的运动状态,特别是该物体的位置(position)与动量(momentum,质量与速度的乘积)这两个描述物体运动状态的关键变量。而物理世界的全部现象,最后均可化约、归结到由这一确定性规律所左右的物体的运动。[①] 追求这样带有确定性、可预测性、一对一因果关系的普适规律仍然是(社会科学中的)迄今科学主义的主要内涵。

但是,在19世纪与20世纪之交,随着微观领域物理实验手段的发展,科学家逐渐发现,在原子层面这样的微观现象领域,物体(粒子)的运动状态存在内在的、固有的不确定性,因此相应的物理

---

① 对牛顿力学及确定性机械论的一个简洁总结,参见 Bohm,1971(1957):34—35。

理论,只能以概率(probability)来刻画粒子的运动状态。这种非确定性的运动规律,一个最广为人知的表述就是不确定性原理(uncertainty principle),亦即粒子位置与动量无法同时确定,同时,这一不确定性是可以通过一个数学不等式来描述的。[1] 到20世纪30年代,可以精确分析微观物理现象的量子力学的基本框架已经被建立起来,其基本精神便是对牛顿力学规范认识的否定。从牛顿力学到量子力学的转变,正是一种由实验领域新发现的积累否定原有规范认识,并且在实验与理论的相互刺激下,催生出新的规范认识的典型历史经验。[2] 今天,牛顿力学的自然观甚至被批评为一种机械主义的决定论。[Bohm,1971(1957):64]但是,以概率和不确定性为主的科学观至今仍然没有渗透社会科学,其"主流"仍然强烈倾向之前的牛顿力学的世界观。

物理科学的常态是统一的规范认识,而社会科学,正因为其主题以及其性质的不同,不会趋向同样的统一性。而且,社会科学完全不像自然科学那样,能够以普遍有效的可重复的实验方法,对理论/规范认识进行检验和约束,从而保证在整个学术圈中规范认识的统一性。长期以来,法学与社会科学更多倾向一种天下分而不合的常态,在形式主义理论的主流之外,有众多其他影响较大的非主流理论与之对抗(例如,倾向特殊主义的后现代主义和实质主义或实用主义/现实主义,当然也包括与形式化的新自由主义对立的

---

① 与不确定原理相关的实验,及该原理的数学描述,参见 Braginsky and Khalili,1992:2—11。

② 关于量子力学这一新"规范认识"的形成,一个简明的介绍可参见 Dear,2006:142—148,其中包含了促进量子力学形成的主要实验现象与理论探索。

马克思主义,虽然后者同样带有强烈的普适主义冲动）。如此的现象是我们这里要论证的法学和社会科学与物理科学实质上的不同的佐证。而这个社会"科学"的"特征"说明的不是其不足,而正是社会与物质世界的实质性不同。

人们其实凭直觉就能相当广泛地认识到,在人们追求的真、善、美之中,唯有"真"应该是部分由科学研究主宰的,而"善"与"美"则明显是特殊化的,不能规律化。其实,我们在上面已经看到,即便是在"真"的领域,人与人类社会也与自然世界十分不同,部分原因是"善"和"美"一定程度上也是人类社会的重要组成"因素",也是其中占据一定重要性的动因。这也是为什么试图建立科学主义认识的形式主义理论一般都排除关乎"善"与"恶"的道德伦理,而与之对抗的后现代主义和实质主义则倾向强调道德伦理在人类社会所扮演的角色(下面还要讨论)。

对我们拒绝科学主义的人来说,社会科学的多元常态是正面而不是负面的。正是其多元常态使我们可以在科学主义化的形式主义主流传统之外找到更多、更有洞见的理论资源,赋予我们可资借用的非主流资源。

（五）意识形态的作用

我们也可以从意识形态——背后有政权推动的理论——的作用的角度来理解法学和社会科学与自然科学之间的不同。在后者之中,可以说绝少见到"左"和"右"之分。这当然和其研究对象的不同直接相关:追求物质世界的规律一般谈不上什么政治意识。而社会科学则完全不同,几乎所有的社会科学理论都会涉及意识形态,因为"意识形态"几乎都是与社会科学理论交搭的。这就是为什么"新自由主义"(新保守主义)在近几十年的西方已经完全(再次)占据法学和社会科学中的主流位置。马列主义和新自由主义同样是高度意识形态化的理论,都是试图掌控所有不同社会科学学科(包括历史学和法学)的理论。也正因为如此,在社会科学领域我们会看到对其的众多多元化反应和抗拒。在改革时期的中国,则由于原来的马列主义和改革中舶来的新自由主义的并存,几乎也达到与西方世界同等的多元化理论的局面。

以上各项不同说明,我们不该,也不能简单地把法学和社会科学等同于自然科学,不能简单地模仿自然科学、简单地运用其理论和方法于社会科学。

二、方法

这并不是说我们要完全拒绝自然科学及其方法。毋庸置疑,自然科学具有一整套比较系统的研究方法,正因为其可以更确定、统一认识,可以更规范化、规律化,可以凭借能够重复的实验对理论进行检验,可以更好地结合归纳与演绎方法,其精确性以及对经验证据的尊重是值得我们社会科学界学习的;但绝对不是要像有的机构和学科的管理人员那样要求无条件地模仿和援用。简单地模仿其实会导致完全脱离社会实际的研究,硬把人类社会现象物质化——也就是说,把人类社会简单化和片面化,从而导致科学主义的错误,乃至于意识形态化的认识。

(一)演绎与归纳

在科学的认知方法中,比较广为应用的是两种不同的抽象化:一是对经验证据的归纳(induction),也可以说是从具体证据来提出抽象概念(abstraction);二是根据演绎逻辑的推理(deduction)以及与演绎推理紧密联系在一起的公理体系(axiomatic systems)来建立普适化和绝对化的真理。前者是对经验证据的概括和论析,应该是通用于社会科学与自然科学的方法(下面还要讨论),后者则是一条充满陷阱的途径。

演绎逻辑的典范是古希腊的欧几里得几何学,这也是西方文明最引以为豪的一个传统,被普遍认为是西方文明所独有和特别突出的文明财富。它今天被广泛认可为西方现代哲学学科的核心。譬如,今天美国的主要高等院校哲学系都以形式化甚至"数学化"的演绎逻辑为其主要方法,并拒绝纳入没有同等传统的其他主要文明传统(包括中国、伊斯兰、印度文明)的哲学,坚持它们不是真正意义上的现代哲学。结果是美国全国排名最高的哲学系普遍只教西方哲学,排除其他文明的哲学思想——使它们全都被置于诸如"东亚语文""近东语文""南亚语文"等系,在正规的哲学系里占不到一席之地。①

今天演绎逻辑推理被广泛用于(自以为是社会科学中最"硬"的)经济学和法学。尤其是经济学,广泛要求从设定的公理出发,

----

① 这是笔者在加利福尼亚大学洛杉矶分校主持中国研究中心时试图向哲学系介绍、引进中国哲学专业教授的亲身经历。

用数学化推理来表述和"证明"。而法学则要求，像韦伯强调的那样，把法律条文完全整合于演绎/法律逻辑。在美国的主流"古典正统"法学传统，即由兰德尔开启的传统中，非常有意识地把法学等同于欧几里得几何学，坚持法学可以同样从几个"公理"出发，凭演绎逻辑而得出一系列真确普适的定理。在兰德尔那里，所采用的方法是从案例出发，但目的不是从众多案例的经验证据中归纳出不同的法律实践，而是凭借演绎推理来从选定的案例中建构一个自洽和普适的理论和法则体系。[1]（见 Langdell, 1880: 1—20 关于合同法的论述）由此树立了美国法学的主流"古典正统"，更奠定了美国法学界普遍采用的训练和教学方法。其把法学"科学化"的意图的影响今天仍然可广泛见于美国的主要法学院——譬如，它们所采用的"法学科学博士"学位（Doctor of Juridical Science，简称 JSD）制度，被设定为各法学院的最高学位。

在中国，形式主义经济学今天已经占到绝对的主流地位。其中，在新古典经济学上添加了产权理论的"新制度经济学"影响尤其巨大（下面还要讨论）。至于形式主义法学，部分由于中国学者对演绎逻辑感到难以接受或陌生，并更习惯使用"实用道德主义"思维，[2]则尚未占到与形式主义经济学同等的近乎霸权地位。但是，在全面引进西方的形式主义法律条文的大潮流下，其所附带的

---

[1] 兰德尔的著作其实极少，他的影响力主要来自他在哈佛法学院开启的教学方法。虽然如此，一篇能阐明他的观点和方法的例子是 Langdell, 1880: 1—20，这是关于该书选编的合同纠纷案例的导论。亦见格雷关于兰德尔的细致分析。（Gery, 2014: 第 3 章）

[2] 这是笔者对中国法律思维的总结表述，见黄宗智，2014b，第一卷：第 8 章，亦见第三卷：第 8 章。

形式主义逻辑起到更大影响只是迟早的问题。此外,我们可以指出,要清醒地做出不同的抉择,中国法学界非常需要掌握美国的"古典正统"法学理论以及德国的"形式主义理性"法学理论背后的形式化逻辑基本思维——这是本章重点讨论兰德尔和韦伯的原因。

　　归纳加上演绎方法之所以被广泛援用于社会科学,本身无可厚非,因为社会科学的认知过程同样包括从经验中得出概括,由经验证据中得出抽象化的概念,而后试图对抽象化的概念加以推理、延伸。但是,在实际运作层面上,演绎逻辑之被用于社会科学其实常常变成一种简单地从贴近经验的抽象跃进到理想化的"理论"。即便是深奥如韦伯的理论建构,也展示了这样的倾向。首先,他把西方法律历史抽象为倾向"形式主义理性"的演变,突出形式逻辑在其中所起的关键作用。这是一个具有一定经验证据基础的抽象化概括。[Weber,1978（1968）:784—880(第 iv—vii 节)。韦伯关于法学的论述集中于他的第 viii 章,第 641—900 页,其中第 784—880 页的第 iv 到第 vii 节是其历史叙述部分。]但是,他进一步把其建构为四大法律"理想类型"中的一个[Weber,1978(1968):655—658],而后更试图论证它是西方独有的、日趋完美的趋势。最终,由于其逻辑体系和形式主义方法本身的驱动,把它论述为一个完全由逻辑整合的自洽体系,与其他的类型形成非此即彼的对立。由此,一再坚持形式理性法律乃是四大法律类型中唯一充分体现现代"理性"的法律传统,唯一真正理想的类型,而其他文明的传统则基本全是非理性的,亦即现代西方反面的"他者"。(关乎中国的论析尤见第 818、845 页;亦见黄宗智,2014b,总序,第一卷:1—18;

黄宗智,2015;赖骏楠,2015)也就是说,从原先的有限归纳跃进到普适规律和理论。如此的论述实际上是一种脱离实际的理想化,名副其实地成为"理想(的)类型"。读者明鉴,这里我们需要清楚地区分抽象化和理想化:前者是认知过程中不可或缺的步骤,但后者则是脱离和违反实际的跳跃。

这里,可以再以诺贝尔经济学奖得主舒尔茨为例。他从新古典经济学设定的"人是理性经济人"以及"纯竞争性市场必定会导致资源的最佳配置"(农作物市场被认作最佳的例子之一)的两大前提"公理"出发,由此来论定劳动力的过剩不可能存在。他的出发点和与他同年获诺贝尔经济学奖的刘易斯是完全对立的——后者特别强调的则是(主要是第三世界)农业中"劳动力无限供应"的现实。当然,舒尔茨也曾经用其在印度走马观花获得的经验数据为其论点提出"经验证据",即在1918—1919年的异常流行性感冒疫症中,有8%的人受到感染,而农业生产因此显著下降。他论述,如果真的有劳动力过剩,那么8%的人受到感染便不会导致生产的下降。(Schultz,1964:第4章)在逻辑上,如此的论析似乎很有说服力,但事实是,疫症感染不会同样程度地影响每个农户的8%的劳动力,因为有的农户没有感染,而有的则全家感染,由此影响总产出。但舒尔茨并不在乎这样的经验实际,因为在他的思维之中,设定的公理和其推演才是关键:如果市场经济必定会导致资源的最佳配置,那么,劳动力"过剩"便不可能存在;如果人是"理性经济人",那么,便不可能为"零价值"而劳动。对劳动力过剩做出如此的定义,本身便是一种仅凭演绎逻辑得出的定义;论者所言的"过剩",其实多是相对的过剩而不是"零价值"的绝对过剩——后者只是舒尔茨凭其设定的公理来拟造的稻草人。舒尔茨所模仿的正是简单的、类似于欧几里得几何学的演绎:如果出发点的公理是真实的,而其后的演绎推理是正确的,那么,由此得出的结论必定也是真实的。在舒尔茨那里,所谓的经验证据,说到底只是一种装饰,演绎逻辑才是一切的关键。(详细论证见黄宗智,2014a,第三卷:第9章)与其对比,韦伯的视野要宽阔得多,并且带有较深入的历史研究,虽然最终同样强烈倾向形式主义化的理想建构。

但是,真实的人类社会是不可能像几何学那样凭几条公理来化约的,其经验证据也不可能达到自然科学那样的确定性,更不可能抽离出可以完全控制的具体条件,经过可复制的实验来证实,而又通过演绎推理达到一种普适化的认识。在不可能做到如此的推演过程的实际情况下,试图建构绝对和普适的理论,只可能要么像韦伯那样从抽象化跳跃到理想类型化,要么像舒尔茨那样从设定的脱离实际的理想化"公理"推演出不符实际的"定理"。

演绎逻辑的典范是欧几里得几何学。在其几何学体系中,首先给出的是一组最基本的"定义"(definitions)。这些定义界定了点、直线、平面等这些几何学将要处理的最基本的对象。紧接着这组定义的,是五个"公设"(postulates,第一公设是"从任意一点出发可向任意一点做一条直线")和五个"一般观念"(common notions,第一个一般观念是"和同一事物相等的事物,它们彼此亦相等")。① "公设"和"一般观念"一起,形成作为推理前提的"不证自明"的"公理"。此后任何一个涉及具体几何问题的命题,都可以通

---

① 关于欧几里得几何学的定义、公设及一般观念的详细内容,参见 Heath ed. ,1908:153—155。

过对概念、公理和其他(由概念和公理推导出的)已知命题的组合运用,推导而出。(Lindberg,1992:87—88)譬如著名的毕达哥拉斯定理(勾股定理),"直角三角形斜边的平方等于两直角边的平方和",便可由基本的公理推导而出。① 这是一个在设定的前提条件下的数学—逻辑世界中适用的方法,一定程度上适用于物质世界,但用于人类世界,只可能是脱离实际的建构。

正是出于模仿这样的典范的动机,高度形式主义化的新古典经济学一开始便设定了类似的公理,如"理性经济人"和"纯竞争性市场",而法学则设定个人权利的必然性前提。而后,两者都由所设定的前提公理出发,凭借推理来得出其自身认作普适的定理。上述兰德尔关于"法学基本定理"的论析便非常有意识地模仿这套方法。在科学主义的大潮流下,正是因为试图把数学世界中的演绎推理用于社会现象,这些学科的"主流"才采用如此的理论建构进路。

之后,进一步(像兰德尔领导的哈佛法学院以及新自由主义经济学主导的芝加哥经济学系那样)制定所有本学科专业人士都必须经过这样的训练,由此形成强大的制度化力量,把本学科专业人士全都推向接纳其设定的前提。如此,更促使本学科大部分人员都把其前提公理和被推演出的定理认作普适的真理,要么把其认定为真实世界的必然状态,要么更简单地把理想化的状态等同于真实世界的实际。

但是,上述的理论前提显然只是一种理想化的建构,绝对不是

---

① 此定理是欧几里得几何学第一卷中的第 47 个命题,其具体证明参见 Heath ed.,1908:349—350。

什么跨时空的普适规律。我们只要看到人们的实际性质，由此出发，便不可能简单地设定人只是简单的纯理性经济人主体。正如上面已经说明，人明显不是简单的"理性人"，也是"感性人"，更是遵循道德理念的人。在其实际生活（实践）和人际关系之中，一般都不会遵循单一清晰的逻辑，而是错综复杂和模糊的逻辑。把人简单设定为一个完全理性的个体，完全没有感情化、道德化或偶然化的主体，再把如此的设定当作给定的、不证自明的"公理"，其实是一种脱离实际的理想化建构，绝对不是符合人类世界实际的普适真理或规律。

如果从真实的人类世界出发，我们其实更需要把人的多元性和复杂性作为前提，从人们的"实践"/实际行为而不是其理想化的理论建构出发。那样，便不可能制定形式化/理想化的公理，也得不出其后的一系列由演绎推理得出的定理。譬如，在历史和现实中所存在的市场，都是与政府权力密不可分的，都带有不同程度的政府政权建立、维护、干预、控制。从实际存在的市场出发，便不会得出（完全没有政府干预的）纯竞争性市场的理想化建构。同样，符合实际设定的人既是理性人也是感性人，其实比简单的"经济人"建构更能解释历史上市场经济的多次危机——它们其实多与迷信必然增值和盲目逐利（贪婪）而不是理性抉择相关。在法学领域亦然，如果从法律的实际运作出发，便会看到舶来的法律条文几乎不可避免地要经过重新理解才能适应中国社会现实。譬如，在产权法律领域，其实家庭（及其人际关系）的"权利"一直是主要的，在现当代则和舶来的单一个人的权利并存。而且，"家庭主义"的产权并不一定劣于个人主义的产权法理，其间差别不在真实与否，

而在道德价值抉择。(详细讨论见黄宗智,2015;黄宗智,2014b,第三卷,附录二:285—297)

这里要进一步说明,在社会科学领域,演绎逻辑应该被当作一种用来达到有一定界限的认知或洞见,而不是终极真理的手段。譬如,我们可以有意识地就局部真实来建构一个模式,用以进行模式化推理,目的在于探寻出某种被忽视的逻辑关系,借以阐明某种有限的概括。这其实是理论家们常用的手段,但也是常被其门徒或后人错误理解的手段,把其等同于普适规律。

在经济史领域,一个能够阐释这样的方法的例子是农业经济理论家博塞拉普关于人口增长与农业劳动密集化的模式。她指出,人类的农业历史是一个趋向越来越劳动密集化的过程——从25年1茬的森林刀耕火种到5年1茬的灌木刀耕火种,再到固定耕地的3年2茬的"短期休耕",而后1年1茬到1年数茬。从这样的基本经验概括出发,经过逻辑论析,说明其中的关键在于人地关系的演变:如果有无限的土地,刀耕火种是劳动投入最少的方法,要在一定的人地压力之下才会采用下一步的种植方法。也就是说,人地压力推动了农业的演变。(Boserup,1965;亦见黄宗智,2014a,第一卷:总序)她的理论在中国研究领域中,得到珀金斯(Perkins,1969)很好的量化阐明(虽然只是一种巧合)。这里,我们要清醒地认识到这样的理论的适用界限,以及其所采用作为手段的逻辑推理方法,才能适当地认识到其洞见,而不是错误地把其等同于超越时空的普适规律。

再譬如,经济史理论家瑞格里指出,传统农业经济与现代工业经济的关键不同在于其使用的能源不同,从有机能源如人力、畜力到“基于矿物的能源”(mineral-based energy,如煤炭)。其间的主要变化是,单位劳动力所产能源扩增了许多倍(一个矿工一年能够挖掘200吨煤炭)。(Wrigley,1988:77;亦见黄宗智,2014a,第一卷:总序)这是一个基于经验事实的概括,其洞见在于清晰有力地说明了农业经济和工业经济间的关键差别。在普遍援用源自工业经济的经济学理论于农业经济的今天,这是一个十分重要的(有限)理论。在(户籍)农民仍然占总人口大多数,以及小家庭农场仍然占农业生产最大比例的中国,尤其如此。这并不是说瑞格里给出了一个永恒的规律,譬如,他完全没有考虑到地力的有限性问题,土地其实和人同样也是个有机体;但他的理论毫无疑问地在其所限定的范围内具有一定的洞察力。(黄宗智,2014a,第一卷:总序)

另一个有效创建有一定界限的理论的例子是农业经济理论家恰亚诺夫。他根据家庭作为一个(农业)生产组织的基本经验实际出发,即它既是一个生产单位也是一个消费单位,凭借数学化演绎推理,说明其与一个只是生产单位的雇佣劳动的企业单位的众多经济行为上的不同,同时又返回到经验证据中去验证。他得出的是一系列关乎两者在不同条件下的不同行为的强有力的洞见。例如,在人地关系的压力之下,两者的经济行为逻辑十分不同,一个以消费需要为主,一个以营利为主。这也是从经验概括到理论抽象再到经验的有效认知方法的例证。在小家庭农场仍然是农业主体的中国,这些理论洞见尤其关键。和瑞格里一样,这并不是说恰亚诺夫发现了一个无可置疑的规律——譬如,他并没有考虑到家庭生产单位在商品化/市场化中所起的关键作用——而是说,他的理论具有一定的洞察力,并且特别适用于中国。[Chayanov,1986

(1925);亦见黄宗智,2014a,第一卷:总序]

　　在法学领域,我们可以从法社会学、法律实用主义、批判法学、后现代主义以及实践理论等非主流西方理论传统中吸取知识,但不容易找到直接适用于中国实际的理论。虽然如此,我们仍然可以从中国自身近百年来的法律实践(区别于舶来的条文),看到许多兼顾条文和社会实际的创新性尝试。但是,在目前西方法理占据绝对话语霸权的情况下,较难看到系统的法理概括和建树。笔者近二十五年来关于中国古代、现代和当代的法律实践研究,特别关注的正是这些实践中的法理创新实例,包括经过一定程度现代化的传统调解制度(尤其是法庭调解),比较独特的当代婚姻法、考虑到赡养的产权法、侵权法的特殊适用等。笔者在中国古今法律和其实践中看到的是与西方十分不同的,结合道德理念和实用考虑,兼顾抽象和具体、普适和特殊的实用道德主义法律思维方式。它完全可以主导今天中国的法律。(黄宗智,2014b,第三卷)

　　其实,无论是法律还是经济领域,中国的实践早已远远超前于其理论,其中的众多创新都尚未得到中国自身的理论概括,更不用说现有的西方理论了。在经济领域,中国改革开放以后举世瞩目的快速发展显然如此。在法学领域,现阶段我们需要做的一项重要工作是对实践中的创新进行适当的理论概括。如此的探讨一方面可以说明中国在韦伯理论视野中的悖论性,一方面可以说明中国创建符合自身国情的法律体系的可能道路。韦伯的理论显然不足以概括中国的实际。(黄宗智,2014b,尤见第一卷:总序)

　　虽然如此,我们如果从认知手段的角度来理解韦伯的类型学,仍然可以看到其洞见,即从经验实际抽象出"形式主义理性"理想类型,能够展示一些特定条件间被忽视的逻辑关系——譬如,高度形式化和专业化的法律体系可以(但绝不必然)成为一种防御外来权势侵入法律领域的力量。如此的理解十分不同于简单把这种法律等同于唯一的、普适的"现代""理性"法律,并把其他文明传统的法律简单等同于"非理性"的他者。我们必须清楚区分韦伯类型学作为认知手段的价值,以及将其理想类型学作为真实世界的超越时空的写照或必然的指示的谬误。

正如诺贝尔经济学奖得主哈耶克多年前已经从一个内部人的角度论证的,许多经济学学者会把新古典经济学的形式化建构等同于真实,把数学化/简单化的模式等同于真实,从而把真实世界等同于理想化的理论。[Hayek,1980(1948):尤见第 2 章,亦见第 3、4 章]其实,这些理论并不是如经济学家所想象的那样,是一种对外在世界的绝对把握和客观再现,而只是经济学科这一系统内部建构出来的"知识"的集合。这些知识被接纳为"真",是因为它们的创制符合了学科训练体系的规范性方法。舒尔茨便是很好的例子。同样,许多法学家都经过类似的形式主义训练,并同样简单地把形式理性法律等同于唯一"真正"的"现代"法律。把博塞拉普和舒尔茨进行对比,我们可以看到,博塞拉普的设定前提是历史经历:在有限的土地面积上不断增长的人口;其结论也限定于人地关系,并且是具体的历史经验;其模式所起的作用是指出(之前人们没有清晰地看到的)历史经验之中的逻辑关系,适当地、有界限地把演绎推理用于从经验归纳出的抽象中。而舒尔茨则不同,其出发点是理论前提(公理),而后加上适合其前提的经验装饰,由此得出的结论只不过是根据其原先的前提的演绎,其实是循环的论证。

两种理论间的差别是：一是从经验到抽象再到经验的理论化，一是从前提到经验再到前提的理论化/理想化。这是个关键的差别。

从中国的法律实践经验出发，我们可以看到中国的传统法律体系不简单是韦伯凭其理想类型所突出的非理性"卡迪司法"，而更具有韦伯所没有认识到的"实用道德主义"逻辑。至于现当代的中国法律，其给定实际是中国古代法律传统、革命时代的立法传统，以及舶来的西方法律三大传统的必然并存，而韦伯建构的片面化的形式主义理想类型则明显把西方和中国都简单推向非此即彼的二元对立。也就是说，对理解现当代中国法律来说，韦伯的理论只能是有用的对话对象，绝对不是其真实的写照，也不可能是其必然走向的指示。

更有甚者，形式化的理论，正因为其高度简单化和绝对化，对当权者来说，特别适合被采纳为统治意识形态，而一旦被政权设定、推广、强加为统治意识形态，便不可避免地会被更进一步简单化和庸俗化。在历史上，我们可以看到，19世纪帝国主义的借口正是把偷运鸦片进入中国建构为（古典自由主义经济学中的）"自由贸易"和"平等"的国际关系大原则，而把鸦片战争建构为西方"文明"进入"野蛮"中国的战争。而今天，同样的（新自由主义经济学）理论被广泛作为"软实力"的武器来应用于全球霸权的争夺，运用于为跨国公司无限制地在全球逐利的借口和辩护。（当然，今天独立自主的中国可以设定条件来利用全球化资本和市场。）19世纪的形式主义国际法（当时中国根据其自身脱离实际的道德化思维倾向而接纳了"万国公法"的翻译）同样把其适用范围限定于"文明"国家，对"野蛮"的中国则凭侵略战争强加的不平等条约来实现。（赖骏楠,2014）20世纪60年代和70年代的所谓"绿色革命"便是由农业跨国公司和发达国家政权推动的一种意识形态,其依据则是上述舒尔茨的理论。当然,在中国自身的历史中,我们也可以看到理论话语的表达与社会、政治实际背离的例子——"文革"中的"阶级斗争"便是就近的一个例子。[详细讨论见黄宗智,2003（1995）]

　　毋庸赘述,要贴近真实,我们需要对这样的理论和话语建构具备来自历史知识和意识的警惕和自觉。要借用科学方法,需要有同样的自觉,认识到社会科学和自然科学的不同。那样,方有可能真正认识到人间社会的实质,而不是其形式化/理想化了的建构。那样,才有可能适当借用自然科学的方法而不至于被其误导为高度简单化或意识形态化的认识。

（二）演绎与归纳之外的第三种方法

　　美国实用主义创始人皮尔斯①（Charles Sanders Peirce,1839—1914）指出,人们十分惯常使用的推理其实既不是演绎也不是归纳,而是一种凭借经验证据推导出来的合理猜测。譬如,如果我们知道这些球都是同一壶里的球,也知道此壶里的球都是红色的,那么,如果从壶里拿出一个球来,它必定是红色的。这是演绎推理,在设定的条件下,是无可置疑的。但如果我们并不知道壶里所有的球都是红色的,而是经过从壶里拿出（抽样）好几个球,看到它们

---

① 皮尔斯（Peirce）、詹姆斯（William Jams）、杜威（John Dewey）一般被视作美国实用主义哲学的三位大家。詹姆斯是皮尔斯的同学,杜威则师从皮尔斯。关于皮尔斯的最好的简短介绍是Burch,2014。

都是红色的,由此推测壶里的球多半全是红色的。这是归纳,有一定程度(概率)的可信性,并且可以经过反复实验而证实。但是,如果我们看到一个红色的球,并知道旁边壶里的球全是红色的,凭此猜测这个球多半是从该壶里拿出来的,那样的推测,既不同于演绎也不同于归纳,仅是一种合理猜测。这是一个不可确定的猜测,因为这个红球很可能另有来源。① 在自然科学领域,这样的因果猜测等于是个初步的假设,可以通过演绎推理来设定相关假设而后通过实验来验证。皮尔斯把这种理性猜测称作"abduction",即尚待精确化、确定的合理猜测,而不是相对较可确定的归纳(induction),更不是可以完全确定的演绎(deduction)。皮尔斯指出,这样的猜测其实是人们在日常生活中常用的理性推理,也是医学诊断中的一个常用方法,其实是自然科学设置初步"假设"的常用方法。他争论,这样的合理猜测乃是演绎和归纳之外的第三种科学方法,其实是科学认识中的第一阶段,之后才会进入演绎推理和归纳实证。"科学方法"(scientific method)乃是三者的并用,不仅是演绎和归纳。②

皮尔斯没有区别自然科学和社会科学。在我们看来,社会科学领域关乎因果关系的理论很像这样的合理猜测。它有点类似于

---

① 这是 Burch,2014 给出的阐释性例子。

② 譬如,见 Peirce,1998:第 16 章(即其 1903 年在哈佛讲解实用主义的第七讲)。皮尔斯著作极多,已发表的约有 12 000(印刷)页,另有 80 000 页未曾发表的手稿,涉及面极广,从数学、逻辑、语言到历史和经济(其全集尚在整理和陆续出版的过程中)。也许正因为如此,他的写作带有较严重的"初稿"气味,文字有点晦涩,思路有时候也比较混乱。同时,其长期从事应用科学(大地测量)的非学术方面的职业。也许正因为如此,他的思想更侧重实用。今天,他被比较普遍认为是实用主义传统中最具有创见的哲学家。

探寻杀人凶手。我们要做到的是,尽可能严谨地找出佐证(譬如,附近并没有别的可能红球来源),尽可能达到较高程度的说服力、可信度(plausibility)。但同时,与自然科学不同,我们需要承认,我们的推测一般是不可能完全确定的,是会有错误的。我们可以凭借演绎推理和对所有可用证据的归纳来尽可能提高这种推测的正确概率。但是,十分关键的是,需要承认我们不能达到绝对真实,因为我们不可能像自然科学那样设定同样条件的实验来证实我们的推测。我们更不应该像形式主义理论那样,把自己的推测设定为给定的不证自明的公理,再凭演绎推理来建立定理和整套普适理论。那样的话,只可能是对真实世界的严重误导。①

(三)计量

与以上论述紧密相关的是计量方法的应用。计量本身无可厚非。首先,量的概念可以起到把我们的经验证据精确化的作用。具体数字和比例要比"很多""较多"和"很少""较少"精确。即便是在某一时期的某一地方/社区的内部,我们也常常需要知道,我们注意到的现象在该处到底具有什么程度的普遍性。更有甚者,"量"能够让我们更精确地说明自己从质性经验证据中得出的概括/抽象到底具有哪种程度的普遍性。譬如,我们从某一时期某一

---

① 近年来,哲学学术界纠结于试图通过演绎逻辑来确定皮尔斯关乎合理猜测的概念,从"最简单的解释是最佳解释"这一"定理"出发,试图把合理假设到确定规律的过程形式化,并逐渐把合理猜测改述为"最佳推理"(inference to the best explanation)。(Douven,2011)我们认为,对社会科学来说,如此的追求没有实际意义,其实是违反社会科学所应该研究的真实人类世界的基本性质的形式主义追求。

地方的历史研究或某一微观社区(如自然村)的田野调查得出的经验证据,把其概括/抽象为概念之后,可以通过计量来有效地估计其到底带有何等程度的普遍性——是只限于某种类似的特殊条件的地方或村庄,还是具有更宽阔的普遍性?其实,像这样的量化经验证据,是对我们从经验得出的抽象概念的适当延伸的有用方法。它是一种有效结合特殊主义和(有界限的)较普遍适用性的研究方法。量化既是一种延伸,也是一种限定的手段。

另一种量化研究是在充分掌握质性知识之后,发现不被人们注意到的问题,既可以是根据质性认识而发现的问题,也可以是通过不被人们注意到的数据(或者通过对常用数据的重新理解)来发现广为人们所忽视的认识。以新近的皮克迪(Thomas Piketty)的《21世纪资本论》为例,他通过使用过去鲜为人使用的所得税和遗产税记录和数据(之前多依赖横切面的家计抽样调查数据,不具有跨越代际的历史深度)初步证实,在最近的1970年到2010年的40年间,美国和主要欧洲国家最富裕的1%的人所占的社会总财富的比例一直在上升,在美国从不到30%扩增到约34%,在欧洲则从不到20%扩增到约24%。之前,从1810年到1910年,同比扩增非常显著,在美国从25%扩增到45%,在欧洲则从约51%扩增到约63%。此后,一度趋向较平等的分配,但在1970年之后,税收率大规模下降,导致分配不公再度凸显。(Piketty,2014:349,图10.6)

检视最富裕的10%的人所占的社会总财富的比例,结果相同:在美国,1810年不到60%,到1910年增加到80%,之后下降到1970年的约64%,而后再次攀升到2010年的约70%。在欧洲,从1810年的约81%增加到1910年的90%,之后下降到1970年的约60%,

之后再次攀升到 2010 年的约 63%。（同上）

　　皮克迪解释说，以上的现象之所以如此，是因为资本的回报率一般要高于经济增长率。在主要是农业经济的时期，增长率一般低于 1%，而资本的回报率则达到 4%—5%。这样，长期下来，继承大量资本者越来越富有，所占比例越来越高。但在两次世界大战时期，经济增长率显著上升，达到 3%—4% 的地步，而同时，由于所得税和遗产税的累进税率较普遍地提高（在美国最高超过 70%），分配趋向平等。但之后，累进税率降低，经济增长率也降低，财富不均再次显现，导致 1970 年之后 40 年的持续攀升。

　　据此，皮克迪呼吁，各国政府需要再度采纳较高额度的累进税率，甚或是新的"资本税"税法，不然，社会将重蹈覆辙而趋向越来越不公平。[Piketty, 2014:347—358；亦见崔之元（2014）对全书的论析]

　　此书引起很大的轰动，主要是因为其上述具有较强说服力的精细计量研究，对广为人们所接受的新自由主义经济理论带来了强劲冲击，可以说很好地展示了计量研究所可能发挥的威力。美国的著名经济学家、哈佛大学前校长萨默斯（Lawrence H. Summers）甚至写道，皮克迪证明了不平等趋势这个事实，"是个值得获得诺贝尔奖的贡献"（is a Nobel Prize-worthy contribution）。（Summers, 2014）其实，皮克迪著作的关键不仅是精细的计量，更是独立思考与创新，而不是不假思索地接受主流"权威"理论。

　　但是，我们今天常见的不是这样由经验证据和与其紧贴的概括出发的计量，而是另一种计量，即从给定的形式化理论并由其产生的时髦"问题"出发，由此定下某一"假设"，而后搜集数据来证实该"假设"。上述的舒尔茨便是一个例子。又譬如,从市场化和私有化必定会导致更高效率的理论前提出发,由此来估计私营企业相对国有企业的各种要素的生产率(或要素的综合生产率),借此来试图证实自己已经认为是给定的真实前提。如果数据不符合原先的假设,则指出现实的不足,得出私有产权和市场机制运作尚不够完善的"结论",凭此来提倡进一步朝向早已被理想化了的"理论"和其前提条件的改革。一个就近的例子是天则经济研究所的《国有企业的性质、表现与改革》,试图通过计量研究来"论证"国有企业必定是低效的,据此拒绝任何混合所有制,要求完全的私有化。(天则经济研究所,2011)殊不知,中国政府(包括地方政府)在改革期间的发展中,其实起到了十分关键的作用,而且,在全球范围的激烈竞争中,作为后来者,中国的企业其实只有通过国家机构在资源和资本等方面的特殊优势,方有可能和世界先进的大规模跨国公司竞争。(见黄宗智,2010,2012)。形式主义的计量研究其实多是一种理论先行的"研究",其实质是一种循环论证的逻辑,其推理其实已经包含在其当作前提的公理体系之中。它说到底不过是一种数据游戏,而且高度意识形态化,与真实世界无关,但今天却是我们常见的"科学""研究"。

那样的研究,究其根源,最终还是来自对形式主义理论的盲目接受,把其等同于普适规律,试图借助计量来"科学地""证明"自己已经认为是给定的真理。这是没有真正求真动机的"研究",是不会有创新性发现的研究,也大多是可以利用、雇佣他人——如研究生——来不经批判思考做的经营式"学术"。

另一种常见的计量研究不带有(自觉的)理论意识,是简单来自对数字和对(误解了的)科学方法的盲目信仰。用于历史学科，那种计量常常缺乏基本的质性知识，使具备专业知识的人士对其所提的问题和所追求的答案要么觉得完全不靠谱，要么觉得再明显不过。但这种研究的组织者却往往能够凭借科学主义的包装而获取资助，由此组织一批学生来为其"项目""打工"。

以上两种研究如今常被学术管理者认作"科学"的研究，并直接影响到其所支配的项目资金的"发包"。(关于"项目制"的论析，见黄宗智、龚为纲、高原，2014)其根源在于对科学主义的迷信，错误地把人类社会等同于物质世界。

三、兼顾普适主义和特殊主义的社会科学

(一)形式主义理论为什么会成为"主流"？

在物理科学里，演绎和归纳是相互证实和推进的。这是因为其所研究的物质世界本身是带有可确定的规律性的。由归纳得出的规律，以及基于这些规律建构起的理论体系，时时刻刻都需要接受可重复的实验方法的检验。上述的牛顿力学便是如此，至今仍然适用于物质世界。其后的量子力学的建立同样是由归纳和演绎相互刺激而促进的所谓"范式革命"。

我们可以根据光量子理论——这是通向量子力学的关键一步——的形成来更具体地说明物理学中理论与实验、演绎与归纳之间相互刺激的关系。在 1905 年爱因斯坦提出此理论之前，物理学主流将光理解为一种连续分布于真空中的电磁波。由此，光所

携带的能量,也被认为是在空间中连续分布的,并且可以无限细分为任意小的部分。相比于一般物质(例如水、金属、空气等),这是一种截然不同的理解:一般物质被认为由大量离散的原子构成,该物体所携带的总能量,则是构成它的各个原子的能量的总和,是不连续分布的,不能被无限细分。这种光的波动理论,可以很好地解释日常生活中的光学现象,例如光的衍射和散射。[Einstein,1998(1905):177—178]

然而,19世纪后半叶的实验进展,尤其是黑体辐射①与光电效应②,却与上述光波动理论存在明显的矛盾。黑体辐射实验数据显示,辐射源向外散发的光束所携带的能量是不连续的。光电效应实验数据显示,光与金属板上的电子之间进行的能量传递,同样是不连续的。(Dear,2006:142—143)基于这些实验的启发,爱因斯坦提出将光同样视为一种由基本的单元——光量子构成的物理对象。③ 由这一新的光量子理论出发,立刻可以推理而知,光在辐射和传递过程中,其所携带的能量也是离散的而非连续分布的。由此,光量子理论及其数学计算可以很好地解释黑体辐射与光电效应的实验数据。此后该理论不断被新的实验证明其有效性,并成为后来一些重要的工业技术,例如激光、半导体和光纤通信等赖以

---

① 黑体指的是一个完全吸收而不反射任何外来电磁波的物体。但同时,该物体仍会向外散发电磁波,称为黑体辐射。因此,测量该物体(黑体)向外辐射电磁波的实验数据,能够排除那些并非来自该物体的外来电磁波的影响,从而能够准确地反映这个物体向外界辐射电磁波的机制。
② 光电效应指的是光照射在金属表面上激发出电子的现象。
③ 实验现象的启发在爱因斯坦提出光量子理论的原始论文中体现得非常明显,尤其可参见该论文的开篇部分[Einstein,1998(1905):177—178]。

实现的重要理论支柱。上述光量子研究是"真正"的现代科学方法的例证。它很好地展示了我们之前讨论的自然科学研究方法的一些基本特征：合理猜测加上演绎和归纳的相互刺激和支撑（及其相关数学计算）。同时，也可以被视作自然世界的一种支配性规律的例证。

由于科学主义的巨大威势，社会科学从来没有放弃过试图得出像物理科学那样的关键性普适规律。但是，人类世界，正因为其与自然世界在本质上的不同，其实际是由众多对立的二元或多元所组成的，既带有逻辑性和可确定性，也带有悖论性、偶然性、特殊性。而演绎逻辑最基本的要求则是从设定的公理出发，通过严密推理来建立定理。它是一个带有严厉的自洽性要求的方法。就像欧几里得几何学那样，所有的定理都必须在逻辑上符合原定的定义与公设和公理。它不允许例外、不允许悖论、不允许模糊或偶然。因此，在人类社会中，仅凭演绎得出的普适公理，必定会和从实际得出的归纳之间存在一定的张力、背离、矛盾。两者是不能像自然科学那样相互证实的。这就是为什么形式主义经济学在追求普适规律的驱动下，强烈倾向摆脱归纳而单一依赖演绎来设定片面化、理想化的前提"公理"，而后试图模仿欧几里得几何学凭借推理来建构其普适规律。这也是为什么形式主义理论长期以来会受到持续不断的挑战，尤其是受侧重特殊的理论，如实质主义和后现代主义的强有力挑战。

但如此的挑战却没有导致类似于物理科学界那样的范式革命。部分原因是，关乎人类社会实际的归纳不可能带有和物理世界同样的确定性——因为在人间社会中，不可能通过实验来复制指定条件而证实可确定的规律,它不可能对形式化理论带有同等的挑战力。因此,面对相悖的经验实际,形式化理论仍然有余地来坚持争论,并证明形式化理论本身是正确和真实的。如果当前的归纳不符合其理论推理,这要么因为其归纳是错误的,要么因为经验实际尚未达到其必然发展到的状态。形式化理论惯常借助"反事实的推理"(counter-factual reasoning)来卫护其理论:如果某一经济体能够更高度市场化,就必定会呈现理论所预测的现象;如果它具备更完全的私有产权,便必定会更像理论设定的那样得到更高度发展。[关于反事实推理的进一步讨论见黄宗智,1993(1991)]

但事实是,资本主义经济世界在历史上所经历的多次危机——最主要的当然是 1929 年至 1933 年的经济大萧条以及 2008 年的金融海啸,都完全没有被经济学家们预测到,实际上完全违反其主流理论所设定的图景。这其实是形式主义经济学试图追求自然科学那样的普适规律和可预测性的失败的明确实证。但是,虽然如此,在经历了一定程度的批评之后,形式主义经济学仍然能够对其理论略做修改和补充而卷土重来,再次以其形式逻辑化的理论来占据学科的主流。在法学领域,韦伯—兰德尔型的形式主义,在经过众多经验研究和其他理论传统——如历史法学、法社会学、实用主义法学、批判法学、实践理论以及后现代主义等一再强有力的挑战之后,同样凭借科学主义和演绎逻辑的强势再次成为其学科的主流。(详细的论析见黄宗智,2014c)

(二)从实践出发的法学和社会科学

本章强调,研究真实人间世界的社会科学,不应该从形式主义理论出发,因为其所设定的前提公理只可能是抽离人类真实世界的高度简单化、片面化和理想化的设定。而且,由于形式逻辑的驱动,必定会把整套理论逼向排除悖论和相反的实际,进而绝对化和普适化。正因为如此,我们需要摆脱由形式主义理论主导的认识方法而从实践出发,也就是说从紧贴真实世界的经验出发,而后由此概括/抽象,再凭借推理来发现特定经验现象间的逻辑关系,最终再返回到经验中去检验。如此不断往返,方才能够避免演绎逻辑的理想化驱动,方才能够兼顾特殊和有限度的较宽阔适用性。这就是为什么本章在上述的例子中一再强调从经验/实践出发,避开形式化理论那样的普适主义驱动。(详细论析见黄宗智,2015a)

当然,我们也要避免陷入简单的特殊主义的泥沼之中。特殊经验的碎片化叙述虽然能够澄清个别史实的真伪,但不可能就此提高到抽象化的认知层面。认识不应该只停留在像搜集邮票那样的资料堆积,而是必须配合抽象化概括。事实和概括的适当结合才是真正有说服力的认识。

但仅此还不够。我们还需要试图尽可能把研究得出的发现朝向更宽广的含义推延,甚或对其因果关系做出合理猜测——是有限度的扩延和理论化,而不是绝对化和普适化。在此过程中,我们必须同时照顾到特殊性可能包含的可以被有限度扩延的适用性,以及有限扩延的适用性所包含的特殊性,如此方有可能从特殊的经验积累中挖掘出真正的洞见。

此中的一个关键问题是如何处理人类世界一系列并存的二元因素:如客观与主观、普适与特殊、理论与实践、抽象与经验、现代与传统、西方与中国等。我们的研究应该尽可能兼顾二元双方,起到双方间的媒介、连接作用。而演绎主义则因为其排除特殊性和偶然性而强烈地把我们的思维推向在二元之间作出非此即彼的选择。我们在上面看到，韦伯便是一个鲜明的例子。但真实世界是个二元（多元）并存和相互作用的世界。正因为如此，我们要做的是使用能够兼顾两者的认知和研究道路。（详细论析见黄宗智，2015a；尤见导论）

更有甚者，我们绝对不该放弃理论领域，让它变成完全由形式主义主宰的天下。历史告诉我们，形式化理论，尤其是被政权采用为统治意识形态的理论，是具有极大威势的武器。正因为科学主义/形式主义理论高度简单化，当权者多倾向于采用其为意识形态，由此更壮大了其威势。我们需要做的是，从真实世界的视角来与之进行对话、质疑，并提出不同的、更贴近真实的有界限的理论。对习惯把自身设定为特殊主义研究的历史学学科和区域研究来说，此点特别关键。我们需要认识到，正是从经验出发的研究才是最有资格提出理论洞见的研究，绝对不可放弃自身在理论界应有的发言权。

（三）有限的理论与普适的理论

笔者在上面列举了几个有效的兼顾（有限定条件和范围的、较宽阔的）适用性和特殊性的理论的例子。人类世界和历史固然包含无穷无尽的特殊事实，但是，我们可以通过扎实、深入的研究来察觉特定经验现象之间的逻辑/因果关联，而凭借有限度的推理来精确地说明这些关系，进而把原先从经验证据中得出的抽象概念进一步延伸、推广，由此形成具有一定洞察力的局部的/有界限的适用性的理论。而后,返回到经验世界中去检验其正确性,如此不断往返。如此的理论不是普适规律/理论,而是局部和有限的抽象及其延伸。其威力在于对相似历史现象/实际之下的适用性,而不是简单的普适性。

也可以说,我们要提倡的从实践出发的社会科学是一种结合(倾向特殊化的)实践研究和(倾向普适化的)理论抽象,在特殊中探寻更宽广的(有限)适用性,在理论中探寻能够兼顾特殊的概括。对待质性和量化研究,我们同样提倡兼顾两者,结合使用。当然,这并不是说所有的研究都必须这样做,研究者完全可以也应该追求各自最喜欢或做得最好的一种研究。虽然如此,面对真实世界的无穷多元和复杂性、偶然性,我们认为最好的办法是使用多种可资利用的资源和学科来逼近真实及其所包含的逻辑关系,而不是试图把其化约为形式化普适理论/规律。笔者认为,这样才是面对人类世界的实质性所应该使用的真正的"科学方法"。

这里,有的读者也许会联想到社会学家默顿(Robert K. Merton)的所谓"中层理论",它在专业人士中影响非常之大,描述了其学术实践中比较普遍试图采用的方法。默顿争论,宏大的(关乎全社会系统的)理论实际上已经成为社会学学科发展的障碍,因为它们是不可论证的,只会导致无谓的争执,而他之所谓的"中层理论"则是可以论证的,也是可以积累的。(Merton,1968:第2章)这里,他所强调的结合经验证据与理论概括的方法和我们提倡的研究进路具有一定的交搭性。

但是需要说明,两者的不同首先在于,默顿没有明确提倡我们这里所说的从经验证据到概括再返回到经验证据的研究进路,也没有探讨演绎逻辑在形式主义理论中所起的关键作用,没有提出我们需要把它们置于一旁。同时,他的设想最终仍然是一种科学主义/实证主义的设想,认为人们可以凭借积累和"巩固"(consolidate)众多中层理论而逐步形成全面完整的理论,由此来建构类似于自然科学那样的普适规律/理论。(Merton,1968:尤见第2章)而我们则认为,如此的理念本身便是错误的。我们提倡的是另一种研究,即从人类真实世界的多元、悖论、模糊性出发,认识到绝对化普适理论/规律之不可能,但同时,不是完全拒绝普适主义的演绎逻辑,而是排除其绝对化和普适化驱动,而把其当作手段来运用于发现真实世界中特定条件下的逻辑关系,借此来建立局部的但是具有洞见的有限适用理论。

我们的用意并不是要完全拒绝形式主义大理论。首先,因为它们原先(在其形式化和普适化之前)多含有一定的洞见。排除了其夸大的包装,便能看到其洞见。只要我们不把它们当作给定、全面的真理,完全可以从它们得到一定的启发。同时,如果适当配合对其提出挑战的非主流理论,会有助于我们形成自己的问题意识:譬如,从两者的交锋点来提出问题。最后,如果是像韦伯(和马克思)那样极其宽阔的理论,与之对话会有助于拓宽自己的视野。

这里提倡的方法的关键在于追求特定经验条件和界限下的理论。其实,今天的自然科学方法的重点一定程度上已经不再是探寻几个关键的支配性普适规律。伴随大量有限规律的发现,更重要的工作是对各个规律的适用范围的精确限定。库恩之前所谓的"规范认识革命"其实更多是一种叠加性而不是颠覆性的发现。牛顿力学仍然适用于相当广泛的领域之内,例如人类日常生活不可或缺的建筑与工程设计;而在物体速度接近光速以及处理宇宙中极大宏观尺度的时空现象时,则需用相对论代替牛顿力学;在极为微小尺度的原子层面,则需应用量子力学。在现代科学的视野下,自然世界日益被视作拥有无限丰富的侧面。科学家最多能够构建有限的理论和规律来把握自然世界某些侧面的性质,而无法做到将自然世界的无限复杂化约、还原为几个普适规律。[Bohm,1971(1957):31]也许,正是限定条件下的有限规律的探寻,才是我们社会科学应该借鉴的自然科学方法。

以上的论述中已经举了一些具体例子,这里我们可以加上科斯的交易成本理论来进一步说明此点。他精辟地指出,之前的(微观)经济学理论极少考虑到"公司"(firm)的运作逻辑,只考虑价格以及供给与需求。在一个像 20 世纪美国那样高度市场化、法规化和公司化的经济世界中,作为一个逐利体,公司的"交易成本"特别关键——诸如信息、交涉、合同、执行、验收以及解决纠纷等在交易中必定涉及的成本。如此的交易需要一定的法规制度环境,不然,交易会变得非常混乱而其成本会变得非常之高。科斯由此做出推论:譬如,公司的组织逻辑是要做到最低的交易成本,它会借助扩大公司自身的规模和功能来尽可能降低其交易成本,直到其边际成本变成大于凭借与其他公司签订合同来进行同样的行为的成本。这套理论(科斯自己说他 21 岁的时候便已经说明其基本轮廓)原本显然是一个具有特定条件和经验根据的概括,也用上了逻辑推理。(Coase,1988,1991)

与科斯相似,诺斯的出发点是在保留新古典经济学的基本信念(市场机制会导致资源的最佳配置)之上,对其做出了以下的修改和补充：在市场交易的大环境下，经济发展的关键在创新，而稳定和有保障（"高效"）的产权是创新的主要激励动力，由此才会推动其他相应的制度变迁，减少交易成本，进而促进经济发展；之前的新古典经济学则没有考虑到私有产权法律制度在经济发展中的关键作用。（North，1981；尤见第 1、2 章；North，1990；尤见第 13 章）这也是带有一定经验条件和根据（市场经济、私有产权、法规制度）的见解。

但是，1997 年，诺斯与科斯共同创建了"新制度经济学国际学社"（International Society for New Institutional Economics），（North，1993；Addendum，2005）在两人的诺贝尔奖象征资本以及一定程度的科学主义的推动下，试图把（只有私有）产权（才会推动经济发展和创新）设定为其普适规律，以此来解释所有的发展与欠发展经济现象。正如诺斯自己说明的，他"出身"于（美国的）经济史研究（一般比较侧重特殊），但在其学术生涯中，一直都在追求解释经济为什么发展和不发展（也就是说，普适的经济规律）。正是由于那样的深层冲动，促使他试图把自己原先的（有特定条件的、有限度的）洞见建构为一个超越时空的普适规律，配合新古典经济学关于市场经济的建构，以此来分析历史上所有的相关经济现象。他争论，历史上最高效的产权"制度"是稳固的私有产权，在竞争的环境下，它会取代低效制度（虽然如此的变迁也可能会被独裁、专制的制度妨碍），由此推动了大部分西方国家经济体的高度发展。（North，1993；North，1981；尤见第 3 章）在他实际的经济史研究中，虽然论述得非常复杂和多元，甚至不可捉摸，但其核心其实主要是凭借其设定的普适规律（虽然是自我表述为尚待证实的理论假设），来阐释西方的成功发展经验以及其他地方的欠发展经验。最终，其实和舒尔茨一样，其经验论述成为一种只是为了突出其所设定的普适规律的装饰。两人的研究最终其实同样是前提先行的理论演述。

其结果是一个由形式主义经济学和形式主义法学合而为一组成的理论体系，同时凭借两者来建构其"新制度经济学"的"普适公理"。说到底，它也是一种类似于韦伯那样的自我正当化的"理想类型"、自我普适化的理论，说明现代西方优越性的必然。之后，它又被"新自由主义"（新保守主义）采纳为其意识形态而进一步绝对化、庸俗化。在中国则更被其信仰者当作绝对真理（"天则"）来使用，据此一再提倡全盘私有化，拒绝任何混合产权制度，拒绝任何国家干预，要求完全引进被理想化了的西方资本主义政治经济制度，也就是说全盘西（美国）化。

我们认为，要认识到科斯和诺斯真正的洞见，需要把他们返还到其原先有限度的、贴近真实世界的概括中，剔除其后的简单化、绝对化、普适化和最终的意识形态化。后者只可能衍生出没有独立思考的伪学术和伪科学。我们需要认识到社会科学与自然科学的不同，面对普适化的社会科学理论要保持来自历史和理论知识的警惕。我们反对的是理论先行／决定的研究；我们要提倡的是从问题而不是给定答案出发的学术研究。由此，方有可能认识真实世界。

（四）公理设定还是价值抉择？

最后，需要说明，我们绝对不是想要提倡一种纯回顾性的学术,因为我们认为,学术应该带有改善我们的世界的关怀,应该带有一定的前瞻性。但是,我们要清楚区别公理设定和价值抉择这两个不同的前瞻方法。我们上面已经看到,形式主义理论的一个惯用手段是把其(实际上是)价值的抉择建构为价值中立的科学公理,例如,经济学理论中的"理性经济人"和法学理论中的个人权利。前者归根到底其实是西方源自启蒙时代的关乎理性的理念,不是什么"不证自明"的普适公理;后者则可以追溯到基督教关乎人的灵魂的永生性的信仰,同样不是一种属于绝对真实的范畴。而在中国文明核心的儒家思想之中,并没有设定这样的公理的冲动,其核心理念明确来自关乎人类社会的道德伦理,而不是模仿自然世界的普适公理,也不是来自关乎死后来生的宗教信仰。

笔者认为,两者之间的差别具有很重要的不同后果。把理念设定为普适公理,会促使人们把自己原先带有一定特殊性的价值抉择普适化为绝对真理。结果,原先的价值抉择被赋予了科学和绝对真理的"公理"标签,甚至进而(像韦伯的理想类型那样)完全拒绝道德抉择,把道德归类为带有强烈"非理性"的"实质主义"。正因为如此,驱动了一系列的排他抉择,包括把西方文明普适化和绝对化,把非西方文明排斥为非理性的他者。

中国传统中的道德抉择则很不一样。它的出发点是关乎应然的道德抉择,不是科学主义/自然主义中的普适公理/规律;它不带有从公理演绎出普适真理的冲动。它比较明确地认识到实然与应然之间的不同。正是出于如此的思想体系,中国文明更能容纳不同的理念和道德抉择,不会像西方文明传统那样强烈倾向排他的普适化,把自己等同于唯一的真理。也就是说,它不带有同等的科学主义倾向。正因为如此,它不会导致形式化的科学主义理论。

两大文明之间这方面的不同最终是关于"真"与"善"之间关系的问题。我们已经看到,现代西方科学文明强烈倾向于把道德抉择排除在"真"之外,强烈认为"真"完全归属于科学,并在近现代世俗化的大趋势下,强烈把"善"划归宗教领域。在社会科学领域,更特别提倡和自然科学同样完全价值中立的学术。这也是本章所谓的"科学主义"的部分内涵。而高度道德化的中国文明则不然,一直把"真"和"善"并置于人类社会中,认为缺一不可(虽然也附带有一定程度的把"善"等同于"真"的冲动),不像现代西方文明那样,把两者推向非此即彼的二元对立。

其实,西方现代文明的启蒙大师康德,早已对此问题做过比较深入的论析,提出"实践理性"(practical reason)的概念,把其作为纯粹理性(或理论理性,pure reason)和实践之间关乎道德价值的关键媒介。这就是他著名的"绝对命令"——"你要仅仅按照你同时也能够愿意它成为一条普遍法则的那个准则去行动"①——的用意,要求以此为标准来在众多带有一定特殊性的、指导行为的道德价值中作出"理性"的抉择。② 笔者认为,儒家的"黄金规则"——"己所不欲,勿施于人",其实与此带有一定的共通性,今天仍然在调解制度中被广泛援用,足可用来指导我们今天的道德价值抉择。(详细讨论见黄宗智,2015)

笔者自身的道德抉择可以说是谋求普通人民的福祉,虽然并

---

① 这是邓晓芒的翻译,见邓晓芒《康德论道德与法的关系》,载《江苏社会科学》2009年第4期,第1—7页。

② 欧尼尔(O'Neill,1996)关于康德这方面的思想和解读特别清晰和有见地。

不排除其他的价值抉择(如求真、求实、求乐趣)。在我们看来,坦率表明自身的价值观,而不是佯装不可能的价值中立,才是诚挚的学术,才是对我们的研究对象和我们的读者的尊重。如此的价值抉择会影响我们的志趣和问题意识,但并不影响我们学术研究的求真和求实。在我们看来,完全价值中立的社会科学学术理念既是不可能做到的,也是错误的理念。其实,那样的设定本身便是一种试图模仿自然科学的科学主义选择。我们认为,学术研究不仅必然带有价值取向,而且应该带有如此的取向。我们追求的不仅是要认识到人间世界的实然,也是怎样去改善这个世界的应然。

我们认为,真正的自然科学方法是结合演绎与归纳缺一不可的方法,但社会科学和法学的形式主义理论,在科学主义的驱动下,一贯偏重演绎。归根到底,这是因为真实的人类世界的二元性和多元性、悖论性和矛盾性、规律性和偶然性,其经验证据几乎必然(起码部分)违反演绎逻辑所要求的一致性和自洽性。正因为如此,试图模仿自然科学的形式主义理论最终只能依靠(从设定"公理"来推论定理的)演绎方法来建构其所追求的普适规律。那样,只可能成为片面的、违反实际的理论建构。为此,我们提倡的是,从真实世界的经验证据的归纳出发,借用合理猜测与推理来挖掘特定经验条件之间的逻辑关系,由此来发现符合实际的洞见和建构有特定条件和界限的理论,而后再返回到经验世界中去检验。那样才是真正科学方法的恰当使用。同时,在选题方面,研究者完全可以坦诚地表明自己的道德价值抉择,而不是像形式化理论那样,试图把自己的研究包装为完全价值中立的科学。价值抉择并不影响求真、求实的研究,反倒是科学主义的价值中立标榜才会真正误导读者和研究者本人。真正的科学方法是,摆脱科学主义而适当结合归纳、合理猜测、演绎和道德抉择来认识真实的人类世界。

参考文献

崔之元(2014):《〈21 世纪资本论〉:经济学的"统一场论"?》,载《新知》第 5 期,第 56—63 页。

黄宗智[2000(1993)]:《中国研究的规范认识危机——社会经济史中的悖论现象》(英文版于 1991 年发表),载黄宗智(2000)《长江三角洲的小农家庭与乡村发展》,北京:中华书局。此文的前半部分以《中国经济史中的悖论现象与当前的规范认识危机》为标题发表,载《史学理论研究》1993 年第 1 期,第 42—60 页。

黄宗智[2003(1995)]:《中国革命中的农村阶级斗争——从土改到"文革"时期的表达性现实与客观性现实》(英文版于 1995 年发表),载《中国乡村研究》第二辑,第 66—95 页,北京:商务印书馆。

黄宗智(2010):《中国发展经验的理论与实用含义——非正规经济实践》,载《开放时代》第 10 期,第 134—158 页。

黄宗智(2012):《国营公司与中国发展经验:"国家资本主义"还是"社会主义市场经济"?》,载《开放时代》第 9 期,第 8—33 页。

黄宗智(2014a):《明清以来的乡村社会经济变迁:历史、理论与现实》三卷本(增订版),北京:法律出版社。

黄宗智(2014b):《清代以来民事法律的表达与实践》三卷本(增订版),北京:法律出版社。

黄宗智(2014c):《〈历史社会法学:中国的实践法史与法理〉导论》,载黄宗智、尤陈俊编《历史社会法学:中国的实践法史与法理》,北京:法律出版社。

黄宗智、龚为纲、高原(2014):《"项目制"的运作机制和效果是"合理化"吗?》,载《开放时代》第 5 期,第 143—159 页。(我在文章里引用的是我的导论)

黄宗智(2015a):《实践与理论:中国社会、经济与法律的历史与现实研究》,北京:法律出版社。

黄宗智(2015b):《道德与法律:中国的过去和现在》,载《开放时代》第 1 期,第 75—94 页。

赖骏楠(2014):《主权与"文明":19 世纪国际法的东亚故事》,载黄宗智、尤陈俊编《历史社会法学:中国的实践法史与法理》,北京:法律出版社,第 323—359 页。

赖骏楠(2015):《"家产官僚制"与中国法律:马克斯·韦伯的遗产及其局限》,载《开放时代》第 1 期,第 95—107 页。

天则经济研究所(2011):《国有企业的性质、表现与改革》(第三次修订稿),天则新闻中心,http://www.unirule.org.cn/indeX.php? c = article &id = 269。2012 年查阅。原文之后被从天则的网站撤下。原文见香港中文大学中国研究服务中心网站,http://www. usc. cnhk. edu. hk/PaperCollection/Detail.aspx? id = 8067。

Bohm, D. (1971 [1957]). *Causality and Chance in Modern Physics.* Philadelphia: University of Pennsylvania Press.

Boserup, Ester. (1965). *The Conditions of Agricultural Growth: The Economics of Agrarian Change Under Population Pressure.* Chicago: Aldine.

Braginsky, V. B. , and F. Y. Khalili. (1992). *Quantum Measurement.* Cambridge: Cambridge University Press.

Burch, Robert. (2014). " Charles Sanders Peirce," in *Stanford*

Encyclopedia of Philosophy, http://plato.stanford.edu/entries/peirce/.

Chayanov, A. V. (1986 [1925]). *The Theory of Peasant Economy.* Madison: University of Wisconsin Press.

Coase, R. H. (1988 [1990]). *The Firm, the Market and the Law.* Chicago: University of Chicago Press.

Coase, R. H. (1991). "(Nobel) Prize Lecture," http://www.nobelprize.org.

Cohen, I. B. (2002). "Newton's Concepts of Force and Mass, with Notes on the Laws of Motion," in Cohen and Smith (eds.). *The Cambridge Companion to Newton.* Cambridge, England: Cambridge University Press, pp. 57—84.

Cohen, I. B. and G. E. Smith(eds.).(2002).*The Cambridge Companion to Newton.* Cambridge, England: Cambridge University Press.

Dear, P. (2006).*The Intelligibility of Nature: How Science Makes Sense of the World.* Chicago: University of Chicago Press.

Douven, Igor. (2011). "Abduction," *Stanford Encyclopedia of Philosophy.* http://plato.stanford.edu/entries/abduction/.

Einstein. (1998[1905]). "On a Heuristic Point of View Concerning the Production and Transformation of Light," in Stachel (ed.), *Einstein's Miraculous Year*, Princeton: Princeton University Press, pp. 177—197.

Grey, Thomas C. (2014).*Formalism and Pragmatism in American Law.* Leiden: E. J. Brill.

Hayek, F. A. (1980 [1948]). *Individualism and Economic Order.* Chicago: University of Chicago Press.

Heath, T. L. , ed. (1908).*The Thirteen Books of Euclid's Elements* (vol.

1）. Cambridge, England: Cambridge University Press.

Kuhn, Thomas S. （1970[1962]）.*The Structure of Scientific Revolutions*, 2nd ed. Chicago: University of Chicago Press.

Langdell, C. C. （1880）.*A Summary of the Law of Contracts*. Boston: Little, Brown, and Company.

Lindberg, D. C. （1992）. *The Beginnings of Western Science: the European Scientific Tradition in Philosophical, Religious, and Institutional Context, Prehistory to AD 1450.* Chicago: University of Chicago Press.

Merton, Robert K. （1968）.*Social Theory and Social Structure*, Enlarged edition. New York: The Free Press.

North, Douglass C. （1981）.*Structure and Change in Economic History*. New York: W. W. Norton.

North, Douglass C. （1990）. *Institutions, Institutional Change and Economic Performance.* Cambridge, England: Cambridge University Press.

North, Douglass C. （1993）. "Douglass C. North-Biographical," http://www.nobelprize.org/nobel_prizes/economic-sciences/laureates/1993/north-bio.html(accessed October 2014).

O'Neill, Onora. （1996）. *Towards Justice and Virtue: A constructive account of practical reasoning.* Cambridge, England: Cambridge University Press.

Perkins, Dwight H. （1969）.*Agricultural Development in China, 1368—1968.* Chicago: Aldine.

Peirce, Charles Sanders. （1998）. *The Essential Peirce: Selected Philosophical Writings, v. ii （1893—1913）.* Bloomington: Indiana University Press, 1998.

772

Piketty, Thomas C. (2014) . *Capital in the Twenty-first Century*. trans. by Arthur Goldhammer. Cambridge: Harvard University Press.

Schultz, Theodore. (1964) . *Transforming Traditional Agriculture*. New Haven, Conn. : Yale University Press.

Stachel, J. , ed. (1998) . *Einstein's Miraculous Year*. Princeton: Princeton University Press.

Summers, Lawrence H. (2014) . " The Inequality Puzzle: Piketty Book Review, " http://larrysummerscom/2014/05/14/piketty - book - review - the - inequality-puzzle/.

Von Wright, G. H. (1971) . *Explanation and Understanding*. London: Routledge & Kegan Paul.

Weber, Max. (1978 [1968]) . *Economy and Society: An outline of Interpretive Sociology*. Guenther Roth and Claus Wittich (eds.) , trans. by Ephraim Fischoff et al. , 2 vols. Berkeley: University of California Press.

Wrigley, E. Anthony. (1988) . *Continuity, Chance and Change: The Character of the Industrial Revolution in England*. Cambridge, England: Cambridge University Press.

后记二
问题意识与学术研究：五十年的回顾[*]

今天回顾，我清楚地认识到学术研究也是一个自我认识和理解的过程，其中的关键也许是个人心底里最关心的问题。对我来说，主要是在中西思想和文化的并存和矛盾之中，怎样来对待其间的张力、拉锯、磨合，甚或融合和超越。这既是一个认识的过程，也是甚至更是感情层面上的过程。这样的矛盾可能成为迷茫和颓废的陷阱，但也可以是独立思考和求真的动力；它可以使自己沮丧，但也可以成为深层的建设性动力。

我自己的启蒙训练是侧重经验证据的历史学，不太关注理论。之后，正是中西之间的张力促使我在写完博士论文并将其修改补充成为第一本专著之后，开始系统地研读理论，尤其是马克思主义和新自由主义理论。之所以同时关心两者，除了将其作为学术问

＊ 感谢张家炎、高原、景风华、蒋正阳、程瑶瑶、赵刘洋的仔细阅读、反馈和建议。

题,还有更深层的感情因素:在我的心目中,父亲——作为一位早期(1911 年)庚子赔款时期的留学生、哥伦比亚大学 1918 年的经济学博士——代表的是美国,也是资本主义和科学主义;而母亲——作为一位耕读世家的闺秀,不懂英文——代表的则是传统中国文化和农村。同时,毛泽东时代的中国代表的是和父亲所接受的西方教育截然不同的理论和意识形态①。

我的博士论文《儒家的自由主义者:梁启超与现代中国》(Huang,1966,以下简称《自由主义》)是在导师萧公权(和父亲)的影响下所写的,除了尽可能精确地梳理梁启超的思想,更试图认同于萧老师和父亲都十分推崇的西方古典自由主义,包括其经济和政治思想,想在梁启超的思想和西方的古典自由主义之间画上等号,更在其中发现人生和学术的最终价值。同时,也试图尽可能模仿萧老师所做的,根据他自己深厚的旧学问根底("十三经"中他能够背诵"十二经"),从中国传统思想中挖掘梁启超倾向西方古典自由主义的因素,因此在台湾搜集博士论文材料那年,师从康有为(最后)的"天游"辈弟子爱新觉罗(刘)·毓鋆②学习今文经学。

但是,对我来说,无论在认识上还是在感情上,该篇博士论文的研究和写作都远远没有解决自己心底里最关心的矛盾和问题。那篇博士论文和之后在其基础上写成的专著(Huang,1972),在自己内心所引发的其实是对学术的一种负面反应:缺乏兴奋感,甚至一度陷入不十分在乎的心态,把博士论文的修改工程一直拖到为了保留自己在美国加利福尼亚大学(以下简称"加大")洛杉矶分校

---

① 我对"意识形态"的理解是:背后有政治权力在推动的理论。
② 爱新觉罗氏奕、溥、毓、恒辈中"毓"字辈的"王爷",俗姓"刘"。

的教学职位(终身权考核),方才迫不得已地"完成"了这本书。同时,在完成此作之前,由于相反的感情驱动,便已经开始越来越认同于当时(毛泽东时代)的中国及其所提倡的思想/意识形态。而且,由于一种几乎是天生的,也是由于对母亲的感情驱动,要求自己更多地关心普通老百姓,尤其是农村人民。那些感情因素都没有在那本研究梁启超的书中得到表达,之后也就逐步脱离了集中于精英的思想史研究。

那样的转向的一个关键动力是因为自己在价值观上,一直把"老百姓"的福祉认作人生和学术的最高目的和价值。记得早在八岁那年(1948年),由于在报纸上看到上海在一夜之间居然冻死了三千人,而自己的家庭则处于近乎"朱门酒肉臭"的状况,我感到非常震撼,觉得世界上绝对不应该有这样的现象,觉得中国的贫穷老百姓实在经历了太多的苦难。出乎意料的是,这种感情和认识居然会牢牢地在自己心底里扎下根来,成为自己对这个世界的一个基本认识。其后,从自己儿童时期特别喜爱的《水浒传》《三国演义》和武侠小说中,这种有点类似于侠义和抱不平的精神和价值观得到了更多的营养。

没想到的是,这些感情因素居然会在自己三十来岁之后推动我对中国革命的认同和思想上的左倾。但那样的倾向是和之前的古典自由主义倾向并存的,因此形成了比较矛盾的思想和心态。

事后回顾,我才认识到那两种倾向的并存以及其间的张力才是真正决定自己学术研究的基本问题意识的关键。在1972年获得了加大教职终身权以及伴之而来的事业上的安全感之后,我便有强烈的冲动要凭借自己的专业训练(扎实的经验研究),试图通过学术来为内心的矛盾追求答案。我所设想的是,要找到最翔实的历史资料,通过研究来解答古典(以及新)自由主义和马克思主义理论到底孰是孰非的问题:哪一方更契合中国实际,对理解中国的实际更有帮助?为此,我花了足足两年时间浏览各种各样的历史材料,最终发现"满铁"的大量中国农村调查资料乃是自己所看到的最翔实的材料,由此决定完全投入其中,想通过严谨的经验研究来解决内心的深层问题。当然,选择这样的题目和材料,其实已经脱离了从父亲和导师那里承继的对西方古典自由主义的偏重。

当时没能看到的是,自己在那个阶段想要解决的问题才是自己心底里真正最关心的问题,之后成为决定我一生学术生涯的主导问题。而且,正因为其来自内心深处,给予了我的学术研究强烈的动力。投入其中之后,我发现自己比之前研究梁启超自由主义思想时兴奋得多,觉得学术研究具有无穷的趣味。

后来回顾,我才清楚地认识到,自身的一个给定实际乃是中西方在理智和感情两个层面上同时并存的实际,并理解到这也是中国近现代历史的给定基本实际,无论简单拒绝哪一方都不可能达到内心的平衡和稳定。自己真正需要的是用学术来探索两者分别的对错,从其对比中得出对两者的新的认识、磨合与融合乃至超越。而由于那样的追求,同时也促使自己在两者之外,发现了更具洞察力、更符合中国农村实际的实体主义"第三"理论传统——那是我第一次接触到西方的非主流"另类"理论,对自己之后的学术研究产生了较大的影响。

同样关键的是内容丰富翔实的"满铁"调查资料。它使我清楚地看到了中国农村的一系列基本实际,包括华北和江南两地农村的社会结构和农业生产的基本面貌,并允许我凭此来对三大理论传统做出有经验证据依据的抉择和取舍。譬如,看到大多数农民的贫穷,看到大多数村庄是由土地耕种不充分的小农场所组成的,看到农村社会的半分化(而不是简单的阶级分化和对立)状态等。而为了理解那些实际情况,需要同时借助三大理论传统的不同部分。后来,我有幸获得了在华北调查顺义县沙井村的机会,以及在江南深入调查松江县华阳桥村的机会,模仿"满铁"材料所展示的调查方法,每次与两三位农民进行"座谈",集中于几个题目,并随时灵活跟踪询问,每节半天,在1983、1984、1985和1988年共积累了101次访问调查的详细笔记。其中关键在于具体询问,虚心吸纳。

其结果就是拙作《华北的小农经济与社会变迁》[Huang,1985;黄宗智,(1986,2000,2006)2014a]和《长江三角洲的小农家庭与乡村发展》[Huang,1990;黄宗智,(1992,2000,2006)2014b]。这两本书在美国的中国研究学术界得到了较高的评价,获得本领域的两大奖(美国历史学会费正清最佳著作奖和美国亚洲研究协会列文森最佳著作奖),也奠定了我的"学术地位"。但是,就我内心来说,更重要的是之后两本书的中文版在国内所获得的认可,一再重版,不仅被许多学者和研究生,也被许多本科生认真阅读(而在美国的学术环境中,因为它们是相对高度专业化的著作,根本就没有可能在本科生课程中被选读)。对我个人来说,最重要的也许是,后来获知我所调查的两个主要村庄的村民认为拙作乃是"比较客观"的研究。

这两本书基本上是在我进入"不惑之年"之后才作出的专著

（惭愧得很）。它们基本确定了我之后一贯的学术研究方法，即要求在最翔实可靠的经验证据的基础上来决定对不同理论及其不同部分的取舍，采用的是结合多种理论传统中的洞见的方法。由此得出的一个特别关键的认识是，中国的经验实际相对于西方理论来说多是"悖论"①的，从而试图探寻、建构更符合中国实际的新概念[Huang,1991；黄宗智,（1993，2006）2014d]。在后一过程中，特别借助于非主流的"另类"理论传统。整个过程中的关键是不墨守任何一种理论，而是针对实际"活学活用"现有理论资源，并且随时按需要建构新的概念——只要其有助于理解自己所看到的经验实际。

　　经历了以上学术阶段之后，中国与西方、马克思主义与古典（以及新）自由主义之间的张力和矛盾，在我的思想和研究中进入了比较稳定共存的状态（虽然仍然惯常地相互拉锯）。但是，在我的学术思想中，仍然有一个比较基本（虽然也许并不同样尖锐）的矛盾尚待处理，即自己原先所选择的侧重主观主义的思想史，以及后来转入的比较倾向客观主义的社会经济史两者之间的张力。与以上所述的中西矛盾"问题意识"不同，这是个比较学术性的问题，不多涉及深层的感情因素。同时，也受到西方新兴的后现代主义思想潮流的冲击——它所侧重的是主观层面以及"话语"，也可以说是马克思主义所谓的"上层建筑"，而不是客观层面、决定性的"下层建筑"。再则是中国改革时期的转向，同样包含对唯物主义

———————

① 这是我对英语"paradoxical"一词的翻译，特别是指一对（从西方理论看来乃是）不可并存的矛盾现象，但在中国历史经验中是并存和真实的，例如没有发展的商品化、没有发展的增长、没有城镇化的工业化等。

的反作用,以及对主观文化和话语的侧重。

在那样的思想转向中,自己一旦接触到新开放的(类似于"满铁"那样翔实和未被充分利用的)诉讼案件档案,便很自然地被法律史研究吸引,觉得这个课题既包含主观维度也包含客观维度,可以借此来把主观维度纳入自己的研究。虽然如此,自己在法律史研究领域所选择的问题——主要关乎农村人民生活的法律问题——仍然体现了跟之前同样的对普通民众的认同与关怀。在研究方法上,则一仍其旧地要求自己通过翔实的经验证据来决定对不同理论的取舍。除了档案材料,我再次有幸获得了深入松江县华阳桥村(后改名为甘露村)做实地调查的机会,在三次回访中通过同样的方法来了解村镇级纠纷处理制度(尤其是调解)的实际运作,为后来关于当代民事法律实践的《过去和现在:中国民事法律实践的探索》打下了基础。

与后现代主义理论不同,我从丰富的材料中看到的不仅是话语/表达的关键性/决定性,更是其与实践的并存和拉锯。在《表达与实践》[Huang, 1996;黄宗智,(2001,2007)2014e]研究过程的前半段,自己特别关注的是两者间的"背离"("说的是一回事,做的是另一回事"),但在后半段则更看到两者之间的并存和抱合,既是矛盾和充满张力的抱合,也是相互作用和融合的抱合("合起来又是另一回事")。固然,这样的矛盾抱合认识与我以上总结的思想和感情中对立的二元长期并存也有一定的关联。同时,我也认识到,自己本身最深层的矛盾其实也就是近现代中国长期以来的深层矛盾的一种体现。而作为一个特别关心近现代中国以及在感情上对其认同的知识分子,我所经历的思想和感情斗争其实也是这个庞大的历史过程中的一个小小的体现。

对我来说,这样的体会所带来的是更深的责任感,觉得自己"求真"的意图似乎因此更为重要,更需要坚持。其结果是两本法律史的拙作《表达与实践》和《法典、习俗与司法实践:清代与民国的比较》[Huang,2001;黄宗智,(2003,2007)2014f]。前者关注的主要是清代法律体系中表达与实践的既背离又抱合;后者则更具体地探讨了清代和民国法律体系中的法律条文、民间习俗与司法实践三个维度的相互作用,论析司法实践乃是协调条文和习俗的关键。而且,通过长期的积累,司法实践本身也会成为法典和习俗变迁的重要动力。当时,这个新开辟的领域以及自己在加大所创办的中国研究中心,吸引了一群特别优秀的青年学者,包括我的妻子白凯教授,一起来探讨这个新领域[见黄宗智、尤陈俊(编),2009],那也是自己当时学术研究的一个重要动力。

再其后,在自己从加大退休之后的最近十年,从主要为英语读者写作到主要为中国读者写作,从主要教美国学生到主要教中国学生的转变之中,我发现自己在问题意识上也有一定的改变。之前在美国,一定程度上受到美国学术环境的影响(虽然同时也一直在与其斗争)。在最近的十年之中,则在之前的问题意识之上,更明确地添加了两个问题:自己之前的历史研究对理解中国当前的现实有什么帮助? 面对今天的现实,中国的未来该是什么样的图景,该怎样从这里走到那里?①

两个新问题的形成使我认识到身处美国的中国研究环境之中

---

① 这绝对不等于什么执政者的政策研究,而更多的是对其的反思,以及关乎大方向的研究和思考。

和身处中国的学术研究环境之中的问题意识的不同。美国的中国研究最关心的不会是探寻中国未来最佳途径的问题，而是关乎美国流行的理论/意识形态的某些问题，或者是美国对中国的政策问题。固然，我过去并没有让自己完全纳入美国的中国研究的主流问题意识，更关心的是自己由于不同的背景而形成的心底里的问题。即使如此，在一定程度上无疑仍然受到其影响。但在最近的十年之中，一旦加上了上述的和中国现实与未来直接相关的问题，才真正认识到中国和美国的中国研究基本问题意识的不同。

以上的变化促使我在近十年中完成了《华北》《长江》两部著作，同时关注当代中国农村现实以及发展出路问题的《明清以来的乡村社会经济变迁：历史、理论与现实》第 3 卷《超越左右：从实践历史探寻中国农村发展出路》（黄宗智，2014c，此书没有英文版）；以及关注清代的《表达与实践》和关注清代到民国的《法典、习俗与司法实践》两部著作，加上关注当代法律和中国立法途径的《清代以来民事法律的表达与实践》第 3 卷《过去和现在：中国民事法律实践的探索》[黄宗智，(2009) 2014g；Huang，2010]。此外，也写了一系列关于农民工和中国的"非正规经济"以及中国改革时期发展经验的文章（例见黄宗智，2009a，2009b，2010，2011a，2011b，2012，2013，2014a，2014b，2014c，2015b），试图通过那样的研究和视角来理解中国社会、经济和政治体制的整体。

这里应该附带说明，无论是农村和农业的研究还是法律及其实践的研究，自己一直都觉得其关键在于核心问题本身，而不在于人为的学科或历史时期/朝代划分。为了求真，为了解决自己关心的问题，学科和时期的划分都没有太大的意义——重要的是解决问题,而问题本身绝对不可能为任何学科或时期所限定。下面转入比较细致的叙述,重点在于个人所处情境与自己的问题意识和学术研究抉择之间的关联。

一、从《自由主义》到《华北》与《长江》

在我(19—25岁)读研究生时候的20世纪60年代的美国,中国研究学界主要划分为我所就读的"右派"的华盛顿大学(以下简称"华大")"远东及苏俄研究所"(Far Eastern and Russian Institute,以下简称"远东所")和哈佛大学的比较"自由"(liberal)的中间和中靠左政治立场的中心。[①] 华大所代表的是美国国内针对"共产中国"(Communist China)的政治立场,与跟美国政界右派(anti-communism)势力有紧密关系的所谓"反对联合国纳入共产中国的百万委员会"(Committee of One Million against the Admission of Communist China to the United Nations)的立场基本一致。

但是,这并不排除优秀的学术研究,包括当时远东所规模较大的"太平(天国)叛乱"(Taiping Rebellion)研究项目,由多位教员分别承担其某一方面的研究,而我(在华大所跟从)的导师萧公权便是其中最突出的一位,其所承担的是《中国乡村:十九世纪的帝国

[①] 英语"liberal"一词的内涵在美国近半个世纪中经历了比较显著的变化,并由此延伸到中间和中靠左政治立场的意义,描述的主要是民主党而不是共和党的政治立场。后来,在新保守主义兴起的美国政治环境中,"liberal"被共和党成功地描绘为几乎等于"左倾"的含义,将其从原先的褒义词转化为贬义词(the "L" word)。这是中文"自由"一词无法捕获的含义和演变。

管制》(*Rural China: Imperial Control in the Nineteenth Century*)
(Hsiao, 1960)研究。今天回顾,我仍然清晰地记得当时我们两三名
博士生受邀旁听每周一次的"近代中国"教授学术讨论,特别崇拜
萧老师所展示的极其明晰的思维和非常渊博的学问。

在时事的工作上,远东所则主要由正副两位主任乔治·泰勒
(George Taylor)和佛兰斯·麦克尔(Franz Michael)代表。他们的
基本论点是,中国的共产主义运动、毛泽东的地位确立以及中国革
命的成功都是"国际共产主义的阴谋"所制造和促成的。这个观点
主要体现于泰勒和麦克尔所合写的教科书《现代世界中的远东》中
[Michael and Taylor, (1956) 1964:例见第 412、413、430、432 页]。
我当过该课程的助教。正是在那样的环境之下,我在萧老师的建
议下写了《自由主义》这篇博士论文。

华大的主要对手是哈佛大学由费正清领导的中心,当时代表
的是更接近民主党的中间和中靠左政治立场的观点。与华大不
同,他们的研究多侧重于中国共产党运动的中国特色和历史根源,
认为即便是其意识形态,也和原来的马列主义有一定的不同。其
代表性著作是哈佛大学研究这方面的主要学者史华慈(Benjamin
Schwartz)的《中国的共产主义和毛泽东的兴起》(Schwartz, 1951),
论证了毛泽东思想含有一定的民族主义和来自中国传统和农村社
会的因素,与斯大林和苏联的共产主义十分不同。在中国是否该
被纳入联合国的关键问题上,他们的立场和"百万委员会"截然不
同,提倡的是对国共斗争持比较中立的观点,倾向于需要与新中国
建交的观点。

到了 20 世纪 60 年代后期和 70 年代,美国学界和舆论逐步抛

弃了之前的极端反共意识形态,费正清等人的观点成为主流。我自己当时正在勉强完成自己的《自由主义》专著,但是同时,由于认同中国的感情的推动,也由于对古典自由主义思想的不满(觉得它无力解决中国普通人民的困境),逐步走向了更关心民众的马克思主义思想。当时,在越南战争和美国全国的反越战运动大环境之下,许多优秀的中国研究青年学者显示了对革命运动的同情,逐步质疑其老师们的政治立场和观点,认识到越南革命的民族解放性质,把美国在越南的大规模武装干涉认定为源自帝国主义的侵略战争,从而对西方帝国主义的历史和现实提出了根本性的质疑和批评。在学术界,从聚焦于统治者/当权者的(费正清代表的那种)政治史和外交史,转向民众史/社会史。在理论界,则是左派理论的兴起,主要从马克思主义和实体主义的观点来质疑之前的主流(自由主义)理论。其中,尤其是历史社会学家查尔斯·蒂利的理论(Tilly, 1964, 1975a, 1975b),影响了一整代人的中国研究。到 20 世纪 70 年代后期和 80 年代,社会史研究和左派理论已经成为近乎主流的学术,在各大院校开始具有一定的实力,甚至掌权。

在那样的环境之下,我全力投入了根据特别丰富的"满铁"材料而展开的中国农村研究。当时大部分材料是我从斯坦福大学东亚图书馆丰富的民国时期史料中复制得来的。而当时该图书馆管理者不知是有意还是无意,略去了关键的《中国农村惯行调查(1952—1958)》六卷本的索引。没想到,这正好逼迫我要特别详尽地逐句阅读和梳理这些材料,根据其经验证据(除了关于每户的基本经济情况,主要是围绕一个个题目的具体询问访谈记录),一个一个地用大量的卡片来整理和重建被深入调查的六个村庄,而不是像一般使用这些材料的学者那样，仅凭从索引查出与研究课题直接相关的片段来使用。由此，我得出了对马克思主义和自由主义理论各部分取舍的依据。最终除了用上两大敌对理论传统中符合经验证据的部分，我发现实体主义理论洞见能够更好地协助我们理解农民的大多数经济行为，由此得出了两书的基本分析框架，并构建了一些新的概念。

以上的工作——做民众的社会经济史研究，从主流古典自由主义理论之外吸取别的理论资源——显然受到当时的美国学术环境中进步思想的影响。虽然如此，我个人和美国（中国研究）学术界的总体转向也有一定的不同，尤其是与其"领军"的比较高度理论化的学者有较为显著的不同。今天回顾，那些差别主要来源于自己的经验研究积累（和比较强烈的经验主义倾向），譬如，看到华北平原的农村只有较低比例的耕地是被租佃的，并且只有较低比例的村庄是存在在村地主的，所以，我不可能接受简单的意识形态化的革命建构，即认为中国农村革命主要是一场反"封建"，即反地主反租佃（生产）关系（即地主通过地租对佃农的"剥削"）的阶级革命。同时，看到无论在华北还是在江南，大多数的农民仍然主要在为生存需要而进行其经济决策，所以，我不可能接受简单的、像新古典经济学理论家舒尔茨（Schultz, 1964）那样的建构，认为农民在市场机制下，个个都处于劳动力和其他资源的最佳配置状况下；也不可能接受农民都是所谓的"理性经济人"和潜在（追求利润最大化的）企业家的建构。我从经验研究中看到，许多农民被迫做出了违反利润最大化的抉择，譬如，为了消费需要，许多贫农被迫过分偏重高风险（但带有较高的短期收入可能）的经济作物，失去的是长期的更加稳定的(和更高的平均)收入。有的更被迫在关键的农忙季节暂时不顾自己的"农场"而外出佣工(大多是打农业短工)，这直接影响到自家土地的产出。此外，我还看到当时能够按需要而适当雇佣劳动力来种植100亩以上的"经营式农场"和大多数的小家庭农场之间的关键差距：前者代表的是在当时的技术条件下最优的劳动力(相对土地)的资源配置(一个劳动力种植20—25亩地)；而后者则由于耕地(相对给定的家庭劳动力的)不足，而不可能达到同样的(相对土地而言的)劳动力要素配置，每个劳动力平均才种植约10亩地。所以我认识到，新自由主义和马克思主义理论虽然各自有其洞见，但实体主义理论才是能更贴切地理解上述现象的理论。

在积累了那样的经验研究之后，我不可能仅凭理论逻辑、理论潮流或意识形态而接纳违反实际的建构。同时，我自己确实具有一定的知识和自信根据经验证据来对不同理论进行取舍。为此，我不会简单地从之前的主流意识(自由主义)完全走到新的主流(马克思主义)革命理论。与此相反，我更倾向于综合不同理论中符合中国实际的部分来理解实际。这几点比较充分地体现于我的《华北》和《长江》两书中，也是其与当时美国的主流理论/意识形态转向的关键不同之处。

二、从社会经济史到法律史

20世纪80年代和90年代，西方(美国和西欧)的理论/意识形态又进入了新的转向。一方面是"新保守主义"的兴起，它既是20

世纪 30 年代之前的古典自由主义的复兴（新自由主义），也是对之前"左倾"的马克思主义的反作用。另一方面，则是后现代主义的兴起，其根源在于对西方现代主义和帝国主义历史的深层反思，也是对科学主义和实证主义的反思，同时又是对之前的马克思主义的唯物主义的反作用。其领军理论家们强调的是主观层面的关键性，尤其是"话语"的关键性，并且呼吁要从（现代主义的、科学主义的）普适主义走向（地方性的、多元的、主观的、特殊的）相对主义［Geertz（格尔茨），1983；Said（萨义德），1978］。由此促使了许多之前被忽视的课题研究的兴起，尤其是弱势群体，包括妇女、少数民族、底层社会等。这些是后现代主义的重要贡献。

但是，出乎意料的是，在高等院校的实际运作中，新保守主义者和后现代主义者发现双方具有一定的共同点。首先是对主观的偏重。前者要求返回到一些基本（尤其是基督教的）价值观或形式化的真理/"公理"中（如"理性经济人"和"纯竞争性市场"以及其所必然导致的"资源最佳配置"），拒绝缺乏基本价值观或公理的实证研究；后者则在认识论上强烈反对科学主义中的实证主义，并因此拒绝任何"客观事实"的存在，认为那只不过是个话语建构。在这一点上，双方的基本共同点在于对经验证据的轻视。同时，双方也同样反对、拒绝马克思主义。前者依据的是新自由主义经济学理论，后者依据的则是其对唯物主义和实证主义的批评。结果，双方居然在高等院校中相当普遍地联合抵制乃至压制旧左派的社会史和政治经济学研究。在美国学术界的换代过程中（四十多岁的学者多急不可待地要推开、取代五十多岁以上的掌权者——这是美国高等院校运作的一个基本规律），逐渐把之前的左派学者推至一旁。

在这个大环境中,我个人再次出现的学术转向既是上述演变的一个反映,同时也与其十分不同。首先,是对唯物主义、客观主义有了一定程度的反思,促使自己的研究转向既包含表达也包含实践的法律研究,并且明显在自己的论作中纳入了话语分析。但是同时,再次呈现为一个由经验证据来决定不同理论的取舍的研究。在系统检阅、统计了相当数量的诉讼案例之后,我看到的是,司法实践既有符合法律条文的一面,也有与其背离的一面。也就是说,法律既不单是后现代主义理论(如格尔茨和萨义德的理论)所偏重的表达/话语/文本,也不单是过去马克思主义所偏重的法律行为和实践效果,而是由两者既背离又抱合所组成的一个体系。

这样的理解,既受到布迪厄实践理论(Bourdieu, 1977)的影响,也与其很不一样。对我来说,法律实践并不是一种源自紧迫性、半逻辑性和临时性的日常生活行为抉择,而是协调法典文本(条文)和社会实际的司法实践。而且,长期下来,法律表达和实践两方面都会形成一定的趋势(高度道德化的表达和比较实用性的实践,即我所谓的"实用道德主义")。甚至法律体系变迁的一个关键动力是两者之间的相互作用、磨合、协调、融合。在拙作《表达与实践》《法典、习俗与司法实践》中,便论证了不少如此的实例。

同时,我在《中国革命中的农村阶级斗争——从土改到"文革"时期的表达性现实与客观性现实》(Huang, 1995;黄宗智, 2003)一文中,论析了阶级话语和社会经济实际之间越来越鲜明的背离,以及其最终所引发的"实事求是"思潮。至此,自己对"实践"的理解与使用已经和布迪厄有一定的距离,而之所以如此,其基本动力又是自己根据经验证据所得出的理论概括。当然,这也是我的历时性的历史学视角和布迪厄的(基本是)共时性的人类学视角之间的不同之处。

以上所叙述的是我个人学术演变的主要过程,也是我之所以呼吁学术研究需要从经验证据出发,与现有理论对话,从而形成更符合中国实际的新概念的原因。至此,自己的研究方法可以说已经确定了要从中国的悖论实际出发,形成符合中国实际的理论概念,再返回到中国的实际/实践中去检验,由此来创建新的分析/理论概念。这也是我近年来提倡的"从实践出发的社会科学""实践历史学""实践法学""实践经济学""实践社会科学"的背景。(黄宗智,2005;黄宗智,2015a)

三、关于中国现实及未来出路的探索

其后,由于诸多偶然的因素,自己提前在 63 岁那年便从加大退休(当前的美国制度允许不退休,而我自己原来也一直以为会教到不能教为止)。其原因要追溯到自己在 1986 年受聘于普林斯顿大学(当时全美国排名第一的历史系)之后,加大(在美国学术界的市场竞争机制下)为此全力挽留,并给予我充分的人事编制和物质条件来创建全美国最好的中国研究中心之一。为此,我投入了十年的心血,并且确实成功地把中心建成为排在全美国前几名的中心。但是我最终发现,这一切完全可以因为偶然的因素而几乎在隔日被销毁。我认识到的是,追求"最优秀"说到底其实不过是一种狭隘的身外名利追求——它虽然曾经是我学术生涯中的一个重要动力,但其实并不具有真正崇高和长远的价值,不足以作为学术的终极目标。

出乎意料的是,可能是"坏事"——提早退休,竟促使自己进入这一辈子学术生涯中最有意义和最愉快的阶段。这主要是因为从美国的教学和研究环境转入了中国,从主要用英文写作转变成用中文写作,从主要为西方读者写作转为为中国读者写作,从主要为美国学生开课转为为中国学生开课。出乎自己的意料,在这个转变过程中,我感到自己的学术研究比之前更有意义。在美国,"中国研究"到底只是一个比较边缘的专业,对美国社会、人民以及政治经济的意义都比较有限,而在中国研究中国农村经济和法律体系则是关乎全民的课题,其作用和意义十分不同。为此,我发现自己对学术研究居然比过去几十年还要兴奋、热情。正因为如此,在退休之后的十年之中,我的学术"生产率"达到之前的不止一倍。当然,其中部分原因是不再有学术之外的干扰——退休之后作为一个外来者在中国的大学执教,不用介入任何复杂的人事关系或利益争夺。

从问题意识和学术研究的角度来考虑,一个关键的转变是对中国的现实关怀,从之前的消极关怀(想而不写)转化为积极关怀。因此,这促使自己研究的问题也发生了一些根本性的变化,从过去比较纯粹的学术关怀(对中国清代以来的社会经济史和法律史的求真探索)转入对现实的更积极的关怀。因此,我下定决心要把之前的研究和当前的现实连接起来,为学生们说明,这样的研究对理解现实有什么帮助。同时,我也不可避免地从自己多年的学术积累来看待现实的问题,同时还有怎样改善现实的问题,而这意味着参与对中国未来的走向问题的探讨。也就是说，将之前的主要问题意识——如何对待中西并存中的张力、矛盾、拉锯——更明确地纳入了当前如何融合两者并超越其间对立的问题。同时，由于自己一贯强调经验/实践，更进一步而问：中国该选择什么样的途径来从这里走到那里？在学术层面上，则更具体化为怎样创建中国自己的、比一般西方理论更符合中国实际的理论和学术？幸运的是，我再一次接触到一群优秀的青年学者，与他们共同探讨中国法律的过去和未来[见黄宗智、尤陈俊（编），2013]。

至此，我发现自己的学术研究最终和自己在美国的同行学友及学生们有一定的不同。中国研究作为美国/西方理论的测验场域，对我来说并没有特别重要的意义。由于自己一贯强调的是要贴近经验证据的学术方法，绝对不会简单地试图在中国经验中对某种（新）自由主义或后现代主义、马克思主义或实体主义理论模式进行验证，而是要面对中国实际，由此来建构更符合中国实际的理论概念并探寻其发展路径。仅仅为了跟随学术/理论的时髦潮流而做的学术则更不是自己所向往的途径。至于许多美国学者所关心的中国对美国的"挑战"，或美国对中国的政策等问题，也不是自己所特别关心的问题。虽然如此，我对那些主要为了求真而（多是默默地在）做扎实学术的美国同行们，仍然感到深深的认同。正因为如此，我自己不会像萨义德那样把西方学术简单地概括为一套"东方主义"话语。

在探寻中国人民最佳出路的问题意识上，当然我和一般美国的中国研究者颇不一样。但同时，因为今天美国的中国研究学界的成员已经越来越多是来自中国的留学美国学者，自己和部分留学美国的中国学者可以说肯定有一定的共同之处。这里之所以要总结自己关于问题意识和学术研究间的关系的经历，也是因为觉得阐明这种基本问题意识的不同对学术研究的意义和影响，说不定会对他们有点帮助。同时，当然也希望会对国内的青年学者起作用。此文是我在 2015 年刚结束由一群来自全国各地的特别优秀的学生所组成的研讨班之后，看到他们的疑惑和矛盾，有所感而写（学生们的课后感想见"学员总结"，2005—2015）。

四、结语

回顾自己过去五十多年的学术生涯，我自己都感到比较惊讶的是，感情作为自己学术研究的问题意识的来源和动力，其实比理性的认识起到更根本的作用。我们习惯认为"问题意识"主要来自一个学者的学术或理论修养，而在我的人生经历之中，它其实更来自感情。而且，感情的驱动，区别于纯粹的思考，也许更强有力、更可能成为个人长期的激励。当然，其中的关键是要从矛盾的感情获得建设性的动力而不是陷入颓丧。同时，需要把感情上的矛盾配合理性的求真才能从其中找到建设性的学术路径。当然，这一切都和个人的背景、性格、遭遇等有一定的关联，具有较大的偶然性。

同时，我个人的经历也是一种把自己置于历史情境之中，认同于人民和国家的历程。这固然可以提高自己的问题意识和学术研究的意义，而适当配合来自不同理论的问题意识，更能够形成建设性的动力。我一再强调要从不同理论的交锋点来形成自己学术研究的问题意识，其实最终也是源自上述经历的一种方法性见解。我之所以要说明这样的经历，是希望我个人的经历能对处于同样情境和心态的人起到一点积极的作用。

最后，我之所以在学术研究中一再强调要拒绝西方形式主义理论逻辑中惯用的二元对立、非此即彼的思维习惯（见黄宗智，2015a：导论），显然也源于自己的经历，以及自己对中国近现代历史的认识和认同。全盘西化和全盘中化都是不可持续的途径，因为那样的抉择只可能把自己和中国置于"失衡"的状态之中。在两者之间探寻建设性的动力，根据关乎中国实际的经验证据去追求融合与超越，才是我们和中国所应做出的选择。矛盾，包括深层的情感矛盾，可以成为建设性问题意识和独立思考的动力。

参考文献

黄宗智（2015a）：《实践与理论：中国社会、经济与法律的历史与现实研究》，北京：法律出版社。

黄宗智（2015b）：《中国经济是怎样如此快速发展的？——五种巧合的交汇》，载《开放时代》第 3 期，第 100—124 页。

黄宗智（2014a）：《明清以来的乡村社会经济变迁：历史、理论与现实（增订本）》第 1 卷《华北的小农经济与社会变迁》，北京：法律出版社。

黄宗智（2014b）：《明清以来的乡村社会经济变迁：历史、理论与现实（增订本）》第 2 卷《长江三角洲的小农家庭与乡村发展》，北京：法律出版社。

黄宗智（2014c）：《明清以来的乡村社会经济变迁：历史、理论与现实（增订本）》第 3 卷《超越左右：从实践历史探寻中国农村发展出路》，北京：法律出版社。

黄宗智（2014d）：《中国研究的规范认识危机——社会经济史中的悖论现象》，载黄宗智《明清以来的乡村社会经济变迁：历史、理论与现实》第 2 卷《长江三角洲的小农家庭与乡村发展》后记，北京：法律出版社。

黄宗智（2014e）：《清代以来民事法律的表达与实践：历史、理论与现实（增订本）》第 1 卷《清代的法律、社会与文化：民法的表达与实践》，北京：法律出版社。

黄宗智（2014f）：《清代以来民事法律的表达与实践：历史、理论与现实（增订本）》第 2 卷《法典、习俗与司法实践：清代与民国的比较》，北京：法律出版社。

黄宗智（2014g）：《清代以来民事法律的表达与实践：历史、理论与现实（增订本）》第 3 卷《过去和现在：中国民事法律实践的探索》，北京：法律出版社。

黄宗智（2013）：《重新认识中国劳动人民——劳动法规的历史演变与当前的非正规经济》，载《开放时代》第 5 期，第 56—73 页。

黄宗智（2012）：《国营公司与中国发展经验："国家资本主义"还是"社会主义市场经济"？》，载《开放时代》第 9 期，第 8—33 页。

黄宗智（2011a）：《重庆："第三只手"推动的公平发展？》，载《开放时代》第 9 期，第 6—32 页。

黄宗智（2011b）：《中国的现代家庭：来自经济史和法律史的视角》，载《开放时代》第 5 期，第 82—105 页。

黄宗智（2010）：《中国发展经验的理论与实用含义——非正规经济实践》，载《开放时代》第 10 期，第 134—158 页。

黄宗智（2009a）：《改革中的国家体制：经济奇迹和社会危机的同一根源》，载《开放时代》第 4 期，第 75—82 页。

黄宗智(2009b):《中国被忽视的非正规经济:现实与理论》,载《开放时代》第 2 期,第 51—73 页。

黄宗智(2005):《认识中国——走向从实践出发的社会科学》,载《中国社会科学》第 1 期,第 83—93 页。

黄宗智(2003):《中国革命中的农村阶级斗争——从土改到"文革"时期的表达性现实与客观性现实》,载《中国乡村研究》第二辑,北京:商务印书馆,第 66—95 页。

黄宗智、尤陈俊(编)(2014):《历史社会法学:中国的实践法史与法理》,北京:法律出版社。

黄宗智、尤陈俊(编)(2009):《从诉讼档案出发:中国的法律、社会与文化》,北京:法律出版社。

"学员总结"(2005—2015), http://www. lishiyushehui. cn/modules/course/index.php? ac = article2&course_id = 3.

Bourdieu, Pierre (1977). *Outline of a Theory of Practice*, trans. by Richard Nice. Cambridge University Press.

Geertz, Clifford(1983). "Local Knowledge:Fact and Law in Comparative Perspective," in Clifford Geertz, *Local Knowledge: Further Essays in Interpretive Anthropology*. New York: Basic Books, pp. 167—234.

Hsiao, Kung-ch'uan(萧公权)(1960). *Rural China: Imperial Control in the Nineteenth Century*. Seattle: University of Washington Press.

Huang, Philip C. C. (2010). *Chinese Civil Justice, Past and Present*. Lanham, Maryland: Roman and Littlefield Publihers.

Huang, Philip C. C. (2001). *Code, Custom, and Legal Practice in China: The Qing and the Republic Compared*. Stanford University Press.

Huang, Philip C. C. (1996). *Civil Justice in China: Representation and*

Practice in the Qing. Stanford University Press.

Huang, Philip C. C. (1995). "Rural Class Struggle in the Chinese Revolution: Representational and Objective Realities from the Land Reform to the Cultural Revolution," *Modern China*, Vol. 21, No. 1 (January), pp. 105—143.

Huang, Philip C. C. (1991). "The Paradigmatic Crisis in Chinese Studies: Paradoxes in Social and Economic History," *Modern China*, Vol. 17, No. 3 (July), pp. 299—341.

Huang, Philip C. C. (1990). *The Peasant Family and Rural Development in the Yangzi Delta, 1350—1988*. Stanford University Press.

Huang, Philip C. C. (1985). *The Peasant Economy and Social Change in North China*. Stanford University Press.

Huang, Philip C. C. (1972). *Liang Ch'i-ch'ao and Modern Chinese Liberalism*. Seattle: University of Washington Press.

Huang, Philip C. C. (1966). *A Confucian Liberal: Liang Ch'i-ch'ao and Modern Chinese Liberalism*.Ph. D. dissertation. University of Washington.

Michael, Franz H. and George E. Taylor[(1956) 1964]. *The Far East in the Modern World*. New York: Henry Holt and Company.

Said, Edward(1978). *Orientalism*, New York: Pantheon.

Schultz, Theodore (1964). *Transforming Traditional Agriculture*, New Haven. Conn. : Yale University Press.

Schwartz, Benjamin I. (1951). *Chinese Communism and the Rise of Mao*, Cambridge. Mass. : Harvard University Press.

Tilly, Charles(1975a). "Revolutions and Collective Violence," in Fred I. Greenstein and Nelson W. Polsby (eds.), *Handbook of Political Science*,

Vol. 3: Macropolitical Theory. Redding, Mass. : Addison-Wesley, pp. 483—555.

Tilly, Charles(1975b). "Western State-Making and Theories of Political Transformation," in Charles Tilly (ed.) , *The Formation of National States in Western Europe*. Princeton University Press, pp. 601—638.

Tilly, Charles (1964). *The Vendée*, Cambridge. Mass. : Harvard University Press.